S V
J V

ANNA BIKONT

Wir aus Jedwabne

Polen und Juden während der Shoah

Aus dem Polnischen von Sven Sellmer

SUHRKAMP VERLAG
JÜDISCHER VERLAG

Die Originalausgabe erschien 2012 unter dem Titel *My z Jedwabnego* im Verlag Czarne, Wołowiec. Der deutschen Ausgabe liegt eine leicht veränderte Fassung zugrunde, die Anna Bikont für den Suhrkamp Verlag erstellt hat.

Erste Auflage 2020

Satz: Satz-Offizin-Hümmer GmbH, Waldbüttelbrunn
Druck: GGP Media GmbH, Pößneck
Printed in Germany
ISBN 978-3-633-54300-7

Inhalt

Marktplatz von Jedwabne, dreißiger Jahre. Die Kleinstadt liegt etwa 150 Kilometer nordöstlich von Warschau und gehörte vor dem Zweiten Weltkrieg zur Wojewodschaft Białystok.

Aufzeichnungen

28. August 2000

»Es ist eine Lüge, dass es Polen waren, die in Jedwabne die Juden umgebracht haben«, erklärt Tadeusz Ś. aus Warschau, Arzt im Ruhestand, Augenzeuge der Ereignisse vom 10. Juli 1941.

Er sitzt im Büro meines Vorgesetzten Adam Michnik, Chefredakteur der *Gazeta Wyborcza*. Eine befreundete Person hatte ihn empfohlen. Als Adam mir berichtete, laut Tadeusz Ś. könne das Verbrechen in Jedwabne nicht den Polen angelastet werden, hörte ich an seiner Stimme, wie erregt und zugleich erleichtert er war. Ich wusste, dass er die Fakten, die Jan Tomasz Gross in seinem Buch *Nachbarn* ans Licht gebracht hatte, nicht akzeptieren konnte. Wir hatten oft darüber gesprochen. Noch bevor das Buch im Mai erschienen war, hatte ich mich auf einer Redaktionssitzung dafür ausgesprochen, eine Reportage über die Stadt zu bringen. Jedwabne würde sich dem Verbrechen stellen müssen, das damals begangen worden war.

Bei der Rekonstruktion stützt sich Gross auf drei Quellen: die Zeugenaussage von Szmul Wasersztejn, der das Pogrom in Jedwabne überlebte und 1947 im Gerichtsprozess in Białystok auftrat; die Prozessakten aus Białystok, wo nach dem Krieg einige Tatbeteiligte wegen Kollaboration mit der Besatzungsmacht verurteilt wurden; und schließlich auf den in New York erschienenen Band *Yedwabne. History and Memorial Book* (im Folgenden: *Jedwabner Gedenkbuch*), Erinnerungen von ehemaligen jüdischen Bürgern Jedwabnes. Zu dem Buch haben Emigranten aus verschiedenen Teilen der Welt beigetragen. Gross' Schlussfolgerungen sind radikal, seine Hypothesen noch radikaler. In Jedwabne hätten Polen in einer Scheune alle Juden der Kleinstadt, insgesamt 1600 Personen, verbrannt. »Es war ein Massenmord im doppelten Sinne«, schreibt Gross, »im Hinblick auf die Zahl der Opfer und die Zahl der Täter.«

Meinen Vorschlag, nach Jedwabne zu fahren, lehnte Adam ab. Er wollte auch keinen Vorabdruck aus Gross' Buch. Jetzt möchte er, dass ich mir anhöre, wie es gewesen ist. Er hatte darauf bestanden, dass ich bei dem Gespräch anwesend bin, obwohl Tadeusz Ś. darauf drängte, sich mit ihm alleine zu treffen. Unser Gesprächspartner lässt keine Tonaufnahme zu und möchte nicht, dass sein Name genannt wird. Widerstrebend erklärt er sich damit einverstanden, dass ich Notizen mache.

1941 war er fünfzehn Jahre alt. Am 10. Juli hielt er sich zufällig in Jedwabne auf. Wegen eines Zahnartzbesuchs, sagt er.

»Am Morgen fuhren zwei Motorräder auf den Marktplatz, mit Deutschen in schwarzen Gestapouniformen. Ich sah vom Balkon aus, wie sie den Juden befahlen, sich zu versammeln. Über den Rabbiner machten sie sich lustig, indem sie seinen schwarzen Hut auf einen Stock setzten. Ich ging den Juden hinterher bis zur Scheune.«

Adam Michnik: »Wie viele Deutsche haben Sie bei der Scheune gesehen?«

»Drei. Die Deutschen sind ordnungsliebend, also ließen sie den Eigentümer herbringen, damit er aufschloss, obwohl sie die Tür hätten aufbrechen können.«

»Und das alles haben drei Deutsche gemacht?«

»Bestimmt waren noch mehr dabei, in Zivil. Aber drei waren uniformiert und hatten Pistolen. Ich sah, wie die Juden von selbst in die Scheune gingen, wie hypnotisiert.«

»Und sie haben nicht versucht zu fliehen, als die Scheune brannte?«

»Nein. Es war schrecklich.«

»Haben sich irgendwelche Polen an dem Verbrechen beteiligt?«

»Nein, kein einziger.«

»Kriminelle gibt es in jeder Gesellschaft. Sie brauchen nur eine beliebige Zeitung aufzuschlagen, um dort jede Menge Berichte über Mord und Totschlag zu finden. Während der Besatzungszeit gab es Szmalcowniks, Leute, die Juden für Geld verrieten.«

»Nur in den Großstädten. Sie kennen die Provinz nicht. Dort leben die ursprünglichen Polen, der verarmte Landadel. Sich dafür zu rächen, dass die Juden unter sowjetischer Herrschaft Polen denunzierten, das war ihnen fremd. Vor der Scheune riefen sie den Juden zu, sie sollten fliehen. Da standen nur drei Deutsche mit abgesägten Flinten, das waren nicht einmal Karabiner. Die alten Leute, die dabeistanden, waren voller Vorwürfe. Davon sprachen sie am nächsten Sonntag vor der Kirche.«

»Wem machten sie Vorwürfe – sich selbst?«

»Nein, den Juden. Keiner von ihnen hatte es fertiggebracht, sich auf die Deutschen zu stürzen.«

»Sie haben den Ermordeten Vorwürfe gemacht?«

»Weil sie sich nicht selbst verteidigt haben.«

»Aber wenn man vor meinen Augen jemanden ermordet, dann muss ich doch helfen. Tue ich das nicht – sei es aus Angst, im Schock oder weil die Situation mich überfordert –, dann bin doch ich es, der sich Vorwürfe machen muss.«

»Die Polen hätten ihnen geholfen, wenn sie sich auf die Deutschen gestürzt hätten. Als sie unter der Sowjetherrschaft mit Gewehren durchs Dorf fuhren, da waren sie tapfere Burschen, aber als die Deutschen sie in die Scheune führten, da sah das ganz anders aus. Die Bevölkerung ist beleidigt, dass man sie in so etwas hineinzieht – die Juden hätten sich selbst verteidigen sollen. Man hält sie für Feiglinge, weil sie erwarteten, dass die Polen sie verteidigen würden, und selbst nichts unternahmen. Aber dass dort 1600 Personen gewesen sein sollen, das ist eine freche Lüge.«

»Wie viele waren es denn Ihrer Meinung nach«, schalte ich mich ein.

»Tausend, mehr nicht«, antwortet Tadeusz Ś. Ich schaue zu Adam hinüber und sehe, dass er erbleicht.

Zum Abschluss betont Ś. noch einmal: »Bitte nennen Sie nicht meinen Namen. Ich möchte nicht, dass mir jüdische Radikale vor meinem Haus auflauern.«

1. September 2000
Das Institut für Nationales Gedenken (IPN) hat die Aufnahme von Ermittlungen zum Verbrechen in Jedwabne angekündigt.

Ich treffe Adam Michnik auf dem Flur in der Redaktion – das Gespräch mit Tadeusz Ś. lasse ihm keine Ruhe. Er schlägt vor, ich solle auf seiner Grundlage eine Erzählung schreiben, die während des Krieges im Städtchen J. spielt. Aber ich kann keine Erzählungen schreiben.

Ich beschließe, ein Jahr unbezahlten Urlaub zu beantragen und auf eigene Faust nach Jedwabne zu fahren, wenn ich es nicht für die *Gazeta Wyborcza* tun kann. In der Stadt muss es noch eine Erinnerung an das Verbrechen geben, Zeugen, die noch leben. Ich werde versuchen, die Tatsachen zu rekonstruieren, aber ich will auch nachvollziehen, was im Verlauf von sechzig Jahren mit der Erinnerung an jene Ereignisse geschehen ist.

5. September 2000
Im Jüdischen Historischen Institut (ŻIH) in Warschau. Fünf Seiten eines locker beschriebenen, mit vielen Durchstreichungen versehenen Manuskripts: der Bericht von Szmul Wasersztejn, übersetzt aus dem Jiddischen. »Säuglinge wurden an der Brust ihrer Mütter erschlagen, Erwachsene wurden halbtot geprügelt und zum Singen und Tanzen gezwungen. Blutend und verletzt, wie sie waren, stieß man sie alle in die Scheune. Dann wurde die Scheune mit Benzin übergossen und angezündet. Danach gingen die Banditen in die jüdischen Wohnungen und suchten nach zurückgelassenen Kranken und Kindern. Die Kranken, die sie fanden, schafften sie selbst zur Scheune, und die Kinder banden sie zu mehreren an den Füßen zusammen, luden sie sich auf den Rücken und warfen sie mit Heugabeln auf die Glut …«

6. September 2000
Das *Jedwabner Gedenkbuch*, herausgegeben von den Rabbinerbrüdern Julius und Jacob Baker, die vor dem Krieg aus Jedwabne nach Amerika emigriert waren, existierte zwanzig Jahre lang in einhundert Exemplaren. Heute steht es im Internet. Ich finde dort Berichte über den 15. Ta-

mus des Jahres 5701, d.h. den 10. Juli 1941, aufgeschrieben von Rivka Fogel (»Die Gojim schnitten den Kopf von Gitele, der Tochter Judka Nadolniks, ab und spielten mit ihm wie mit einem Ball«), Itzchok Newmark (»Die Polen übergossen die Scheune, in der die Juden zusammengepfercht waren, mit Benzin und sangen dabei«), Awigdor Kochaw (»Eine Gruppe von Burschen prügelte mich erbarmungslos und zerrte mich auf den Marktplatz; sie trieben die gequälten, hungrigen und durstigen Menschen an, indem sie bestialisch auf sie einschlugen, während diese ohnmächtig wurden, nachdem sie den ganzen Tag in der sengenden Sonne gestanden hatten«) und Herschel, dem dritten Bruder der Bakers aus Goniądz, einem Städtchen etwa vierzig Kilometer von Jedwabne entfernt (»Mutter traf völlig erschöpft am 14. Juli [aus Jedwabne] in Goniądz ein; auf der Flucht vor dem Massaker war sie aus Jedwabne durch Felder und Wälder hierhergelaufen. [...] Sie konnte sich nicht beruhigen, nachdem sie gesehen hatte, wie die Polen alle Juden vernichtet hatten«).

28. September 2000
Unterwegs in Wilna mit einer Gruppe von Freunden, Irena Grudzińska-Gross ist auch dabei. Sie erzählt, dass Jan Gross Wasersztejns Zeugnis bereits in seinem vorigen Essayband unterbringen wollte. Sie hatte es seinerzeit gelesen und ihm abgeraten. Wie kann man denn, habe sie argumentiert, anhand eines einzigen Zeugnisses an etwas so Grauenhaftes glauben?

17. November 2000
Interview mit dem Historiker Tomasz Szarota in der *Gazeta Wyborcza*. Er wirft Gross vor, er habe sich nicht bemüht zu erklären, warum »1500 gesunde Personen im Vollbesitz ihrer Kräfte nicht versucht haben, sich gegen weniger als hundert nur mit Knüppeln bewaffnete Verbrecher zur Wehr zu setzen oder auch nur zu fliehen«.

Es ist schwer verständlich, wie Szarota, dem Autor eines hervorragenden Buches über Pogrome in dem von den Deutschen besetzten Europa, ein solcher Satz über die Lippen kommen konnte. In der

Menschenmenge waren doch Greise, Frauen mit Säuglingen an der Brust, Kleinkinder, die sich am Rock ihrer Mutter festklammerten (jüdische Familien waren meist kinderreich), aber kaum junge Männer – man hatte sie, wie aus Wasersztejns Zeugnis hervorgeht, bereits am selben Tag ermordet. Wie viele Fälle sind Szarota bekannt, in denen eine Menschenmenge, die man in den Tod führte, sich aufgelehnt und die Mörder angegriffen hat?

Szarota beruft sich auf die Ende der sechziger, Anfang der siebziger Jahre durchgeführten Ermittlungen. Staatsanwalt Waldemar Monkiewicz von der Hauptkommission zur Erforschung nationalsozialistischer Verbrechen in Polen versuchte damals nachzuweisen, dass am Tag des Verbrechens eine Abteilung von 232 Deutschen unter Führung von Wolfgang Birkner nach Jedwabne gekommen sei. Szarota wirft Gross vor, den Anteil der Deutschen an dem Verbrechen nicht untersucht zu haben: »Ich bezweifle, dass der Staatsanwalt sich diese 232 Deutschen, ihre Lastwagen und auch die Gestalt Wolfgang Birkners aus den Fingern gesaugt hat. Aber wie dem auch sei – es ist nicht in Ordnung, dass in Gross' Buch der Name Birkner nicht vorkommt.«

Ich persönlich würde mit Ermittlungen, die in der zweiten Hälfte der sechziger Jahre, zur Zeit der vom Staat orchestrierten antisemitischen Hetzjagd, durchgeführt wurden, äußerst vorsichtig umgehen. Monkiewiczs Auftraggeber war Mieczysław Moczar, der Chef des Sicherheitsamtes (UB), der mit nationalistischer und antisemitscher Propaganda die Unterstützung eines großen Teils des Parteiapparates gewonnen hatte. Ein wichtiger Teil dieser Propaganda bestand darin, den schnöden Undank der Juden gegenüber den Polen herauszustellen, die ihnen während des Krieges das Leben gerettet hatten. Die Wiederaufnahme der Nachforschungen zu Jedwabne im Jahre 1967 sollte vermutlich dazu dienen, die polnischen Beteiligten an dem Verbrechen reinzuwaschen.

Gross hatte Zugang zu den Zeugenaussagen im Prozess von 1949. Wie kann es sein, dass niemand die Lastwagenkolonne bemerkt hat? Ich weiß nicht, wie viele Deutsche vor der Scheune in Jedwabne waren, aber Tadeusz Ś., der Adam Michnik überzeugen wollte, dass die Polen unschuldig sind, hat drei gesehen.

21. November 2000
Jemand hat bei der *Gazeta Wyborcza* angerufen, der bereit ist, über Radziłów zu sprechen. Ich rufe zurück. Jan Skrodzki wohnt in Danzig, stammt aber aus Radziłów, einem Ort achtzehn Kilometer von Jedwabne entfernt. Dort kam drei Tage vor Jedwabne die gesamte jüdische Gemeinschaft im Feuer um.

Als kleiner Junge am Fenster, hinter Vorhängen verborgen, beobachtete er am 7. Juli 1941, wie die Juden zu ihrer Verbrennung getrieben wurden. Er hat keinen einzigen Deutschen gesehen. Er erklärt mir: »Ich fühle mich verantwortlich für Jedwabne, für Radziłów, für alles, was noch ans Tageslicht kommt.« Wir vereinbaren, dass ich zu ihm nach Danzig fahre.

23. November 2000
Im ŻHI lese ich den Bericht Menachem Finkelsztejns von der Verbrennung der jüdischen Gemeinschaft in Radziłów. Nach seiner Aussage wurde auch dieses Verbrechen von Polen begangen. Ich quäle mich durch grauenhafte Szenen – Vergewaltigungen, Schläge, Kinder werden lebendig in die brennende Scheune geworfen, einem jüdischen Mädchen wird mit einer Säge der Kopf abgetrennt – und würde gerne glauben können, dass die Geretteten aus ihrem tiefen Schock heraus übertreiben und zuspitzen.

Finkelsztejn versucht diesen Ausbruch der Barbarei folgendermaßen zu verstehen: »Der Samen des Hasses fiel auf eine reichlich gedüngte Erde, die über lange Jahre hinweg von der Geistlichkeit gut vorbereitet worden war. Und die Lust auf jüdische Profite und jüdische Reichtümer machte den Appetit noch größer.«

24. November 2000
Ein Historikertreffen zu dem Buch von Gross. Schon beim Eintreten spürt man eine emotionale Aufgeladenheit, wie man ihr in Polen auf wissenschaftlichen Tagungen nur selten begegnet.

Tomasz Szarota referiert den Wissensstand zu Jedwabne, wobei er immer weitere Publikationen anführt, die bezeugen, dass in Jedwabne das Kommando »Bialystok« unter Führung Wolfgang Birkners, den man vom Warschauer Ghetto abkommandiert habe, tätig gewesen sei. Es gibt dafür aber bloß eine einzige Quelle: Staatsanwalt Monkiewicz, der dies bei jeder sich bietenden Gelegenheit wiederholte, so zum Beispiel beim 250-jährigen Jubiläum der Verleihung der Stadtrechte an Jedwabne.

Gross schlägt einen anderen Ton an. Er spricht scharf, direkt, ironisch, erinnert Szarota an eine Zusammenkunft vor einigen Monaten, bei der Monkiewicz erklärt habe, im Sommer 1941 hätten Polen im Gebiet von Białystok weder Juden ermordet noch bei deren Ermordung geholfen. Es habe nur einen einzigen Fall dieser Art gegeben, als Polen von den Deutschen gezwungen worden seien, eine Menschenkette zu bilden, um die Juden an der Flucht zu hindern.

»Ich bin zu der Überzeugung gekommen, dass man auf den Herrn Staatsanwalt gerne verzichten kann«, sagt Gross. »Es ist fatal, dass Tomasz Szarota seine wissenschaftliche Autorität dafür hergibt, einer irreführenden Version der Tragödie von Jedwabne Glaubwürdigkeit zu verleihen, indem er Monkiewiczs Thesen in hohen Auflagen in Umlauf bringt. Wir haben darüber gesprochen, lieber Tomasz«, wendet er sich direkt an Szarota, »und ich habe dir gesagt, dass die Anwesenheit Birkners in Jedwabne eine Erfindung ist und dass du Monkiewicz vergessen solltest.«

Nachdem immer mehr Tagungsteilnehmer auf handwerkliche Mängel in Gross' Buch hinweisen, tritt Marek Edelman, der letzte noch lebende Anführer des Aufstands im Warschauer Ghetto, ans Mikrofon: »Hier möchte jeder etwas finden, um zu beweisen, dass Gross ein schlechter Historiker ist, denn er habe sich geirrt: diesen Herrn haben sie früher umgebracht und jene Dame später. Aber das ist nicht der Punkt. Jedwabne war weder das erste Ereignis dieser Art noch ein Einzelfall. Es gab damals in Polen eine Atmosphäre, die dem Ermorden von Juden günstig war. Und dabei ging es nicht um Raub. Im Menschen gibt es etwas, das ihn gerne morden lässt.«

Jerzy Jedlicki, der Leiter der Tagung, ergreift das Wort: »Hass auf Juden, sie zu verachten und zu verlachen – das gehört zur mitteleuropäischen Kultur des 20. Jahrhunderts, auch zur polnischen. Ich will damit nicht sagen, jeder wäre zu einem Verbrechen fähig gewesen. Aber die Vernichtung der Juden wurde von einem beträchtlichen Teil ihrer polnischen Umgebung mit Freude begleitet. Diese Freude, dieses Lachen angesichts der Shoah – daran erinnere ich mich, denn ich war damals auf der anderen, der ›arischen‹ Seite der Mauer. Bis heute haben wir uns diesem Thema nicht gestellt, auch ich ganz persönlich nicht, aus Feigheit, aus Angst vor dem Dunklen, das in unserer kollektiven Geschichte lauert. Mit seinen Büchern weckt uns Gross aus dieser Abgestumpftheit. Und das ist das Entscheidende.«

Die Versammlung dauert beinahe fünf Stunden, zeitweise gleicht sie einem Psychodrama. Alina Skibińska, eine junge Historikerin aus Polen, die für das Holocaust-Museum in Washington arbeitet, bricht in Tränen aus, als sie von dem Meer aus Judenhass berichtet, dem sie sich bei der Lektüre von Archivmaterialien gegenübersieht.

25. November 2000

»In Jedwabne wären nicht so viele Menschen zum Töten bereit gewesen, wenn sie sich von anderen Gleichgesinnten und von Autoritätspersonen nicht unterstützt gefühlt hätten«, schreibt eine Psychologieprofessorin in der *Gazeta Wyborcza*; sie beruft sich auf Studien, wonach die Polen ihr nationales Leiden als eine Art speziellen Beitrag oder Investition begreifen, für die ihnen die Welt mehr schuldet als anderen. »Wir halten uns für außergewöhnlich und schreiben uns moralische Verdienste sowie einen besonderen Beitrag zum Schicksal der Welt zu. Untersuchungen zeigen, dass Menschen, die so denken, eher bereit sind, das Töten Unschuldiger zu akzeptieren.«

Bei Jacek Kuroń. Ich berichte ihm vom Historikertreffen. Jacek hat die gleichen Erinnerungen wie Edelman: Das gesellschaftliche Klima habe Schikanen gegen Juden zugelassen. In Lemberg habe er mit eigenen Augen gesehen, wie Jugendliche Steine ins Ghetto warfen, worüber sich niemand empörte. Überall dasselbe Lied: »Hitler macht gute Arbeit für uns.«

»Daran hat selbst der Holocaust nichts geändert«, sagt Jacek. Und er erzählt eine Episode aus dem Sommer 1945, als er mit seinen Eltern, seinen Großeltern und seinem jüngeren Bruder Felek in Krakau wohnte. Während eines Spaziergangs habe sein Großvater seinen kleinen Bruder am Arm gezogen, und Felek sei in Tränen ausgebrochen. Sogleich habe sich eine Menschenmenge gebildet, der alte Herr wurde herumgezerrt und beschimpft. Man hielt ihn für einen Juden, der ein polnisches Kind ermorden wollte, um daraus Matzen zu machen. Einfach nur, weil Felek blond war und der Großvater eine Kappe trug. Wenig später sei es in Krakau zu einem Pogrom gekommen.

»Der Hass«, fährt Jacek fort, »entsteht aus uneingestandenen Schuldgefühlen. Irgendwo in ihrem Innern wissen die Menschen, dass hier ein Volk ermordet worden ist und dass sie davon profitiert haben, ihnen gehört ein ehemaliges jüdisches Haus oder zumindest ein Kopfkissen. Damit wollen sie sich nicht auseinandersetzen, und so wächst in ihnen der Hass.«

Ich zitiere ihm einen Abschnitt aus der *Gazeta Wyborcza*, wo Jacek Żakowski, ein bekannter politischer Kommentator, schreibt: »Jan Gross ist für sich verantwortlich, und ich bin es für mich. Keiner von uns hat das Recht, dem anderen seine Landsleute oder seine Vorfahren vorzuwerfen.« Jacek meint dazu: »Aus der Weigerung, sich zur eigenen Verantwortung zu bekennen, ist auf der Welt noch nie etwas Gutes entstanden.«

5. Dezember 2000

Ein Brief von Kazimierz Laudański an Adam Michnik. Er ist der ältere Bruder von Jerzy und Zygmunt Laudański, die für ihre Teilnahme an der Ermordung der Juden von Jedwabne zu 15 bzw. zwölf Jahren Haft verurteilt wurden. In dem Brief schildert er seine Version der Ereignisse. Die Deutschen sind die Hauptakteure; die jüdischen Kommunisten »hatten zusammen mit dem NKWD Listen von Familien angefertigt, die nach Sibirien deportiert werden sollten«.

Das wirft die Frage auf: Angenommen, das Verbrechen ist ein Werk der Deutschen, was tut es dann zur Sache, dass Polen von Juden an den NKWD verraten wurden?

Kazimierz Laudański protestiert dagegen, dass man seine Brüder verleumdet, und preist den Patriotismus der Familie.

Jan Gross stieß in den Gerichtsakten auf einen Brief von Zygmunt Laudański an die kommunistischen Machthaber, in dem dieser erklärt, dass er während der sowjetischen Besatzung Informant des NKWD war und nach dem Krieg in die Polnische Arbeiterpartei eingetreten ist. »Auf Schultern wie meine«, schrieb er, »kann sich unsere sozialistische Ordnung stützen.« Gross war frappiert: »Bei der ersten Lektüre dieser Ausführungen fällt der ungebrochene Konformismus dieses Mannes ins Auge. Offenbar versuchte er vorwegzunehmen, was sich die einander ablösenden mörderischen Regime jener Zeit von den ihnen Unterworfenen vor allem erwünschten, und jedes Mal verschrieb er sich ihnen mit Haut und Haar; erst war er geheimer Mitarbeiter des NKWD, dann erledigte er die Drecksarbeit für die Nazis und tötete die Juden, und schließlich trat er der PPR, der Kommunistischen Partei, bei« (*Nachbarn*, S. 86).

Laudański schließt mit den Worten: »Stets waren wir und sind wir bereit, der Heimat *pro publico bono* zu dienen.«

Das ist dann wohl doch zu viel für Adam. Er beendet das Embargo. Ich rufe im Namen der *Gazeta Wyborcza* bei Laudański an, um mich mit ihm zum Gespräch zu verabreden.

9. Dezember 2000

Pisz, hundert Kilometer nördlich von Jedwabne. Kazimierz Laudański erwartet mich vorn am Weg, der zu seinem Haus führt. Noch bevor wir angekommen sind, hat er es geschafft, bei mir in Erfahrung zu bringen, aus welcher Gegend meine Eltern stammen und wie der Familienname meiner Mutter lautete. Sie hatte einen ganz und gar anständigen Mädchennamen, und auch der Vorname war in Ordnung. Zumindest seit ein in sie verliebter Pole ihr »arische« Papiere einschließlich Taufbescheinigung besorgt hatte, um sie zu heiraten. Auf diese Weise ist in Lemberg im Jahre 1942 Lea Horowicz verschwunden. Sie verschwand so gründlich, dass ich von meiner Herkunft erst als Erwachsene erfuhr, und auch nur durch puren Zufall.

Meine Mutter hielt keinen Kontakt mit ihrer Familie, nie tauchte ein Onkel oder eine Cousine bei uns zu Hause auf. Ich fand es ganz natürlich, dass für meine Mutter, eine unabhängige und rebellische Person, Familie und Verwandtentreffen eine langweilige, spießige Verpflichtung waren, der sie sich nicht zu unterwerfen gedachte. Erst nach dem Studium lernte ich in unserem Kleingarten in der Nähe von Warschau einen etwa fünfzigjährigen Herrn kennen, den mir meine Mutter als den Sohn ihrer geliebten Schwester vorstellte, die man in der Sowjetunion im Zuge der Großen Säuberung von 1937 ermordet hatte. Ich war damals mit Freunden unterwegs, sagte nur kurz Hallo und lief weiter ans Wasser. Einige Jahre vergingen, ehe ich ihn ein zweites Mal traf. Ich begann unser Gespräch damit, dass er der einzige mir bekannte Verwandte mütterlicherseits sei, und fragte ihn, ob er vielleicht irgendetwas über unsere gemeinsame Familie wisse. »Unser Großvater Hirsz Horowicz …«, begann mein Cousin Oleś Wołyński.

Ich rief der Reihe nach meine Freunde und Verwandten an, telefonierte mein Adressbuch durch, von A bis Z. »Ich bin Jüdin«, verkündete ich. Aus irgendeinem Grunde machte diese Tatsache auf niemanden besonderen Eindruck – außer auf mich selbst. Nur einer meiner Bekannten, ein Berater der »Solidarność«, traf sich mit mir und legte mir nahe, in der Redaktion des *Tygodnik Mazowsze*, einer von mir mitgestalteten Zeitung der Untergrund-»Solidarność« (es war 1984), keine Personen dieser Herkunft mehr einzustellen. »Ihr seid ohnehin in der Überzahl, und wenn sie euch einbuchten, kann das der Sache schaden«, sagte er in bester Absicht, aus Sorge, es war nicht gegen mich gerichtet. Der größte Schock war die Erkenntnis, dass fast alle meine Bekannten »Bescheid wussten«. Zum Beispiel hatte die Mutter des einen vor dem Krieg ein angesehenes jüdisches Gymnasium besucht und war mit meiner Mutter in dieselbe Klasse gegangen. »Warum hat mir das niemand gesagt?«, fragte ich sie. Einer war überzeugt, dass ich Bescheid wusste, dass ich aber beschlossen hatte, die hundertprozentige Polin zu spielen (ich hatte ihn oft ausgefragt, wie es sich anfühle, ein Jude zu sein). Ein anderer war der Ansicht gewesen, die Entscheidung, meine Herkunft zu enthüllen, liege bei meiner Mutter (er ging von der für ihn offensichtlichen Annahme aus, dass das Judesein einen Grund darstelle, sich zu schämen, etwas, das man »enthüllen« könne). Ein Dritter war zu dem Schluss gekommen, dass es besser für mich sei, nicht Bescheid zu wissen.

Kazimierz Laudański hatte mich zu sich nach Hause eingeladen. Eine elegante Villa im Stadtzentrum, der Tisch mit einem eleganten Service gedeckt. Er hat für mich einen Stadtplan von 1941 vorbereitet, gezeichnet auf kariertem Papier. Die Straßennamen, die Kirche, der Friedhof mit blauem Kugelschreiber, die Synagoge und die Scheune mit rotem.

Zum Verbrechen von Jedwabne sagt er, es habe einen deutschen Befehl gegeben. Als ich ihn frage, wie viele Deutsche da gewesen seien, erfahre ich, dass an jeder Ecke der Stadt ein Deutscher in Uniform gestanden habe. Ich bitte ihn, mir auf dem selbstgezeichneten Stadtplan zu zeigen, wo sie gestanden haben. Er zeichnet vier Kreuze ein. Vier Deutsche!

»Die Juden von Jedwabne, ob man sie damals verbrannt hätte oder nicht – ihr Los war ohnehin vorherbestimmt«, erklärt Kazimierz Laudański. »Früher oder später hätten die Deutschen sie alle umgebracht. So eine Bagatelle, aber man zieht die Polen hinein, und ausgerechnet auch noch meine Brüder. Wir haben die Gestapo verziehen, den NKWD, und jetzt dieser kleine Streit zwischen Juden und Polen, und da will niemand verzeihen?«

»Es geht mir nicht darum, meine Brüder zu verteidigen«, erklärt Laudański weiter. »Zu Recht oder zu Unrecht, man hat über sie gerichtet, und ein zweites Mal können sie nicht für dieselbe Sache verurteilt werden. Ich treffe mich deswegen mit Ihnen, damit Sie Herrn Michnik übermitteln, dass man Wunden nicht unnötig aufkratzen soll. Unser Volk zu Verbrechern zu machen hat keinen Sinn. Es ist niederträchtig, den Polen solche Dinge vorzuwerfen. Und für eine Kampagne zur Belehrung der Polen ist es jetzt, da das jüdische Finanzkapital Polen angreift, nicht die richtige Zeit.«

Ich überzeuge Kazimierz Laudański davon, dass ich mich auch mit seinen Brüdern treffen muss, um meinen Text für die *Gazeta Wy-*

borcza zu schreiben. Wir vereinbaren, dass ich noch einmal vorbeikomme.

10. Dezember 2000

Ein Leserbrief von Kazimierz Mocarski an die *Gazeta Wyborcza*. Mocarski stammt aus einem Dorf unweit von Jedwabne, er war Schuldirektor in einer Kleinstadt an der Ostsee, wo er heute als Rentner lebt. Ich besuche ihn.

In dem Brief beschreibt er das Jedwabne der Vorkriegszeit: »Die Zeiten waren schwer, man drehte jeden Groschen um. Die reicheren jüdischen Geschäfte konnten sich niedrigere Preise erlauben. Die Polen reagierten darauf, indem sie Marktstände umwarfen und Scheiben einschlugen. Das antijüdische Gift, die Legende, dass die Juden Christus ermordet hätten, wirkte und raubte einer Gruppe von Leuten vor Hass den Verstand.«

Er erinnert sich, dass zwei Tage vor dem Verbrechen eine Gruppe Juden am Haus seiner Familie vorbeigegangen war. »Meine Mutter war am Brotbacken und gab ihnen zwei Laibe. ›Flieht, so weit ihr könnt‹, warnte sie, denn es war bekannt geworden, dass am Vortag in Radziłów Juden verbrannt worden waren.« Er weiß von seiner Mutter, dass einige Bauern aus ihrem Dorf die Pferde angeschirrt hatten und nach Jedwabne gefahren waren, in der Hoffnung, dort jüdische Geschäfte und Werkstätten plündern zu können, und dass wiederum einige Personen, die am Pogrom nicht teilnehmen wollten, aus Jedwabne zu ihren Familien auf dem Lande geflohen waren. Einige Tage nach der Verbrennung der Juden in der Scheune habe ihn ein Freund eingeladen, um sich zu brüsten, dass seine Familie eine Wohnung übernommen habe. Er habe gehört, wie die Juden geschlagen und herumgestoßen worden seien, wie man ihnen befohlen habe, ein Vaterunser zu beten.

»Ich fahre ab und zu nach Jedwabne«, erzählt er weiter. »Ein unglücklicher Ort, zurückgeblieben, ohne Infrastruktur. Es gibt dort keine Arbeit, die Menschen sind bedrückt, sie fühlen sich selbst als Opfer. Einer der Slogans der nationalistischen Partei vor dem Krieg lautete, die Juden seien schuld an der Armut. Heute gibt es keine Juden mehr, aber die Not ist nach wie vor da.«

Ich nehme einen Umweg und fahre über Jedwabne nach Warschau zurück. Ich will Leon Dziedzic besuchen, einen Bauern aus der Umgebung, der einige Interviews gegeben hat – in Jedwabne eine Seltenheit, die Bewohner lehnen es ab, mit Journalisten zu sprechen. Aus dem, was Dziedzic sagt, geht hervor, dass Polen den Mord nicht nur ausgeführt, sondern auch initiiert haben: »Man erzählte sich, dass der Kommandeur der Polizeistation am Tag darauf den polnischen Anführern des Pogroms heftige Vorwürfe machte: ›Mit den Juden aufräumen, das wolltet ihr unbedingt, aber zum Aufräumen seid ihr nicht imstande.‹ Es ging ihm darum«, erklärte Dziedzic, »dass sie die Überreste nicht begraben hatten, und er hatte Angst, dass eine Seuche ausbrechen könnte, denn es war heiß, und die Hunde hatten schon angefangen, an die Leichen zu gehen.«

Aber Leon Dziedzic lebt nicht mehr in Polen. Seit die Reportage – für die er sich auch noch fotografieren ließ – erschienen war, wurden ihm jedes Mal, wenn er mit seinem Rad zum Einkaufen fuhr, die Reifen zerstochen. Er ist in die USA ausgewandert, wo seine Frau und vier seiner Söhne seit vielen Jahren wohnen.

Statt seiner treffe ich Leszek Dziedzic an, den fünften Sohn, er ist auf dem Bauernhof geblieben. Diesen Herbst hatte er die Familie in den Staaten besucht, während seine Frau mit ihren beiden Kindern, dem zehnjährigen Tomek und dem vierzehnjährigen Piotrek, zu Hause in Polen geblieben war. »Ich bin früher aus Amerika zurückgekommen – nach dem, was Papa erzählt hat, hatte ich Angst um meine Frau und die Kinder. Kaum war ich angekommen, bekam ich auch tatsächlich zu hören: ›Mach bloß keine Schwierigkeiten, die haben es auf dich abgesehen.‹ Wir haben Angst um die Kinder, deshalb bringen wir sie zur Schule und holen sie ab.«

Ich fahre zu Janina Biedrzycka, der Tochter des Besitzers der Scheune, in der die Juden verbrannt wurden. Wie ungeladene Gäste vor mir empfangen wurden, ist mir bekannt. Eine Filmregisseurin wollte sie beim ersten Mal nicht hereinlassen und erklärte beim nächsten Versuch: »Ich dachte, Sie wären eine Drecksjüdin, aber der Pfarrer hat mir gesagt, dass Sie evangelisch sind. Unter den Deutschen, da gab es anständige Leute.« Den Reporter einer Lokalzeitung begrüßte sie mit den Worten: »Haben Sie irgendeinen Ausweis? Das ist kein polnischer Name. Aber ist mir sowieso egal, alle hören auf die Juden, die Wahrheit will keiner wissen.«

»Es gibt in Jedwabne Häuser, die Juden gehört haben, ich wohne in meinem eigenen«, beginnt sie das Gespräch mit mir. »Ich hatte nichts davon. Ich weiß, wie rachsüchtig der Jud ist.«

Wenn sie das Wort »Jude« ausspricht, schreit sie fast. Aber von dem Verbrechen behauptet sie, die Deutschen hätten es begangen.

15. Dezember 2000

Ich besuche meinen Cousin Oleś Wołyński, von dem ich erfahren habe, dass ich Jüdin bin. Oleś hat das Buch von Gross nicht überrascht. Dass Juden von ihren Nachbarn ermordet wurden – seien es Litauer, Ukrainer oder Polen –, habe einfach zu den möglichen Szenarien gehört.

Die Eltern von Oleś waren vor dem Krieg Funktionäre der Kommunistischen Internationale, seine ersten Lebensjahre hat er in Moskau verbracht. Als beide der Großen Säuberung zum Opfer fielen – sie wurden 1937 erschossen –, kam er in ein Kinderheim, von dort ins Gefängnis in der Lubjanka, schließlich in ein Lager.

»In Sibirien war ich nicht mit Antisemitismus in Berührung gekommen«, erzählt er. »Das erste Mal hörte ich antisemitische Sprüche im Jahr 1954, da war ich noch in der Sowjetunion, in Minsk. In dem Krankenhaus, in dem ich gelandet war, redeten die Krankenschwestern an meinem Bett über eine Kollegin, die einen Juden heiraten wollte. ›Ich würde kotzen, wenn ich mit einem Juden ins Bett gehen müsste‹, hörte ich da. Nach der Rückführung nach Polen fuhr ich 1958 wegen meiner Tuberkulose nach Zakopane in ein Ferienheim für Milizionäre. Dort begegnete ich demselben elementaren, leidenschaftlichen, geradezu körperlichen Antisemitismus. Dummes Geschwätz ging von Mund zu Mund: wie der Chef des Polnischen Radio-Orchesters, der emigriert war, versucht hätte, seine Wertsachen ins Ausland zu schmuggeln, sich daher eine Pfanne aus Gold gießen ließ, aber die hätte zu sehr geglänzt, deshalb hätte er darin Rührei gebraten und sie dreckig eingepackt. Und das wäre dem Zollbeamten verdächtig vorgekommen. In dieser Geschichte war alles drin: die Juden haben Gold, sind gerissen und schmutzig.«

Oleś, der gern Lektüren ins Gespräch einflicht, zieht aus seiner umfangreichen Bibliothek einen Band heraus: *Dziennik z lat okupacji* [Tagebuch aus den Besatzungsjahren] von Zygmunt Klukowski. Der Autor, ein sozial engagierter Arzt, Direktor des Krankenhauses von Szczebrzeszyn, machte sich während des Krieges täglich Notizen. Das Verhalten der Polen während der Aktion zur Judenvernichtung am 22. Oktober 1942 beschrieb er so: »Sie halfen eifrig mit, suchten versteckte Juden, trieben sie zum Rathaus oder zur Polizeiwache, schlugen und traten sie. Die Bauern liefen hinter kleinen jüdischen Kindern her, die von den Polizisten vor aller Augen ermordet wurden. Mir stehen immer noch einzelne Juden vor Augen, die Gruppen, die in den Tod geführt wurden, und die Leichen, die achtlos auf Fuhrwerke geworfen worden waren, voll blauer Flecken und Blut. Zahlreiche Bewohner der Stadt raubten schamlos, so viel sie nur konnten.«

16. Dezember 2000

Ich fahre nach Pisz, um mich diesmal mit allen drei Laudański-Brüdern zu treffen. Ich nehme den etwas weiteren Weg über Łomża, um durch Jedwabne zu fahren, zum ersten Mal tagsüber. Kilometerweit offene Ebene, hier und da schüttere Baumgruppen – die flache masowische Landschaft bringt mir zu Bewusstsein, wie verschwindend klein die Hoffnung gewesen sein muss, sich vor den Schergen verstecken zu können. Allerdings ist jetzt Winter, damals war Juli, die Kornfelder waren noch nicht gemäht.

Wenn man, aus Łomża kommend, in den Ort hineinfährt, sieht man erhaltene Reste des Schtetl. In einem Winkel unweit des Marktplatzes, wo die Häuser eng beieinanderstehen, das Kopfsteinpflaster abgetreten ist, spürt man die Atmosphäre am besten. Kleine Holzhäuser, an die Erde gekauert, niedrige Fenster, alles winzig, groß sind hier nur die Pfützen aus geschmolzenem Schnee. Man müsste nur zum Schutz vor bösen Mächten eine Mesusa, mit Auszügen aus dem Deuteronomium, an den Türen anbringen, und schon ließe sich ein Film über die Ereignisse vor sechzig Jahren drehen.

Ich schlendere über den Marktplatz, der heute nach Johannes Paul II. benannt ist; hier wurden an jenem Julitag die Juden zusammengetrieben. Mit dem Plan, den ich von Kazimierz Laudański erhalten habe, fahre ich zum Ort des Verbrechens. Das Gelände ist eingezäunt, auf einem Stein steht zu lesen: »Ort des Massakers an der jüdischen Bevölkerung. Die Gestapo und die Nazi-Gendarmerie verbrannte hier am 10. Juli 1941 1600 Menschen bei lebendigem Leibe.« Auf der anderen Seite wächst dichtes Gebüsch, doch auf der Karte ist hier der jüdische Friedhof eingezeichnet. Ich gehe hinein und sehe zerbrochene Grabsteine aus dem Schnee ragen.

In Pisz warten die Laudański-Brüder bereits auf mich. Wir sitzen uns gegenüber, trinken Tee, essen selbstgebackenen Lebkuchen. Kazimierz Laudański und seine Brüder sind weithin bekannte Imker, sogar aus Deutschland kommen Kunden, um Honig zu kaufen. Die Brüder, stattlich, ruhig, machen einen guten Eindruck und sprechen, als hätten sie auswendig gelernt, was sie sagen wollen.

Unser Gespräch dauert schon fast vier Stunden, und ich habe schon mindestens drei Stücke Lebkuchen gegessen, als wir zum Juli 1941 kommen. Jerzy, der jüngste der Brüder, ist auch der wortkargste. Er lächelt nur mit den Mundwinkeln.

»Ich war vor der Scheune«, sagt er schließlich, »aber dreißig Meter entfernt. Vor mir standen viele andere.«

Ich überlege, wie viele Menschen wohl um die Scheune herumgestanden haben mögen. Und wie viele von ihnen sich nur aufs Zusehen beschränkt haben.

Aus Szmul Wasersztejns Bericht: »Den Befehl zur Vernichtung aller Juden hatten die Deutschen erteilt, aber polnische Schläger nahmen ihn an und führten ihn auf schrecklichste Weise aus. Während der ersten Pogrome und während des Blutbads zeichneten sich die folgenden Lumpen durch ihre Grausamkeit aus: …« Unter dem guten Dutzend Namen, die hier angeführt sind, findet sich auch der von Jerzy Laudański.

Schließlich erzählt Jerzy Laudański doch eine längere Geschichte. Wie Karol Bardoń (einer der Angeklagten im Nachkriegsprozess zur Ermordung der Juden in Jedwabne) sich an die Gefängnisbehörden gewandt habe, er wolle aussagen, wer an der Verbrennung der Juden beteiligt gewesen sei. »Ich weiß das vom Gefängnissanitäter. Bardoń hat gedroht, er würde hundert Leute hinter Gitter bringen, aber als sie ihm Papier gaben und er eine Liste machen sollte, versagten ihm die Hände und die Stimme, und so ist er im Gefängnis gestorben. ›Ein Wunder ist geschehen‹, meinte der Sanitäter.« Heißt das, überlege ich, dass Bardoń hundert Täter hätte namentlich angeben können? Aber ich stelle keine provokanten Fragen.

»Wir werfen den Juden nichts vor, aber hören Sie auf, diese Wunden aufzukratzen«, warnt mich Kazimierz Laudański zum Abschied. »Und was haben die Juden nach dem Krieg im Sicherheitsdienst gemacht? Was gibt's da groß zu reden, es ist eine Schande, wozu also sich gegenseitig beschuldigen?«

Ich höre ihnen zu und werde den Eindruck nicht los, dass sich unter ihren Augenlidern von neuem jene Szenen abspielen. Ich habe in Pisz ein Hotelzimmer reserviert, beschließe aber, in der Nacht nach Hause zurückzufahren. Ich fahre auf einer völlig leeren vereisten Straße, nur weg von den Laudańskis, so weit wie möglich.

17. Dezember 2000

Danzig. Jan Skrodzki holt mich am Bahnhof ab und bringt mich zu einem Wohnblock in Hanglage am Waldrand. In der gepflegten Wohnung begrüßt mich ein großer zotteliger Hund namens Czacza und hausgemachter Fruchtlikör.

»Es waren nicht die Deutschen, sondern unsere Leute«, beginnt er.

Ich gebe ihm das Zeugnis von Menachem Finkelsztejn, das ich im ŻIH kopiert habe. Die dort beschriebenen Szenen sind so grauenhaft, man kann sich kaum vorstellen, dass so die polnische Erinnerung aussehen soll, dass all diese entsetzlichen Geschichten im kollektiven Gedächtnis überdauert haben könnten. Skrodzki aber ist keineswegs verwundert, im Gegenteil: er präzisiert und ergänzt. Ich lese ihm vor, wie Polen von Anfang an bei der Aktion der Deutschen mitgemacht und Juden gequält haben. Vor Fuhrwerke gespannte Menschen wurden um die Stadt herum an einen sumpfigen Fluss getrieben. »Die Deutschen prügeln, die Polen prügeln. Bei den Juden Tränen und Angst, bei ihnen aber, bei den Deutschen und Polen, Freude.«

»Es geht um den Matlak, einen schmalen, flachen Bach«, erklärt er. »Am Matlak gab es eine Wiese, wo die Bauern ihre Gänse und Enten hintrieben, und zwischen dem Bach und der Bebauung an der Ulica Nadstawna war torfiges Gelände und Kanäle, wo der Torf gestochen worden war. Dorthin trieb man die Juden.«

Er ist bereit, unter seinem Namen in der *Gazeta Wyborcza* von dem Verbrechen zu erzählen. Wir sprechen neun Stunden lang, aber ich wage es nicht, ihm die Frage zu stellen, die sich aufdrängt: Wo war Ihr Vater am 7. Juli 1941?

19. Dezember 2000

Pisz. Im örtlichen Museum bin ich mit Mieczysław K. verabredet, dem pensionierten Direktor. Ich bin über Zwischenstationen zu ihm gelangt, indem mich eine Person an eine andere weiterverwies. Er soll mir etwas über die Laudańskis erzählen – angeblich könne er so einiges berichten, da er selbst aus Jedwabne stammt –, aber als wir uns treffen, ist er so eingeschüchtert, dass ich kaum etwas aus ihm herausbekomme. Das wundert mich kaum. Denn im Museum wartet auf uns – scheinbar zufällig – auch die Nichte eines Laudański-Bruders. Wie und von wem hat sie von unserem Treffen erfahren? Offenbar gab es eine Zwischenstation, welche die Laudańskis informiert hat. Er erklärt, warum er nicht mit mir sprechen möchte: »Vielleicht habe ich die Furcht von dort mitgenommen, aber heute haben Freunde mich gewarnt, mit Ihnen zu sprechen: ›Misch dich da lieber nicht ein!‹«

Er erwähnt nur, dass er im Sommer 1941 mit anderen Jungen die jüdischen Häuser abgesucht habe. »Die waren alle schon besetzt und ausgeraubt, aber ich suchte nur diese Blechbüchsen an den Türrahmen. Ich wickelte das, was drin war, so gern aus – da waren hebräische Wörter, auf Leder, wohl auf Schafsleder geschrieben. Als nach dem Krieg das Museum in Pisz eröffnet wurde, gab ich die Mesusen dorthin.«

20. Dezember 2000

Pisz. Ich klopfe unangemeldet an die Tür des kleinen Hauses, in dem Mieczysław K. wohnt. Vielleicht schaffe ich es ja doch, etwas von ihm in Erfahrung zu bringen.

Nach dem dritten Tee beginnt er schließlich zu erzählen, es macht ihm sichtlich Mühe:

»1941 war ich zwölf Jahre alt. Einige Mütter ließen an jenem 10. Juli ihre Kinder nicht aus dem Haus, aber ich gehörte zu denen, die überall ihre Nase reinstecken müssen. Als die Polen von Haus zu Haus gingen und die Juden auf dem Markt zusammentrieben, war das Geschrei und Weinen überall zu hören, sie nahmen sowohl Kinder als auch Greise mit. Mit Stöcken stellten sie die Juden in Reihen auf, und die leisteten keinerlei Widerstand. 1600 waren es nicht, höchstens tausend. Ich war bei der Scheune. Eine große Menschenmenge gab es dort nicht, nur Männer, vielleicht an die fünfzig. Meine Freunde und ich standen etwas abseits. Wir hatten Angst, man könnte uns für jüdische Kinder halten und ins Feuer werfen. Es war ein sonniger Sommer, ein wenig Lampenöl und Streichhölzer, das reichte aus. Als sie die Scheune anzündeten, dauerte das Schreien, bis das Dach einstürzte. Józef Kobrzyniecki warf Kinder in die brennende Scheune. Das habe ich mit eigenen Augen gesehen. Und ich habe gehört, dass Kobrzyniecki der Anführer der Menge war, er hat am heftigsten geschlagen und dann noch die Häuser abgesucht, und die Juden, die sich auf den Dachböden versteckten, hat er mit dem Bajonett abgestochen. Es war auch von anderen Verbrechern die Rede: Karolak, die Laudańskis, Zejer. Sobald ich erwachsen war, bin ich dort weggefahren und will seitdem nichts mehr mit diesem Ort zu tun haben.«

Er macht nur einen Vorbehalt: »Nennen Sie bitte nicht meinen Namen. Die Laudańskis sind am Leben, ich mache in Pisz meine Einkäufe, einen von ihnen habe ich einmal auf der Straße getroffen, da läuft es einem kalt den Rücken runter, das muss ich mir nicht antun.«

21. Dezember 2000

Mieczysław K. hat mir erzählt, in Zanklewo, unweit von Jedwabne, habe er einen Onkel gehabt, einen reichen Bauern, der eine jüdische Familie aus dem Nachbarort Wizna versteckte. Nach dem Krieg wurde ihm der Hof angezündet. Er hat mir seinen Namen gegeben – der Onkel lebt nicht mehr, aber seine Kinder, die damals alt genug waren, um sich an etwas zu erinnern. Ich fahre los.

Zanklewo, ein abgelegenes Dorf, auf dem Weg von Jedwabne nach Wizna. Dort hat der Onkel von Mieczysław K. Juden versteckt. Ein gepflegter, wohlhabender Hof, ein herzlicher Landwirt. Ja, das sei richtig, seine Eltern hätten einen Schneider aus Wizna names Izrael Lewin mitsamt dessen Frau und zwei Kindern versteckt. Er selbst sei damals schon über zehn Jahre alt gewesen und könne sich noch gut erinnern.

»Sie waren unter dem Fußboden neben dem Ofen versteckt. Niemand wusste davon, erst nach dem Krieg verbreitete sich die Nachricht.«

Er erzählt von der Nachkriegszeit: »1945 nahmen uns Partisanen von den Nationalen Streitkräften (NSZ) Kleidung, Kühe und Schweine ab und brannten die Gebäude nieder. Wir blieben ohne Habe zurück. Das war so eine Zeit: Wenn es einem etwas besser ging, dann nahmen einem die Banden gleich alles ab, wahrscheinlich dachten sie, wir hätten jüdisches Gold. Armut haben wir zur Genüge kennengelernt. Als hier die NSZ das Sagen hatten, herrschte eine Angst wie unter den Russen oder den Deutschen, wenn nicht noch schlimmer.«

Diese Angst gibt es ganz offensichtlich immer noch, denn beim Abschied bittet mich mein Gesprächspartner, nirgendwo seinen Namen zu nennen.

22. Dezember 2000

Ich beschließe, die Arbeit an meinem Buch in Radziłów zu beginnen, ehe das dort begangene Verbrechen die gleiche Aufmerksamkeit erregt wie das von Jedwabne. Dort wird es einfacher für mich sein, mit den Menschen zu sprechen.

Ich fahre nach Kramarzewo in der Nähe von Radziłów und finde dort Marianna Ramotowska, geborene Finkelsztejn, die von Stanisław Ramotowski gerettet worden ist. Ich gelange zu einem einfachen Holzhaus, das sich an den Rand eines Bachs kauert. Ramotowski erklärt mir schon auf der Schwelle, er wolle nicht mit mir reden, aber irgendwie gelingt es mir einzutreten.

Drinnen ist es empfindlich kalt. Dort sitzt seine Frau, sie trägt mehrere Pullover übereinander, eine kleine, zierliche Person mit dicker Brille, noch weniger gesprächsfreudig als ihr Mann. Sie ist schwerhörig und kann nicht gehen. Er brüht mir Tee auf. Wir fangen an, uns zu unterhalten, doch immer wieder macht er Rückzieher.

»Die Juden wurden von Polen zusammengetrieben. Selbst wenn ich wüsste, wer es war, würde ich es nicht sagen. Das darf ich nicht tun. Wir wollen hier leben.«

Oder: »Ich werde Ihnen nicht sagen, wie ich während des Krieges mit dem Pfarrer die Hochzeit geregelt habe, als ich eine Jüdin heiraten wollte. Keine vier Pferde bringen mich dahin, Ihnen das zu erzählen, das ist eine religiöse Angelegenheit.«

»Sag es nicht, lieber Stanisław, um Gottes willen!«, bittet ihn seine Frau, während sie seine Hand hält.

Ich erzähle ihr, dass ich im ŻIH den Bericht von Menachem Finkelsztejn aus Radziłów gelesen habe, und frage, ob dies ein Verwandter von ihr sei. Obwohl der Name derselbe ist, behauptet Frau Ramotowska, nicht zu wissen, um wen es sich handelt. Überzeugend klingt das nicht, ich habe eher den Eindruck, dass sie alles in panische Angst versetzt, was sie an ihre jüdische Herkunft erinnert.

Ramotowski wehrt sich ebenfalls gegen meine Fragen, »denn ich lebe ja hier unter Menschen, und die können eines Tages bei mir vor der Tür stehen«. Doch als ich ankündige, im neuen Jahr wiederzukommen, ist er offensichtlich zufrieden. Er scheint sich einsam zu fühlen. Als ich ihn direkt danach frage, antwortet er, er hätte in Wąsosz eine befreundete Familie gehabt, sie Jüdin, er Pole, die während des Krieges geheiratet haben, aber sie leben nicht mehr. In diesem Zusammenhang bemerkt er, ganz nebenbei, die Polen in Wąsosz hätten dasselbe getan wie in Radziłów und Jedwabne. Sie hätten alle umgebracht.

28. Dezember 2000

In der Bibliothek lese ich die *Sprawa Katolicka* [Katholische Sache], eine regionale Wochenzeitung der Kirchengemeinde aus den dreißiger Jahren. Das Thema der Juden als der größten Bedrohung für Polen wird dort in obsessiver Weise aufgegriffen. Diese Verachtung und die aus tiefstem Herzen empfundene Freude darüber, dass infolge des wirtschaftlichen Boykotts die Juden in einem bestimmten Dorf am Verhungern sind – das macht einen sprachlos. Mir war bewusst, dass die katholische Kirche vor dem Krieg zum großen Teil antisemitisch war, aber es ist etwas anderes, das zu wissen, und diese hasserfüllten Texte im Kontext des späteren Verbrechens zu lesen.

Eine Vorstellung von Mitgliedern der zionistischen Jugendorganisation Hechaluz, die sich auf ein Leben in Palästina orbereiten. Jedwabne 1922.

Angehörige der zionistischen Jugendorganisation Hechaluz, Jedwabne 1930. Rund fünfzehn von ihnen gelang es, vor dem Krieg nach Palästina zu kommen.

1
»Mache Polen von den Juden rein« oder Vom polnisch-jüdischen Verhältnis in Jedwabne und Umgebung in den dreißiger Jahren

Es ist der zehnte Tag des Tischri im Jahre 5699, nach dem Gregorianischen Kalender der 5. Oktober 1938. Jom Kippur, der Tag der Sühne, das höchste jüdische Fest. An diesem Tag gehen alle Juden zur Synagoge. Menschenmengen ziehen über den Marktplatz. Am folgenden Tag wird kein jüdisches Kind in Jedwabne oder Radziłów zur Schule gehen, und die jüdischen Geschäfte bleiben bis Einbruch der Dämmerung geschlossen. Die katholischen Mitbürger sind nicht zu sehen, an diesem Abend hört man nur Jiddisch. In Jedwabne steht die Mutter des Bürgermeisters, Frau Grądzka, wie jedes Jahr in der Ulica Szkolna, an die Wand der Synagoge gelehnt; sie hat für Juden nicht viel übrig, doch ihre Gesänge findet sie bewegend. Sie ist gekommen, um ihr Lieblingsgebet anzuhören, *Kol Nidre*, das eine Form der Sühne darstellt für einen Eid, den man vergessen oder vorschnell oder unter Zwang geleistet hat.

Die älteren Kinder gehen zur Synagoge und nehmen am ganztägigen Fasten teil, doch die Kleinen – in vielen Häusern gibt es sieben, acht Kinder – werden an diesem Tag bei den polnischen Nachbarn in Obhut gegeben. Dort bekommen sie hartgekochte Eier oder Milch direkt von der Kuh, die sie aus ihrem eigenen Becher trinken – die Nachbarn respektieren es, dass die jüdischen Kinder sich koscher ernähren sollen. Die Verständigung mit Letzteren stellt kein Problem dar, Jiddisch ist eine Sprache, mit der sie täglich zu tun haben: im Geschäft, auf der Straße oder wenn sie bei Juden arbeiten. Einige sprechen sie ganz und gar flüssig. In Jedwabne ist Bronisław Śleszyński des Jiddischen kundig – jener Mann, der seine Scheune zur Verbrennung der Juden zur Verfügung stellen wird.

Am 3. Mai 1939 findet zum Nationalfeiertag eine große eucharistische Prozession statt. In der Kirche singt der Chor: »O Herr lass unser Flehen nicht vergeblich sein / Und mache Polen von den Juden rein.« Festlich gekleidet verlassen die Gläubigen die Messe, um an der Feierlichkeit teilzunehmen, die von der Kirche unter Mitarbeit von örtlichen Funktionären der Nationalpartei (SN) organisiert worden ist. Der Gründer dieser Partei der nationaldemokratischen Bewegung, Roman Dmowski, war vom Glauben an eine uralte jüdische Verschwörung gegen Polen besessen. Die Prozession zieht durch die Straßen am Markt: weißgekleidete Mädchen mit Blumengebinden, zwischen ihnen kleine Jungen im Chorhemd mit Glöckchen, gefolgt von Jugendlichen, die zu den Vereinigungen der Katholischen Mannes- und Frauenjugend gehören. Den Abschluss des Umzugs, der die ganze Breite der Straße einnimmt, bilden die Erwachsenen. Begleitet werden sie von einem Orchester und einem Fahrradkorso. Auf dem Markt, vor der Kirche, hält ein geladener Redner aus Łomża eine Rede. Er steht auf der Treppe und spricht vom heutigen Polen, das von einem fremden Element dominiert wird, und vom Polen von morgen, wenn sich das Volk aus der Knechtschaft der internationalen jüdischen Finanz befreit haben wird und der Pole nur noch beim Polen kauft. Schulter an Schulter mit dem Gast steht der Stadtpfarrer, auch ein Funktionär der SN. Die Versammelten entrollen Transparente: »Bauern und Arbeiter in den Handel – Juden nach Palästina und Madagaskar«, »Jeder Groschen an Fremde schadet der Nation«, »Wir reinigen Polen von den Juden«. Rufe ertönen, und alle singen:

Ach, liebes Polen,
hast viele Millionen,
und noch der Juden Schar
füllt alles Land dir gar.

Weißer Adler, steh auf,
schlag die Juden zuhauf,
uns're Herren, oh nein!
sollen niemals sie sein.

Die jüdischen Bewohner des Städtchens gehen an diesem Tag nicht aus dem Haus und lassen auch ihre Kinder nicht auf die Straße. Am nächsten Tag werden sie erfreut darüber reden, dass es nicht so schlimm gewesen ist: Die Bande von der SN, die zunehmend betrunken bis zum späten Abend patriotische Lieder sang und »Schlag den Juden!« skandierte, hat ihnen nur ein paar Scheiben eingeschlagen.

1

Obwohl die jüdischen und christlichen Bewohner von Radziłów oder Jedwabne sich im Alltag äußerlich nicht sehr voneinander unterschieden (Chassiden waren in dieser Region selten, die Juden kleideten sich eher »städtisch«, die älteren trugen Hüte); obwohl ihre Kinder meist dieselben Schulen besuchten (in Jedwabne gab es keine separate jüdische Schule, in Radziłów schon, doch sie war gebührenpflichtig, kaum eine Familie konnte sie sich leisten); und obwohl sie oft Tür an Tür in denselben Gebäuden wohnten und es freundschaftliche Beziehungen zwischen Kindern, Nachbarn oder Geschäftspartnern gab, lebten sie doch getrennte Leben und sprachen verschiedene Sprachen. Die Juden, insbesondere die jüngeren, kamen gut mit dem Polnischen zurecht, zu Hause aber wurde Jiddisch gesprochen. Die Einhaltung der koscheren Speiseregeln seitens der Juden schloss gegenseitige Einladungen nach Hause zum Essen aus. Die jüdischen Kinder lernten nach der Schule oft noch Hebräisch und jüdische Geschichte und halfen darüber hinaus ihren Eltern in der Werkstatt oder im Geschäft. Die polnischen Kinder gingen nach dem Unterricht aufs Feld, um zu helfen (selbst die Bewohner der Kleinstädte besaßen gewöhnlich ein Feld, eine Kuh und Schweine), und beendeten deshalb die Schule oft nach wenigen Klassen.

Das gesellschaftliche und kulturelle Leben lief parallel nebeneinander her, obwohl es direkt nach dem Ersten Weltkrieg noch gemeinsame Unternehmungen gegeben hatte, wie Picknicks oder Feste der Freiwilligen Feuerwehr, des Schützenvereins und des Reservistenverbandes.

Allerdings stießen die Juden bei den Polen immer häufiger auf Ablehnung, und in der zweiten Hälfte der dreißiger Jahre wurden sie unumwunden aus den gemeinsamen Organisationen hinausgeworfen. Das Leben der Katholiken konzentrierte sich auf die Gemeinde und die kirchlichen Feste sowie auf Veranstaltungen, die von der SN organisiert wurden, was die Juden natürlich ausschloss.

Mit der steigenden Welle des Nationalismus und Antisemitismus in Europa und Polen verschlechterte sich auch das Verhältnis zwischen Juden und Polen. Von den Juden wird als Schlüsseldatum häufig 1935 genannt, das Jahr, in dem Józef Piłsudski starb (das erste Staatsoberhaupt des unabhängigen Polen, ein herausragender Politiker, der die Minderheiten förderte und dafür von den Nationaldemokraten gehasst wurde).

Jedwabne gehörte vor dem Krieg zum Kreis Łomża, Jedwabne und Radziłów zur Wojewodschaft Białystok. (Alle im Weiteren angeführten Aussagen betreffen diese Gebiete.) Neunzig Prozent der Einwohner in beiden Orten waren arm bis sehr arm. Mosze Rozenbaum aus Radziłów, der im April 1939 nach Australien ging, schreibt in seinen Memoiren über die dreißiger Jahre, in der Nacht sei er vor Hunger aufgewacht, und am Tag habe er sich nicht auf den Schulunterricht konzentrieren können. Im Winter sei er hinausgegangen und habe eine Handvoll Schnee in den Mund genommen, um das saugende Gefühl im Magen zu überlisten.

Doch die Juden waren im Allgemeinen nicht ganz so arm, sie stellten bisweilen Polen ein: Frauen als Haushaltshilfen, Männer in den Werkstätten. Der Sabbat-Tscholent war oft das anständigste Gericht, welches ein Kind polnischer Nachbarn während der ganzen Woche zu essen bekam, wenn es Samstagabend seinem jüdischen Schulkameraden die Hefte vorbeibrachte. Als man den katholischen Nachbarn erklärte, an ihrer Armut seien die Juden schuld, glaubten das viele ohne weiteres.

Morris Atlas, ehemals Mosze Atłasowicz, der vor dem Ersten Weltkrieg aus Radziłów emigriert war, schrieb seinem Vater in der zweiten Hälfte der zwanziger Jahre, ob er zurückkehren und ihn im Alter unterstützen solle. Die Antwort des Vaters war knapp: »Bleib lieber da, wo Du bist. Das hier ist kein gutes Land für Juden.«

2

Die Geschichten von den ausgezeichneten Beziehungen zwischen Katholiken und Juden vor dem Krieg, wie man sie von Vertretern beider Gruppen hören kann, lassen sich bei Ersteren mit dem Bedürfnis erklären, sich von Schuld reinzuwaschen, bei Letzteren mit einer nostalgischen Verklärung ihrer Jugend. Als in den dreißiger Jahren eine Welle des Antisemitismus durch Europa schwappte, fielen die Bewohner von Jedwabne und Umgebung nicht hinter europäische Standards zurück. Man kann sie vielmehr als Avantgarde bezeichnen. Die Gegend um Łomża war ein Stammland der Nationaldemokratie. Die stärkste politische Kraft in der Region – das Nationale Lager (ON), das den Kampf gegen die Juden zum Leitmotiv seiner Tätigkeit auserkoren hatte – machte die Kleinstädte dieses Teils von Polen, in dem Armut und Rückständigkeit herrschten, zu Orten eines pulsierenden gesellschaftlichen Aktivismus. Der Schlachtruf »Schlag den Juden!« mobilisierte die Jugend, die in die faschistoide Jugendbewegung des Großpolnischen Lagers (OWP)[1] eintrat.

»Der Hinterhof des Rabbiners grenzte an den Hinterhof des Schulleiters, mit dessen Töchtern ich befreundet war«, erzählt die aus Radziłów stammende Halina Zalewska. »Von oben, vom Dach aus, beobachteten wir, wann der Rabbiner zum Abort ging, hielten die Tür auf, riefen ihn mit Spottnamen und ließen ihn nicht seine Notdurft verrichten. Er war wie eine Ratte, mit seinen schwarzen Augen, und seine Frau kam zu uns heraus: ›Oj, Fräulein, das ist aber gar nicht

1 Großpolnisches Lager (OWP) – 1926 auf Initiative Roman Dmowskis mit dem Ziel der Einigung der radikalen Rechten gegründete nationalistische politische Formation. Ihre Betätigung wurde von der Regierung nach antijüdischen Exzessen im Jahre 1933 verboten. (Hier und im Folgenden: A. d. Ü.)

schön, ich werde mich dem Papa empfehlen und ihm alles sagen.‹ Es machte uns Spaß, den Rabbiner zu ärgern.«

Jan Cytrynowicz, ein als Kind getaufter Jude, der vor dem Krieg in Wizna lebte, erinnerte sich daran, wie junge Burschen auf den Versammlungen einer kirchennahen Jugendorganisation sich gegenseitig anstachelten, beim Laubhüttenfest Katzen durch das offene Dach hinunterzulassen. Der nach dem Krieg in Jedwabne geborene Stanisław Przechodzki hörte von seine Mutter, während des Sabbats sei eine Gruppe Jugendlicher mit einer Ziehharmonika vor jüdischen Häusern aufgetaucht, um ihr Fest zu stören, sie stahlen den Juden ihre Kippas und verlangten ein oder zwei Zloty für die Rückgabe. Ihr zufolge waren die Anführer die »Laudański-Lümmel«: die Brüder Laudański.

Diese dummen Streiche wären nicht so schlimm gewesen – Kinder und Jugendliche haben immer schon Unfug getrieben –, hätten sie nicht ein Gefühl von Verachtung und Abneigung eingeübt, das im Erziehungsprozess konsequent verstärkt wurde.

»Ich erinnere mich daran, wie Kazimierz Laudański vor einem jüdischen Geschäft stand und erklärte, hier sei Einkaufen verboten«, erzählte mir in Israel der aus Jedwabne stammende Jakow Geva (der damals Jakub Pecynowicz hieß).

»In der polnischen Bäckerei gab es zwei Brezeln aus schlechterem Mehl für fünf Groschen, in der jüdischen dagegen für drei Groschen«, erinnert sich Leon Dziedzic aus Przestrzele, »aber wenn ich sie kaufen wollte, standen da zwei mit einem Knüppel und schickten mich weiter: ›Dort ist das polnische Geschäft.‹«

Chaja Finkelsztejn aus Radziłów beschreibt in ihren Erinnerungen, wie Kunden in den dreißiger Jahren die jüdischen Geschäfte durch die Hintertür betraten, weil sie den Vordereingang fürchteten.

Cytrynowicz erinnert sich, wie ein Bekannter seines Vaters unter viel Gelächter eine Anekdote erzählte, in der ein fahrender jüdischer Händler in sein Heimatdorf kam und die örtlichen Burschen ihm eine Wurst in den Mund stopften, die nicht koscher war, und er sich so heftig dagegen wehrte, dass er zu bluten begann.

Ein auf die Region Białystok spezialisierter Historiker berichtete mir von einer Anekdote, wonach die SN in einem der umliegenden Dörfer einen Preis in Form von Hafer für das wackere Pferd aussetzte, das einen Juden tritt.

Czesław Laudański, der Vater der Mord-Brüder, war ein örtlicher Funktionär der SN und organisierte eine Boykott-Aktion gegen eine jüdische Lehrerin in Jedwabne. Meine Gesprächspartner konnten sich daran erinnern, dass die Kinder die Klasse verließen, wenn Frau Hackerowa eintrat; das ging so lange, bis die Schulbehörde nachgab und die Lehrerin versetzte.

Szmul Wasersztejn erzählt in seinen Memoiren, die er vor seinem Tod in Costa Rica diktierte, wie schwer es für ihn war, in einem Land zu leben, wo »die Hälfte der Bewohner dich als elenden Juden, als Ratte ansieht, wo sie schreien, du sollst nach Palästina verschwinden, dich beleidigen und dir Steine in die Fenster werfen«, in einem Land, wo »Lumpenbanden jüdische Kinder unter irgendeinem beliebigen Vorwand verprügeln, sie zwingen niederzuknien und die Mützen abzunehmen«, und wie sehr ihn die Belehrungen seines Vaters demütigten, als Jude habe er den Bürgersteig freizugeben, wenn ein Priester oder Soldat vorbeigeht.

Jan Sokołowski, der aus Jedwabne stammt, stellte mir auf meine Frage nach den polnisch-jüdischen Beziehungen seine Sichtweise folgendermaßen dar: »Wie sollen sie schon gewesen sein, wenn die Juden alle anstrengenden Berufe, wie Zimmermann oder Maurer, den Polen überließen und selbst nur Mützen machten oder Müller waren oder Handel trieben? Ein Brötchen kostete fünf Groschen beim Polen und zwei Groschen beim Juden, was ist das für eine Konkurrenz? Sonntags ging man mit der Pferdepeitsche zur Kirche, denn die Peitsche wäre gestohlen worden, so schlimm war die Armut. Und bist du pleite, steht der Jude zur Seite. Man konnte anschreiben lassen, der Jude trug es in sein Heft ein und hatte den Polen in der Hand. Manch ein Bauer musste seine Kuh verkaufen, um dem Juden das Geld zurückzuzahlen.«

3

Die Bezeichnung »Revolution« für das Pogrom, das am 23. März 1933 in Radziłów stattfand, habe ich von mehreren Gesprächspartnern gehört; sie war positiv konnotiert – eine Revolution der SN-Anhänger als Auftakt zu ihrer Machtübernahme.

»Man sprach von ›Revolution‹«, erinnert sich Halina Zalewska an das Ereignis, das die ganze Stadt in Aufregung versetzte. »Eine Schießerei, eingeschlagene Fenster, geschlossene Fensterläden, Frauen, die kreischend aus den Häusern fliehen.« – »Ein Cousin meines Vaters, der tönerne Kochtöpfe zum Markt fuhr, wurde während dieser Revolution verwundet«, erzählte ein anderer meiner Gesprächspartner.

Nur Stanisław Ramotowski, ein Pole aus Radziłów, der 1941 eine jüdische Familie rettete, bezeichnete das Vorgefallene klar als Pogrom:

»Ich habe gesehen, wie ein Schlägertrupp den Juden die Fenster einschlug. Und wie Polizisten einen Mann töteten, der einem Juden ein Fass mit Heringen umkippte. Die SN-Leute, das waren keine Burschen, das waren erwachsene Männer, dieselben, die auf dem Markt mit Brecheisen vor den jüdischen Geschäften standen. Einige von ihnen habe ich später noch öfter in Aktion gesehen.«

Es handelte sich um Angehörige des Großpolnischen Lagers (OWP), das über eigene Schlägertrupps verfügte, hervorgegangen aus dem Bündnis zwischen Bauern und Intelligenz. Unter der Leitung von jungen Intelligenzlern aus Łomża fuhren die Burschen vom Dorf mit Fuhrwerken von Stadt zu Stadt und initiierten antijüdische Ausschreitungen. Im März 1933 waren die Aktivitäten des OWP auf dem Höhepunkt. Die Machtergreifung Hitlers im Januar 1933 hatte ganz neue Perspektiven eröffnet: die antijüdischen Parolen, die sich in Deutschland wie in Polen bis dahin nur eine einzige Gruppierung auf die Fahnen schrieb, hatten nun die Chance, zur verbindlichen Staatsideologie zu werden. Das OWP organisierte Aktionen in verschiedenen Landesteilen; in Radziłów kam es zum größten Pogrom der Umgebung.

Der *Przegląd Łomżyński*, eine regierungsnahe Wochenschrift, die einen heftigen Streit mit den Anhängern der Nationaldemokratie ausfocht, berichtete empört über das Ereignis und informierte in der folgenden Nummer: »Chana Sosnowska ist als Opfer der verbrecherischen Tätigkeit des OWP verstorben.«

In Jedwabne wohnte die Frau eines Schusters Tür an Tür mit der Familie Wasersztejn, sie war mit Szmul Wasersztejns Mutter befreundet. Meir Ronen, damals Meir Grajewski, ebenfalls aus Jedwabne, erinnert sich so: »Als ich von der Schule kam, sah ich ein Fuhrwerk mit einer blutüberströmten Frau. Es war Chana Sosnowska aus der Ulica Przytulska, die jeden Donnerstag mit Schuhen zum Markt nach Radziłów fuhr.« Auch Rabbi Jacob Baker, der damals in Jedwabne wohnte, erinnert sich an sie. Er hatte einige Male Schuhe bei ihr bestellt und besuchte sie im Krankenhaus. Er studierte an der Jeschiwa in Łomża, daher bat man ihn, sie zu besuchen. Er erinnert sich, dass es ein ungewöhnlich heißer April war und er ihr frische Luft zufächelte. Auch auf ihrem Begräbnis war er anwesend. Er erinnert sich an ein früheres Todesopfer, das ebenfalls aus Jedwabne stammte. »Das war 1932. Wir hörten einen Schrei und entdeckten Mosze Lasko im Teich. Man fand die Täter, sie gaben an, es aus Spaß getan zu haben. Mosze ging irgendwohin, um Geschäfte zu machen, und statt des Geschäftes erwartete ihn seine eigene Beerdigung.«

Der genaue Verlauf des Pogroms in Radziłów ist aus einem Bericht der Abteilung für öffentliche Sicherheit in Białystok bekannt. Die Polizei hatte einige Mitglieder des OWP in Vorbeugehaft genommen. Die Menge drang in die Haftanstalt von Radziłów ein und befreite sie. Jüdische Stände wurden demoliert, Juden geschlagen. Aus der Menge heraus fielen Schüsse, die attackierte Polizei machte von der Waffe Gebrauch. Zwei Teilnehmer des Pogroms starben auf der Stelle, zwei weitere erlagen später ihren Verletzungen.

Siebzehn Täter wurden zu Bewährungsstrafen von drei Monaten bis zu zweieinhalb Jahren verurteilt. Józef Przybyszewski, der Chefredakteur des in Łomża erscheinenden Organs der Schlägertrupps mit dem Titel *Młodzi OWP* [OWP-Jugend], wurde als moralisch Verantwortlicher zu zwei Jahren Gefängnis verurteilt. Doch das Berufungsgericht in Warschau sprach ihn frei.

Der Innenminister löste nach dieser Aktion die Organisation des

OWP auf. Das half jedoch kaum. Verwaltungsentscheidungen von Beamten im fernen Warschau konnten die SN-Anhänger allenfalls ein wenig bremsen, doch tatsächlich gehörte die Macht in der Gegend ihnen. Die Funktionäre der OWP-Jugendvereinigung verstärkten die Reihen der SN, indem sie ihre formal aufgelösten Zellen in Jugend-Sektionen der SN umgestalteten und deren Radikalisierung im Hinblick auf die »Lösung der Judenfrage« vorantrieben.

Auf Anregung der Jugend-Sektionen der SN kam es im Herbst 1934 in vielen Ortschaften der Gegend um Łomża zu den sogenannten Schulstreiks, das heißt zum Boykott des von jüdischen Lehrern durchgeführten Unterrichts durch die Kinder; er wurde von Protestversammlungen der Eltern vor den Schulgebäuden begleitet.

In den folgenden Jahren ging man immer häufiger von Worten zu Taten über. In weiteren Kleinstädten wiederholte sich dasselbe Szenario wie in Wysokie Mazowieckie im September 1936: »Während des Marktes wurden jüdische Händler verprügelt und mit Messern verletzt, viele flohen und ließen ihre Ware unbewacht zurück, diverse Waren wurden geraubt.«

An jedem Marktdonnerstag stürzten Schlägertrupps in Radziłów Stände um und verprügelten Juden.

Hier ein paar typische Berichte der Sicherheitsabteilung aus dem Jahre 1936: Während des Jahrmarkts in Długosiodło wurden 51 Scheiben eingeschlagen, 15 Stände umgeworfen, 5 Juden verprügelt. Im Dorf Wyszonki Kościelne wurden nachts 474 Scheiben eingeschlagen, 17 Türen mit Äxten zerstört, zwei Geschäfte demoliert, indem die Waren durcheinandergeworfen wurden, und zwei Personen mit Steinen leicht verletzt. Ein Abgeordneter der SN aus Warschau empfahl auf einem Treffen in Łomża, spezielle Schlägertrupps zu bilden, die nach einer Schulung ausschließlich für den Kampf gegen die Juden eingesetzt werden sollten. »Die Dorfjugend«, so ein Bericht, »fasziniert von dem Slogan ›Schlag den Juden‹, der von der SN verbreitet und von der Kanzel herab gepredigt wird, ist in eine gefährliche Psychose geraten, welche die öffentliche Sicherheit gefährdet. Es gibt immer mehr spontane Ausschreitungen gegen Juden.«

4

Vom Ausmaß und der Tiefe des dortigen Antisemitismus vermittelt die Lektüre der Lokalpresse einen Eindruck, allen voran die an Landwirte gerichtete Wochenzeitung der Diözese Łomża *Życie i Praca* [Leben und Arbeit]. Chefredakteur war der Priester Antoni Roszkowski. Als die Wochenzeitung von den Behörden 1935 eingestellt wurde, erschien sie kurze Zeit später mit derselben kirchlichen Vignette und demselben Chefredakteur, nur unter einem anderen Titel: *Sprawa Katolicka* [Die Katholische Sache]. Die Publikation in der Diözesandruckerei stand unter der Protektion des Bischofs, was sie weitgehend vor Konfiszierung schützte. Neben Ratschlägen zur Unkrautbekämpfung und Schädlingsvernichtung war ein wichtiges Thema die »beständige Aufklärung der Mitbrüder über die jüdische Gefahr«. Vergleichbare Emotionen weckte nur die Kampagne zum Verbot des Schulsports im Hinblick auf die »Unanständigkeit von Leibesübungen«.

Hier einige Überschriften von der Titelseite: »Die Juden maßen sich viel an«, »Die Juden von Landbesitz enteignen«, »Durch Schuld der Juden leidet die polnische Jugend«, »Wie Polen verjudet«.

»Das polnische Volk ist erwachsen geworden und hat verstanden, dass man nicht in ein, zwei Jahren, sondern heute die Beziehung zu den Juden abbrechen muss«, lesen wir im Leitartikel der Redaktion mit dem Titel »Brechen wir mit den Juden«. »Kein Volk würde sich das bieten lassen, was wir seitens der Juden seit vielen Jahren ertragen. Die Juden haben uns Handel und Handwerk genommen. Uns steht die Schreckensvision eines jüdischen Polens vor Augen. All das Schlechte wollen wir nicht mit Schlechtem vergelten, unsere Antwort soll eines christlichen, kultivierten Volkes würdig sein. Brechen wir die Beziehungen zu den Juden ab. Für die polnische Jugend sind Juden keine Freunde, soziale Beziehungen mit Juden sind nichts für einen Christen, sie sollten abgebrochen werden. Wir müssen Alarm schlagen. Die Juden versperren Polen den Weg zur Größe. Mit den Juden zu brechen verlangt unser Verstand und unser Gewissen.«

Als Vorbild wurden die Deutschen hingestellt, die »mit dem Übermaß an Juden gut fertigwerden«. »Die Pläne der Nationalsozialisten, die Juden aus Deutschland hinauszuwerfen, wären in der Tat ein mächtiger Schlag für das Judentum« – so ein Kommentar zum Programm der Nazis. »Es geht ihnen in Polen anscheinend zu gut, dass sie es wagen, die Polen zu kritisieren«, hieß es in dem Artikel »Den Juden zur Warnung«. Immer wieder war zu lesen: »Eine solche Masse an Juden kann kein Land verkraften und ertragen.« »Verlieren wir keine Zeit«, drängte ein Leitartikel, der die These vertrat, in Polen sollte es keine Juden mehr geben.

Man appellierte an die Einsicht der Juden: »In Polen ist die Lage so, wie sie ist, aber das sind unsere inneren Angelegenheiten, und Juden haben davon die Finger zu lassen!« »Die Juden sollten sich nach Kräften bemühen, unser Volk nicht unnötig zu reizen. Es wäre gut, wenn die Juden verstehen, dass es zu ihrem eigenen Vorteil ist, ihren Appetit auf polnisches Land, auf Mietshäuser, Geschäfte und Verkaufsstände in unseren Städten zu zügeln.« Aber mehr als auf Vernunft und Zurückhaltung der Juden setzte man auf lokalen Aktivismus.

Auf Appelle wie: »Geht ein kleines Kind ein Brötchen oder Zuckerwerk kaufen, einen Bleistift oder ein Heft, oder ein Landwirt irgendwelche Waren – dann gibt es nur den Weg zum polnischen Geschäft, der Pole zum Polen!« Man malte die Schreckensvision eines »jüdischen Polens« an die Wand, in dem die »aus dem Handel verdrängten Juden« Land aufkaufen und »das polnische Volk, seit ewigen Zeiten Herr dieses Landes, verelendet und ein Wanderleben unter Fremden führen muss«, denn »jeder jüdische Bauernhof ist ein Stachel im Fleisch des polnischen Landwirts«. »Man könnte meinen, es wäre an der Zeit, dass die Juden verstehen, wer in Polen die Herren sind.«

Selbst Priester seien in Gefahr: »Auf dem Gebiet der Diözese Łomża sind zwei jüdische Vertreter aufgetaucht, die Soutanenstoffe anbieten. Sie zeigen Visitenkarten verschiedener Priester unserer Diözese vor, um zum Kauf zu überreden. Die Ehrwürdigen Priester seien hiermit gewarnt, jenen Jüdlein keinesfalls ihre Visitenkarten auszuhändigen, denn auf diese Weise wird ohne vernünftigen Grund der jüdische Handel unterstützt, was dem Grundsatz widerspricht: ›Kauf bei deinen Leuten und nur Produkte von deinen Leuten.‹«

Am Rande warnte man davor, den volkstümlichen Redewendungen über Juden nicht vorschnell zu glauben. »Bis vor nicht allzu langer Zeit sprachen die Leute mit Herablassung von den Juden, oft hörte man Dinge wie: ›Dumm ist der Jud, kauft alles, ob schlecht oder gut‹, ›Judenkrieger‹, ›Du arbeitest so ungeschickt wie ein Jud auf dem Felde‹, ›Du siehst aus wie ein Jud auf dem Pferd‹ – das alles war unsinnig und hat unsere Vorsicht und Wachsamkeit gegenüber den Juden eingeschläfert. [...] Die Leute lachten über die Juden, und währenddessen haben diese Trottel, diese einfachen, gewöhnlichen Jüdlein den ganzen Handel in ihre Hände genommen, sich des Handwerks bemächtigt, sind zu Gutsbesitzern, Fabrikanten, Ärzten und Rechtsanwälten geworden.«

Życie i Praca und *Sprawa Katolicka* spielten eine aktive Rolle beim Boykott jüdischer Geschäfte. »Wer bei Juden kauft, jüdische Ärzte, Rechtsanwälte oder Handwerker in Anspruch nimmt, der hat sich vor Gott und dem Volk zu verantworten für die Zunahme von Armut und Verbrechen in Polen, für das Gedeihen von Kommunismus, Gottlosigkeit und Sozialismus.« Es wurde dazu ermuntert, die jüdische Konkurrenz mit List zu bekämpfen: »In Stawiski vegetierte die polnische Bäckerei vor sich hin, aber jemand streute das Gerücht, bei den Juden gebe es Fleckfieber und sie benutzten Brotlaibe für Umschläge, da verbesserte sich die Lage der polnischen Bäckerei.«

Man berichtete von gelungenen Boykott-Aktionen, stillschweigend darüber hinweggehend, dass dabei Menschen verprügelt und Verkaufsstände demoliert wurden. Gewalt wurde zwar nicht offen unterstützt, man gab aber zu verstehen, dass allerlei Kniffe erlaubt seien. Die großartigen Verteidigungsreden in den Prozessen von Mitgliedern nationalistischer Schlägertrupps wurden gelobt, wobei man ignorierte, dass es in diesen Prozessen um gewöhnliches Banditentum, um Körperverletzung und Raub ging.

Gemäß der Ideologie der SN sollten Juden nicht nur aus Geschäften und Handwerksbetrieben verdrängt werden, sondern man sollte ihnen auch kein Land verkaufen und sie sollten nicht zu Schulen und staatlichen Behörden zugelassen werden.

»Keine christliche Familie wird ihr Kind in jüdische Hände geben.« »Indem wir Katholiken gegen die Zulassung von Juden an polnische Schulen protestieren, tun wir nur das, was uns der Glaube gebietet. [...] Unser katholisches Gewissen und unser nationaler Stolz gebieten es uns, jüdische Lehrer zu entfernen« – so etwas war häufig in der Diözesanpresse zu lesen. Man war empört, wenn ein polnischer Bürger jüdischer Volkszugehörigkeit ein Amt antrat; für solche Fälle gab es die Rubrik »Ein Jude anstelle eines Polen«: »Das Gerücht, das wir seinerzeit publik gemacht haben, hat sich bestätigt: Zum Oberarzt der Krankenkasse in Łomża wurde ein Jude bestellt. Die Besetzung von herausgehobenen Positionen in Polen durch rassefremde Personen schmerzt die polnische Allgemeinheit« oder: »Eine solche Absurdität, die zugleich Wirklichkeit ist, stellt die Tatsache dar, dass der Vertreter des Klassenverbandes der Landarbeiter ein Jud ist, ein gewisser Turek. Ist es nicht eine Anomalie, dass ein Mensch, der dem polnischen Geiste durch Rasse, Religion und Volkszugehörigkeit fremd ist, über das Schicksal eines rein polnischen Verbandes entscheidet?«

Die Diözesanpresse stellte für die örtliche Bevölkerung das Fenster zur Welt dar. Die Rubrik »Informationen aus dem Inland« berichtete über »jüdischen Wucher«, die »Entjudung von Łódź«, das »aus Kirchenraub stammende Gold, das von zwei Lemberger Juden gekauft wurde«, über den »jüdischen Lehrer in Nowe Święciany, der kommunistische Ideen verbreitete« oder die »Verjudung des Pfadfindertums«. Und in der Rubrik »Informationen aus aller Welt«: »Gerüchte über einen Ritualmord«, »Prügelstrafe für Juden für die Sonntagsöffnung von Geschäften« (in Tripolis) usw. usf. Am meisten Energie wurde auf die Verbreitung eines modernen, wirtschaftlich fundierten Antisemitismus verwendet, obwohl der traditionelle, religiöse in der Presse auch seinen Platz hatte. In Lektüreempfehlungen für die Gemeindemitglieder wurde eine Broschüre von Pfarrer J. Unszlicht mit dem Titel *Życie i nauka Jezusa Chrystusa w zarysie* [Leben und Lehre von Jesus Christus in Umrissen] empfohlen, welche »die jüdische Hinterhältigkeit im Hinblick auf Jesus« darstellte.

5

Man kann geteilter Meinung sein über den unmittelbaren Einfluss der Presse in einer Gegend, wo ein Drittel der Einwohner Analphabeten waren und ein Drittel lediglich zwei Klassen Grundschule absolviert hatte. (Bei der Lektüre der Materialien des Nachkriegsprozesses gegen die Beteiligten am Massenmord von Jedwabne fällt auf, dass einige Zeugen und Angeklagte mit Kreuzen unterschrieben haben. Jan Cytrynowicz erzählte mir, dass in Wizna Bauern beim Kauf von einem Dreiviertelliter Petroleum dreimal einen Viertelliter nahmen und einzeln bezahlten, da sie nicht imstande waren zu addieren.) Allerdings wurden solche Schriften von der Elite in den Kleinstädten, einschließlich der Priester, gelesen, und diese gaben den Ton an. In ihrer Haltung zur jüdischen Frage unterschied sich die Diözesanpresse in der Region Łomża im Übrigen nicht von der Presse in anderen Teilen Polens, dort war es zuweilen bedeutend schlimmer. Der höchst brutale Antisemitismus gegen Ende der dreißiger Jahre tobte sich in der Presse geradezu aus. Ein weit überwiegender Teil der katholischen Presse argumentierte, der Kampf gegen die Juden sei in den Augen Gottes ein Verdienst, keine Sünde, und rief zur Arbeit an der »Entjudung« des Landes auf. So schrieb die Posener *Kultura* im Jahre 1936: »Nicht ohne Grund hat sich die Überzeugung verfestigt, dass die Juden Parasiten sind. In der Tat gleicht unsere emotionale Einstellung zu ihnen derjenigen, die wir gegenüber Flöhen und Wanzen haben. Töten, vernichten, loswerden. Nur dass der Jude etwas völlig anderes ist als der Floh. Das jüdische Problem kann auch dann noch bestehen, wenn es keinen Juden mehr gibt.«

Wie der Historiker Dariusz Libionka festgestellt hat, unterschied sich die Gegend um Łomża vom Rest des Landes durch die Intensität, mit der sich der Klerus an den Aktivitäten der SN beteiligte. Seine Mitwirkung nahm spektakuläre Ausmaße an.

So wurde die SN von den meisten Gemeindepfarrern der Diözese Łomża unterstützt, prozentual am stärksten im Kreis Łomża selbst (23 von 28 Gemeindepfarrern). Der dortige Bischof Stanisław Łukomski, ein Freund und Mitarbeiter von Roman Dmowski, führte eine regelrechte Kampagne gegen »die Öffnung polnischer Schulen für andersgläubige Lehrer und Kinder, insbesondere für Juden«. Bereits im Jahr 1929 hatte er auf der Versammlung der Dekane die Gemeindepfarrer angewiesen, Berichte über die Anzahl jüdischer Kinder und Lehrer zu verfassen, und nannte als Vorbild Pater Rogiński aus Wysokie Mazowieckie, dem »es gelungen war, eine jüdische Lehrerin entfernen zu lassen«. Was die Verbreitung der Idee von der »Entjudung des Handels« angeht, so ist laut Libionka unter den Kirchenoberen niemand effizienter als Bischof Łukomski: Im Jahre 1935 regte er in einem Vortrag für die Geistlichen seiner Diözese an, es einem Priester gleichzutun, der die Gläubigen schwören ließ, nichts in jüdischen Geschäften zu kaufen.

Für antijüdische Ausschreitungen war jeder Vorwand recht: der Bau einer christlichen Bäckerei oder eines katholischen Hauses, Ostern, Erntedank, Mariä Himmelfahrt oder die Weihe von SN-Standarten.

Notiz aus der *Sprawa Katolicka*: »Am 3. Mai 1936 fand in Jedwabne im Anschluss an die Messe ein etwa 1500 Teilnehmer starker Umzug unter Beteiligung von Mitgliedern und Sympathisanten der SN statt, der von einem Orchester und einer Fahneneskorte auf Fahrrädern begleitet wurde. Es wurden zwei Reden gehalten, und während des Umzugs waren Rufe zu hören wie: ›Es lebe das Große Nationale Polen‹, ›Es lebe der polnische nationale Handel‹, ›Nieder mit dem jüdischen Kommunismus‹. Der Umzug war ein Erfolg und machte in Jedwabne und Umgebung großen Eindruck.«

In einem der Berichte ist die Rede von Pfarrer Cyprian Łozowski aus Jasionówka, der »auf der Versammlung zum 3. Mai antijüdische Aktionen propagiert und seinen Kirchenchor ›Und mache Polen von den Juden rein‹ singen lässt«.

Die katholische Kirche erzog die Kinder von früh auf zur Abneigung und Verachtung gegenüber Juden. Die Kleinen nahmen am Eucharistischen Kreuzzug, dem sogenannten Jesusrittertum teil, die älteren Kinder wurden Mitglied bei der Katholischen Mannes- und Frauenjugend und führten Theaterstücke auf – der Titel »Der Jude als Kuppler« lässt ohne Schwierigkeiten auf den Inhalt schließen. Die Erwachsenen hörten Vorträge wie »Von der Notwendigkeit und den Methoden des Kampfes gegen die Judenkommune«. Wenn in einer Schule ein jüdischer Lehrer erschien, wurden in der Kirchengemeinde Protestunterschriften gesammelt. In der »Gemeindechronik« von Łapy beschreibt der Pfarrer stolz die erfolgreiche Aktion, mit der eine jüdische Lehrerin aus der Schule entfernt wurde.

»In der Kirche wurde ständig betont, die Juden hätten Christus ermordet, eine Predigt ohne dieses Element war undenkbar«, erzählt Jan Cytrynowicz. »Pfarrer Rogalski aus Wizna rief ständig dazu auf, nicht bei Juden zu kaufen, nicht zu Juden zu gehen. Er nahm es meinem Vater, der sich hatte taufen lassen, übel, dass er mit Juden Handel trieb, und warf mich zur Strafe aus dem Religionsunterricht. Daher endete meine Schulbildung in der Grundschule. Mit einer Fünf in Religion kam man nicht aufs Gymnasium.«

Eine von den Juden angewandte Methode, um Pogromen vorzubeugen, bestand darin, der Kirche Geld zu spenden, woraufhin der Pfarrer sich dazu bereitfand, seine Gemeinde zu besänftigen.

Nach der Häufigkeit zu urteilen, mit der sie in den Berichten auftauchen, waren die Pfarrer von Wąsosz und Radziłów bei der Unterstützung antijüdischer Aktionen besonders aktiv. In beiden Ortschaften haben Katholiken 1941 beinahe alle Juden ermordet.

Pfarrer Piotr Krysiak aus Wąsosz war eine wichtige Figur in der SN, nicht nur auf lokaler Ebene. Er hielt sich häufig in Drozdowo auf, wo sich gegen Ende seines Lebens Roman Dmowski, der Gründer der Nationaldemokratie, niedergelassen hatte. Wie in den Berichten betont wurde, entstand in Wąsosz unter der geistigen Führung von Pfarrer Krysiak eine Ortsgruppe der SN, und der Pfarrer persönlich organisierte Versammlungen der SN-Mitglieder, bei denen er zu Mahnwachen vor jüdischen Geschäften aufrief.

Mosze Rozenbaum erinnerte sich an Pater Aleksander Dołęgowski, den Gemeindepfarrer von Radziłów. Als Kind habe er gehört, wie der Pfarrer auf der Beerdigung von Angehörigen eines Schlägertrupps, die 1933 bei Auseinandersetzungen mit der Polizei getötet worden waren, verkündete: »Wenn nicht überall auf der Welt jüdisches Blut fließt, wird das Christentum untergehen.« Vielleicht war die Wortwahl nicht ganz so scharf, aber aus den »Berichten« geht unzweifelhaft hervor, dass Pfarrer Dołęgowski zum ersten Jahrestag des Pogroms eine Messe zu ihrem Gedenken zelebrierte und auf dem Marktplatz zu fünftausend Menschen sprach.

Den polnischen Einwohnern ist Pfarrer Dołęgowski vor allem als außergewöhnlich habgieriger Priester in Erinnerung geblieben. Er besaß Gärten, in denen er die Gläubigen für einen geringen Lohn arbeiten ließ, der in der Regel nicht einmal ausgezahlt wurde. Seine Vikare waren erklärte antijüdische Aktivisten und leiteten persönlich die Boykott-Aktionen.

Hier ist vor allem Vikar Władysław Kamiński zu nennen. Mir wurde berichtet, er habe die Juden so sehr gehasst, dass er, wenn er sich betrunken hatte, in das Fenster des Schneiders Monkowski schoss, der gegenüber wohnte. Stanisław Ramotowski erinnerte sich an ihn: »Ich habe mit eigenen Augen gesehen, wie er mit den Burschen von der SN unterwegs war und Scheiben in jüdischen Geschäften einschlug.« Aus den Berichten geht hervor, dass er Kinder aus den älteren Klassen um sich scharte und zur Bekämpfung des jüdischen Handels aufrief. »Er führte das Argument an«, wie ein Beamter der Sicherheitsabteilung elegant formulierte, »dass die jüdischen Bäcker beim Zubereiten der Backware mit dreckigen Füßen kneteten und in den Teig spuckten. Er betonte, dass er Schülern, die ihre Ware von Juden beziehen, in Religion eine ungenügende Note geben werde.«

Wenn man die Berichte des Sicherheitsdienstes liest, könnte man meinen, das Leben der Juden in Jedwabne und Radziłów sei eine einzige Folge von Erniedrigungen und Verfolgungen gewesen. Doch sollte man bedenken, dass Berichte von Sicherheitsdiensten gewöhnlich ein verzerrtes Bild der Wirklichkeit zeichnen.

Obwohl es für die Juden nicht einfach war, in einer feindlichen Umgebung zu leben, und obwohl sie häufig unter Armut litten, so lebten sie doch ein Leben, an das diejenigen, denen es gelungen war, über den Ozean zu fliehen, oft mit Sehnsucht zurückdachten.

Die Beziehungen zu den polnischen Einwohnern bildeten lediglich den Hintergrund für das Leben einer jüdischen Gemeinschaft, die durch starke Bindungen und ebenso starke Antagonismen verbunden und von ihren eigenen Träumen und Streitigkeiten ganz in Anspruch genommen war. Die Juden bildeten in dieser Gegend eine starke, eigenständige, moderne Gesellschaft. Noch im kleinsten Städtchen gab es jüdische Institutionen, verschiedenste Parteien, Selbsthilfegruppen, Banken und Vereine.

In Warschau, in Lemberg oder auch in Białystok betrachteten assimilierte Juden sowohl die religiöse Tradition als auch die Aktivitäten jüdischer Organisationen oft als fremdartige Folklore. In Radziłów oder Jedwabne jedoch ging jeder Jude, auch einer, der lieber Polnisch als Jiddisch sprach und stolz auf seine Vergangenheit in Piłsudskis Legionen war, in die Synagoge und gehörte einer jüdischen Organisation an. Nun, vielleicht mit Ausnahme erklärter Kommunisten, aber die waren rar gesät. Jedes Anzeichen kommunistischer Aktivitäten wurde in den Berichten des Sicherheitsdienstes genauestens vermerkt. Diese Notizen belegen, wie schwach die Tätigkeit der Kommunistischen Partei Polens (KPP) in der Gegend war, sieht man von den größeren Städten ab.

Mit dem steigenden Einfluss der Nationaldemokraten und als Reaktion darauf wuchs in der jüdischen Bevölkerung der Einfluss der Zionisten, wobei die einen die anderen bekämpften und beide die jüdischen Kommunisten nicht ausstehen konnten, was auf Gegenseitigkeit beruhte. Agudat Israel, die Organisation der orthodoxen Juden, bekämpfte mit gleicher Leidenschaft sowohl die Zionisten wie die Kommunisten.

7

»Die Nationaldemokraten zerstörten Verkaufsstände, so dass die Polizei einschreiten musste«, erinnert sich Kazimierz Mocarski aus der Gegend von Jedwabne, »dabei waren die Juden an diesen Ständen so höflich: ›Guten Tag‹, sagten sie zu meiner Mutter, ›was für einen hübschen Sohn Sie haben‹, und gaben mir einen Bonbon. Es reichte, wenn meine Mutter sagte: ›Jude, beim anderen Juden kostet der Stoff 2 Zloty 10 Groschen, und du willst 2 Zloty 20 Groschen?‹, dann verbeugte sich der sofort und sagte: ›Ich gebe Ihnen noch etwas drauf, Frau Mocarska, ich verkaufe ihn Ihnen für 2 Zloty 5 Groschen.‹«

Die Juden waren vermutlich nicht nur zu Frau Mocarska so höflich. Sie ersetzten die eingeschlagenen Scheiben in den Geschäften, und dem SN-Aktivisten, der sie eingeschlagen hatte, verkauften sie weiterhin auf Kredit. Sie bemühten sich, den Polen gegenüber korrekt, ja zuvorkommend zu sein, um sich ihr Wohlwollen zu sichern.

Nach den Erzählungen meiner jüdischen und polnischen Gesprächspartner beruhten die gutnachbarschaftlichen Beziehungen gewöhnlich darauf, dass die Juden den Polen irgendeinen Gefallen taten; das konnte das Schreiben eines Briefes sein oder das Sammeln von Kartoffelschalen für die Schweine. Neben der gewöhnlichen Nachbarschaft spielte hier sicherlich auch eine jahrhundertealte Tradition eine Rolle, die sie lehrte, dass sie sich in die Gesellschaft, in der sie leben, einkaufen müssen. Die Juden sahen darin nichts Besonderes. Wie aber empfanden das ihre polnischen Nachbarn, die im Geiste der antisemitischen Propaganda erzogen worden waren, wenn ihnen allerlei Gefallen erwiesen wurden? Viele von ihnen dürften sich wohl gedemütigt gefühlt haben.

Die meisten polnischen Einwohner empfanden den Juden gegenüber Misstrauen und eine gewisse Distanz, aber auch Überlegenheit, denn sie hatten ja den wahren Glauben. Die Juden wiederum empfanden Verachtung für die »Gojim« (auch wenn sie sich bemühten, dies nicht zu zeigen), denn diese waren Analphabeten, sie tranken, und wenn sie betrunken waren, schlugen sie ihre Frauen; und sie kümmerten sich nicht um die Ausbildung der Kinder.

»Mein Vater war Schneider, er nähte dem Pfarrer die Soutanen und hatte viele polnische Bekannte, aber wir Kinder durften nicht mit polnischen Kindern spielen«, erzählte Izaak Lewin, der in Wizna aufgewachsen war. »Wir sahen sie in der Schule, auf die wir gemeinsam gingen, oder im Hof, aber zu Hause wurde uns eingetrichtert: ›Nur was jüdisch ist, ist gut.‹«

8

Noch im März 1936 empörte sich die *Sprawa Katolicka* in einer Notiz mit dem Titel »Unerhörte Frechheit eines jüdischen Vortänzers auf dem Schützenfest in Ostrołęka«, dass man einen Juden als Vortänzer zugelassen hatte. Kurze Zeit später hätte der Schützenverein nicht nur keinen Juden mit dieser Funktion betraut, sondern ihn nicht einmal mehr zum Schützenfest zugelassen.

Die ohnehin angespannten Verbindungen zwischen beiden Gemeinschaften auf lokaler Ebene, wo sich die Vertreter etwa auf den Sitzungen des Stadtrats trafen, wurden Ende der dreißiger Jahre nicht selten endgültig gekappt. Ein Bericht aus dem Januar 1938 informiert darüber, die jüdischen Ratsherren in Białystok hätten nach der Streichung der Zuschüsse für das jüdische Schulwesen die Versammlung verlassen und sich aus der Arbeit des Stadtrats zurückgezogen. Nach dem Ausschluss der Juden aus weiteren Organisationen, wie etwa dem Bund der Reservisten, schlossen sich, laut den Berichten, die ehemaligen Kämpfer für die Unabhängigkeit Polens in unabhängigen Organisationen zusammen wie etwa dem Bund Jüdischer Reservisten, der nach Wladimir Zeev Jabotinsky benannt war. Nach 1936 entstanden weitere jüdische Organisationen, die größtenteils zum Schutz der bedrohten Gemeinschaft da waren. So entstand im September 1936 in Białystok ein Hilfskomitee, das Geld für die Unterstützung der Inhaber boykottierter Geschäfte sammelte. Aus den Berichten wissen wir, dass eine solche Hilfe unter anderem in Radziłów und Jedwabne geleistet wurde.

Am 23. März 1937 begab sich eine Delegation aus Ciechanowiec mit einer Petition an die Jüdische Parlamentarische Gruppe in die Hauptstadt: »An Markttagen kommen 200 bis 300 Menschen vom Dorf in die Stadt, fünf, sechs Personen boykottieren ein Geschäft, indem sie keinen Kunden hineinlassen, sie als ›Schweine‹ oder ›Judenknechte‹ beschimpfen, und wenn sie Kunden gewaltsam herauszerren, kommt es vor, dass sie diejenigen, die Widerstand leisten, in die Luft werfen, ja sogar verprügeln. Christliche Kaufleute, die neu zugezogen sind, haben innerhalb von zwei, drei Monaten Verkaufsbuden entlang des ganzen Marktplatzes gebaut und hetzen die Schläger auf. Wir wenden uns an Euch, Herren Abgeordnete. Rettet unsere Stadt vor der Vernichtung.«

»In der festen Überzeugung, dass das gegenwärtige Phänomen des Rassenterrors vorübergehend ist«, verkündet ein Aufruf der Wojewodschaftskonferenz jüdischer Einzelhändler und Kleinkaufleute der Region Białystok vom 15. Oktober 1937, in dem die Verzweiflung mit Optimismus kaschiert wurde, »fordern wir alle jüdischen Einzelhändler und Kleinkaufleute auf, sich nicht der Verzweiflung und Apathie hinzugeben, sondern auf ihren bedrohten Handelsplätzen willig auszuharren.« Gleichzeitig appellierte die Konferenz an Joint, eine jüdische philanthropische Organisation aus den USA, die Kredite für Kleinkaufleute zu erhöhen.

Es kam immer schlimmer.

Im August 1937 wurden in Białystok 65 antijüdische Ausschreitungen gezählt, davon vier größere, an denen 100 bis 400 Personen teilnahmen und bei denen der Polizei tätlicher Widerstand geleistet wurde. Zum Beispiel: »Am 19. August vertrieb eine Menge während des Markttages im Weiler Śniadowo Händler mit den Rufen ›Juden nach Palästina‹, ›In Polen ist kein Platz für euch‹. Die fliehenden Juden schlug man mit Peitschen, und einer von ihnen wurde mit einer Wagenrunge am Kopf getroffen. Gleichzeitig wurde den Juden ein Korb Äpfel ausgeleert, 8 Säcke Korn aufgerissen, ein Pferdegeschirr zerschnitten.« Bericht vom September 1937: »Wenn auch die Anzahl der Ausschreitungen etwas abgenommen hat (62 gegenüber 65 im August), ist doch eine bedeutende Vertiefung des Hasses gegenüber den Juden unter den breiten Massen der Landbevölkerung zu spüren.«

Mosze Rozenbaum notierte, dass die jüdischen Jungen damals nicht mehr zum Schwimmen in den Fluss bei Radziłów gegangen seien, da polnische Gleichaltrige sie sofort angegriffen hätten. Er selbst sei als Dreizehnjähriger schwer verprügelt worden, und seinen elfjährigen Cousin Dawid Sawitzki habe eine Bande von Jungen im Pferdestall umzingelt und so heftig verprügelt, dass er zwei Wochen später gestorben sei.

Im Februar 1937 schrieb die *Sprawa Katolicka* enthusiastisch: »Die erregte Stimmung hat sich in systematisch organisierte Aktionen verwandelt, an denen die Bevölkerung des ganzen Kreises teilnimmt. Die Landwirte weigern sich, Juden Lebensmittel zu verkaufen, und an den Ortseingängen sieht man Tafeln mit der Aufschrift ›Für Juden Zutritt verboten‹. Die Jüdischen Geschäfte sind leer, jüdische Wasser- und Windmühlen stehen still, denn niemand lässt sein Getreide dort mahlen.« Im August 1938 lobte die Diözesanzeitung die Situation in Zaręby Kościelne: »Die jüdischen Verkaufsstände werden so stark bewacht, dass keiner der Landleute sich ihnen nähern kann und 250 jüdische Familien dem Hunger ausgeliefert sind.«

Diesem Hunger, der keineswegs metaphorisch zu verstehen ist, sahen sich die Juden immer häufiger ausgesetzt. Allerdings muss man bedenken, dass dies die Zeit unmittelbar nach der Weltwirtschaftskrise war und der Boykott zu den sich ohnehin dramatisch verschlechternden Lebensumständen nur noch hinzukam.

Gegen Ende der dreißiger Jahre änderten die SN-Funktionäre ihre Taktik. Da der Staat einschritt, wenn sie antijüdische Aktionen initiierten, gingen sie dazu über, Kommunisten zu bekämpfen, in Übereinstimmung mit der offiziellen Politik. Was die SN-Funktionäre euphemistisch als antikommunistische Versammlung bezeichneten, war in Wirklicheit eine antijüdische Versammlung, aber die Behörden nahmen das für bare Münze und intervenierten nicht.

Neben den immer heftigeren antisemitischen Ausschreitungen wurde die jüdische Gemeinschaft von den Gerüchten über einen bevorstehenden Krieg beunruhigt. Vorher hatten zionistische Aktivisten massiv für einc Ausreise nach Palästina werben müssen, jetzt gab es wesentlich mehr Freiwillige, als die von der britischen Mandatsmacht festgelegte Obergrenze vorsah. Fast jeder Jude in dieser Gegend träumte von der Ausreise oder zumindest davon, seine Kinder nach Palästina zu schicken, besser noch über den Ozean. Gelingen sollte es nur wenigen.

Aufzeichnungen

2. Januar 2001

Ich rufe bei Stanisław Ramotowski an, um ihm alles Gute zum neuen Jahr zu wünschen. Er ist mit dem Rezept für eine Salbe aus dem Krankenhaus entlassen worden, doch sein Bein schmerzt immer noch so stark, dass er nicht einschlafen kann. Ich rufe bei befreundeten Ärzten an, die sich trotz der ungenauen Beschreibung einig sind, dass dem Kranken ohne angemessene medizinische Hilfe eine Gangrän, die Amputation und ein qualvolles Ende drohen. Man muss ihm einen Krankenhausplatz in Warschau organisieren.

4. Januar 2001

Białystok, Sitz des örtlichen IPN. Ich will hier in Ruhe die Akten der Jedwabne-Prozesse durchsehen. Der erste fand 1949 statt; damals wurden 22 Personen der Beteiligung an dem Verbrechen bezichtigt, elf wurden zu einer Gefängnisstrafe zwischen acht und 15 Jahren verurteilt. Karol Bardoń erhielt die Todesstrafe, die anschließend in 15 Jahre Haft umgewandelt wurde.

Hunderte von Seiten, aufgeschrieben in der ungeübten Handschrift von Protokollanten, mit Rechtschreibfehlern. Ich lese mit wachsender Verwunderung. Meine Vorstellungen von stalinistischen Strafermittlungen waren von der Lektüre der Zeugnisse aus sowjetischen Prozessen und von Arthur Koestlers Roman *Sonnenfinsternis* geprägt. Hier aber bemüht sich niemand, die Angeklagten mit irgendeiner Sabotageorganisation in Verbindung zu bringen. Gross schreibt, die Ermittlungen seien außergewöhnlich schlampig durchgeführt worden, das Ganze sehe ganz und gar nicht nach einem politischen Prozess aus. In der Tat. Die Zeugenaussagen dagegen klingen authentisch.

Der Verdächtige Władysław Miciura erwähnt, beim Zusammentreiben der Juden hätten Eugeniusz Śliwecki, Franciszek Łojewski, Józef Sobuta sowie Franciszek Lusiński mitgemacht »und außerdem noch viele Bauern vom Dorf, die ich nicht kannte. Das waren meist junge Burschen, die Spaß an der Menschenjagd hatten und die jüdische Bevölkerung quälten.«

Der Verdächtige Antoni Niebrzydowski: »... sehr viele passten auf die Juden auf. Ich betone, als wir auf die Juden aufpassten, damit sie nicht fliehen konnten, weinten sie heftig.«

In der Pressediskussion zu Jedwabne taucht immer wieder das Argument auf, man könne den Aussagen der Angeklagten nicht trauen, denn sie seien durch Schläge erpresst worden. Von Schlägen berichteten sie während der Verhandlung, und es gibt keinen Grund, ihnen nicht zu glauben. Schläge gehörten in der Zeit des Stalinismus zur Routine. Man fragt sich allerdings, warum von den »erzwungenen« Aussagen kein Gebrauch gemacht, sie stattdessen offen bagatellisiert wurden: statt zu versuchen, den Verlauf des Verbrechens zu rekonstruieren, stellte man ausschließlich Routinefragen, und wenn die Angeklagten die Namen weiterer Mörder nannten, weist zumindest in den Prozessakten nichts darauf hin, dass sich jemand die Mühe gemacht hätte, diese Leute zu suchen.

Noch dazu stimmten die Aussagen der Verdächtigen mit denen der Zeugen überein.

Roman Zawadzki: »Es kam Żyluk, Józef, mit einem Gummi[riemen] und nahm einen Juden von mir mit, der sich in der Mühle vor dem Morden versteckt hatte, aber Żyluk, Józef, hatte ihn gefunden und nahm ihn mit, auch der zweite Jude wurde mitgenommen [...] und die genannten Juden trieb Żyluk, Józef, auf den Markt, und später wurden alle Juden verbrannt.«

Julia Sokołowska: »Der Leiter der genannten Aktion war Karolak, Marian, er hatte einen Gummi[riemen] und trieb alle Polen zur Ermordung der Juden an. Ich habe mit eigenen Augen gesehen, wie Karolak mit dem Gummi Juden auf dem Marktplatz misshandelte und wie er Juden aus ihren Wohnungen auf den Marktplatz trieb und mit dem Gummi prügelte, dass man es mit der Angst bekam, wenn man diesem Morden zusah.«

Aleksandra Karwowska: »Józef Kubrzyniecki, wohnhaft in Jedwabne, brachte mit dem Messer achtzehn Juden um, das hat er in meiner Wohnung gesagt, als er den Ofen aufsetzte.«

Józef Grądowski, ein vor dem Pogrom Geretteter, der an diesem Tag auf dem Marktplatz war, sah zwei Gestapoleute, die Juden auf den Marktplatz holten, aber sonst nur Polen: »Ich saß mitten auf dem Marktplatz und rupfte Gras aus. [...] Zur damaligen Gruppe der Bewacher gehörten viele Menschen, auf jeden Juden kamen vielleicht fünf Bewacher. Da waren keine, die nur gafften; wer da war, half mit, die Juden zusammenzutreiben. Auf dem Marktplatz liefen polnische Kinder herum. Ich hörte, wie zwei polnische Frauen, die auf dem Bürgersteig vorbeigingen, sagten: ›Man muss das so machen, dass keine Zeugen übrigbleiben.‹«

In keinem dieser Prozesse gab es auch nur das geringste Interesse daran, die Personalien der Opfer zu ermitteln. Die Namen der Ermordeten tauchen nur zufällig auf. Der Verdächtigte Wincenty Gościcki macht zu den Morden, die am 10. Juli, noch vor dem Zusammentreiben der Juden in der Scheune stattgefunden hatten, folgende Aussage: »Morgens holte mich meine Frau aus dem Bett, sie sagte: ›Mir wird schlecht, gleich bei unserem Haus schlagen sie die Juden mit Knüppeln.‹ Da ging ich nach draußen. Urbanowski rief mich zu sich: ›Guck mal, was gemacht wird‹, und zeigte mir vier jüdische Leichen, das waren 1. Fiszman, 2. zwei von den Stryjakowskis und Blubert.«

5. Januar 2001

Immer noch über den Akten im IPN in Białystok.

Während des Prozesses bestritten sowohl die Angeklagten als auch die Zeugen die Aussagen, die sie gegenüber den Ermittlern gemacht hatten. Anhand der neuen Versionen wie auch der Bittgesuche der Familien an das Gericht um vorzeitige Freilassung lässt sich ein ganz gewöhnlicher Tag in dieser Kleinstadt rekonstruieren. Nur war der 10. Juli leider kein solcher Tag. Gemäß ihren Aussagen sind die Bewohner vollständig von den Mühen des Alltags in Anspruch genommen. Karol Bardoń (Todesstrafe) repariert den ganzen Tag über ein Auto. Władysław Miciura (12 Jahre Haft), der in der Gendarmerie als Tischler angestellt ist, muss den ganzen Tag den Hobel schwingen. Stanisław Zejer (10 Jahre Haft) mäht im Auftrag des Bürgermeisters den Klee auf dem Feld. Antoni Niebrzydowski musste Kartoffeln jäten, auch Czesław Lipiński »hielt sich in den Kartoffeln auf«. Von Gartenarbeit in Anspruch genommen war Józef Żyluk, Feliks Tarnacki fuhr Rad, Zygmunt Laudański reparierte einen Herd, und Bolesław Ramotowski stand einfach nur herum.

Ich muss die Aktenlektüre immer wieder unterbrechen, denn ich versuche, für Stanisław Ramotowski ein besseres Krankenhaus zu finden (die Namensgleichheit mit dem Verurteilten Bolesław Ramotowski ist, wie ich von ihm erfahre, reiner Zufall).

Das IPN in Białystok befindet sich noch im Aufbau, weshalb es in drei Räumen einer anderen Behörde untergebracht ist. Ich sitze Staatsanwalt Radosław Ignatiew gegenüber, der die Untersuchung zum Fall Jedwabne leitet. Kleine runde Nickelbrille, steifer Kragen, eng gebundene Krawatte. Er sitzt steif und spricht steif. Wohnhaft ist er in Łapy bei Białystok.

»Ich habe gezögert, zum IPN zu gehen. Mein Aufgabenbereich waren Mordfälle. Ich war sehr engagiert bei der Arbeit, blieb oft bis tief in die Nacht. Eine Anklageschrift so zu verfassen, dass der Mörder sich nicht um seine Strafe drücken kann, ist eine orgiastische Freude«, erklärt er mit trockener, leidenschaftsloser Stimme.

Mit Ignatiew zusammenzusitzen hat den Vorteil, dass ich ihn dauernd ansprechen kann, indem ich kommentiere, was ich lese. Die Briefe der Einwohner sind besonders eindrucksvoll: »Im Anhang ein Zeugnis der Loyalität« und weiter, dass Bürger soundso ein guter Mensch und guter Bürger des polnischen Staates gewesen sei und sich eines guten Rufs erfreue. Darunter einige Dutzend Unterschriften. Die Ermittlungen lassen kaum Zweifel daran, was diese guten Menschen am 10. Juli 1941 getan haben. »Kann es sein, dass die gesellschaftliche Solidarität sich erst regte, als es an die Ermordung von Juden ging?«, werfe ich in den Raum. »In den ersten Vernehmungen wussten sowohl die Angeklagten als auch die Zeugen viel über das Verbrechen, in der Verhandlung hatten sie alles vergessen. Haben die Zeugen ihre Aussagen widerrufen, weil die Familien der Angeklagten sie darum gebeten hatten? Weil sie mit diesen Nachbarn den Rest ihres Lebens verbringen mussten?«, überlege ich laut. »Es ist schockierend, wie nachlässig die Ermittlungen geführt wurden«, wiederhole ich immer wieder.

Ignatiew ist sich nicht sicher, ob ein informelles Gespräch mit einer Journalistin nicht gegen die Regeln seines Berufsstands verstößt, und wohl nur aus altmodischer Höflichkeit einer Frau gegenüber unterlässt er es, sich meine Bemerkungen zu verbitten. Doch ich zweifle nicht daran, dass wir die Ermittlungsakten ähnlich lesen. Ich kann mir kaum vorstellen, dass die heutige Ermittlung nicht von Politikern kontrolliert wird, doch der Staatsanwalt macht nicht den Eindruck eines Menschen, der sich steuern ließe, schon gar nicht, wenn es um die Wahrheitsfindung in einem Prozess geht.

6. Januar 2001

Ich hole Stanisław Ramotowski aus seinem lausigen Kreiskrankenhaus ab und fahre ihn zu einer Sprechstunde nach Warschau.

7. Januar 2001

E-Mail von einer Freundin, der Dichterin Ewa Lipska, die in Wien wohnt und mit Simon Wiesenthal zusammenarbeitet. Sie hatte mich gefragt, ob man nach dem Buch von Gross noch etwas über Jedwabne schreiben könne. »Ein merkwürdiger Satz aus dem Mund einer Dichterin«, hatte ich geantwortet und ihr meine bisherigen Recherchen beschrieben. »Du hast Recht, liebe Anna«, lese ich in der Antwort, »ich habe das außer Acht gelassen, was man die ›Nebenwege des Lebens‹ nennt. Vor einigen Monaten, noch vor dieser ganzen Diskussion über Jedwabne, traf im Wiesenthal-Zentrum ein Brief von einer Frau aus Łomża ein, die Simons Buch *Recht, nicht Rache* gelesen hatte und ihm nun die Geschichte ihrer Familie, ihrer Stadt und ihrer Nachbarn beschrieb, die 1941 einen Juden gesteinigt hatten. Am Ende bat sie ihn um ein Foto. Ich musste ihren Brief in seinem Namen beantworten, ich war tief bewegt. Gut, dass man jetzt anfängt, über all das zu sprechen.«

10. Januar 2001

Zu Besuch bei Herrn Ramotowski im Krankenhaus in Warschau. Wie durch ein Wunder ist es gelungen, einen Platz für ihn zu finden. Über den Massenmord in Radziłów sprechen wir nicht, denn als ich ihm einmal eine Frage stellte, in der das Wort »Juden« vorkam, sah er sich unruhig auf dem Flur um, ob uns auch niemand hört.

12. Januar 2001

Bei einem Bankett komme ich mit dem Theaterregisseur Erwin Axer ins Gespräch. Er ist skeptisch, ob es Sinn hat, den Fall Jedwabne an die große Glocke zu hängen. Er erzählt mir, der Grafiker Otto Axer, sein verstorbener Cousin (ein Freund meines Vaters), habe erst wenige Jahre vor seinem Tod vom Schicksal seines Vaters während des Krieges erfahren. Ich weiß, wovon er spricht, ich habe diese schöne Geschichte vor ein paar Jahren in der Zeitung gelesen. Ein älterer Herr aus Przemyśl, der Musiklehrer Paul Axer, streifte an dem Tag, als die Juden sich »zur Abfertigung für die Arbeitslager« melden sollten, seine gelbe Armbinde ab, nahm einen Klappstuhl und seine Katze und machte sich auf den Weg zum Fluss. Am Ufer des San stellte er den Stuhl auf und saß bis zum Abend, in die Betrachtung des dahinströmenden Wassers versunken. Ein Hirtenpaar, Bruder und Schwester, fand ihn und brachte ihn zu ihrem Haus, wo es Platz gab, denn der Großvater war kurz zuvor gestorben. Das Kriegsende erlebte er nicht mehr, aber er starb unter den Menschen, die ihn in ihre Familie aufgenommen hatten. Erwin Axer stellt richtig, dass es sich nicht um einen Stuhl und eine Katze, sondern um einen Tisch und eine Balalaika gehandelt habe.

»Otto hat sein Leben lang die Bauern nicht leiden können, wegen ihres Antisemitismus. Immer wieder kam er damit, dass sie sich während des Krieges dazu hergegeben hätten, Juden an die Nazis zu verraten. Und dann stellte sich heraus, dass es Bauern gewesen waren, die seinen Vater gerettet hatten, und das ganze Dorf wusste davon. Außerdem haben auch Juden andere Juden verraten«, fügt Erwin Axer als Pointe hinzu.

13. Januar 2001

Im Krankenhaus bei Herrn Ramotowski. Diesmal nur kurz. »Ich bin in Eile«, erkläre ich ihm, »ich muss meine Tochter Ola zur Synagoge fahren. Sie bereitet sich auf die Bat-Mizwa vor – Ihre Frau hat das sicherlich nicht erlebt, denn zu ihrer Zeit gab es nur die Bar-Mizwa für Jungen. Ola nimmt Hebräischstunden und trifft sich mit dem Rabbiner Michael Schudrich, die beiden arbeiten an ihrem eigenen Kommentar zu einem Abschnitt der Thora, den sie während der Feier in der Synagoge vortragen soll.«

»Sie sind aber eine mutige Frau, dass Sie solche Dinge erzählen«, kommentiert Ramotowski. »Sie sehen doch gar nicht wie eine Jüdin aus.«

15. Januar 2001

Gespräch mit dem behandelnden Arzt. Eine Amputation des Beins komme für Ramotowski nicht in Frage, erstens wegen seines Alters (er ist 87), zweitens wegen des Zustands seines Herzens. Die Behandlung, die ihn erwartet, werde sich über Monate hinziehen.

Seine Frau, die fast blind ist und wegen Osteoporose nicht gehen kann, ist allein in Radziłów zurückgeblieben, in einer Holzhütte, die Kälte dringt durch die Ritzen, die Toilette ist auf dem Hof. Ich rufe täglich bei Stanisław Ramotowskis Neffen an, um ihr Grüße von ihrem Mann ausrichten zu lassen, und erfahre, dass Marianna nicht aus dem Bett aufsteht und aufgehört hat zu essen. Es gibt nur eine Lösung: Sie in dasselbe Krankenhaus zu bringen, in dem Ramotowski liegt. Außerdem wird sie dort untersucht.

17. Januar 2001

Ich habe den Einweisungstermin für Marianna abgesprochen und überbringe Stanisław die Nachricht wie ein kostbares Geschenk. Er wird stocksteif und sagt, das sei ausgeschlossen. Sie hat sich mit Hilfe des Neffen bereits reisefertig gemacht. Er ist wütend. Was soll ich tun? Mühsam bringe ich aus ihm heraus, was los ist. In seinem Krankenzimmer liegen vier Veteranen (er ist im Militärkrankenhaus, auf das er Anspruch hat, da er während des Krieges zur Heimatarmee gehörte), sie reißen in einem fort Judenwitze. Wenn seine Frau hier auftaucht, würden sie sofort merken, dass sie Jüdin ist, und ihm das Leben schwer machen.

»Woran sollen sie das denn merken?«, frage ich.

»So wie sie spricht und wie sie aussieht, wird man sie wohl kaum für eine Frau aus Radziłów halten, oder was meinen Sie?«, antwortet er mit einer Gegenfrage.

18. Januar 2001

Im Archiv des ŻIH. Ich ziehe die Karteikarten von Jedwabne und den umliegenden Ortschaften aus den Holzschubladen: Kolna, Radziłów, Stawiski, Szczuczyn, Wizna, Tykocin, Wąsosz. Hier sind ein gutes Dutzend Berichte von Holocaust-Überlebenden, in denen neben der Beschreibung deutscher Verbrechen auch Beschreibungen von Pogromen ihrer polnischen Nachbarn zu finden sind. Aus ihnen ergibt sich ein schockierendes Bild von dem, was in ganz Nordostpolen nach dem Abzug der Sowjets vorging. Die Deutschen befahlen den Juden, den Marktplatz zu jäten und Begräbnisse von Lenin und Stalin zu veranstalten – d. h. unter Gesang die Denkmäler zu zerschlagen. Sie erniedrigten und prügelten sie unter Mithilfe und Beifall eines Teils der örtlichen Bevölkerung. Sie brachten die Juden aus der Stadt und erschossen sie oder erschlugen sie am helllichten Tage auf den Straßen, und beim Einfangen der Juden halfen ihnen Polen. In drei Fällen kam es zur beinahe völligen Auslöschung von Kleinstädten, und diese Auslöschung, schreiben die Holocaust-Überlebenden, wurde von polnischen Einwohnern vollbracht, mit Zustimmung oder auch auf Anregung der

Deutschen hin. Nicht nur am 7. Juli in Radziłów und am 10. Juli in Jedwabne, sondern noch früher, am 5. Juli in Wąsosz.

»Dieses ruhige Städtchen wurde zum ersten Opfer tierischer, blutrünstiger Instinkte«, schreibt Szymon Datner, der nach dem Krieg in der jüdischen historischen Wojewodschaftskommission in Białystok Zeugen vernahm und einen Teil der Aussagen redaktionell bearbeitete. »Die polnische Polizei und örtliche Schläger machten sich auf zu den jüdischen Häusern in der Stadt und verrichteten dort ihre ›heilige Arbeit‹ nach dem Muster des Massakers von Kischinjow«, fährt er fort, sich auf ein berüchtigtes Pogrom in Russland Anfang des 20. Jahrhunderts beziehend. »Es wurde in den Wohnungen und auf der Straße gemordet. Man vergewaltigte Frauen und schnitt ihnen die Brüste ab. Wenn man in einer Wohnung Kinder mit ihren Eltern antraf, dann ermordete man zuerst die Kinder. Sie wurden an der Wand zerschmettert. Das Blutbad dauerte drei Tage lang. So viel Zeit gaben die Deutschen den Mördern.«

Ich sollte in meinem Buch auch den Massenmord von Wąsosz behandeln.

Aus Radziłów gibt es noch weitere Berichte von Menachem Finkelsztejn, einen von Chana Finkelsztejn und einen von Datner bearbeiteten Sammelbericht, wonach sich in Jedwabne eine einzige Familie retten konnte: die Finkelsztejns, Mann, Frau und vier Kinder. Menachem und Chana müssen also Geschwister sein. Chana beschreibt nicht nur das Verbrechen, sondern auch die Zeit im Versteck. »Die Leute aus dem Dorf wollten uns mit Hilfe des Bürgermeisters fesseln und zur Gestapo bringen. Wir flohen, jeder in eine andere Richtung, ich mit meinem jüngeren Bruder. [...] Wir litten unter Hunger, Kälte und Schmutz. Der Tod war unser täglicher Begleiter. Während dieser Zeit wechselten wir unseren Aufenthaltsort zweiundfünfzigmal.«

Datner schreibt, 1945 hätten Bauern, kurz nach der Befreiung, zwei Juden aus Radziłów, Mosze Dorogoj und seinen Sohn Akiwa, als unbequeme Zeugen des Verbrechens ermordet, sobald diese ihr Versteck verlassen hatten. Als sie das gehört hätten, seien die Finkelsztejns nach Białystok geflohen und hätten so überlebt. Was ist aus ihnen geworden? Sind sie noch am Leben? Wie kann ich sie finden?

19. Januar 2001

In Gedanken bin ich dauernd auf dem Marktplatz von Jedwabne. Wussten sie, dass sie in den Tod gingen? Oder wiegten sie sich in der trügerischen Hoffnung, sie würden davonkommen, bis zu dem Moment, da die Flammen aufloderten?

Der ŻIH-Bericht von Menachem Turek erzählt von den Juden von Tykocin, welche die Deutschen am 25. August aus der Stadt herausbrachten und töteten. Dies geschah nach einer ganzen Serie von deutschen wie auch polnischen Massenmorden, doch sie hatten die Hoffnung noch nicht aufgegeben. »Es wurde bekanntgemacht, dass sich am folgenden Tag um 6 Uhr morgens alle Juden – Männer, Frauen und Kinder, mit Ausnahme von Krüppeln und Kranken – auf dem Marktplatz versammeln sollten. Viele Frauen verfielen in hysterische Krämpfe. Es gab ein allgemeines Weinen und Durcheinander, der eine lief zum anderen. Händeringend, die Augen zum Himmel gerichtet, fragte man sich: ›Was geht hier vor, was sollen wir tun?‹ Spontan fand eine Versammlung beim Rabbiner statt. Ein Teil war der Meinung, man müsse fliehen, andere sagten, nichts Schlimmes werde geschehen, doch wenn ein Teil fliehe, dann würde man sie erstens aufgrund der feindlichen Einstellung der gesamten Umgebung einfangen, und zweitens könnten die zurückgebliebenen Juden die Leidtragenden sein. Man versuchte, irgendetwas in Erfahrung zu bringen, doch die Polen wollten nichts sagen. Nach langen Beratungen wurde beschlossen, dass sich alle wie ein Mann auf dem Marktplatz einfinden sollten. Die Nacht war lang, Schlaf fand niemand.«

20. Januar 2001

Die *Gazeta Wyborcza* bringt ein Interview mit dem Vorsitzenden des IPN-Beirats, Sławomir Radoń. Unklare Ausführungen, die zu einem einzigen Schluss führen: Gross schadet Polen. Bereits auf einer Pressekonferenz im Dezember hatte er gesagt, *Nachbarn* sei ein unehrliches, unsauber gearbeitetes Buch, das Pogrom sei von den deutschen Behörden organisiert worden, und die Deutschen hätten den Treibstoff zur Verfügung gestellt, mit dem die Scheune übergossen wurde. Wird dies die offizielle Stellungnahme des IPN werden?

In einem Aufsatz aus dem Jahr 1946 über die Vernichtung von Białystok und Umgebung schreibt der Historiker Szymon Datner: »Für beinahe die gesamte Bevölkerung der Kreise Łomża und Szczuczyn, die der ultranationalistischen antisemitischen nationaldemokratischen Ideologie anhing, ergab sich die Gelegenheit, sich unter der allerhöchsten deutschen Schirmherrschaft ihrer Nachbarn und Konkurrenten seit Jahrhunderten zu entledigen, dieser fremden und verfluchten Juden.« Menachem Turek aus Tykocin erinnert sich: »Unter wilden Drohungen, Rachegeschrei und Flüchen drang eine vom Rauben trunkene Masse unter der Leitung von SN-Leuten, die bei den Boykott-Aktionen jüdischer Geschäfte Erfahrung gesammelt hatten, in die jüdischen Häuser ein und holte alles heraus, was ihnen in die Hände fiel. Ein Schlag war das nicht allein deswegen, weil der seit Generationen angesammelte Besitz verschwand und am nächsten Tag nicht einmal ein Topf übriggeblieben war, um sich etwas zu kochen, sondern weil es unter Mitbürgern geschehen war.« Basia Kacper aus Szczuczyn sagt aus, die Pogrome seien von »Burschen aus besserem Hause und Schlägern« organisiert worden. Sie erwähnt »Schuldirektor Jonkajtys« als Organisator.

Ich sehe einen späteren Text von Datner aus dem ŻIH-Bulletin von 1967 durch – »Eksterminacja ludności żydowskiej w okręgu białostockim« [Die Auslöschung der jüdischen Bevölkerung im Kreis Białystok] –, auf den man sich während der Tagung im Historischen Institut der Polnischen Akademie der Wissenschaften berief, um zu beweisen, dass die Pogrome im Juli das Werk der Deutschen gewesen waren. »Mit dem Einmarsch der deutschen Truppen gingen grausame und blutige Massaker an der jüdischen Bevölkerung einher«, schrieb Datner; er formulierte so, um nicht direkt sagen zu müssen, dass die Ausführenden und die örtliche Bevölkerung zuweilen identisch waren. An einer Stelle erwähnt er, dass die deutschen Besatzer »oft unter Mithilfe einheimischer Polizeiformationen handelten, die von örtlichen Verrätern, Faschisten, verkommenem Pack oder Kriminellen organisiert wurden«. Die Kleinstadt Wąsosz »wurde zum ersten Opfer«, in Radziłów »wurden sie bei lebendigem Leibe verbrannt«, in Jedwabne

»starben sie auf grausame Weise«. Nur der aufmerksame Leser bemerkt die unpersönlichen Formen und den späteren Satz: »Die meisten Massaker in diesen ersten Monaten der Besatzung begingen die Deutschen jedoch allein.«

21. Januar 2001

Gespräch mit Helena Datner-Śpiewak, der Tochter von Szymon Datner. Wir sind seit Jahren befreundet, ich war bei ihr zu Besuch, als ihr Vater noch lebte und bei ihr wohnte. Helena sagt, sie habe seit langem von Jedwabne gewusst, durch ihren Vater, aber erst jetzt werde ihr das ganze Ausmaß des Verbrechens klar. Ich frage sie, warum ihr Vater im Jahr 1967 einen Text geschrieben hat, in dem er nicht deutlich sagte, dass die Pogrome ein Werk der örtlichen Bevölkerung waren, obwohl er das doch wusste. Er hatte ja nach dem Krieg die Aussagen der Überlebenden festgehalten und bereits damals geschrieben, die Pogrome seien von den Einheimischen begangen worden. Ob es eine Rolle spielte, dass das Buch 1946 auf Jiddisch verfasst wurde (obwohl der Autor hervorragend Polnisch konnte) und nicht für den polnischen Leser bestimmt war? Wenn dem aber nicht so war, was muss dann in diesen zwanzig Jahren geschehen sein, dass er die Wahrheit, die er bereits kurz nach dem Krieg ans Licht gebracht hatte, nicht wiederholen wollte oder konnte? War er der Meinung, dass nur ein Text, in dem mehr vertuscht als enthüllt wurde, eine Chance hatte, durch die Zensur zu kommen? Oder stand die Befürchtung dahinter, die Welle des Antisemitismus, die damals durch die kommunistische Regierung ausgelöst worden war, würde auch das ŻIH hinwegfegen und sein Archiv auf dem Müll landen? War er vielleicht eingeschüchtert, ein Gemütszustand, der sich wohl nicht ohne Grund auf viele Mitarbeiter des ŻIH übertragen hatte?

Helena sagt, der Fortbestand des ŻIH sei damals tatsächlich bedroht gewesen, doch ihr Vater sei erst im Jahre 1969 zum Direktor ernannt worden, allerdings nur für kurze Zeit. Furchtsam sei er, wie ihr scheint, nicht gewesen. Auf dem Höhepunkt des Stalinismus habe er die Arbeit im ŻIH verloren – weil er protestierte, als einem seiner Texte im Einklang mit der herrschenden Parteivorgabe etwas Beleidigendes über Joint hinzugefügt wurde. Bis 1956 habe er in diversen Berufen gearbeitet, etwa als Maurergehilfe, er habe auch Analphabeten unterrichtet.

»Während des Stalinismus war es viel gefährlicher, sich anständig zu verhalten«, sagt Helena, »und mein Vater hat dafür einen hohen Preis bezahlt. Doch später, inmitten der antisemitischen Kampagne, hatte er viel mit Kazimierz Kąkol zu tun, und 1968 ist sein Buch *Der Wald der Gerechten* erschienen – über Polen, die Juden gerettet haben.«

Dass Datner mit Kąkol verkehrte, dem Chefredakteur der damals so niederträchtigen Wochenschrift *Prawo i Życie* [Wahrheit und Leben], einem Autor widerwärtiger Texte, macht deutlich, was für eine Angst der von neuem entfachte Hass auf Juden geweckt haben muss. In jener Zeit ein solches Buch zu veröffentlichen bedeutete, sich der herrschenden Strömung nicht entgegenzustemmen – eines der Leitmotive der antisemitischen Kampagne war die Undankbarkeit: Obwohl so viele Polen für die Juden ihr Leben riskiert hätten, beschmutzten diese den polnischen Ruf. Das Buch sollte, wie Datner im Vorwort schreibt, »die Haltung des polnischen Volkes gegenüber dem jüdischen Volk, das vor den Augen der Welt dahingemetzelt wurde, illustrieren«.

»Mein Vater hat immer betont, dass er dort kein einziges unwahres Wort geschrieben hat«, sagt Helena. »Und wann immer man begann, schlecht von den Polen zu sprechen, wiederholte er, dass er die Zeit nach seiner Flucht aus dem Ghetto ohne die Hilfe polnischer Bauern nicht überlebt hätte.«

Datner erzählte davon, dass die Landwirte aus dem Dorf Dworzyska bei Sokołka die Partisanenabteilung, der er sich angeschlossen hatte, mit Essen versorgten und sie einmal vor den Deutschen gewarnt hatten. Einmal sagte er Helena, es seien weißrussische, nicht polnische Bauern gewesen.

In dem Kapitel über Polen aus der Gegend von Białystok, die Juden gerettet hatten, finde ich den Namen von Antonina Wyrzykowska aus Janczewko bei Jedwabne und die Namen derjenigen, die sie versteckt hatte: Izrael Grądowski (das muss derselbe sein, dessen Prozessaussagen ich gelesen habe), Jakub Kubrzański, Berek, Elke und Mojżesz Olszewicz, Lea Sosnowska, Szmul Wasersztejn.

25. Januar 2001

Marianna Ramotowska ist im Krankenhaus in der Ulica Szaserów. Ramotowski sitzt stundenlang bei ihr im Zimmer.

Er erzählt mir, seine Frau habe nach dem Krieg in den Prozessen gegen die Mörder von Radziłów ausgesagt (diese Prozesse und ihre Aussagen muss ich unbedingt recherchieren!). Ihn selbst habe viele Jahre später ein Staatsanwalt verhört und gefragt, wie er seine Frau gerettet habe. Er habe ihm gesagt, das Verbrechen sei von Polen begangen worden. »Da schrie er mich an, von wegen, es waren die Deutschen. Ich habe mich aufgeregt, meine Mütze genommen und zu ihm gesagt: ›Wenn Sie es besser wissen, dann brauchen wir ja nicht zu reden.‹ Dann bin ich gegangen.«

War der Staatsanwalt, der ihn verhörte, vielleicht Waldemar Monkiewicz? Und waren ihm in Radziłów auch diese Lastwagen voller Deutscher erschienen?

27. Januar 2001

Die *Rzeczpospolita* bringt einen Artikel von Tomasz Strzembosz, dem bekannten Historiker: »Przemilczana kolaboracja« [Die totgeschwiegene Kollaboration]. Der Autor führt Geschichten über Juden an, die in dem hier behandelten Gebiet Polen ermordet sowie mit der sowjetischen Obrigkeit kollaboriert und Polen denunziert haben sollen. Die Unterzeile lautet: »Die jüdische Bevölkerung, insbesondere die Jugend und die Armen in den Städten, nahmen massenhaft an der Begrüßung der Sowjetarmee teil. Mit der Waffe in der Hand.«

Woher hätten Juden wohl massenhaft Waffen haben sollen? Das ist doch offensichtlicher Unsinn! Strzembosz hat sich, wie er in der Zeitschrift *Karta* [Charta] von 1991 beschrieb, mit den antisowjetischen Partisanen in der Gegend von Białystok beschäftigt, die vor allem im Waldgebiet Kobielno operierten und in Sumpfgebieten an der Biebrza, die über weite Strecken des Jahres hinweg praktisch unzugänglich sind. Dort hatten einige Dutzend Partisanen ihr Rückzugsgebiet, maximal kampierten mit ihnen einige Hundert Menschen, zum großen Teil solche, die sich vor den Sowjets verstecken mussten.

Jetzt beruft sich Strzembosz auf seine Gesprächspartner, mit denen er vor Jahren im Zusammenhang mit Kobielno Interviews durchgeführt und korrespondiert hat.

Als Beweis für die Kollaboration der Juden zitiert Strzembosz einen Brief von Kazimierz Odyniec, der schreibt: »Die Leichen polnischer Partisanen nach den Kämpfen in Kobielno hat der Nachbar meines Onkels, der Jude Całko, abtransportiert.« Aber hat das irgendetwas zu sagen?

Polnische Bauern wurden regelmäßig dazu gezwungen, Juden in die Ghettos und an die Orte der Vernichtung zu bringen, doch es wäre Unsinn, das als Kollaboration zu betrachten.

Strzembosz beruft sich auf einige Gesprächspartner aus Jedwabne. Eine davon ist Łucja Chojnowska, eine Verwandte der Laudańskis: »In Jedwabne, das mehrheitlich von Juden bewohnt war, gab es nur drei Häuser, die keine roten Fahnen heraushängten, als die Russen hier einmarschierten. Unter anderem unseres.« Jedwabne aber war nur zu etwa vierzig Prozent von Juden bewohnt. Die Information, nur an drei Häusern seien keine Flaggen zu sehen gewesen, würde bedeuten, dass fast alle polnischen Häuser die Russen mit roten Flaggen willkommen geheißen hätten! Ein weiterer Beweis sei ein Brief von Jerzy Tarnacki aus Jedwabne, der seine Verhaftung beschreibt: »Mich und meinen Bruder Antek holte eine Patrouille, die aus einem Polen, dem Bürger Kurpiewski, und einem Juden namens Czapnik bestand.« Ein Pole also und ein Jude.

Nachdem er Zeugnisse dieser Güteklasse angeführt hat, stimmt Strzembosz einen hohen Ton an: »Wenn sie [die Juden] Polen schon nicht als ihr Heimatland betrachteten, dann hätten sie es doch nicht wie Besatzer behandeln und gemeinsam mit dessen Todfeind polnische Soldaten töten sowie nach Osten fliehende polnische Zivilisten ermorden müssen. Sie hätten auch nicht an der Selektion ihrer Nachbarn für die Deportationen teilnehmen müssen, an diesen schrecklichen Akten kollektiver Verantwortung.«

»Deportation« gehört zu den emotional hoch aufgeladenen Wörtern: ganze Familien, Mütter, Kinder sowie alte Menschen wurden zu Opfern, und die Wahrheit über sie wurde jahrelang verschwiegen. Genau wie der Massenmord an den Juden von Jedwabne. Und doch muss der Historiker wissen, was der gewöhnliche Leser nicht weiß: dass außer Polen auch Tausende von Juden von den Sowjets verschleppt wurden (fünfzig Prozent der Deportierten waren Polen, schätzungsweise zwanzig bis dreißig Prozent Juden, dabei stellten sie doch in diesen Gebieten weniger als elf Prozent der Bevölkerung). Etwas ganz anderes ist die besondere Rolle der Deportationen in der polnischen Leidensgeschichte. Im Vergleich zu den Krematorien in Auschwitz hatte sich die Deportation der Juden ins Innere Russlands, selbst nach Sibirien, später als die größte Überlebenschance erwiesen.

Strzembosz wirft Gross vor, er habe seine Arbeit »auf Materialien des UB« gestützt, »die als Ergebnis einer zweifellos brutalen Ermittlung in den Jahren 1949 bis 1953 gewonnen wurden, in einer Zeit, als polnische Bischöfe für Verrat am polnischen Volk und Spionage im Auftrag der ›Imperialisten‹ verurteilt wurden.« Würde er einen Blick in die Prozessunterlagen werfen, so müsste ihm auffallen, dass die Zeiten dieselben sind, die Prozesse sich aber unterscheiden. Der Prozess der Bischöfe war ein politischer Prozess, der Prozess der Mörder von Jedwabne sieht aus wie ein gewöhnlicher Strafprozess.

Wenn er von Kollaboration und dem Verrat der Juden schreibt, die die Rote Armee begrüßten, scheint der Autor nicht zu bemerken, dass die Alternative, die sich ihnen bot, nicht das freie Polen darstellte, sondern das Hitlerregime. Die Verwendung des Begriffs »Verrat« birgt noch eine zweite Falle: Man müsste dieselben Begriffe auf die polnische Bevölkerung anwenden, die in diesen Gebieten im Juni 1941 das deutsche Heer mit Blumen und Triumphbögen begrüßte. Und doch geschah dies aus analogen Gründen, man freute sich nicht darüber, dass Polen unter fremde Besatzung geriet, sondern darüber, dass die verhassten Sowjets verschwunden waren.

Vor zehn bis fünfzehn Jahren, als Strzembosz seine Forschungen in dieser Gegend durchführte, lebten doch noch erheblich mehr Teilnehmer und Zeugen des Verbrechens von Jedwabne. Mit wie vielen von ihnen hat er gesprochen? Wenn man bedenkt, welch unbezahlbares Material in seiner Reichweite lag! Es kommt mir wenig wahrscheinlich vor, dass er im Verlauf seiner Forschungsarbeiten nie auf die Morde an den Juden gestoßen sein soll. Möglich ist aber doch, dass er nicht davon gehört hat. Er erforschte das Schicksal der Partisanen aus dem Waldgebiet Kobielno, die denunziert und auf der Stelle vom NKWD erschossen oder nach Russland deportiert worden waren, daher wollte er es nicht hören. Auf die Frage, warum er sich nicht früher mit dem Verbrechen beschäftigt hat, das an den Juden begangen wurde, antwortet Strzembosz, er habe sich nie mit dem Problem der polnisch-jüdischen Beziehungen befasst. Was ihn nicht hindert, nach dem Buch von Gross plötzlich zum Experten in dieser Angelegenheit zu werden.

2. Februar 2001

In der *Rzeczpospolita* setzt Adam Cyra, ein Mitarbeiter des Staatlichen Museums Auschwitz-Birkenau, Jerzy Laudański ein Denkmal, einem Judenmörder, aber eben auch einem Häftling der Lager Auschwitz und Sachsenhausen. Dass sein Held gefoltert und in einem stalinistischen Prozess verurteilt worden sei, ist das Einzige, was er zu dem Verbrechen von Jedwabne zu sagen hat. »Konsequent, im Glauben an ein gerechtes Urteil der Geschichte, wird Jerzy Laudański von seinem ältesten Bruder Kazimierz verteidigt«, beklagt Cyra das Schicksal der Laudańskis.

Die *Rzeczpospolita* hat den Artikel ohne jeden Kommentar veröffentlicht. Oder vielmehr mit einem Bildkommentar: mit Fotografien von Jerzy Laudański aus dem Lager. Die Konnotation ist offensichtlich: Die gestreifte Kleidung von Auschwitz dürfte die deutlichste Opferikone im Europa des 20. Jahrhunderts sein. Solche Bilder spielen darüber hinaus eine polemische Rolle: Die Juden behalten sich das Recht vor, die Hauptopfer von Auschwitz zu sein, und hier, bitte sehr, haben wir einen Polen, der im Lager gewesen ist und der darüber hinaus von den Juden angeschwärzt wird. Denn die Aussage des Textes lässt keinen Zweifel: Angegriffen wird ein rechtschaffener Mensch, ein Held. Als ob die Deutschen nur anständige Leute nach Auschwitz gebracht hätten.

Im Krankenhaus. Marianna steht nicht auf, Stanisław dagegen hat sich im Krankenhaus eingelebt, kennt bereits alle und führt ein angeregtes soziales Leben (der behandelnde Arzt beklagt sich bei mir, sein Patient sei den ganzen Tag auf den Beinen). Sobald ich komme, bugsiert er mich aus seiner Abteilung hinaus, wir setzen uns in eine Ecke, wo er rauchen kann; auf harten Stühlen und im Durchzug sitzend, reden wir stundenlang.

Stanisław hat oft mit den Mördern getrunken, um Einzelheiten aus ihnen herauszubekommen. Er hatte keine Kinder. Er konnte diese Wahrheit niemandem mitteilen. Aber er wollte wissen. Jetzt hole ich dieses Wissen aus ihm heraus.

4. Februar 2001

Mit Jan Skrodzki in Radziłów. Wir beginnen mit einem Besuch bei Eugenia Kacperska, einer Freundin von ihm aus Kindertagen. Ihr Mann und ihre Schwester sind zu Hause. Jan erwähnt einen jüdischen Friedhof etwa zwei Kilometer von der Stadt entfernt, dort habe er nach dem Krieg einzelne Grabplatten gesehen.

»Diese Grabplatten wurden als Schleifsteine verwendet, um Äxte zu schärfen«, greift Eugenias Mann Jan Kacperski das Thema auf. »Es gab wohl keinen Bauern in Radziłów, der keine Schleifsteine aus Grabplatten gehabt hätte. Alle hohen Fichten, die dort wuchsen, haben sie als Brennmaterial gefällt. Ich kann mich an sie erinnern, denn im Krieg haben wir Kräheneier gesammelt, und Krähen sind anders als Raben, auf niedrigen Bäumen bauen sie keine Nester.«

»Als die Leute ihre Häuser wiederaufbauten, fuhren sie den Kies mit Schubkarren weg und verputzten ihre Wände mit Juden«, lacht Eugenias Schwager, Józef Koryciński. »Und aus dem kleinen Rest, den die Bauern nachts nicht gestohlen hatten, bauten die neuen Machthaber ein Stück Straße. Auf den Gräbern wuchs Sauerampfer, hohe Pflanzen, da konnte man sich immer ein paar Zlotys verdienen.«

»Was redest du da?«, unterbricht ihn seine Frau. »Eine Suppe mit solchem Sauerampfer würde doch schaumig werden, bei so viel Fett. Wer würde Sauerampfer vom Friedhof essen?«

»Er hat sich aber gut verkauft.«

Wir wohnen bei der Familie von Jan in Radziłów. Sein Cousin Piotr Kosmaczewski hat die Leute, die »für die Juden« verhört wurden, zur Bahnstation gebracht, von wo sie nach Ełk fuhren. Den ganzen Tag wartete er auf einem nahe gelegenen Bauernhof, um sie wieder mit zurückzunehmen. Auf diese Weise fuhr er auch Jans Vater, Zygmunt Skrodzki. Er erwähnt noch einen anderen Prozess, in dem »für die Juden« Anklage erhoben wurde. Seiner Ansicht nach war das nur ein Vorwand, um mit dem antikommunistischen Untergrund verbundene Personen zu verhören, doch daraus folgt, dass der Prozess um Jedwabne bei weitem nicht der einzige war. Eine Entdeckung!

5. Februar 2001

Wir besuchen der Reihe nach ehemalige Schulkameraden von Jan Skrodzki. Einer unserer Gesprächspartner holt ein Buch aus seiner Bibliothek, über die Aktivitäten der Heimatarmee in dieser Region, verfasst von Jan Orzechowski, Kampfname [Strzała]: *Auf dass die Erinnerung nicht vergeht*, mit Bildern von Mitgliedern der Heimatarmee aus Radziłów. Drei Namen kenne ich aus dem Zeugnis von Menachem Finkelsztejn. Von den Seiten eines Buchs über polnische Patrioten sehen mich die Gesichter von Mördern an.

6. Februar 2001

Wieder in Warschau, wo ich mit Adam Michnik zu einem Gespräch mit dem Filmregisseur Jerzy Skolimowski verabredet bin. Adam versucht, ihn zu einem Film über Jedwabne zu überreden. Er ist der Meinung, ein solcher Film werde mit Sicherheit entstehen, und in der Befürchtung, er könne antipolnisch sein, möchte er dem zuvorkommen. Ich solle positive Helden liefern. Eine Freundin, die mir hilft, die Ramotowskis zu betreuen, ist der Ansicht, sie wären ideale Filmhelden: eine Jüdin und ein Pole, eine große Gefahr, eine große Liebe, die sechzig Jahre überdauert hat, mit einem Wort, alles was ein gutes Drehbuch braucht. Ich dagegen dämpfe Skolimowskis ohnehin begrenzten Eifer. Für einen propolnischen Film, erkläre ich ihm, eignet sich Jedwabne nicht besonders gut.

Rachela Finkelsztejn. Kielce, zweite Hälfte der dreißiger Jahre.

Marianna Ramotowska, ehemals Rachela Finkelsztejn, mit ihrem Mann Stanisław. Dziewiecin, bei Radziłow, fünfziger Jahre.

2
Ich wollte ihr Leben retten, die Liebe kam später oder Die Geschichte von Rachela Finkelsztejn und Stanisław Ramotowski

Stanisław Ramotowski war unterwegs von Kramarzewo nach Radziłów, als er den ersten deutschen Panzer sah. Das muss am 23. Juni 1941 gewesen sein, denn er erinnert sich noch, dass die Russen tags zuvor aus Radziłów geflohen waren. Auf dem Panzer saß Antoni Kosmaczewski. Kaum hatte er ihn gesehen, rief er: »Nimm die Hände aus den Taschen!« Ramotowski sann darüber nach, wie schnell der andere es geschafft hatte, sich wichtig zu machen und sich berechtigt zu fühlen, andere zu belehren, wie sie sich der neuen Obrigkeit gegenüber zu verhalten haben. Dass Kosmaczewski zwei Wochen später am Massenmord an den Juden von Radziłów beteiligt sein würde, dieser Gedanke wäre ihm nie gekommen.

»Bei mir in Kramarzewo«, erzählte mir Ramotowski, »wohnten ruhige Menschen, niemand raubte oder ging los, um Juden zu ermorden. Bis ich eines Tages einen Freund treffe, Malinowski aus Czerwonki, der mir erzählt, dass sich Leute aus den umliegenden Dörfern aufmachen nach Radziłów, um dort dasselbe zu erledigen wie einen Tag vorher in Wąsosz. Was sie in Wąsosz gemacht haben? Die Bauern seien mit Fuhrwerken bei den jüdischen Häusern vorgefahren und hätten Männer, Frauen und Kinder mit Äxten ermordet. Die Verwundeten und Toten hätten sie auf die Wagen geladen und aus der Stadt hinausgefahren. Die Straßen seien voller Blut gewesen. Ich lief sofort los, um Familie Finkelsztejn zu warnen.«

Die Finkelsztejns besaßen eine Mühle ganz in der Nähe von Kramarzewo, ihr Obstgarten grenzte an die Weide der Ramotowskis. Eine ihrer Töchter war bereits verheiratet, die zweite Müllerstochter, Rachela, gefiel Ramotowski schon lange.

»Sie war zierlich, hatte zwei Zöpfe, und trug schon als Kind eine Brille«, sagt er und blickt zärtlich und voller Stolz auf seine Frau.

Auch Rachela hatte ein Auge auf ihn geworfen. Er ist ein hochgewachsener Blondschopf mit einem edlen Profil und immerzu lachenden blauen Augen – sechzig Jahre später macht seine Schönheit immer noch Eindruck. Und Rachela? Ich betrachte alte Fotos und sehe ein unscheinbares, mageres Mädchen, Typ fleißige Brillenschlange.

»Und was haben Ihre Eltern dazu gesagt?«, frage ich.

»Die waren nicht gerade begeistert. Als wir uns vor dem Krieg mal im Kornfeld verstecken wollten, jagte die Mutter meiner Frau so schnell hinter uns her, dass Marianna einen Pantoffel verlor.«

»Aber damals haben Sie sie Rachela genannt. Nennen Sie sie auch heute manchmal noch so?«

»Gleich nach der Taufe bin ich zu ›Marianna‹ übergegangen.«

»Warum gerade ›Marianna‹?«, frage ich später Frau Ramotowska.

»Ich habe den Namen genommen, den sie mir geben wollten.«

»Sie dachten, sie wären sicher«, fährt Ramotowski fort. »Sie wollten mir nicht glauben und ich musste lange auf sie einreden, bis sie einverstanden waren, auf mein Feld zu kommen. Es war noch Nacht, als die Leute auf Wagen nach Radziłów fuhren, um mit den Juden abzurechnen. Kramarzewo lag auf dem Weg, daher schlugen sie die Fenster in der Mühle ein und raubten, was sie kriegen konnten. Das war nicht sehr viel, denn noch am Abend war ich mit meinem Schwager hingefahren, wir hatten die Sachen der Finkelsztejns in Säcke gesteckt und auf den Dachboden geworfen. Da lagerten verschiedene Vorräte, eine Kiste Schnaps, eine Kiste Seife.«

»Und woher kamen diese Leute?«

»Aus Wąsosz, aus Żebry. Ganz Orlikowo war anscheinend dabei. Auch der Pöbel aus Słucz. Von uns aus Kramarzewo und aus Czerwonki nebenan hat, glaube ich, keiner mitgemacht. Ich versprach den Finkelsztejns, in die Stadt zu fahren, um zu sehen, was dort passiert. Sie holten die Juden aus den Häusern und brachten sie auf den Markt. Ich habe kleine Kinder gesehen, die sich aneinanderdrängten, mit gesenkten Köpfen. Dass sie sie in der Scheune verbrannt haben, habe ich nicht gesehen, ich wollte ja schnell zurück, um die Finkelsztejns gut zu verstecken, aber ich habe mich dennoch umgesehen. Polen bewachten die Wege, damit die Juden nicht fliehen konnten. Sie fingen schon an, die jüdischen Wohnungen auszurauben, als die Juden noch auf dem Weg zur Scheune waren.«

»Haben Sie Deutsche gesehen?«

»Einen Gendarmen. Er stand auf einem Balkon und machte Fotos. Damals gab es für ganz Radziłów vier Gendarmen oder so. An den Morden hat kein Deutscher teilgenommen, weder in Wąsosz noch in Radziłów oder in Jedwabne. Es waren Polen, die die Juden zusammentrieben. Und dann sind sie gleich zu den Häusern gelaufen und haben sie geplündert. War ihr Gewissen erblindet? Das Volk war verrückt geworden, sie gingen in die Wohnungen, zerrissen die Federbetten, die Federn flogen herum, der Wind riss sie fort, und sie nahmen ein Bündel auf den Rücken und rannten nach Hause, um gleich darauf mit einem leeren Sack zurückzukommen.«

»Männer?«

»Zum größten Teil, aber Frauen habe ich auch gesehen, nur weniger.«

»Auch Kinder?«

»Die, die schon was tragen konnten, nahmen gerne was mit. Es gab dort eine Menge Menschen, die das taten, ich weiß nur nicht, wo Gott damals war.«

Als ich Stanisław Ramotowski frage, warum es seiner Meinung nach so weit gekommen ist, mischt sich sofort seine Frau ein:

»Das ist nicht unsere Sache, das müssen wir nicht wissen.«

Marianna Ramotowska hatte seit unseren ersten Treffen Distanz gewahrt, sie hatte gesagt, sie könne sich nicht erinnern, sie versuchte, Gespräche über das Verbrechen oder über irgendein jüdisches Thema zu verhindern. Wenn ich ihnen zu Chanukka und Rosch Haschana Glück wünschen wollte, fing sie jedes Mal an, einen Rosenkranz zu beten. Auf die Frage, ob sie sich noch an Chanukka in ihrem Elternhaus erinnern könne, antwortete sie mit der Frage: »Chanukka ist das Laubhüttenfest, nicht wahr?«, verwendete also die volkstümliche Bezeichnung des Festes Sukkot. Wie kann es sein, dass sie sich nicht erinnert?

Chanukka ist doch ein Fest für Kinder: Sie bekommen Geschenke, und der Tisch ist voller Süßigkeiten.

Ramotowski geht auf das Thema ein:

»Einige haben es, glaube ich, um des Mordens willen getan, bei uns waren die Leute rückständige Christen, für die das Leben eines Juden nichts zählte. Doch die meisten haben mitgemacht, um sie auszurauben – und weil die Deutschen ihnen die Erlaubnis gegeben hatten.«

»Hatten Sie das Gefühl, der einzige Gerechte in Radziłów zu sein?«

»Aber nein, in Radziłów gab es viele anständige Leute! Das Problem war nur, dass es noch mehr unanständige gab.«

»Und wie sind Sie auf die Idee gekommen, Juden zu helfen?«

»Meine ganze Familie war anständig. Stehlen oder morden, mein Gott, das wäre bei uns unmöglich gewesen. Ich bin gut erzogen worden. Und außerdem war ich schlau, ich fürchtete mich vor nichts, ein furchtsamer Mensch hätte das nicht getan. Und außerdem hatte ich, solange ich denken kann, mit jüdischen Mädchen und Jungen zusammen getanzt und gefeiert, ich hatte ihrem Geigenspiel gelauscht.«

»Gab es noch mehr solche Polen wie Sie?«

»Ich war offenbar der einzige. Ich hatte mich mit ihnen immer wohl gefühlt.«

Die Familie von Izaak Finkelsztejn war seit Jahrhunderten in der Gegend ansässig. Neben einer Mühle besaßen sie einen Hof mit acht Hektar Land, eine Rinderzucht, Pferde, Hühner, Enten und Truthähne.

»In unserer Mühle«, erklärt mir Marianna Ramotowska, »hatten wir moderne Maschinen, wir haben sie mit Dollars gekauft. Eine Wasserturbine von Francis, das war eine ausgezeichnete deutsche Firma, ungarische Walzen von Ganz, die waren kürzer und deshalb für den Roggen geeignet, und deutsche von Seck für Weizen. Als sie nach dem Krieg alles geplündert haben, ließen sich die Turbinen nicht aus dem Wasser ziehen, deshalb konnten wir die Mühle wieder aufbauen.«

Die Familie ihrer Mutter, Sara Jankielewska, stammte aus Kielce. Neben Jiddisch und Hebräisch sprach die Mutter Deutsch und Russisch. Und Polnisch so gut, dass die Nachbarinnen kamen, um ihr Briefe zu diktieren. Rachela erinnert sich an ihre Mutter, wie sie über ein Blatt Papier gebeugt immer denselben Anfang schrieb: »Gelobt sei Jesus Christus«.

»Großvater Jankowski hat immer gesagt, er hätte seine Tochter nie aufs Dorf verheiratet, wenn er sich eine bessere Mitgift hätte leisten können«, erzählt sie. »Mama hatte Brüder in gehobenen Stellungen. Einer war Direktor einer Kalkgrube im Kądzielnia-Gebiet, ein anderer wohnte in Kielce und war Vorstandsdirektor von Grubenwerken, die zum Warschauer Zweig der Familie gehörten, ein anderer baute Brücken, die Schwester meiner Mutter hatte einen Arzt geheiratet. Es gab in unserer Familie auch einen Professor, er wohnte in Berlin.«

Ihr Vater starb, als Rachela ein kleines Mädchen war; den Bauernhof führte fortan ihr älterer Bruder. Im Jahre 1930 schloss sie die Schule in Radziłów ab und wurde zu ihrem Onkel nach Kielce geschickt, wo man, im Unterschied zum Elternhaus, Polnisch sprach. Dort machte sie die mittlere Reife und fing als Kassiererin in der Filiale einer deutschen Autohandlung an, die Chevrolets verkaufte. Wenn sie nach Radziłów zu Besuch kam, ließ sie ihrem Nachbarn über einen polnischen Knecht, der bei ihnen arbeitete, sofort ein Billett zukommen, dass sie wieder da sei und darauf warte, ihn zu sehen.

Ramotowski kam, um sich die Hochzeit von Matylda, Rachelas Schwester, anzusehen. Rachela hatte ihm davon erzählt, aber sie traute sich nicht, zu ihm zu gehen oder ihn als Hochzeitsgast einzuladen.

»Die Hochzeit fand vor ihrem Haus statt. Der Rabbiner war da, über dem Brautpaar war ein Baldachin aufgespannt, der Bräutigam warf sein Glas auf den Boden. Von den Polen war nur ich gekommen. Ich stand etwas abseits. Obwohl ihr Cousin mich einlud, ging ich nicht mit ins Haus, denn ich wusste, ihre Schwester hätte einen Polen dort nicht gerne gesehen.«

»Wenn der Krieg nicht gewesen wäre, wäre Rachelas Mutter wohl nicht einverstanden gewesen, Ihnen ihre Tochter zur Frau zu geben?«

»Auf gar keinen Fall!«

»Und wenn sie einverstanden gewesen wäre unter der Bedingung, dass Sie zum Judentum übertreten?«

»Dann hätte ich Ja gesagt, ohne auch nur um Bedenkzeit zu bitten. Soweit ich mich erinnere, hatte ich nie eine polnische Freundin.«

Der Krieg machte Rachelas Karriere in der Stadt zunichte. Im August 1939 war sie gerade auf Urlaub bei der Mutter in Radziłów und kehrte nicht mehr nach Kielce zurück.

Sie: »Die Sowjets kamen und nahmen uns sofort die Mühle weg.«

Die neue Obrigkeit ernannte einen Polen als Verwalter der Finkelsztejn'schen Mühle, aber man gestattete ihnen, weiterhin in der Mühle zu wohnen und dort als Lohnarbeiter tätig zu sein.

Er: »Bei uns auf dem Dorf in Kramarzewo ging das Leben in der Sowjetzeit normal weiter. Es gab sechsundzwanzig Höfe, keine einzige Familie wurde deportiert. Außer jenem Bauern, der in einer Versammlung aufgestanden war und die Sowjetunion kritisiert hatte: ›Bei uns auf dem Jahrmarkt gibt es mehr Schweine als bei euch in ganz Russland.‹ Am nächsten Tag wurde er abgeholt.«

Ich frage Ramotowski, ob er sich erinnert, wie Rachelas Familie sich in dieser Zeit verhielt.

»Ob sie für die Kommunisten waren? Gott bewahre!«

»Aber die Leute aus Radziłów sagen, die Juden hätten die neue Obrigkeit unterstützt.«

»Die ärmeren Polen gingen sofort zu den Sowjets, um einen Posten zu bekommen, doch die Juden – ich habe nichts dergleichen gesehen. Zumindest war es in Radziłów so.«

Zu sagen, Stanisław hätte keine Vorbehalte gegen Juden gehabt, wäre eine Untertreibung. Als ich ihn daran erinnere, dass angeblich doch jemand aus Rachelas Familie mit der sowjetischen Obrigkeit kollaboriert haben soll, regt er sich sofort auf: »Ach was! Es stimmt, Rachelas Schwager, Lejbko Czerwiński war Kommunist, er spielte sich in der Russenzeit auf und lief mit einem Gewehr durch die Gegend, aber in der Familie war er das schwarze Schaf, sie mochten ihn nicht, ganz und gar nicht.«

Ramotowski kann sich nicht erinnern, dass die sowjetische Besatzung etwas an den nachbarschaftlichen Beziehungen zwischen Polen und Juden verändert hätte. Niemand in Kramarzewo habe sich sonderlich über die Juden beschwert, und Rachelas Mutter habe ihn immer noch schräg angesehen, nicht anders als vorher auch.

Bis zum 7. Juli, als die Deutschen kamen. Stanisław vergewisserte sich, dass die Finkelsztejns in ihrem Versteck auf dem Getreidefeld sicher waren, er brachte ihnen Essen, und danach schaute er in ihrer Mühle vorbei. Es war schon spät am Abend.

»Die Diebe saßen dort, als gehörte alles ihnen. Ich trank vier Flaschen Wodka mit ihnen, die ich von oben geholt hatte, und als sie betrunken waren, luden mein Schwager und ich die Sachen der Finkelsztejns, die wir am vorigen Tag versteckt hatten, auf den Wagen. Damit konnten sie später ihr Überleben finanzieren.«

»Wo hatten Sie sie versteckt?«

»Im Roggen.«

Sie: »Dort hörten wir Schreie und sahen Rauch. Wir waren vier Kilometer von Radziłów entfernt.«

Er: »Sie lagen zwei Tage und zwei Nächte im Getreide. Sie hatten großen Durst, denn es war sehr heiß. Morgens trieb ich die Gänse mit einem Wassereimer in der Hand auf die Weide, um zu zeigen, dass das Wasser für die Gänse war. Vor unseren Nachbarn hatte ich Angst. Bei meiner Mutter baute ich zwischen dem Ofen und der Wand mit Brettern ein Versteck für Rachela und in der Nähe ein zweites Versteck für ihre Familie: für ihre Mutter Sara, ihren Bruder Szabsa, ihre Schwester Matylda und deren beide Kinder, Izaak, dessen Beine gelähmt waren, und den kleineren Jungen, Hewel. Ich holte sie in der Nacht. Den Nachbarn sagte Mama nichts, sie beriet sich aber mit Herrn Mazurek, einem Freund von ihr, einem Hilfsarzt, der in der Stadt angesehen war. Er hatte die Idee, Marianna, damals noch Rachela, sollte sich taufen lassen und wir sollten heiraten. Herr Mazurek, ein guter, wenn auch etwas grober Mensch, war tief religiös, man kann auch sagen, ein Frömmler, er wollte Rachela zum Glauben bringen. Er überzeugte mich, dass sie uns in Ruhe lassen würden, wenn sie getauft wäre. ›Du heiratest sie‹, sagte er, ›und dann steht sie in deinen Papieren.‹ Und so kam es. Ich heiratete sie nicht aus Liebe, das kam später, sie gefiel mir bloß. Ich wollte ein Menschenleben retten.«

Sie: »Zu Allerheiligen habe ich immer ein Grablicht auf Herrn Mazureks Grab aufgestellt.«

Kramarzewo gehörte zur Gemeinde Wąsosz, deshalb fuhr er dorthin, um Taufe und Hochzeit zu organisieren.

Er: »Ich ging zum Pfarrhaus, eine große Bank, darauf fünf Backbleche, auf jedem eine Gans, fertig für den Ofen. Der Pfarrer fragte: ›Womit willst du mich bezahlen? Bargeld ist nichts mehr wert.‹ Und ich: ›Wir haben nichts, Hochwürden.‹ Darauf er: ›Ringe oder Ohrringe wären in Ordnung, Hauptsache, aus Gold.‹ Ich sagte ihm, das Haus der Finkelsztejns wäre vollständig ausgeplündert, da gäbe es nichts mehr, nur leere Fensterhöhlen. Daraufhin der Pfarrer: ›Ich sag dir ein Beispiel. Bei uns gab es einen Chaim, ein armer Jude mit einem Bettelsack, und als sie ihm die Sense an die Gurgel hielten‹ – hier machte er so eine Handbewegung –, ›da stellte sich heraus, dass er Dollars und Gold besaß.‹ Ich stand da wie vom Donner gerührt.

Er ließ mich in der Diele warten und bat mich nicht mehr herein, sondern reichte mir einen Zettel heraus, mit dem ich zum Pfarrer nach Radziłów fahren sollte, um dort zu heiraten. Auf dem Wagen öffnete ich den Zettel und da stand, dass man mich auf keinen Fall trauen sollte. Ich zerknüllte ihn und warf ihn fort.

Er muss von den Mördern aus Wąsosz jüdisches Gold angenommen haben. Wahrscheinlich hatte er ihnen gesagt, dass er ihnen die Absolution erteilen würde, und irgendein dummer Bauer ist gekommen und hat ihm Gold gebracht.

Als nach dem Krieg meine Mutter starb, ging mein Bruder zu diesem Pfarrer, und der überzeugte ihn, er würde meine Mutter billiger beerdigen, wenn ich wegblieb. Und so war ich Dummkopf nicht auf dem Begräbnis meiner eigenen Mutter.

Ich fuhr gleich nach Radziłów, denn ich musste rasch mit Pfarrer Dołęgowski reden, bevor er mit seinem Amtskollegen aus Wąsosz sprach. Ich fand ihn beim Kartenspielen im Haus seines Nachbarn. Er war ein gütiger Mensch, nur dass er anfangs sechs Kubikmeter Roggen wollte. Ich sagte ihm, dass die Deutschen für die Papiere weniger nehmen, und am Ende war er mit drei zufrieden. Als mein Schwager und ich sie ihm in die Scheune warfen, sah ich, dass auf dem ganzen Pfarreigelände sinnlos Getreide herumlag, die Ochsen fraßen es auf. Eine Menge, die uns gereicht hätte, um bis zum Frühling zu überleben, reichte für die Ochsen gerade einmal für drei Stunden.«

Als Ramotowski ein Kind war und sein Vater starb, hatte der damalige Pfarrer von Wąsosz von seiner Mutter 300 Zloty für die Beerdigung verlangt.

»Die gesamten Ersparnisse meiner Mutter betrugen 150 Zloty, und für 150 bürgte unser Nachbar. Später war sie nicht imstande, das Geld zurückzuzahlen, und der Geldeintreiber war hinter uns her. Wenn ein Pfarrer in dieser Gegend kein Mitleid mit einer Christin hatte, warum hätten ihm dann die Juden leidtun sollen«, grübelt Stanisław.

Aus der Gemeindechronik von Radziłów erfährt man, dass Rachela am 17. Juli 1941 getauft wurde – in Anwesenheit der Zeugen Józefa Burgrafowa, 77 Jahre alt, und Jan Mazurek, 55 Jahre alt.

Ramotowski erinnert sich, wie er sie zur Taufe brachte.

»Ich fuhr sie zur Kirche. Man musste dabei über die Brücke neben der Mühle der Finkelsztejns fahren, und dort standen die Schurken, die die Mühle besetzt hatten, doch sie guckten nur und taten uns nichts. Die Taufe selbst habe ich nicht gesehen. Rachela ging mit Herrn Mazurek und Frau Burgrafowa, einer guten Bekannten von ihm, die er gebeten hatte, Taufpatin zu sein, in die Kirche, und ich wartete draußen. Da ging Feliks Mordasiewicz vorbei und rief mir zu: ›Ich weiß, dass du eine Jüdin bei dir hast.‹ Ich sagte ihm: ›Jetzt ist sie getauft, versuch nur, ihr etwas anzutun.‹ Und er darauf: ›Wenn du nicht wärst ....‹«

Die Heirat fand am 9. September 1941 um acht Uhr morgens statt, in Anwesenheit zweier polnischer Trauzeugen.

Er: »Die Trauung war ganz still, ganz bescheiden, der Vikar traute uns. Es waren ungefähr zehn Personen da. Mama war dagegen gewesen, aber sie sagte nichts mehr. Auf dem Hochzeitsempfang gab es viel Selbstgebrannten, Feliks Godlewski, einer meiner Freunde, betrank sich und schoss ins Fenster. Die ganze Zeit war er uns wohlgesinnt, bis heute kann ich kaum glauben, dass auch er seine Finger im Spiel gehabt haben soll, als es ans Morden ging.«

»War die Familie der Braut auf der Hochzeit?«

»Ihre Mutter saß für sich auf einer Bank, nicht am Tisch, denn das Essen war nicht koscher. Marianna nahm am Anfang kaum etwas zu sich, sie sagte, sie kann nicht. Ich versuchte sie zu überzeugen: ›Du wirst verhungern, meine Kleine, kann dein Gott das wollen?‹«

Sie: »Als wir aus der Kirche zurückkehrten, nahm meine Mutter ihren Ring vom Finger, steckte ihn mir an und sagte: ›Du wirst als Einzige überleben.‹«

Er: »Das Schicksal wollte es, dass sie überlebt, und ich sollte diese Aufgabe erfüllen.«

»Ich wusste selbst nicht«, erzählt Ramotowski weiter, »auf was ich mich mit dieser Hochzeit eingelassen hatte. Sie haben mich getäuscht. Sonst war ich immer klug genug, aber hier hatte ich auf Dümmere gehört. Jemand informierte die Behörden über die Hochzeit, nun wurde auch ich gesucht. Seit ich auf der Fahndungsliste stand, mussten wir uns alle beide verstecken. Ein paar Male kamen die Gendarmen zu mir nach Hause, aber wir beobachteten, immer abwechselnd, durch eine Ritze, was sich draußen tat, und gleich, husch, hinter den Ofen. Einmal sah ich Henryk Dziekoński, wie er die kleinen Kinder meines Bruders nach uns ausfragte, und neben ihm stand ein Gendarm, ein Deutscher. Damals hatte er keinen Erfolg. Aber am Ende fand sich ein Spitzel und lieferte Mariannas Familie ans Messer. Sie holten die Finkelsztejns, dann kam Dziekoński, um Marianna mitzunehmen. Er sagte, die Familie wäre schon festgenommen worden und er wüsste, dass sie bei uns ist. Es gab keinen Ausweg. Marianna kam aus ihrem Versteck. Sie kniete vor ihm nieder, aber es half nichts. Ich hätte ihn umbringen können, aber dafür hätte meine Familie sterben müssen.«

»Wer war der Denunziant?«

»Ich habe einen Verdacht, aber ich weiß es nicht sicher. Es gab nur einen bei uns in der Gegend, der überall Juden suchte und aufspürte: Stanisław Żelechowski aus Czerwonki. Der hat einen Getreidehändler aus Wąsosz denunziert, der vom Marktplatz fliehen konnte und zu Bauern lief, die er kannte. Dort entdeckte ihn Żelechowski, er sperrte ihn in den Schweinestall, ließ ihn in einem Zug einen ganzen Eimer Wasser trinken, um ihn zu quälen, und lieferte ihn dann den Gendarmen aus. Das hat er später voller Belustigung erzählt. Er hat dafür zwei Kilo Zucker bekommen. Die Deutschen waren nicht besonders freigebig, aber für einige reichte es.«

»Wie haben Sie Marianna gerettet?«

»Die Deutschen hatten die paar Familien, die den Tag des Massenmordes überstanden hatten, in die Synagoge gesperrt. Ich ging hinter Marianna und Dziekoński her und begriff, dass sie sie dort hinbrachten. Bis zum Abend wartete ich ab, und als der Gendarm sich umdrehte, lief ich hinein. Ich leuchtete mit einer kleinen Laterne, sah Marianna zusammengekauert in einer Ecke, packte sie und zerrte sie an der Hand hinter mir her, und so liefen wir raus. Ich konnte nicht die ganze Familie mitnehmen, also habe ich wenigstens sie befreit.«

Sie: »Der Milizionär, der uns bewachte, war Łasiewicz. Er wusste, dass ich Stanisławs Frau bin, und hat mir damals in der Nacht ein Kissen gebracht.«

Im Elternhaus hinter dem Schrank war es zu gefährlich geworden, sie fanden ein Versteck bei einem Nachbarn. 1942 wurde ihnen ein Kind geboren.

»Die alte Frau, die bei der Geburt half, sagte, es wäre gleich darauf gestorben«, schluchzte Marianna. »Warum nur? Es war doch gesund zur Welt gekommen.«

»Es ist nach einigen Stunden gestorben, und das war auch besser so«, erklärte Stanisław sanft, »zu dritt hätten wir uns nicht verstecken können.«

Sie kam häufig darauf zurück, weinend, einmal sagte sie mir, es wäre sicher mit einem Kissen erstickt worden. Einige Zeit später wurde sie wieder schwanger.

»Meine Frau war schwanger, hochschwanger, und da setzte eine Fehlgeburt ein, ohne Arzt hätte sie nicht überlebt. Ich fuhr sie bis nach Jedwabne, es war Winter, ich hob sie aus dem Schlitten und trug sie auf meinen Armen zum Arzt. Der war ein Volksdeutscher, keiner von hier.«

»Sah Ihre Frau aus wie eine Jüdin?«

»Nein, außerdem sprach sie ein reines Polnisch. Nur hatte er eine Frau aus Jedwabne als Hilfe, die uns erkannte. Ich brachte meine Frau zum Wagen zurück, kehrte um, um mich bei dem Doktor zu bedanken, und höre, wie sie sagt: ›Da war gerade eine Jüdin bei Ihnen.‹ Da ließ ich das Danken sein, gab dem Pferd die Peitsche und los. Ich hatte immer eine Waffe dabei. Wenn sie uns geschnappt hätten, wäre es schnell gegangen, erst hätte ich ihnen eine verpasst, dann hätte ich uns beide getötet.«

Ramotowski gehörte der Heimatarmee (AK) an. Das hatte ihm der Sohn von Herrn Mazurek vorgeschlagen, der Rachela zur Taufe überredet hatte.

»In dieser Gegend traten die Leute meist in die Nationalen Streitkräfte ein«, erzählt er. »Aus Kramarzewo waren ich und Dominik Grabowski in der AK. Manchmal erhielt ich den Befehl, Waffen irgendwohin zu transportieren. Einmal bekam ich einen Stapel Gewehre, alle verrostet und zerbrochen. Man musste ein Stück auf der Straße von Szczuczyn nach Białystok fahren, wo massenhaft deutsche Autos unterwegs waren. Ich denke bei mir: ›Soll ich für das bisschen Schrott ein Menschenleben riskieren?‹ Aber Befehl ist Befehl. Es klappte. Danach gab es die Aktion bei Czerwony Bór, wo viele Deutsche erschossen wurden, offenbar waren ein paar von diesen Gewehren doch noch zu etwas nützlich gewesen. Marianna begleitete mich zu den Einsätzen, sie sagte, allein würde sie sowieso nicht weiterleben wollen.«

Eines Tages erschien im Haus der Mutter von Ramotowski Rachelas Schwester. Sie war in der Synagoge von Radziłów gewesen, doch man hatte sie mit anderen überlebenden Juden des Pogroms zum Gut Milewo bei Grajewo gebracht. Dort war der Verwalter ein Deutscher, aber sie wurden kaum bewacht.

»Sie hatten so schrecklichen Hunger, dass ihre Schwester nachts zwanzig Kilometer weit querfeldein zu uns gekommen war, um uns um etwas zu essen für ihre Kinder zu bitten. Sie war völlig anders als Marianna, stark wie ein Bursche und so stolz, dass sie zuvor nie ein Wort mit mir gesprochen hatte. Erst als sie in so schrecklicher Not war, bat sie mich: ›Stanisław, hilf uns.‹ Ich sammelte ein paar Lebensmittel zusammen, Speck, Brot, Butter und so weiter. Aber man musste sie noch zurückfahren. Dominik Grabowski, bei dem wir uns damals versteckten, gab mir sein Fuhrwerk. Ich lud Torf auf den Wagen, versteckte darunter sie und die Lebensmittel und fuhr los. Ein Gendarm hielt an der Brücke in Kramarzewo Wache, doch er ließ uns passieren.«

Ich fragte, wie viele Menschen ihnen geholfen, wie viele von ihnen gewusst hätten.

Er: »Anfangs wussten es in Kramarzewo vier Häuser. Sie halfen nicht, aber sie wussten Bescheid. Als sie Mariannas Familie holten, gaben wir uns noch mehr Mühe beim Verstecken, denn ich traute keinem mehr. In jeden konnte der Teufel fahren. Gute Bekannte aus der Zeit vor dem Krieg nahmen uns auf, die Laskowskis aus Kramarzewo und die Karpińskis aus Czerwonki. In Konopki hatte ich eine Tante, und als wir zu ihr kamen, nannte sie mich ›Goldstück‹ und ›Herzchen‹, aber schon in der ersten Nacht sagte sie, wir müssten unsere Sachen packen, sie hielt es nicht aus vor Angst und gab uns nicht mal ein Stück Brot mit auf dem Weg. Ein anderer Onkel hätte uns aufgenommen, aber dessen Sohn war der Bürgermeister und stauchte ihn fürchterlich zusammen. Wir waren in Pieńki bei der Schwester meines Vaters, dort war es gut, in diesem Dorf wohnte auch Rogowski, bei dem wir manchmal übernachteten. In Glinki gab es zwei Brüder, Franciszek und Józef Mrozicki, die sich vor den Deutschen versteckten und ein Versteck unter dem Fußboden hatten, dort konnten wir zum Übernachten hin. Die Kameraden aus der AK wussten, über wen man mich finden konnte. Tagsüber verdiente ich Geld, weil ich bei bekannten Bauern auf dem Feld arbeiten konnte, und abends brachte ich Marianna etwas zu essen.«

Sie: »Wie oft mussten wir im Wald schlafen, in Schluchten, in Erdverstecken, mit den Ratten!«

Ein kritischer Augenblick für die Juden, die sich versteckten, war die Evakuierung im Jahr 1944, als die Front näher rückte.

»Nur wir blieben zurück. Ich grub ein Loch auf dem Feld und bedeckte es mit einer Steinplatte. Von Kramarzewo her kamen deutsche Soldaten und bahnten sich einen Weg durch den Roggen, wo unser Versteck war. Einer schob die Platte mit dem Fuß zur Seite und stand uns Auge in Auge gegenüber. Marianna sprach deutsch mit ihm, er erzählte, welches Elend er in diesem Krieg durchgemacht hatte, und ging weiter.«

Abends kam ein Fuhrwerk mit einem anderen Deutschen und brachte sie an einen sicheren Ort hinter der Frontlinie.

»Gegen Ende des Krieges saßen die Deutschen selbst in der Falle«, erzählt er weiter. »Sie kamen aus Stalingrad zurück, sahen zum Erbarmen aus, völlig abgerissen, und daher wussten wir, dass bald Schluss sein würde. Zu Karpińskis in den Weiler kam zufällig der Bürgermeister von Czerwonki, er bemerkte uns und ging los, einen Deutschen zu suchen, um ihm zu sagen, dass sich bei Karpińskis eine Jüdin versteckt. Es kam auch ein Deutscher, er fragte, ob das stimmt, er war aber nicht sehr energisch und durchsuchte das Haus nicht.«

Gleich nach dem Kriege wohnten sie in den Ruinen, die einst das Haus der Finkelsztejns gewesen waren.

Sie: »Stanisławs Mutter war von Anfang an gegen mich gewesen, aber nach dem Krieg kam sie täglich nach Kramarzewo, um uns zu besuchen. Sie hatte wohl gemerkt, dass ich etwas wert bin.«

Ich stellte Frau Ramotowska verschiedene Fragen, aber sie antwortete mit stets denselben Sätzen, die sie bis zum Ende des jeweiligen Treffens wie ein Mantra wiederholte, immer wieder aufschluchzend. Einer dieser Sätze lautete: »Stanisławs Mutter hatte wohl gemerkt, dass ich etwas wert bin.«

Sie bauten die Mühle wieder auf. Er war Müller, sie führte die Buchhaltung.

»Man muss zugeben, sie haben es zugelassen, dass wir die Mühle wieder aufbauten«, sagte Frau Ramotowska und nickte anerkennend mit dem Kopf.

Ich dachte, es gehe um die kommunistischen Behörden, die ihnen die Mühle hätten wegnehmen können, aber nein, sie meinte die Nachbarn.

Ich fragte, ob nach dem Krieg in der Stadt über das Verbrechen gesprochen worden sei.

Er: »Heimlich oder im betrunkenen Zustand. Pfarrer Dołęgowski kam einmal zum Weihnachtsliedersingen zu uns, er war so dick, dass man ihn kaum aus dem Schlitten hieven konnte. Ich fragte ihn: ›Stört es Sie nicht, Hochwürden, dass ein Mörder im Pelzmantel eines toten Juden in die Kirche kommt?‹, denn alle wussten, dass Dziekoński Szlapaks Pelzmantel trägt. Er gab keine Antwort. Die liebe Marianna bekam es mit der Angst zu tun und zerrte mich am Ärmel.«

Ich fragte sie, ob jemand aus ihrer Familie überlebt habe.

Sie: »Sie sind alle in Treblinka gestorben. Nur mein Schwager hat überlebt. Er hat es damals auf die sowjetische Seite geschafft, ist im Lager gelandet, aber freigekommen. Nach dem Krieg war er in Schweden. Von dort schrieb er mir und fragte, ob seine Frau und seine Kinder noch leben. Ich habe ihm nicht geantwortet.«

»Warum nicht?«

»Ich wollte nicht, und es ging auch nicht. Die Dorogojs, zwei Juden, Vater und Sohn, haben sie gleich nach dem Krieg getötet. Kosmaczewski und sein Bruder ließen sie heimtückisch zu sich rufen, um zur Versöhnung eine Flasche Wodka zusammen zu trinken, und dann haben sie sie mit Äxten erschlagen. In der Diele – damit es keine Zeugen gibt. Wir lebten in Angst, und sie haben uns immer wieder bestohlen, die Zeiten waren unruhig.«

Er: »Die Mühle war gerade wiederaufgebaut, da tauchten mehrere Leute auf und befahlen mir, mich auf den Boden zu legen, und hielten mir ein Gewehr an den Kopf. Die hatten vorher schon einen Zettel dagelassen, dass zwölf Säcke Mehl für Waffen gebraucht werden, Unterschrift: Tygrys [Tiger]. Sie schütteten das Getreide aus und drohten, das nächste Mal würde die Mühle in die Luft fliegen. Es ging aber nicht darum, dass ich Juden versteckt hatte, sondern es war nackter Raub. Ein andermal, schon zwei Jahre nach dem Krieg, wollte Marianna die Eichenanrichte ihrer Familie zurückkaufen. Sie war in Rydzew, bei Chrostowski, der sogar die Bäume aus dem Obstgarten der Finkelsztejns ausgegraben und an sich genommen hatte. Irgendwem gefiel das nicht.«

Sie: »Sie hängten mir einen Zettel mit einem Todesurteil an die

Tür. Dafür, dass ich für meine eigene Anrichte bezahlen wollte. Für dasselbe Geld hätte ich eine bessere bekommen, aber diese hier war ein Erinnerungsstück an meine Familie. Sie war dunkel, dreiteilig, kleine Türen an den Seiten, in der Mitte zweistöckig.«

Er: »Zwei aus Rydzew hatten den Zettel angebracht, Nietupski und Skrodzki. Damals erließen die NSZ viele Urteile dieser Art in unserer Gegend. Sie stahlen, schlugen und töteten. Ich fuhr zu meinen Leuten, zur AK.«

»Aber das war doch bereits nach der Auflösung der AK?«

»Ja sicher. Wir hatten in Grajewo die ganze Nacht beim UB gesessen, zusammengepfercht, und wurden verhört. Wir unterschrieben, dass wir die Tarnung aufgeben. Die Heimatarmee gab es nicht mehr, aber die Streitigkeiten mit den NSZ hatten sich noch lange nicht erledigt. Damals schaffte es die AK, dass dieses Todesurteil aufgehoben wurde. Irgendwie haben wir überlebt. Aber der Druck blieb, die ganze Zeit über.«

»Haben sie Ihnen die Anrichte danach zurückgegeben?«

»Nein, und später wollte ich sie auch nicht mehr haben.«

Marianna Ramotowska hatte eine Fehlgeburt, kurz nachdem ihnen dieser Zettel an die Tür genagelt worden war. Sie konnten keine Kinder mehr bekommen.

»Ist Ihnen etwas aus ihrem Elternhaus geblieben?«

»Wir hatten ein ganzes Service aus Ćmielów-Porzellan. Ein Nachbar hat uns zwei Schüsseln zurückgegeben. Ein anderer Nachbar kam, ganz von selbst, mit einem Kupferkessel zum Wäschekochen, der uns gehört hatte. Das waren gute Menschen.«

Ramotowski unterbricht sie: »Was du für Unsinn redest! Was ist das für eine Güte, Dinge zurückzugeben, die einem nicht gehören. Später kamen sie an: ›Leih uns dies, leih uns jenes.‹ Nicht nur die, auch andere.«

»Waren sie der Ansicht, Sie müssen dafür bezahlen, dass Sie eine Jüdin zur Frau haben?«

»Darauf lief es hinaus.«

Ich fragte Stanisław, ob ihm seine jüdische Frau zum Vorwurf gemacht worden sei.

»Das kann man so nicht sagen, sie wurde geachtet.«

Marianna nickte zustimmend: »Ich wurde geachtet, weil ich mich hatte taufen lassen, und wenn ich vorbeiging, dann verbeugten sie sich.«

Er: »Einmal trank der Tischler Wiśniewski, einer der Mörder, im Gasthaus ein Bier am Tresen und sprach mich wegen meiner jüdischen Frau an. Ich sagte: ›Hast du nicht genug von ihnen umgebracht?‹, und gab ihm eins in die Fresse. Er schlich sich raus und sprach mich nie mehr an. Ich war damals mit einigen Freunden dort. Einer meinte: ›Du bist aber mutig, Stanisław‹. Ich antwortete ihm, dass ich ja nur die Wahrheit ausgesprochen hätte. Da kam Fabian Mordasiewicz an unseren Tisch und drohte: ›Lehn dich mit dieser Wahrheit lieber nicht zu weit aus dem Fenster.‹«

Ich fragte Marianna Ramotowska, ob nach dem Krieg einmal jemand auf sie zugekommen sei und gesagt habe: »Ich schäme mich dafür, was die Polen getan haben.«

»Nein, aber sie waren auch nicht schlecht zu uns, denn sie wussten, dass wir sie nicht verklagen würden. Im Gegenteil, wenn es in irgendwelchen Angelegenheiten einen Verdacht gab, dann sagten wir für sie aus. Ich sagte für Feliks Godlewski aus, der als Gendarm mit der AK zusammengearbeitet und meinem Mann geholfen hatte, einen Ausweis zu bekommen. Ich habe auch für Władysław Łasiewicz ausgesagt, auch ein Gendarm und auch in der AK, der einmal Stanisław zugerufen hatte, als er ihn unterwegs traf: ›Leg dich in die Kartoffeln‹, und gleich darauf kam eine ganze Patrouille.«

Ich habe die Aussagen von Marianna Ramotowska in Feliks Godlewskis Prozess gelesen: »Ich bin eine getaufte Jüdin. [...] Von den Juden habe ich gehört, dass Godlewski bei ihnen einen außerordentlich guten Ruf hat. Er hat ihnen immer geholfen, vor und nach dem besagten Ereignis.«

Trotz der belastenden Aussagen anderer Zeugen beschloss das Gericht in Ełk, Godlewski freizusprechen, »wegen nicht erwiesener Schuld« – so lautete das Urteil vom 20. Februar 1948. In der Begründung heißt es: »Dabei muss die Zeugenaussage von Marianna Ramotowska, einer gebürtigen Jüdin, hervorgehoben werden, die in ihrer Aussage den Beschuldigten Godlewski als einen Menschen darstellt, der bei den überlebenden Juden außerordentlich große Sympathie und einen guten Ruf genossen habe. Wenn also der Angeklagte Godlewski irgendeinen Anteil an der Vernichtung der Juden gehabt hätte oder ihnen gegenüber feindlich eingestellt gewesen wäre, hätte er diese Sympathie bei ihnen nicht erlangt.«

»Und auch in der Sache eines anderen habe ich ausgesagt, der danach kam, vor mir niederkniete, meine Beine umfasste und mir die Füße küsste«, fügte sie weinend hinzu.

Jedes Mal, wenn ich versuchte zu erfahren, wer dieser Mann war, fing Marianna leise an zu weinen. Schließlich gestand sie mir, es sei Leon Kosmaczewski gewesen.

»Kosmaczewski wird als einer der schlimmsten Mörder genannt. Haben Sie gewusst, was sie getan haben, Godlewski, Łasiewicz und er?«

»Was die ersten beiden damals getan hatten, wusste ich nicht, und später haben sie uns tatsächlich geholfen. Über Kosmaczewski wussten alle Bescheid. Wir hätten jedem Mörder geholfen, anders hätten wir nicht überlebt.«

Er: »Einen Menschen zu töten war für die, wie für andere eine Fliege zu erschlagen. Wir lebten hier wie Spatzen im Strauch, man konnte uns jederzeit aufscheuchen. Es gab keine Verurteilung, weil wir sie verteidigen mussten.«

Sie: »Eines Tages kam Henryk Dziekoński zur Mühle, derselbe, der mich damals ins Ghetto gebracht hatte. ›Ich halte es nicht aus, ich bringe ihn um‹, sagte der liebe Stanisław. Und ich darauf: ›Schütte noch ein bisschen Mehl nach. Man muss Böses mit Gutem vergelten. Er soll wissen, wie man auf der Welt zu leben hat.‹« (Das war eine von jenen Geschichten, die Frau Ramotowska mir mehrfach erzählte und dabei jedes Mal in Tränen ausbrach.)

1955 installierte der UB mit Ramotowskis Zustimmung in dessen Wirtschaftsgebäuden eine Abhörapparatur. Unweit ihres Hauses wohnte Jadwiga Dąbrowska, eine Verwandte des Partisanen Stanisław Marchewko, Kampfname »Ryba« [Fisch] (der zwei Jahre später, im Jahre 1957, infolge von Verrat durch seine Mitarbeiter starb).

»Am Abend desselben Tages begaben wir uns zum Haus von Ramotowski«, schrieb ein UB-Major im Dienstreisebericht, »und nach dem mit ihm durchgeführten Gespräch über die Unterbringung einer Arbeitsgruppe in seinen Gebäuden, unterbreitete er seiner Frau unseren Vorschlag, wobei er betonte, dass es nicht in Frage komme [etwas anderes zu tun], als zuzustimmen und diese Tatsache geheim zu halten, woraufhin sie ohne weiteres zustimmte und betonte, dass ihr die Wichtigkeit der Geheimhaltung bewusst sei. Ebenso nahm Ramotowskis Bruder die von uns vorgebrachten Vorschläge an. Nach Erhalt der Verschwiegenheitsverpflichtungen der oben genannten Personen zeigte uns Ramotowski einen Platz im Schweinestall, wo unsere Mitarbeiter unterkommen konnten, und kehrte nach Hause zurück, um zu schlafen.«

Ich habe darüber niemals mit Stanisław gesprochen. Er selbst sagte mir nie etwas davon, und die Unterlagen tauchten erst nach seinem Tod auf.

Im Verlauf unserer vielen Dutzend Gespräche erwähnte Ramotowski immer neue Mörder.

»Aleksander Godlewski, o ja, der war ein Mörder, aber er wurde nie vor Gericht gestellt. Wenn ich in Radziłów war, mied er mich. Einmal sage ich zu ihm: ›Komm, wir trinken einen, warum gehst du mir aus dem Weg?‹ Er war so erleichtert, dass er mich nicht bezahlen ließ.«

»Gemordet haben Mieczysław Strzelecki, ein Nichtsnutz und Schurke, Leon Paszkowski, Wincenty Piotrowski. Ich habe gesehen, wie Szymanowski und Jan Kreska aus Żebry mit Fuhrwerken nach Radziłów zum Morden fuhren. Szymanowski war schon in Wąsosz beim Morden in vorderster Reihe dabei gewesen, und das hatte ihm noch nicht gereicht. Und aus Wąsosz kam noch Karwowski angefahren, der wurde später ihr NSZ-Chef, und aus Konopki kam Jagódko, ein schrecklicher Mensch, und außerdem noch Wiśniewski aus Mścichy, der in Radziłów verheiratet war. Sie alle stehen mir manchmal vor Augen.«

»Es gab viele Leute wie Felek Siedlecki: so richtig war er nicht dabei, aber ein bisschen doch. Er guckte zu, stiftete die anderen an, oder Bolek Siedlecki, man kann nicht sagen, dass er die Juden gejagt hat, aber er trieb sich damals auf dem Marktplatz rum. Aber auch von den richtigen Mördern gab es ziemlich viele. Verhüte Gott, dass Sie sie jemals treffen mögen«, sagte er und sah mich besorgt an, während er über Mörder sprach, die seit Jahren tot waren.

»Felek und Mietek, das waren so richtige Verbrecher«, sagte er von den Mordasiewicz'. »Außerdem gab es noch Jan, den dritten Bruder, der war auch nicht besser. Berufsganoven. Aber die Mörder hatten später selbst keinen leichten Tod. Ein Freund von mir, der im Krankenhaus neben Felek Mordasiewicz lag, erzählte mir, dass der die Juden, die er ermordet hatte, immer wieder mit Namen rief. Als es ans Sterben ging, stand ihm alles wieder vor Augen. Seine Familie hielt ihm den Mund zu, er aber schrie: ›Es sind so viele hier in der Scheune, sie sollen rausgehen!‹«

Ich brachte Ramotowski alle Artikel über Jedwabne und Radziłów. Er fing immer gleich an zu lesen, noch bevor ich aus dem Zimmer war (Marianna erzählte mir, dass er sich in der Bibliothek von Radziłów jedes Buch schon fünfmal ausgeliehen hatte). Einmal sahen wir uns zusammen ein Zeitungsfoto aus Radziłów an, sechziger Jahre, eine Begräbniskapelle.

»Ein heiteres Bild«, meinte er. »Da, der ist ein Mörder, der auch. Und der Sohn von dem fragte mich einmal, ob meine Frau ihm für seinen Vater vergeben würde. Ein andermal lag Jan Chrostowski krank im Bett. Er und seine Frau handelten mit Schnaps. Ich ging zu ihnen, um einen Wodka zu kaufen, er ließ mir einen Stuhl zu sich ans Bett stellen und vertraute mir an, was er mit den Juden gemacht hatte. ›Wenn ihr mir wenigstens ein kleines bisschen davon abnehmen könntet, du und deine Frau‹, sagte er. Ich antwortete ihm: ›Wir werfen dir nichts vor, Mann, aber Vergebung musst du dir woanders suchen.‹«

In den sechziger Jahren wurde kein Mehl mehr in die Mühle gebracht, und die Ramotowskis mussten von der Landwirtschaft leben. Die Gegend ist arm, die Böden schlecht, aber eine derartige Armut und einen Verfall wie auf ihrem Hof habe ich selten gesehen. Das

Haus war baufällig und stand auf einem abbröckelnden Steinfundament, der Wind pfiff durch die Ritzen, ein hölzernes Plumpsklo stand auf dem Hof, dessen Tür war herausgefallen, und niemand hatte sie wieder in die Scharniere gehoben. Ich weiß nicht, warum das so war. Vielleicht weil Marianna den größten Teil ihres Lebens damit verbracht hatte, ängstlich auf einem Hocker zu sitzen, und keinen Haushalt führen konnte? Stanisław sagte mir, dass sie nie Lust gehabt hatte zu putzen und zu kochen und es auch nicht konnte, so tat er es – mehr schlecht als recht. Oder lag es daran, dass Stanisław trank? Er hatte krumme Hände mit amputierten Fingergliedern, die ihm abgefroren waren, als er einmal bei Frost betrunken auf dem Fuhrwerk eingeschlafen war, das Pferd hatte ihn von allein nach Hause gebracht und ihm so das Leben gerettet.

Meinem Eindruck nach bestand der wahre Grund für ihre Armut darin, dass Marianna überzeugt war, sie müsse sich die ganze Zeit die Anerkennung der Familie ihres Mannes erkaufen. Als ich die beiden kennenlernte, unterhielten sie zwei Familien mit Eheleuten im arbeitsfähigen Alter samt Kindern, wobei auch das wenige Geld half, das Stanisław als Gerechter unter den Völkern erhielt. Einmal teilte ich ihm meine Hypothese unverblümt mit.

»Was Sie nicht alles wissen!« Er sah mich bewundernd an. »Wie viele Geldverstecke im Haus ich mir nicht schon ausgedacht habe. Aber egal, wie gut ich das Geld versteckte, meine Frau fand es immer rechtzeitig, bevor meine Familie zu Besuch kam.«

Niemand in Radziłów hatte jemals die leiseste Anstrengung unternommen, den beiden alten, kranken Leuten irgendwie zu helfen. Aber als die Geschichte mit Jedwabne begann, redeten alle in Radziłów von den Ramotowskis.

»Er nahm sich eine Jüdin, klein, aber schön. Es ging ihm um die Mühle.«

»Die Leute aus Radziłów wollten helfen, als die Deutschen die Juden jagten, wie dieser Ramotowski, der eine Jüdin geheiratet hat. Sie hat unseren Glauben angenommen. Wir haben sie nicht abgelehnt, jeder hat mit ihr geredet.«

Das kam immer wieder. Schön und reich. Dabei war der Schöne in diesem Paar Stanisław, und das Haus der Finkelsztejns wurde schließlich ausgeplündert, die Mühle bis auf die Grundmauern zerstört, was den Ortsansässigen nicht entgangen sein konnte. Offenbar musste man irgendeinen Grund finden, dass einer von ihnen eine Jüdin zur Frau genommen hatte.

»Als der Krieg zu Ende war«, erzählt Ramotowski, »sagte ich zu meiner Frau: ›Jetzt bist du frei, mein Engel, geh, wohin du willst.‹ Da sagte sie, sie würde nirgendwohin gehen. ›Nun‹, sagte ich, ›wenn das so ist, dann bleiben wir für immer zusammen.‹ Und so war es auch.«

»Haben Sie nicht daran gedacht, aus Polen auszuwandern«, fragte ich.

Er: »Ich wollte unbedingt nach Amerika, ihre Cousins hatten uns eingeladen, aber Marianna wollte nicht, um nichts in der Welt. Ich sagte immer wieder: ›Lassen wir das alles hier zurück, meine Kleine, soll es zum Teufel gehen.‹«

Sie: »Ich hing an der Heimat meiner Familie, meine Vorfahren hatten hier drei Jahrhunderte gelebt.«

Er: »Sie hatte Angst, dass mir dort andere Frauen gefallen würden. Aber ich hätte sie nicht verlassen, jedenfalls nicht für länger. Ich hatte Erfolg bei den Frauen, aber mir gefiel meine eigene, und ich war kein schlimmer Schwerenöter. Wenn ich mal spät nach Hause kam, dann küsste ich sie, war lieb zu ihr, und irgendwie ging es dann. In Radziłów gab und gibt es keine Zweite wie sie. Andere waren nicht würdig, sich mit ihr zu vergleichen.«

Aufzeichnungen

7. Februar 2001

Im Morgengrauen breche ich auf nach Jedwabne zu einer Versammlung. Staatsanwalt Ignatiew soll die Bürger darüber informieren, auf welcher Basis die Ermittlungen durchgeführt werden. Ein heruntergekommener Gutshof, zur Zeit des Kommunismus waren hier ein Kulturzentrum und ein Kino untergebracht. Am Eingang stelle ich mich einer Gruppe von Männern als Journalistin der *Gazeta Wyborcza* vor. Ein Stimmenchor ertönt:

»Haben Sie von den Deportationen gehört? Wissen Sie, wer die organisiert hat?«

»Eure Leute, die Juden. Als die Sowjets hier waren, da wollten die Juden in unserer Kirche ein Kino und ein Klo einrichten.«

Ich versuche einzuwenden, dass auch jüdische Gebetshäuser damals zu Kinos und Magazinen umfunktioniert wurden.

»1600 Leute in einer Scheune? Wollen Sie sich über uns lustig machen?«

Ich frage, warum bisher nie jemand die Aufschrift auf dem Denkmal in Frage gestellt hat, die genau dieselbe Zahl nennt – Opfer, die von Gestapoleuten verbrannt wurden.

»Sie haben uns und unsere Kinder bespuckt. Mit Ihnen reden wir nicht.«

Der Stadtpfarrer Edward Orłowski betritt in Begleitung von Biedrzycka (deren Vater die Scheune zur Verfügung gestellt hatte) den Saal und nimmt am Präsidiumstisch Platz. Im Saal sind etwa zweihundert Personen anwesend, überwiegend Männer zwischen dreißig und fünfzig. Wenn der Staatsanwalt antisemitische Äußerungen kritisiert, antwortet ihm ein drohendes Murren. Wortmeldungen über Juden, die für den NKWD denunziert haben, werden mit Applaus belohnt.

»Das sind Lügen, was Sie schreiben. Selbst wenn man sie wie Heringe im Fass übereinandergelegt hätte, hätten keine 1600 Juden reingepasst.«

»Wir sind keine Antisemiten. Ich habe mit kleinen Juden gespielt. Aber das muss gesagt werden: Wenn Polen abgeholt wurden nach Sibirien, dann standen zwei Juden an der Tür und passten auf.«

»Wer hat die Jedwabner beschuldigt? Das fragen wir uns, aber wir wissen: Wer Geld hat, hat die Macht.«

»Das IPN soll Gross für seine Lügen verklagen.«

Einer der Anwesenden sagte mir später, auf Anonymität bestehend: »Der auf der rechten Seite, der am lautesten geschrien hat, dass wegen der Juden polnische Patrioten deportiert worden sind, weiß ganz genau, dass sein Vater meinen Vater denunziert hat und dann sogar beim NKWD angefangen hat, als sie ihn verhaften wollten. Später hat er meinen Vater auf Knien angefleht, ihn nicht zu verraten.«

Zum ersten Mal erlebe ich Pfarrer Orłowski in Aktion: ein Pykniker, massiv, voller Energie, mit einer kräftigen Stimme und einem Gesicht, dessen Rundheit von seiner Glatze noch betont wird. Nach der Zusammenkunft verlässt er das Podium, stellt sich vor eine Kamera – das zweite Programm dreht einen Film über Jedwabne –, richtet seine Soutane und erklärt:

»Man will uns einreden, dass wir Mörder sind. Das Zusammenleben von Polen und Juden wurde in der Zeit der sowjetischen Besatzung von den Juden gestört. Als Polen 1939 unterworfen wurde, hat keine andere Stadt so schnell eine Widerstandsbewegung auf die Beine gestellt wie Jedwabne. Polen sind in Auschwitz umgekommen. Hier wird nicht nur ihr Jedwabne besudelt, sondern das polnische Volk. Wir müssen uns verteidigen.«

Ich gehe mit dem Staatsanwalt zum Rathaus, wo ich mich Bürgermeister Krzysztof Godlewski vorstelle. Er lädt uns auf einen Tee ein.

»Es verletzt die Menschenwürde, in so einer Angelegenheit wie ein Buchhalter zu argumentieren«, sagt der Bürgermeister. »Vielleicht waren es nicht 1600 Opfer, sondern 1300 oder auch weniger. Das hat doch keine Bedeutung. Wir müssen mit christlicher Demut die Tatsache dieses Verbrechens zur Kenntnis nehmen. Jedwabner Bürger jüdischer Nationalität sind grausam ermordet worden. Es ist gut, dass das ans Licht gekommen ist. Die Kollaboration von Juden mit dem NKWD ist ein Stellvertreterthema, man wird auch darüber reden müssen, die Aufschrift auf dem Denkmal zu verändern.«

Ich frage ihn, wie er beabsichtige, das in einer Stadt umzusetzen, wo der Priester seine Gemeindemitglieder zur Verteidigung gegen die Wahrheit aufrufe.

»An dem Verbrechen war eine Handvoll Personen beteiligt. Die Leute fühlen sich verletzt, weil man die gesamte Einwohnerschaft verurteilt hat. Viele von ihnen sind überzeugt, dass die Deutschen das Verbrechen begangen haben. So hieß es früher, und es ist schwierig, sein Denken umzustellen. Vielleicht ließe sich zeigen, dass 1949 jemand unschuldig verurteilt worden ist – das würde die Leute davon überzeugen, dass das IPN die Wahrheit sucht. Dann wären sie eher bereit, zur Kenntnis zu nehmen, dass viele ihrer gerechten Strafe auch entgangen sind. Die Menschen hier befinden sich in einer außerordentlich schwierigen Situation. Sie brauchen Zeit, um das zu verarbeiten. Es ist eine natürliche Reaktion, dass man die einfachste Wahrheit akzeptiert. Aber ich sehe im Stadtrat, dass die schwierigere Wahrheit langsam auch zu ihnen durchdringt.«

In diesem Moment tritt ein Ratsherr ein.

»Selbst wenn man 1600 Juden gevierteilt hätte, sie hätten nicht in die Scheune gepasst. Ich bin Jahrgang 1950, aber ich weiß, dass nach Meinung meiner Eltern und ihrer Nachbarn Hitler sie vernichtet hat. Wer sagte, dass die Polen es waren, bekam Geld. Die Polen haben sie zusammengetrieben, ob aus Spaß oder gezwungenermaßen, das weiß ich nicht, aber da stand ein Deutscher mit einem Gewehr.«

Ich unterbreche ihn mit der Frage, wie die Aufschrift seiner Meinung nach lauten solle.

»1600 jüdische Personen wurden nicht verbrannt.« Denn diese Lüge muss man richtigstellen.

Godlewski, ein großer Mann mit einem ausladenden Schnurrbart und einem gewissen schauspielerischen Talent, steht hinter ihm und schneidet mir Grimassen der Verzweiflung, er hält sich Augen und Ohren zu, streckt die Hände gen Himmel.

Ich gehe zum Pfarrhaus und beginne das Gespräch mit dem Priester in höflichem Ton:

»Es sind recht viele Gemeindemitglieder zu dem Treffen mit dem Staatsanwalt erschienen; ich weiß, dass Sie es organisiert haben.«

»Ich habe es in der Kirche angekündigt, zur Teilnahme aufgefordert, und sie sind meinem Ruf gefolgt«, sagt er und kann seine Zufriedenheit nicht verbergen. Dann kommt er zur Sache: »Alle stimmen darin überein, dass die polnische und jüdische Gemeinschaft von Jedwabne in vollkommener Harmonie lebte, wie eine liebevolle Familie. Erst als die Russen nach Polen einmarschierten und viele Juden sich dem NKWD und dem Komsomol anschlossen, war die Freundschaft mit den Polen beendet. Es ging etwas kaputt. Man muss sich Gross einmal genauer ansehen. Jedwabne ist die Spitze des Eisbergs.«

»Was wollen Sie damit sagen?«

»Wenn der Fall Jedwabne so erledigt wird, wie Gross sich das vorstellt, dann ist es, als würde man ein Loch in den Rumpf eines Schiffes bohren und warten, bis es sinkt. Die Wahrheit ist, dass die Deutschen den Mord begangen haben, nicht die Polen. Aber so machen es die Juden nun mal.«

»Was meinen Sie damit?«

»In der Bibelstunde hat der Pfarrer zu uns gesagt: ›Der Jude setzt eine Mütze auf einen Stock und sagt, pass bloß auf, wir sind zu zweit.‹ Das ist die jüdische Seele. In New York war ich bei einem jüdischen Multimillionär, der sich rühmte, er habe noch während des Krieges eine riesige Fabrik an die Deutschen verkauft: ›Sie haben uns viel Gold gegeben und uns mit Autos nach Hamburg gefahren, und von dort sind wir auf Schiffen nach Amerika gekommen.‹ Hier ist ihr ganzes Volk zugrunde gegangen, und er redet solche Sachen – nichts als Geschäftemacherei.«

»Kommen Ihnen in Ihrer Gemeinde manchmal antisemitische Aussagen zu Ohren?«

»Das Problem des Antisemitismus existiert bei uns überhaupt nicht.«

»Welche Aufschrift sollte auf dem Denkmal stehen?«

»›Die Juden wurden von den Nazis vernichtet.‹ Ein solcher Kompromiss sollte sowohl Juden wie auch Polen zufriedenstellen. Andernfalls wird die Stadt sich zur Wehr setzen müssen.«

»Wie stellen Sie sich das vor?«

»Vielleicht wird man sich organisieren müssen, hier gibt es viele Patrioten. Ich denke darüber nach, ein Komitee zur Verteidigung des guten Rufs der Stadt ins Leben zu rufen.«

Ich fahre nach Przestrzele zu Leszek Dziedzic; beim Treffen mit dem Staatsanwalt hatte ich vergeblich nach ihm Ausschau gehalten.

»Auf Veranstaltungen des Pfarrers gehe ich nicht«, erklärt er, »aber erzählen Sie mir bitte, wie es war.«

Wie versteinert sitzt er auf seinem Stuhl und hört sich meinen Bericht an. Dann sagt er:

»Der Pfarrer ist so wie damals, die Leute sind so wie damals, das einzige Problem ist, dass es keine Juden mehr gibt, um sie zu ermorden.«

8. Februar 2001

In den Reportagen über Jedwabne, von denen bereits einige erschienen sind, finde ich eine Reihe von Namen, die Adressen suche ich mir aus dem Telefonbuch heraus.

Am meisten liegt mir daran, Helena Chrzanowska kennenzulernen, die einzige Jüdin, die noch hier wohnt. Sie hat sich während des Krieges taufen lassen und einen Polen geheiratet. Ich lese über sie: »Buschige schwarze Augenbrauen, lebhafte blaue Augen, die Haare unter einem geblümten Kopftuch verborgen. Auf ihrem Küchentisch lag die *Niedziela* [Sonntag; ein populäres katholisches Wochenblatt]. ›Aber ohne meinen Namen bitte, warum auch? Jenen Namen gibt es nicht mehr, jene Menschen auch nicht. Gott wollte es so, dass alle in der Scheune sterben. Ich hege keinen Groll. Ich verdanke den Polen mein Leben. Es war schon so ruhig geworden die ganzen Jahre, warum soll man auf all das zurückkommen? Schreiben Sie meinen Namen nicht, es geht nicht um mich, sondern um die Kinder. Als mein Sohn in

Białystok studierte, ließ er sich einen Bart wachsen. Ich musste ihn bitten, sich zu rasieren, denn das hätte bei den Leuten schlimme Erinnerungen wecken können. Später wollte er meinen Enkel Dawid nennen, aber ich habe ihm erklärt, die Leute könnten böse werden. Ich möchte niemandem wehtun. Ich möchte in Ruhe sterben. In aller Stille, in aller Ruhe.‹«

Ich schaue bei ihr vorbei, aber Frau Chrzanowska bittet mich mit leiser Stimme, sie nicht zu beunruhigen. Ihr Mann sei sehr krank, sie brauchten Ruhe.

Henryka Adamczykowa, eine andere Einwohnerin von Jedwabne, hatte zu Journalisten gesagt: »Ich habe das Schreien der Menschen, die in den Tod geführt wurden, noch in den Ohren, ich rieche den Brandgeruch.«

Sie lebt in einem Wohnblock, ich spreche mit ihr durch die Tür. Wegen der unangenehmen Dinge, die ihr nach der Veröffentlichung der Reportage passiert sind, wünscht sie keinen Kontakt mit Journalisten mehr.

Nächster Versuch. Halina Popiołek. Sie hatte sich daran erinnert, wie schockiert ihr Vater war, Józef Bukowski, als er am Abend des 9. Juli 1941 sagte, sie nehmen sich die Juden vor. Sie hatte gesehen, wie sie zusammengetrieben und mit Stöcken geschlagen wurden. Sie hatte gesehen, wie »unsere Leute« jungen Juden befohlen hatten, die Trümmer des Lenindenkmals wegzutragen.

Sie lässt mich in ihr Haus, aber über das Verbrechen will sie nicht sprechen.

»Am Jahrestag und zu Allerheiligen zünde ich seit vielen Jahren immer eine Kerze an«, erklärt sie. »Als ich dieses Jahr am 10. Juli mit Grablichtern kam, waren Journalisten da, Fotoreporter, eine Fernsehkamera, mein Bild stand in der Lokalzeitung. Der Pfarrer schimpfte mit mir, die Nachbarinnen kehren mir den Rücken zu, überall höre ich, dass ich von den Juden Geld bekommen hätte. Ich werde gar nichts mehr sagen, nie mehr.«

Ich beklage mich bei der freundlichen alten Dame, dass auch Helena Chrzanowska nicht mit mir sprechen will.

»Das muss man verstehen. Wie oft hat man Helena hier nicht schon als Jüdin beschimpft. Ich würde einen Menschen niemals so beleidigen«, versichert mir meine Gesprächspartnerin.

Ich besuche Alina Żukowska, von der mir bekannt ist, dass sie an jenem Tag, dem 10. Juli 1941, in Jedwabne war. Das weiß ich von Zygmunt Laudański, einem der Mörder. Ich treffe sie beim Holzhacken an, sie wohnt in einer verfallenden Kommunalwohnung ohne Zentralheizung. 28 Jahre lang hat sie Strumpfhosen gestopft. Während unseres zweistündigen Gesprächs unterbricht sie ihre Arbeit keinen Moment. Der Frost ist so heftig, dass meine Finger steif werden und ich kaum Notizen machen kann.

»Die lügen alle«, sagt sie. »Bardoń hat angegeben, so habe ich es bei Gross gelesen, er hätte keine Juden gejagt, weil er Mechaniker bei der Gendarmerie war und gerade Autos reparierte. Was denn für Autos? Die hatten kein Motorrad, nicht einmal Fahrräder; wenn sie irgendwo hinfahren wollten, befahlen sie einem Bauern, das Fuhrwerk anzuspannen. Bardoń bekam die Todesstrafe, dann hat man ihn begnadigt, und er hat im Gefängnis unser polnisches Brot gefressen, dabei war das ein Lump aus Schlesien, ein deutscher Spitzel, kein Mechaniker. Wasersztejn, der dreckige Jude, ist ins Ausland geflohen und hat das Urteil über Jedwabne gesprochen.«

»Hat Zygmunt Laudański Ihnen damals gesagt, er sei in die Felder geflohen, um nicht am Zusammentreiben der Juden teilnehmen zu müssen?«

»Ach was«, sagt Alina Żukowska, die offensichtlich vergessen hat, dass sie im Prozess von 1949 zugunsten einiger Angeklagter ausgesagt hatte, darunter Zygmunt Laudański. »Ich habe doch schon bei Staatsanwalt Ignatiew ausgesagt. Früher hat er keinen Kontakt mit mir aufgenommen, was will er denn jetzt? Ich war letztes Jahr in Pisz, schon damals fingen sie an, über Jedwabne zu schreiben. Ich traf da Jerzy von den Laudańskis und fragte ihn: ›Hast du es gelesen?‹ Er sagte, nein. Das war eine Lüge. An jenem Abend traf ich Genek Kalinowski, einen Nachbarn der Laudańskis, das war schon nach dem Verbrennen der Juden. Er sagte, der Bürgermeister hätte angeordnet, dass jeder in der

Nacht auf sein Haus aufpassen soll, denn die Juden könnten sich rächen. Ich saß mit Laudański vor unseren Häusern. Die Laudańskis sind jetzt große Herren, mit Fotos in der Zeitung, die wollen sich reinwaschen, ganz sauber wollen sie aussehen. Warum wurden sie dann verurteilt? Ich habe nicht gesehen, was sie gemacht haben. Aber dieser Schrei, den hörte man zwei Kilometer weit.«

»Und haben Sie gehört, dass später jemand gesagt hätte: ›Schade, dass sie nicht mehr da sind?‹«

»Bevor das Buch erschienen ist, hat niemand von den Juden gesprochen.«

Einer meiner gestrigen Gesprächspartner hat mich einer Frau empfohlen, die Augenzeugin des Verbrechens gewesen ist. Sie ist einverstanden mit einem Gespräch, aber ich darf ihre Initialen nicht nennen. Damals war sie zehn Jahre alt. »Ich sah, wie sie die Familie Smułek aus dem Haus jagten. Lauter Bekannte, Polen, ein Deutscher war nicht dabei. Als die Choneks, bei denen meine Mutter vor dem Krieg gearbeitet hatte, vorbeigingen, sagten sie zu ihr: ›Unsere Stunde hat geschlagen.‹ Sie waren gleichgültig, resigniert, ihre Kinder weinten nicht. Bielecki trieb auf dem Pferd eine junge Jüdin vor sich her, die Kiwajkowa; er war in der Sowjetzeit im Gefängnis gewesen, und sie hatte sich damals um seine Kinder gekümmert.«

Ich verifiziere den Namen in meinem Laptop. Tatsächlich. Von Władysław Bielecki, der Juden auf dem Pferd zusammentrieb, hat Antoni Niebrzydowski gesprochen, einer der Verdächtigen im Prozess von 1949.

»Es war eine fürchterliche Hitze«, fährt meine Gesprächspartnerin fort. »Ein älterer Jude wollte zum Brunnen gehen, mitten auf den Marktplatz, um Wasser zu holen, ein Bursche, der war damals sicher nicht älter als zwölf, schlug ihn und stieß ihn weg. Die Polen hatten Stöcke und zerschnittene Autoreifen, sie waren fuchsteufelswild. Die Gummiriemen müssen sie sich vorher zurechtgeschnitten haben. Ich lief hinter den Juden her, als sie in Reihen aufgestellt wurden. Da gingen jungen Mädchen und Frauen, die waren so schön, Schwangere und Frauen mit Wickelkindern. Ich habe Zwölfjährige gesehen, die Juden hetzten, und viele, die da mitmachten, waren siebzehn bis neunzehn Jahre alt. Zum Teil Klassenkameraden von denen, die zusammengetrieben wurden. Wie konnten sie ihnen in die Augen sehen, als sie sie ermordet haben? Man hatte Angst, näher an die Scheune heranzugehen, um nicht selbst mitgezogen zu werden. Aus einem Kanister verschütteten sie eine Flüssigkeit an jeder der vier Ecken, und die Scheune fing sofort Feuer. Nachts kann ich nicht schlafen, weil es mir vor Augen steht, als wäre es gestern gewesen. Es gab viel mehr Verbrecher, als später verurteilt wurden. Das war eine Hölle von Hass. Dieser durchdringende Schrei, der kaum zwei Minuten dauerte, steckt die ganze Zeit in mir. Heute bin ich wieder um vier Uhr morgens aufgewacht, als ich mich daran erinnerte. Warum ich als kleines Mädchen hingegangen bin, weiß ich selber nicht, wohl nur deswegen, um heute die Wahrheit zu bezeugen.«

Vor dem Krieg hatten ihre Eltern bei Juden gearbeitet, ihre Mutter hatte immer sehr gut von ihnen gesprochen. Sie erinnert sich an die Namen der jüdischen Nachbarn: die Powroźniks, denen gehörte ein Lebensmittelgeschäft, dort hat ihre Mutter sie hingeschickt, um Petroleum zu kaufen; die Prawdziweks, die eine Grützmühle betrieben; die Kiwajeks, die einen Hof hatten; und die Fiszmans mit ihrem Sägewerk.

Am Abend bei den Dziedzic'. Leszek erzählt mir von Helena Chrzanowska

»Mit ihr kann man nicht über ihre Erlebnisse sprechen, sie ist nicht imstande, sich daran zu erinnern. Ständig wiederholt sie: ›Möge Gott ihnen vergeben, es liegt nicht bei mir, über sie zu urteilen.‹ Einmal versuchte eine Nachbarin, sie davon zu überzeugen, dass ihr Sohn Józef für den Stadtrat kandidieren sollte: ›Um Gottes willen, bloß nicht‹, sagte sie, ›wenn etwas schlecht läuft, heißt es nur wieder, der Jude ist schuld.‹ Als ich ihr zu erklären versuchte, dass es schon nicht so schlimm werden würde, vertraute sie mir an, dass ihr Nachbar, ein älterer Mensch, ihr über den Zaun hinweg gedroht hätte: ›Wir sind noch nicht fertig, aber wir können es zu Ende bringen.‹ Ich kenne ihn, seine Familie hatte am Morden teilgenommen. Er kann kaum noch gehen, aber zu einem Massaker, da würde er sich noch hinschleppen. Und letztens, als ich in der Apotheke stehe und Helena auch gerade etwas kauft, kommt eine Nachbarin herein, sieht sie und fängt an über die Juden zu schimpfen, ganz absichtlich.«

Plötzlich flicht Leszek mitten im Gespräch ein: »... denn in eurer Religion ...« Für die Teilnehmer am gestrigen Treffen mit Ignatiew war klar, dass ich Jüdin bin, denn ich arbeite ja bei der »Gazeta Koszerna«, der »Koscheren Zeitung«, wie sie die *Gazeta Wyborcza* hier nennen. Außerdem übernehme ich nicht ihren Code, rede also nicht von »sowjetischer Kollaboration«, »jüdischer Verschwörung«, »den Lügen von Gross« u. dgl. Aber warum ist Leszek Dziedzic dieser Meinung? Sicherlich kann er sich nicht vorstellen, dass ein Nichtjude versucht, die Wahrheit zu ermitteln, und dass ihm das Schicksal der Ermordeten nahegeht. Die Erfahrung hat ihn gelehrt, dass dergleichen nicht vorkommt, bis jetzt war er mit seinem Mitleid für die Opfer völlig allein.

9. Februar 2001

Łomża. Im Staatsarchiv suche ich Protokolle der Stadtratssitzungen aus der Vorkriegszeit, als er gemischt, d. h. polnisch-jüdisch zusammengesetzt gewesen sein muss. Die Archivarin erklärt mir, die Dokumente könnten mit der Roten Armee nach Osten gewandert sein, dann könne man sie in Minsk oder Grodno suchen, oder mit der deutschen Armee nach Westen, dann könne man sie z. B. in Danzig suchen. Vielleicht seien sie auch woanders hingeraten. Höchstwahrscheinlich aber seien sie vernichtet worden. Es stellt sich heraus, dass die Archivarin selbst aus Jedwabne stammt. Ich frage sie, ob sie wisse, was in der Stadt geredet wird.

»Am Sonntag war ich bei meiner Mutter. Der Pfarrer hat der Gemeinde in seiner Predigt eingeschärft, dass man vor Fremden nichts enthüllen soll, was Polen schaden könnte.«

Sie holt etwas hervor, was für mich von unschätzbarem Wert ist: das »Verzeichnis des sich auf dem Gebiet der Stadt Jedwabne befindlichen ehemaligen deutschen und jüdischen Immobilienvermögens« vom

3. September 1946. Dort gibt es Dutzende Namen der ehemaligen jüdischen Eigentümer von Häusern und Grundstücken.

Ich fahre nach Jedwabne, wo ich meinen nächsten Gesprächspartner ausfindig mache, doch auch er will seinen Namen nicht genannt wissen: »In den sechziger Jahren, als ich noch keine zehn Jahre alt war, habe ich einmal einen Streit betrunkener Nachbarn zu diesem Thema mitgehört: wer mehr Gold zusammengerafft hat, wer eine Jüdin vergewaltigt hat u. dgl. ›Du Arschloch, ich weiß, woher du diesen Pelzmantel hast‹, schrie der eine. ›Und du hast hinter der Mühle eine Jüdin durchgebumst und ihr die Kehle durchgeschnitten‹, antwortete der andere. Ich erinnere mich, wer es war, aber ich will keine Namen nennen, es ist nur zu Ihrer Information. Ein andermal hörte ich ein Gespräch von Erwachsenen mit an über ein paar Gauner, die in ein jüdisches Haus eingedrungen waren: Einer habe das Kind mit einer Eisenstange geschlagen, dass ihm Gehirn auf die Kleidung gespritzt sei, und er habe der Mutter befohlen, es abzuwaschen. Wieder ein andermal erzählte die Mutter eines Freundes in meiner Anwesenheit – sie hatte mich nicht bemerkt –, wie die Einheimischen den polnischen Häusern einen Besuch abstatteten, um ›gegen die Juden zu marschieren‹, und wie sie ihrem Mann den Kopf bandagiert hatte, damit es so aussah, als wäre er krank und könne sich nicht rühren. Die Deutschen haben die Polen angestiftet, das steht fest, aber ein Teil der Bewohner war auf ihrer Linie. Es war nicht alles aufgezwungen. Ein Teil der Arbeit erledigten sie mit Vergnügen. Das ist die einzige Wahrheit, eine andere wird nicht herauskommen. Die alten Einwohner wissen es alle. Es kam nie vor, dass einem Polen von den Deutschen Unannehmlichkeiten drohten, weil er keine Juden verbrannt hat. Die Polen dagegen gingen von Haus zu Haus und befahlen, sich anzuschließen, und wer nicht mitkommen wollte, der wurde manchmal verprügelt.«

Wieder in Łomża, zu Besuch bei Jan Cytrynowicz. Noch vor dem Krieg getauft, lebte er nach dem Krieg in Jedwabne, wo er bis zur Rente eine Sattlerei betrieb. Er wohnt zusammen mit seiner Frau und einem kleinen Hund im Zentrum, in einem gepflegten Haus; im ersten Stock hat sich sein Sohn eine Wohnung eingerichtet.

Ich lese ihm meine Notizen aus den Prozessmaterialien von 1949 vor. Cytrynowicz erweist sich als hervorragender Kenner der Materie. Seine Frau Pelagia meldet sich immer wieder:

»Was er Ihnen für Unsinn erzählt! Wir streiten uns ständig darüber. Hätte ein Pole das getan, wenn nicht ein Deutscher mit dem Gewehr hinter ihm gestanden hätte?«

Ich frage Cytrynowicz, der den Krieg in Russland überlebt hat, wann er von dem Verbrechen erfahren habe.

»Gleich nach dem Krieg. Ich gerbte Schaffelle, aus denen Mäntel gemacht wurden, mein Lohn bestand in Getreide und Speck. Ich war Junggeselle, und damals habe ich viel getrunken. Meine Zechgenossen wussten anfangs nichts von meiner Herkunft, ich war ja nicht aus Jedwabne, daher fingen sie nach einigen Gläsern an, sich zu brüsten: ›Ich habe den gejagt‹, ›Ich hab's ihm kräftig mit dem Messer gegeben‹. Sie waren zufrieden, dass sie ein paar Juden umgebracht hatten. Aber nüchtern sagte niemand etwas. Nur dass die Juden selbst ins Feuer gegangen wären, da ihre Religion es von ihnen verlangt hätte. Die Bauern trugen ›Spencerki‹, solche kurzen, selbstgeschneiderten Jacken. Wenn nach dem Krieg einer im Pelz in die Kirche ging, war klar, dass er ihn von einem Juden hatte.«

»Und als Ihre Freunde erfuhren, dass Sie Jude sind, haben sie ihre Einstellung geändert?«

»Ich war Katholik, und deswegen zählte ich für sie trotzdem als Pole. Die Mädchen waren zärtlich, keine sagte, du bist ein Jud. Aber eine gewisse Fremdheit konnte ich doch spüren. Wenn ich damals einen Juden getroffen hätte, wäre ich emigriert, aber ich hatte keinerlei Kontakt. Wie hätte man nach dem Krieg einen Juden finden sollen? Selbst wenn es einen gab, hatte er Angst, es zuzugeben.«

Einmal sei in Przasnysz jemand auf ihn zugekommen und habe leise gefragt: »Bist du nicht vielleicht ein Jude?« Er habe es bestritten, aber der andere habe ihm nicht geglaubt und gesagt, wenn er sich da und da melde, könne er emigrieren. Das war nach 1956, als Juden für eine kurze Zeit legal das Land verlassen konnten. Aber damals hatte er schon eine katholische Frau.

Ich kehre auf der vereisten Straße nach Jedwabne zurück. Für den Abend hat mich Krzysztof Godlewski eingeladen. Eine schöne, großzügige Villa, eine nette Frau, Lehrerin, und drei Kinder. Er ist Jahrgang 1955 und stammt nicht aus Jedwabne, sondern aus der Umgebung. 1992 wurde er Bürgermeister, es ist bereits seine dritte Amtszeit. Gleich nach der Lektüre von *Nachbarn* legte er zusammen mit dem Stadtratsvorsitzenden Stanisław Michłowski vor dem Denkmal einen Kranz nieder. Auf der nächsten Sitzung des Stadtrats brachte Ratsherr Stanisław Janczyk die Idee auf, ihnen Kippas zu kaufen, »um den antipolnischen Charakter ihres Handelns zu unterstreichen«.

10. Februar 2001

Mein Tag beginnt in Łomża, ich stöbere in den örtlichen Bibliotheken. Sitze im Lesesaal der Wissenschaftlichen Gesellschaft, der Öffentlichen Wojewodschaftsbibliothek und des Nordmasowischen Kreismuseums und sehe einzelne Ausgaben der *Wolna Łomża* [Freies Łomża] durch, einer Zeitung, die während der sowjetischen Besatzung erschien. »Jeder sollte die speichelleckenden Herrendiener entlarven, die in großem Stil und Stück für Stück die Interessen der arbeitenden Massen in ganz Polen verkauft haben.« Dort findet sich auch ein Text von Chaim Kac, einem Schneider: »Für mich ist die Befreiung gekommen, ich kann in einer Kooperative arbeiten und muss nicht mehr in Armut leben. Ich hätte mich letztlich mit diesem mittellosen Dasein abgefunden, wenn die Polen mich anders behandelt hätten.« Solche Texte in einer Zeitung der Besatzungsmacht waren nicht dazu angetan, Sympathie für die Juden zu wecken.

Anhand der in den Prozessakten von 1949 genannten Namen und der Initialen, die in der Presse auftauchen und die ich entziffere, suche ich Zeugen in Jedwabne und Umgebung.

Ich habe mir eine Gesprächsstrategie zurechtgelegt. Der oberste Grundsatz lautet: nicht nach dem Verbrechen fragen. Solche Fragen versetzen die Leute in Panik. Ich klappe meinen Laptop auf und sage: »Waren Sie bei dem Treffen der Bürger von Jedwabne mit dem Staatsanwalt? Da ging es hoch her, soll ich Ihnen meine Notizen vorlesen?«

Oder: »Ich habe in den Archiven Zeugenaussagen aus dem Ermittlungsverfahren von 1949 gefunden. Erinnern Sie sich daran, dass beide Laudańskis verurteilt wurden? Ich werde Ihnen einmal vorlesen, was sie gesagt haben.« Diskret notiere ich die Kommentare. Zum Beispiel: »Na sieh mal einer an, Eugeniusz Śliwecki wurde wegen der Juden angeklagt! Er war Briefträger, immer ruhig und höflich. Nun ja, aber er machte sich an seine eigenen Töchter heran, hätte er sich da etwa bei einer Jüdin zurückhalten sollen?« »Czesław Strzelczyk war dabei. Ein Sadist, der mit der Heugabel auf seine Frau losging. Und ein politischer Funktionär: russisch, als die Russen an der Macht waren, deutsch, als die Deutschen an der Macht waren, und als die Volksrepublik kam, baute er Tribünen und hielt Reden.« »Die Kubrzyniecki-Banditen, das waren drei Brüder. Sie hatten schon vor dem Krieg einen schlechten Ruf. Wenn die Leute aus der Gegend zum Ablass kamen, standen die Kubrzynieckis auf dem Weg und raubten sie aus. Sie gingen in die Kneipe und betranken sich mit Wodka, leben taten sie vom Raub. Józef Kubrzyniecki war Ofenbauer, aber er zog es vor, zu rauben und sich zu prügeln, und seine Frau stand ihm in nichts nach.«

Es ist klar, dass in Jedwabne jeder aus der älteren Generation weiß, wer beim Morden mitgemacht und wer sich an den Juden bereichert hat – einige Namen höre ich immer wieder: Jerzy Laudański, Feliks Tarnacki, Eugeniusz Kalinowski, Józef Kobrzyniecki, Czesław Mierzejewski, Stanisław Sielawa, Józef Sobuta, Michał Trzaska.

Jeden meine Gesprächspartner frage ich aus, ob er sich selbst oder mit Hilfe der Familienüberlieferung an die Namen von Jedwabner Juden erinnert. »Juden hatten eher Vornamen«, hörte ich einmal.

Ich fahre nach Janczewko, etwas außerhalb von Jedwabne, um mir den Hof der Wyrzykowskis anzusehen, wo sich Szmul Wasersztejn versteckt hatte, und mich nach den ehemaligen Besitzern zu erkundigen – ich weiß, dass die Wyrzykowskis hier nicht mehr wohnen. Jemand aus der Gegend zeigt mir ihr Haus, aber mit mir sprechen möchte er nicht. Ich gehe auf dem unbewohnten Hofgelände umher. Da spricht mich Franciszek Karwowski an, ein Neffe von Frau Wyrzykowska, wie sich herausstellt. Er wohnt in Jedwabne; sein Sohn hat hier ein Feld.

»Im Dorf wusste nur meine Familie von den versteckten Juden, sonst niemand. Einmal kamen vier berittene Gendarmen, um sie zu suchen. Sie rissen mit ihren Bajonetten die Bodenbretter auf, fanden aber nichts. Nach dem Krieg wurde meine Tante bis zur Bewusstlosigkeit geschlagen, weil man dachte, sie hätte jüdisches Gold. Das waren Leute von der AK. Als ich hörte, dass es einer von ihnen, Wądołowski, geschafft hatte, als Kombattant anerkannt zu werden, war es, als hätte mir jemand ein Messer ins Herz gestoßen.«

Es ist jedoch interessant, dass er nach dem Erscheinen von *Nachbarn* den größten Groll nicht gegenüber denjenigen empfindet, die seine Tante gequält haben.

»Ist das der Dank dieses Wasersztejns an meine Tante? Mit diesem einen Bericht hat er all das Gute, das ihm erwiesen wurde, zerstört. Keiner von den sieben hat solchen Unsinn geredet, nur er. In Radziłów haben sie auch Juden verbrannt, in Szczuczyn haben sie sie auch ermordet, aber dort gibt es keinen, der reden könnte, und wir hier haben ihnen geholfen und uns dadurch Feinde herangezogen. Als ich dabei war, in die Staaten zu reisen, warnten mich meine Freunde: ›Fahr nicht, wenn die Juden erfahren, dass du aus Jedwabne bist, bringen sie dich um.‹«

Als ich im Internetarchiv der *Gazeta Wyborcza* nachprüfte, ob wir vor dem Erscheinen von Gross' Buch etwas über Jedwabne geschrieben hatten, war das Einzige, was ich fand, ein Text in unserer Białystoker Beilage vom April 1999 mit dem Titel »Lass uns Spaß haben, stecken wir Rysiek an«. Es geht dort um einen Gerichtsprozess gegen Männer, die einen Bewohner von Jedwabne in Brand gesetzt hatten. Die Mörder sagten aus, sie hätten es zum Spaß getan. »Das war ein Einzelgänger, ein etwas seltsamer Mensch, aber immer höflich«, erzählt mir Leszek Dziedzic, dessen Vater Szmul Wasersztejn geholfen hat. »Betrunkene Freunde von ihm holten ihn aus dem Haus, übergossen ihn mit Benzin und steckten ihn an. Sie haben einfach wiederholt, was vor zwei Generationen mit den Juden gemacht wurde.«

Auf dem Rückweg nach Warschau schaue ich auf einen Kaffee bei den Cytrynowiczs vorbei – Jan, der getaufte Jude, Pelagia, seine nichtjüdische Frau. Sie begrüßt mich herzlich, betont aber schon auf der Schwelle, ihr Mann habe Unsinn erzählt, dass die Polen die Juden verbrannt hätten. Ich frage nach, ob sie sich selbst an etwas erinnern könne.

»Ich wohnte in Grajewo. Auf dem Marktplatz stand eine Kiste, nicht größer als der Tisch, an dem Sie jetzt Tee trinken. Sie fingen Juden, legten sie da darüber und schlugen sie.«

»Wer schlug sie?«

»Ich muss sagen, dass ich mit eigenen Augen gesehen habe, dass es Polen aus Grajewo waren. Einer schlug einem Juden mit dem Hammer auf den Kopf. Ich sah durch das Küchenfenster zu und zitterte dabei. Der Jude kam zu uns, um sich im Keller zu verstecken, meine Mutter warf dort eine Decke über ihn, sie hatte Angst, er würde bleiben. Ein andermal, als ich an der Synagoge vorbeiging, sah ich, wie man Juden befahl, aus dem ersten Stock zu springen, die lagen dann mit gebrochenen Beinen da. Das waren leider Polen, aber auf Befehl der Deutschen, die mit Gewehren danebenstanden.«

»Haben Sie diese Deutschen gesehen?«

Ihre erhobene Stimme wird zu einem Kreischen.

»Sie müssen dort irgendwo in der Nähe gewesen sein und es befohlen haben. Hätte sich das polnische Volk so etwas selbst ausgedacht? So herzlos zu sein?«

»Liebe Frau Cytrynowicz«, frage ich, als ich erkannt hatte, dass sie zu der Sorte gefährlicher Personen gehörte, die keiner Fliege etwas zuleide tun konnten, »wenn Ihnen damals ein Deutscher mit einem Gewehr befohlen hätte, ein Mädchen in Ihrem Alter mit einem Stock totzuschlagen, und dann weggegangen wäre, was hätten Sie da getan?«

Keine Antwort. Aber sie unterbricht auch nicht mein Gespräch mit ihrem Mann, selbst als ich die Notizen aus dem Ermittlungsverfahren von 1949 vorlese, die ich letztes Mal übergangen hatte. In ihnen taucht der Schwiegervater ihrer Tochter als Verdächtiger auf.

Ich blieb noch lange und fuhr dann im Dunkeln nach Warschau zurück.

11. Februar 2001

Maria K. aus Jedwabne erzählte einer lokalen Wochenzeitung:

»Wie viele Leute mit Fuhrwerken angefahren kamen, um zu plündern! [...] Ich habe keine Angst, davon zu erzählen, denn ich habe von dieser Verbrennung nicht profitiert. Nur eine Federdecke, zwei Kissen und einen Schrank, das hat meine Mutter für mich mitgenommen. Und was war das dann noch für ein Umstand, es herzutransportieren!«

Im *Tygodnik Powszechny* [Allgemeines Tageblatt] erscheint ein Artikel von Jan Gross: »Poduszka Pani Marx« [Das Kopfkissen von Frau Marx]. Gross erinnert daran, dass die wohl erste Reaktion auf sein Buch *Nachbarn* ein Text von Jerzy Robert Nowak im katholischen *Nasz Dziennik* [Unsere Tageszeitung] gewesen ist, dem zufolge es in der ganzen Sache darum gehe, Entschädigungen für ehemaliges jüdisches Vermögen zu erschleichen. »Dieses Argument hat mich nicht verwundert«, stellt er fest, »denn im Milieu, das dem Publizisten des *Nasz Dziennik* geistig nahesteht, ist die Assoziation von Juden und Geld ein verbreiteter Reflex.«

Weiter beschreibt er, dem Holocaustforscher Saul Friedländer folgend, eine Szene, die sich in der »Kristallnacht« abgespielt habe, als in ganz Deutschland bei Tausenden Geschäften und Häusern die Scheiben eingeschlagen wurden. Bei dieser Gelegenheit wurde auch geplündert und geprügelt. Frau Marx, die Frau eines Fleischers in Wittlich, sei auf ihre Nachbarn zugegangen und habe gejammert: »Was haben wir euch denn Böses getan?« Und nach Jahren sei auf einer Lesung von Friedländer ein Enkel der Nachbarin von Frau Marx erschienen, um ihm zu sagen, dass seine Großmutter bis heute ganz unten im Schrank ein damals erbeutetes Kissen aufbewahre, mit schlechtem Gewissen.

Gross schreibt, was für eine wichtige Geste es sein könnte, wenn man in der Diözese von Łomża eine Sammlung mit dem Klingelbeutel durchführen würde, um den jüdischen Friedhof in Jedwabne in Ordnung zu bringen. Er weist auch auf etwas hin, was mich genauso ärgert wie ihn: Die Sorge darum, was das Ausland über die Polen denken mag. Ein halbes Jahr nach dem Erscheinen der *Nachbarn* herrschte doch verhältnismäßige Ruhe. Bis zu dem Zeitpunkt, als man sich klarmachte, dass das Buch in den USA erscheinen würde. »Die nervöse Aufmerksamkeit darauf, wie sich das eigene Antlitz in den Augen der anderen spiegelt, hat geringen Wert«, schreibt Gross, »geht es doch um die Mühe, mit der eigenen Geschichte abzurechnen.« Und er zitiert einen Text aus dem zionistischen Blatt *Opinia* [Meinung], erschienen nach dem Pogrom von Kielce, das am 4. Juli 1946 stattgefunden hatte. Mehrere Hundert Einwohner von Kielce hatten einen ganzen Tag lang daran teilgenommen, und es waren 42 Juden umgekommen: »Auf Protestversammlungen nach dem Pogrom von Kielce wurde von polnischen Rednern oft die Frage gestellt: ›Was soll das Ausland von uns denken?‹ Wie sehr würde man sich wünschen, den einfachen, doch für unsere Ohren so angenehmen Satz zu hören: ›Was sollen unsere jüdischen Mitbürger von uns denken?‹«

12. Februar 2001

Der IPN-Vorsitzende Leon Kieres auf einem Treffen mit amerikanischen Juden in New York: »Es ist sicher, dass in Jedwabne Juden von polnischer Hand starben. Man sollte die Wahrheit demütig akzeptieren, auch wenn sie schwierig ist.«

Ich sehe Bücher mit Erinnerungen aus der Zeit des Zweiten Weltkriegs durch, die ich in der Wissenschaftlichen Gesellschaft in Łomża gekauft habe.

In den Erinnerungen von Henryk Milewski, der nach Sibirien deportiert wurde und seit 1989 Vorsitzender des Verbandes der nach Sibirien Deportierten in Łomża ist, kommt ein Jude vor: Aaron Szwalbe aus Zambrów. Dieser Reisegefährte seines Transportes wird als »Spekulant« zum Gegenstand der Abneigung und Verachtung des Autors. Er war Magazinarbeiter gewesen und hatte beim Abrechnen gegerbter Häute betrogen. Der polnische Patriot fand es offensichtlich unerträglich, dass ein sowjetischer Betrieb betrogen wurde. »Das Betrügen wird beim Juden als positive Tat gewertet«, kommentiert er. »Und er war vor allem Jude. Diese Bezeichnung spricht für sich.«

Stanisław Gawrychowski, der Sohn eines Landvogts aus der Vorkriegszeit, Autor des Buchs *Na placówce AK 1939-1945* [In einer AK-Dienststelle, 1939-1945] über Wizna, weiß ebenfalls, woran er sich zu halten hat. »Das Verhältnis der Polen zu den Juden, von denen es in Wizna 500 gab, war korrekt. Dasselbe kann von den Juden nicht gesagt werden ...« Weiter ist von der sowjetischen Besatzung die Rede, die ein Paradies für die Juden und eine Hölle für die Polen gewesen sei. »Nach dem Einmarsch der Russen im Jahre 1939 offenbarten die meisten ihre Feindschaft gegen alles Polnische. Sie glaubten, sie seien die Herren dieses Landes, und die Polen bekamen das schmerzhaft am eigenen Leibe zu spüren. Die Juden klatschten Beifall, und die heruntergekommenen und machtlosen Polen blickten mit Tränen und Hass in den Augen auf die Verräter und Besatzer.« Im Kontext der Behauptung, das Verhältnis der Polen zu den Juden sei vor dem Krieg korrekt gewesen, klingt das nicht überzeugend. Gawrychowski schreibt, »die Adresslisten der zu deportierenden oder zu verhaftenden Familien bereiteten mit der Besatzungsmacht kollaborierende Polen und Juden vor«. Er hat dafür einen einzigen Beweis: die wiedergefundenen, von Feliks Choiński, einem Polen, verfassten Adresslisten, was er mit folgendem Kommentar versieht: »Dieser blinde, eifrige Diener der Sowjets spielte eine schändliche Rolle, indem er seine Landsleute verriet.« Wenn ein Pole kollaboriert, heißt das, er ist ein Renegat, wenn ein Jude kollaboriert, beweist dies nur, wie die Juden wirklich sind.

Beide Bücher bestätigen den Eindruck, den ich aus meinen Gesprächen mit den Bewohnern von Jedwabne gewonnen habe: Der Antisemitismus ist in dieser Region eine selbstverständliche Haltung, deren man sich nicht schämen muss.

Jerzy Smurzyński wiederum, der Autor des Buches *Czarne lata na łomżyńskiej ziemi. Masowe zbrodnie hitlerowskie w latach 1941-1945 w świetle dokumentów* [Schwarze Jahre im Łomżaer Land. Massenverbrechen der Nazis in den Jahren 1941 bis 1945 im Lichte der Dokumente], rekonstruiert Daten und die Namen von Naziopfern. Nur von solchen, die ethnische Polen waren. Zu dieser Zeit wurden in dieser Region beinahe alle polnischen Bürger ermordet, die Juden waren. Vielleicht hätte man ihrer wenigstens mit einem Satz gedenken können?

14. Februar 2001

Besuch bei den Ramotowskis in Konstancin, wo es mir gelungen ist, sie im Sozialheim der evangelischen Kirche unterzubringen. Es macht Freude, Marianna zu sehen, die in einem eleganten Zwei-Zimmer-Apartment mit Balkon und Blick auf Birkenhaine aufgelebt ist. Aus dem in vier Pullover eingemummelten alten Weiblein ist eine elegante Dame geworden. Ich habe ihr einen grün karierten Rock und einen braunen Rollkragenpullover mitgebracht. Sie fährt mit ihrem Rollstuhl ans Fenster und sieht sich die Farben durch ihre dicken Brillengläser an: »Gut, dass der Pullover braun ist, denn wenn es Bordeaux wäre, könnte ich ihn nicht zum grünen Rock tragen.«

Für Herrn Ramotowski habe ich eine Pressemappe zusammengestellt. Ich lese ihm einen Artikel von Jerzy Jedlicki vor, der in der *Polityka* gegen die These argumentiert, die ich immer wieder höre, dass der ganze durch Gross' Buch hervorgerufene Aufruhr lediglich eine antisemitische Reaktion hervorrufen werde. »Schlaftherapie bringt uns der Heilung nicht näher. Fast unbemerkt ist es in Polen zu einer Infektion mit Antisemitismus unter der jungen Generation gekommen, die weder über entsprechendes Wissen noch Erfahrungen verfügt, von denen aber einige bereits auf gewisse Signale und Slogans reagieren. Mögen sie zumindest wissen, wovon sie sprechen und was sie zu vertreten meinen. Es ist an der Zeit, die Dinge beim Namen zu nennen.«

Stanisław wiegt anerkennend und ungläubig den Kopf, dass die polnische Presse solche Dinge publiziert.

Im KARTA-Zentrum[1] finde ich alte Nummern einer Zeitung mit Materialien aus der Gegend von Łomża. Ich lese Interviews, die der Historiker Jerzy Kułak in den neunziger Jahren mit Mitgliedern der antikommunistischen Partisanen in der Region Białystok geführt hat.

»Die Abneigung gegen Juden«, erzählte ihm Józef Stankiewicz aus

1 Polnische Nichtregierungsorganisation, die sich der Dokumentierung und Aufarbeitung der neueren polnischen Geschichte widmet. Zu diesem Zweck betreibt sie u. a. Archive und gibt eine Zeitschrift gleichen Namens heraus.

Długołęka, Kampfname »Kmicic«, Häftling von 1947 bis 1956, »rührte bei uns aus der Vorkriegszeit her. Für die Bevölkerung hatten religiöse Fragen, das heißt die Kreuzigung Christi, große Bedeutung. In unserem Dorf erschienen SN-Leute, die ihre Propaganda verbreiteten. Das kam bei der Jugend an, besonders in einer Situation hoher Arbeitslosigkeit. Ich schrieb an die Tür meines Hauses ›Juden, Zigeunern und Teufeln ist der Zutritt verboten‹. Eine Jüdin sagte damals zu meiner Mutter: ›Ludwika, du bist ein guter Mensch, aber dein Sohn ist ein Teufel.‹ Nach dem Einmarsch der Deutschen versuchte mich ein Freund zu überzeugen, in die NSZ einzutreten: ›Józek, willst du für das freie Polen kämpfen?‹ ›Ja‹, antwortete ich. ›Hör mal, die AK, das sind Leute von der Sanacja[2], die wollen zusammen mit den Juden für Polen kämpfen. Ob Jude oder Pole, das ist denen ganz egal.‹«

16. Februar 2001

Mittagessen im Verlag Czytelnik mit Tadeusz Konwicki, dem großen polnischen Schriftsteller. Das Thema Jedwabne taucht auf, obwohl nicht ich es zur Sprache bringe; ich halte mich im Zaum, denn der Verstand sagt mir, dass es noch andere Gesprächsthemen auf der Welt gibt.

»Wir in der Gegend von Wilna haben mit so etwas nicht zu tun gehabt«, sagt Konwicki. »Die Juden wurden von den Deutschen und den Litauern gemeinsam getötet. Wenn mich vorher jemand gefragt hätte, ob so etwas hätte vorkommen können, hätte ich mit reinem Gewissen geantwortet, nein, Polen sind zu einem solchen Verbrechen nicht fähig. Nicht, dass ich besonders gut über die polnische Gesellschaft denken würde, ich habe mich beruflich damit befasst, ihre Fehler und Unzulänglichkeiten aufzuzeigen, aber ich war überzeugt, dass der

2 Sanacja (von latein. *sanatio*, Heilung) war die Bezeichnung für die sich an Józef Piłsudski und dessen Staatskonzeption orientierende politische Richtung, der zwischen 1926 und 1939 alle polnischen Regierungen angehörten. Es bestand eine intensive Gegnerschaft zu der von Dmowski ins Leben gerufenen Nationaldemokratie.

Charakterzug der Grausamkeit uns erspart geblieben ist, dass solche Dinge allenfalls auf dem Balkan geschehen können. Es hat mich schockiert, es hat mir weh getan, es hat mir einen Knacks gegeben.«

Konwicki hatte sich als Reaktion auf die antisemitische Kampagne von 1968 einen jüdischen Großvater ausgedacht, der eine Affäre mit seiner Großmutter gehabt haben soll, und diese Affäre machte er zum Hintergrund eines seiner Romane. Dort heißt es: »Jude, was für ein seltsames Wort. Bevor man es ausspricht, gibt es immer einen kurzen Moment der Angst.«

In der Redaktion wartet auf mich der nächste Brief eines der drei Laudański-Brüder, von Kazimierz (datiert auf den 12. Februar). Mutig geworden durch seinen Erfolg, benutzt er immer schärfere Formulierungen. »Man wirft den Polen Antisemitismus vor, aber man kann kaum von uns verlangen, Nachbarn zu lieben, die Verräter sind. Dass Professor Gross sich so unbefangen traut, solchen Unsinn zu verbreiten, spricht schon an sich für unsere Toleranz. Im Iran hätte er diesen Mut wohl nicht. Herr Gross verlangt, dass die Polen in Jedwabne ein Denkmal für die Opfer bauen sollen, dass sie sich in dem Epitaph zum Verbrechen bekennen und dass zur Eröffnung die gesamte polnische Elite einschließlich der Geistlichkeit anwesend sein möge. Und wer sollte für unsere Deportierten Hunderttausende Grabmäler auf der Strecke durch den Ural bis an die Kolyma aufstellen? Vielleicht hilft uns ja Herr Gross, die Begräbnisstätten unserer Helden im Umkreis der Gefängnisse in Polen zu finden, insbesondere um den 10. Pavillon in Warschau[3] herum? Herr Gross weiß sehr gut, wer dort gemordet hat. Unter Nachbarn geht es nicht immer ohne Probleme ab. Wäre es nicht besser zu schweigen? Muss der ägyptische, spanische oder deutsche Exodus über dem Volk Israel schweben? Das Rezept ist doch einfach: die Einstellung zu den Nachbarn verändern und … zum Geld.«

3 Gebäude auf dem Gelände des Untersuchungsgefängnisses in Warschau-Mokotów, in dem in den Nachkriegsjahren zahlreiche ehemalige Angehörige des nichtkommunistischen Untergrunds durch den UB gefoltert und ermordet wurden.

In der *Rzeczpospolita* gibt es eine Antwort auf den Text von Strzembosz über die »totgeschwiegene Kollaboration«: Józef Lewandowski, ein Historiker aus Uppsala, bestreitet dessen These, dass in der zweiten Republik niemand Juden ermordet habe, und erinnert daran, dass es in den ersten Monaten nach der Wiedererlangung der Unabhängigkeit (1919) zu Pogromen gekommen ist: In Lemberg wird die Zahl der Opfer mit 40 bis 200 angegeben, in Wilna spricht man von 55 Opfern. In Pińsk wiederum ordnete Major Łuczyński die Erschießung von 35 Juden an (als Kommunisten; später stellte sich heraus, dass es sich um eine zionistische Gruppe handelte, die sich versammelt hatte, um Lebensmittelhilfe zu leisten). Er erwähnt ein Gespräch, das er in Israel mit dem bekannten Maler Kaplan darüber geführt hat, wie dieser mit Enthusiasmus die polnische Unabhängigkeit begrüßt hatte und wie sein Enthusiasmus durch die Nachricht von den Ereignissen in Pińsk zerplatzt sei.

Das erinnert mich an ein Gespräch, das ich mit meiner betagten, noch im 19. Jahrhundert geborenen Tante geführt habe, die ich 1985 in einem Kibbuz bei Haifa besuchte. Sie sprach Russisch mit mir, obwohl sie Polnisch beherrschte, aber sie wollte diese Sprache nicht verwenden. Sie erzählte mir, wie die Haller-Armee[4] in ihre Kleinstadt einmarschierte und betrunkene Soldaten den jüdischen Jungen, die sich auf dem Marktplatz herumtrieben, gesagt hätten, dass sie zur Bäckerei gehen und sich so viel Brot nehmen mögen, wie sie tragen können. Und als die Kinder mit Brot unter den Armen aus der Bäckerei gekommen seien, hätten sie auf sie geschossen wie auf Kaninchen.

Telefongespräch mit Ignatiew. Ich sage ihm, dass mich ein Meer des Antisemitismus überschwemmt, wenn ich in Jedwabne bin, dass ich damit nie zuvor zu tun gehabt habe und dass es mich schmerzt. Ignatiew, der gewöhnlich bemüht ist, Distanz zu wahren, erzählt ganz unerwartet etwas Persönliches. Früher habe er nie darüber nachgedacht, dass in Polen Juden lebten, aber er erinnere sich auch nicht daran, irgendwelche antisemitischen Bemerkungen gehört zu haben. Jetzt sei

4 Siehe unten Seite 457f.

er sich nicht sicher, ob er einfach nicht darauf geachtet habe, denn er höre sie auf Schritt und Tritt. »Ich frage mich sogar«, sagt er, bereits in scherzhaftem Ton, »ob die Polen das nicht mit der Muttermilch eingesogen haben. Ich aber bin meiner Herkunft nach Russe, ein Weißer, mein Urgroßvater ist zusammen mit meinem Großvater vor der Revolution aus Russland geflohen und in Polen geblieben.«

Abends bei Jacek Kuroń im Krankenhaus, einem Ort, den er nicht ausstehen kann und wohin er doch immer häufiger zurückkehren muss. Wir sprechen über das Nicht-Erinnern. Ich erzähle ihm, dass nach dem 10. Juli in Jedwabne in dem sogenannten Ghetto, das heißt in zwei dafür vorgesehenen Häusern, einige Dutzend wie durch ein Wunder gerettete Juden lebten. Ich habe niemanden gefunden, der sich hätte erinnern können, wann sie endgültig aus der Landschaft der Stadt verschwunden sind, was nach den Zeugnissen des ŻIH im November 1942 geschehen ist, als wäre nicht nur die Erinnerung an das Verbrechen, sondern auch die Erinnerung an die Shoah ausgelöscht worden.

Während des Krieges war jeder ein Zeuge der Shoah, sagt Jacek, der damals in Lemberg wohnte. Er unterbricht seine Erzählung, um etwas Sauerstoff aus der Flasche zu atmen (zur Insuffizienz aller möglichen Organe kamen bei ihm wiederkehrende Lungenentzündungen hinzu). Er erinnert sich daran, wie Juden kahlgeschoren in gestreifter Kluft in Vierergruppen durch die Stadt gingen, auf dem Weg zur Arbeit im Konzentrationslager Janów. Sie befahlen ihnen zu singen (Jacek krächzt: »Von Marschall Śmigły Rydz[5], da lernten wir gar nix. /Adolf Hitler kam heran, der lehrte uns die Arbeit dann.«). Er erinnert sich, wie er auf dem Hof beim Spielen einen Schuss hörte und dann einen jüdischen Jungen tot in einer Blutlache liegen sah. Erinnert sich an Bilder aus dem Ghetto, auf der Straße die verhungernden Kinder, die er sah, wenn er mit seiner Mutter in der Straßenbahn zum Schwimmbad durch das Ghetto fuhr. Wenn er mit Kollegen spreche, die wie er wäh-

5 Edward Rydz-Śmigły (1886-1941) – polnischer Politiker und Militär, Oberbefehlshaber der polnischen Streitkräfte in der Anfangsphase des Zweiten Weltkriegs.

rend des Krieges Kinder oder Teenager waren, höre er meistens, nein, sie hätten nichts von der Shoah gesehen, die Juden seien schließlich hinter den Mauern im Ghetto gewesen.

»Wir lebten im Kernland des Todes, und sie haben nichts gesehen«, wundert sich Jacek.

18. Februar 2001

Ich habe für Ignatiew einen Stapel von Büchern über die polnisch-jüdischen Beziehungen zurückgelegt. Aber der Staatsanwalt informiert sich auch auf eigene Faust, denn als ich ihn anrufe, sagt er: »Das Einsaugen mit der polnischen Muttermilch ist keine Erklärung. Ich habe über die Pogrome in Odessa und Kischinjow gelesen. *Das* war ein Antisemitismus!«

19. Februar 2001

Ich suche Personen, die Tänze und Spiele auf Olas Empfang organisieren können. Ihre Bat-Mizwa fällt auf Schuschan Purim, das heißt auf den Tag nach Purim, dem fröhlichsten jüdischen Fest. Die Tradition gebietet es, sich zu freuen, zu tanzen und zu trinken. Aber nun rufen bei Ola ihre Schulfreundinnen an, dass sie nicht kommen können, wenn getanzt wird – ausgerechnet in diesem Jahr fällt Purim in die Fastenzeit. Da ich bei allem an Jedwabne denken muss – das ist schon fast eine Obsession, ich weiß –, stelle ich mir die kleinen Städte vor, in denen die Katholiken fasteten und des gekreuzigten Christus gedachten, während die sonst gewöhnlich so ruhigen Juden in der Synagoge pfiffen und mit den Füßen stampften und ihre Kinder mit Ratschen und Klappern lärmten.

23. Februar 2001

Wieder in Jedwabne. Ich habe eine Liste der alteingesessenen Bewohner erstellt, die im Jahre 1941 mindestens zehn Jahre alt waren. Auf dem Weg habe ich in Łomża bei Herrn Zejer vorbeigeschaut, einem Rentner und ehemaligen Klempner, dessen Vater für das Verbrechen in Jedwabne im Gefängnis saß und dort starb. Der Sohn war damals alt genug, um sich an etwas zu erinnern. Seine Familie lässt mich nicht herein.

In einer lokalen Monatsschrift taucht in einer Reportage über Jedwabne Antonina Narewska auf. Sie erinnert sich dort an ihre Vorkriegsfreundschaften mit Jüdinnen und wie sie sich nach Dwercia Łojewska gesehnt habe, nachdem diese nach Palästina ausgereist war. »Später, als ›das‹ bei uns passiert ist«, erzählt sie, »dankte ich Gott, dass er ihr Leben gerettet hat.« Davon, wer »das« getan hat, spricht sie mit keinem Wort. Aber auch so habe ich gehört, dass Frau Narewska unter Hausarrest steht – ihre Familie erlaubt es ihr nicht, aus dem Haus zu gehen.

Ich klopfe bei ihr. »Meine Schwiegermutter wird nicht mit Ihnen reden«, sagt eine wütende Stimme.

Ich klopfe an die Tür der Villa eines älteren Herren, von dem ich gehört habe, dass er als Junge gesehen hat, wie die Juden auf dem Marktplatz zusammengetrieben wurden. Ein Mann öffnet die Tür, er mag an die vierzig sein.

»Sie werden mir hier nicht Ihre Nase hineinstecken!«

Er schlägt mir die Tür mit solchem Schwung vor der Nase zu, dass ich es kaum schaffe zurückzuspringen.

Mit den älteren alleinlebenden Bewohnern kann man zumindest reden, obwohl die Gespräche nicht besonders fruchtbar sind. Schlechter sieht es aus, wenn auch die nächste Generation im Haus wohnt. Dann ist es schwierig, die Schwelle zu überschreiten. An der nächsten Tür ist das Gespräch ebenso kurz: »Mein Vater ist nicht da.« »Wann kommt er zurück?« »Heute mit Sicherheit nicht.« »Dann schaue ich morgen vorbei« »Morgen wird er auch nicht da sein.«

In Łomża bei den Cytrynowiczs. Pelagia fängt mit erhobener Stimme an zu reden, sobald ich die Wohnung betreten habe:

»Ich war in Jedwabne, und da reden sie nur davon, wie viele Polen die Juden den Sowjets ausgeliefert haben, ein anderes Thema gibt es nicht. Wie sinnlos, dass Jedwabne sich so verteidigt! Was wollen sie damit sagen? Dass man aus Rache einen Völkermord begehen darf? Ich habe meinem Enkel gesagt, was sein Großvater väterlicherseits am 10. Juli 1941 getan hat! Er soll es ruhig wissen!«

24. Februar 2001
Jedwabne. Zum wiederholten Male treffe ich mich mit einer älteren Dame, einer Augenzeugin der Misshandlung und Ermordung der Juden. Jedes Mal fallen ihr neue Einzelheiten wieder ein. »Gleich nachdem die Sowjets abgezogen waren, ging ich an der Bäckerei vorbei und sah dort einen gesteinigten Burschen liegen, der war groß und dick, wohl über 100 Kilo schwer, und schnaufte noch.«

Das war vermutlich derselbe, von dem Karol Bardoń in einem Brief aus dem Gefängnis schrieb. Am Tag, als die Deutschen einmarschierten, habe ihn Wiśniewski, ein Einwohner von Jedwabne, zu sich herangerufen: »Er zeigte auf einen massakrierten und ermordeten jungen Mann, der in der Nähe lag, etwa 22 Jahre, mit Namen Lewin, mosaisches Bekenntnis, und sagte zu mir: ›Diesen Hurensohn haben wir mit Steinen umgebracht.‹ Später zeigte mir Wiśniewski einen Stein von etwa 12 bis 14 Kilo Gewicht und sagte: ›Mit diesem Stein habe ich ihm eins verpasst, der steht jetzt nicht mehr auf.‹«

Meine Gesprächspartnerin erinnert sich auch daran, dass am Tag vor der Verbrennung viele junge Leute aus den umliegenden Dörfern gekommen waren und zusammen mit den örtlichen Schlägern Juden in die Synagoge getrieben hatten. Dort befahlen sie ihnen zu singen und die heiligen Bücher zu zerstören.

27. Februar 2001
Warschau, Bezirksgericht, 8. Strafabteilung – ich suche Gerichtsakten aus der Nachkriegszeit, zu dem Verbrechen von Radziłów. Doch es gibt kein zentrales Register für die Verfahren, man muss in den Archiven der zuständigen Amtsgerichte suchen. Um einen bestimmten Prozess zu finden, muss man die Namen der Angeklagten kennen. Dank Skrodzki weiß ich, wer in den Prozessen zu Radziłów angeklagt war und nach Ełk zur Verhandlung fuhr: Leon Kosmaczewski, Władysław Łasiewicz und Aleksander Godlewski.

Ich rufe im Amtsgericht Ełk an. Dort erfahre ich, dass sich die Prozessakten in der Amtsanwaltschaft befinden könnten. Von dort verweist man mich an das Staatsarchiv in Ełk. Dort höre ich, dass es sich möglicherweise um eine auswärtige Sitzung des Gerichts gehandelt hat, dann müsste man in Białystok oder Olsztyn suchen, nicht ausgeschlossen, dass die Akten möglicherweise vernichtet worden sind.

Nach einigen Telefonaten in Ełk wird mir klar, dass die Suche nach den Akten der Verfahren zu Radziłów ohne Zusammenarbeit mit Ignatiew Monate dauern wird. Doch ich weiß auch, dass die Medien darauf achten sollten, Distanz zur dritten Gewalt zu halten. Als ich in der *Gazeta Wyborcza* mit Wirtschaftsskandalen zu tun hatte, wäre es mir nie eingefallen, mit einem Staatsanwalt zu kooperieren. Nach einer Beratung in der Redaktion rufe ich bei Ignatiew an und gebe ihm die mit Skrodzki rekonstruierte Liste der Mörder von Radziłów, wobei ich diejenigen hervorhebe, von denen ich weiß, dass gegen sie ermittelt wurde. Er weist mich vorsorglich darauf hin, dass er mir die Akten, falls er sie finden sollte, nicht ohne die Zustimmung seiner Vorgesetzten wird zur Verfügung stellen können.

28. Februar 2001

Zum Geburtstag bei Marianna Ramotowska. Sie wird heute sechsundachtzig. Beide Ramotowskis sind vom Pastor begeistert. »Ein Priester, der es so gut mit uns meint!«, staunt Stanisław. »Vielleicht kommt das daher, dass er evangelisch ist.«

Ich rufe bei Pater Michał Czajkowski an. Als er im Fernsehen eingeladen war, habe ich gehört, wie er über die Lehre der Kirche in der Vorkriegszeit gesprochen hat: »Es war eine Lehre der Verachtung, und dann wundern wir uns, dass die Gewissen abgestumpft waren. Die Verachtung hat den Boden bereitet. Für mich stellen nicht nur die Mörder ein großes moralisches und religiöses Problem dar, sondern auch jene Christen, die nicht geholfen haben, obwohl sie es hätten tun können, die Gleichgültigen. Auch für fehlendes Handeln muss man sich vor Gott verantworten.« Ich kenne ihn nicht persönlich, aber ich möchte ihm danken. Gerade eben hat bei ihm Pfarrer Orłowski aus Jedwabne angerufen und ihm Vorwürfe gemacht. Er habe ihn in der Kardinal-Stefan-Wyszyński-Universität gesucht, wo Czajkowski Vorlesungen hält. Dort habe ihm jemand Hochgestelltes in der Universitätshierarchie versichert, dass Czajkowski nicht die Meinung der Katholischen Hochschule repräsentiere.

1. März 2001

Im Ost-Archiv des KARTA-Zentrums lese ich Kopien der in der Hoover Institution der Stanford University aufbewahrten Berichte, die von Bewohnern der Gegend von Białystok stammen, welche zuerst in die UdSSR deportiert worden und dann mit der Anders-Armee[6] nach Westen gekommen waren. Vor mir hat Strzembosz diese Berichte eingesehen (in den Mappen finde ich frische Einträge von ihm). Er verwendet sie, um zu beweisen, dass die Juden in der Zeit der sowjetischen Besatzung kollaboriert und denunziert haben.

Diese noch in der Kriegszeit niedergeschriebenen Erinnerungen haben ein besonderes Gewicht. Wenn ich mit den Einwohnern von Jedwabne rede, hege ich bisweilen den Verdacht, dass sie auf die Enthüllung des Verbrechens mit dem Versuch reagieren, die Schuld auf die Opfer zu schieben. Dagegen gibt es keinen Grund anzunehmen, dass die Berichte von Personen, die Polen verlassen hatten, bevor das Verbrechen geschah, und nichts davon wussten, mit der Absicht mitgeteilt wurden, ein falsches Zeugnis abzulegen.

Ich lese Fragebögen aus den Kreisen Łomża, zu dem Jedwabne damals gehörte, und Szczuczyn, zu dem Radziłów gehörte. Man könnte meinen, dass Strzembosz und ich dieselben Mappen gelesen haben. Allerdings ist es ganz offensichtlich so, dass die Lektüre derselben Texte bei zwei Menschen eine ganz unterschiedliche Lektüre sein kann. In der Tat spricht ein Teil der Berichte davon, dass die Juden sich zu Herren aufspielen, aber die größte Zahl von Juden, die mit dem NKWD kollaborieren, findet sich in allgemeinen Aussagen. Werden konkrete Fälle beschrieben, nimmt ihre Anzahl rapide ab.

Es wäre gut, diese Zeugnisse mit den Angaben in den verschiedenen Behörden abzugleichen. Erst dann lässt sich eine Aussage darüber

6 Von General Władysław Anders ursprünglich ab 1941 in der Sowjetunion aus deportierten Polen aufgebaute Armee.

treffen, in welchem Maße die behauptete Kollaboration der Juden die Wirklichkeit widerspiegelt und in welchem Maße nur das subjektive Gefühl der Zeugen. Darüber hat in der *Gazeta Wyborcza*, noch ganz am Anfang der Diskussion über Jedwabne, Krzysztof Jasiewicz geschrieben, ein Experte für die Geschichte der polnischen Ostgebiete. Er stellt fest, »die Überzeugung, die Juden hätten mit dem NKWD kollaboriert, war recht verbreitet und kann zu dem Verbrechen von Jedwabne beigetragen haben. Wenngleich die Quellen zeigen, dass sie nur schwach begründet war.« Auf Grundlage sowjetischer Dokumente, deren Angaben nach Nationalität statistisch aufgeschlüsselt sind, hat er nachgewiesen, dass es keine massenhafte Kollaboration von Juden mit der sowjetischen Besatzungsmacht gegeben hat. In der Region Jedwabne gab es unter den *Vydvižency*, den örtlichen Karrieristen, die offen mit der Sowjetmacht zusammenarbeiteten, 126 Polen, d.h. 70%, und 45 Juden, d.h. 25%. Jüdische *Vydvižency* machten 3,2% der jüdischen Bevölkerung der Region aus, polnische *Vydvižency* 0,34%. Im Verhältnis zu ihrer Anzahl kollaborierten mehr Juden als Polen, bildeten aber nach wie vor nur einen Bruchteil der Gesamtbevölkerung.

Unter dem Einfluss von Strzembosz werden Zeugnisse, in denen die Juden in ungünstigem Licht erscheinen, häufig als Kontrapunkt zu Gross' Buch herangezogen. Warum auch immer, aber niemand erwähnt, dass es Irena Grudzińska-Gross und Jan Gross waren, die diese Zeugnisse in der Hoover Institution gefunden, ans Licht gebracht und auf ihrer Grundlage das Buch *W czterdziestym nas matko na Sybir zesłali* ['40 haben sie uns, heilige Mutter Gottes!, nach Sibirien verschickt] geschrieben haben. Was ich im Ost-Archiv lese, sind Kopien, sie haben die Originale gelesen. Irena hat mir erzählt, wie sie in den siebziger Jahren der Hoover Institution übergeben wurden und wie sie und Jan die Manuskripte aus den Kartons genommen haben. In vielen von ihnen waren ganze Passagen mit schwarzer Tusche ausgestrichen, unter der sich manchmal ein von Antisemitismus triefendes Textstück entziffern ließ. Die Berichte von ins Innere der UdSSR deportierten polnischen Bürgern wurden im Büro für Dokumente der Polnischen Armee im Osten gesammelt und für die Exilregierung bearbeitet, für den Fall, dass es Gespräche mit den Alliierten über die künftigen Grenzen Polens geben würde. Sie sollten sowjetische Repressionen, Deportationen und Wahlfälschungen dokumentieren. Offensichtlich war jemand der Meinung, man müsse ausstreichen, was den Polen ein weniger gutes Zeugnis ausstellte, darunter antisemitische Aussagen … Selbst nach einer solchen Zensur ist der Antisemitismus in vielen der Zeugnisse spürbar. Wenn Tadeusz Nitkiewicz, ein Apotheker aus Wizna, beschreibt, wie die Juden »die einmarschierende Rote Armee begrüßt und dabei auf grausame Weise unsere Soldaten und die Bevölkerung gequält« hätten, dann sollte man solchen Unsinn nicht für bare Münze nehmen, sondern sich die Frage stellen, warum der Apotheker fabuliert.

Im Archiv der *Gazeta Wyborcza* lese ich im Bulletin der Katholischen Presseagentur: »Gross hat sein ganzes Buch und das in ihm enthaltene Verdammungsurteil auf Grundlage der Berichte von Szmul Wasersztejn verfasst, einem Mitarbeiter des UB«, dies habe »Professor Tomasz Strzembosz, der sich seit vielen Jahren mit diesem Abschnitt der polnischen Geschichte befasst, auf Grundlage der Berichte zweier glaubwürdiger Zeugen, die von Wasersztejn in der Nachkriegszeit verhört wurden, festgestellt«.

Ich weiß von Familie Dziedzic, dass Wasersztejn Polen gleich nach dem Krieg verlassen hat.

So sieht der Massenmord aus, wie er von der Katholischen Presseagentur rekonstruiert wurde: »Deutsche Gendarmen umstellten Jedwabne, sie hatten Hunde dabei und zwangen die Polen, am Massenmord teilzunehmen. Die Juden versuchten weder sich zu verteidigen noch zu fliehen, sondern führten passiv die Anweisungen aus.« Das Bulletin beruft sich dabei auf die Worte Johannes Pauls II., der zur redlichen Suche nach der Wahrheit aufruft.

Zur Katholischen Presseagentur passt die Stimme Kazimierz Laudańskis. Er hat mir die Abschrift eines Briefes zugesandt, den er (am 24. Februar) an Adam Cyra vom Auschwitz-Museum geschickt hat: »Szmul Wasersztejn war bis zum Jahre 1968 ein fähiger Mitarbeiter des UB, und daher hat Professor Gross als geschickter und erfahrener

Historiker ihm sein Vertrauen geschenkt. Er war überall, hat alles gesehen und gehört. Ein Sherlock Holmes mit Tarnkappe geradezu. Er hat gesehen, wie die Jüdin Ibram vergewaltigt und ermordet wurde, wie Bärte versengt und Säuglinge an der Mutterbrust getötet wurden und wie das Orchester spielte. Hat er für einen einzigen Minderjährigen nicht etwas zu viel gesehen und gehört?«

Ich denke, die Laudański-Brüder könnten verlässlichere Informationen als eine verfolgte Person liefern, die – das liegt in der Natur der Sache – ein eingeschränktes Gesichtsfeld hat. Wie frustrierend das sein muss: aus eigener Anschauung Details zu kennen, die Wasersztejns Zeugnis in Frage stellen, und es dennoch nicht korrigieren zu können.

2. März 2001

Nächsten Samstag soll mein Artikel über die Laudańskis erscheinen. Ich nehme noch einige Ergänzungen vor. Adam Michnik, der immer weitere Versionen des Textes durchsieht, hat mich zu überreden versucht, auch mit Regionalhistorikern und -soziologen zu sprechen, um die Mentalität der Bewohner jener Gegend in jener Zeit zu erfassen. Ein paar Gespräche dieser Art habe ich geführt, die Ergebnisse waren bescheiden. Das Thema Jedwabne verleitet offenbar manch einen dazu, die Stacheln auszufahren. Heute hat mein Gesprächspartner, ein bekannter Soziologieprofessor, einfach den Hörer aufgelegt.

Abendliches Treffen mit dem Dramaturgen Tadeusz Słobodzianek, der über ein Theaterstück, einen Roman oder eine Erzählung nachdenkt, die er schreiben will, auf jeden Fall soll die Handlung in Jedwabne spielen. Seiner Ansicht nach stellt man die Situation falsch dar, wenn man eine Dichotomie von Juden und Polen behauptet. Stattdessen solle man von Juden und Katholiken sprechen, denn die einen wie die anderen seien vollwertige polnische Bürger gewesen, der Unterschied liege in der Religion. Daran ist etwas Wahres.

3. März 2001

Abendliches Telefongespräch mit Jedwabne. Unruhe in der Stadt nach Aleksander Kwaśniewskis Erklärung in der israelischen Tageszeitung *Jedijot Achronot*: »Es war ein Völkermord, der von Polen aus Jedwabne an ihren jüdischen Nachbarn verübt wurde. Daher ist es angebracht, den Kopf zu senken und um Verzeihung zu bitten. Vielleicht werden die Polen nach diesem Akt zu besseren Menschen.« Der Präsident hat angekündigt, sich zum 60. Jahrestag des Massenmordes von Jedwabne im polnischen Namen beim jüdischen Volk zu entschuldigen.

Auf Jacek Kurońs Geburtstag. Verbringe die ganze Zeit im Gespräch mit Marek Edelman. Ich sei mir über das Ausmaß und die Intensität des Antisemitismus in den letzten Jahren vor Kriegsausbruch nicht im Klaren gewesen, sage ich.

»Vor dem Krieg«, erinnert sich Edelman, »wurde ich häufiger geschlagen als unter den Deutschen, bis kurz vor September 1939 konnte man leicht auf Schlägertrupps treffen, die Juden jagten. Ich erinnere mich auch an das Gefühl von Scham und Angst, als ich in den ersten Monaten nach dem Krieg zum Meldebüro ging, um mich anzumelden – dort standen einige Dutzend Menschen, und ich musste meinen Namen laut nennen.«

Ich erzähle ihm von einem Schuster aus Radziłów namens Dorogoj, der es geschafft hatte, mit seinem Sohn den Krieg zu überleben, und der 1945 mit der Axt erschlagen wurde, kaum dass sie aus dem Versteck gekommen waren.

»Ich bin direkt nach dem Pogrom nach Kielce gefahren und sah auf jeder Bahnstation mehrere Leichen – das waren Juden, die aus den Zügen herausgeholt und ermordet worden waren. Es gibt ja Daten, die das Jüdische Komitee nach dem Krieg gesammelt hat, wonach bei der ›Waggon-Aktion‹ 1500 Juden ermordet worden sind.«

Ich erzähle ihm von Stanisław Ramotowski, der am Tag des Massenmordes eine ganze jüdische Familie rettete und dessen Mutter sie ohne jede Bezahlung versteckt hat.

»Das hat doch keine Bedeutung«, widerspricht Edelman. »An der

Rettung von Juden waren in Warschau sicherlich etwa 100 000 Polen beteiligt, aus verschiedenen Gründen, aus Trotz gegen die Deutschen oder auch für Geld. Es stimmt, ohne Geld war es schwierig, sich zu verstecken. Ich kenne Fälle von Personen, die Geld nahmen, und zwar nicht zu knapp, die jedes Mal stritten, um mehr zu bekommen, doch als es keine Verbindung mehr zum Ghetto gab und als das Ghetto später nicht mehr da war und sie wussten, dass sie nichts mehr bekommen würden, da haben sie die Juden hingebungsvoll bei sich behalten.«

Von dieser Familie, erzähle ich weiter, habe nur eine einzige Person überlebt, Rachela, heute Marianna Ramotowska. In Jedwabne wohne eine zweite gerettete Jüdin, die auch einen Polen geheiratet habe. Sie hätten sich niemals gegenseitig besucht, sie hätten in der lokalen Gemeinschaft aufgehen wollen, wohl in der Hoffnung, dass man ihnen dann die Sünde des Jüdischseins nachsehen würde.

Edelman erzählt mir von der Mutter von Krzysztof Kamil Baczyński, dem bedeutenden polnischen Dichter, der 1944 im Warschauer Aufstand sehr jung ums Leben kam. Er, Edelman, habe sie nach dem Krieg in Warschau wiedergefunden, sie habe in Armut gelebt, aber er habe Geld von Joint für sie dabeigehabt. Sie habe es nicht angenommen. »Damit habe ich nichts zu tun«, habe sie erklärt. Sie hatte Angst, dass ihre Herkunft dem Nachruhm ihres Sohnes schaden könnte.

4. März 2001

Ein Artikel von Erzbischof Józef Życiński in der liberalen katholischen Monatsschrift *Więź* [Verbindung]: »Es wäre verrückt, auch nur andeuten zu wollen, es könnte Gründe geben, die eine Massenverbrennung menschlicher Wesen in Scheunen rechtfertigen. Lasst uns daher nicht Hirngespinsten nachjagen wie vermeintlichen historischen Dokumenten, welche die Tragödie von Jedwabne in eine unbedeutende Episode verwandeln könnten. Solche Dokumente kann es nicht geben, denn der Tod unschuldiger Menschen lässt sich nicht auf eine Episode reduzieren. Heute tut es not, dass wir für die Opfer dieses Massenmordes beten und die geistige Solidarität zeigen, die in der Stunde fehlte, als sie sich von der Erde ihrer Väter, auf der sie lebten, trennten.«

In der Zwischenzeit ist ein Abgeordneter der Christlich-Nationalen Vereinigung (ZChN) aus Łomża zu einem Treffen mit den Einwohnern nach Jedwabne gekommen. Er hat ihnen einen offenen Brief vorgelesen, den er in einer Mappe mitgebracht hatte: »Im Hinblick auf eine weltweite, mit unfassbaren Methoden arbeitende Kampagne, die ganz Polen beschmutzt, erklären die Unterzeichner dieses Briefes mit aller Deutlichkeit, dass das Verbrechen in ihrer Stadt von den Deutschen begangen worden ist.« Es hat sich ein »Komitee zur Verteidigung des guten Namens von Jedwabne« gebildet, an dessen Spitze Krzysztof Godlewski steht.

Es war klar, dass sich Politiker finden würden, die aus der Stimmung in Jedwabne Kapital schlagen wollen. Dass ein solches Komitee gegründet wurde, hat mich nicht überrascht. Aber warum steht an seiner Spitze der Bürgermeister, nicht der Pfarrer? Ich bin gerade in der Redaktion, als unser Korrespondent ein kurzes Interview mit Godlewski schickt. Ich traue meinen Augen nicht. Godlewski spricht, wenn auch in abgemilderter Form, die Sprache jener Einwohner von Jedwabne, für die es offensichtlich ist, dass es hier um irgendwelche jüdischen Interessen geht.

Im Verlauf meiner Besuche in Jedwabne hatte ich ihn kennengelernt und liebgewonnen. Ich spürte, dass er ein Problem damit haben könnte, sich deutlich für eine Seite auszusprechen. Die Rolle des einsamen Sheriffs lag ihm nicht. Im Gegenteil, er war fröhlich, sympathisch, von dem Persönlichkeitstyp, der nirgends anecken will. Nicht aus Furcht, sondern aus Überzeugung – dass es doch immer irgendwie möglich ist, alle zufriedenzustellen.

Ich rufe ihn an. Er erzählt, wie einer im Saal aufgestanden sei und in drohendem Ton erklärt habe: »Der Bürgermeister hat die Chance, sich zu rehabilitieren, möge er sich an die Spitze des Komitees stellen.« Mit mir spricht er abwechselnd in zwei Sprachen. Einmal erklärt er mir, wäre er dem Komitee nicht beigetreten, hätte man sofort Unterschriften gesammelt für einen Hassbrief, und das hätte sowohl die

Stadt als auch Polen kompromittiert. Kurz darauf erklärt er mir, die Einwohner Jedwabnes seien zu Recht beleidigt, denn an dem Verbrechen hätte eine kleine Gruppe, eine Randgruppe teilgenommen, beschuldigt aber würden alle Polen, was die Grundlage für finanzielle Forderungen darstellen könne. Dann empört er sich, der Präsident habe keinen Zweifel daran, wer schuldig ist, und die Presse fälle Urteile, während die Untersuchung noch läuft. Ich wiederhole immer wieder, er wisse doch ganz genau, dass das Ziel des Komitees im Vertuschen der Wahrheit besteht. Nach einem fast einstündigen Gespräch bittet mich Godlewski, ich möge ihm seine Interviewpassagen für die *Gazeta Wyborcza* vorlesen und die unglücklichen Formulierungen streichen.

5. März 2001

Ich rufe bei Godlewski an. Er meldet sich mit Grabesstimme. Die Mitglieder des Komitees verlangen, den Brief noch schärfer zu formulieren. Ich lese ihm vor, was Primas Glemp gestern dem katholischen Sender Radio Józef gesagt hat: »… es ist nicht zu bestreiten, dass ein Massenmord an der jüdischen Bevölkerung stattgefunden hat, indem sie mit Gewalt von Polen in eine Scheune getrieben und dort bei lebendigem Leibe verbrannt wurde. […] Dies ist verbunden mit der Anerkennung einer Generationen übergreifenden Verantwortung, die beinhaltet, Gott um Vergebung für die Verbrechen der Vorfahren und die Nachkommen der Geschädigten um Verzeihung zu bitten.« Den Abschluss bildet der Vorschlag zu einem gemeinsamen Gebet von Polen und Juden. Godlewskis Stimme klingt gleich ganz anders:

»Ich wusste, dass es einen Durchbruch geben wird. Den Brief des Komitees muss man jetzt natürlich umformulieren, damit er der Rede des Primas entgegenkommt.« Ich erkläre ihm: »Macht keine Kampagne für den Abgeordneten einer Partei, hört auf den Primas.«

Ehrlich gesagt, habe ich nur solche Fragmente aus dem Interview mit dem Primas zitiert, die Hoffnung machen. Insgesamt klingt es weniger gut. Der Primas hat von Gross' Buch gesagt, ein bekanntes Faktum werde zur Sensation gemacht, und hat sich gegen die Idee ausgesprochen, die Kirche solle an den Feierlichkeiten am 10. Juli in Jedwabne teilnehmen: »An diesen Plänen sollte sich die Kirche nicht beteiligen«, und »es geht nicht um ein übereiltes Bußgeschrei«. Er legt den Gedanken an eine Verschwörung nahe. Der Text beginnt mit den Worten: »Brüder und Schwestern! Vor einem Jahr hat mich ein ernstzunehmender Jude davon in Kenntnis gesetzt, dass der Fall Jedwabne in Kürze publik gemacht werden wird …« – das heißt, eine jüdische Verschwörung, um die Polen im Fall Jedwabne anzuklagen, sei bereits fertig gewesen.

Der Präsident sagt im Fernsehen, er werde zum 60. Jahrestag des Massenmordes nach Jedwabne fahren und das jüdische Volk im Namen der Polen um Vergebung bitten.

6. März 2001

Morgendliches Gespräch mit Krzysztof Godlewski (sein Ton ist entschieden):

»Ich werde eine Version des Briefes vorschlagen, die der Intention des Primas entspricht. Wir müssen jede Wahrheit akzeptieren, selbst die schmerzlichste. Ich denke über eine spektakuläre Aktion nach: eine Menschengruppe dazu zu bewegen, am Ort des Verbrechens zu beten und gemeinsam niederzuknien.«

Das klingt wie eine Übung in positivem Denken. Ich frage ihn, ob es nicht besser wäre, dieses Komitee aufzugeben und ein anderes zu gründen, welches die Feierlichkeiten zum 60. Jahrestag des Verbrechens unterstützt. Anscheinend habe ich ihn in die Wirklichkeit zurückgebracht. Er seufzt: »Dafür sehe ich im Moment keine Freiwilligen.«

Abendliches Gespräch mit Godlewski (sein Ton ist bedrückt):

»In der Stadt höre ich ganz andere Interpretationen der Predigt des Primas: Wir müssen uns der Hetzjagd der Juden auf Polen entgegenstellen. Entweder nimmt das Komitee eine Erklärung an, die der Intention des Primas entspricht, wie ich sie verstehe, oder ich trete aus. Die einzige Hoffnung ist, dass der Bischof mit einer eindeutigen Predigt zu uns kommt.«

Der Bischof von Łomża soll am Sonntag, dem 11. März in Jedwabne eine Predigt halten. Die Mitglieder des Komitees zur Verteidigung des guten Namens der Stadt erwarten, ebenso wie Godlewski, eine eindeutige Predigt. Nur dass jeder etwas anderes erwartet.

7. März 2001

Ich rufe bei Godlewski an, der als Vorsitzender des Komitees zurückgetreten ist.

»Ich habe in der Hoffnung mitgemacht, dass es gelingt, eine versöhnliche Stellungnahme zu erarbeiten«, sagt er. »Ich wollte diejenigen mäßigen, die, statt sich Asche aufs Haupt zu streuen, den schlechten Ruf der Stadt vertieft haben. Seinen guten Ruf kann man verteidigen, indem man sich zu seiner Schuld bekennt. Ich wollte die Einwohner nicht im Stich lassen und sie den Schreihälsen ausliefern. Aber ich kann nicht allein gegen alle kämpfen.«

Unterdessen sieht man, wie der Fall Jedwabne an Fahrt aufnimmt. Kein Tag vergeht ohne einen Text oder eine Erklärung. Premierminister Jerzy Buzek hat erklärt, dass »der Anteil der Polen am Verbrechen von Jedwabne unstrittig ist«. Edward Moskal, der in Jedwabne höchst populäre Vorsitzende des Kongresses des amerikanischen Auslandspolentums in Chicago, hat gegen die Schuldzuweisungen an die Polen protestiert und dies folgendermaßen erläutert: »Die Juden haben beschlossen, dass Polen nicht Polen sein soll, sondern wie ein Vorort von Israel auszusehen hat.« Der IPN-Vorsitzende Leon Kieres wiederum arbeite »für Lakaien, die eine merkwürdige Affinität zu jüdischen Forderungen haben, um ihren unersättlichen Appetit zu stillen«.

Überrollt von den sich widersprechenden Aussagen warten die Einwohner Jedwabnes mit Spannung auf das, was ihnen ihr eigener Bischof sagen wird. Währenddessen hat sich in der Stadt eine Formel für die vom Präsidenten angekündigte Visite eingebürgert: »Ein Jude kommt, um sich bei den Juden zu entschuldigen.«

8. März 2001

Zu Besuch bei Ramotowskis. Marianna spricht abwechselnd ein korrektes Bildungspolnisch und unterhält sich mit mir über die neuesten Auseinandersetzungen in der Regierung, dann wechselt sie wieder in den Dialekt, in dem sie sicherlich mit den Einheimischen gesprochen hat, um sich besser zu integrieren. Ich frage sie nach den Namen ihrer Verwandten, aber sie hört meine Frage nicht. Erstens hört sie generell schlecht, zweitens hat sie ein höchst selektives Gehör. Sprechen wir darüber, was in der Politik und in der Welt geschieht, hört Marianna, die den ganzen Tag die Nachrichten im Radio verfolgt, gar nicht schlecht. Frage ich sie nach dem Verbrechen von Radziłów, verschlechtert sich ihr Gehör dramatisch. Spreche ich darüber mit Stanisław, hört Marianna wieder gut und ermahnt ihren Mann, nicht zu viel zu sagen. Berichte ich über die Vorbereitungen für Olas Bat-Mizwa, hört Marianna wieder nichts.

Olas Bat-Mizwa ist eine so große und aufregende Veranstaltung im Leben meiner Familie, dass ich die ganze Zeit davon erzähle. Mir wird schnell klar, wie sehr es meine Gesprächspartner in Jedwabne beeindruckt, dass ich überhaupt kein Geheimnis daraus mache, dass ich Jüdin bin. Einer von ihnen versicherte mir: »Ich werde niemandem von Ihrer Herkunft erzählen, Ehrenwort.« Sprachlos war ich erst, als jemand aus dem IPN mir garantierte, er werde darüber in seiner Institution absolutes Schweigen bewahren. Ich wusste, dass nicht wenige Personen jüdischer Herkunft Angst haben, ihre Herkunft könnte ans Licht kommen, aber früher hatte ich darin eher das Zeichen eines – persönlichen oder von den Eltern ererbten – Traumas gesehen, das einen eine Bedrohung dort sehen lässt, wo es gar keine gibt. Erst allmählich wird mir bewusst, wie viele Menschen in Polen in der bloßen Tatsache, dass jemand jüdisch ist, etwas Anstößiges sehen.

Etka Rochla Prawda, geborene Sztabińska, und ihr Mann Chaim Josef Prawda. Sie wurden zusammen mit ihren Kindern Welwel und Bari am 10. Juli 1941 in Jedwabne ermordet.

3
Wir haben unter den Deutschen, unter den Sowjets und in der Volksrepublik gelitten oder Die Geschichte von den drei Laudański-Brüdern

Von den zehn im Prozess von 1949 verurteilten Personen, sind nur Zygmunt Laudański und Jerzy Laudański noch am Leben.

Wie der älteste der Laudański-Brüder, Kazimierz, der unbestrittene Anführer der Familie, wohnen auch sie in Pisz. Ob Kazimierz an jenem Julitag des Jahres 1941 in Jedwabne war, darüber gibt es widersprüchliche Zeugenaussagen. Er selbst behauptet, er sei drei Tage später hingefahren, um nach seinen Brüdern zu sehen. Doch es gibt einen Zeugen, der am Tag vor dem Massenmord mit Kazimierz Laudański nach Jedwabne gefahren sein will und sich auch an Einzelheiten der Fahrt erinnert. Jedenfalls war es Kazimierz, der seine Brüder damals aus Jedwabne abholte und der nach dem Krieg immer wieder dafür sorgte, dass sie Arbeit und Wohnung hatten. »Sie weichen nicht von meiner Seite«, sagt er. »Ich erteile ihnen Ratschläge, und sie hören auf mich.«

In den Prozessakten von 1949 findet sich ein vergilbtes Formular, dessen Rubriken mit einer ungelenken Handschrift ausgefüllt wurden: »›Dossier‹ zu Verdächtigen eines Verbrechens gegen den Staat. Angefertigt von: Sicherheitsamt des Kreises Łomża«. Ihm sind folgende grundlegende Informationen über die Angeklagten zu entnehmen:

Name und Vorname: Laudański, Zygmunt
Geburtsdatum: 12. Januar 1919
In staatlichen Einrichtungen beschäftigte Verwandte: Bruder Kazimierz Laudański in der Kreisverwaltung Pisz als Sekretär des Kreisrats
Erlernter Beruf: Maurer
Bildung und Sprachkenntnisse: fünf Klassen Grundschule
Gewohnheiten und Laster: Nichtraucher

Art des Verdachts: Ermordung von Juden in der Stadt Jedwabne, Kreis Łomża
Zugehörigkeit: Polnische Vereinigte Arbeiterpartei in Pisz
Haltung: gerade
Augenfarbe: blau
Zähne: alle gesund
Sprache: reines Polnisch.

In den Akten liegt auch das Dossier seines Bruders. Jerzy ist zwei Jahre später geboren und hat sieben Klassen abgeschlossen. Sein Beruf wird mit Schuhmacher angegeben, als besonders wichtige Kontakte sind die »zur deutschen Gendarmerie in der Stadt Jedwabne« verzeichnet, in der Rubrik »Sprache« ist neben »reines Polnisch« noch »laut« vermerkt.

Trotz ihres fortgeschrittenen Alters haben die Brüder sich ihre gerade Haltung und das laute Sprechen bewahrt.

Aus der Aussage von Zygmunt Laudański, 16. Januar 1949: »Ja, ich habe an der Ermordung der Juden in Jedwabne teilgenommen. […] Jemand aus Jedwabne ist zu mir gekommen und hat gesagt, der Bürgermeister der Stadt Jedwabne ruft mich dazu auf, die Juden auf dem Markt zusammenzutreiben. Als ich hinkam, waren schon ungefähr 1500 Personen jüdischer Nationalität auf dem Marktplatz, sie waren von der polnischen Bevölkerung zusammengetrieben worden. Bürgermeister Karolak sagte zu mir, ich soll aufpassen, dass die Juden nicht vom Markt fliehen, und ich habe aufgepasst, dass die Juden nicht flohen. Juden haben auf dem Marktplatz das Lenindenkmal herumgetragen, später haben wir alle Juden mit dem Denkmal in die Scheune von Śleszyński, Bronisław, nach außerhalb der Stadt getrieben, dorthin, wo sie verbrannt worden sind.«

Aus der Aussage von Jerzy Laudański, 16. Januar 1949: »Auch ich habe mich zu dieser Zeit daran beteiligt, die Juden auf dem Marktplatz zusammenzutreiben; gemeinsam mit Kalinowski, Eugeniusz […] haben wir etwa acht Personen jüdischer Nationalität befohlen [auf den Markt zu gehen]. Als alle zusammengetrieben waren und wir zurückkehrten, trugen die Juden schon das Lenindenkmal unter Gesang über den Marktplatz, sie sangen ›Wegen uns gibt es Krieg‹, wer ihnen befohlen hatte zu singen, weiß ich nicht, wir Polen passten auf, dass die Juden nicht flohen. Ich betone, dass auch Deutsche herumgingen. Danach gab uns Karolak, Marian, der Bürgermeister von Jedwabne, den Befehl, alle auf dem Marktplatz befindlichen Juden zur Scheune von Śleszyński, Bronisław, zu treiben, was wir auch taten. Wir trieben die Juden zur Scheune und befahlen ihnen hineinzugehen, einige Juden mussten dazu auch gezwungen werden, und nachdem sie in die Scheune gegangen waren, wurde sie zugemacht und angesteckt, wer sie angesteckt hat, das habe ich nicht gesehen, nach dem Anstecken ging ich nach Hause, und die Juden verbrannten, alles in allem waren es mehr als tausend Juden.«

Die Laudańskis wurden nicht nur durch ihre eigenen Aussagen belastet, sondern auch durch Aussagen der Zeugen und ihrer Mitangeklagten.

»Zu mir kamen Kalinowski, Eugeniusz, Laudański, Jerzy, und ein Deutscher, und mit ihnen jagte ich einen Juden und zwei kleine Jüdinnen auf den Marktplatz. Als wir zusammen mit den Deutschen die o. a. Juden jagten, fand ich auf dem Weg einen Stock und nahm ihn in die Hand.« (Czesław Lipiński, Verdächtiger)

»Laudański, Jerzy, nahm an der Ermordung der Juden mit einem Gummi[riemen] teil, trieb sie auf den Marktplatz, schlug die Juden und trieb sie in die Scheune, dorthin, wo die o. a. Juden verbrannt wurden. Ich betone, dass Laudański der erste Schutzmann in Jedwabne war. Ich sah, wie der o. g. eine Jüdin im Schweinestall schlug.« (Julia Sokołowska, Zeugin)

»Die örtliche Bevölkerung machte sich daran, die Juden zu ermorden, die quälten sie so, dass man es nicht mit ansehen konnte. Ich stand auf der Ulica Przytulska, da kam Laudański, Jerzy, wohnhaft in Jedwabne, angelaufen und sagte, er hat schon zwei oder drei Juden ermordet; er war sehr aufgeregt und lief weiter.« (Bronisława Kalinowska, Zeugin)

»Laudański, Jerzy und Zygmunt, waren da, sie hatten Gummi[riemen] in der Hand und schlugen die Juden.« (Antoni Niebrzydowski, Verdächtiger)

Zygmunt Laudański wurde zu zwölf Jahren Haft verurteilt, von denen er sechs absaß, Jerzy Laudański zu fünfzehn Jahren, von denen er acht absaß.

In den Berichten aus erster wie auch aus zweiter Hand, die ich von heutigen oder ehemaligen Einwohnern Jedwabnes zu hören bekam, fielen die Namen der Laudańskis fast immer als Beispiel für besonders aktive Teilnehmer an dem Verbrechen.

Ihr Name wurde selbst von denen genannt, die standhaft bestritten, dass das Verbrechen von Polen begangen worden war. Etwa von Jadwiga Kordas, einer Augenzeugin: »Vielleicht wollte Jerzy sich rächen«, erzählte sie Pater Eugeniusz Marciniak in dem Buch *Jedwabne w oczach świadków* [Jedwabne in den Augen der Zeugen]. »Professor Strzembosz hat mich gefragt, warum, und ich antwortete: ›Weil sein Vater verhaftet worden war und sie gekommen waren, um seine Mutter nach Sibirien zu bringen, aber sie konnte fliehen.‹ Ich sagte ihm: ›Das würde mich bei Jerzy nicht wundern.‹ Und der Professor sagte: ›Auge um Auge, Zahn um Zahn.‹ Und so ist es dann wahrscheinlich auch gewesen.« Sie fügte hinzu, Laudański »hat so eine Peitsche gehabt, aber niemanden geschlagen. Ich habe ihn nicht schlagen sehen. Er jagte sie nur und sorgte für Ordnung.«

Kazimierz Laudański, empört: »Die Gerichtsverhandlung fand siebeneinhalb Jahre nach dem Verbrechen statt. Der UB arbeitete beim Verhör mit Schlägen, aber davon, dass man kleine Judenkinder in die brennende Scheune geworfen hätte, war damals keine Rede. Doch jetzt, sechzig Jahre später, sagt man solche Sachen. Wenn keiner von uns mehr am Leben ist, wird man schreiben, wir hätten ihnen die Augen ausgekratzt.«

Zygmunt Laudański: »Solche schrecklichen Dinge kamen gar nicht vor. Die sind jetzt erfunden worden, aus Rache. Es ist Unsinn, dass ich und mein Bruder tausend Juden ermordet haben sollen. Unsere Familie war und ist anständig. Diese Tragödie kann unserer Anständigkeit nichts anhaben.«

»Jetzt rede ich, und du schweig still, Zygmunt. Du kannst reden, wenn ich dir das Wort erteile«, weist ihn Kazimierz zurecht und fährt fort: »Wir stammen aus einer echt polnischen patriotischen Familie. In unserer Familie gibt es viele Opfer, die ermordet und zu Tode gefoltert wurden. Wie kann man von uns Brüdern sagen, dass wir Schläger sind? Was wir getan haben, haben wir aus Patriotismus getan: Seit ewigen Zeiten hat keiner von uns sich jemals mit dem Feind gegen das Volk verbündet.«

In einem Brief an Adam Michnik schrieb Kazimierz über sich und die Brüder: »Wie das ganze Volk haben wir unter den Deutschen, unter den Sowjets und in der Volksrepublik gelitten.«

»Unsere Leute haben es organisiert, dass die Juden versammelt wurden, aber an der Verbrennung waren sie nicht beteiligt. Sie haben sich ruhig verhalten«, doziert Kazimierz Laudański weiter, der angeblich an diesem Tag nicht in Jedwabne war. »Es herrschten Angst und Mitgefühl – und ein schrecklicher Gestank im Umkreis von dreihundert Metern. Die überraschten Polen wiederholten immer wieder: ›Das ist eine Strafe Gottes.‹ Das war ein von den Deutschen organisierter teuflischer Trick. Die Deutschen waren die Regisseure, und die Polen wurden von ihnen benutzt wie Schauspieler im Theater. Aber dass die Polen die Juden hätten verbrennen wollen, das war nicht so.«

Wir sprechen über die Vorkriegszeit. Im Sommer hatten die Juden von den Bauern Obstgärten gepachtet, also beschloss Kazimierz Laudański, ihnen, wie er sagte, in die Parade zu fahren und dasselbe zu tun. Der Apotheker Michał Jałoszewski, ein örtlicher Funktionär des SN, gab ihm 500 Zloty, um das Geschäft in Schwung zu bringen.

»Ich investierte in den Handel mit Äpfeln und in den fahrenden Tuchhandel. Die Polen kauften immer bei den Juden, weil es billiger war. Und warum? Weil die Juden Kapital hatten. Sie besaßen Bergwerke, Großhandelsfirmen, bestimmten über alles. Und ich wurde allmählich zornig, dass ich keine Arbeit habe.«

In seinem Brief an Michnik schreibt Laudański weiter: »Präsident Mościcki wies den Starosten von Łomża persönlich an, mich in der Selbstverwaltung einzustellen.«

Als ich nachfragte, woher Ignacy Mościcki von seiner Existenz wusste, erzählt er mir, er habe ihm einen Brief geschrieben, da er befürchtete, als Nationaldemokrat im Polen der Sanacja nur schwer eine Anstellung im Staatsdienst zu finden.

»Ich begann so: ›Du, Vater, bist Herrscher über das polnische Volk …‹ Und dann: ›Obwohl wir Nationaldemokraten sind und unsere Urgroßväter in den Aufständen für Polen starben, sind wir jetzt in einer schlechteren Lage …‹ Ich habe immer Glück gehabt, aber dem Glück muss man nachhelfen. Den Handel überließ ich meinen Brüdern und Eltern, dank Präsident Mościcki wurde ich Hilfsreferent. Als der Krieg ausbrach, verdiente ich 176 Zloty, 50 Groschen, mehr als ein Lehrer.«

Kazimierz Laudański erzählt von seinem Vater: »Er war im Kirchenbaukomitee tätig, stand der Geistlichkeit nah und zog deshalb den Hass der kommunistischen Zelle auf sich.«

Das Lieblingsthema der Laudańskis ist die sowjetische Besatzung.

Kazimierz Laudański: »Die Sowjets kamen und warfen meinen Vater ins Gefängnis. Meine Mutter floh mit meinen beiden Brüdern in die Wälder, um ein Wanderleben zu führen. Alle wussten, wer der mittelbare Grund für die Deportation war: jüdische Kommunisten. Wenn sie in der Nacht kamen, um Familien mitzunehmen, war in der Gruppe einer vom NKWD, ein kommunistischer Pole und zwei Juden. Die Leute vom NKWD kannten uns nicht, die Juden aber waren unsere Nachbarn.«

»Und wer kam, um Ihren Vater abzuholen?«

»Ich war damals nicht zu Hause«, mischt sich Zygmunt ein, »aber meine Großmutter sagte, es waren zwei Russen und ein Pole.«

»Um zu beweisen, dass es jüdische Kommunisten waren«, fällt ihm Kazimierz ins Wort, dem wohl klar geworden ist, dass in dieser Aufzählung ein Jude fehlt, »sage ich Ihnen, dass es in Jedwabne viele reiche Juden gab: Von denen haben sie keinen deportiert und ihnen auch die Geschäfte nicht weggenommen. Nur Jakub Cytrynowicz haben sie deportiert, dafür, dass er sich hatte taufen lassen.«

Wie Kazimierz Laudański wissen muss, wurden in Wahrheit allen die Geschäfte beschlagnahmt, und Cytrynowicz war keineswegs der einzige deportierte Jude.

Ich frage, wir ihr Leben im Versteck während der sowjetischen Besatzungszeit ausgesehen habe.

»Ich fuhr durch die Gegend und so vergingen fünf Monate«, erzählt Zygmunt Laudański. »Ich war Maurer, also übernachtete ich da, wo ich arbeitete. In einem Dorf, wo ich mauerte, hatte ich ein Mädchen, in einem anderen Ort eine andere Bekanntschaft. Ich war ein bisschen bei meinen Vettern, ein bisschen beim Onkel. Der hatte ein großes Holzhaus, wo er einen doppelten Dachboden einrichtete, meine Mutter war mit meinem Bruder da, ich schlief auch manchmal dort. Aber was war das für ein angenehmes Versteck, wo der Onkel doch an Träume glaubte und mich um zwölf Uhr nachts weckte: ›Setz dich aufs Rad und hau ab, ich habe geträumt, ein schwarzer Hund ist überfahren worden.‹ Ein Landstreicherleben. Da wollte ich schon lieber an Stalin schreiben. In der umgekehrten Situation hätte ich an Hitler geschrieben und Hitler gelobt. Das ist ja klar. Und mit dem Brief war das so. Als ich mich noch versteckte, erfuhr ich, dass Versammlungen organisiert wurden, auf denen man uns erklärte, mit welcher Absicht die Russen uns befreit hatten und dass dort die stalinistische Verfassung verteilt wurde. Ich leihe sie mir aus, analysiere sie und sehe: In Paragraph 4 steht, dass in der Sowjetunion niemand für den anderen verantwortlich ist, weder der Vater für den Sohn noch der Sohn für den Vater. In der Nacht ging ich zum Priester, um mir Kanzleipapier zu besorgen, und schrieb an Stalin. Ich schrieb schneidig, dass uns Stalin von den Kapitalisten und Faschisten befreit hat und dass ich nicht zur Waffe, sondern zur Feder greife, da ich auf dem Boden der Verfassung stehe. Ich fing so an: ›Das polnische Volk ist der Roten Armee für die Befreiung von Faschismus und Kapitalismus sehr dankbar, und dafür, dass das Vermögen allen gehören wird …‹ An den Teufel schreibt man ja nicht mit geweihter Kreide. Und weiter: dass ich mich deswegen verstecken muss, weil mein Vater verhaftet wurde und sie mich zur Strafe für den Vater auch mitnehmen könnten. ›Wenn das so weitergeht‹, schrieb ich mutig, ›geht die Hälfte der Leute in den Wald.‹«

Diesen Brief an Stalin erwähnt Zygmunt Laudański im Juli 1949, als er aus dem Gefängnis in Ostrołęka eine Eingabe an das Sicherheitsministerium macht:

»… statt mich den Banden anzuschließen, die sich damals in unserer Gegend bildeten, wandte ich mich mit einer Bitte an den Generalissimus Stalin, die von der Staatsanwaltschaft Moskau, ul. Puškinska 15, an den NKWD in Jedwabne weitergeleitet wurde. Nachdem man mich geprüft und Ermittlungen in der Gegend durchgeführt hatte, stellte sich heraus, dass ich zu Unrecht angetastet worden war, man erstattete mir die erlittenen Verluste und machte es möglich, dass ich mich fortan nicht mehr vor der Deportation verstecken musste. Nach Überprüfung meiner Anschauungen rief mich der NKWD in Jedwabne zur gemeinsamen Arbeit bei der Liquidierung des antisowjetischen Übels auf. Damals trat ich in Kontakt mit dem NKWD in Jebwabne (meinen Decknamen gebe ich schriftlich nicht an). Während der Dauer meines Kontakts befahlen mir meine Vorgesetzten, eine antisowjetische Position einzunehmen, damit meine Arbeit effektiv wäre und ich der Reaktion nicht auffiel …«

»Sie haben meinen Brief aus Moskau an den NKWD in Jedwabne geschickt«, erzählt Zygmunt Laudański. »Ein Monat verging, dann ließen sie mir durch meinen Cousin ausrichten, wenn ich mich melde, werde ich ›*opravdannyj*‹, das heißt für unschuldig erklärt. Im Namen meines Vaters schrieb ich eine Eingabe an den Vorsitzenden des Präsidiums des Obersten Sowjets, Michail Kalinin. Ich nahm an einem Russischkurs für künftige Rekruten teil, und den nächsten Brief an Stalin schrieb ich, diesmal im Namen meines Vaters, auf Russisch. Bei uns war der *Komandir* einquartiert, der hat ihn mir verbessert. Im Mai 1941 meldete ich mich beim NKWD, dass sie meinem Vater diesen Brief an Stalin zur Unterschrift weiterleiten sollen. Ich komme an, und mein Chef sagt: ›Die Banditen haben einen guten Mitarbeiter von uns umgebracht.‹ Ausgerechnet in Jedwabne hatten sie Ševelëv, den Stellvertreter des NKWD-Chefs, getötet. Ich sage: ›*Žalko* [Das tut mir leid].‹ Er darauf: ›Wenn du willst, könntest du uns helfen, den Banditen zu entdecken.‹ Ich frage: ›Wie denn?‹ Er darauf: ›Du kennst die Leute.

Wenn du neue Gesichter siehst, die hier herumlaufen, dann sagst du Bescheid.‹ Ich frage: ›Wie?‹ Er darauf: ›Bei uns in der Dienststelle ist ein Briefkasten. Wirf eine Karte rein und unterschreibe, aber nicht mit deinem Namen, sondern mit Popow.‹ Ich: ›*Charašo* [Gut], ich nehme auf jeden Fall Kontakt auf.‹ Er bat mich nur, das war keine Verpflichtung. Diese List hat gut geklappt. Ich bekam Antworten sowohl von Kalinin als auch von Stalin, dass sie meinen Vater entweder freilassen oder verurteilen sollen, denn man darf einen nicht so lange in Untersuchungshaft behalten, und dass sie mich informieren. Aber dann ist gleich der Krieg ausgebrochen. Die Partisanen kamen, schlugen das Holzdenkmal kurz und klein, das da aufgestellt war, wo Ševelëv begraben war, und haben ihn, glaube ich, sogar aus dem Grab rausgeholt.«

In dem erwähnten Brief an Adam Michnik schrieb Kazimierz Laudański über die Ermordung Ševelëvs. Nicht aber darüber, dass sein Bruder gerade bei dieser Gelegenheit zum NKWD-Agenten geworden war. Ganz im Gegenteil. Ševelëvs Ermordung füge sich in die patriotischen Traditionen der Familie Laudański und anderer Einwohner von Jedwabne ein: »Und nun der Patriotismus … Die Existenz von Partisanen, der Tod unseres Onkels im Kampf mit den Sowjets und der Tod vieler anderer dortiger Polen spricht für sich. So wie in Warschau die Polen den SS-Führer Franz Kutschera töteten, so töteten sie in Jedwabne Ševelëv, der auch so ein Henker war.«

Kazimierz war gerade in Ostrów Mazowiecki, als der deutsch-sowjetische Krieg ausbrach: »Als die Deutschen einmarschierten«, erzählt er, »steckten sie das jüdische Viertel in Brand, fingen die Juden, trieben sie die Straße entlang, ließen sie eine Grube ausheben und ermordeten sie dort. Mein Freund war dabei, er musste beim Erschießen zusehen. Als er zurückkam, war er ganz blass und zitterte. So war das Los der Polen.«

»Sie haben gesagt, dass die Juden die Rote Armee freudig begrüßt hätten. Und als die Deutschen einmarschierten, kam es da nicht vor, dass die einheimische Bevölkerung vor die Tür ging, um sie zu begrüßen?«, frage ich.

»Vor dem Ausbruch des deutsch-russischen Krieges waren die Polen in einer schrecklichen Lage: unaufhörliche Festnahmen, Deportationen nach Sibirien. Die Bevölkerung betete zu Gott: ›Mag Luzifer kommen, solange nur dieser Teufel verschwindet.‹«

»Also freute man sich über die Ankunft der Deutschen?«

»Die Deutschen griffen die Russen an, und die Gefängnisse öffneten sich. Da gab es eine Euphorie. Tausende, die sich in den Wäldern versteckt hatten, kehrten nach Hause zurück. Jeder freute sich, dass der Schulleiter, der Nachbar, der Sohn, der sich im Wald versteckt hatte, zurückgekommen war. Hätten meine Brüder sich nicht freuen sollen, dass der Vater aus dem Gefängnis zurückkehrte und die Mutter aus dem Wald?«

Von der Freude über den Einmarsch der Deutschen kamen wir zur Sache.

»Warum wurden die Juden von Jedwabne in der Scheune verbrannt?«, fragte ich der Reihe nach alle Laudańskis.

»Es war ein Racheakt der Deutschen«, wiederholten sie der Reihe nach.

Sie beziehen sich auf Ereignisse, die im Winter 1940/41 stattgefunden hatten. Vor dem Krieg wohnten in Jedwabne fünfzehn deutsche Familien, von denen die meisten während der sowjetischen Besatzung im Rahmen von Vereinbarungen, die sich aus dem Hitler-Stalin-Pakt ergaben, ins Reich ausreisten. Damals kam eine Kommission aus Deutschland, um den Wert des zurückgelassenen Eigentums für die Auszahlung von Entschädigungen zu schätzen.

»Zwei schwarze Autos fuhren vor«, berichtete mir Jerzy Laudański, »Offiziere in Lackmänteln stiegen aus, aber eine große Menge Juden umstellte die Autos, sie bewarfen die Deutschen mit nassem Schnee und beschimpften sie so heftig, dass die Deutschen die sowjetische Miliz zu Hilfe rufen mussten.«

Jerzy Laudański erfuhr das von Karol Bardoń, im Gefängnis beim Hofgang. Bardoń war in demselben Prozess verurteilt worden wie er selbst; er habe ihm erzählt, dass einer der Deutschen, die 1941 nach Jedwabne kamen, zu jener Gruppe gehört hatte und gedroht habe: »Sie waren ziemlich lästig, jetzt haben sie eine Lektion verdient.«

»Das ist wahrscheinlich der Grund«, kommentiert Zygmunt Laudański. »Da haben die Juden schlecht gehandelt. Warum mussten sie auch mit Schnee werfen?«

Kazimierz Laudański gibt zu, dass es direkt nach dem Abzug der Sowjets zu Selbstjustiz gegen Juden kam.

»Es gab viel Rache«, sagt er. »Aber wer wurde denn erledigt? Selbst- und Lynchjustiz wurde an Spitzeln und Kommunisten geübt. Die bekamen es ab. Die jüdische Gemeinschaft war nicht dasselbe wie diese kommunistische Bande. Unsere Leute haben in Selbstverteidigung gehandelt, wie in allen Aufständen, für die wir uns nicht schämen. Wo gehobelt wird, da fallen Späne. Und da die Leute dort ungebildet waren, sind wohl auch viele Unschuldige umgekommen. Aber die polnischen und jüdischen Kommunisten hätten nicht mit dem NKWD kollaborieren sollen. Für Verrat bezahlt man mit dem Hals (er zeigt mit der Hand die Geste des Kehledurchschneidens).«

Wie diese Abrechnungen, gleich am ersten Tag nach dem Einmarsch der deutschen Armee, aussahen, beschrieb Karol Bardoń: »Vor den Deutschen standen einige Zivilisten mit Knüppeln so dick wie Ortscheite, und ein Deutscher rief ihnen zu: ›Nicht gleich töten!‹, ›Nicht zu heftig schlagen, sie sollen leiden.‹« Unter den sechs Zusammengeschlagenen, welche die Deutschen anschließend in einem nahegelegenen Wäldchen erschossen, waren drei Polen und drei Juden. Bardoń nannte Jerzy Laudański unter denen, die an dieser Aktion beteiligt waren.

Am 9. Juli verbreitete sich in Stadt und Umgebung die Nachricht, dass man am kommenden Tag in Jedwabne mit den Juden abrechnen würde. Das wird in vielen Berichten wiederholt. Die Bauern aus der Umgebung bereiteten am Morgen Werkzeuge wie Rungen, Stöcke oder Knüppel vor und schnitten »Gummis« zurecht, Riemen aus Autoreifen. Am 10. Juli erschien morgens in Jedwabne eine Gruppe uniformierter Deutscher in einem oder zwei Personenwagen. Der Bürgermeister schickte Boten in die polnischen Haushalte, dass die Männer sich im Rathaus melden sollen. Dort erhielten sie die Anweisung, die Juden auf dem Marktplatz zusammenzutreiben, vermutlich wurden ihnen bestimmte Häuser oder ein bestimmtes Gebiet zugewiesen. (Stanisław Danowski, Zeuge im Prozess von 1953: »Karolak rief die Einwohner zusammen, gab ihnen Wodka zu trinken und ließ anschließend durch die Freiwilligen, von denen sich viele fanden, die jüdische Bevölkerung aus ihren Häusern jagen.«)

Sie wurden aus den Häusern geholt unter dem Vorwand, dass sie Unkraut zwischen dem Kopfsteinpflaster auf dem Marktplatz ausreißen sollten, denn es solle Ordnung gemacht werden. Die Deutschen, die gekommen waren, halfen mit, sie auf den Marktplatz zu führen. Stanisław Zejer, ein Verdächtiger, sagte aus, dass Jerzy Laudański und Bolesław Rogalski, ein Postangestellter, »Knüppel nahmen und nach oben gingen, von wo aus sie mit ihren Knüppeln sechs Familien auf den Marktplatz trieben, und zwar Kosacki, Mendel (vierköpfige Familie), Szymborski, Abram (sechsköpfige Familie), Gutko, Josel (vierköpfige Familie) – an die Namen der übrigen Familien kann ich mich nicht erinnern«. Um die zusammengedrängten Juden stand eine Menschenmenge – die Einwohner von Jedwabne und Umgebung. In fast allen Aussagen wiederholt sich, dass »bei den zusammengetriebenen Juden eine Menschenmasse stand«. Es waren auch einzelne Deutsche in Uniform und mit Waffe anwesend. Die Einheimischen trennten eine Gruppe von einigen Dutzend Männern ab und führten sie auf einen kleinen Platz knapp 100 Meter vom Markt entfernt, wo das Lenindenkmal stand. Sie zwangen sie, es zu zerschlagen, und befahlen ihnen dann, die Büste auf hölzernen Bohlen zu tragen und dabei zu singen. An die Spitze des Umzugs stellten sie den Rabbiner, den betagten Awigdor Białostocki. In die eine Hand gaben sie ihm eine rote Fahne, in die andere einen Stock, auf den sie seinen Hut gesteckt hatten. Es war um die Mittagszeit, als die Gruppe, die das Lenindenkmal trug, um den Marktplatz herumging. Sie wurden auf verschiedene Weise gedemütigt, indem man sie schlug, sie singen und Kniebeugen ausführen ließ. (»Ich habe gesehen, wie Wasilewski und Sobuta ein gutes Dutzend unter den anwesenden Juden auswählten und ihnen lächerliche gymnastische Übungen befahlen«, sagte Roman Górski, ein Verdächtiger im Ermittlungsverfahren von 1949.) »Auf dem Marktplatz war es laut vor Weinen und Geschrei. Zuerst wurde eine große Männergruppe vom Marktplatz geführt, in einer zweiten Etappe wurden Frauen, Jugendliche und Kinder in die Scheune getrieben.«

Aussagen aus den Jahren 1949 und 1953: »Die Juden wurden gejagt. In der Menschenmenge habe ich keine Deutschen gesehen.« (Wincenty Gościcki, Verdächtiger) »Wir Polen flankierten die in Vierergruppen aufgestellten Juden, damit sie nicht fliehen konnten. Von den Deutschen hatte ich keinen Befehl, die Juden zu jagen.« (Józef Chrzanowski, Verdächtiger) »Die Gendarmen halfen beim Zusammentreiben der Juden nur in der Stadt, bei der Scheune waren hauptsächlich Polen« (Stanisław Sokołowski, Zeuge). »Mir befahlen sie, loszugehen und Petroleum zu holen und es an Kalinowski, Eugeniusz, und Niebrzydowski, Józef, abzugeben, für die Scheune, um sie zu begießen. Sie holten das Petroleum, acht Liter, und begossen die Scheune, wo die ganze Scheune voller Juden war.« (Antoni Niebrzydowski, Verdächtiger).

Alle drei Brüder behaupteten, niemand in der Stadt hätte erwartet, dass die Juden verbrannt werden würden, bis zum Schluss nicht. »Ist es möglich«, fragte ich sie, »dass über das Verbrennen der Juden im benachbarten Radziłów drei Tage zuvor keine Nachricht nach Jedwabne gedrungen war?«

»Ich habe damals von nichts dergleichen gehört«, behauptete Jerzy Laudański.

»Als ich nach Jedwabne kam«, stellt Kazimierz Laudański seine Version vor, »war der widerliche Gestank verbrannter Leichen noch zu riechen. Ich rekonstruierte, was geschehen war. Die Deutschen hatten eine Scheune auf der anderen Seite der Brücke, Richtung Łomża gefunden. Sie wollten sie von Chrzanowski, Józef, requirieren, der aber im deutschen Heer gedient hatte und auf Deutsch mit Erfolg darum bat, ihn zu verschonen. Beim jüdischen Friedhof fanden sie eine andere. ›Wir brennen die Scheune ab‹, sagten die Deutschen, ›und bauen danach eine neue.‹«

Zygmunt Laudański: »Am kritischen Tag gehen wir über den Marktplatz und sehen, dass die Juden ihn mit Löffeln von Gras reinigen, er war zugewachsen. Sie waren ganz ruhig bei der Arbeit, als wäre nichts. Die Polen gafften. Karolak, der am Marktplatz wohnte, ließ sich von mir seinen Herd reparieren. Seine Frau sagte: ›Entschuldigen Sie, Herr Laudański, dass ich Sie an einem solchen Tag rufe‹ – denn das war der Tag, an dem die Juden zusammengetrieben wurden, vielleicht wusste sie, was mit ihnen geschehen würde, sie war eine anständige Frau –, ›aber mein Mann als Bürgermeister muss die Deutschen bewirten, und hier drauf kann man keinen Tee machen, die Ofenringe sind zersprungen.‹ Sie gab mir einen Hammer, ich wählte einen Mülleimer aus und bestrich ihn mit Lehm. Als ich fertig war, ging ich zur Ulica Przytulska, doch da hält ein Deutscher Wache und sagt ›*Zurück*‹. Ich gehe Richtung Łomża, und auch da steht ein Deutscher und sagt dasselbe, ich gehe Richtung Wizna, dasselbe. Ich ging durch die Kleingärten über die Zäune Richtung Ulica 11 Listopada. Dort wohnte mein Freund Borawski. Wir redeten ein wenig. An das Grauenhafte dachte niemand. Ich ging weiter, saß ein wenig im Korn, und als ich auf meinen Hinterhof zurückkam, da sah ich den Rauch.«

Diese Version hatte Zygmunt Laudański bereits 1949 präsentiert, als er, im Gefängnis sitzend, Berufung gegen seine Verurteilung einlegte. Bürgermeister Karolak habe zusammen mit einem Gestapomann einen Juden aus dem Hinterhof abgeführt: »einen Schneider, dem ich einige Tage zuvor, noch während der sowjetischen Herrschaft, Hosen zum Verlängern gegeben hatte, und als er mich sah, rief er mich und gab sie mir, noch unfertig, zurück, denn er würde ja nicht wissen, ob er zurückkehrt.«

Man kann sich kaum vorstellen, dass ein jüdischer Schneider, der von der Gestapo aus seinem Haus gejagt wird und sich bewusst ist, dass er vermutlich nie zurückkehrt, auf seinen letzten Weg eine unfertige Arbeit für einen Kunden mitnimmt. Es ist ebenfalls unklar, warum Laudański es vorzog, »im Korn zu sitzen«, in einer Situation, in der »niemand an das Grauenhafte dachte«.

Jerzy Laudański: »Der Bürgermeister hatte die Sache organisiert, doch die Initiative war von den Deutschen ausgegangen. Ich stand neben der Bäckerei und mischte mich unter die Menge.«

»Warum waren Sie dort«

»Neugier. Bei einem Verkehrsunfall laufen ja auch sofort viele Leute zusammen. Es passiert etwas, die Deutschen jagen die Juden aus ihren Häusern, lassen sie das Lenindenkmal schleppen. Kein Pole weinte darüber, dass sie Lenin trugen, außer vielleicht dessen Anhänger.«

»Schlugen die Polen damals die Juden?«

»Die Polen waren auf dem Marktplatz, aber einen verprügelten Juden habe ich nicht gesehen. Die Juden redeten ruhig miteinander, kratzten in aller Ruhe die Erde zwischen den Steinen weg. Die Deutschen lieben Ordnung, also musste der Marktplatz gejätet werden. Und dann gingen alle von selbst, das sah spontan aus.«

»Wie meinen Sie das: ›spontan‹?«

»Die Juden gingen in spontanem Gehorsam, die Polen spontan hinter ihnen her, denn mit solch einer Tragödie rechnete niemand. Wenn gesagt wird, die Polen hätten den Mord begangen, dann wäre das eine Schande für Polen, und es ist nicht wahr.«

»Wie reagierten die Polen?«, fragte ich Jerzy Laudański.

»Die einen freuten sich, die anderen nicht, aber neugierig waren alle. Man machte Witze darüber, dass noch vor kurzem – unter sowjetischer Herrschaft – die Juden den Marktplatz nicht gereinigt hätten.«

»Und Sie?«

»Ich war bei der Scheune, aber in dreißig Meter Abstand. Viele Leute standen vor mir.«

»Und was haben Sie dort gemacht?«

»Mit Freunden gesprochen.«

»Hat niemand versucht, den Juden zu helfen?«

»Wer hätte da helfen können? Einen einzigen großen Helden gab es, Pater Kolbe«, sagte er, sich auf Pater Maximilian Kolbe beziehend, der in Auschwitz für einen polnischen Mithäftling freiwillig den Tod auf sich nahm und von der katholischen Kirche heiliggesprochen wurde. »Allerdings wusste der, dass er Schwindsucht hatte und das Lager nicht mehr verlassen würde. Aber er ist trotzdem ein Held, denn so mancher weiß, dass es mit ihm zu Ende geht, und gibt doch nicht sein Leben für einen anderen.«

»Und die Deutschen?«

»Die Deutschen standen angeblich hinter uns und machten Fotos.«

Im weiteren Verlauf unseres mehrstündigen Gesprächs sollte ich von Jerzy auch noch hören, dass die Juden vorangingen, dass dann die Polen kamen und zum Schluss die Deutschen.

»Was hatten sie für Uniformen?«

»Das kann ich Ihnen nicht sagen.«

Zygmunt Laudański wechselte das Thema, von den deutschen Uniformen kam er zur deutschen Schuld.

»Die Deutschen haben das absichtlich mit polnischen Händen getan.«

»Aber was haben diese polnischen Hände denn getan?«

Auf diese Frage gab er keine Antwort, sondern präsentierte mir eine erfundene Geschichte, wonach viele Juden überlebt hätten und ins Ghetto von Łomża gekommen seien. Er wurde gleich munterer, als ihm einfiel, welche Geschäfte er dort mit dem Kauf von Kleidung und Schuhen gemacht hatte.

Ich frage Zygmunt Laudański, was er von den Plünderungen wisse und nach welchem Prinzip die ehemaligen jüdischen Wohnungen belegt wurden.

»Die Leute übernahmen die Wohnungen, denn ein Teil von ihnen hatte im Souterrain gewohnt. Sie gingen spontan in die Wohnungen, und der Magistrat warf sie nicht hinaus. Viele sagen, die Sachen seien geplündert worden. Wenn die Gendarmerie es nicht geschafft hatte, alles mitzunehmen, holte vielleicht jemand noch ein Bettlaken oder Kleidung raus. Aber die Deutschen veranstalteten eine Auktion, sie hielten die Klamotten hoch und sagten soundso viel Rubel, denn die Mark gab es zu Beginn des Krieges noch nicht.«

»Ein Deutscher verkaufte jüdische Kleidung für Rubel?«

»Er wollte sie gegen Bier eintauschen.«

»Und erinnern Sie sich an diesen Schrei?«, fragte ich Jerzy Laudański.

»Als man sie in der Scheune einschloss, schrien sie etwas auf Jiddisch, ich weiß nicht, was. Keiner verstand sie. Das war ein spontaner

Schrei, vielleicht, dass man die Tür aufmachen soll, oder vielleicht war es ein Gebet. Dann erstickten sie schnell am Rauch. Und als sie verstummten, taten sie es für ewig.«

»Hat dieser Schrei Sie nachts niemals geweckt?«, fragte ich Zygmunt Laudański.

»Ein junger Organismus reagiert nicht auf solche Weise, ich bin nie aufgewacht.«

»Und was haben Sie über das alles gedacht?«

»Was sollte ich denken? Es ist passiert und damit Schluss.«

»Bereuen Sie etwas in Ihrem Leben?«

»Fragen Sie, wen sie wollen, ich habe keinen einzigen Feind, und auf der Arbeit hat man auch nie schlecht von mir geredet.«

»Ich verstehe, Sie waren stets gewissenhaft, aber bereuen Sie nichts von dem, was Sie getan haben?«

»Ganz sicher nicht.«

Nach einer Weile fügte Zygmunt Laudański hinzu, dass er den Schrei im Übrigen gar nicht gehört haben könne, denn er sei damals mehr als 200 Meter weit entfernt gewesen.

Nach dem Einmarsch der Deutschen und der Einrichtung einer deutschen Gendarmerie begann Jerzy Laudański dort auf dem Posten zu arbeiten. In der Verhandlung von 1949 hatte er das auch zugegeben und seinen Bruder Zygmunt belastet, er habe es auf dessen Anweisung getan. Diesem sei es darum gegangen, seine Verpflichtungserklärung zur Zusammenarbeit mit dem NKWD aus dem Archiv zu entfernen.

Jetzt sagte Jerzy Laudański, er habe nicht bei der Gendarmerie gearbeitet, er sei nur einige Male hingegangen, weil er auf Anweisung des Bürgermeisters die Schuhe der Polizisten zu seinem Onkel, dem Schuhmacher, gebracht habe. In Jedwabne erfuhr ich, dass Jerzy Laudański bei der ersten Hilfspolizei war und dann Schutzmann wurde; in der ersten Zeit habe die Polizei im Übrigen keine Hausmeister oder Boten gehabt und alles von Juden erledigen lassen.

»Ich fuhr zu meinem Bruder Jerzy, um ihm zu sagen, dass er fliehen soll«, erklärte mir Kazimierz Laudański.

»Warum sollte er fliehen?«

»Weil die Deutschen junge Leute wie ihn für ihre Polizei brauchten. Wir waren vor den Russen geflohen, jetzt mussten wir vor den Deutschen fliehen.«

Es ist unklar, warum Kazimierz Laudański damals hätte der Meinung sein sollen, dass die Arbeit bei der deutschen Polizei etwas Verwerfliches sei, wo er doch selbst bei der Besatzungsmacht angestellt war. Er war ein Beamter der deutschen Verwaltung und arbeitete in der Judenvernichtungsmaschinerie in Poręba am Bug, das zum deutschen Protektorat gehörte. Von dort soll er zu den Brüdern nach Jedwabne gelangt sein und Jerzy nach Poręba geholt haben.

»Ich habe mir selbst einen Passierschein auf Deutsch ausgestellt«, erzählte er mir, »denn ich war ja Beamter: ›Kazimierz Laudański überquert die Grenze, bitte keine Schwierigkeiten machen.‹ Und darunter setzte ich einen Stempel.«

In meinen späteren Gesprächen mit den Einwohnern von Jedwabne hatte ich häufig mit Ausbrüchen von Judenhass zu tun. Die Laudańskis zeigten keinerlei Emotionen. Sie waren selbstsicher und ruhig. Nach der monotonen Rezitation ihrer eigenen Version der Ereignisse im Juli 1941 gingen die Brüder mit lebhafter Stimme zu anderen Themen über.

Kazimierz Laudański behauptete, er habe in Poręba zum Informations- und Propagandabüro der AK (damals noch Bewaffneter Kampfverband) gehört und Untergrundzeitungen verteilt. Gleichzeitig erzählte er ungeniert, er habe als Beamter der deutschen Verwaltung in der Vernichtungsmaschinerie gearbeitet und sei nach dem Krieg »in der Sache der Juden von Poręba am Bug« verhört worden. (Leider ist es mir nicht gelungen, dieses Gerichtsverfahren ausfindig zu machen und festzustellen, wessen er angeklagt war.)

Er selbst erzählte mir, in Poręba sei am 10. Februar 1942 der Befehl ergangen, dass die Juden nach Treblinka fahren sollen. (Wie dieses frühe Datum nahelegt, ging es vermutlich um das Arbeitslager Treblinka I, das Vernichtungslager wurde erst später eingerichtet.)

Er wurde angewiesen, eine Liste aller Juden zu erstellen und von denjenigen, die nicht zum vorgegebenen Termin abgereist waren,

50 Zloty Strafe zu erheben. So klingt seine Erzählung vom Holocaust:

»Im Mai kam ein neuer Befehl, und dann fuhren endgültig alle nach Treblinka. Nun ja, nicht alle, einer überlebte und wurde Chef des UB in Ostrów.«

Kazimierz Laudański erzählte auch vom Schicksal seines Bruders während der Besatzung. »Jerzy ist für mich ein Held. Drei Jahre lang war er in deutschen Lagern und hat niemanden verraten. Hier ist ein Foto von ihm aus dem Lager. Jerzy, zeig es Frau Bikont.«

Jerzy Laudański nahm das Lagerfoto, hielt es vor sich hin und sagte: »Ich gehörte zum Polnischen Aufstandsverband und war später in der AK. Da wurde ich mit der Verteilung von Untergrundzeitschriften beauftragt. In Ostrów gab es eine Massenverhaftung im ganzen Kreis, und ein gutes Dutzend von uns schnappten sie im Wald. Vier Monate saß ich in Untersuchungshaft in Warschau, im Pawiak-Gefängnis, zweimal haben sie mich zum Gestapo-Folterzentrum in der Ulica Szucha gebracht. Ich war KZ-Häftling.«

Als ich Jerzy Laudański fragte, ob er mir den Namen einer Person aus der AK nennen könne, mit der er konspiriert habe, sagte er, er habe keine Namen gekannt, man habe Decknamen benutzt. Was übrigens eigenartig ist, denn als ich mit anderen Mitgliedern der AK aus dieser Region sprach, sagten sie mir, es habe sich um kleine Netzwerke gehandelt, in denen alle einander kannten. In Jedwabne hörte ich auch die Version, wonach Jerzy Laudański beim Schmuggeln von jüdischem Gold ertappt worden sein soll. Nicht dass ich ohne weiteres daran geglaubt hätte – sich an jüdischem Gold zu bereichern stellt ein festes Motiv der hiesigen Gespräche und Phantasiegeschichten dar.

Ich rief im Auschwitz-Museum an. Dort verwies man mich nach Warschau, an das Pawiak-Museum. Wenn Jerzy Laudański dorthin überstellt wurde, sollte sich seine Akte dort befinden. Doch die Dokumente aus dieser Zeit sind verbrannt. Das Einzige, was existiert, ist die Erklärung von Laudański selbst, er sei im Rahmen einer Massenverhaftung gefasst worden, als er sich als AK-Partisan im Wald aufhielt. Sie stammt aus den neunziger Jahren.

Nach dem Krieg machten sich die Brüder mit Eifer an den Aufbau der neuen Ordnung.

Kazimierz Laudański: »Ich wurde Parteisekretär der Gemeinde Biała Piska, dann Kreisinspektor, danach Vorsitzender der Bauernselbsthilfe. Sie gaben mir das erste Auto in der Stadt. Ich gründete eine Genossenschaft, rief Mütter und Ehefrauen zusammen und verkündete ihnen: ›Frauen, es wird keinen Krieg geben, Amerika ist zu schwach, die Russen wird man nicht vertreiben können, machen wir uns an die Arbeit.‹«

Kazimierz war in verschiedenen parteinahen Organisationen aktiv, unter anderem war er Sekretär des Kreiskomitees der Verteidiger des Friedens und Vorsitzender des Komitees zum Aufbau von Warschau.

Zygmunt Laudański: »Bei uns in Jedwabne gab es zwei Partisanenorganisationen: die AK und die NSZ. Einige meinten, ich wäre in der AK, andere, ich wäre in den NSZ, aber ich gehörte zu keiner von beiden. Nach dem Krieg wurde ihnen in Jedwabne der Prozess vor dem Kriegsgericht gemacht, und die neue Obrigkeit verkündete, dass man zur Verhandlung erscheinen soll. Ein Bauer erzählte, wie sie ihm seine letzte Kuh weggenommen haben und ihn so heftig verprügelten, dass er aus dem Ohr blutete, es eitert bis jetzt, und er hört nichts mehr. Ich aber verließ 1947 Jedwabne, um mit diesem ganzen Durcheinander nichts zu tun zu haben. Als die Volksrepublik Polen entstand und mein Bruder in Biała Piska Gemeindesekretär wurde, verschaffte er mir dort eine Arbeit als Ladenverkäufer. In diesen Laden kamen sie später, um mich zu verhaften.«

Im Gefängnis stellte er seine Nachkriegsbiografie mehrmals in verschiedenen Schreiben dar: »Ich fuhr in die Wiedergewonnenen Gebiete[1] um dort unbehelligt von den reaktionären Banden, die in unserer Gegend ihr Unwesen trieben, zum Wohle des Staates und zum Erhalt meiner Familie zu arbeiten. [...] Ich trat in die polnische Arbeiterpartei in Biała ein und war bis zum Tag meiner Verhaftung durch

1 »Wiedergewonnene Gebiete« – vor dem Zweiten Weltkrieg zu Deutschland gehörende und danach Polen einverleibte Territorien.

den UB Mitglied der PZPR und Betreuer des Parteiarbeitskreises und nach der Vereinigung der Partei Exekutivmitglied« (Eingabe an das Justizministerium des UB, Warschau, 4. Juli 1949). »Als ehemaliges Mitglied der PZPR und Betreuer des Parteiarbeitskreises bis zu den letzten Tagen in meinem letzten Wohnort, der ich auf den eigenen Versammlungen das Schlagwort der sozialen Gerechtigkeit verbreitet habe, wie sie in der heutigen Wirklichkeit existiert, suche ich sie und möchte das erfahren und die Erwartungen der Reaktion enttäuschen, die sich in solchen Fällen freut, wenn ein Arbeiter mit seinem System zusammenarbeitet und ins Gefängnis gerät« (Eingabe an den Obersten Gerichtshof in Warschau, 8. Juli 1949).

Da sein Bruder Kazimierz sich für ihn einsetzte, erhielt Jerzy Laudański die Stelle eines Gemeindekontrolleurs für Sachleistungen im Landratsamt. »Die Landwirte mussten Kontingente an Getreide abgeben, und wir fuhren herum, um zu kontrollieren, wie viel jede Gemeinde abgeliefert hatte. Wir sorgten dafür, dass sie so viel gaben wie nötig, denn sie waren unwillig. Es gab das Gerücht, die Russen würden Getreide mit Flugzeugen nach Russland bringen.«

Aus den Akten geht hervor, dass Jerzy Laudański 1947 durch eine Spezialkommission zu neun Monaten Zwangsarbeit im Lager von Mielęcin verurteilt wurde.

»Wie soll ich das sagen? Soundso viel Prozent durften bei der Arbeit im Handel fehlen, und ich zweigte das zulässige Manko für mich ab«, erklärt er mir. »Danach arbeitete ich bei der Staatlichen Landimmobiliengesellschaft, danach in einer LPG in Kaliszki als Magazinarbeiter. Dort kassierten sie mich bei der Arbeit ein.«

Die Verhaftung seiner Brüder hinderte Kazimierz Laudański nicht daran, beruflich und politisch Karriere zu machen. Er erfüllte weiterhin die Funktion des Gemeindesekretärs und war politisch aktiv.

»Zum Jahrestag von Stalins Tod versammelte sich bei uns in Biała eine Menschenmenge. Und ich stehe auf und preise den großen Stalin.«

Er erhob sich vom Stuhl und seine Stimme klang jünger und kräftiger, als er die Rede wiedergab, die er vor Jahren gehalten hatte:

»›Der große Stalin war ein Führer. Das siegreiche polnische Volk wird ihm das nie vergessen. Er ist nicht ohne Nachkommen gestorben. Er hat uns zu Kritik und Selbstkritik aufgefordert. Wenn euch Stalin heute fragen würde, was ihr für das polnische Volk tut, wie könntet ihr ihm da in die Augen schauen?‹ Ich wies auf chaotische Zustände an allerlei Stellen hin. Ich reckte die Faust. Der UB und die Partei applaudierten, aber auch der Saal stand hinter mir, denn er wusste, dass ich eine Parodie abgeliefert hatte. Mutig war ich immer gewesen.«

Auch Zygmunt Laudański bot der Obrigkeit seine Dienste an: »Den Rest der wichtigsten Beweisführung möchte ich vor dem Nachrichtendienst der UB-Leitung aussagen. Worum ich sehr bitte, und so werde ich die Angelegenheit richtigstellen« (Brief an den Präsidenten aus dem Gefängnis Ostrołęka, 4. Juni 1949). Aber die Obrigkeit reagierte nicht.

Die Laudańskis wurden bei den Verhören geschlagen. Sie sprachen davon während der Verhandlung, indem sie ihre Aussagen widerriefen; sie schrieben darüber aus dem Gefängnis, indem sie Einspruch gegen das Urteil einlegen. Sie sagten, sie hätten sich wegen der Schläge schuldig bekannt. Ihr Vater Czesław Laudański wurde ebenfalls festgenommen, bekannte sich aber nicht schuldig und wurde freigesprochen.

»Warum wurde Ihr Vater freigelassen?«, frage ich.

»Na ja, sie haben keine Beweise gefunden.«

»Und warum wurden Sie verurteilt?«

»Wir waren nicht koscher, weil wir uns während der sowjetischen Besatzung versteckt hatten.«

Das Argument, der Vater, der während der sowjetischen Besatzung im Gefängnis saß, sei nicht »koscher« gewesen, aber Zygmunt, der mit dem NKWD zusammengearbeitet hatte, sehr wohl, machte nicht sehr viel Sinn. Aber alles in allem waren die Laudańskis auf das Gespräch mit mir imponierend gut vorbereitet. Auf jede Frage hatten sie eine fertige Antwort.

Zygmunt Laudański kam 1955 aus dem Gefängnis frei.

»Wie verhielten sich die Leute Ihnen gegenüber, als Sie aus dem Gefängnis kamen?«, fragte ich.

»Es hätte nicht besser sein können. Der Vorsitzende der Molkerei in Biała kam auf mich zu und sagte: ›Komm zu uns, wir haben Arbeit für dich.‹ Sie wussten, dass man sich auf mich verlassen kann.«

Im Jahre 1956 schrieb Jerzy Laudański aus dem Gefängnis in Sieradz an den Justizminister einen vierseitigen Brief in gleichmäßiger, sorgfältiger Schrift auf kariertem Eingabepapier: »Ich fiel in jungen Jahren dem Erbe der Sanacja zum Opfer, denn damals wurde die Jugend ausschließlich im nationalistischen Geist erzogen. Umso mehr als zu der Zeit, da ich heranwuchs und mich zu einem künftigen Bürger meines Heimatlandes entwickelte, die antijüdischen Kämpfe besonders heftig waren. Erwachsene und Jugendliche waren verschiedensten antijüdischen Parolen ausgesetzt. [...] Nachdem die sowjetische Armee uns 1945 befreit hatte, trat ich nicht in die Fußspuren derjenigen, die ihr zerstörtes Vaterland verachteten und das leichte westliche Leben vorzogen, um später zurückzukehren, dann aber als Spion oder Saboteur. Ich kehrte ohne Zögern in die zerstörte Heimat zurück, zu meinem Volk, dem ich bereit gewesen war, mein junges, kaum zwanzigjähriges Leben zum Opfer zu bringen. [...] Von meinem Großvater und Urgroßvater her bin ich ein Arbeiter und habe in meinem vom Schicksal aus der Bahn geworfenen Leben nichts Gutes erfahren.«

Das letzte Gutachten »über die Führung des Häftlings Laudański, Jerzy« wurde im Gefängnis in Sieradz 1956 ausgestellt: »Aufgrund allgemeiner Beobachtung und durchgeführter Gespräche konnte keine Feindseligkeit gegenüber der Volksrepublik Polen festgestellt werden. Das Urteil gegen sich hält er für korrekt, wenn auch für allzu hart.«

1957 wurde er freigelassen.

Heutzutage treffen sich die drei Brüder häufig, sprechen über Politik, haben ähnliche Ansichten. »Wir Brüder sind Nationaldemokraten, Rechte«, sagt Kazimierz Laudański. »Wie man so sagt, *Ordnung muss sein.*«

Aufzeichnungen

11. März 2001

Nach der Bat-Mizwa-Feier. Ich schlief noch, als in Jedwabne der Bischof von Łomża, Stanisław Stefanek, zur Menge der Gläubigen sprach: »Meine Freunde in Warschau, hohe Beamte, haben mir seit langem in der Stille ihrer Büros anvertraut: ›Es wird einen Angriff auf Jedwabne geben, es geht um Geld.‹« Ich höre hier ein Echo der Worte von Primas Glemp, den »ein ernstzunehmender Jude« vor einem Angriff gewarnt haben soll. Und was kann man von den Einwohnern eines verarmten Städtchens erwarten, wenn die Atmosphäre des Gerüchts bis in die Bischofspaläste vordringt.

»Die Ideengeber dieses Angriffs wollen eine neue Spirale des Hasses in Gang setzen«, fuhr der Bischof fort. »Derselbe Hass ließ Nero Rom in Brand stecken und dafür die Christen verleumden.« Das Enthüllen der Wahrheit über Jedwabne ist für ihn, wie er sich ausdrückte, Teil des »Shoah-Business«.

Am Abend rufe ich bei einigen Personen aus Jedwabne an, um sie nach dem Besuch des Bischofs zu fragen.

»Es gab ein Mittagessen in der Pfarrei, danach gingen der Pfarrer und der Bischof zum Ort des Massenmords. Sie haben dort nicht einmal eine Kerze angezündet. Sie standen nur rum und sagten, die Deutschen hätten es getan.«

»Der Bischof traf sich mit dem Komitee zur Verteidigung des guten Namens von Jedwabne und sagte: ›Was wollen sie von euch, meine Lieben? Was wollen sie von eurem Pfarrer, der mit solcher Würde gegen ungerechte Bezeichnungen kämpft?‹«

»Vor der Kirche verteilte Leszek Bubel, dieser verrückte antisemitische Verleger, die *Protokolle der Weisen von Zion* und seine antisemitischen Machwerke, und die Leute rissen sie ihm aus der Hand. Unser Pfarrer als Hausherr hätte ihn hinauswerfen sollen, aber was soll man erwarten, wenn er die Laudańskis in seiner Predigt als Familie polnischer Patrioten bezeichnet hat? Das ist die Besonderheit von Kleinstädten, dass der Pfarrer dominiert. Und jetzt wurde seine Stimme noch durch die Stimme des Bischofs verstärkt.«

»Als der Bischof, von Personen aus dem Komitee zur Verteidigung des guten Namens von Jedwabne umgeben, die Treppe vor der Kirche hinunterging, rief einer von ihnen in Richtung der Reporter: ›Hier am Markt wohnt eine Jüdin, eine getaufte Jüdin. Sie hat den Krieg überlebt. Soll sie sagen, wie es war.‹ Doch sie wird nichts erzählen, sie ist starr vor Angst.«

Bereits vorher hatte ich gehört, dass Helena Chrzanowska, die sich nach wie vor nicht zu einem Gespräch mit mir bereitgefunden hat, eine Geisel der Stadt ist. Der Pfarrer hat ihr jegliche Kontakte verboten, dafür nutzt er sie aus – als Alibi für die Stadt: »Bitte sehr, hier haben wir unsere Jüdin, eine, die von Polen gerettet wurde.«

»Es wird immer schlimmer. Jedwabne ist zu einem Testgelände für radikale nationalistische Gruppen geworden«, sagt mir Stanisław Michałowski, der Vorsitzende des Stadtrats. »Sie überfluten uns mit den Ergüssen ihres kranken Geistes. Was wird es erst geben, wenn sie sich mit einigen unserer Kollegen zusammentun?«

12. März 2001

Auf der ersten Seite der *Gazeta Wyborcza* ein Bild von der Kirche kurz nach der Messe. Der Bischof steht etwas im Hintergrund, vor ihm die Vertreter des Komitees zur Verteidigung des guten Namens von Jedwabne; die Gestalt eines stämmigen Mannes im besten Alter springt in die Augen: Stanisław Janczyk, der Vorsitzende des Komitees.

Ich habe vorher recherchiert, wer die wichtigsten Personen sind, die der Pfarrer für das Komitee ausgewählt hat. Einem ist die Frau weggelaufen, so heftig hatte er sie geschlagen. »Bei seiner Frau und seinen Kindern hat er sich nicht entschuldigt, was wird er sich da bei den Juden entschuldigen?«, erklärte einer meiner Gesprächspartner. Ein anderer arbeitet als Lehrer und Katechet, verdient sich aber in einer Versicherungsfirma für Priester etwas hinzu. Da ihn der Pfarrer gebeten hatte, konnte er nicht nein sagen. Ein Dritter saß für einen besonders schweren Fall von Gruppenvergewaltigung im Gefängnis. Die Frau wurde von den Tätern mit einer Weinflasche in der Scheide zurückgelassen.

Der für Vergewaltigung Verurteilte ist Ratsherr Janczyk, derselbe, der auf dem Bild neben dem Bischof steht. Derselbe auch, der auf der Versammlung des Stadtrates den Bürgermeister und den Vorsitzenden des Stadtrats heftig dafür kritisierte, dass sie am 10. Juli letzten Jahres zum Denkmal gegangen waren. Ich rufe ihn an.

»Wann wird das Komitee offiziell gegründet und seine Zusammensetzung mitgeteilt?«, frage ich.

»Ich werde mit Sicherheit dabei sein. Darüber habe ich mit dem Herrn Pfarrer gesprochen. Sogar Professoren aus Warschau rufen bei ihm an und wollen sich anschließen.«

»Sowohl der Präsident als auch der Primas und der Premierminister haben davon gesprochen, dass Polen an dem Verbrechen beteiligt waren und dass die Notwendigkeit besteht, sich zu entschuldigen.«

»Wenn jemand dummes Zeug redet, kann ich das nicht akzeptieren. Das würde bedeuten, mich selbst zu verurteilen. Und Sie, wenn Sie sich als Polin fühlen, gleich mit. Bischof Stefanek hat gut gesprochen: ›Mögen sie die Wahrheit sagen, mögen sie sagen, wie es war.‹ Der Präsident hat einen Eid geleistet, das Vaterland zu verteidigen, und jetzt erzählt er Dummheiten. Primas Glemp sollte abwarten, bis die Ermittlungen beendet sind.«

»Aber der Pfarrer erklärt bereits vor Ende der Ermittlungen, dass es ein Werk der Deutschen war.«

»Weil der Pfarrer sagt, wie es war. Sie wollen uns anschwärzen. Die die Unwahrheit sagen, das sind keine Eigengewächse aus Jedwabne. Der Bürgermeister ist nicht von hier. Wenn wir die Inschrift auf dem Denkmal ändern, muss man aus Polen fliehen, denn jedes Kind aus Jedwabne wird sofort fortgejagt werden, wenn es irgendwo anders zur Schule kommt. Wasersztejn will, dass die Aufschrift geändert wird, denn er will eine Entschädigung von Polen.«

»Man erzählt sich, Sie seien für Vergewaltigung in einem besonders schweren Fall verurteilt worden.«

»Ich wurde in die Sache reingezogen, weil mein Vater vor dem Krieg Bürgermeister war.«

»Aber Sie sind verurteilt worden.«

»Die Frau ist nach einem Monat gestorben, sie bekam eine Blutvergiftung, denn sie war schwanger, und man hat sich ärztlich nicht ausreichend um sie gekümmert.«

»Wie hoch war Ihr Strafmaß?«

»Zehn Jahre. Sieben Jahre habe ich unschuldig abgesessen. Das war vor mehr als zwanzig Jahren, also bin ich Stand heute nicht vorbestraft.«

»Aber meinen Sie nicht trotzdem, dass Sie nicht die passendste Person sind, um den guten Namen Jedwabnes zu verteidigen?«

»Ich wollte für Polen eintreten, nicht nur für Jedwabne, aber wenn irgendein Rindvieh solchen Unsinn gegen mich hervorkramt, werde ich zurücktreten.«

Ich lasse das Gespräch mit Janczyk in der Redaktion der *Gazeta Wyborcza*. Morgen fahre ich nach Jedwabne. Unser Rechtsanwalt bestätigt, dass der Strafeintrag gelöscht wurde, also ist Janczyk tatsächlich »Stand heute nicht vorbestraft«. Die Leitung der *Gazeta Wyborcza* beschließt, mein Gespräch abzudrucken. Der Lebenslauf einer öffentlichen Person müsse transparent sein, und sie dürfe sich nicht hinter der Verjährung eines Strafurteils verstecken.

13. März 2001

Ich bin für länger nach Jedwabne gekommen, ich will spüren, was in einem Ort passiert, der mit der Erinnerung an ein Verbrechen konfrontiert wird. Ich gehe die Ulica Przytulska entlang, die auf den Marktplatz führt, in der Hand das Verzeichnis der Häuser von Jedwabne und ihrer Vorkriegsbesitzer; es stammt aus dem Jahr 1945, ich habe es im Archiv in Łomża gefunden. Aus den handschriftlichen Tabellen auf großen Kanzleipapierbögen ergibt sich, dass beinahe alle Häuser in der Ulica Przytulska Juden gehört haben.

Ich lese die Namen der Besitzer der Häuser, Plätze und Gärten gleichsam als Elegie zu Ehren des nicht mehr vorhandenen jüdischen Städtchens ab: Całko Wasersztejn, Mejer Grądowski, Jankiel Piekarski, Symcha Grajewski, Jankiel Blumert, Mosiek Kamionowski, Alter Marchewko, Daniel Szklarkiewicz, Mosiek Lasko, Josle Cynowicz, B. Gorfinkiel, Abram Zaborowski, Auhhter Blumert, Osier Krzywonos, Fajba Drejarski, Jutke und Wolf Zimny, Brauszejn Gutman, Kiwi, Szmul Wajsztejn, Abram Zajdensztat, Eli Pecynowicz, Icek Stolarski, Jankiel Semborski, Berek Szmuił, Meszek Zaborowski, Mojsze Białoszewski, Ici Kapuśniak, Jankiel Josel, Berek Jedwabiński.

Hausnummer 3: ein Holzhaus, Nummer 5: ein gemauertes Haus, Nummer 7: ein Holzhaus, alles wie auf der Jahrzehnte alten Liste. Ein etwa vierzigjähriger Radfahrer überholt mich.

»Ich habe bemerkt, dass Sie seit gestern hier herumschnüffeln.«

Ich zeige ihm die Liste und frage ihn, ob er etwas von den Vorkriegsbewohnern gehört habe.

»Sie sind Jüdin, was? Habe ich am Akzent erkannt. Sie haben hier nichts zu suchen. In diesen Häusern haben Deutsche gewohnt.«

Mein Gesprächspartner war früher Fahrer, jetzt lebt er, nach eigener Auskunft, von nichts, Sozialhilfe bekomme er nicht.

»Vielleicht war jemand böse auf die Juden, da musste er ihnen etwas antun. Es war ja auch nicht nur Jedwabne, sondern auch Stawiski, Wąsosz, Wizna und Radziłów«, zählt er mir auf, weiß also einiges darüber, was hier vor sechzig Jahren passiert ist. »Warum herrscht da Ruhe? Weil unser Bürgermeister Juden reingelassen hat und der von Radziłów nicht. Meine Mutter hat gut von den Juden geredet, weil sie ihr Arbeit gegeben haben.«

Ich klopfe der Reihe nach an die Türen. Vielleicht hat jemand, der hier wohnt, in seiner Kindheit mit einem der jüdischen Kinder aus der Przytulska gespielt?

Ein Haus auf der Seite mit den geraden Nummern. Auf dem vermüllten Hof, neben einem baufälligen Schuppen hackt eine alte Frau Holz. Ich frage sie, ob sie sich vielleicht an die Namen ihrer jüdischen Freunde aus der Zeit vor dem Krieg erinnern kann.

»Machen Sie mir keine Angst. Wer fremdes Eigentum besitzt, der mag zittern, aber dieses Haus ist nach dem Krieg gebaut worden. Ich weiß nicht, wer hier vorher gewohnt hat. Mir ist egal, wer wen ermordet hat. Warum sollte mich das etwas angehen? Ich bin ja nicht von hier. Und jetzt kommen sie angefahren, geben Wodka aus, stecken Geld zu, da findet sich immer einer, der ihnen sagt, was sie hören wollen. Und dann beschuldigt man die Polen.«

»Warum hat dann der Primas gesagt, dass ›die Beteiligung von Polen am Verbrechen in Jedwabne unstrittig ist‹?«

»So was hat er nicht gesagt, das wäre eine Lüge.«

Ich versuche mein Glück bei den Häusern mit ungeraden Hausnummern.

Das gemauerte Haus Ulica Przytulska 1 steht leer, auf dem Hof türmt sich der Müll. Früher gab es hier ein Internat. Bei Nr. 3 tritt eine ältere Dame auf die Schwelle. Ich erfahre, dass in diesem Haus Deutsche gewohnt haben und sie selbst in den sechziger Jahren aus Wizna hierhergezogen ist. Sie erklärt mir in herzlichem Ton und ohne die Wut, der ich gewöhnlich begegne, wie es wirklich war: »Mein Vater fuhr einmal nach Wąsosz, um Getreide zu holen – das war 1941, aber die Deutschen waren noch nicht einmarschiert –, und traf dort zwei Juden. Die zeigten ihm Kirschblätter, und die waren in jenem Jahr braun und verkümmert, ein Zeichen, dass der Herr Jesus den Befehl gegeben hatte, dass ›Blut über euch und eure Kinder kommen wird‹. Sie hatten das aus dem Talmud entnommen, dass sie durch göttlichen Ratschluss dazu bestimmt waren zu sterben, und sie hatten sich damit abgefunden.«

Mir von einer freundlichen alten Dame antisemitischen Unsinn anzuhören, ist wohl noch unangenehmer als dem offen antisemitischen und unsympathischen Pfarrer zuzuhören.

Ein Mann in Nr. 5: »Ich bin 1931 geboren, aber nach dem Krieg hier gelandet. Gross schreibt die Unwahrheit. Als ich hierherkam, lebten noch viele Leute und erzählten, wie die Juden von den Deutschen durch die Stadt getrieben wurden.«

Bei Nr. 7 redet ein elegant gekleideter Firmeninhaber in seinen Dreißigern mit mir über den Zaun hinweg: »Juden haben Ämter sowohl in der Regierung als auch in der Kirche inne. Warum grabt ihr das aus? Das ist eine Goldader. Die Juden wollen jetzt Geld von uns. Die Journalisten, die hierherkommen, sind jüdische Bürger. Gross sieht nicht ganz normal aus. Die Juden benehmen sich, als wären sie hier zu Hause, aber wenn ich im Ausland bin, darf ich auch nicht alles. Es war ein Fehler der Stadtobrigkeit von Jedwabne, dass sie die Journalisten reingelassen haben, um die jüdische Wahrheit auszugraben. Das ist nicht unsere Wahrheit.«

Die polnische Wahrheit, die jüdische Wahrheit. Für viele Bewohner ist es offensichtlich, dass es hier zwei unterschiedliche Wahrheiten gibt.

Nummer 9, eine Sattlerei. Ein etwa 40-jähriger Mann steht in der Tür. Wie sein Vorgänger spricht er mit mir, ohne zu öffnen: »Ich äußere mich nicht zu politischen Themen«, sagt er kühl und schließt die Haustür hinter sich.

So sieht also der Schwiegersohn des charmanten Ehepaars Cytrynowicz (und der Sohn eines der am Verbrechen Beteiligten) aus.

Hier mache ich Schluss. Im nächsten Haus wohnt Janina Biedrzycka, ihre Ansichten kenne ich bereits.

Mit Stadtplänen durch Jedwabne zu laufen, auf denen der ehemalige jüdische Besitz markiert ist, war vielleicht keine besonders glückliche Idee. Ich falte meine Papierbögen zusammen und stecke sie in den Rucksack. Ich spreche die Einheimischen auf dem ehemaligen Alten Markt an und frage sie, wo vor dem Krieg die Synagoge gestanden hat. Sie antworten höflich, dass sie es nicht wissen, obwohl sie das Recht hätten, von den Hunderten Fragen all der Journalisten müde zu sein, die in letzter Zeit die Stadt besuchen. Radioreporter laufen über den Marktplatz und strecken jeder Person, die sie treffen, ein Mikrofon entgegen, Kameras machen Filmaufnahmen, vor dem Rathaus parken Autos westlicher Fernsehteams.

Nach meiner Rückkehr ins Hotel lese ich abends in der *Gazeta Wyborcza* vom Wahlparteitag des Bündnisses der Demokratischen Linken (SLD) am Sonntag in Łódź. Im Fall von Jedwabne kann es nie ein Zuviel an Bedauern und Entschuldigungen geben, sagt der Parteivorsitzende Leszek Miller, und als er auf der Pressekonferenz gefragt wird, woher man wissen könne, was dort tatsächlich passiert sei, antwortete er, dass er allen empfehle, den Text von Anna Bikont in der *Gazeta Wyborcza* zu lesen.

14. März 2001

Jedwabne. In der Ulica Przytulska ein Laden mit der Aufschrift »Westkleidung«, an der Tür ein Pappschild: »50% Rabatt«. Gestern war es geschlossen.

»Ich bin nicht von hier«, sagt mir eine freundliche ältere Verkäuferin, »aber ich habe gehört, dass dieses Haus nach dem Krieg gebaut wurde.«

Ich frage, wie das Geschäft läuft.

»Schlecht. Es kommen nur die mit Geld.«

Ich werde Zeugin eines Krawattenkaufs: Ursprünglich hatte sie einen Zloty gekostet, jetzt ist sie auf 50 Groschen herabgesetzt.

In das Lebensmittelgeschäft am Markt kommt ein fahrender Händler – früher wäre es ein Jude gewesen – und bietet Kurzwaren feil: ein Zentimetermaß, eine Schere, ein Nähset, 12 Farben, zusammen 8 Zloty. Die Verkäuferin sieht sich die kleine Schachtel interessiert an. »Kommen Sie morgen wieder, ich hole Geld und kaufe es.«

Zu Besuch im Rathaus.

»Sie haben uns in diesem Jahr das Budget gekürzt«, sagen Mitarbeiter des Sozialamts. »Das Geld, dass wir letztes Jahr für die Übergangshilfe hatten, wäre unsere Rettung, dann könnten wir die Bedürftigsten entschulden.«

Aus dem, was sie sagen, ergibt sich das Bild einer im Abstieg befindlichen Kleinstadt, der es nicht gelungen ist, sich in der neuen Realität zurechtzufinden. Früher war hier eine Unterwäschefabrik, in der Damenslips und Büstenhalter genäht wurden, aber sie wurde gleich nach der Wende geschlossen. Es gab eine landwirtschaftliche Genossenschaft, von ihr ist nur das Gebäude geblieben. Arbeit kann man in der Genossenschaftsbank, im Rathaus, in der Schule u.dgl. suchen. Außerdem gibt es Geschäfte, eine Arztpraxis, einen Tierarzt, zwei Friseure, eine Post – das ist alles. Wenige private Firmen beschäftigen nur wenige Leute: Kruszywa baut Kies ab, Polbruk produziert Steine für den Gehweg, Sonarol montiert Fenster, Viga treibt allen möglichen Handel. Letztes Jahr ist nach zwei Jahren Betrieb Ital-Polfin pleitegegangen.

»Außer der Gewohnheit gibt es wohl kaum einen Grund, hier zu leben«, sagen meine Gesprächspartner, »aber auch wenn man weggehen wollte, ist es schwer, die Wohnung zu verkaufen, viele Häuser stehen leer.«

Unerwartete Wirkung meines *Gazeta Wyborcza*-Artikels über die Laudańskis. Eine der Frauen im Rathaus sagt: »Es ist doch klar, dass das alles die Laudańskis waren, die sich dann so schnell wie möglich aus dem Staub gemacht haben. Was kann denn die Stadt dafür?«

Ich schaue beim Bürgermeister vorbei.

»Wir haben um die vierzig Prozent Arbeitslosigkeit in der Stadt«, sagt Godlewski. »Und man muss noch die versteckte Arbeitslosigkeit auf dem Dorf hinzurechnen, wo auf kleinen Höfen von wenigen Hektar jeweils mehrere Arbeitskräfte beschäftigt sind. Die Leute haben das Gefühl, dass es ihnen schlechter geht als vor 1989. Die von Armut betroffenen Gebiete weiten sich aus. Zur Zeit des Kommunismus konnte man sich kaum in den Morgenbus nach Łomża quetschen, die Baumwollbetriebe beschäftigten dreieinhalbtausend Leute. Es gab auch sehr viel fiktive Arbeit, die Geschäfte waren staatlich, es gab wenig Waren und viele Angestellte, aber immerhin verdiente man ein bisschen was. Vielleicht reagiert deshalb ein Teil der Einwohner von Jedwabne aggressiv. Sie sind deprimiert, und von Menschen, die das Leben mitleidlos behandelt, kann man kaum höhere Gefühle erwarten.«

Besuch im Sitz einer weiteren Behörde. (»Nur schreiben Sie um Gottes willen nicht, mit wem Sie gesprochen haben.« »Stecken Sie am besten Ihr Notizbuch ein, dann werden wir offen mit Ihnen reden.«)

»Sind Sie von hier?«

»Ich leider ja.«

»Meine Eltern sind erst nach dem Krieg gekommen, im Jahr 1951, heute würde man sagen zum 10. Jahrestag der Judenverbrennung.«

»Ich bin 1974 gekommen, deshalb konnten meine Eltern keine Juden zusammentreiben.«

»Meine Kolleginnen und ich haben überlegt, wie wir meine Geburtsurkunde ändern könnten«, seufzt die Erste. »Denn es ist ja eine Schande, es zuzugeben. Vielleicht bitte ich sie darum, bei mir Kossaki reinzuschreiben, dort bin ich aufgewachsen, das gehört zur Gemeinde Jedwabne, aber man sieht es nicht gleich.«

»Meine Tochter hat ihre Magisterarbeit verteidigt«, erzählt die Zweite. »Sie haben ihr die Note runtergesetzt, und vorher hatten sie sie gefragt, ob sie aus Jebwabne ist. Man hört in der Stadt schon viel davon, dass es Probleme mit den Visen gibt.«

»Unsere Kinder genieren sich«, sagt die Dritte. »Mein Sohn hatte einen Werbekuli von ›Sonarol.Jedwabne‹. Als ich bei ihm in Białystok anrief, sagte er mir, dass er ihn versteckt hat. 24 Jahre alt, Student, und schämt sich für einen Kugelschreiber. In der heutigen Zeit will mir einfach nicht in den Kopf, dass man seinen Nachbarn umbringt, weil er eine andere Religion hat.«

Der Mann einer der Beamtinnen kommt herein.

»Gross hat von drei Säufern in der Kneipe erfahren, was hier angeblich vorgefallen sein soll, und je mehr Bier er ausgab, umso mehr ist los gewesen.«

»Sind Sie sicher«, frage ich ihn, »dass es wirklich so war: Erst hat sich Gross mit Säufern getroffen, und dann haben der Premierminister, der Präsident und der Primas davon gesprochen, dass Polen am Verbrechen beteiligt waren?«

»Und werden die Juden sich dafür entschuldigen, dass sie Polen an den NKWD denunziert haben?«

»Franek, du gehst jetzt besser«, beruhigt ihn seine Frau.

Ich möchte Halina Popiołek, der einzigen Person in Jedwabne, die seit langem zum Denkmal geht und am Jahrestag des Verbrechens ein Grablicht anzündet, die *Gazeta Wyborcza* mit meinem Laudański-Artikel bringen. Ihre Nichte öffnet die Tür. Als sie mich sieht, schreit sie:

»Sie ist nicht da. Wissen Sie, wie alt meine Tante ist? Und was sie für Unwahrheiten erzählt? Kommen Sie bitte nicht wieder!«

Ich versuche höflich zu widersprechen, ich wolle ihr nur meinen Artikel bringen, weiter nichts.

»Gehen Sie bitte, auf der Stelle. Ich lasse keine Journalisten auf mein Grundstück, denn die Konsequenzen habe nachher ich zu tragen.«

Von gegenüber ruft mich ein jüngerer Mann und lädt mich zu sich ein. Er dürfte Mitte dreißig sein.

Es stellt sich heraus, dass er ein Verwandter von Frau Popiołek ist, Henryk Bagiński. Er fährt sie immer an den Ort des Verbrechens.

»Meine Frau ist arbeitslos, ich bin arbeitslos, aber hier erzählen sie, dass man uns gut dafür bezahlt, dass wir manchmal eine Kerze anzünden. Und dass wir auf jüdischem Geld sitzen. Sie rufen bei meiner Tante an und sagen ihr, sie würden sie verbrennen. Wäre ja auch ein Leichtes, nachts Benzin durchs Fenster zu schmeißen, und wer wird den Täter dann finden?«

Ich habe mir angewöhnt, zwischen zwei Treffen in Jedwabne nach Przestrzele zu den Dziedzic' zu fahren, obwohl das eine ziemliche Strecke ist. Ich kenne in Jedwabne ein paar Menschen, die ähnlich empfinden wie Leszek Dziedzic, aber ich kenne niemanden, dessen Stimme genauso klar wäre: ja, ja – nein, nein, unabhängig davon, ob er mit mir spricht oder mit seinem Nachbarn. Er hat aus diesem Grund kein leichtes Leben. Erzählt mir von den Spitzen, die er ständig zu hören bekommt.

»Was sie gegen uns im Schilde führen, wissen wir nicht. Ich glaube nicht, dass sie unser Haus anstecken werden, aber sie können uns das Leben schwer machen, es reicht ja, dass der Nachbar etwas in die Milchkannen wirft, die Milch fällt durch die Qualitätskontrolle, und wovon sollen wir dann leben?«

Ich frage ihn, ob er nicht daran gedacht hat, dauerhaft nach Amerika auszuwandern, da ja schon seine ganze Familie dort wohnt.

»Meine Brüder, meine Mutter, alle kommen gut zurecht, aber ich eigne mich nicht dafür, woanders als auf meiner eigenen Scholle zu leben. Ich bin sehr gerne Bauer. Was ich in Amerika verdiene, das geht in die Scholle, und jedes Jahr hoffe ich, dass sie es mir zurückgibt, doch ich muss warten, bis die Wirtschaft besser läuft. Hier ist meine Scholle und von hier wird mich niemand vertreiben oder mir verbieten, das zu sagen, was ich will.«

Spätabends im Haus von Bürgermeister Krzysztof Godlewski. Voller Begeisterung zitiert er mir aus einem Interview, das Rabbi Jacob Baker einem polnischen Journalisten gegeben hat. Baker, der vor dem Krieg als junger Mann aus Jedwabne nach Amerika ausgewandert war, hat 1980 zusammen mit seinem Bruder Julius, ebenfalls Rabbiner, das *Jedwabner Gedenkbuch* herausgegeben, in 100 Exemplaren: »Ich könnte zahlreiche Beispiele dafür anführen, dass Juden und Polen in Jedwabne einträchtig zusammengelebt haben. Wir haben einander vertraut.« »Ich wuchs mit Polen auf, hatte Freunde, wir waren wie eine Familie.« »Als Volk seid ihr anständige Menschen. Aber leider sind einige der Nazipropaganda erlegen.« Für besonders wichtig hält Godlewski die Worte des Rabbiners, wonach am Verbrechen nicht die Mehrheit der Einwohner von Jedwabne beteiligt gewesen sei, sondern »lediglich eine Gruppe von Schurken und Gaunern aus den umliegenden Dörfern, die die Gier nach jüdischem Besitz verblendet hatte«.

»Was für eine großartige Gestalt, ich möchte ihm die Hand drücken«, sagt er. »Jetzt werden die Leute verstehen, dass die Juden nicht alle beschuldigen, sondern nur ein paar Verbrecher. Es haben sich ein paar Schurken gefunden, die sich den Deutschen angeschlossen haben, und für sie sollten wir uns schämen, aber es war doch nicht die Gesellschaft, die das getan hat. Ich respektiere Gross, aber hier hat er übertrieben.«

»Aber kann man sich überhaupt Hoffnungen machen«, fragt er nach einer Weile beunruhigt, »dass am 10. Juli Rabbi Baker aus dem ermordeten Volk und unser Bischof, der vom Shoah-Business spricht, nebeneinanderstehen werden?«

Ich habe einen Ausdruck des *Jedwabner Gedenkbuchs* aus dem Internet dabei, aber ich wage nicht, Godlewski daraus vorzulesen, um seine Illusionen nicht zu zerstören. Dort drückt sich Rabbi Baker völlig anders aus:

»Nach schändlichen Grausamkeiten von Seiten ihrer christlichen

Nachbarn, die dafür von der Nazi-Obrigkeit die Erlaubnis erhalten hatten, wurde die geschwächte jüdische Gemeinschaft von Jedwabne – 1400 Menschen – in eine Scheune getrieben und dort bei lebendigem Leibe verbrannt. Wir sind überzeugt, dass das jüdische Jedwabne es während der Jahrhunderte seines Bestehens mit den gleichen rohen, unmenschlichen Nachbarn zu tun hatte. So stellt sich die Frage: Wie ist es ihnen gelungen zu überleben.«

Die Vision der jüdisch-polnischen Beziehungen in Jedwabne als eines jahrhundertelangen Albtraums unter grausamen Nachbarn ist zweifellos eine Übertreibung, wenn man sich auch leicht vorstellen kann, dass ein Mensch, dem Polen einen großen Teil der Familie ermordet haben, die Dinge so sieht. Im ganzen Buch gibt es nur wenige Episoden, die darauf hindeuten, dass diese Beziehungen manchmal auch gut waren, etwa die von Gross zitierte Beschreibung, wie ein Priester Arm in Arm mit einem Rabbiner spazieren geht. Jetzt hat Rabbi Baker seinen Standpunkt beinahe um 180 Grad geändert und stellt idyllische Erinnerungen in den Vordergrund. Hat es ihn so berührt, dass Polen bereit ist, sich mit der Last des Verbrechens auseinanderzusetzen? Vielleicht ist er zu der Auffassung gelangt, dass er durch das Aussprechen dessen, was Godlewski treffend als die einfache Wahrheit bezeichnete, in Polen die Herzen der Menschen erreicht? Oder dass es so besser sein wird für die Juden? Ich muss ihm diese Fragen einmal stellen.

Ich kehre nach Mitternacht in mein Hotel zurück und lese noch lange im *Gedenkbuch*. Die erste Gruppe von Juden kam 1660 aus Tykocin nach Jedwabne. Die ältesten Aufzeichnungen über die Synagoge von Jedwabne stammen aus dem Jahre 1771, es geht um ihren Ausbau, also muss sie schon einige Zeit bestanden haben. 1913 brannte sie bis auf die Grundmauern ab. Das Feuer soll eine Bäuerin verursacht haben, der beim Melken die Petroleumlampe umfiel. Als das Heu in Brand geriet, lief die Frau los, um Wasser zu holen, statt das Feuer gleich mit Milch zu löschen. Die Feuersbrunst, der die Synagoge und drei Viertel der Häuser zum Opfer fielen, erschienen den folgenden Generationen Jedwabner Juden als das größte vorstellbare Unglück, das ihr gottesfürchtiges Städtchen treffen konnte.

Im Gedenkbuch gibt es zahlreiche nostalgische Erinnerungen, die meisten davon in Jiddisch. »Obwohl noch vor fünfzehn Jahren auf Treffen der Jedwabner Gemeinschaft in New York Jiddisch die vorherrschende Sprache war [...] verstehen beinahe 70% [dieser Gemeinschaft] einfach kein Jiddisch mehr. Wir mussten daher den größten Teil dieses Buchs in Englisch und Hebräisch umschreiben, übersetzen und umarbeiten.«

Am weitesten zurück reicht die Erinnerung von Hersz Cynowicz. Seine Großmutter Malke erzählte ihren Enkelkindern von den napoleonischen Heeren, die auf Moskau marschierten, und von den Soldaten, die in Jedwabne in jüdischen Häusern einquartiert waren.

Einige der Autoren erinnern sich an das Leben um 1900. Sie schildern die Dorfschneider, die von Ort zu Ort zogen, um Kleidung zu flicken, zu nähen und zu kürzen. Manchmal blieben sie monatelang von zu Hause fort und trugen ihr Kochgeschirr bei sich, um die koschere Küche zu beachten. Der Melamed lehrte die Kinder die Gebete sowie das Schreiben und Lesen von Jiddisch, wobei er erprobte altmodische Methoden verwendete: Respekt verschaffte er sich mit dem Gürtel, und mit dem Lineal wurde das Wissen in den Kopf geprügelt. Solche Zwergschulen befanden sich meist in einem Zimmer mit Küche, wo der Lehrer mit seiner Familie wohnte. In Jedwabne gab es auch besser ausgestattete Schulen mit Bänken und Tintenfässern, die von besser ausgebildeten Lehrern betrieben wurden, aber nicht jeder konnte sie sich leisten.

Wie Tzipora Rothchild erzählt, lösten die Nachrichten über Arbeiterproteste auch in Jedwabne, das vor dem Ersten Weltkrieg eine ruhige Ortschaft am Rande des russischen Reiches war, einen Ein-Personen-Streik aus: »Arie, der Sohn von Rabbi Nachum Mosze Piątkowski, entschloss sich, seinen Vater zu bestreiken. Als Rabbi Nachum Mosze ihn da mit einem eisernen Felgenband schlug, schrie Arie vor Schmerz und ließ seinen Vater wissen: ›Ich bin Sozialist, ich will nachts keine Überstunden machen!‹ So musste ihn sein Vater nach Amerika schicken, damit er nicht die Angestellten mit der Seuche des Sozialismus ansteckte.«

Im Gedächtnis der Nachkommen hat sich auch die Anekdote von Józef Szymon Markusz erhalten, dem einzigen Menschen, der es gewagt hatte, den geistigen Führer der Gemeinschaft, Rabbi Józef Chower, zu kritisieren. Dies geschah etwa im Jahre 1850, während des Gottesdienstes. Der Rabbi sprach von der Beleidigung Gottes seitens jener Juden, die Schmuggel über die preußische Grenze betrieben und es so vermieden, Steuern an den Staat zu zahlen. Markusz, der seinen Platz unter den Vermögendsten hatte, stand auf und unterbrach den Rabbi: »Wenn das wirklich so ist, dann sage, warum du das Amt des Rabbiners in einem Grenzort angenommen hast?« Es unterliegt keinem Zweifel, dass die Blüte, die Jedwabne damals erlebte, wie bei anderen kleinen Grenzstädten auf diesem Schmuggel beruhte.

15. März 2001

Um 11 Uhr besuche ich die Redaktion von *Kontakty* [Kontakte], einer Wochenzeitschrift, die als Erste, noch in den achtziger Jahren, eine Reportage über das Verbrechen veröffentlicht hat. Ich bin mit dem Chefredakteur Władysław Tocki verabredet.

»Vor zwanzig Jahren habe ich zum ersten Mal davon gehört«, erzählt mir Tocki. »Ich arbeitete an einem Text über Totengräber, und so kam ich auf den Friedhof von Jedwabne. Dort traf ich zufällig den Geschichtslehrer Jerzy Ramotowski, der überraschend zu reden begann. Nach einigen Sätzen brach er ab: ›Mehr bekommst du nicht aus mir heraus, und wenn du das aufschreibst, werde ich alles abstreiten. Du wirst das nicht verstehen. Hier standen zweihundert Häuser, in denen Juden wohnten. Sie sind verschwunden, aber ihre Habe ist geblieben. Daran haben sich fast alle beteiligt. Daher wird dir niemand in der Stadt sagen, was hier passiert ist.‹

Ich versuchte mit den Bewohnern zu sprechen, stieß aber auf eine Mauer des Schweigens. Wenn die Deutschen es getan hätten, dann hätten sie ja geredet. Mit ihrem ganzen Verhalten haben sie die Tatsache dieses Verbrechens bestätigt. Den Hauptbeweis für ihre Schuld hat dieses Schweigen erbracht.«

In *Kontakty* erschien 1993 ein Artikel über das Verbrechen in Radziałów, 1995 einer über das Verbrechen in Wąsosz und im Jahr 2000 erneut einer über das Verbrechen in Jedwabne. Keine Reaktion. Nichts. Tiefes Schweigen.

»Die einzige Reaktion, mit der ich zu tun hatte«, sagt Tocki, »das waren im Sommer 2000 einige Besucher auf unserer Internetseite, die schrieben: ›Redakteur Tocki, fraglos ein Jude.‹«

Er erwähnt andere »weiße Flecken«, von denen die Historiker sich fernhielten, die aber *Kontakty* aufzuhellen versuchten:

»Soweit ich das beurteilen kann, war das Maß an Kollaboration der ortsansässigen Bevölkerung mit den Sowjets beträchtlich. Die Funktionäre der SN in der Vorkriegszeit wurden von den Russen festgenommen. Man sagte ihnen: ›Entweder arbeitest du mit uns zusammen, oder wir deportieren dich mit der ganzen Familie.‹ Wenn ein Jude kollaborierte, dann prahlte er damit. Er hatte immer davon geträumt, in Uniform und mit Gewehr paradieren zu können. Von einem Polen erfuhr man es erst, wenn er enttarnt wurde.«

Gegen Mittag bin ich in Jedwabne. Ich erfahre, dass am Morgen ein Bagger zum Denkmal gefahren ist und den Stein mit der Aufschrift, dass die Juden von der Gestapo und der Nazi-Gendarmerie ermordet worden seien, mitgenommen hat. Die Aktion war blitzartig, niemand war benachrichtigt worden, »um Zwischenfälle zu vermeiden«.

Es ist praktisch unmöglich, zum Ort des Verbrechens zu fahren. Auf dem lehmigen Weg gähnen große Löcher, welche die hier entlangfahrenden Sattelschlepper hinterlassen. Wo die Scheune stand: festgestampfte Erde. Ringsherum sind Felder und gegenüber ein Haselwäldchen, es verbirgt die Grabsteine, die hier und da aus der Erde ragen, man muss genau hinsehen, um sie zu bemerken.

Ich schaue bei Henryk Bagiński vorbei und treffe bei ihm Frau Popiołek an. Ihre Nichte hat ihr verboten, irgendjemanden bei sich zu Hause zu empfangen.

»Die Leute haben nichts gesehen, aber Lüge schreien, das tun sie«, sagt sie. »Hätten sie das gesehen, was ich gesehen habe …«

»Meinen Sie, dass es in Ihrer Stadt viele Menschen gibt, die Mitgefühl für die Ermordeten haben?«

»Nein, nur wenige. Denn der Pfarrer schreit, dass es nicht wahr ist. Am meisten leide ich unter der Feindseligkeit im eigenen Haus, das tut so weh, es ist so erniedrigend. Wenn es zu Exhumierungen kommt, werde ich an der Obduktion teilnehmen. Anfangs habe ich mich gefreut, dass die Wahrheit ans Licht gekommen ist. Ich betete: ›Mach, dass das Gute siegt, o Herr!‹ Jetzt aber weine ich nur noch. Wenn sie mich umbringen, dann soll es so sein, da kann man nichts machen.«

»Niemand verteidigt meine Tante, alles nur wegen dieser Einschüchterung«, sagt Bagiński. »Die Journalisten haben meine Tante befragt, das Gespräch mitgeschnitten, und dann haben sie sie im Wasser zurückgelassen, ohne zu fragen, ob sie schwimmen kann. Jemand sollte endlich im Fernsehen auftreten und sagen, dass man für die Behinderung der Ermittlungen mit Konsequenzen zu rechnen hat.«

Wie alle anderen auch zappen sich die Bagińskis durch die Programme, um zu sehen, ob nicht irgendein Fernsehsender etwas über Jedwabne bringt: TVN, denn in der Stadt waren Kameras mit dem Logo zu sehen. TVP1, denn dort hatten sie eine Studiodiskussion angekündigt. »Nachrichten«, »Panorama«, Telewizja Białystok, denn da soll es eine Reportage geben. Ich sehe das lachende Gesicht von Sylwia, der hübschen Tochter der Bagińskis, die seit Jahren nicht zur Schule geht, sondern wegen einer chronischen Krankheit zu Hause unterrichtet wird: Sie freut sich, dass sie für einen Augenblick im Fernsehen auftaucht.

Wir sehen uns gemeinsam die Reportage an. Ein Journalist liest einen Brief vor: »Wir protestieren gegen die Befleckung des guten Namens unserer Stadt.« Meine Gastgeber kommentieren aufgeregt.

»Warum sind sie mit dem Brief nicht bei uns vorbeigekommen?«, überlegt Bagiński. »Wussten sie, dass wir nicht unterschreiben würden? Aber woher hätten sie das wissen sollen?«

»Warte mal«, sagt seine Frau. »Die sind doch gestern hier gewesen, mit einem Schreiben, dass die Ulica Kościuszki instand gesetzt werden soll. Sie sagten: ›Unterschreib hier, damit sie für uns eine Straße bauen, statt für die Juden.‹ Sie hatten drei Briefe dabei. Vielleicht war der dritte ja dieser?«

Aber er war es nicht. Die Welt des Fernsehens hat sich mit der realen Welt vermischt. Telewizja Białystok hat eine Reportage gesendet, die vor einigen Wochen gedreht worden war, und eine bereits nicht mehr aktuelle Angelegenheit betraf: einen Brief des sich damals bildenden Komitees zur Verteidigung des guten Namens der Stadt, in dem protestiert wurde gegen »eine weltweite, mit unglaublichen Methoden arbeitende Kampagne, die ganz Polen beschmutzt«. In der Stadt gingen damals Gerüchte um, dass ein Brief an den Sejm geschickt worden sei im Namen der Einwohner, aber ohne Unterschriften. Tatsächlich blieben die Unterzeichner anonym.

Der Brief hingegen, der gestern zu meinen Gastgebern gelangte, kam auf Initiative der Ratsherrin Zenona Kurkowska zustande. Sie hatte die Idee, die Zuschüsse für eine Renovierung des Straßenpflasters auf dem Marktplatz und auf der Straße, die zur Scheune führte, zwar anzunehmen, sie jedoch für Straßen auszugeben, die für die Bewohner von Nutzen sind, d. h. das Kopfsteinpflaster der Ulica Kościuszki im Stadtzentrum durch Asphalt zu ersetzen. Inzwischen sammelt sie Unterschriften für dieses Projekt.

Ich bin im Rathaus schon so sehr heimisch geworden, dass ich dort vorbeischaue, selbst wenn der Bürgermeister nicht da ist, an seinem Tisch Platz nehme, Tee mit Zitrone bekomme und die geführten Gespräche in meinen Laptop eingebe. So einen eigenen Platz zu haben ist unbezahlbar. Leider ist das Rathaus nur bis 16 Uhr geöffnet. Weder in Jedwabne noch in Radziłów gibt es einen Ort, an dem ich Tee trinken könnte, außer der Kneipe, in der ich die einzige Frau unter angetrunkenen Männern wäre. Wenn ich in Radziłów erfahre, dass mein Gesprächspartner in zwei Stunden da sein wird, fahre ich in der Zwischenzeit nach Jedwabne zurück, denn dort habe ich überhaupt keinen Ort, an dem ich mich aufhalten könnte. Jetzt ist das Wetter besser, aber im Februar war ich an manchen Tagen 200 Kilometer auf den schlecht geräumten Straßen zwischen Łomża, Radziłów und Jedwabne unterwegs.

Ich mache in einem Mietshaus in Jedwabne eine systematische Umfrage, klopfe der Reihe nach an alle Türen und spreche die Bewohner an, dass ich von der Idee gehört hätte, die örtliche Schule nach Antonina Wyrzykowska zu benennen. Denjenigen, die nichts von ihr gehört haben, erkläre ich, dass Wyrzykowska während des Krieges sieben Juden versteckt hat. Was ich über sie zu hören bekomme, eignet sich nicht zur Wiedergabe.

Von einem Bewohner erhalte ich einen Zettel mit dem Gedicht »Die Wahrheit über Jedwabne«, unterschrieben: Jan Gietek, Poredy.

Die Deutschen waren es, Herr Gross, das ist kein Spaß,
Du kannst die Polen mal du-weißt-schon-was.
Die Juden, falscher Nachbar, halfen mit voll Fleiß,
Als man die Polen schickte weit in Schnee und Eis.
Auch dass sie Judas einst die Silberlinge gaben,
Es scheint, dass sie das ganz vergessen haben.
Ist es nun Mode, dass man nach Vergebung fragt,
Für das, was man gemacht oder gesagt,
Sind sie doch wohl als Erste dran,
Die Kreuzigung, die haben sie getan.

Das per Kopierer vervielfältigte Gedicht wird in Jedwabne von Hand zu Hand weitergegeben, wie ein Flugblatt der Solidarność zur Zeit des Kriegsrechts.

Zufälliges Gespräch mit Krystyna N., einer Bewohnerin von Jedwabne, etwa 40 Jahre alt: »Ich wusste von klein auf, dass es unsere Leute waren, die die Juden in der Scheune verbrannt haben. In meiner Familie hat niemand bei den Juden Beute gemacht. Ich erinnere mich an Erzählungen meiner Mutter, dass Juden so lange im Keller versteckt gehalten wurden, bis man ihnen das gesamte Vermögen abgenommen hatte, dann wurden sie ermordet. Meine Schwester und ich haben uns das Judendenkmal vor etwa zwei Jahren angesehen. Da war ein Hakenkreuz draufgemalt. Ich habe Ihren Text über die Laudańskis gelesen – die Mörder gehen heute erhobenen Hauptes über die Straße. Es ist schwer, in unserer Stadt zu wohnen. Sie hat sich in zwei Lager aufgespalten. Wenn man in unsere Herzen sehen könnte, dann sind die, denen die Ermordeten leidtun, in der Überzahl, aber von außen sind die,

die gegen die Feierlichkeiten sind, sichtbarer, denn die sind laut. Meine Schwester, die 100 Kilometer von hier entfernt wohnt, hatte spontan angerufen, dass sie eigens anreisen würde, aber als ich ihr erzählte, was in der Stadt los ist, hat sie Angst bekommen.«

Ich frage meine Gesprächspartnerin, ob Menschen, die so denken wie sie, nicht öffentlich zeigen könnten, dass sie existieren, indem sie ein Komitee für die Feierlichkeiten gründen.

»Warum soll ich mich irgendwo engagieren? Komitees werden von Schreihälsen gegründet. Aber ich – wenn ich nur daran denke, muss ich gleich weinen.«

In Łomża bei den Cytrynowiczs. Ich versuche, von Jan und Pelagia zu erfahren, wie es möglich war, so viele Jahre unter den Mördern zu wohnen, wie sie das ausgehalten haben. Aber anscheinend drängt sich nur mir eine solche Frage auf. In Jedwabne lassen sich die Menschen nicht aufteilen in die einen, die an Mord und Raub teilgenommen haben, und die anderen, die damit nicht einverstanden waren.

»Kaum war ich nach dem Krieg nach Jedwabne gekommen«, erzählt Jan, »ließ ich Stanisław Sielawa die Tür für meine Werkstatt anfertigen. Wenn ich damals gewusst hätte, was er getan hat, hätte ich ihn vielleicht nicht genommen. Aber ich bin aus Wizna, in Jedwabne war ich fremd, doch ihn kannte ich, denn vor dem Krieg hatte er für den Tierarzt als Fuhrmann gearbeitet und war regelmäßig mit zum Schlachthof nach Wizna gekommen. Man war jung, nahm sich das alles nicht so zu Herzen. Schwamm drüber, es war ja Krieg.«

Als Cytrynowicz wegen irgendwelcher Wirtschaftsstraftaten verhaftet wurde, saß er mit Roman Górski, einem der im Prozess von 1949 Verurteilten, in einer Zelle. »Mir gegenüber ließ er keinen Antisemitismus spüren, sprach nicht über Juden«, lobt er seinen Mitgefangenen, »und nachdem er aus dem Gefängnis freigekommen war, kaufte er bei mir den Teil eines Pferdegeschirrs.«

Abends im Hotel lese ich einen Text, der an vertrauenswürdige Mitarbeiter einer Behörde in Łomża verteilt worden ist. Die sorgfältig auf Kreidepapier herausgegebene Broschüre »Co i jak się stało w Jedwabnem« [Was ist in Jedwabne geschehen, und wie?], die von Auslandspolen in Übersee stammt, beginnt mit dem Satz: »Es gibt kein Verbrechen in der polnischen Geschichte, das die Juden nicht vorher selbst begangen hätten.« Die Liste der Verbrechen beginnt mit dem Mord an Abel und der Kreuzigung Christi und endet mit der »von Moskau gelenkten jüdisch-kommunistischen Provokation des Pogroms von 1946 in Kielce«.

Von Tocki habe ich alle *Kontakty*-Artikel erhalten. Darunter eine Reportage des Ehepaars Wroniszewski, die ich nun noch einmal aufmerksam lese, im Lichte meines jüngst erworbenen Wissens. Sie führen das Zeugnis von Wasersztejn an, schenken ihm jedoch keinen Glauben. Die Ergebnisse von Staatsanwalt Monkiewicz, dass es dort »über 200 deutsche Schurken« gegeben habe, nehmen sie für bare Münze. Nichtsdestoweniger handelt es sich um eine unschätzbare Quelle, denn sie haben mit vielen noch lebenden Zeugen gesprochen. Über zwei ihrer Gesprächspartner habe ich gehört, dass sie am Verbrechen beteiligt gewesen sein sollen. Was für ein Pakt des Schweigens muss geherrscht haben, dass ihnen dies niemand gesagt hat und dass sie die Worte eines von ihnen, von Eugeniusz Śliwecki, als Beweis dafür anführen, dass die Nazis die treibende Kraft gewesen seien, die bloß einige Schläger als Helfer gefunden hätten. Der Text von Gabriela Szczęsna über das Verbrechen in Wąsosz »Gewissen im Graben« lässt keinerlei Zweifel mehr daran, wer gemordet hat. »Das ist für uns eine ewige Schande«, sagen die Menschen von Wąsosz. »Das Blut floss über das Kopfsteinpflaster, floss von den Leiterwagen und markierte so den letzten Weg der Juden zum Panzergraben hinter dem Dorf. Dort wurden sie achtlos hineingeworfen: Lebende auf Tote, Tote auf Lebende. Alles bedeckte die Erde, welche die Mörder festtraten, als sie ihr Werk mit Knüppeln, Spaten und Äxten zu Ende brachten. Am Morgen nach dem Verbrechen, es war ein Sonntag, kamen die Mörder zur Kirche. Viele von ihnen in Kleidung, die die anderen sofort erkannten. Auch die Uhren versteckten sie nicht. Jahre vergingen. Eines Tages verkündete der Pfarrer: ›Wer ehemaligen jüdischen Besitz hat, mag etwas für die Kirche kaufen.‹ Sie taten es.«

Wie geht das?! Gleichzeitig:
Erhöhung: die haben mehr als wir, sie sind sichtlich „besser"
Erniedrigung: sie sind nichts wert, wir bringen sie um

16. März 2001
Jedwabne. Auf der ersten Bank beim Eingang zur Kirche liegt ein Haufen Zeitschriften. Eine Überschrift in großen Lettern springt in die Augen: »Szmul Winterszajs, der Jude, die UB-Kanaille, der PPR-Führer der Waffen-UB, beschuldigt die Polen fälschlich des Verbrechens in Jedwabne!« Das stammt aus der Zeitung *Najjaśniejsza Rzeczpospolita* [Die Allerdurchlauchteste Republik]. Die ist auch im Kiosk gegenüber der Kirche zu haben, wo Maria Mazurczyk, eine Aktivistin des Komitees zur Verteidigung des guten Namens der Stadt, sie gut sichtbar ausgelegt hat.

Szmul Wasersztejn ist der Feind Nummer eins in Jedwabne. Die Angriffsstrategie ist einfach: Wasersztejn war während der sowjetischen Besatzungszeit im NKWD und nach dem Krieg im UB. Tomasz Strzembosz, der als Hauptgegenspieler von Gross zum bekanntesten Historiker in Polen avanciert ist, sagte im Interview »Das war der Bericht eines UB-Mannes« vom 3. März für die Wochenzeitung *Głos* [Die Stimme]: »Ich weiß, dass Wasersztejn als Untersuchungsbeamter im Rang eines Oberleutnants in konkreten Angelegenheiten fungierte. Dies wird von allen Seiten bestätigt, dass ›Całko‹ Wasersztejn war und dass er nach dem Krieg als UB-Mitarbeiter in Łomża arbeitete.« Warum aber wird diese Nachricht von allen Seiten bestätigt? Weil die Einwohner von Jedwabne, im Gefühl, dass die Autorität von Strzembosz hinter ihnen steht, Wasersztejn eifrig verleumden.

Feind Nummer zwei ist Gross. Wie kann er es wagen, so zu lügen und eine Anzahl von 1600 Opfern zu nennen? Es spielt keine Rolle, dass Gross sich die Zahl nicht ausgedacht, ja, sie nicht einmal in noch unerforschten Archiven gefunden hat. Gleich nach dem Krieg teilte der neue Bürgermeister von Jedwabne der Landgerichtskommission mit, es seien 1642 Juden ermordet worden, 1600 davon in der Scheune, 42 seien erschossen worden. Eine solche Anzahl gaben auch die polnischen Zeugen und Teilnehmer des Verbrechens an (»Ich nahm an der Bewachung der Juden auf dem Marktplatz teil, wo mehr als 1500 von ihnen waren, welche die polnische Bevölkerung zusammengetrieben hatte«, sagte der Verdächtige Władysław Dąbrowski im Ermittlungsverfahren von 1949 aus). Diese Zahl wurde von der Hauptkommission zur Erforschung Nationalsozialistischer Verbrechen in Polen bestätigt. Warum hätte die Hauptkommission die Anzahl der jüdischen Opfer künstlich anheben sollen? Bis gestern stand sie auf dem Denkmal (die Aufschrift lautete: »Ort des Massakers an der jüdischen Bevölkerung. Die Gestapo und die Nazi-Gendarmerie verbrannten hier am 10. Juli 1941 1600 Menschen bei lebendigem Leibe.«). Die Einwohner hatten vierzig Jahre Zeit, sich für eine Änderung einzusetzen. Und im Übrigen, wenn doch angeblich die Deutschen das Verbrechen begangen haben, warum bemühen sich die Jedwabner dann so verbissen darum, deren Schuld zu verringern?

Ich bin mit Janusz O. verabredet, dem Lehrer, der mit dem Verkauf von Versicherungen an Priester sein Gehalt aufbessert und der dem Komitee zur Verteidigung des guten Namens der Stadt beigetreten ist. Jetzt ist er angeblich ausgetreten, die Liste der Teilnehmer ist nach wie vor geheim, daher ist es nicht leicht, ein klares Bild zu gewinnen. Man sagt, er hätte es sich noch einmal überlegt, denn seine Frau sei mit einem der Mörder verwandt. Ich klingele an der Pforte:

»Mein Mann ist nicht da, ich weiß nicht, wann er zurückkommt.«

Ich bestehe darauf, dass wir telefonisch verabredet sind. Darauf höre ich, wie eine Tür zuschlägt – ein Geräusch, das mir inzwischen nur allzu vertraut ist. Ich warte im Auto.

»Stehen Sie bitte nicht vor unserem Haus«, ruft nach etwa einer Stunde die Frau von Janusz O.

Wenn ich mit Leuten aus Jedwabne über die Personen sprach, die an der Gründung des Komitees zur Verteidigung des guten Namens der Stadt beteiligt waren, hieß es im Hinblick auf zwei von ihnen, Goszczyński und Śleszyński (dabei handelt es sich um eine andere Familie als die von Bronisław Śleszyński, dem Besitzer der Scheune), des Öfteren: »Der kommt aus einer sauberen Familie.« Das heißt, aus einer Familie, in der niemand am Verbrechen teilgenommen hat. Eine Erinnerung an die Wahrheit existiert also, allen anderslautenden Beteuerungen zum Trotz. Sie wird in bestimmten Ausdrücken, die nur für Eingeweihte verständlich sind, in verschlüsselter Weise weitergegeben. Auf der einen Seite befinden sich mithin die »aus sauberen Familien«, auf der anderen Seite diejenigen, die sich »am jüdischen Gold bereichert haben«. Einige meiner jüngeren Gesprächspartner erinnerten sich daran, dass man so von einigen Nachbarn gesprochen hatte. Bevor Gross' Buch erschien, hatten sie nie besonders darüber nachgedacht, was das bedeuten könnte.

Auch die Rede von einer »Strafe Gottes« ist verbreitet. Die beiden Töchter des Briefträgers Eugeniusz Śliwecki starben als Jugendliche nach einer Hochzeitsfeier an einer Botulinus-Vergiftung. Auf dem Begräbnis wurde getuschelt, dass die Töchter für die Sünden des Vaters bezahlt hätten. Die beiden Söhne eines anderen Tatbeteiligten tranken sich zu Tode. Noch einem anderen wurde ein behinderter Sohn geboren.

»Man kann ihn häufig in Łomża auf einem Parkplatz treffen«, hörte ich von Leszek Dziedzic. »Er wartet darauf, dass ihm jemand einen Zloty gibt, damit er das Auto bewacht. Er hat verkrüppelte Hände und krumme Beine und sagte einmal zu mir: ›Papa mit den Juden so‹, wobei er eine Bewegung über die Kehle vollführte, ›und der liebe Gott mit meinen Händen so‹, und zeigte seine verkrümmten Hände vor.«

Mehrere Personen, mit denen ich telefonisch für ein Gespräch verabredet war, baten mich, mein Auto nicht vor ihrem Haus abzustellen. Ich gehe daher zu Fuß durch die in Finsternis gehüllte Stadt, um zu dem Platz zu gelangen, an dem ich das Auto abgestellt habe. Als ich den Schlüssel in der Tür umdrehe, kommt ein etwa sechzig Jahre alter Mann auf mich zu.

»Ich habe ab und zu rausgeschaut, um Ihr Auto zu bewachen«, sagt er und beginnt ungefragt zu erzählen. »Ich war damals ein Jahr alt, erinnere mich also selbst an nichts. Mein erwachsenes Leben habe ich in Schlesien als Bergmann verbracht, aber in meiner Schulzeit habe ich Geschichten gehört, wie unsere Leute gemordet haben, wie sie Verwundete im Roggen ringsum getötet haben. Wenn wir nicht alle zusammen zum Denkmal gehen, was für eine Schande für die Stadt.«

Auf der Rückfahrt nach Warschau denke ich darüber nach, wie viele solcher Menschen es in Jedwabne geben mag.

17. März 2001

Ich mache mir Sorgen um Stanisław. Ich bespreche mit Marek Edelman seinen Gesundheits- oder eher: Krankheitszustand. Er verspricht, dass er ihn sich einmal ansehen wird.

Alle paar Tage rufe ich bei Staatsanwalt Ignatiew an, der sich wohl schon an meine Anrufe gewöhnt hat. Insbesondere deswegen, weil ich ihn nicht ausfrage, sondern ihm meine Beobachtungen mitteile. Einmal haben wir über Jakób Kac gesprochen, eines der ersten Opfer in Jedwabne: Die Einheimischen erschlugen ihn gleich nach dem Abzug der Russen.

Kac war damals ein alter, etwa siebzigjähriger Mann. Worum mag es den Mördern gegangen sein? In der Sowjetzeit war er Wachmann in dem zum Kulturzentrum umfunktionierten Katholischen Haus – hatte das bereits ausgereicht? In Jedwabne habe ich mehrfach gehört, »Kac hat vor die Kirche geschissen«. Das klinge, sagte ich zu Ignatiew, wie ein alter antisemitischer Volksglaube, so wie das, was Halina Zalewska, eine Cousine von Jan Skrodzki, erzählte, dass man Fruma Dorogoj ermordet habe, »weil sie vor dem Kreuz frevelhafte Reden schwang«. Er fragte mich, ob ich ihm irgendwelche Quellen nennen könne, die belegen, dass das Koten vor einer Kirche zum Repertoire antisemitischer Vorstellungen gehörte.

Ich wälzte also das Buch *Wizerunek Żyda w polskiej kulturze ludowej* [Das Bild des Juden in der polnischen Volkskultur] von Alina Cała. Alina fuhr in den siebziger Jahren in die Provinz, um Forschungen durchzuführen. Sie dachte, es handelte sich um ein heikles Thema, doch ihre Gesprächspartner erzählten bereitwillig und ergingen sich gern in Einzelheiten. Sie begriff, dass das Bild des Juden nicht am Rand der Volkskultur angesiedelt ist, sondern ein integrales Element ausmacht: Der Jude wird für eine dichotomische Einteilung der Welt in die »Meinen« und die »Fremden« gebraucht. Ich finde dort Beispiele aus der Region, die mich interessiert. So zitiert einer der Informanten ein Lied aus der Vorkriegszeit, es stammt aus der Gegend um Białystok:

Kauf nicht bei Juden, nur bei echten Polen!
Magst auch einen dicken Stock dir holen,
Den Jud, bis er nach Palästina läuft, versohlen.
Soll denn der Drecksjud schalten hier und walten?
Lass lieber 'n Scheich ihn wie ein Kutschpferd halten.

Aber Beispiele, die meine These bestätigen könnten, gibt es nicht. Ich rufe bei Alina an.

»Ein Jude, der vor eine Kirche macht?«, überlegt sie. »Nie gehört.«

18. März 2001

Adam Michniks Artikel »Szok Jedwabnego« [Der Schock von Jedwabne] ist heute gleichzeitig in der *Gazeta Wyborcza* und in der *New York Times* erschienen: »Beim Schreiben dieser Worte empfinde ich eine eigenartige Schizophrenie, ich bin Pole und meine Scham für den Massenmord in Jedwabne ist eine polnische Scham, und gleichzeitig weiß ich, wenn ich damals in Jedwabne gewesen wäre, hätte man mich als Juden ermordet. [...] Ich fühle mich den Ermordeten gegenüber nicht schuldig, aber ich fühle mich verantwortlich [...] dafür, dass man sie nach dem Tod ein zweites Mal ermordet hat, dass man sie nicht auf menschliche Weise beerdigt und beweint hat, die Wahrheit über dieses abscheuliche Verbrechen nicht enthüllt, sondern es zugelassen hat, dass jahrzehntelang eine Lüge verbreitet wurde. Warum also habe ich nicht die Wahrheit über die ermordeten Juden von Jedwabne gesucht? Hatte ich vielleicht unbewusst Angst vor der grausamen Wahrheit über das jüdische Schicksal in jener Zeit?«

Adam erinnert daran, wie mutig die Polen sich während des Krieges verhalten haben, wie sie gekämpft haben und umkamen, wie viele Gerechte es gab. »Gegenüber den Menschen, die ihr Leben für die Rettung von Juden hingegeben haben, fühle ich mich ebenfalls verantwortlich, ich fühle mich ihnen gegenüber schuldig, wenn ich so viel in polnischen und ausländischen Zeitungen über die Verbrecher lese, die Juden ermordet haben, und damit ein tiefes Schweigen über diejenigen einhergeht, die Juden gerettet haben.«

Von welchem tiefen Schweigen spricht Adam? Die in Yad Vashem für die Gerechten unter den Völkern gepflanzten Bäumchen und der Satz »Wer ein Leben rettet, rettet die ganze Welt« dürften das meistverbreitete, universelle Symbol dafür sein, dass sich selbst in den schlimmsten Zeiten des Bösen und der Verachtung Menschen finden, die das Gute tun.

19. März 2001

Ich versuche für Jan Skrodzki einen Nachkommen des Juden Konopka zu finden, der seine Eltern einst vor der Deportation in den Osten gewarnt hat. Er weiß nur, dass er Getreidehändler war. Als wir in Radziłów waren, fragte er hartnäckig nach ihm, aber niemand konnte sich an seinen Vornamen erinnern. Er sagt immer wieder: »Ich bin diesem Juden Wiedergutmachung schuldig dafür, dass er uns gerettet hat. Wenn eine wahrhaftige Aufschrift zum Gedenken an das Verbrechen entsteht, möchte ich daneben einen kleinen Stein aufstellen: ›Hier lebte der Jude Konopka, er handelte mit Getreide. Ich lebe dank ihm.‹«

Auf der Seite www.jewishgen.org gebe ich das Suchwort »Radzilow« ein und finde zwanzig E-Mail-Adressen, unter anderem die von José Gutstein, und öffne seine Internetseite www.radzilow.com: Bilder, Erinnerungen, das virtuelle Schtetl Radziłów, eine vom Tode auferweckte Welt. Ein Amerikaner in Miami hat die Seite eingerichtet.

Dort findet sich ein außerordentliches Zeugnis, ein für Yad Vashem geführtes Interview mit Chaja und Izrael Finkelsztejn. Sie sind die Eltern von Chana und Menachem, deren Berichte ich im ŻIH gelesen habe und die ich seitdem so gerne wiederfinden würde. Am 7. Juli 1941 wurde die ganze Familie auf den Marktplatz von Radziłów getrieben. »Ich war Zeugin, wie die Deutschen die Sache geplant und die Polen aus der Stadt dabei eingespannt haben«, sagte Chaja Finkelsztejn. »Die Polen dagegen führten die ganze Aktion aus.« Drei ihrer Brüder kamen in der Scheune von Radziłów um. Chaja wiederholt, dass sie darüber nicht sprechen könne, man könne alles in ihrem 360-seitigen Erinnerungsbuch nachlesen, das sie 1946 geschrieben und an Yad Vashem übergeben habe. Ich muss nach Israel fahren, um es zu lesen. Vielleicht finde ich ihre Kinder. Die Finkelsztejns wohnten in Haifa, Yotam Street 32. Vor 40 Jahren zwar, aber es ist immerhin eine Spur.

21. März 2001

Ich gehe bei der *Gazeta Wyborcza* vorbei, um die Artikel zu lesen, die in unserem Archiv in der Mappe »Juden in Polen / Geschichte / Allgemeine Materialien. Pogrom von Kielce. Ejszyszki. Jedwabne« abgelegt sind. In kurzer Zeit sind so viele Texte hinzugekommen, dass man bereits eine eigene Mappe zu »Juden in Polen / Geschichte / Jedwabne« angelegt hat. Im Laufe der Woche hat sich ein ansehnlicher Stapel von Interviews, Erklärungen und Artikeln angesammelt, bei den meisten handelt es sich um Angriffe auf Gross.

Lech Wałęsa im Gespräch mit Monika Olejnik in Radio Zet: »Man sollte keine große Affäre daraus machen, dass jemand ein Buch geschrieben und ein paar Zloty verdient hat. Aber wie viele Juden haben nach dem Krieg beim UB gearbeitet und Polen ermordet? Kein einziger Jude hat sich dafür bei uns entschuldigt.«

Der Vorsitzende des Weltverbandes der AK-Soldaten: »Der Aufruf zu einer nationalen Entschuldigung bei den Juden für den Massenmord in Jedwabne ist zumindest voreilig und stark übertrieben.«

Das Parlament der Studentischen Selbstverwaltung der Katholischen Universität Warschau in einem offenen Brief an Bischof Stefanek: »Wir bringen unsere Unterstützung für den Standpunkt Ihrer Exzellenz im Hinblick auf den Massenmord in Jedwabne zum Ausdruck.« Und weiter geht es mit dem Profit, den die Juden aus dem Unrecht gegenüber dem polnischen Volk ziehen wollen.

Der Vorstand der Regierungspartei SLD, das heißt der postkommunistischen Partei: »Nahezu die gesamte jüdische Bevölkerung der Stadt ist durch ihre polnischen Nachbarn ums Leben gekommen. Der Massenmord von Jedwabne ist für uns ein Grund für Schmerz und Scham.«

Schmerzhaft und beschämend ist es, dass nur die Postkommunisten imstande sind, sich zu solchen Sätzen durchzuringen.

24. März 2001

Jedwabne lebt ein Leben in Spiegeln. Journalisten und Politiker nähren sich von Aussagen seiner Einwohner, viel stärker aber ist der umgekehrte Prozess. Die Einwohner sprechen von dem, was in ihrer Stadt geschehen ist, in der Sprache der Journalisten, Historiker und Politiker. So redet man seit dem Interview, das Tomasz Szarota der *Gazeta Wyborcza* gegeben hat, in der Stadt vom »Kommando Bialystok« als von einer offensichtlichen Sache. Ebenso sind die »Lastwagen voller Deutscher« Teil der Alltagssprache geworden.

Vergessene Tatsachen gehen leicht wieder in die gemeinsame Erinnerung ein. Als ich die ersten Gespräche führte, erfuhren einige Angehörige der jüngeren Generation zu ihrer Verwunderung von mir, dass es im Jahre 1949 Ermittlungen gegeben hatte und dass Urteile gefällt worden waren. Mittlerweile gehört die Kenntnis von der stalinistischen Ermittlung zum absoluten Grundwissen, und jeder hat selbstverständlich schon immer Bescheid gewusst: »Es gab ja bekanntlich einen Prozess, man hat die Schuldigen gefunden und verurteilt. Man hat doch über sie schon Gericht gehalten, warum also noch mal? Klar, den Juden muss es ums Geld gehen.«

Während ich über den Marktplatz gehe, wird mir plötzlich ein einfacher Zusammenhang klar: Diejenigen, die erzählen, wie die Juden polnische Patrioten nach Sibirien deportierten, haben am 10. Juli scharenweise Gestapoleute gesehen. Die anderen sahen einzelne Deutsche auf dem Marktplatz, einen Gendarmen der Fotos machte, aber nur auf dem Marktplatz, nicht auf dem Weg zur Scheune. Ich rufe Ignatiew an, um ihm diese Beobachtung mitzuteilen. Er kommentiert sie nicht. Ich weiß, dass er mir die Ermittlungsergebnisse nicht verraten wird, aber wenn ich mich geirrt hätte, hätte er mir sicherlich widersprochen und gesagt, ich hätte ein zu emotionales Verhältnis zu der ganzen Sache. So hat er mir schon mehrfach Kontra gegeben, und ich konnte ihm kaum widersprechen.

Ich besuche Leszek Dziedzic.

»Am meisten Angst haben sie davor, dass die Juden ihnen das Raubgut abnehmen«, erklärt er. »Voller Wut sagen sie: ›Die Juden werden kommen, um sich ihren Besitz zu holen.‹ *Ihren* Besitz. Nicht *unseren* Besitz, sondern *ihren* Besitz. Wenn es *ihr* Besitz ist, dann muss man ihn zurückgeben.«

Ich erkläre ihm, dass es falsch gedacht sei, das Wiedergewinnen der Erinnerung mit dem Wiedergewinnen des ehemals jüdischen Eigentums zu verknüpfen, dass dies nur dazu diene, Angst unter den Bewohnern zu verbreiten, und dass mit Sicherheit kein Nachkomme der Juden aus Jedwabne auftauchen werde, um eine alte Hütte zurückzubekommen.

»Doch, sie sollten auftauchen und ihnen etwas wegnehmen«, beharrt er.

Es ist wahr, dass die Juden ihr Eigentum zurückgelassen haben und die Polen aus Jedwabne, Radziłów und Umgebung es in Beschlag genommen haben. Davon sprechen die Zeugnisse geretteter Juden aus den umliegenden Ortschaften: »Der Schlachtruf der Polen lautete: ›Wasiłków ohne Juden‹«, schreibt ein Jude aus Wasiłków. »Bilder und Fotos zerrissen, Federbetten aufgeschlitzt. Während des Pogroms liefen die Anführer umher und riefen: ›Nichts zerbrechen, nichts zerreißen, das gehört sowieso schon alles uns.‹« (Bericht von Mendel Mielnicki aus dem Jahre 1945)

»In dem Wunsch, die jüdischen Besitzer zu beerben, schickten die Polen aus Zaręby Kościelne Bittschreiben nach Łomża an die Organe der deutschen Behörden, um auch die Juden von Zaręby Kościelne zu liquidieren. Diese Bittschreiben trugen die Unterschriften der Honoratioren der Stadt.« (Bericht von Rachela und Mindel Olszak aus dem Jahre 1945)

»Jemand hörte in seinem Versteck, wie nach der Deportation der Juden Christen auf der Straße miteinander sprachen und einer sagte, das, was er gesehen hat, war schrecklich, und eine Frau ihm antwortete: ›Mach dir keine Sorgen, wir werden uns schnell dran gewöhnen, ohne sie wird es netter sein.‹ Danach nahm sie die Gebäude nebenan in Augenschein, die sie schon lange haben wollte. Jeder Pole guckte sich eine Wohnung aus, sie fühlten sich als alleinige Herren, jetzt war ihre Stunde gekommen.« (Bericht von Pesa Szuster-Rozenblum aus dem Jahre 1945 über die Auflösung des Ghettos von Jasionówka)

Dziedzic spricht ruhig und bestimmt, aber sobald er die Kinder nicht mehr sehen kann, steht er gleich auf, schaut hinaus und ruft sie. Ich lese ihm seine Aussagen vor, die ich in dem Text über das heutige Jedwabne, den ich für die *Gazeta Wyborcza* vorbereite, unterbringen möchte, und vergewissere mich, ob er das nicht lieber anonym sagen möchte, aber er ist mit der namentlichen Veröffentlichung von allem, was er gesagt hat, einverstanden. Das ist der einzige Fall dieser Art unter meinen Gesprächspartnern.

Denn in der Stadt wird es immer schlimmer. Personen, die noch vor einigen Wochen mit mir sprachen, ohne auf Anonymität zu bestehen (es ging nicht um Beschreibungen des Verbrechens, sondern um die aktuelle Situation in Jedwabne), sagten mir bei der Autorisierung: »Wir haben schon so viele Unannehmlichkeiten, es tut mir leid, aber streichen Sie bitte meinen Namen.« Der Teil der Einwohner von Jedwabne, der laut schreit, an allem seien die Juden schuld, ist zwar in der Minderheit, gibt aber in der Stadt den Ton an. Sie fühlen sich stark. Haben die Unterstützung des Pfarrers. Haben ihre wissenschaftliche Autorität – auf Professor Strzembosz beriefen sich sogar die am wenigsten nüchternen meiner Gesprächspartner, betrunkene Männer in einer Kneipe, von denen niemand erwartet hätte, dass sie historische Arbeiten lesen.

Vorher waren sie frustrierte Menschen gewesen, die in einer kleinen Stadt ohne Perspektive und Hoffnung, fernab der Hauptverkehrswege und der großen Ereignisse lebten. Jetzt widmen ihnen Leute ihre Zeit, die im Licht der Öffentlichkeit stehen – Politiker, Abgeordnete, Senatoren –, sie bekommen Besuch von bekannten Persönlichkeiten wie dem Filmregisseur Bohdan Poręba. Dass der nicht nur durch seine Filme bekannt ist, sondern auch dadurch, dass er in den achtziger Jahren zur antisemitischen Organisation Grunwald gehörte, die sich der Unterstützung des Warschauer Komitees der PZPR, der Polnischen Vereinigten Arbeiterpartei, erfreute, stört hier niemanden. Und wenn junge Leute nach Amerika fahren – im Ausland zu arbeiten ist in jener

Gegend eine der hauptsächlichen Einkommensquellen –, sind sie sicher, dass die Auslandspolen in Chicago sie mit Begeisterung willkommen heißen und ihnen helfen werden, Arbeit zu finden.

Während ich über all das nachdenke, habe ich das absurde Gefühl, dass die Geschichte sich wiederholt. Auch vor dem Krieg war es der Pfarrer, der die Gesellschaft auf der Basis des Judenhasses mobilisierte. SN-Funktionäre aus der großen Welt, aus Łomża oder sogar aus Warschau, reisten zu Treffen in den abgelegenen Ortschaften an, und das kleinstädtische Leben bekam neuen Glanz.

Die aktivsten Leugner stammen aus der Generation der Vierzigjährigen, in der Regel aus Familien, die hier bereits während des Krieges gewohnt haben. Die verfälschte Erinnerung wird also von der zweiten Generation gehütet.

Abends im Hotel lese ich die katholische Tageszeitung *Nasz Dziennik* mit einer Reportage aus Jedwabne – sie war heute Stadtgespräch gewesen –, die von einem Treffen mit Strzembosz berichtet. Es fand im Pfarrhaus statt. Die beherrschende Figur war Janina Biedrzycka. Sie erinnerte an deutsche Verbrechen in Łomża: »Sie haben nur wahre Polen ermordet.«

Ihr Fazit: »Denn für uns Polen setzt sich niemand ein. Das ist kein Land mehr für uns.«

25. März 2001

Jedwabne. Edward Moskal, der Vorsitzende des Kongresses des amerikanischen Auslandspolentums, hat eine Erklärung veröffentlicht. Sie bringt die Empörung darüber zum Ausdruck, dass man Polen des Verbrechens in Jedwabne bezichtigt. Leszek Bubel überzeugte daraufhin einen Teil der Ratsherren, dass man Moskal die Ehrenbürgerschaft der Stadt verleihen solle. Bubel gehört mittlerweile fest zur Landschaft von Jedwabne. Er nimmt an den Ratsversammlungen teil, isst mit dem Pfarrer zu Mittag und besucht der Reihe nach die Ratsherren.

»Er hat bei mir immer wieder wegen dieser Ehrenbürgerschaft angerufen«, erzählt Godlewski, den ich zu Hause besuche. »Er sagte: ›Sie können Karriere machen, wenn Sie das sagen, was die Leute hören wollen. Sie haben die Chance, jemand zu werden, zu glänzen, in die Geschichte einzugehen.‹«

Bubels Initiative hätte vermutlich Erfolg gehabt, wenn Stanisław Michałowski als Ratsvorsitzender ihn nicht aufgefordert hätte, die Sitzung zu verlassen.

Mit Godlewski führe ich ständig dasselbe Gespräch. Ich berichte ihm, welche antisemitischen Dinge einer seiner Ratsherren geäußert hat, und er wiederholt immer wieder seinen Satz, dass man mit mir nur schwer reden könne, da für mich alles schwarz-weiß sei.

»Die Einwohner von Jedwabne sind unter Beschuss geraten. Sie waren eines Verbrechens angeklagt, obwohl die, die heute hier leben, es nicht begangen haben. Daher fällt es ihnen so schwer zu akzeptieren, dass die Mörder von hier sind. Sie müssen erst allmählich reif werden, diese Last zu tragen. Das braucht Zeit, aber ich beobachte eine langsame Veränderung.«

Die Veränderung erfolgt jedoch nicht. Dem Stadtrat gefällt gar nichts, am wenigsten, dass der Bürgermeister in seinem Büro westliche Journalisten und Filmemacher empfängt, mit anderen Worten: Juden. Er hat versucht, die Ratsherren zu überzeugen, den Ort, wo die Synagoge stand, auf irgendeine Weise zu markieren und vielleicht dieses Stückchen Land der jüdischen Gemeinde zu verkaufen. Er wagte es nicht zu sagen, dass man es der Gemeinde schenken könnte. Auch so bekam er zu hören, dass er ganz Jedwabne den Juden geben wolle. Der stellvertretende Ratsvorsitzende Piotr Narewski, ein Landwirt, äußerte: »Der Bürgermeister ist gebildet, daher denkt er anders als wir.«

Ich sehe mir die Briefe durch, die er in der letzten Zeit bekommen hat. Ganz oben liegt ein Schreiben von Andrzej Kamieński aus Warschau. Er schlägt vor, Jedwabne möge ein Stipendium für einen infolge eines Terroranschlags verwaisten Abiturienten aus Israel stiften, um ihm ein Studium in Polen zu ermöglichen. Die anderen Briefe sind in einem gänzlich anderen Ton gehalten. »Du dummer Bürgermeister, man muss dieses jüdische Pack auseinandertreiben. Dir fehlt die Ehre und der Nationalstolz. Du hast von den Juden Geld genommen und bist ein Feind Polens.« Die Briefe, in denen Unterstützung für ihn zum Ausdruck gebracht wird, sind von Personen verfasst, die ihn nach wie vor mit dem Komitee zur Verteidigung des guten Namens der Stadt in Verbindung bringen: »Wir sind mit Ihnen solidarisch. Jedwabne ist wie von Goebbels eingefädelt, bloß auf jüdische Weise.« »Seid nicht einverstanden damit, dass sie hier einen Friedhof anlegen. Selbst im Evangelium steht, dass die Juden ein Otterngezücht sind. Handelt so, dass die Minderheit nicht die Mehrheit wird. Gruppe Offener Integration Polnischer Patriotischer Organisationen.«

Ich besuche einen Bekannten, der noch vor kurzem mit allen offen und direkt über das Verbrechen gesprochen hat. Jetzt fragt er mich, ob auch niemand gesehen hat, wie ich seine Wohnung betreten habe, und er lässt sich dreimal versichern, dass ich mich nicht namentlich auf ihn berufe.

»Wir bekommen Telefonanrufe: ›Du H…sohn, du Judenknecht, wir machen dich fertig‹«, erzählt mir einer von ihnen. »Die geschlossene, aggressive Gruppe der Familien der Mörder und derjenigen, die in ehemals jüdischen Häusern wohnen, dominiert. Diejenigen, deren Familien am Morden und Rauben teilgenommen haben, haben das Gefühl, sich verteidigen zu müssen. Sie bleiben im Schatten, lassen andere vor die Kamera treten, aber sie schüchtern die Menschen ein und haben selbst Angst, dass die Wahrheit über das Verbrechen enthüllt wird. Nach dem Krieg waren die Menschen unwahrscheinlich verroht, als die Juden fehlten, haben sie sich untereinander umgebracht. Das sind alles Überbleibsel aus den Nachkriegsjahren, die Angst vor den eigenen Leuten hält bis heute an. Aber es ist ja auch ganz normal, dass die Leute, wie in jedem kleinen Milieu, Angst haben vor dem leisesten Verdacht, sie könnten anders denken.«

Selbst Leszek Dziedzic hat den Optimismus unserer ersten Begegnungen völlig verloren, als er noch daran glaubte, dass die Konfrontation mit der Wahrheit zumindest für einen Teil der Einwohner zu einer Art Katharsis werden würde.

»Am meisten regt es die Leute auf, dass der Präsident angekündigt hat, er würde kommen und sich entschuldigen. Am liebsten würden sie ihm den Weg versperren. Hier hat niemand die Absicht, an den

Feierlichkeiten teilzunehmen. Sie wiederholen immer wieder, dass sich keiner von den Hiesigen zeigen soll, dass man die Vorhänge in den Fenstern runterlassen soll. Aber ich komme ganz sicher mit meiner Familie. Das Wort ›Entschuldigung‹ ist angebracht. Und wenn die Mörder sich nicht entschuldigen wollen, bin ich bereit, mich für sie zu entschuldigen, dafür, dass die Erde, auf der ich geboren bin, solche blutrünstigen Bestien hervorgebracht hat.«

27. März 2001

Stanisław Ramotowski hat zwei Tage lang Blut gespuckt und fühlte sich so schwach, dass er nicht aufstehen konnte. Über den Schriftsteller Tadeusz Konwicki, der mit dem Gefäßchirurgen Wojciech Noszczyk befreundet ist, ließ es sich organisieren, dass der Professor sich persönlich um ihn kümmert, also habe ich ihn hingefahren. Es zeigte sich, dass sein Zustand mehr als ernst war und er nur dank eines sofortigen Eingriffs von Professor Noszczyk überlebt hat.

Ich erfahre im Verlauf meiner Telefongespräche mit Jedwabne, dass Stadtrat Janczyk seit meinem Interview mit ihm nicht mehr im Komitee zur Verteidigung des guten Namens der Stadt in Erscheinung tritt, dafür aber die *Gazeta Wyborcza* auf eine Entschädigungszahlung in Höhe von einer Million Dollar verklagt hat. Zumindest erzählt er das. Ich machte meinem Gesprächspartner klar, dass man eine Kaution hinterlegen muss, um jemanden auf eine Million zu verklagen, wahrscheinlich hunderttausend.

28. März 2001

Jan Skrodzki ist aus Danzig gekommen, um mich zu besuchen, morgen fahre ich mit ihm nach Radziłów. Abends fahren wir zu einem Schulungszentrum in der Nähe von Warschau, um dort Ignatiew zu treffen. Ich möchte, dass sie sich kennenlernen. Mitten in seiner Erzählung über das Verbrechen von Radziłów wendet sich Ignatiew plötzlich an mich:

»Man hat Ihr Volk ermordet. Es fällt Ihnen wahrscheinlich schwer, sich das anzuhören, nicht wahr?«

Ignatiews Sorge um mich ist besonders rührend, denn er scheint nicht der Typ Mensch zu sein, der gerne den steifen Habitus des Beamten ablegt.

Ich beende den Tag mit der Durchsicht von Büchern über die sowjetische Besatzungszeit. Ich versuche mir ein Bild davon zu machen, was damals wirklich passiert ist. Als die Juden im September 1939 in ihre Häuser zurückkehrten, die sie zeitweilig verlassen hatten, während die deutschen Truppen durchmarschierten, fanden sie sie von ihren polnischen Nachbarn ausgeraubt vor. Im Juni 1941 kam es noch vor dem Einmarsch der Wehrmacht zu Pogromen, Fällen von Raub und Mordtaten. Im September 1939 gab es in einem großen Teil der Gesellschaft ein Gefühl der Fremdheit und Abneigung gegenüber den Juden. Im Juni 1941 kam es zu einer Explosion des Hasses. Was war in den zwei Jahren unter sowjetischer Besatzung geschehen, dass Nachbarn einen solchen Hass auf ihre Nachbarn entwickeln konnten?

In dieser Sache gibt es nicht viele gute Zeugen. Anfangs war ich spontan empört, wenn man im Kontext von Jedwabne die jüdische Kollaboration mit den Sowjets in den Vordergrund stellte, denn die eigene Schuld abzuwaschen, indem man sie auf die Opfer schiebt, ist ein besonders unanständiger intellektueller Trick. Mittlerweile jedoch bin ich überzeugt, dass die sowjetische Besatzung, neben dem Vorkriegsantisemitismus, tatsächlich den Schlüssel zum Verständnis dessen, was am 10. Juli geschehen ist, darstellt. Sie war die Lunte.

Während der sowjetischen Okkupationszeit.
Jankiel Rozenbaum (Mitte), mit Freundinnen und Freunden, in Radziłow.
Dort wurde er am 7. Juli 1941 ermordet.

4
Bei den Juden war von dieser Traurigkeit nichts zu sehen oder Die polnische und die jüdische Erinnerung an die sowjetische Besatzung

Jahreswechsel 1940/41, Samstag, gleich beginnt das Tanzvergnügen – im ehemaligen Katholischen Haus, das man zum Kulturzentrum umfunktioniert hat. Es ist bereits ein gutes Jahr her, seit die Rote Armee in Jedwabne einmarschierte. Die Stadt liegt nun nicht mehr in Polen, sondern in Westweißrussland. Die Bürger selbst haben dafür gestimmt und sowjetische Pässe angenommen. Was hätten sie auch anderes tun sollen?

Neben der Angst und der Abgabenpflicht hat die Sowjetmacht den Leuten auch etwas Zuckerbrot mitgebracht: samstägliche Tanzveranstaltungen, Filmvorführungen und alle möglichen feierlichen Versammlungen. Die sind zwar langweilig, aber manchmal gibt es Bier umsonst, und immerhin ist was los. Die russischen Frauen, die im Gefolge der neuen Machthaber in die Stadt gekommen sind, machen sich fein. Die polnischen Nachbarinnen sehen ihnen aus dem Fenster zu und lachen über sie, weil sie Nachthemden angezogen haben, die sie für Ballkleidung halten. Auch die jüdischen Mädchen machen sich schön, obwohl sie von den Müttern gescholten werden, denn es ist ja noch Sabbat. Zur heutigen Abendveranstaltung kommen viele junge Leute, vor allem Juden, aber nicht nur. Erst mit der Zeit werden die Polen sagen, nur Juden seien hingegangen.

Die heutigen Einwohner von Radziłów und Jedwabne erzählen gern, die Juden seien scharenweise in den NKWD eingetreten, hätten denunziert und die Polen, die nach Sibirien deportiert werden sollten, mit dem Gewehr bewacht. Aus ihren Geschichten kann man den Eindruck gewinnen, die sowjetische Besatzung sei im Grunde von den örtlichen Juden eingeführt worden. Sie erinnern sich, wie die Juden sich lustig machten: »Ihr wolltet Polen ohne Juden, jetzt habt ihr Juden ohne Polen.«

Anders klingt es bei den Juden, die diese Zeit überlebt haben, zumeist deswegen, weil sie sich in Russland aufhielten. Die ihnen bekannten jüdischen Kollaborateure können sie an einer Hand abzählen, sie machen deutlich, dass die große Mehrheit ihrer Gemeinde, vor allem Händler und Handwerker, mit dem Sowjetsystem, seiner atheistischen Ideologie und der Aufhebung des Privateigentums nicht sympathisierte. Und in der Tat wurde bereits während der sowjetischen Besatzung, das heißt vor dem Holocaust, das ganze komplexe Gewebe des sozialen Lebens, das sich über Jahrhunderte entwickelt hatte, zerstört. Die örtliche Selbstverwaltung wurde abgeschafft, Schulen mit Hebräisch als Unterrichtssprache geschlossen, Jom Kippur wurde zu einem gewöhnlichen Arbeitstag, die jüdischen Parteien wurden aufgelöst und ihre Funktionäre, sowohl Zionisten als auch Bundisten[1], fanden sich auf den Deportationslisten wieder.

1

»Im September 1939 wurden viele jüdische Häuser ausgeraubt«, sagte Menachem Turek zu den Ereignissen im benachbarten Tykocin vor der Jüdischen Historischen Wojewodschaftskommission in Białystok aus. »Bald hatte man das Gefühl, dass alles herrenlos geworden war, nicht nur der materielle Besitz, sondern sogar das menschliche Leben. Am Vortag von Jom Kippur, während des Kol Nidre, als Juden in der Synagoge versammelt waren, um Gott um Erbarmen zu bitten, kamen fünf Lastwagen mit deutschen Soldaten von der nahegelegenen Straße, über die sie sich gemäß dem Vertrag mit Sowjetrussland zurückzogen, in die Stadt gefahren. Die Deutschen brachen mit Äxten die Tü-

1 Der »Bund« war eine Partei, welche die Auffassung vertrat, der Platz der Juden sei in Polen und sie sollten hier um soziale Gerechtigkeit für alle kämpfen, statt auf der Suche nach dem Gelobten Land ins ferne Palästina zu emigrieren.

ren der verschlossenen jüdischen Geschäfte auf, luden alles auf ihre Fahrzeuge und verließen, zufrieden mit ihrer Beute, die Stadt.«

»In der kurzen Zeit schafften es die Deutschen nicht, viele Morde zu begehen«, schrieb Chaja Finkelsztejn in ihren Erinnerungen. Sie hatte bei der Nachricht vom Kriegsausbruch ihre Familie und sämtliches Hab und Gut auf ein Fuhrwerk geladen und war in Richtung der Festung Osowiec aufgebrochen, in der Hoffnung, dort werde die polnische Armee die Deutschen aufhalten. Als sie am 16. September nach Radziłów zurückkehrte, war ihre Wohnung von den Nachbarn ausgeraubt worden. »Die Deutschen drangen während Jom Kippur in die Synagoge ein, warfen die Betenden hinaus, ließen sie ihre Oberbekleidung abnehmen und verteilten sie an die Polen«, beschrieb sie die Situation am 23. September 1939.

2

Es gab kein gemeinsames Schicksal von Juden und Polen aus Jedwabne und Umgebung, und es gibt keine gemeinsame Erinnerung.

Für die Juden in Polen war der Einmarsch der deutschen Wehrmacht am 1. September 1939 die Verwirklichung des düstersten Szenarios. Schreckensmeldungen, die schon zuvor aus dem Deutschen Reich zu ihnen gedrungen waren, wurden durch das Verhalten der Invasoren bestätigt, welche die Juden planmäßig erniedrigten und nicht selten die örtliche Bevölkerung zum Mitmachen aufforderten. Für die meisten Juden stellte auch die sowjetische Besatzung eine schwere Zeit da, brachte aber die Hoffnung auf Überleben und eine gewisse, kaum verborgene Genugtuung mit sich, dass es den Polen nun genauso schlecht erging wie ihnen.

Für die Polen bedeutete die sowjetische Besatzung den Verlust der Unabhängigkeit. Zwar war Anfang September 1939 die Wehrmacht durch das Gebiet marschiert, doch man glaubte fest an die rasche Niederlage der Deutschen, ganz im Sinne der Hurrapropaganda der Vorkriegszeit, die beim Schüren von Angst mehr auf Sowjetrussland als auf Hitler gesetzt hatte. Erst die Umsetzung des Molotow-Ribbentrop-Pakts machte den Einwohnern dieser Gegend klar, dass sie in der Falle saßen. Dazu kam die Angst vor der Deportation und die Verschlechterung der Lebensbedingungen, die mit der neu eingeführten Abgabenpflicht unvermeidlich einherging.

Gemäß der Vereinbarung über den Abzug der Wehrmacht marschierte die Rote Armee am 29. September 1939 in Jedwabne ein. Eine Vorausabteilung der Armee bildete der NKWD, der den örtlichen Kommunisten Instruktionen erteilte, aus denen sich überall ein ähnliches Willkommensszenario ergab: Auf dem Marktplatz, der mit sowjetischen Plakaten und roten Flaggen geschmückt war, wurde die Rote Armee durch Abordnungen der Einwohner, die nach altpolnischer Tradition mit Brot und Salz an rotgedeckten Tischen warteten, mit Blumen begrüßt.

Janina Biedrzycka erinnert sich, dass die Sowjets in Jedwabne von zwei jüdischen Ehepaaren begrüßt wurden: von Socher Lewinowicz nebst Frau und den Chilewskis. Aber als ich nachfragte, stellte sich heraus, dass sie sich auch an zwei Ehepaare erinnerte, die neben ihr standen, polnische Kommunisten, und dass die Begrüßungsworte von einem Polen gesprochen wurden. Neben den »offiziellen« Akteuren der Feierlichkeiten versammelte sich eine große Schar von Schaulustigen, unter ihnen Kinder und Jugendliche. In vielen Berichten, die in der Hoover Institution liegen, Berichten von Polen, die ins Innere der UdSSR deportiert wurden, findet sich die Behauptung, die Juden seien in der Überzahl gewesen. Hier etwa die Schilderung eines Schlossers aus Grajewo: »Die Rote Armee wurde von jüdischen Individuen und einem sehr kleinen Anteil von Sympathisanten des Kommunismus mit Brot und Salz und einer roten Flagge unter dem Ruf ›Mit Stalin gegen Frankreich und Großbritannien‹ empfangen. Denn die imperialistischen Staaten hätten den Krieg vom Zaun gebrochen, Genosse Stalin aber wäre als Befreier gekommen, ganz ohne Krieg.«

Es ist schwer festzustellen, ob es sich bei den Menschen, die zur Begrüßung erschienen waren, tatsächlich mehrheitlich um Juden handelte. Das Ereignis war von solcher Wichtigkeit, dass sicher viele Einwohner der Stadt es sich ansehen wollten (schließlich erinnert sich Janina Biedrzycka an die Begrüßung der Roten Armee nur aus dem Grunde, weil sie selbst dabei gewesen war). Unter den Hurrarufern dürften jedoch die Juden, neben einigen polnischen Kommunisten (die kommunistische Bewegung in jener Gegend war schwach), in der Mehrzahl gewesen sein, denn sie hatten ja Gründe, sich erleichtert zu zeigen.

Hier die Darstellung in jüdischen Berichten:

»Die Juden konnten nun etwas freier atmen, doch nicht voll und ganz, denn in der Stadt erschienen verschiedene Marodeure und unbekannte reaktionäre Elemente, die auf der Flucht vor der näher kommenden Roten Armee hinter den Deutschen herzogen«, beschrieb Menachem Turek die Situation in Tykocin. »Diese Personen verbreiteten wüste Gerüchte der alten Sorte, wonach die Juden in Grodno, aber auch in anderen Städten, den polnischen Soldaten kochendes Wasser über die Köpfe geschüttet hätten, weswegen man alle Juden töten müsse. Diese Hetzagitation hatte aber keine Folgen, da am ersten Tag von Jom Kippur sowjetische Panzer in die Stadt einfuhren und mit ihrem mächtigen Lärm für längere Zeit die Stimme des giftigen Antisemitismus, der in den letzten Jahren vor Kriegsausbruch kultiviert worden war, verstummen ließen und erstickten. Die Juden aus Tykocin empfingen und begrüßten die Rote Armee mit besonderer Sympathie, sie fühlten sich frei, man konnte aufatmen und stellte sich dankbar und anerkennend in den Dienst der Sowjetmacht, die daranging, eine Ordnung einzuführen, die auf den Grundfesten der Menschen- und Völkerfreundschaft, der Gleichberechtigung, Freiheit und Gleichheit ruhte.«

»Als die Russen kamen, freuten wir uns sehr, mein Bruder Wolf Ber war ganz außer sich vor Begeisterung. Als russische Soldaten kamen und ihn um etwas baten, wollte er von ihnen kein Geld, so sehr freute er sich. Die ganze Stadt war begeistert von der russischen Armee«, erinnert sich Meir Paparle im Gedenkbuch des Kibbuz Lohamei Hagetaot. 1941 wohnte Paperle in Jedwabne, er war 15 Jahre alt und trug den Namen Jedwabiński. Turek, ein Absolvent der Batory-Universität in

Wilna, hatte vor dem Krieg mit dem Kommunismus sympathisiert. Die drei älteren Brüder von Meir Jedwabiński waren Kommunisten (in Jedwabne gab es noch eine polnische Familie, die Krystowczyks, bei denen vier der fünf Söhne Kommunisten waren). Erleichterung nach dem Einmarsch der Roten Armee empfanden sogar diejenigen Juden, die dem Kommunismus distanziert gegenüberstanden. Chaja Finkelsztejn, die aus einer der wohlhabendsten Familien von Jedwabne stammte und mit einem zionistischen Aktivisten verheiratet war, verrät in ihren Erinnerungen keinerlei Sympathie für die Kommunisten: »Wir hörten im Radio, dass unsere Gegend den Sowjets zufallen würde, und dachten, dass wir nun vielleicht überleben werden«, schreibt sie. »Viele hegten die Hoffnung, dass die Polen nach dem Einmarsch der Sowjets die geraubten Dinge zurückgeben müssen.«

3

Noch bevor die Sowjetverwaltung eingeführt war, bildeten sich in vielen Ortschaften Bürgerwehren, die von den Sowjets in Abteilungen der Hilfsmiliz umbenannt wurden. In den polnischen Berichten taucht wiederholt die Behauptung auf, sie seien von Juden aufgestellt worden. Von Juden, die sich in der ersten Zeit bei den Sowjets nützlich machen wollten, sprechen auch die Juden selbst, betonen aber zugleich, dass es sich um Einzelfälle gehandelt habe.

Meir Ronen aus Jedwabne, der selbst nach Kasachstan deportiert wurde und nach dem Krieg nach Palästina ausreiste, erinnerte sich, dass in den ersten Wochen, bis zur Konsolidierung der sowjetischen Herrschaft, die Stadt von fünf Juden und einem polnischen Kommunisten regiert wurde und dass seine Familie diese Juden für Lumpen gehalten habe.

»In Radziłow stellten sich jüdische Kommunisten zur Verfügung, allerlei Speichellecker, von denen es mehr als genug gab; sie haben das ganze Unglück provoziert«, erinnert sich Chaja Finkelsztejn, die häufig über die »jüdischen Teufel« schimpfte, womit sie Personen meinte, die eifrig mit der neuen Obrigkeit kollaborierten. Die Abneigung, die Zionisten und Kommunisten vor dem Krieg gegeneinander gehegt hätten, habe jetzt ihren Ausdruck gefunden: Die jüdischen Kollaborateure hätten nun nach Wegen gesucht, um ihre Familie zu schikanieren.

»In Wizna sind ihnen vielleicht fünf Leute gefolgt«, sagte mir in Israel Izaak Lewin, gestützt auf das, was ihm sein Vater erzählt hatte. »Darunter war ein alter Schneider, der erklärte: ›Seit zwanzig Jahren bin ich in die Synagoge gegangen, um zu beten, dass die Kommunisten kommen mögen‹, so dass ihn alle auslachten. Der Zweite war Awigdor Czapnicki. Von der Tribüne herab hatte er die Polen belehrt, und das vergaßen sie ihm nicht. Er war in der sowjetischen Armee und nach dem Krieg UB-Offizier in den Wiedergewonnenen Gebieten, bis er schließlich nach Israel kam. Er wollte sich mit meinem Vater treffen, aber der sagte: ›Diesen Menschen kenne ich nicht mehr.‹ Kaum einer von ihnen hatte überlebt, doch mein Vater wollte ihn nicht mehr kennen. Das will schon etwas heißen.«

Lucjan Grabowski, einer der aus jener Gegend nach Sibirien deportierten Polen, schreibt in seinen im KARTA-Ostarchiv aufbewahrten Erinnerungen von einem dieser Übereifrigen: »Aus Tykocin kamen drei mit Gewehren bewaffnete Juden mit roten Armbinden nach Kapice. Zur Begrüßung sagten sie nicht mehr ›Dzień dobry‹, sondern ›*Zdravstvujte*‹. Als ich sie mir näher ansah, erkannte ich einen von ihnen: Fisk, den Sohn eines Lumpenhändlers. Sein Vater war oft nach Kapice gekommen, um Lumpen zu kaufen. Während des Boykotts der Juden durch die SN hatten wir ihn manchmal mit Steinwürfen aus unserem Dorf gejagt.«

Man kann sich leicht die jungen Juden vorstellen, die nur davon geträumt hatten, sich an den Verfolgern von gestern zu rächen. Erniedrigte Menschen sind selten sympathisch, wenn sie die Gelegenheit zur Revanche bekommen. Mit dem Gewehr durch die Stadt zu marschieren, das musste ihnen imponieren. Sie hatten keine Skrupel, der sowjetischen Obrigkeit die Namen von SN-Funktionären zu verraten: Die waren Feinde der Kommunisten, aber vorher hatte sie ja die Juden verfolgt.

In diesen ersten Tagen wandten sich die Juden mit der Bitte an die neuen Machthaber, ihnen bei der Wiedererlangung ihres Eigentums behilflich zu sein, das die polnischen Nachbarn gleich nach dem Einmarsch der Deutschen aus den jüdischen Häusern gestohlen hatten. »Es gab Durchsuchungen in verschiedenen Häusern, und zwar wegen jüdischer Händler, die die Anschuldigung erhoben hatten, Polen hätten ihnen während ihrer Abwesenheit diverse Waren gestohlen. Es kam zu zahlreichen Verhaftungen von Personen, gegen die die örtlichen jüdischen Kommunisten einen Groll hegten« – so die Beschreibung von Marian Łojewski, Schlosser aus Jedwabne, in seinem in der Hoover Institution aufbewahrten Bericht.

»Als die Sowjets einmarschierten, herrschte Freude unter den Juden«, erinnerte sich Mieczysław Kulęgowski, Einwohner von Jedwabne. »Ein Teil der Jugendlichen legte rote Armbinden an und trat in die Polizei ein. Das dauerte aber nicht lange. Die Sowjets jagten sie weg, sie wollten ohne fremde Hilfe zurechtkommen. Die ärmeren Juden spielten sich weiterhin ein bisschen auf, aus ihrer Sicht hatten die Sowjets die Befreiung gebracht. Wenn Juden auch nur ein wenig vermögend waren, drohte ihnen genauso die Deportation wie den Polen.«

4

Im Herbst 1939 gingen die sowjetischen Behörden daran, ein Referendum zum Anschluss des Gebiets an Westweißrussland und die Wahl von Parlamentsabgeordneten zu organisieren.

Der Gemeindesekretär von Wąsosz teilt in seinem in der Hoover Institution deponierten Bericht die Zusammensetzung der dortigen Wahlkommission mit: zwei Juden, zwei Polen und ein Russe als Vorsitzender. Ein anderer Zeuge, ein Unteroffizier aus dem Dorf Downary, zählt als Mitglieder der Wahlkommission drei aus Russland Zugereiste und zwei örtliche Knechte auf. Nach seiner Beschreibung beherrschten die Sowjets die Wahlpropaganda recht gut. Einen kleinen Jungen, den sein Vater mitgebracht hatte, hätten sie erst sagen lassen: »Lieber Gott, gib mir Bonbons«, und dann: »Genosse Stalin, gib mir Bonbons«, woraufhin ein Soldat zu dem Jungen gegangen sei und ihm eine Tüte Bonbons gegeben habe. Ein Bauer aus dem Dorf Słucz berichtete, dass man nach der Stimmabgabe 200 Kaubonbons, zwei Packungen Zigaretten und zwei Schachteln Streichhölzer kaufen konnte.

Kandidaten für das Parlament waren Czesław Krystowczyk, ein polnischer Kommunist aus Jedwabne, sowie »eine Analphabetin von üblem Lebenswandel aus dem Dorf Pieńki-Borowe«, wie es ein ehemaliger Bewohner von Jedwabne in seinem Bericht formulierte. Zwei Polen also.

Die Sowjetmacht ernannte auch für lokale Posten nicht besonders viele Juden, da sie vermutlich der Ansicht war, dass die Juden ihr ohnehin freundlicher gesinnt waren und polnische Kandidaten mehr Gehör finden würden. Dies zeigt der Fall von Chaim Wołek, der auf der Sitzung des Regionalkomitees der Partei diskutiert wurde. Wołek sollte das Dorf Łoje-Awissa im Bezirksdelegiertenrat vertreten, wurde aber auf einer Versammlung vor der Wahl im Dorf »als Jude ausgelacht« und verzichtete auf seine Kandidatur.

Derselbe Informant aus Jedwabne erinnerte sich, dass man sich die Geschichte von einem örtlichen Juden erzählte, der mit dem Gewehr gekommen war, um einen gewissen Polkowski festzunehmen. »Er bat den Juden, ihn laufen zu lassen, worauf der sagte. ›Weißt du überhaupt, mit wem du es zu tun hast? Ich bin die Regierung!‹ Da gab ihm Polkowski eine Ohrfeige und floh. Später lachten alle darüber, dass Polkowski die Regierung gestürzt hatte.«

»Nur ganz am Anfang fungierten die Juden als Milizionäre«, erzählte der aus einem Dorf bei Jedwabne stammende Kazimierz Mocarski. »Die sowjetische Obrigkeit hatte verstanden, dass sie einen Fehler begangen hatte, denn sie eigneten sich nicht für diese Rolle. Die Leute auf dem Dorf waren antisemitisch, und man hörte nicht auf Juden. Einmal erschienen in Nadbory, meinem Dorf, drei jüdische Milizionäre, denn jemand hatte verraten, dass einer der Bewohner eine Waffe besaß, und sie hatten den Auftrag, sie ihm abzunehmen. Der Bruder des Betreffenden versteckte die Doppelflinte unter seinem Mantel. Sie durchsuchten das Haus, wagten es jedoch nicht, eine Leibesvisitation vorzunehmen, und zogen unverrichteter Dinge wieder ab.«

Bereits ab Oktober 1939, als Westweißrussland entstanden war, wurde die provisorische Miliz durch die Arbeiter-und-Bauern-Miliz ersetzt. Nur wenige Einheimische fanden Beschäftigung in der sowjetischen Miliz oder Verwaltung (Polen oder Juden in gleich geringem Maße). Die Sowjets ließen eigene Kräfte aus dem östlichen Weißrussland kommen, die sogenannten *vostočniki* [»Ostler«]. Dies geht sowohl aus sowjetischen Quellen als auch aus den im Archiv der Hoover Institution liegenden Berichten hervor, die sich auf eine längere Zeitspanne als nur auf die ersten Monate beziehen.

5

Wie sah der Alltag während der sowjetischen Besatzungszeit aus? In den erwähnten Berichten erscheint die sowjetische Besatzung als eine Invasion von Barbaren. Die neue Macht führte eine Volkszählung und eine Inventur durch, um sich auf dieser Grundlage Vermögenswerte aneignen zu können. Haushaltsgeräte wurden mitgenommen, Vieh weggetrieben, Wälder abgeholzt. Ein nächtlicher Besuch konnte Deportation bedeuten, doch ebenso Raub von Schmuck und Kleidung. Meine Gesprächspartner hoben noch einen weiteren Aspekt hervor: die Armut und den Mangel an Kultur auf Seiten der Besatzer. Sie erzählen gerne, wie die sowjetischen Offiziere Fahrradfahren lernten, wie komisch das war; wie sie den schlappen Kohl einsammelten, der auf dem Feld geblieben war; wie sie ein Schwein schlachteten und sich gleich auf dem Marktplatz daranmachten, es zu kochen.

Chaja Finkelsztejn beschrieb den Alltag in ihren Erinnerungen: »Zu uns kam die Sowjetarmee mit ihrem ganzen Propagandaapparat. Sie sagten, bei ihnen würde ein Arbeiter nicht zu Fuß gehen, sondern mit dem Auto fahren. Überall gab es Schlangen, für Brot und alles andere. Sie bildeten sich schon, bevor das Geschäft öffnete, als noch gar nicht klar war, was verkauft werden würde. Man nahm alles, was sie gaben. So hieß das: ›Sie geben, *dajut*‹. Als die Sowjets kamen, hielten sich die Christen anfangs fern und nahmen nicht an den Festivitäten teil. Doch bald fanden sie sich mit der neuen Situation ab und machten überall mit. Ein *Sel'sovjet* [Landrat] wurde organisiert, in dem Juden und Polen gemeinsam vertreten waren. Für die Sowjets waren die Christen viel wichtiger als die Juden. Das Leben als kleiner jüdischer Händler war unmöglich, dabei waren doch die meisten Juden kleine Händler. Die Christen konnten einen Hektar Land besitzen und die Produkte auf der Straße verkaufen, sogar Fleisch, doch den Juden war das verboten. Also taten die Juden sich mit den Christen zusammen und verkauften Dinge mit ihrer Vermittlung.« Sie beschrieb, wie man auch solchen Juden, die nicht reich waren, die Werkstätten requirierte und in Genossenschaften umwandelte, wie der Cheder und die hebräische Schule geschlossen wurden, wie die Kinder samstags zur Schule gehen mussten.

»Auch in unser Haus drang der Kommunismus ein, in Gestalt einiger Russen, die uns die Schuhe wegnahmen«, sagte mir Herschel Baker, der aus Jedwabne stammte und in Florida lebte. »Das mag eine gute Zeit gewesen sein, aber nur für jemanden, der nichts zu verlieren hatte und nichts kaufen wollte. Man musste für sie arbeiten, nicht für sich selbst. Und es reichte kaum für Brot. Nur dass wir uns sicherer fühlten, denn die Schläger waren eingeschüchtert. Man muss zugeben, dass die Russen alle gleich behandelt haben, und das war eine gute Sache; aber sie nahmen einem alles weg, was man hatte, und das war schlecht. Ich lebte damals bereits mit meiner eigenen Familie in Goniądz, da gab es einige Juden bei der Polizei, die waren wahrscheinlich zufrieden. Ich erinnere mich, dass wir mit den Sowjets unglücklich waren und dass die Polen auch unglücklich waren. Alle wurden arm, auch die reichen Juden, also glichen wir uns den Polen an, die vor dem Krieg ärmer gewesen waren. Man kann nicht sagen, dass die Juden sich aufgespielt hätten, eher sanken sie auf dasselbe Armutsniveau herab. Ich selbst musste mich verstecken, weil ich ein *ekspluatator* [Ausbeuter] war – ich hatte vor dem Krieg dreißig Personen beschäftigt – und sie darauf aus waren, mich zu deportieren.«

6

»Zu einer solchen Befreiung sage ich ›Nein danke‹ und bitte darum, dass es die letzte sein möge« – diese Worte von Mendel Srul, einem Milchmann aus Łuck, führen Irena Grudzińska-Gross und Jan Gross in ihrem Buch *'40 haben sie uns, Mutter, nach Sibirien verschickt* an. So dachten vermutlich viele in der älteren Generation, auf jeden Fall diejenigen, die es zu einigem Vermögen gebracht hatten. Bei den Jungen war es anders.

Gemessen an der ständigen Erniedrigung, die sie und ihre Eltern in den letzten Jahren des Vorkriegspolens zu ertragen hatten, empfanden sie die sich verschlechternden Lebensbedingungen als weniger bedrückend, und ob der Sabbat eingehalten wurde, war nicht ihre größte Sorge. In Westweißrussland konnten sie sich endlich zu Hause fühlen; ein Jude war nicht länger etwas Schlechteres; angeblich gab es bei den Sowjets sogar Generäle, die Juden waren. Die sowjetischen Lehrerinnen unterschieden nicht zwischen den Juden und den anderen und ließen sie nicht in der letzten Bank sitzen. Noch vor kurzem hatten sie keine Chance, ihre Ausbildung nach der Grundschule fortzusetzen, und jetzt ermunterte man sie sogar, in die Schule zurückzukehren, mehr noch, man bot ihnen eine weitere Ausbildung in den zahlreichen an Fabriken angeschlossenen Schulen in Russland an. Und davon träumte ein großer Teil der Jugendlichen aus dem zionistischen Milieu, denn eine solche Ausbildung konnte ihnen beim Aufbau eines neuen Staates in Palästina nur nützlich sein.

Der Vater von Meir Paperle, der in Jedwabne Schuster gewesen war, wurde unter den Sowjets Nachtwächter im Krankenhaus. Sicherlich hätte er es vorgezogen, seine eigene Werkstatt zu haben und nicht zur Arbeit am Sabbat gezwungen zu werden, selbst wenn er auf diese Weise arm geblieben wäre. Doch bereits für seine Söhne war die sowjetische Besatzung die Chance ihres Lebens, gesellschaftlich aufzusteigen. »Mein Bruder Wolf Ber ging zur russischen Armee«, beschrieb Paperle die Lage. »Als Soldat war er in Jedwabne und spazierte auf den Straßen herum. Mein anderer Bruder Ruben ging auch in die russische Armee. Ich meldete mich mit jüdischen und polnischen Jungs, um in den Ural zu fahren, nach Swerdlowsk, und in der Fabrik zu arbeiten.« Die Generationszugehörigkeit war entscheidend für die Frage, welches Verhältnis man zur sowjetischen Besatzung einnahm, das galt nicht nur für die Juden. Filmvorführungen und Tanzveranstaltungen zogen auch einen Teil der polnischen Jugendlichen an. Jan Cytrynowicz erinnerte sich, dass in Wizna die Trinkhalle und die Weinwirtschaft von Polen betrieben wurden; es gab billigen Wein und billiges Bier in Krügen, und die Jugend, die polnische wie die jüdische, habe sich gern dort getroffen.

»Als die Russen kamen«, erzählte mir ein ehemaliger Einwohner von Radziłów, »gab es eine Leinwand auf dem Markt *dlja vsech* [für alle], und wer in Radziłów hatte vorher überhaupt schon ein Kino gekannt? Ich erinnere mich an Revolutionsfilme, in denen die Orlowa mitspielte, die berühmte Schauspielerin. Und an Veranstaltungen, die in der Eisfabrik organisiert wurden.«

Ich fragte, wie sich in der Schule das Verhältnis zwischen polnischen und jüdischen Kindern verändert hatte.

»Die Juden in der Klasse waren selbstbewusst und gaben gerne an«, hörte ich von einem anderen ehemaligen Einwohner des Städtchens. »Sie fühlten sich sicher, denn Stalins Frau war, wie sie sagten, ›eine von ihnen‹. O nein, Heilige waren sie nicht. Sie machten sich über uns lustig. Es gab auch polnische Jungs, die mit der roten Fahne herumliefen, aber nicht ganz so demonstrativ. Unter den Komsomolzen war eine Jüdin besonders arrogant zu den Polen, wir nannten sie die dicke Sara. Sie bezeichnete die Polen als ›polnische Hunde‹, und die Kinder waren für sie ›polnische Welpen‹. Ich hatte eine russische Lehrerin namens Marusja, die mich in die erste Reihe neben diese Jüdin setzte. Die rückte von mir ab, neben einem polnischen Welpen wollte sie nicht sitzen. In der Schule und auf der Straße musste man den Juden Platz machen.«

»Und wie sah dieses Platzmachen auf der Straße aus?«

»Auf der Straße stand so ein kleiner Jude und sang ein Spottlied: ›Eure Regierung ist 'ne Verlierung, eure Regierung ist nur Dung!‹«

»Das Zusammenleben mit ihnen funktionierte gut«, erinnerte sich ein anderer Einwohner von Radziłów. »Kurz nachdem die Russen einmarschiert waren, sagten sie stolz: ›Unsere Genossen sind da‹, aber sie kamen schnell zur Besinnung. Der Lehrer versuchte sie für die Pioniere zu gewinnen, aber sie wollten nicht, zumindest diejenigen, an die ich mich erinnere.«

»Die sowjetische Erziehung verdarb die Kinder«, schrieb Chaja Finkelsztejn. »Es gab Feiertage, marktschreierische Plakate, Gesang und Tanz, das alles zog Kinder magnetisch an. Für die Älteren gab es den Komsomol, für die Jüngeren die Pioniere. Sie bekamen rote Tücher und waren zufrieden. Meine Kinder bedankten sich, trugen aber die Tücher nicht, obwohl die polnischen Lehrer ihnen zu verstehen gaben, dass ihnen das schaden könnte. Ich wollte mich nicht damit einverstanden erklären, dass die Kinder zu Auftritten fuhren, aber die Lehrer drängten uns, unsere Kinder sollten vor der sowjetischen Obrigkeit in Jedwabne auftreten. Mein älterer Sohn hatte sehr zu leiden, man zählte ihn zu den Nationalisten, weil er nicht in den Komsomol eintreten wollte. In der Schule wurden illegale Parolen an die Wände geschrieben: ›Wenn ich dein vergesse, Jerusalem, mag meine Rechte verdorren‹, und der Direktor, ein vom NKWD aus Białystok geschickter Jude, hatte Menachem in Verdacht.«

7

Sie begrüßten die Russen zahlreicher und enthusiastischer, das ist wahr, doch sie lernten die Sowjetmacht rasch kennen. Möglicherweise kollaborierten sie häufiger, aber ist das wirklich sicher? In den sowjetischen Behörden und dem sowjetischen Unterdrückungsapparat spielten sie keine dominierende Rolle, dennoch waren die Polen überzeugt, dass die Juden hinter den gegen sie gerichteten Verfolgungen steckten. Wodurch hatten sie sich so unbeliebt gemacht, dass sie vielen ihrer Mitbürger als die alleinigen Urheber des ganzen Übels im kollektiven Gedächtnis geblieben sind?

Chaja Finkelsztejn beschrieb es folgendermaßen: »In den Schlangen brachen häufig Streitigkeiten und Schlägereien zwischen Juden und Christen aus. Es gab viele Juden, die sagten: ›Eure zwanzigjährige Herrschaft ist vorbei.‹ Das haben sich die Polen gemerkt.«

In Wirklichkeit ging es nicht um die paar wenigen Juden, die in jeder Stadt Übereifer beim Dienst für die Sowjetmacht, beim Denunzieren und Einschüchtern an den Tag legten. Es gab auch Polen, die ähnlich handelten, und das war allgemein bekannt, auch wenn es später sorgfältig aus der Erinnerung getilgt wurde. Es ging um Bemerkungen wie »Eure Zeit ist um«, welche die Juden ihren ehemaligen Verfolgern aus der Nationalpartei schadenfroh an den Kopf warfen.

Im Ringelblum-Archiv[2] gibt es einen Bericht aus Rutki. In die Schule, wo die ehemaligen polnischen Lehrer unterrichteten, wurden während der sowjetischen Besatzung zwei zusätzliche jüdische Lehrerinnen geschickt, Flüchtlinge aus dem Generalgouvernement. Auch den Posten des Arztes und Tierarztes bekamen jüdische Flüchtlinge. Sie waren in einer schwierigen Lage, übernachteten provisorisch in fremden Häusern, konnten sich nie sicher sein, ob der nächste Tag nicht irgendwelche neuen Anweisungen bringen würde, wo sie sich aufhalten durften und wo nicht.

Aus Sicht der polnischen Einwohner nahmen die Lehrerinnen, der Arzt und der Tierarzt die Plätze ihrer nach Sibirien deportierten Landsleute ein.

Ein großer Teil des Unterrichts war der Propaganda gewidmet, dem Feiern von Jahrestagen und dem Rezitieren von Gedichten über die Freundschaft mit der UdSSR. Polnische und jüdische Lehrer machten dasselbe. »Die polnischen Lehrer aber«, schrieb Chaja Finkelsztejn,

2 Der polnisch-jüdische Historiker Emanuel Ringelblum (1900-1944) war Gründer und Leiter der Organisation Oyneg Shabes/Oneg Shabbat (hebr. »Freude am Sabbat«), einer Gruppe von Gelehrten und Schriftstellern, die im Warschauer Ghetto ein Geheimarchiv anlegten, bestehend aus Zeugnissen und Dokumenten von mehr als 25 000 Seiten, das sie im August 1942 in wasserdichte Metallkisten und Milchkannen vergruben oder bei polnischen Freunden versteckten.

»richteten schöne Feierlichkeiten aus, um sich zu tarnen und die Rolle von Personen zu spielen, die der neuen Macht ergeben waren.«

Die polnischen Lehrerinnen, die Versammlungen zu Ehren der Oktoberrevolution organisierten, bereiteten nach der Arbeit vermutlich Proviant für die antisowjetischen Partisanen vor, die sich in den Sümpfen an der Biebrza versteckt hielten.

Als er zwangsweise wählen gehen musste, so erinnerte sich einer der polnischen Zeugen, da »tanzten sowjetische Soldaten mit jüdischen Mädchen« zu den Klängen einer Ziehharmonika im Wahllokal. (Bericht aus der Hoover Institution)

Was die Stimmung vergiftete, war etwa die Tatsache, dass jüdische Mädchen mit russischen Soldaten tanzten, während die Polen zur Wahl gingen, um ihre Stimme für den Verlust des Vaterlandes abzugeben.

Wie es in Wasilków aussah, dazu ein weiterer Bericht aus dem Ringelblum-Archiv: »Es war ruhig und fröhlich, es gab ein Kino und eine jüdische Künstlertruppe, die oft Konzerte und Vorstellungen gaben, außerdem existierten ein Blas- und ein Mandolinenorchester. Die Juden fühlten sich sehr gut, sehr frei, man konnte sich in allen Straßen bewegen, selbst dort, wo man sie vorher mit Steinen beworfen hatte. Das Wort ›Saujude‹ war nicht mehr zu hören.«

Der Anblick der jüdischen Burschen, die sich freuten, dass sie keine Angst haben mussten, auf die Straße zu gehen, reizte die Polen.

»Sie waren wegen des verlorenen Krieges in Trauer versunken, bei den Juden aber war von dieser Traurigkeit nichts zu sehen«, schrieb Chaja Finkelsztejn. »Die meisten wirkten sogar zufrieden. ›Judenherrschaft‹, sagten die Polen. Die meisten jüdischen Jugendlichen feierten oft, es gab viele Hochzeiten, bei den Sowjets konnte man für drei Rubel heiraten. Man sah viele frischgebackene Ehepaare, die zufrieden und glücklich waren, viele Kinder wurden geboren, die Paare saßen mit Kinderwagen in dem Park, wo früher nur die polnische Intelligenz zu finden war.«

Anlass zum Ärger gaben jüdischen Ehepaare, die stolz mit ihrem Kinderwagen im Park saßen.

Die sowjetische Besatzung zwang praktisch alle, außer denjenigen, die sich versteckt und den bewaffneten Kampf aufgenommen hatten, zur Kollaboration. Die Bewohner von Radziłów und Jedwabne mussten, wenn sie es vermeiden wollten, verhaftet oder deportiert zu werden, an zahlreichen Versammlungen teilnehmen, sie dekorierten ihre Scheunen mit Porträts von Lenin und Stalin und mit roten Fahnen, sie stimmten bei der Wahlfarce ab und nahmen die sowjetische Staatsbürgerschaft an. Es muss eine jener zutiefst demütigenden Erfahrungen gewesen sein, die man gründlich verdrängt. Wie viel leichter ist sie zu ertragen, wenn man die Wirklichkeit durch eine Stereotype ersetzt: »Die Juden haben kollaboriert« (insbesondere, wenn klar ist, dass diejenigen, die das richtigstellen könnten, umgekommen sind). Den SN-Anhängern, die sich definitionsgemäß für ganz besondere Patrioten hielten, muss diese kognitive Dissonanz schwer zu schaffen gemacht haben. Die neue, unnormale Situation, dass »der Jud« in Sachen Bürgerrechte einigermaßen gleich behandelt wurde, musste auf die im Vorkriegsantisemitismus groß gewordenen Nachbarn als Provokation wirken.

»Wenn die Juden sich unter den Sowjets ruhig verhalten hätten wie vor dem Krieg, wäre es zu all dem nicht gekommen«, sagt Janina Biedrzycka. Und zum Beweis erzählt sie von Nachbarn, die ihre Familie vor dem Krieg höflich gegrüßt, dann jedoch damit aufgehört hätten. Der Vater von Biedrzycka hatte vor dem Krieg antijüdische Aktionen organisiert, und seine jüdischen Nachbarn lebten in der Furcht, ihn nicht ehrerbietig genug zu grüßen. Nun fürchteten sie sich nicht mehr. Und da gab es plötzlich Juden als Beamte, Juden als Polizisten, Juden als Lehrer. Das muss für die meisten Einwohner von Radziłów und Jedwabne ein Schock gewesen sein, der ihr Gefühl der Bedrohung und Frustration noch verstärkte.

»Juden und Polen hatten keine gemeinsame Geschichte«

Wenn die heutigen Einwohner von Jedwabne sagen – und alle sagen es –, dass die Juden Menschen zur Deportation ausgewählt hätten, dann sagen sie die Unwahrheit. Nicht die örtlichen Juden waren es, die Sowjetrussland die Repressionstaktik vorgaben. In der Nacht vom 9. auf den 10. Februar 1940 wurden im Rahmen der ersten großen Deportation militärische und zivile Siedler[3] sowie Förster deportiert. Dafür waren keine jüdischen Denunziationen vonnöten.

»Anfangs wurde man deportiert, weil man zu einer bestimmten Kategorie gehörte, wie z. B. Förster oder Lehrer, oder auch für rüpelhaftes Verhalten«, erklärt mir Jan Cytrynowicz. »Einen meiner Freunde aus Wizna haben sie deportiert, weil er betrunken auf einer Versammlung in eine Karaffe gepinkelt hatte.«

»Die jungen Juden waren zufrieden. Sie lachten über das ganze Gesicht, das habe ich selbst gesehen«, erzählt seine Frau, Pelagia Cytrynowicz, die während der Besatzungszeit in Grajewo wohnte. »Es gab bei ihnen eine gewisse Feindseligkeit gegen die Polen. Ihrer Meinung nach waren sie unterdrückt worden, jetzt, unter den Russen, konnten sie ihnen das heimzahlen. Aber man weiß ja nicht, ob einer von denen, die sich so freuten, wirklich Polen denunziert hat.«

Die zweite Deportationswelle im April 1940 betraf die Familien von Personen, die in der ersten Welle verhaftet worden waren: Polizisten, höhere Beamte, Führer von politischen Parteien und die örtliche Intelligenz. Die dritte, vom Juni 1940, betraf *bežency*, das heißt Menschen, die aus dem Generalgouvernement geflohen waren. Hier waren achtzig Prozent der Betroffenen Juden (ein beträchtlicher Teil dieser Gruppe bestand aus Personen, die ihre Bereitschaft erklärt hatten, ins Gene-

3 Als »Siedler« (poln. *osadnik*) wurden verdiente Personen (vor allem Militärangehörige) bezeichnet, die nach den siegreichen Kämpfen von 1919-1921 in den Ostgebieten des neuentstandenen polnischen Staates Land zur Bewirtschaftung erhielten.

ralgouvernement zurückzukehren; nicht alle Juden waren also von der sowjetischen Herrschaft begeistert).

Auch zionistische Funktionäre wurden deportiert. Der Leiter des NKWD schrieb in einem Rapport (vom 16. September 1940): »Die Region ist bekannt für ihre große Verseuchung durch aufständische Elemente sowie verschiedene polnische und jüdische antisowjetische Parteien und Organisationen, wie die SN, den Bund, die Zionisten usw.«

Es war der Juni 1940, der sich ins Gedächtnis der Juden als die Zeit der großen Deportationen eingrub, ins Gedächtnis der Polen wiederum als die Zeit der NKWD-Aktion im Waldgebiet Kobielno an der Biebrza, wo sich in einem schwer zugänglichen sumpfigen Gelände Partisanen versteckten sowie Personen, die das Gefängnis oder den Militärdienst vermeiden wollten. Diese Aktion wurde von zahlreichen Verhaftungen begleitet. Ein Teil der Festgenommenen kam nach Jedwabne, das in der Sowjetzeit zur Bezirkshauptstadt aufgestiegen war; in den Kellern unter der Apotheke wurde ein provisorisches Gefängnis eingerichtet.

Doch die Zellen und Gefängnisse in der gesamten Region waren schon voll mit Juden, die versucht hatten, ein Gewerbe zu treiben (mit anderen Worten: etwas außerhalb des offiziellen Rahmens zu kaufen oder zu verkaufen), und als Spekulanten hinter Gitter gekommen waren.

Die letzte Deportationswelle im Juni 1941 war vorbereitet worden, um die Partisanen, die in dieser Region stark waren, von ihren Wurzeln abzuschneiden. Zu diesem Zweck erwiesen sich polnische Informanten als bei weitem nützlicher. Juden wurden in dieser Gegend ohnehin nicht in die polnischen Untergrundstrukturen aufgenommen, man konnte also kaum darauf zählen, dass sie sich dort auskannten.

In der Nacht von Samstag, den 20., auf Sonntag, den 21. Juni 1941, fuhren in Jedwabne und den umliegenden Ortschaften bei vielen Häusern Fuhrwerke vor, und der NKWD nahm die Familien der bereits Verhafteten mit. »Die Polen erhoben ihr Haupt gegen die Juden und zeigten deutlich ihre Abneigung«, beschrieb Chaja Finkelsztejn die Stimmung, die diese letzte Deportation hervorrief. »Ich habe selbst gesehen, wie ganz früh am Morgen einige Fuhrwerke anhielten, die voll waren mit Verhafteten und NKWD-Leuten. Einige ältere Juden gingen gerade zum ersten Gebet zur Synagoge. Sie blieben stehen, um zu sehen, was passiert war. Plötzlich hörten wir den giftigen Schrei einer polnischen Frau: ›Juden, seht euch nur an, wie sie unsere Leute nach Sibirien bringen! Der Fluch wird auch an euch nicht vorübergehen!‹ Aber was konnten die Juden denn dafür? Hatten die Sowjets nicht auch Tausende von Juden nach Sibirien deportiert? Aber wir hörten das dauernd und immer öfter. Wir fühlten, wie dunkle Wolken aufzogen.«

Die Sowjets hatten fertige Pläne zur Evakuierung der Gefängnisse für den Fall eines Krieges mit Deutschland. Die im Gefängnis von Łomża Festgehaltenen sollten in Arbeitslager geschickt werden. Dafür reichte die Zeit nicht mehr. Als am ersten Tag des deutsch-sowjetischen Krieges, am 22. Juni 1941, die Wehrmacht von Süden in die Stadt einmarschierte, kehrten mehr als 2000 befreite Häftlinge in ihre Häuser zurück. Dort stellte sich heraus, dass am letzten Tag der sowjetischen Besatzung die Züge mit den verhafteten Frauen, Eltern und Kindern der Befreiten nach Osten abgefahren waren.

Ende Juni/Anfang Juli kam es in dieser Gegend in mehreren Dutzend Ortschaften zu Pogromen. In den meisten Berichten ist davon die Rede, dass die gerade freigelassenen Häftlinge daran beteiligt waren: Aktivisten der SN aus der Vorkriegszeit und antikommunistische Partisanen.

Aufzeichnungen

29. März 2001

Jan Skrodzki und ich fahren nach Radziłów. Als wir in das Städtchen kommen, achte ich nicht mehr auf den abbröckelnden Putz und das bucklige Kopfsteinpflaster. Ich entdecke den Charme der einfachen Holzarchitektur der ehemals jüdischen Häuser, die sich an die Erde kauern. Ich musste sie zuerst auf den Bildern im Internet sehen, auf den Seiten von Gutstein, um sie in der Wirklichkeit würdigen zu können.

Jan und ich sind gekommen, um seiner Kindheitsfreundin, die wir letztes Mal besucht haben, guten Tag zu sagen. Jan erklärt diesmal ganz direkt, dass wir gekommen sind, um die Wahrheit über das Verbrechen herauszufinden. »Die Mörder waren Polen«, erklärt er, und Eugenia K., die den Ort seit siebzig Jahren nicht verlassen hat, wundert sich höflich: »Nicht die Deutschen? O mein Gott!« Dann wechselt sie das Thema.

Mir fällt auf, dass in Radziłów, wo Jan Skrodzki mich zur Tarnung als seine Cousine vorstellt, die Gefühle der Personen, die nicht direkt mit dem Verbrechen zu tun haben, lau bleiben, wenn wir mit ihnen sprechen. Diese Gleichgültigkeit hat gewöhnlich eine Färbung, sie ist wohlwollend oder feindselig, bleibt aber doch vor allem Gleichgültigkeit. Nur in Jedwabne, das sich unter dem Beschuss der Medien befindet und wo ich als Journalistin auftrete, scheint mir die Gesellschaft gespalten in die einen, die jenen sechzig Jahre alten Hass in die heutige Welt ohne Juden hinübergetragen haben, und in die anderen, die nachts von jenem Schrei träumen.

Wenn ein Thema aus der jüngeren Geschichte die Einwohner heftig bewegt, so ist es die Nachkriegszeit: Stundenlang können sie erörtern, wer, wann, warum und aufgrund wessen Urteils getötet worden ist. In diesem Gebiet herrschte nach 1945 praktisch Bürgerkrieg. Nicht nur Vertreter der neuen Macht starben von der Hand antisowjetischer Partisanen. Viele Bewohner verloren ihr Leben in den mörderischen Kämpfen zwischen verschiedenen Fraktionen des Untergrunds. Die NSZ-Mitglieder hatten, wie mir einer meiner Gesprächspartner erklärte, keine Zweifel, dass man gegen den Kommunismus mit der »Schichtenmethode« kämpfen müsse – eine Schicht Kommunisten, eine Schicht Kalk –, und betrachteten die AK-Kämpfer, die aus dem Untergrund auftauchten, als Verräter. Die Partisanen bekämpften sich untereinander, und dabei starben immer wieder auch Frauen und Kinder. In den Dörfern der Umgebung hielten die Bewohner nachts Wache, um nicht überrascht zu werden.

Das ist für die polnischen Bewohner dieses Landstrichs ihre eigene, schmerzhafte Geschichte, ihre eigene, in der Erinnerung festsitzende Angst. Die Geschichte der brennenden Scheune ist für sie eine fremde Geschichte.

In der Heldengeschichte dieser Gegend ragen zwei Erzählungen hervor. Die eine handelt davon, wie die Partisanen am 8. Mai 1945 die Macht in Grajewo übernahmen, indem 200 Untergrundsoldaten in die Stadt einrückten, die Gefangenen befreiten, die Dokumente des örtlichen UB zerstörten und das Finanzamt und das Gebäude der Regionalverwaltung besetzten.

Die andere, die sich vier Jahre später abspielte, handelt davon, wie sich Jedwabne für einen Tag, es war der 23. September 1949, von der kommunistischen Herrschaft befreite. Eine Untergrundgruppe brachte das Rathaus in ihre Gewalt, woraufhin sie die Einwohner zusammenrief und zum Kampf gegen die Kommunisten aufforderte. Cytrynowicz erinnert sich noch sehr gut daran: »Sie nahmen den Schlachtern, die auf dem Weg zum Markt waren, das Auto weg. Mit dem fuhren sie auf den Marktplatz. Sie waren zu zwölft, in englischen Uniformen. Sie verkündeten, dass die britische Armee in Polen steht, in Warschau Revolution herrscht und die kommunistische Regierung zusammengebrochen ist. Die Leute machten sich über die Genossenschaftsläden her, vor allem Wodka wurde geplündert.«

Ich habe im KARTA-Zentrum die Geschichte von »Wiarus«, auch »der Verrückte Stasiek« genannt, gelesen, das heißt von Stanisław Grabowski, dem Kommandanten der (aus den NSZ hervorgegangenen) Nationalen Militärvereinigung (NDW), der diese Aktion leitete. Grabowskis Gruppe brach in zwei Geschäfte und ins Rathaus ein, rief dann die Bewohner zusammen und forderte zum Kampf gegen die Kommunisten auf. Die verschreckten Polizisten griffen nicht ein, und nach der Versammlung verließ die Abteilung in aller Ruhe die Stadt.

Noch im Jahr 1951 überfielen die Partisanen einen Bus, in dem ein Kassierer mit Geld nach Jedwabne unterwegs war. Sie ließen einen Passagier ein Flugblatt verlesen: »Stalin und Bierut wollen Hunger und Kälte, während des Sechsjahresplans werdet ihr Pferde essen und gegen Ende des Sechsjahresplans werdet ihr verfaulte Pferde essen.«

Die Kampfnamen der letzten Partisanen kennen in der Gegend alle. »Lipiec« [Juli] kämpfte bis 1952, »Bruzda« [Furche] bis 1954, »Ryba« [Fisch] bis 1957. Sie kamen um, nachdem sie von ihren Kameraden verraten worden waren, nicht selten durch die Kugel eines Brudermörders.

»Tagsüber fürchtete man sich vor dem UB, der kam, um einen für tatsächliche oder angebliche Hilfe des Untergrunds festzunehmen, in der Nacht fürchtete man sich vor den Partisanen«, sagte uns Edward Borawski, den Jan und ich in Trzaski besuchten. »Der Vater einer Nachbarin hatte eine Kuh verkauft«, erinnerte sich eine Cousine von Jan Skrodzki, »und am nächsten Tag waren sowohl er als auch das Geld verschwunden. Die Nachbarin blieb mit fünf Kindern zurück und bat die Leute um Brot. Bis 1947, aber auch später noch, bedeutete jede Nacht eine Gefahr.«

»Die NSZ-Leute waren hauptsächlich mit Raub beschäftigt«, erzählte Stanisław Ramotowski. »Viele in der Gegend gehörten zu den NSZ, aus Kramarzewo und Kiliany nicht, das waren schon immer ordentliche Dörfer gewesen, aber aus Żebry und Kownatki schon.«

Noch mehrfach sollte ich in meinen Gesprächen auf diese Formulierung stoßen: »ordentliche Dörfer«, wo die Leute in die AK eingetreten waren, und schlechtere, wo die NSZ dominierten.

»Hier waren die NSZ aktiv«, erzählte mir ein Bewohner von Radziłów, »aber dass sie irgendeine Aktion gegen die Deutschen durchgeführt hätten, davon habe ich nie gehört. Man nannte sie ›Diebesbund‹, denn sie beschäftigten sich damit, Schweine aus dem Stall zu stehlen, und ihnen zu Ehren kamen verschiedene Redensarten in Umlauf: ›Was die Augen sehen, das nehmen die Hände‹, oder: ›Kirchgänger, aber Hühnerdieb.‹.«

Diese beiden Narrative, über Helden und über Diebe, sind nicht völlig unabhängig voneinander. Nicht selten kam es vor, dass Abteilungen, die von Helden des Untergrunds angeführt wurden, stahlen und raubten, die Anführer aber nicht imstande waren, ihre Untergebenen zu disziplinieren, ja manchmal nahmen sie auch selbst daran teil.

Übermorgen soll in der *Gazeta Wyborcza* mein Artikel über die gegenwärtige Situation in Jedwabne erscheinen. Der Titel: »Kommen Sie hier nicht mehr vorbei«. Seit dem Morgen pendele ich zwischen Radziłów, wo ich Jan für eine Weile zurückgelassen habe, und Jedwabne, wo ich die ganze Zeit dabei bin, Details zu überprüfen und Textpassagen autorisieren zu lassen. Danach fahre ich auf einen Hügel bei Radziłów, wo es Netz gibt, und diktiere die Korrekturen per Mobiltelefon.

Zwischen Radziłów und Jedwabne erreicht mich eine Nachricht von Professor Noszczyk: Ramotowskis Benehmen sei unerträglich, trotz seines ernsten Zustands wolle er sofort das Krankenhaus verlassen. Wäre er nicht so unerträglich störrisch gewesen, lasse ich dem Professor ausrichten, hätte Ramotowski nicht seine jüdische Frau gerettet – der ganzen Stadt zum Trotz.

30. März 2001

Jan Skrodzki und ich fahren nach Grajewo, zu Jan J., dem älteren Bruder eines Schulfreundes von Jan. Seine Frau ist wütend, aggressiv und lässt antisemitische Beschimpfungen vom Stapel. Wir erfahren, dass Leon Kosmaczewski höchstwahrscheinlich noch lebt, und bekommen seine Adresse in Ełk.

»Ein Imker, ein ruhiger Mensch, er hat niemanden gestört«, sagt

Jan J., der doch wohl wissen muss, dass er von einem der Hauptmörder des 7. Juli 1941 spricht. Schon wieder ein Imker, wie die Laudański-Brüder.

Wir fahren nach Ełk, von Grajewo ein Katzensprung. Kosmaczewski ist seit zwei Jahren tot, wir treffen nur seine Tochter an.

Wir suchen nach Klimaszewski, der die Scheune in Radziłów angesteckt hat. Wir haben gehört, er sei später in der AK gewesen und habe im Bund der Kämpfer für Freiheit und Demokratie (ZBoWiD) in Ełk gearbeitet. Seine Adresse steht im Telefonbuch.

Marode Wohnblocks, niemand macht auf. Jan erfährt von den Nachbarn, der Mieter sei vor zwei Jahren gestorben. Wie es seine Art ist, lässt er sich auf ein langes Gespräch ein, und wir erfahren, dass hier zwar ein gewisser Klimaszewski gewohnt hat, der in der AK und im ZBoWiD war, aber dass es sich dabei um einen anderen handeln muss, denn er ist wesentlich älter als unser Mann. Wir müssen weitersuchen. Einer unserer Gesprächspartner hat ihn vor nicht allzu langer Zeit im Sanatorium getroffen, daher hoffen wir, dass er noch lebt. Zum Glück zeigt Jan keinerlei Überdruss an unserer Suche. Er hat sich schon daran gewöhnt, wie vielen falschen Fährten man nachgehen muss, um Zeugen zu finden.

Ich kann Stanisław P., der mir von dem Verbrechen erzählt hat (wie andere meiner Gesprächspartner bestand er auf Anonymität), telefonisch nicht erreichen. Er stammt aus einer Familie, die seit Mitte des 19. Jahrhunderts am Marktplatz in Jedwabne wohnt. Morgen erscheint mein Artikel mit umfangreichen Zitaten von ihm.

»Am 10. Juli«, erzählte er mir, »versteckte sich mein Vater im Garten und dann auf dem Dachboden meiner Großmutter in der Ulica 11 Listopada, heute Ulica Sadowa. Er versteckte sich, das möchte ich betonen, vor den Polen, damit sie ihn nicht zum Töten der Juden drängen. Meine Eltern wussten nicht, dass die Juden dort entlanggetrieben werden würden, wo sie sich versteckt hatten. Als meine Mutter den Todeszug sah, nahm sie meine ältere Schwester und floh in Richtung Łomża. Noch zwei Tage vor ihrem Tod erinnerte sich Mutter an jenen Schrei, dabei waren sie schon weit von der Scheune entfernt, als es geschah. Wenn meine Eltern, die im Auge des Orkans wohnten, sich ohne weiteres vom Markt entfernen konnten, heißt das, dass es sich vermeiden ließ, am Verbrechen teilzunehmen. Es stimmt nicht, dass die Polen von den Deutschen mit der Pistole gezwungen wurden. Niemand wurde von irgendwem gezwungen. Vielleicht stand ein Deutscher in der Nähe, aber meine Mutter hat keinen gesehen. Sie konnte mit ihrem Kind ungehindert durch ganz Jedwabne gehen. Vielleicht gab es damals ein Dutzend Gendarmen, die das Geschehen beobachteten, aber größere Abteilungen waren nicht gekommen. Verantwortlich waren unter anderem die Laudańskis. Am Tag des Mordes gingen sie zu den polnischen Häusern und sagten: ›Komm mit. Entweder bist du mit uns oder gegen uns.‹ Von ihrer Rolle wusste die ganze Stadt. Drastische Szenen hat mir meine Familie nicht erzählt. Einmal zeigte meine Mutter mir ihre jüdischen Schulfreundinnen auf einem Klassenfoto aus der siebten Klasse: ›Die ist verbrannt, die ist verbrannt, der hat man die Kehle durchgeschnitten.‹ Ich kam erst allmählich zu diesem Wissen, von vielen Ereignissen habe ich erst in den siebziger Jahren erfahren, als ich selbst anfing, Zeugen zu befragen. 1980 begann ich im Wojewodschaftsamt von Łomża zu arbeiten, und ein Kollege, der vorher Lehrer in Jedwabne gewesen war, berichtete mir von der Verbrennung in der Scheune und den Mordtaten. Er nannte Namen und Details. Von Kubrzyniecki erzählte er, der hätte sich unter den herbeigeführten Juden seine Opfer ausgesucht. Später hörte ich von einem anderen Zeugen, dass er zu seinem Plumpsklo gehen wollte, aber da war ein Jude mit durchgeschnittener Kehle, der habe noch gelebt und geröchelt. Die Diskussion darüber, wie viele Personen in die Scheune passten, ist sinnlos. Gemordet wurde fast in jeder Straße und in vielen Hinterhöfen. Und beim Teich? Dort wuchs dichtes Getreide, die Leute durchkämmten es, und wenn sie einen Juden fanden, ertränkten sie ihn. Im Brunnen wurden sie auch ertränkt. Es ist bekannt, wer wen ermordet hat, das waren keine stillen Morde, alles geschah am helllichten Tage. ›Wenn sie einen Juden auf dem Feld schnappten, dann begruben sie ihn an Ort und Stelle‹ – so erzählen es ja die Einwohner von Jedwabne selbst. Die Scheune war noch nicht ganz abgebrannt, da machte sich ein Teil der Einwohner schon über den jüdischen Besitz her. Wie musste es um das Gewissen einer Frau stehen, die eine noch warme Federdecke stahl oder die ärmliche Kleidung ihres Nachbarn mitnahm? Jetzt sagen sie, die Deutschen hätten das genommen. Diese alten Lumpen, das bisschen Geschirr? Die Deutschen haben Antiquitäten und Pelzmäntel aus den Häusern der Warschauer Rechtsanwälte und Industriellen abtransportiert.«

Ich habe beschlossen, ihn zu überreden, unter seinem Namen aufzutreten. In Jedwabne selbst dringe ich nicht darauf, die Personalien preiszugeben, aber bei Stanisław P. liegen die Dinge anders. Er ist in den achtziger Jahren weggegangen. Er sticht heraus, denn er gehört zu den wenigen, die ein Studium abgeschlossen haben und heute eine wichtige berufliche Position bekleiden. Seine Stimme dürfte für die Einwohner Gewicht haben. Nach wie vor kann ich ihn telefonisch nicht erreichen. Kurz bevor der Artikel in die Druckerei geht, zwischen der ersten und der zweiten Korrektur, bitte ich die Redaktion telefonisch darum, seine Aussagen zu streichen. Ich werde ihn separat um ein Gespräch für die *Gazeta Wyborcza* bitten. Vielleicht wird ein solches Interview dem einen oder anderen in Jedwabne zu denken geben?

Stanisław P. hat mich darauf hingewiesen, dass das Nachdenken darüber, wie es sein kann, dass das Verbrechen sechzig Jahre lang nicht ans Licht gekommen ist, keinen Sinn hat. »Nach 1945 wurde noch nicht einmal davon gesprochen, dass die Russen Deportationen nach Sibirien durchgeführt hatten, nicht nur offiziell nicht, sondern auch nicht in den Familien. Ich erinnere mich, wie ungläubig meine Kommilitonen reagierten, als ich ihnen erzählte, dass es dort, wo ich herkomme, aus der Gegend von Łomża, in den Jahre 1939 bis 1941 eine sowjetische Besatzung gab. Sie wussten zwar, dass Stalin Lemberg und Wilna eingenommen hatte, aber dass sein Arm bis Białystok und Łomża reichte, das wollten sie nicht glauben. Die ganze Geschichte wurde verfälscht, nicht nur die Angelegenheit von Jedwabne.«

Heute konnte man in den Tageszeitungen lesen, dass auf dem Scheunengelände vier Patronenhülsen gefunden wurden, die von einem Mauser-Gewehr stammten.

»Das könnte bestätigen, dass auf diese Menschen geschossen wurde«, hat Andrzej Przewoźnik, der Generalsekretär des Rates zur Bewahrung des Gedenkens an Kampf und Martyrium (ROPWiM), erklärt. Keiner meiner Gesprächspartner, denen zufolge massenhaft Deutsche da waren, hat Schüsse erwähnt! Ich rufe Ignatiew an. Er widerspricht mir nicht; offenbar haben auch seine Zeugen nichts von Schüssen gesagt.

1. April 2001

Rückkehr nach Warschau am Morgen. Der Schlüssel steckt noch in der Tür, da klingelt schon das Telefon. Wieder jemand, der mir voll der besten Absicht erklärt, dass die gegenwärtige Situation, in der Jedwabne im Scheinwerferlicht steht, ein unverdientes Trauma für dessen Einwohner bedeutet, insbesondere für diejenigen, deren Familien an dem Verbrechen teilgenommen haben. Man müsste unbedingt etwas organisieren, Therapeuten, Priester usw. Ich spüre, wie unwillig meine Bemerkungen aufgenommen werden, dass diejenigen, deren Familien am Verbrechen beteiligt waren, sich gut fühlen, deutlich besser jedenfalls als diejenigen, deren Familien den Juden geholfen haben, und dass Letztere die Unterstützung vielleicht nötiger haben.

2. April 2001

Das IPN hat eine Untersuchung des Massenmordes in Radziłów eingeleitet. Die *Gazeta Wyborcza* druckt ein kurzes Gespräch ab, das ich mit Stanisław Ramotowski geführt habe. Titel: »Von den Unanständigen gab es mehr«. Es beginnt mit der Frage, ob es gut sei, dass das IPN eine Untersuchung eingeleitet hat. Ramotowski seufzt: »Mein Gott, und ob das gut ist!« Dennoch sträubt er sich weiterhin gegen meine Versuche, ihn dazu zu bringen, für Staatsanwalt Ignatiew auszusagen. Ich begreife nicht, warum er sein ganzes Leben versucht hat, die Wahrheit zu rekonstruieren, wenn er sie nicht in der IPN-Untersuchung enthüllen will, die doch von historischer Bedeutung sein wird. Er wiederum kann nicht verstehen, warum ich ihm damit in den Ohren liege. Über das, was er in Erfahrung gebracht hat, hat er nie mit irgendjemandem gesprochen. Ich habe das Gefühl, dass ich meinen anderen Gesprächspartnern die Last abnehme, einsam die Wahrheit ertragen zu müssen. Stanisław behauptet, er erzähle mir das alles nur, weil er mich liebgewonnen hat.

In der *Rzeczpospolita* erscheint ein Artikel von Strzembosz: »Ein anderes Bild von den Nachbarn«. Er beginnt mit der Feststellung, dass »einige Journalisten, etwa Anna Bikont von der *Gazeta Wyborcza*, meine Texte so lesen, wie es ihnen passt«. Zuvor hatte Strzembosz einen Brief an die *Gazeta Wyborcza* geschrieben: Ich hätte die Güte besessen zu behaupten, er habe mit seinen Publikationen zur Kollaboration der jüdischen Bevölkerung Jedwabnes mit dem Sowjetapparat versucht, den Massenmord von Jedwabne zu erklären. Er nannte das eine Unterstellung. Ich mache mich an die Antwort: »Ich bitte vielmals um Entschuldigung, wenn ich Ihnen, Herr Professor, zu nahegetreten sein sollte. Ich bin nicht auf die Idee gekommen, es könnte eine Unterstellung sein zu schreiben, dass ein Historiker etwas erklärt. Im Gegenteil, ich dachte, die Erklärung von Phänomenen gehört zu den fundamentalen Pflichten eines Wissenschaftlers. Wenn das Hauptthema, das Sie im Kontext von Jedwabne behandeln, die Zusammenarbeit der Juden mit dem NKWD ist, verstehe ich das so, dass Sie auf diese Weise Ihren Lesern das Verbrechen zu erklären versuchen. Wenn ich meinerseits die antisemitische Diözesanpresse aus der Vorkriegszeit ausführlich zitiere, tue ich das ebenfalls nicht zufällig. Auf diese Weise versuche ich den Massenmord jedenfalls teilweise zu erklären.«

Im *Nasz Dziennik* erscheinen die Erinnerungen der in Warschau lebenden Leokadia Błajszczak aus Jedwabne. Sie erzählt von der Zeit der sowjetischen Besatzung: »Die Juden gaben den Sowjets Listen mit den Namen von ›Volksfeinden‹, etwa von Polizisten und Militärs aus der Vorkriegszeit, [...] und eigneten sich dann deren Häuser und Besitz an.« Von einem solchen Fall in Jedwabne habe ich nie gehört. Hier liegt ein klarer Fall von Freud'scher Projektion vor: Die Polen waren es doch, die sich in Jedwabne den ehemaligen Besitz der Juden aneigneten.

Laut ihrer Version seien am 10. Juli 1941 Lastwagen mit Planen auf dem Marktplatz aufgetaucht, aus denen uniformierte deutsche Soldaten gesprungen seien. Sie habe das beobachtet und sei später hingegangen, um sich mit ihrem jüngeren Bruder »Lenins Begräbnis« anzusehen. In der Nähe des Platzes habe sie von den Deutschen herbeigetriebene polnische Burschen gesehen, die Ruten in ihren Händen gehalten hätten: »wehrlose, verängstigte Jungen, die von den Deutschen mit Gewehren dazu gezwungen wurden, Wache zu halten«. Man habe ihnen befohlen, aus der Werkstatt ihres Vaters Schmiedehämmer zu holen, um das Denkmal zu zerschlagen. Sie habe die Juden bis zur Scheune begleitet, von wo die sie begleitenden Deutschen die Kinder weggescheucht hätten.

Als die größte Niederträchtigkeit in der ganzen Geschichte sieht sie die Tatsache an, »dass Szmul Wasersztejn – ein UB-Beamter, der lange im Sicherheitsressort gearbeitet hat und 1968, ohne für das Schikanieren von polnischen Patrioten zur Verantwortung gezogen worden zu sein, in aller Ruhe nach Israel emigriert ist –, wie der schlimmste Judas völlig unschuldige Polen unter dem Vorwand ihrer Beteiligung am ›Massaker an den Juden‹ an den UB denunziert hat. Auf diese Weise ist der 19-jährige Jerzy Laudański, ein großartiger Mensch, glühender Patriot, Soldat der ZWZ und AK, Gefangener im Pawiak, Auschwitz und Sachsenhausen, der trotz Folter niemanden verraten hat, nach seiner Rückkehr in die Heimat verhaftet worden und hat schreckliche Foltern in den Verliesen des UB durchgemacht. [...] Jan Gross, der weit unter einem solchen Helden des Kampfes um die Freiheit gegen die Nazi-Aggressoren und einem Märtyrer der Konzentrationslager wie Jerzy Laudański steht, maßt sich an, in einem Machwerk, das man nur als Schundliteratur bezeichnen kann, dessen Namen und den von anderen edlen Polen aus Jedwabne straflos in den Schmutz zu ziehen.«

Leokadia Błajszczak ist die Tochter von Franciszek Lusiński, der als einer der Teilnehmer am Massenmord namentlich genannt wurde: Er taucht in den Aussagen von 1949 auf (auch ihr damals sechzehnjähriger Bruder, der denselben Namen wie sein Vater trug, wurde erwähnt als einer der Männer, die am Zusammentreiben der Juden auf dem Marktplatz teilgenommen haben sollen). Ich selbst habe diesen Namen mehrfach gehört:

»Lusiński holte einen Juden aus dem Umzug raus und ermordete ihn vor seiner eigenen Schmiede.«

»Franek Lusiński selbst gab damit an, dass er einen Juden mit dem Schmiedehammer oder Amboss so erwischt hatte, dass der einen Meter in die Luft geflogen ist, bevor er starb.«

3. April 2001

Auf einer wissenschaftlichen Tagung über den Anderen in der Literatur und Kultur höre ich ein Referat von Joanna Tokarska-Bakir mit dem Titel »Der Jude als Hexe, die Hexe als Jude, oder wie man Vernehmungsprotokolle zu lesen hat«. Auf der Grundlage von Prozessen, die zwischen dem 16. und 18. Jahrhundert auf dem Gebiet des heutigen Niederschlesiens stattgefunden haben, stellt Bakir die Dämonisierung der Juden und die Judaisierung der Hexen dar. Sie analysiert, wie diese beiden Kategorien damals vermischt wurden, indem man Hexen des Schändens von Hostien und der Entführung christlicher Säuglinge beschuldigte (nur dass dies zur Herstellung von Salben, nicht von Matzen, geschehen sein soll), und die Juden des Ausübens geheimer Praktiken, der Sodomie, der Menschenfresserei und des Sich-Verwandelns in Katzen.

Ich habe den Eindruck, dass mir das Thema, mit dem ich mich befasse, auf Schritt und Tritt neue Spuren und Motive anbietet. Insbesondere in Jedwabne und Umgebung herrscht bis heute eine höchst merkwürdige Verwirrung, was die Vorstellungen über Juden und ihre Gebräuche angeht, und dass Juden christliche Kinder zu Matzen verarbeiten, erscheint als Selbstverständlichkeit.

Am Nachmittag fahre ich mit Stanisław Ramotowski nach Kramarzewo: Er möchte sich vor seine Hütte setzen und in den Bach sehen, der dort vorbeifließt.

4. April 2001

Morgens um sieben weckt mich das Telefon. Es ist Ramotowski, der kategorisch erklärt, wir müssten sofort nach Warschau zurückkehren. Ich fahre zu ihm. Er hat von seinem Neffen gehört, was über ihn in der Stadt geredet wird und dass ihn der Pfarrer sucht, der ihn sicherlich dazu bringen wolle zu schweigen; er habe genug. Ich mache ihm klar, dass wir seine Bank- und Versicherungsangelegenheiten klären müssen.

Ich beginne den Tag mit einem Besuch in Łomża. Es ist mir gelungen, Stanisław P. dazu zu überreden, das Interview mit ihm unter seinem Namen zu veröffentlichen. Stanisław Przechodzki ist Direktor des Gesundheitsamtes, Zweigstelle Podlasien. Ich habe ihm den Text vorher geschickt, um 9 Uhr morgens soll ich mir die Autorisierung abholen, am darauffolgenden Tag ist die Publikation in der *Gazeta Wyborcza* vorgesehen. Doch plötzlich ist die Situation völlig festgefahren. Im Gespräch mit mir hatte Przechodzki zahlreiche richtige Ansichten über allgemeine Themen wie die Notwendigkeit des Respekts für andere Völker und Religionen vertreten. Jetzt hat er das Interview umgeschrieben, indem er diese allgemeinen Sätze hinzugefügt, aber sowohl die emotionale Botschaft als auch die faktische Beschreibung des Verbrechens gestrichen hat. In der neuen Version ist das Interview wertlos. Ich beschließe, Przechodzki direkt zu sagen, dass allgemeine und edelmütige Erklärungen dann Sinn haben, wenn sie der Primas verkündet. Schließlich kehren wir zu meiner Version zurück.

Ich schaue in Kramarzewo bei Ramotowski vorbei und bitte ihn vors Haus, damit er mir zeigt, wo sich der jüdische Friedhof befand. Skrodzki und ich hatten ihn nicht finden können. Dass es sie nicht stört, auf einem Friedhof zu säen, sagt Stanisław vorwurfsvoll und zeigt auf ein besätes Feld hinter der Stadt.

Abends in Jedwabne bei den Godlewskis. Ich erfahre, dass heute hinter verschlossenen Türen ein Treffen der Ratsleute mit der Wojewodin stattgefunden hat, bei der es um die Finanzierung des Zugangsweges zum Ort des Massakers ging. Die Wojewodin stellte fest, dass nach dem Haushaltsgesetz der Zuschuss von höherer Ebene fünfundsiebzig Prozent der Gesamtkosten nicht überschreiten darf, und verpflichtete sich, der Stadt die Summe zuzuerkennen. Das bedeutet, dass die Stadt die restlichen fünfundzwanzig Prozent aufbringen müsste. Das sei eine große Chance, erklärt mir Krzysztof, denn die Gäste würden nach dem Festakt wegfahren, aber die asphaltierten Wege würden bleiben, und das Geld werde reichen, um den Marktplatz zu pflastern und die Kanalisation zu modernisieren. Für die Ratsherren aber ist der Vorschlag, fünfundzwanzig Prozent »für die Juden« auszugeben, ein rotes Tuch.

5. April 2001

Auf dem Weg zu Ramotowski mache ich in der Schule von Radziłów halt. Ich frage, ob es im Zusammenhang mit dem Medieninteresse an Jedwabne Überlegungen gibt, wie man mit den Kindern darüber sprechen kann.

»Ich habe weder seitens der Schüler noch seitens der Lehrer Signale bekommen, dass man das in der Schule besprechen sollte«, sagt eine nette junge Direktorin, die sich ehrlich überrascht zeigt von meiner Frage. Die Schule hat eine Internetseite, die vom Schulinformatiker offensichtlich mit großem Engagement gestaltet worden ist. Ich klicke »Geschichte von Radziłów« an und lese: »Eine Gruppe von Mördern aus der Abteilung des Einsatzkommandos 8 in Grajewo kam unter dem Befehl von Karl Strohammer eines Tages mit Lastwagen angefahren, trieb die Juden in eine Scheune und steckte das Gebäude an.« Selbst das Datum fehlt.

Ich fahre nach Kramarzewo. Heute nehme ich Stanisław mit nach Warschau. Er sitzt in der Wohnung seines Neffen, versteckt hinter dem Herd. Gestern lief im Fernsehen der Dokumentarfilm von Agnieszka Arnold über Jedwabne und Radziłow, in dem er vorkommt, in einem Gespräch, das ich mit ihm aufgezeichnet habe, und heute früh fuhren zwei Autos auf dem Hof vor: eins vom örtlichen Radiosender, das andere von einer ausländischen Fernsehstation. Der Neffe sagte ihnen, sein Onkel sei nicht zu Hause. Wir fahren über Jedwabne und machen in Przestrzele Station, um Familie Dziedzic zu besuchen. Leszeks Frau Ewa, deren Mann ebenfalls in dem Film auftritt, hat zwei Nächte durchgeweint vor Angst, dass man ihnen das Haus ansteckt. Ramotowski, ein Gerechter unter den Völkern, und Leszek Dziedzic, dessen Großmutter Wasersztejn versteckt hat, haben nach sechzig Jahren das

Gefühl, sie müssen sich vor den Nachbarn verstecken, nachdem sie im Fernsehen zu sehen waren.

Zurück in Warschau, lese ich vor dem Schlafengehen mein Gespräch mit Stanisław Przechodzki, das heute in der *Gazeta Wyborcza* erschienen ist. Als ich es gedruckt in der Zeitung sehe, macht sein Mut noch größeren Eindruck auf mich.

»Erstens gab es dafür die Zustimmung der Deutschen. Zweitens hatte die SN vor dem Krieg großen Einfluss und es fanden zahlreiche antijüdische Ausschreitungen statt. Drittens gab es eine aktive Gruppe mit Bürgermeister Karolak an der Spitze, die zum Pogrom bereit war, den Plan ersann und den Rest der Einwohner mit den Worten aufstachelte: ›Seht nur, in Radziłów haben sie es geschafft und sind das Problem los.‹ Viertens schließlich ist der Teufel in diese Stadt gefahren. So ist wohl die menschliche Natur: Wenn ein Mensch ringsherum viel Blut, viel Schmerz und viel Leiden sieht, dann wird er noch schlechter. Heute aber hat sich das Problem der Opfer erledigt. Leon Dziedzic, dem sie befohlen hatten, die Körper zu vergraben, hat erzählt, sie seien wie Wurzeln ineinander verflochten gewesen, so dass man sie nicht habe trennen können. Es sind ja Mütter mit Kindern umgekommen, in enger Umarmung. Das Gewissen mancher Menschen belastet das nicht, denn in ihren Augen sind dort nicht Menschen umgekommen, sondern Juden, und zwar jüdische Verräter, die für den NKWD denunziert haben. Ich habe keinen Fall erlebt, in dem Juden für eine Deportation nach Sibirien verantwortlich gewesen wären. In Jedwabne haben die Polen häufiger denunziert.

Es hat keinen Sinn, so zu tun: Antisemitismus gibt es bei uns nach wie vor. Ich habe immer gehofft, dass das Verbrechen ans Licht kommen würde. Aber ich habe nicht geahnt, welche Dimensionen die Sache annehmen wird, dass sie zu einem Spielball der Politik und zu politischem Treibstoff für nationalistische Gruppierungen werden würde.«

Przechodzki kommentiert die Aussagen von Zeugen, die am liebsten in rechtsgerichteten Blättern auftauchen (und die auch von Strzembosz zitiert werden): »Ryszard Malczyński erzählt im *Nasz Dzien-*

nik, dass er vom Kirchturm aus gesehen habe, wie die Deutschen die Juden zusammentrieben. Aber was hatte Herr Malczyński auf dem Turmdach zu suchen? Er sagt, der Pfarrer habe ihn einen Dachziegel ausbessern lassen. Es ist der 10. Juli 1941 morgens um zehn, und der Pfarrer lässt ihn das Dach reparieren? Franciszek Karwowski behauptet im selben Text: ›Mein Vater erfuhr am Morgen des 10. Juli, dass die Deutschen an diesem Tag die Juden in Jedwabne vernichten wollen. Also spannte er das Pferd vor den Wagen, um die Waage abzuholen, die er [dem Juden] Kosacki geliehen hatte.‹ Folglich wusste der Vater von Karwowski, der in einem mehrere Kilometer entfernten Dorf wohnte, dass man die Juden ermorden würde, aber der Pfarrer wusste nichts und war der Meinung, der Tag wäre genau richtig, um das Dach auszubessern? Jadwiga Kordasowa, geborene Wąsocka, habe sich als Jugendliche drei Tage nach dem Verbrennen der Juden zum Ort des Verbrechens, zur ehemaligen Scheune begeben. ›In der südwestlichen Ecke war eine Körperpyramide, die bis zum Dach reichte‹, erinnert sie sich. Sie, ein junges Mädchen, ging zur Scheune, nachdem dort alle gestorben waren? Was für eine psychische Widerstandskraft musste man haben, um aus eigenem Antrieb dorthin zu gehen. Leon Dziedzic, der dazu gezwungen wurde, erzählt, dass sie sich beim Aufstapeln der Leichen alle an die zwanzig Mal übergeben haben. Und sie, warum ist sie dort hingegangen? Einige Bewohner von Jedwabne gingen zur Scheune, um zu plündern, das ist bekannt.«

»Man hat mit mir über den Prozess von 1949 gesprochen«, erzählt Przechodzki weiter, »darüber, wie die Zeugen eingeschüchtert worden seien. Man hätte ihnen gedroht, wenn sie ihre Aussagen nicht zurückzögen, könnten sie ihre Körper im Sarg betrachten. Der UB war weit weg in Łomża, die Nachbarn waren in der Nähe. Sie hatten vor niemandem so viel Angst wie vor ihren Nachbarn. So ein Zeuge kehrte ja nach seiner Aussage nach Hause zurück und wollte am Morgen noch aufwachen. Doch wie sah es denn nach dem Krieg aus? Zahlreiche heimtückische Morde, Abrechnungen zwischen Familien, von denen ein Teil im Übrigen jüdischen Besitz betraf. Auch heute herrscht in Jedwabne wieder eine Atmosphäre der Einschüchterung. Das zeigt doch erst so recht das Ausmaß des Verbrechens, wenn diese Einschüchterung noch nach sechzig Jahren Wirkung zeigt. Das hat zur Folge, dass ein Teil der Zeugen keine Informationen an das IPN weitergibt oder falsch aussagt. Ich bin der Auffassung, dass Personen, die versuchen, Zeugen einzuschüchtern, sich der rechtlichen Konsequenzen bewusst sein sollten. Meiner Vorstellung nach würde die Rolle des Pfarrers in einer Ortschaft wie Jedwabne darin bestehen, den Menschen zu sagen: ›Nicht ihr habt das getan, sondern die Generation eurer Vorfahren. Sie haben darüber keine Rechenschaft abgelegt, daher ist das eure Aufgabe. Wenn ihr lügt, wie werdet ihr Gott vor sein Angesicht treten?‹ Wenn man heute die Mörder verteidigt, indem man Tatsachen verfälscht, ist man mitschuldig. Wenn ich mich an dieser Lüge beteiligen würde, würde ich mich so fühlen, als wäre ich Mittäter an jenem Verbrechen, denn die Ermordeten werden nicht wieder lebendig, um uns zu erzählen, wie sie umgekommen sind.«

6. April 2001

Gestern kam in den Hauptnachrichten, das Verbrechen in Jedwabne sei von den Deutschen angeleitet worden. Heute machen die Zeitungen damit auf. All das die Folge davon, dass Edmund Dmitrów vom IPN Białystok nach Recherchen in deutschen Archiven festgestellt hat, das Verbrechen habe möglicherweise unter Anweisung von Hermann Schaper stattgefunden, dem Führer des Kommandos der Gestapo in Zichenau-Schröttersburg [Ciechanów-Płock], denn er sei in Radziłów gewesen.

Über Schaper habe ich bereits in Chaja Finkelsztejns Aussage für Yad Vashem gelesen. Ihr Zeugnis stellte die Grundlage für ein Verfahren gegen ihn dar. Chaja hatte Schaper an jenem Tag auf dem Marktplatz gesehen und zwanzig Jahre später auf einem Bild wiedererkannt. Sie macht jedoch unmissverständlich klar, dass die beiden Autos mit Deutschen, darunter Schaper, die am Morgen nach Radziłów gekommen waren, kurz darauf wieder wegfuhren und die Deuschen es somit den Einwohnern überließen, mit den Juden aufzuräumen. Ohne dieses Wissen wäre ich selbst imstande gewesen zu glauben, dass alles das

Werk eines Mannes wie Schaper gewesen ist. Mir kommt der bittere Gedanke, dass jetzt niemand mehr Przechodzki glauben wird, wo er doch »die einfachere Wahrheit« auf dem Silbertablett serviert bekommt.

7. April 2001

Eine Veranstaltung zu Jedwabne in den Kellergewölben der Warschauer Kirche in der Ulica Chłodna.

»Es geht um die Leidensgeschichte des polnischen Volkes«, sagt der Historiker Andrzej Leszek Szcześniak. »Man versucht, uns diese Geschichte zu stehlen. Die rund um Jedwabne geschürte Aufregung soll die Polen betäuben und unser Volk im Rahmen des Holocaust-Business um 65 Milliarden Dollar erleichtern.«

Ich kenne Szcześniak gut. Als Autor von Schulbüchern zum Geschichtsunterricht, auf die er zu Zeiten der Volksrepublik ein Monopol hatte, ist er auf dem Schleichweg des Nationalismus geschickt von der Volksrepublik in die Dritte Republik hinübergewechselt, indem er in seinen Schulbüchern lediglich einige Adjektive austauschte (z. B. wanderte das Wort »dynamisch«, das in der Volksrepublik zur »revolutionären Bewegung« gehörte, zu den »Unabhängigkeitsbewegungen«, und an die Stelle des »fleißigen und bescheidenen« Lenin rückte der »skrupellose und gerissene« Stalin). Meine Schwester Maria Kruczkowska und ich hatten ihn in der *Gazeta Wyborcza* bekämpft, indem wir unter anderem auf den Antisemitismus hinwiesen, von dem seine Bücher nur so trieften. Nach unserem Artikel wandten sich weit über zweihundert Wissenschaftler, Künstler und Schriftsteller schriftlich an das Erziehungsministerium und protestierten dagegen, die Jugend aus seinen Schulbüchern lernen zu lassen. Sogleich formierte sich eine ebenso große Gruppe von Verteidigern des Schulbuchs und der in ihm enthaltenen »polnischen Werte«, die eine Gegenliste unterschrieben.

Der Regisseur Bohdan Poręba stellt sich als Freund von Pfarrer Orłowski aus Jedwabne vor: »Eine Dame, die sieben Juden versteckt hatte, behauptet, sie wäre geschlagen worden. Die meisten dieser sieben arbeiteten später beim UB. Die Abreibung bekam sie deswegen, weil sie auf der Seite des UB stand (Applaus). In diesem Spiel ist der Einsatz das Leben. Lassen Sie uns die Erfrorenen in Sibirien und die Folteropfer des jüdischen UB zählen. Eine Versöhnung ist möglich, aber nicht so, dass wir ihre Stiefel lecken. Lassen Sie uns von den jüdischen Verbrechen sprechen (Applaus). Wir diskutieren nicht darüber, was vor sechzig Jahren geschehen ist. Wir diskutieren darüber, ob wir werden atmen können. Das Volk wird erniedrigt. Die Idee eines polnischen Staates ohne Polen ist wieder da.«

Für Bohdan Poręba ist das Handeln des Weltjudentums konsequent und strebt danach, »das polnische Volk völlig zu zerquetschen«. Daher der Plan, gleichzeitig Jedwabne an die große Glocke zu hängen und den »berühmten antipolnischen Comic *Maus*, in dem die Polen Schweine sind«, zu veröffentlichen.

Art Spiegelmans Comic *Maus. Die Geschichte eines Überlebenden* dokumentiert die Erlebnisse seines Vaters während des Holocaust. Anfang der neunziger Jahre hatte uns Lawrence Weschler, der damals beim *New Yorker* war, mit Spiegelman bekannt gemacht und meinen Mann Piotr Bikont überredet, den Band zu übersetzen. Die Rechte erwarb ein großer Verlag, der sich zehn Jahre lang nicht zur Veröffentlichung durchringen konnte. Verschiedene angesehene Experten, die um Gutachten gebeten wurden, warfen dem Buch vor, es sei antipolnisch. *Maus*, dessen Handlung in Polen spielt, war bereits in zahlreiche Sprachen übersetzt worden, als zwei junge Leute, die in Krakau den kleinen Verlag POST gegründet hatten, sich unerwartet bei Piotr meldeten: Sie seien zur Publikation bereit. Rein zufällig fiel die Veröffentlichung von *Maus* mit der Diskussion über Jedwabne zusammen.

»Es hat keinen Sinn, sich mit den widerlichen Verleumdungen von Anna Bikont auseinanderzusetzen«, schreit einer der Podiumsteilnehmer. »In Jedwabne ist nichts geschehen, was Adam Michniks Handlangerin zu ihren niederträchtigen Anschuldigungen gegen die nationale Bewegung berechtigen würde. Wir werden uns verteidigen und die Lügen der jüdischen Chauvinisten entlarven.«

Die Versammelten beschlossen, ein Komitee zur Verteidigung der

Ehre und Würde des polnischen Volkes zu gründen und sangen zum Abschluss gemeinsam die »Rota« [Der Eid][1].

9. April 2001

Leon Wieseltier antwortet in *The New Republic* auf den Artikel von Adam Michnik: »Mein Freund hat eine zweifelhafte moralische Rechnung aufgemacht. Michnik erinnert daran, dass auch die Polen Opfer waren. Er beruft sich auch auf das Beispiel von Polen, die während des Krieges Juden gerettet haben. ›Haben die Verbrecher wirklich eine größere Bekanntheit verdient als die Gerechten?‹, fragt er. Ja, allerdings, denn sie waren wesentlich zahlreicher (ich schreibe das als Sohn einer Jüdin, die von Polen gerettet wurde). Der zögerliche Ton seines Aufsatzes über Jedwabne ist peinlich.«

10. April 2001

In der Redaktion lese ich die Briefe, die dort nach meinem Artikel über das heutige Jedwabne eingegangen sind: »Eben. Was hält euch in Polen, Frau? Soll euch die Hölle verschlingen für eure Hinterhältigkeit und Verlogenheit. Ein Pole in Polen.« »Frau Bikont, Sie von wildem Polenhass besessene Jüdin, wir werden uns bald begegnen. Ein Selbstmordkommando steht schon für Sie bereit.« »Mit Ihrer Zeitung haben Sie es geschafft, einen polnisch-jüdischen Krieg anzuzetteln. Noch ein paar Geschichten dieser Art, und auch ich werde Antisemitin. Schon jetzt muss ich an Lug und Betrug denken, wenn ich ›Jude‹ höre.«

Ein Brief ist in einem ganz anderen Ton gehalten, und nur dieser trägt eine Unterschrift: »Nach Ihrer Reportage musste ich weinen und habe das Bedürfnis zu schreien. Genug mit dem Hass auf Menschen anderer Nationalität. Als ich fünf Jahre alt war, starb meine Mutter, und ich war das fünfte Kind in der Familie. In unserer schwierigen Situation kam uns niemand aus der Kirchengemeinde zur Hilfe,

1 Besonders in national gesinnten Kreisen populäres patriotisches Lied (Text: Maria Konopnicka, Melodie: Feliks Nowowiejski) aus der Zeit vor dem Ersten Weltkrieg.

sondern der Jude Icek Borensztajn, diesen Namen werde ich niemals vergessen. Hiermit erkläre ich, dass ich am 10. Juli nach Jedwabne fahren werde. Anna Mazurkiewicz, Breslau.«

12. April 2001

Pfarrer Henryk Jankowski aus der Danziger Brigittenkirche, wo man zur Zeit des Kriegsrechts im Rahmen der Osterliturgie das Heilige Grab[2] auf politisch provokante Weise schmückte (einige dieser Grabdekorationen haben wir in der Untergrundzeitung *Tygodnik Mazowsze* beschrieben), hat sich nicht zum ersten Mal in die Diskussion über Jedwabne eingeschaltet und seinen antisemitischen Gefühlen nachgegeben. Er hat eine angesengte Miniaturscheune in der Funktion des Heiligen Grabes ausstellen lassen, aus der ein Gerippe ragt und die mit den Aufschriften versehen ist: »Die Juden haben unsern Herrn Jesus und die Propheten getötet und auch uns verfolgt« sowie »Ihr Polen, rettet Polen«.

13. April 2001

Ich fahre nach Danzig, wo Jan Skrodzki und ich mit Antoni Olszewski verabredet sind, der aus Radziłów stammt. Olszewski weiß viel. In unserem Gespräch wiederholt er immer wieder: »Diese Schandtat ist in einem christlichen Land geschehen.« Wir erfahren von ihm, dass Klimaszewski, der die Scheune in Radziłów in Brand gesteckt hat und den wir in Ełk gesucht haben, nicht mehr lebt.

18. April 2001

Jedwabne. Ein in der Kirche ausgelegtes rechtes Blättchen druckt Briefe an Pfarrer Orłowski ab. Ich lese: »In Jedwabne haben die Juden während der zwei Jahre der sowjetisch-jüdischen Herrschaft systematisch

2 In Polen werden traditionell zu Ostern in den Kirchen Heilige Gräber aufgebaut, d. h. geschmückte Altäre, die das Grab Christi darstellen. Durch entsprechende Dekorationselemente wird dabei manchmal auf aktuelle, auch politische Themen angespielt.

Hunderte polnischer Familien deportiert und keine einzige jüdische. Die Listen wurden in der Synagoge unter Aufsicht des Rabbiners angefertigt.« Der Zeuge schreibt, seine Familie habe am 10. Juli einen Juden versteckt.

Das ist ein klassisches Motiv. Unter den Antisemiten von Jedwabne muss man diejenigen mit der Lupe suchen, die nicht behaupten, ihre Familie habe einen Juden versteckt. Diejenigen, die damals wirklich Juden versteckt haben, haben bis heute Angst, darüber zu reden.

Schon mehrmals habe ich versucht, mich mit Jerzy Ramotowski zu treffen. Ich habe in *Kontakty* gelesen, was er gesagt hat: »Seit jenem 10. Juli 1941 waren die Namen der Mörder ein offenes Geheimnis.« Bei ihm hat Tocki, der Chefredakteur der *Kontakty*, bereits in den achtziger Jahren von dem düsteren Geheimnis erfahren.

Jerzy Ramotowski, ehemaliger Geschichtslehrer in der örtlichen Schule, heute in Rente, ist der einzige Mensch, der sich seit langer Zeit für das Verbrechen interessierte und Berichte sammelte. Er traf sich auch mit Gross. Seit dieser Zeit kam er hin und wieder verprügelt aus der Bar »Relax« nach Hause. Denn Jerzy Ramotowski weiß viel und trinkt noch mehr. Ich habe gehört, dass er in letzter Zeit dieselbe Sprache spricht wie die Jedwabne-Leugner. Trotzdem habe ich beschlossen, mich mit ihm zu treffen.

Ich war mehrfach mit ihm verabredet, wartete am vereinbarten Ort, aber er kam nicht. Daraufhin schlug ich vor, er solle selbst den Termin bestimmen. Er wusste, dass ich eigens nach Jedwabne komme, um mich mit ihm zu treffen. Ich warte eine Stunde, zwei Stunden, doch wie üblich kommt er nicht.

Dann schaue ich bei Godlewski vorbei, er ist sehr angespannt. Seit einiger Zeit laufen Verhandlungen mit Henryk Biedrzycki, dem Erben von Bronisław Śleszyński, dem die Scheune und das Gelände ringsum gehörten. Als die Behörden in den sechziger Jahren den Bau eines Denkmals in Auftrag gaben, übernahm der Staat das Grundstück. Untersuchungen hatten ergeben, dass das Massengrab der Juden über das damals abgesteckte Gelände hinausreicht und man Land dazukaufen muss. Das Wojewodschaftsamt schätzte das Grundstück auf 30 000 Zloty. Leszek Bubel, der antisemitische Verleger, hingegen hat 100 000 geboten. Biedrzycki war Bubel als Käufer selbstverständlich lieber, er bot mehr, und beide teilten sie dieselben Ansichten. Er hat dem Staat trotzdem angeboten, das Land zu verkaufen, selbstverständlich für 100 000, denn warum sollte er Verluste machen. Und zudem unter der Bedingung, dass nach einem Jahr die Zuständigkeit für das Gelände dem Komitee zur Verteidigung des guten Namens von Jedwabne übertragen wird. Der Plan ist, nebenan ein Denkmal für die von Juden ermordeten Polen aufzustellen. Bubel hat keinerlei Zweifel, dass ein solches Projekt problemlos die Unterstützung der Ratsherren finden wird.

In Jedwabne wiederholen sie ständig dasselbe: Es geht um Geld. An dem Unrecht, das den Einwohnern zugefügt wird, verdienen Gross, die Journalisten, die falschen Zeugen und das Weltjudentum, das von Polen Entschädigungen verlangt hat. Währenddessen scheint die einzige Person, die eine Chance hat, sich zu bereichern, der Enkel des Landwirts zu sein, der seine Scheune für die Judenverbrennung zur Verfügung gestellt hatte.

Es gelingt mir, die Schwelle des Hauses von Janina Biedrzycka zu überschreiten, um sie zu fragen, was aus dem Versprechen der Deutschen geworden war, die Scheune ihres Vaters wiederaufzubauen. Aber ich bringe nichts in Erfahrung.

»Unsinn. Die Verbrennung, das waren die Deutschen, und die Juden haben Denunziationen geschrieben, das habe ich mit eigenen Augen gesehen. Ich rege mich deswegen so auf, weil ich Lügen ganz einfach hasse.«

Biedrzycka hat nicht nur mit eigenen Augen gesehen, wie Juden Denunziationen schrieben, sondern auch die Deutschen gehört, wie sie am 10. Juli morgens auf dem Marktplatz durch einen Lautsprecher eine Ansprache an die Juden hielten. Was sie sagten, habe ihr eine jüdische Freundin übersetzt, die sie zu sich auf den Dachboden genommen hätte: Die Juden würden zur Arbeit fahren und sollten sich in vier Reihen aufstellen. Sie habe gesehen, wie sie sich gehorsam aufgestellt hätten.

Ich erfahre, dass der Effekt meines Interviews mit Przechodzki ein völlig anderer ist als erhofft. Es kursieren jetzt Verleumdungen über seinen Vater, z. B., dass er am Raub teilgenommen und sich an jüdischem Gold bereichert haben soll. Genau dasselbe wie im Fall von Leon Dziedzic. Als es die Runde machte, dass er mit Journalisten über das Verbrechen spricht, begann man zu erzählen, sein Vater habe Goldzähne aus der Asche geklaubt. So sieht die Erinnerung an das Verbrechen aus: Die Einwohner hatten damit nichts zu tun, es waren die Deutschen. Aber es reicht, dass jemand den Schleier des Geheimnisses ein wenig lüftet, und schon beschuldigt man ihn, er selbst oder seine Familie hätte am Verbrechen teilgenommen.

Ein Bekannter wiederholt mir ein Gespräch mit Krystyna N. Niemand werde die Feierlichkeiten besuchen, denn in der ganzen Sache gehe es nur um Geld. Als ich im März mit ihr sprach, behauptete sie, die Stadt wäre in zwei Lager gespalten, aber diejenigen, denen die Ermordeten leidtäten, seien in der Mehrzahl. Es scheint, dass sie ihr nicht mehr leidtun.

Auf dem Rückweg nach Warschau fahre ich in Przestrzele vorbei.

»Wir haben uns endgültig entschlossen, aus Polen auszuwandern«, sagt Leszek Dziedzic. »Nur zur Feier kommen wir noch. Es ist nicht nur wegen der Angriffe auf uns, sondern wegen der ganzen Atmosphäre.«

Das wundert mich nicht. Das andere Objekt der Hetzjagd ist der Bürgermeister, der auch immer häufiger ans Auswandern denkt.

19. April 2001

Ich bin mit meinen Töchtern Ola und Maniucha sowie einigen Freunden für ein paar Tage in die Tatra gefahren, ins Fünf-Teiche-Tal. Kurz vor dem letzten Aufstieg zur Hütte klingelt mein Mobiltelefon, obwohl es dort eigentlich gar kein Netz gibt. Es ist Stanisław Ramotowski, er fühle sich sehr schlecht. Wie durch ein Wunder schaffe ich es, bei meiner Schwester Marysia Kruczkowska anzurufen, die verspricht, gleich zu ihm zu fahren.

22. April 2001
Zurück in Warschau. Im Krankenhaus informiert man mich, dass Ramotowski einen Schlaganfall hatte. Schlimmer noch, auf einem Röntgenbild ist ein Schatten zu erkennen, der auf Lungenkrebs hindeutet. Vor zwei Monaten war an derselben Stelle noch nichts zu sehen.

24. April 2001
Im Gebäude des ŻIH, in dem kleinen Zimmer, wo sich der Sitz der Polnischen Gesellschaft der Gerechten unter den Völkern befindet, suche ich Dokumente über die Wyrzykowskis, die Szmul Wasersztejn in der Nähe von Jedwabne versteckt haben.

Ich finde ein Schreiben von Mojżesz Olszewicz aus dem Jahre 1963, er schlägt vor, das Ehepaar Wyrzykowski als Gerechte unter den Völkern auszuzeichnen und die entsprechenden Medaillen zu verleihen. Dort ist auch ein Brief von Antonina Wyrzykowska:

»Ich versteckte sieben Personen 28 Monate lang in einem Schutzraum im Schweinestall unter dem Mist. Ich möchte betonen, dass sie keinen Cent besaßen. Es ging mir nicht um Geld, sondern darum, ein Menschenleben zu retten, es ging nicht um Religion, sondern um die Menschen. Nach der Befreiung wurde ich mehrmals verprügelt und auch ihnen drohte ein Unglück, daher musste ich meine Heimatgegend verlassen.«

Dort ist auch der Schriftwechsel der Lewins aus dem nahegelegenen Wizna, der die Verleihung der Auszeichnung an die Dobkowskis betrifft, die ich in Zanklewo besucht habe. Die ganze Familie ist in Yad Vashem registriert: sowohl der Landwirt aus Zanklewo, den ich im Dezember vergangenen Jahres besucht habe, als auch seine Brüder. Sie bekamen die Medaillen, ihre Eltern waren damals bereits nicht mehr am Leben. In ihrem Brief steht: »Im Mai 1945 nahmen nicht näher identifizierte Abteilungen von Partisanen für das Verstecken der Familie Lewin an unserer Familie eine Art Rache, die beruhte auf: Verprügeln und Misshandlung unseres Vaters sowie Wegnahme unseres gesamten Besitzes, so dass unsere Familie mittellos zurückblieb.«

Im Briefwechsel fand ich die Adresse eines der Brüder, der in Ełk wohnt, Wincenty Dobkowski. Abends rufe ich ihn an.

»Man holt jetzt solchen Schmutz, solche Lügen hervor. Wozu denn nur?«, sagt mir Dobkowski verärgert. Und schimpft über Gross: »Es gab einige Lumpen in Jedwabne. Zwanzig haben sie verurteilt, die von den Deutschen rausgejagt und gezwungen wurden, die Juden zu bewachen. Ich respektiere die Israeliten, aber dann muss man auch sagen, was die Juden in der sowjetischen Besatzungszeit getan haben. Wie kann man behaupten, das polnische Volk hätte das getan? Die Völker muss man versöhnen, nicht den Antisemitismus verstärken.«

Ich erzähle ihm, dass ich nach Israel fahre, wo ich die Geschwister Lewin besuchen werde, deren Adresse ich von seinem Bruder in Zanklewo bekommen habe. Die Stimme von Wincenty Dobkowski wird gleich milder, als ich von Janek und Tereska spreche (so haben sie sie genannt, während sie sich bei ihnen versteckten).

»Sie müssen sich einzeln mit ihnen treffen, denn sie reden gar nicht mehr miteinander. Sie haben sich über das Erbe ihrer Mutter zerstritten. Wie schade, es sind doch nur noch diese beiden auf der Welt, die gemeinsam jene schwere Zeit durchgemacht haben.«

25. April 2001

In einem antisemitischen Blättchen mit dem bezeichnenden Titel *Nasza Polska* [Unser Polen] lese ich ein Interview mit einer Frau aus Jedwabne, die jetzt in Toronto wohnt. »Meine Geschwister und ich lagen in unserem Haus auf dem Fußboden und übergaben uns«, beschreibt sie die Zeit kurz nach der Verbrennung der Juden. »So sehr stank der Rauch, der ganz Jedwabne einhüllte, und der Wind verteilte ihn, wehte das Gift in die Wohnungen.« Sie sei damals zehn Jahre alt gewesen und habe in der Ulica Przytulska gewohnt. Um 3 Uhr nachmittags sei sie mit ihrer Mutter in die Stadt gegangen, um ihre Tante zu besuchen, die in der Ulica Cmentarna wohnte. Sie habe den Umzug der Juden gesehen. An der Spitze sei der Rabbiner gegangen und habe seinen Hut auf einem Stock getragen.

Warum gingen sie gerade zu diesem Zeitpunkt die Tante besuchen, die auf der Strecke des Judenumzugs wohnte? Offensichtlich wollten sie zuschauen. Schon zum wiederholten Male erfahre ich, dass die Eltern es zuließen, dass die Kinder mit ansahen, wie die Juden auf dem Marktplatz zusammengetrieben wurden. Mord hat eben auch einen Vergnügungsaspekt.

4. Mai 2001

»Für unsere und eure Schuld« – dieser Titel auf der ersten Seite der *Gazeta Wyborcza* gibt den Sinn eines Vortrags perfekt wieder, den Primas Józef Glemp gehalten hat. Dort hat er angekündigt, dass ein Akt des Um-Verzeihung-Bittens für Jedwabne am 27. Mai in Warschau stattfinden soll. Die Bischofskonferenz werde dort, wie er betonte, nicht nur für die Opfer beten, sondern auch »für das Böse, das an polnischen Bürgern katholischer Konfession verübt wurde und an dem auch Polen jüdischen Glaubens beteiligt waren«. »Die Polen«, stellte der Primas weiterhin fest, »haben ebenso Unrecht erfahren [...], haben gelitten infolge des durch Juden angerichteten Bösen, unter anderem während der Zeit, als in Polen der Kommunismus eingeführt werden sollte. Ich erwarte, dass die jüdische Seite ihr Gewissen erforscht und sich dazu durchringt, die Polen für diese Verbrechen um Verzeihung zu bitten.«

9. Mai 2001

Bei Jacek Kuroń. Als ich ihn das letzte Mal im Krankenhaus besuchte, sprachen wir über ein Interview, das Wiesław Chrzanowski, der Nestor der SN und nach 1989 Justizminister im unabhängigen Polen, der *Gazeta Wyborcza* gegeben hat. Auf die Frage, ob der Tod der jüdischen Einwohner von Jedwabne die Nationalbewegung der Zwischenkriegszeit moralisch belaste, antwortete Chrzanowski: »Aber nein. Warum sollte er sie belasten? Funktionäre der SN waren ja nicht dabei.« Über diesen Teil des Gesprächs regt Jacek sich sehr auf. Er weist mich auf einen Abschnitt hin, wo es hieß, die Bastion der Nationalbewegung vor dem Ersten Weltkrieg und in der Zwischenkriegszeit sei Podlasien gewesen.

»Genau in dieser Gegend liegen doch Jedwabne und Radziłów«,

sagt Jacek wütend. »Er behauptet, dort haben die Maßnahmen der von den Nationaldemokraten geschaffenen Bildungseinrichtungen die größte Wirkung erzielt. Und doch sieht er diese Wirkung nicht!«

Er liest mir seine für die *Gazeta Wyborcza* vorbereitete Polemik mit Chrzanowskis Thesen vor: »Das IPN führt gegenwärtig eine Untersuchung in der Sache des Massenmordes von Jedwabne durch und versucht festzustellen, welchen Anteil daran die deutschen Besatzer hatten. Einen gewissen Anteil hatten sie sicherlich, doch ist dies ein Nebenumstand angesichts der über hundertjährigen Erziehungstätigkeit, die das Lager des nationalen Hasses ausgeübt hat.«

Vorher hatte ich Jacek regelmäßig von meiner Lektüre der Vorkriegsdiözesanpresse aus jener Gegend berichtet und ihm von den durch die SN dominierten Prozessionen erzählt, die mit dem Demolieren jüdischer Geschäfte endeten. Sorgfältig notiert sich Jacek die Namen der Ortschaften, in denen es zu diesen Ausschreitungen gekommen ist: Wąsosz, Radziłów, Jedwabne, Szczuczyn, Grajewo, Tykocin, Kolno, Suchowola, Wizna, Zaręby Kościelne. Er will sie in seinen Text aufnehmen. Jacek, der über Jahre hinweg den westlichen Medien genaue Daten über die Repressionen gegen das Komitee zur Verteidigung der Arbeiter (KOR) übermittelt hat, weiß ganz genau, dass allgemeine Sätze größeres Gewicht haben, wenn sie durch konkrete Fakten untermauert werden.

10. Mai 2001

Ich lese die Gerichtsakten aus dem IPN Białystok, vom Prozess gegen Henryk Dziekoński, einen der Mörder von Radziłów, die unbeholfene Schrift des Protokollanten ist schwer zu entziffern. »Von den Gestapoleuten erhielten wir den Befehl, die Juden auf den Marktplatz zu treiben und zu quälen«, beginnt der Angeklagte. »Diesen Befehl nahmen wir sehr gerne und mit Befriedigung entgegen.« Sein detaillierter Bericht darüber, wie der Befehl gerne und mit Zufriedenheit ausgeführt wurde, scheint das Wojewodschaftsgericht in Białystok dermaßen erstaunt zu haben, dass es ihn einer psychiatrischen Untersuchung unterziehen ließ.

12. Mai 2001

Jan Skrodzki und ich fahren nach Reda an der Ostsee, zu einem Zeugen, den er ausfindig gemacht hat. Denn Jan lässt nicht locker. Er hatte einen Artikel in einer Danziger Zeitung gelesen, in dem ein anonymer Zeuge aus Radziłów auftrat. Mit Methoden, die nur er selbst kennt, machte er den Mann ausfindig.

Es handelt sich um einen außergewöhnlichen Zeugen. Er war damals dreizehn Jahre alt, lief von Ort zu Ort und notierte, was geschah, denn sein Traum war es, Reporter zu werden. Er sah, wie die Juden in den ersten Tagen nach dem Abzug der Sowjets gequält wurden, und er sah auch den Massenmord selbst.

»Jeden Abend, wenn alles vorbei war, lief ich nach Hause und machte beim Licht einer Kerze Notizen.«

Sein Tagebuch ist verloren gegangen, auch Reporter ist er nicht geworden, aber er hat Dutzende Szenen im Gedächtnis behalten, unter anderem, wer, wann und wie gemordet hat. In der zusammengetriebenen Menge erkannte er seine Freundinnen und Freunde. Und was er sah, behielt er im Gedächtnis. Stunde für Stunde. Und erzählt davon ohne Emotionen.

Heute versucht er, es von neuem zu beschreiben. Er zeigt mir Proben. Es sind sorgfältig in ein Heft mit kariertem Papier geschriebene glatte Sätze, in denen nichts von der Menge an konkreten Einzelheiten zu finden ist, die wir von ihm erfahren haben. Er möchte seinen Bericht unter einem Pseudonym veröffentlichen.

Von dem Massenmord zu sprechen war in den meisten Häusern ein Tabuthema – das ist ohne weiteres verständlich. Schwerer zu verstehen ist jedoch, dass es ein ebensolches Tabu war und bis heute ist, von denen zu sprechen, die den Juden geholfen haben. Andrzej R., der die Namen der Mörder genannt hat, schreckte davor zurück, mir zu sagen, auf wessen Feld sich Vater und Sohn Dorogoj in einer Erdhütte versteckt hatten: »Die Töchter dieses Bauern leben noch, ich müsste sie um Erlaubnis bitten.«

Szejna Bejla und ihr Mann Mojżesz (Mordechaj) Dorogoj, Schuster aus Radziłow. Szejna kam am 7. Juli 1941 um. Mojżesz versteckte sich mit seinem Sohn Akiwa (Icek). Als sie nach Kriegsende aus dem Versteck kamen, wurden sie von polnischen Bauern ermordet.

Szyma, Bencyjon, Fruma, die Kinder von Szejna und Mojżesz Dorogoj, Radziłow 1922. Bencyjon emigrierte vor dem Krieg nach Palästina, Fruma floh an dem Tag, als die Deutschen nach Radziłow kamen, und überlebte den Krieg in Russland. Szyma, genannt Dora, wurde im Juli 1941 von polnischen Bauern brutal ermordet, bevor die Einwohner Radziłows auch ihre Schwester Fejge am 7.7.1941 umbrachten. Einer der Mörder war Jan Skrodzkis Vater Zygmunt.

5
Ich werde euch sagen, wer das getan hat: mein Vater oder Die privaten Ermittlungen des Jan Skrodzki

Jan Skrodzki, ehemals Ingenieur bei der Danziger Werft, jetzt in Rente, war ein kleiner Junge, als er aus dem Fenster seines Vaterhauses in Radziłów Juden sah, die von Polen zum Ort des Massakers getrieben wurden. Er verließ die Stadt als Jugendlicher und beschloss, nie mehr zurückzukehren.

Wenn man sich im Freundes- und Familienkreis traf, sagte er immer offen, die Juden in Radziłów seien von den Einheimischen verbrannt worden, kein Deutscher habe jemandem eine Pistole an die Schläfe gehalten, und die Ursache des Verbrechens seien Antisemitismus und Raubgier gewesen.

Er hat ein erstaunliches Gedächtnis, Geschehnisse aus seiner Kindheit erzählt er so, als stünden sie ihm immer noch vor Augen. Das folgende Bild, das sich ihm von seinem Platz hinter den Vorhängen bot, beschreibt er, als betrachte er eine Fotografie.

»Ich war damals 6 Jahre, 7 Monate und 14 Tage alt. Erst habe ich beobachtet, wie man die Juden zwang, das Gras auf dem Marktplatz zwischen den Pflastersteinen zu jäten. Dann sah ich aus einem anderen Fenster eine Marschkolonne auf der Ulica Piękna. Später habe ich die Judentransporte oft in Filmen gesehen: SS-Männer, Gewehre, Hunde. Bei uns gab es nichts dergleichen. Das waren unsere Leute aus Radziłów und den umliegenden Dörfern. Sie müssen sich vorher verabredet haben – ›An diesem Tag werden wir sie erledigen‹ –, denn wie hätten sie sich sonst versammeln können? Das war nicht die Tat von Menschen am Rande der Gesellschaft. Dort waren viele junge Leute – und nicht mit Stöckchen, sondern mit dicken Stöcken. Manchmal höre ich, es gebe in Polen keinen Antisemitismus mehr. Dann antworte ich: ›In meiner Familie gibt es sehr viele Antisemiten, in meiner Umgebung ist jeder Zweite, vielleicht jeder Dritte Antisemit, ich könnte auch einer sein.‹ Woher der Antisemitismus bei uns gekommen ist? Der Pfarrer hat ihn ja von der Kanzel verkündet, der dicke Pfarrer Dołęgowski. Und der Pole in Radziłów hat auf ihn gehört, denn er war ungebildet oder sogar Analphabet. Und er war neidisch, dass es den Juden finanziell besser geht. Dabei arbeiteten die Juden einfach härter, organisierten ihre Arbeit besser und halfen sich gegenseitig.«

Von seinem Vater spricht Skrodzki mit Respekt, doch zugleich quält ihn dieses Thema: »Er war ein gefragter Schneider und beschäftigte mehrere Gesellen. Wie war es möglich, dass ein so kluger und ehrlicher Mensch, und ein hervorragender Schneider dazu, ein solcher Antisemit sein konnte?«

Er wusste, dass sein Vater, um den Juden Konkurrenz zu machen, eine Bäckerei gegründet hatte und aus dem nahegelegenen Tykocin einen ausgezeichneten Bäcker holte, Odyniec, ebenfalls ein SN-Aktivist. Mehr noch, auf das Schild schrieb er »Christliche Bäckerei«.

»Wozu brauchte er eine christliche Bäckerei?«, fragt er und gibt selbst die Antwort: »Um den Juden das Leben schwer zu machen.«

Er muss tatsächlich ein guter Schneider gewesen sein, denn als sie nach dem Krieg nach Milanówek bei Warschau umzogen, fand er eine Anstellung in den Betrieben von Wzornictwo Przemysłowe, dem besten Design-Institut in Polen. Er war mutig: Während des Krieges gehörte er zur AK und richtete zwischen Ofen und Fußboden ein Versteck für ein Funkgerät ein.

»Als die Amnestie verkündet wurde, gab sich mein Vater samt seiner Abteilung zu erkennen. Die Bauern brachten damals auf Fuhrwerken die Waffen zur Polizeistation. Sie waren naiv. Vater holten sie zwei Monate später und stecken ihn in den Knast; dort saß er sieben Monate bis zum Gerichtsverfahren, das in Ełk stattfand. Meine Mutter blieb mit den kleinen Kindern zurück. Ich ging damals in Łomża zur Schule, in die achte Klasse, und musste die Schule für ein Jahr unterbrechen, um zu Hause zu helfen. In der Zwischenzeit waren sie dabei, mit den Kriminellen abzurechnen, die Juden ermordet hatten. Sie steckten meinen Vater ein zweites Mal ins Gefängnis. Wenn sie es nicht geschafft hatten, ihn für die AK zu verurteilen, vielleicht würde es ja mithilfe des Pogroms klappen? Doch es wurde ihm nichts nachgewiesen.«

Skrodzki war es, der mir vorschlug, gemeinsam nach Radziłów zu fahren. Er wisse am besten, mit wem man reden müsse, und er sei bereit, mir zu helfen, etwas aus den Leuten herauszuholen, die mit mir, einer Fremden, noch dazu Journalistin, nicht würden reden wollen. Er werde die Gelegenheit nutzen und seine eigenen Erkundungen anstellen. Er wolle erfahren, was die Personen seiner Kindheit, Menschen, an die er sich mit Wärme erinnert, an jenem Tag getan hatten.

Zum ersten Mal fuhren wir im Jahr 2001 nach Radziłów. Jan war gut vorbereitet. Er hatte eine Liste von Personen, die 1941 in der Stadt waren und noch heute dort wohnen. Und eine separate Liste von am Massenmord Beteiligten, die er anhand von Informationen, die ihm selbst zu Ohren gekommen waren, und auf Grundlage des Zeugnisses von Menachem Finkelsztejn angefertigt hatte. Bei Leuten, an denen er keinen Zweifel hegte, hatte er ein Pluszeichen gemacht, wo er unsicher war, ein Fragezeichen.

Wir fuhren zum Haus seines Cousins. Ein wohlhabender Bauernhof, gepflegt, vor der Tür ein Mercedes älteren Baujahrs. Als wir schon an der Treppe, fast auf der Schwelle des Hauses waren, bot er mir eilig das Du an.

»Ich habe ihnen gesagt, dass Sie meine Cousine sind«, erklärte er seine Hast. »Sonst würden sie nicht mit dir reden.«

Das Gespräch mit seinem Vetter und dessen Familie wollte nicht recht in Gang kommen. Skrodzki, der von Natur aus gerne redete, breitete Kindheitserinnerungen aus. Wie sein Vater in der Sowjetzeit nicht mehr zu Hause übernachtet, sondern sich versteckt habe, da er befürchtete, deportiert zu werden. Und als sich die Nachricht verbreitete, dass sie die Familien deportierten, habe Jans Mutter ihn zu Verwandten gegeben und mit den beiden jüngsten Kindern irgendwo in der Gegend Unterschlupf gefunden.

Da schaltete sich die Hausherrin ein:

»Wenn man von der Sowjetzeit spricht, fällt mir immer gleich ein, dass es bei uns hieß, die Juden steckten hinter den Deportationen nach Sibirien.«

»Uns hat ein Jude das Leben gerettet«, protestierte Skrodzki, »denn er hat meine Mutter gewarnt, in welcher Nacht die Sowjets uns holen wollten. Man brachte mich auf einem Fuhrwerk nach Trzaski, zu Familie Borawski. Wenn jemand zu Besuch kam, versteckten sie mich hinter dem Schrank oder im Schlafzimmer. Dort gab es keine Juden, und das möchte ich betonen: Meine Gastgeber haben mich vor den polnischen Nachbarn versteckt. Wenn jener Jude meine Mutter damals nicht vor der Deportation gewarnt hätte, würden wir heute nicht miteinander sprechen. Meine Mutter mit den drei kleinen Kindern hätte die Reise nicht überstanden.«

»Das stimmt«, pflichtete ihm sein Cousin bei, »die Juden haben früher Bescheid gewusst als die anderen, denn sie bestimmten ja, wer deportiert werden sollte.«

Skrodzki erklärte ihnen, in jedem Volk gebe es kriminelle Elemente, aber ein anständiger Jude habe sich auf keine Zusammenarbeit mit den Sowjets eingelassen, ebenso wenig wie ein anständiger Pole.

»Richtig«, stimmte seine Cousine zu. »Als ich in Amerika geputzt habe, da war ich einmal bei Juden und einmal bei Deutschen, die hatten Familienfotos mit Hakenkreuzen. Die einen wie die anderen waren anständige Leute.«

Skrodzki bemühte sich, das Gespräch auf den Massenmord zu bringen. Er begann damit, an Herrn Zalewski zu erinnern, ihren gemeinsamen Onkel, was für ein anständiger Mensch er gewesen sei. Er erzählte, wie er einmal von dessen Tochter Halina gehört habe, eine Jüdin sei zu ihrem Haus gekommen und habe um Hilfe gebeten, weil einer der Mordasiewiczs sie quälte.

»Eben«, fiel ihm sein Cousin ins Wort, »weil man die Mutter der Mordasiewiczs nach Sibirien deportiert hatte, und zwar mit einem kleinen Kind. Wem niemand aus der Familie deportiert worden war, der machte nicht mit. Aber warum reden wir überhaupt darüber, von denen lebt keiner mehr.«

»Wenn klar ist, dass von den Mördern niemand mehr lebt, heißt das, es ist klar, wer gemordet hat?«, mischte ich mich unbedacht ein.

»Über Verstorbene werde ich nicht sprechen, besonders wenn sie früher Unrecht erlitten haben.«

Und dabei blieb es.

Wir besuchten weitere Freunde aus Jans Kindheit. Da ich gewohnt war, Gespräche zu führen, musste ich mich in Geduld üben, denn ich war ja nur eine Cousine Jans, die zufällig mitgekommen war. Um alle zu besuchen, die Jan auf seiner Liste hatte, wären viele Tage nötig gewesen. Die Gespräche zogen sich stundenlang hin. Sie wurden von Jan geführt, während ich unruhig auf meinem Stuhl hin und her rutschte und darauf wartete, dass er endlich nach dem Massenmord fragen würde. Sie können sich doch ausrechnen, in welcher Angelegenheit wir gekommen sind, dachte ich bei mir. Jedwabne, der Nachbarort, war längst in aller Munde.

»Erinnerst du dich«, fragte Skrodzki einen Freund aus seiner Kindheit, »dass mein Vater die größte Pfaff-Nähmaschine hatte und als einer der Ersten in Radziłów ein Diament-Rad?«

»Und dein Onkel Zalewski hatte sowohl eine Pfaff als auch eine Singer, bei der man den Nähfuß mit dem Knie anheben musste. Ich war damals Geselle bei ihm, aber nur dein Onkel nähte an der Pfaff, und sonst durfte nur sein bester Geselle, Antoni Mordasiewicz, sich dransetzen.«

Ich wusste bereits von Stanisław Ramotowski, dass dieser Mordasiewicz nicht nur ein begabter Geselle, sondern auch ein Mörder war. Und hier soll ich mir Gespräche über Nähmaschinen anhören, darüber, dass Henios Schwester ein Auge auf Jan geworfen hatte und Henio wiederum Władzia gefiel. Auch über die Partisanen in der Nachkriegszeit konnten sie endlos reden: wie »Bruzda« umkam, und dass es einen Partisanen mit dem Namen »Marchew« [Mohrrübe] und dem Pseudonym »Ryba« [Fisch] gab. Erst wenn die anderen Themen durch waren, verriet Jan, weshalb er gekommen war:

»Ich muss alles erfahren, denn das IPN untersucht den Fall Jedwabne, sie werden auch auf Radziłów kommen und mich nach meinem Vater fragen, da muss ich vorbereitet sein. Und du, Anna, schreib alles auf«, sagte er zu mir gewandt, was es mir ermöglichte, Notizen zu machen, ohne verdächtig zu wirken.

Ich verstand schnell, dass wir dank dieser Taktik an unbezahlbare Informationen gelangten, zu denen ich sonst niemals Zugang bekommen hätte. Und dass es genau diese Art von Gespräch war, dieses Schwatzen über alte Zeiten, das uns diese Chance eröffnete.

»Erinnerst du dich, da war so ein Typ, den nannten sie ›Arschi‹«, erzählte Józef Koryciński. »Na du weißt schon, der die Scheune angesteckt hat, der Sohn dieser Witwe, Józek Klimas.«

»So hieß der? Ich kann mich an so einen Namen in Radziłów gar nicht erinnern«, sagte Jan, scheinbar unbeteiligt.

»Er hieß Józef Ekstowicz, aber alle nannten ihn Józek Klimas, weil ihn seine Großmutter, die Klimaszewska, aufgezogen hatte.«

Wenn wir mit jemandem sprachen, der über siebzig war, ließ sich der Gedanke kaum vermeiden, ob der Betreffende nicht möglicherweise am Verbrechen beteiligt war. Als wir Franciszek Ekstowicz besuchten, einen Schneider, der bei Jans Vater in die Lehre gegangen war, und ich in sein edles, wie gemeißeltes Gesicht sah, dachte ich: »Der ganz sicher nicht.«

An jenem Tag hatte Franciszek Ekstowicz Kühe geweidet und war erst gegen Abend in die Stadt zurückgekommen. Ich fragte ihn, ob seine Freunde, die die leerstehenden Wohnungen ausraubten, ihn nicht gefragt hätten, ob er mitmachen wolle.

»Einmal bin ich mitgegangen, in ein Haus. Der Schwiegervater der Jüdin, die dort wohnte – ›Ziegenbock‹ nannten sie ihn –, war gebildet und hatte viele Bücher. Meine Freunde trugen Stühle und den Tisch raus, ich nahm die Bücher des Juden. Später lachten sie mich aus: ›Was für ein Trottel, hat bloß Papier mitgenommen.‹«

Als ich ihn fragte, was für Bücher das waren, erschrak er und machte einen Rückzieher, als ob er fürchtete, ich würde auf ihrer Rückgabe bestehen. Kurz darauf nannte er aus dem Gedächtnis, vielleicht nicht ganz zufällig, zwei große polnische Dichter, Adam Mickiewicz und Adam Asnyk. Aber ich wagte es nicht, ihm direkt die Frage zu stellen, ob das die »vormals jüdischen« Bücher gewesen waren.

Am zweiten Tag unseres Aufenthalts fanden wir heraus, dass Jans Cousine während unserer Abwesenheit in unseren Zimmern gewesen sein musste. Ihre Bemerkungen an Jans Adresse verrieten, dass sie seine Notizen gelesen hatte, wo er mit seiner sorgfältigen Schrift unter der Überschrift »Vermutliche Mörder vom 7. Juli 1941« den Namen ihres Onkels eingetragen hatte, wenn auch mit Fragezeichen. Aus ihren Blicken in meine Richtung wiederum ging hervor, dass sie sich auch mit meinem Kalender vertraut gemacht hatte, in dem verschiedentlich die Notiz auftauchte: »Bei Herrn Skrodzki anrufen.«

Wir verließen Radziłów am späten Nachmittag; es war schon dunkel, vernünftigerweise wären wir erst am nächsten Morgen gefahren, doch die Atmosphäre bei unseren Gastgebern war, gelinde gesagt, angespannt. Ich saß am Steuer – die Straße vereist, Schneeverwehungen. Die Strecke nach Warschau, die ich normalerweise in dreieinhalb Stunden zurücklegte, dauerte diesmal siebeneinhalb.

Kurz nach unserem Ausflug erhielt Skrodzki einen Brief von seiner Familie, in dem die Tatsache, dass er mich mitgebracht hatte, so kommentiert wurde: »Du bist wohl des Teufels, Jan.«

Er hat mir Datners Text »Zagłada Radziłowa« [Die Vernichtung von Radziłów], den ich ihm kopiert hatte, mit seinen Korrekturen zurückgeschickt, aus denen hervorging, wie die oftmals verballhornten Namen richtig lauten.

In diesem Text gab es einige unklare Stellen, zum Beispiel folgenden Satz: »Das erste Opfer starb, ein gewisser Skondzki, Schneider, und Antoni Kostaszewski begeht einen bestialischen Mord an der siebzehnjährigen Komsomolzin Fruma Dorogoj, indem er erklärt, für so eine sei eine Kugel zu schade. Sie schnitten ihr im Wald in der Nähe des Kopański-Weilers den Kopf ab und warfen ihre Leiche in den Sumpf.« Bei neuerlicher Lektüre hatte ich den Gedanken, der Satz könnte schlecht ediert worden sein, und jener Schneider wäre nicht das erste Opfer, sondern ein Beteiligter am Verbrechen, zusammen mit Kosmaczewski (ich wusste bereits, dass der zweite Name korrekterweise so lautet, ich wusste auch, dass das ermordete Mädchen in Wirklichkeit Szyma, nicht Fruma hieß). Als Skrodzki mir sagte, sein Vater sei

Schneider gewesen, fragte ich mich, ob hier nicht vielleicht ein Fehler vorlag – »Skrodzki« und »Skondzki« lässt sich leicht verdrehen.

Jan muss etwas Ähnliches durch den Kopf gegangen sein, denn in dem korrigierten Zeugnis von Finkelsztejn hat er »Skondzki« durchgestrichen und mit Bleistift »Skrodzki« dazugeschrieben, mit Fragezeichen. Da schlug ich ihm vor: Falls ihn die Unsicherheit quäle, ob dieser Schneider sein Vater ist oder nicht, könne ich ihn zu Stanisław Ramotowski mitnehmen, er sei die wandelnde Erinnerung an das Verbrechen.

Als ich Ramotowski einmal sagte, dass ich in Danzig den Sohn von Zygmunt Skrodzki besucht hätte und wir uns nach Radziłów aufmachen würden, protestierte er heftig: »Anna, das ist kein Umgang für Sie!« Aber als ich ihn nach der Rückkehr aus Radziłów direkt fragte, ob Skrodzkis Vater unter den Mördern gewesen sei, wollte er nicht mit der Sprache herausrücken. Er sagte, er sei ja nicht bei der Scheune gewesen, woher solle er wissen, wer da gewesen war. Er wisse nur, denn das habe er mit eigenen Augen gesehen: »Wenn Vikar Kamiński vor dem Krieg an der Spitze von SN-Schlägertrupps marschierte, die bei Juden Fenster einschlugen, dann marschierte Zygmunt Skrodzki gleich hinter ihm.«

»Wenn so etwas in der Stadt geschah, war er immer der Erste. Er war ein Judenfeind«, fügte er hinzu.

Als ich ihn jedoch mit Skrodzki besuchte, wollte er nicht über diese Erinnerungen sprechen.

»Nein, nein, es geht nicht um Ihren Vater, sondern vielleicht um den Schneider, der gegenüber der Remise wohnte, um Eugeniusz Skomski, der war dabei«, erklärte er. Und wechselte das Thema. Er fing an, von seiner ausgezeichnet geschnittenen schwarzen Lederjacke zu erzählen, die er bis heute trage und die ihm vor einem halben Jahrhundert Zygmunt Skrodzki geschneidert habe.

Als wir draußen waren, nahm Jan kurz das Exemplar der Aussagen von Finkelsztejn mit seinen Korrekturen und korrigierte erleichtert, nun bereits mit dem Kugelschreiber, den Namen »Skondzki« zu »Skomski«.

In Warschau, im Stadtteil Praga, besuchten wir eine Cousine von ihm, eine ehemalige Schneiderin. Die zerbrechliche, lebhafte Halina Zalewska, 73 Jahre alt, war uns auf Anhieb sympathisch. Allerdings nur für kurze Zeit. Über die Juden, da weiß sie Bescheid, sie hört den ganzen Tag Radio Maryja, den vor allem bei Älteren beliebten katholischen Sender des Priesters Tadeusz Rydzyk, der radikalnationalistische und antisemitische Inhalte ausstrahlt.

Sie hatte gesehen, wie ihre polnischen Freunde ihre jüdischen Freundinnen, die eingewickelte Säuglinge trugen, in den Tod führten. Sie hatte Mitleid mit den Opfern und schimpfte auf die Mörder, flocht aber in ihren Bericht Ausrufe ein wie: »Drecksjuden«, »verdammte Kommunistenunterstützerparade«, »Lumpengesindel, Bettler, und jetzt wollen sie ihren Besitz zurückhaben«, und ging nahtlos dazu über, den Opfern die Schuld an dem Verbrechen zu geben:

»Aus Radziłów gingen 800 Stück zur Verbrennung. Es waren so viele, weil die Juden sich wie Karnickel vermehrten. Sie hatten die Oberhand über uns, sie machten sich breit und unterstützten die eigenen Leute. Die Juden waren nicht wählerisch, wenn es darum ging, Polen in die Armut zu stürzen und seine Entwicklung zu behindern. Wir hatten das über lange Jahre toleriert. Voreingenommenheit gegenüber Juden gab es nicht, die Polen waren nur wütend darüber, was die unter den Sowjets getan hatten. Die Juden waren im NKWD, sie bereiteten die Deportationslisten vor. Ich erinnere mich, wie in der Sowjetzeit Juden an meinem Bett standen, es war Nacht, das Gewehr anlegten und sagten: ›*Job tvoju mat'* [grober russischer Fluch], sag uns, wo sich dein Vater versteckt.‹«

»So fluchten die örtlichen Juden?«, frage ich nach.

»Nein, nein, die Zugereisten. Aber von den örtlichen Juden war auch eine ganze Menge bei der Polizei, alte Kommunisten und Verräter des polnischen Volkes, die Juden Lejzor Gryngras, Nagórka und Piechota, auch der Schwager von Halinka, unserem Dienstmädchen, egal, wie er hieß, er war ja Pole, kein Jude. Aber die Juden, sagt die Heilige Schrift, die sind ein Otterngezücht, heimtückisch, misstrauisch und treulos. Selbst dem Herrgott tanzten sie auf der Nase herum, so dass er ihnen die Plagen schicken musste. Dreißig Jahre lang mussten sie durch die Wüste irren. Es ist kein Zufall, dass er sie so schwer bestraft hat. Das habe ich vor dem Krieg gelernt, im Religionsunterricht. Ich erinnere mich an alles, ich bin dreiundsiebzig und habe keine Sklerose, obwohl ich Butter esse statt Margarine, denn Margarine machen jüdische Firmen.«

Skrodzki versuchte einzugreifen: »Die Quelle unseres Glaubens haben wir gemeinsam, das Alte Testament, und Jesus war ein Jude.«

»Was du da redest, er war Gottes Sohn, mit diesem Stamm hat er nichts zu tun. Er hat kaum Hebräisch gesprochen und Jiddisch überhaupt nicht.«

Jan las ihr Finkelsztejns Aussage über den Schneider Skondzki vor, der zusammen mit Kosmaczewski einen bestialischen Mord an einer jungen Frau begangen habe.

»Aha, das war die Tochter des Schuhmachers Dorogoj, der bei der Remise wohnte. Kurze schwarze Haare«, erinnerte sich Zalewska gleich. »Die hat mit Steinen nach dem Kreuz geworfen und gelästert. Dass sie sie im Sumpf ermordet und ihr den Kopf abgeschnitten haben, das heiße ich nicht gut, aber man muss es offen sagen, die war eine Komsomolzin.«

Jan fragte sie, ob es sein Vater gewesen sein könnte.

»Ich möchte die Wahrheit wissen, und sei sie noch so schlimm«, drängte er. »Ich als Sohn habe das Recht zu wissen, ob mein Vater sich an Verbrechen beteiligt hat.«

»Das war ein Schock, aber ich schwöre bei meiner und deiner Mutter, niemand weiß, wie es wirklich gewesen ist. Dein Vater war jung und aufbrausend«, regte sich seine Cousine auf und fuhr in belehrendem Ton fort: »Dein Vater war ein Nationaldemokrat, und daran zu erinnern, ehrt ihn. Starke junge Burschen waren das, die den Juden die Heringsfässer umwarfen, ihre Verkaufsstände demolierten und Polen davon abhielten, bei Juden zu kaufen. Die Juden erinnerten sich daran, dass dein Vater ein Aktivist gewesen war, daher nahmen sie sich ihn vor und wollten ihn deportieren lassen.«

Nach jedem unserer Treffen stellte ich Jan in geradezu obsessiver

Weise die Frage, ob seiner Meinung nach unser Gesprächspartner am Morden teilgenommen hatte. Während unseres Besuchs bei Halina Zalewska bat ich ihn im Flüsterton, nach allen unseren Gesprächspartnern aus Radziłów zu fragen.

»Waldek K. war nicht dabei, richtig, sondern nur sein Bruder?«, fragte Jan. Waldek K. war der Schwiegervater des Cousins von Jan, der uns bei unserem ersten Aufenthalt gastfreundlich empfangen hatte, was er später bedauerte.

»Aber nein, der hatte Gott im Herzen. Geraubt hat er zwar schon, denn wer kräftig und nah dran war, der nutzte die Gelegenheit. Mein Vater traf an jenem Tag auf dem Marktplatz seinen Gesellen, der vom Dorf gekommen war, um ein Bett mitzunehmen, denn sie waren so arm, dass sie auf der Erde schlafen mussten. Es nahmen die Leute teil, deren Familien deportiert worden waren, sonst niemand.«

»Józef K. hat also nicht teilgenommen?« Ich wollte mich im Hinblick auf den Schwager einer Freundin von Jan vergewissern, den wir in Radziłów getroffen hatten und von dem ich wusste, dass niemand aus seiner Familie deportiert worden war. Er war ein sympathischer, offener Mensch, aber ich wurde misstrauisch, als er drei Mal in ein nervöses Kichern verfiel, sobald die Rede auf Mord und Vergewaltigungen kam.

»Józef hat an den Judenpogromen teilgenommen, als sie nachts zu den Häusern gingen. Seine Familie, die ist nicht deportiert worden, er war nur zur Begleitung dabei.«

In Otwock bei Warschau besuchten wir Bolesław Ciszewski, der Schneidergehilfe bei Jans Vater gewesen war. Als Fünfzehnjähriger hatte er die Juden gesehen, die auf den Marktplatz getrieben wurden, und die Säuglinge, die man in die brennende Scheune warf. Er erzählte ohne Mitgefühl davon. Jan fragte ihn direkt, ob sein Vater daran teilgenommen habe.

»Dein Vater war ein ganzer Kerl, und die Juden waren wirklich keine Unschuldslämmer. Wie viele polnische Familien haben sie nicht nach Sibirien geschickt! Die Leute hatten den Juden ganz zu Recht etwas vorzuwerfen, und heute kommen die Juden mit Vorwürfen wegen wer weiß was.«

Als wir wieder nach Radziłów fuhren, besuchten wir die Familie seines Cousins nicht mehr. Nach ihrem Brief betrachtete Jan ihre Beziehung als beendet. Zuerst gingen wir zu einer Kindheitsfreundin von Jan. Bei seiner Familie war die Situation angespannt gewesen, hier aber war es nett und herzlich, sie wollten unbedingt, dass wir über Nacht bleiben, sie hatten schon die Betten gemacht. Und dann fing der Hausherr an zu erzählen:

»Ich habe deinen Cousin auf dem Marktplatz getroffen. Er sagt, dass du mit einer Jüdin zu ihm gekommen bist. Da habe ich nur gesagt: ›Unmöglich, dass Jan das eigene Nest beschmutzt‹, und hab mich auf der Stelle umgedreht.«

Nach der Rückkehr ins Hotel gab ich Jan Materialien aus dem Prozess von 1945 gegen Leon Kosmaczewski, einen der Mörder von Radziłów. Ich hatte sie gerade erst erhalten und war selbst noch nicht dazu gekommen hineinzusehen. Es lief gerade die Krimiserie »Columbo«. In den Werbepausen las mir Jan Abschnitte aus den Untersuchungsakten vor.

»Ich kann Ihnen schon sagen, wer den Mord begangen hat«, verkündete Columbo, Schnitt zur Werbung, und Jan las mir das Protokoll des Verhörs von Izrael Finkelsztejn (des Vaters von Menachem) vom 3. Dezember 1945 vor: »Kosmaczewski scharte eine Bande von mehreren Personen um sich und fing an, Wohnungen der jüdischen Bevölkerung zu demolieren. Sie holten die Leute aus ihren Wohnungen und schlugen sie bis zur Bewusstlosigkeit. Sie vergewaltigten auch viele junge Mädchen, besondere Aufmerksamkeit fand die Vergewaltigung von Mutter und Tochter aus der Familie Borozowiecki; später brachten sie sie um. Diese nächtlichen Umtriebe fanden über zwei Wochen hinweg statt, bis zum 7. Juli 1941.« Er nennt die Mitglieder der Bande: »Skrodzki, der Schneider, gehörte auch zu den Anführern.«

»Irgendwie habe ich das ja gewusst«, sagte Jan. Seine Stimme war ruhig, nur seine Finger blätterten nervös die Akten um.

Nachdem er diese bittere Wahrheit erfahren hatte, setzte er die Suche mit mir fort.

»Das war eine anständige Familie«, sagte Jan, als er mich am nächsten Tag zu einem weiteren Haus führte. »Sie wohnten in der Ulica Piękna. Aleksander lebt noch, er muss viel gesehen haben.«

Aleksander Barglowski war nicht glücklich über unseren Besuch. Er wusste nicht, was während des Krieges geschehen war, und erinnerte sich nicht an die Zeit vor dem Krieg. Aber als Jan begann, von der Tätigkeit der SN zu sprechen, sang er unwillkürlich leise ein Lied, an das er sich aus seiner Kindheit erinnerte:

Weiter Burschen, frisch voran,
Die Ernte winkt dem echten Mann.
Den Handel wollen wir zurück,
Vom Juden hol'n wir Geld und Glück.

Es gelang mir nicht, die zweite Strophe aufzuschreiben, da er sie halb nuschelte. Als ich ihn um eine Wiederholung bat, wurde ihm wahrscheinlich klar, wie unangebracht so ein Lied im Kontext der späteren Ereignisse wirken musste. Erschrocken brach er ab und erinnerte sich an nichts mehr. Jan fragte ihn direkt:

»Wer hat es getan?«

»Ich habe nichts gesehen. Ich weiß, dass es die Deutschen waren.«

»Ich werde dir sagen, wer es getan hat, denn auch mein Vater gehört dazu. Es waren Polen.«

Es trat eine Stille ein, die unser Gesprächspartner schließlich nicht mehr aushielt. Leise und undeutlich fluchte er vor sich hin:

»Ach Scheiße, du hast Recht, da ist eine abscheuliche Sache passiert.«

Und er begann zu erzählen:

»Schon am Tag davor hatten sich ein paar Juden im Roggen versteckt. Dort fand man sie und brachte sie zur Scheune. Ich habe an diesem Tag bei Okrasin Torf gestochen, habe die Schreie gehört und den Rauch gesehen. Die Frau des Juden Lejzor, der Lumpen aufkaufte und dessen Sohn massenhaft Kinder hatte, versteckte sich bei uns im Hühnerstall. Ich sah sie und sagte: ›Bleib ruhig hier sitzen, Großmutter.‹ Aber später ging sie weiter. An diesem Tag kam Adam Kamiński, der Briefträger, zu uns, der während der Revolution in Russland gewesen war. Er sagte: ›Man darf da nicht hingehen, man darf nicht rauben.‹ Aus unserer Familie ging niemand hin und streckte die Hände nach fremdem Besitz aus. Einige Leute waren auch aus Neugier da. Ich hätte mich geschämt, hinzugehen oder etwas mitzunehmen. Ich war doch mit dem Sohn von Herrn Szlapak auf der Schule, der, wo einen Laden hatte. Die hätte ich berauben sollen, meine Schulfreunde? Außerdem machte mir meine Mutter am Webstuhl Sachen zum Anziehen, und einen Anzug hatte ich von meiner Tante aus Amerika geschickt bekommen, ich hatte keinen Grund, mich für deren Klamotten zu interessieren. Die Dreckskerle kamen vom Dorf angefahren, aus Wąsosz oder aus Lisy. Sie waren es, diese Schurken, aber der schlechte Ruf fällt auf ganz Polen zurück.«

Als ich nach meiner Rückkehr aus Warschau Stanisław Ramotowski die Materialien aus der Untersuchung gegen Leon Kosmaczewski brachte, gab er zu, dass er Zygmunt Skrodzki am Tag des Massenmordes gesehen hatte. Er habe es nicht sagen wollen, um mir nicht weh zu tun.

Als wir das nächste Mal nach Radziłów fuhren, begannen wir mit der Suche nach Antoni O. Auf ihn hatte sich der *Dziennik Bałtycki* berufen. Er war Zeuge gewesen, wie die polnischen Einwohner, mit Stöcken und Knüppeln bewaffnet, die Juden zusammentrieben. Es stellte sich heraus, dass es einen solchen Menschen gab, die Initialen stimmten, er hatte den ganzen Krieg über in Radziłów gewohnt, Jan Skrodzki erinnerte sich sogar dunkel an ihn. Wir redeten im Freien, denn obwohl es kalt war, lud er uns nicht zu sich ins Haus ein. Er bestritt aufrichtig, Journalisten irgendetwas gesagt zu haben.

Offenbar war es ein anderer Antoni O., den wir suchten. Dieser hier sagte uns:

»Die Juden haben Polen massenhaft an den NKWD denunziert. Ich würde das nicht sagen, wenn ich es nicht mit eigenen Ohren gehört hätte, erst vor ein paar Tagen im Radio.«

Aber er sagte auch folgenden Satz:

»Ob Jude, Zigeuner oder Russe – du hast ihm nicht das Leben gegeben, also sollst du es ihm auch nicht nehmen.«

Sein Schwiegervater Władysław Ładziński habe eine Jüdin in Wąsosz versteckt (das stimmte, von diesem Mann hatte mir Stanisław Ramotowski erzählt), und »als später meine Tochter Sabina bei Juden in Amerika als Dienstmädchen arbeitete und ihnen das erzählte, da trugen sie sie geradezu auf Händen.«

Als ich nach Einzelheiten fragte, ging gerade jemand auf der Straße vorbei, und unser Gesprächspartner wechselte blitzschnell das Thema.

Schon bald schafften wir es, uns mit dem richtigen Antoni O. zu treffen. Es stellte sich heraus, dass Antoni Olszewski seit Jahren in Danzig wohnte, ganz in der Nähe von Jan. Seine Mutter Aleksandra hatte am Tag des Massenmords zwei jüdische Kinder versteckt. Sie hatte sie schnell weitergegeben, da sie sich vor den Nachbarn fürchtete, aber in den achtziger Jahren fanden die Geretteten sie wieder und luden sie zusammen mit ihrem Sohn nach Israel ein.

Während unseres Gesprächs wiederholte Olszewski immer wieder mit Schmerz in der Stimme: »Dass solch niederträchtige Dinge in einem christlichen Volk geschehen konnten!«

»Nach dem Krieg schickte man manchmal die Kinder los: ›Geh zu den Gräbern, um Sand zu holen‹, denn dort gab es gelben Sand, der gut zum Verputzen war, ich habe ihn auch geholt«, erzählte er weiter. Und fügte hinzu, dass Steine aus der abgebrannten Scheune in ihrem Haus vermauert waren. »Jeder nahm einen. Einmal fand ich einen Oberschenkelknochen und schmiss ihn weg, ein Freund von mir warf einen Schädel in den Fluss. Ein Grund, sich zu schämen, wenn ich jetzt so überlege, aber damals hat man sich darüber keine Gedanken gemacht.«

Er erinnerte sich daran, wie sie gleich nach dem Krieg mit dem Orchester der Freiwilligen Feuerwehr über die Dörfer gefahren waren, um Musik zu machen. Da bekamen sie manchmal zu hören: »Ach, aus Radziłów seid ihr, wo ihr die Juden verbrannt habt.« In Radziłów selbst habe man darüber nicht gesprochen.

»Doch wenn man einen halben Liter bei der Strzelecka oder bei Bronia Pachucka kaufte, die damals mit Wodka handelten, dann lockerte sich die Zunge. Später wusste ich viel, denn bei uns zu Hause schwieg man darüber nicht. Juden waren im Sumpf bei der Mühle ertrunken, in den man sie hineingetrieben hatte, und meine Mutter sagte immer: ›Geht da nicht hin, da sind Ertrunkene.‹ Wenn Nachbarinnen vorbeikamen, dann braute meine Mutter ihnen Bier, und am Ende kam das Gespräch immer auf dasselbe Thema. Ich erinnere mich, wie meine Mutter über einen der Mörder schimpfte: ›Dass dieser Hurensohn sich nicht schämt, bei der Prozession den Baldachin zu tragen.‹ Am schlimmsten war es für ihre Mütter. Die Mutter von Olek Drozdzowski kam, um sich auszuweinen: ›Liebe Frauen, was hätte ich denn tun können, er war ja schon erwachsen, mir wollte er auch einmal den Bauch aufschneiden.‹«

Vielleicht war es die Angst, vielleicht die fehlende Verurteilung, vielleicht das Bedürfnis zu vergessen, auf jeden Fall gingen die Mörder in der örtlichen Gemeinschaft auf.

Die Mutter von Antoni Olszewski zögerte nicht, ihren Sohn zur Berufsausbildung einem der Mörder, Feliks Mordasiewicz, zu überlassen.

»Er hat mich zum Schmied ausgebildet, denn er war ein guter Fachmann, mein Vater musste eine Kuh verkaufen, um ihn zu bezahlen«, erinnerte sich Olszewski. Bei ihm traf sich die Räubergesellschaft, um gemeinsam an die Sache zurückzudenken. Mich jagten sie fort: ›Zieh ab, Rotzlümmel!‹ Einmal stiftete mich meine Tante an; damals wusste ich noch nicht, worum es geht, also wiederholte ich ihre Worte: ›Meister, träumst du nicht manchmal von den Juden?‹ Er nannte mich darauf einen Hurensohn und warf mit dem Hammer nach mir. Überhaupt rutschte ihm leicht die Hand aus.«

Ich musste daran denken, dass Ramotowski mir erzählt hatte, er sei zu Mordasiewicz gegangen, denn kein anderer Schmied habe Pferde so gut beschlagen können. »Aber ich habe ihn nicht angesehen, und er mich auch nicht, er sah zu Boden«, erzählte Stanisław. Es stellte sich heraus, dass Olszewski sich an diese Besuche erinnerte: »Mordasiewicz fertigte ihm Schneidevorrichtungen für die Mühle an. Ramotowskis Frau fuhr immer mit ihm in die Stadt, aber dorthin ging sie niemals. Immer wenn sie an Mordasiewiczs Schmiede vorbeimusste, wurde sie steif und beschleunigte ihre Schritte.«

Während unserer Nachforschungen waren Skrodzki und ich noch mehrmals in Radziłów und Umgebung, aber auch in Masuren und der Kaschubei, in Pommern und Masowien, überall dort, wo Jan es geschafft hatte, eine Spur ausfindig zu machen. Ich konnte mich gar nicht genug wundern, wie professionell er die Gespräche führte. Er wartete geduldig auf den Moment, wenn sein Gesprächspartner alles gesagt hatte, was man aus ihm herausbekommen konnte, und dann konfrontierte er ihn wie aus dem Nichts mit der Wahrheit und sagte ohne Umschweife:

»Das haben Polen getan. Deutsche waren nicht dabei.«

»Aber vielleicht waren sie in Zivil«, widersprach man ihm.

»Nein«, gab er dann zurück, »die Deutschen kamen und fuhren wieder ab. Sie dachten sich, sie können ruhig wegfahren, die Polen werden für sie die Arbeit erledigen.«

»Und so war es ja auch«, gab sogar sein Cousin Piotr Kosmaczewski zu, der bis dahin behauptet hatte, nur die Juden seien schuld.

»Die Deutschen waren angeblich überrascht von der Methode der Judenverbrennung«, meinte Halina Zalewska.

»Vielleicht hätten die Deutschen selbst das nicht auf diese Weise gemacht«, stimmte Czesław Ciszewski zu.

In Grajewo besuchten wir Jan Jabłoński, den Bruder eines Jugendfreundes von Jan, der damals zehn Jahre alt war. Er sagte, er hätte Kühe jenseits des Flusses Matlak gehütet, war insgesamt unwillig und misstrauisch.

»Das haben die Deutschen getan«, stellte er fest.

»Haben Sie sie gesehen«, fragte ich ihn.

»Es müssen die Deutschen gewesen sein, denn das war in der deutschen Besatzungszeit.«

Gegen Ende unseres Besuchs erinnerte sich Jan Jabłoński im Eifer der Diskussion, dass er doch bei der Scheune gewesen war. Dort seien Deutsche gewesen; sie hätten blaue Uniformen angehabt, Helme und SS-Abzeichen. Dutzende Maschinengewehre seien auf die Scheune gerichtet gewesen. Die Deutschen hätten das Tor mit Rädern abgestützt, damit man es nicht öffnen konnte, und Józef Klimaszewski mit vorgehaltenem Gewehr befohlen, die Scheune anzuzünden. Danach hätten sie Chlorkalk oder gelöschten Kalk gebracht und darüber gestreut, damit es keine Seuche gab.

Skrodzki unterbrach ihn: »Man muss die Wahrheit sagen, keine Dummheiten. Wenn wir die Wahrheit nicht herausfinden, wird sich das so lange hinziehen, bis unsere Kinder und Enkel alleine vor der Aufgabe stehen werden.«

Jan Jabłoński gab zu, es seien einige Mörder unter ihnen gewesen: Später hätten sie sich bei den Partisanen versteckt oder in den Wiedergewonnenen Gebieten, oder sie hätten bei der neuen Obrigkeit mitgemacht.

Er erinnerte sich auch daran, dass die Polen geraubt hatten: »Als die aus Wąsosz angefahren kamen, sagten unsere Leute: ›Hau ab, du darfst unsere Juden nicht ausrauben.‹ Denn von Radziłów nach Wąsosz sind es siebzehn Kilometer. Aber als die aus Konopki kamen, das sind nur vier Kilometer, da haben sie sie nicht weggejagt, die gehörten zu uns.«

Jan und ich versuchten das Leben der Stadt nach dem Verbrechen zu rekonstruieren.

»Es hieß, die Deutschen würden uns in Ruhe lassen, aus Dank dafür, dass wir sie mit einem Blumenbogen willkommen geheißen und mit den Juden aufgeräumt hatten. Denn anfangs gab es bei uns keine Verhaftungen«, erzählte Andrzej R. »Aber später, da war es sogar noch schlimmer als unter den Sowjets.«

»Und nach dem Krieg?«

Jan C.: »Nach dem Krieg war es normal. Als hätte es die Juden nie gegeben.«

»In der Kirche wurde über den Mord an den Juden nie gesprochen. Es war eben passiert«, sagte Bolesław Ciszewski.

»Die Brüder Dominik und Aleksander Drozdowski, die beim Morden sehr aktiv dabei waren, gingen gleich nach der Befreiung auf den Marktplatz und legten geraubte Waren aus. Stoffbahnen aus der Vorkriegszeit, das waren Schnäppchen, alle griffen zu«, sagte Andrzej R.

Wir fragten, warum nach dem Krieg niemand die Mörder angezeigt hatte.

»Sie hatten Angst.«

»Ach was, um des lieben Friedens willen.«

»Und ich sage dir, sie hatten Angst«, pflichtete Maria K. dem ersten Redner bei. »Als Felek Godlewski sich mal betrunken hatte, stand er auf, machte eine Bewegung, als würde er mit der Sense einen Kopf abschneiden, und sagte: ›Ein Mensch ist für mich so viel wert: pffft.‹«

Wir waren wieder unterwegs nach Radziłów, und ich gab Jan eine weitere Prozessakte, die ich im IPN gefunden hatte. Der Angeklagte, wohnhaft in Radziłów, war Antoni Kosmaczewski, der Bruder von Leon Kosmaczewski. Er sagte aus, er habe die 17-jährige Dora Dorogoj aus Rache getötet, für ihre Zusammenarbeit mit dem NKWD, und er habe es gemeinsam mit Zygmunt Skrodzki getan. Das Verbrechen hätten sie im Juni 1941 begangen, am helllichten Tage, 150 Meter von bewohnten Gebäuden entfernt.

»Ich hatte einen Hass auf Dora Dorogoj«, stellte Kosmaczewski während seiner Vernehmung (am 6. April 1948 in Grajewo) fest und begründete es so: Er habe am 13. April 1940 gesehen, wie sie mit dem NKWD auf einem Fuhrwerk zu seinem Haus kam, wo man ihn dann eines Nachts abgeholt habe. Nach vier Tagen Haft sei er freigelassen worden.

»Als 1941 die Wehrmacht in unser Gebiet einmarschierte und die Rote Armee sich zurückzog«, sagte Kosmaczewski weiter aus, »suchte ich Dora Dorogoj, um mich an ihr zu rächen. Ich erfuhr, dass sie manchmal nach Słucz ging, zu Familie Kopańczyk (Vornamen sind mir unbekannt), die in einem Weiler wohnten. […] Da bat ich Frau Kopańczyk: ›Haben Sie kein Mitleid mit ihr, sondern wenn sie zu Ihnen kommt, lassen Sie mich (das heißt Kosmaczewski, Anton) wissen, dass sie bei Ihnen ist. Etwa zwei Tage später kam ein Bote, Name ist mir unbekannt, aus Radziłów zu mir gelaufen, dass sich Dora Dorogoj bei den Kopańczyks im Haus aufhält. Da ging ich gleich zu Skrodzki, Zygmunt (Schneider, wohnhaft in Radziłów, Ulica Piękna), der Dorogoj, Dora, ebenfalls suchte. Wir begaben uns zur Siedlung Słucz zu den Kopańczyks, wo Dorogoj, Dora Kartoffeln schälte. Als wir in die Wohnung kamen, erkannte uns Dorogoj, Dora, und bekam große Angst.

Skrodzki sagte, sie soll ihre Sachen nehmen und rauskommen. Als wir im Hof waren, verprügelte Skrodzki sie mit einem Stock, denn sie war störrisch und wollte nicht gehen. Auf dem Hof fand Skrodzki einen Spaten und gab ihn Dora. Sie flehte uns an: ›Ich weiß schon, wohin ich gehe.‹ Da sagte Skrodzki: ›Das solltest du auch.‹ Wir gingen etwa 150 Meter vom Haus der Kopańczyks weg, auf das Feld der Kopańczyks, denke ich, und befahlen ihr, eine Grube auszuheben. Als sie eine Grube ausgehoben hatte, die ungefähr 60 Zentimeter tief und 80 × 50 Zentimeter breit war, begannen wir Dorogoj, Dora, zu schlagen. Skrodzki, Zygmunt, schlug sie mit einem Knüppel, so einem, wie er am Dreschflegel hängt, ich, Kosmaczewski, Antoni, mit einem Stein, den ich in der Hand hatte. Und so schlugen wir sie beide so lange, bis wir sie erschlagen hatten, warfen sie gleich danach in die Grube und schütteten sie zu.«

Es wurde kein Lokaltermin anberaumt, bei dem man die Leiche des ermordeten Mädchens hätte finden können. Kosmaczewski widerrief während des Prozesses seine Aussagen, und da Skrodzki sich nie schuldig bekannt hatte, sprach das Gericht beide aus Mangel an Beweisen frei.

Kosmaczewski hatte auch so nicht alles beschrieben. Denn es ist bekannt, wie Dora Dorogoj starb. »Sie ermordeten sie im Sumpf und schnitten ihr den Kopf ab«, sagte mir Halina Zalewska. »Die Mörder kamen zu dem Schluss, dass es bei einem Mädchen schade um die Kugel wäre, daher haben sie ihr den Kopf mit einer Säge abgetrennt«, sagte Menachem Finkelsztejn aus.

Wenige Tage nach Doras Tod verbrannte ihre Familie in der Scheune von Radziłów. Der Vater, Mojżesz Dorogoj, und ein Sohn, Akiwa, überlebten. Sie wurden kurz nach dem Krieg ermordet.

Wir fuhren nach Trzaski bei Radziłów, wo gerade die Hochzeit des Sohnes eines Cousins von Skrodzki stattfand. Im Haus des Bräutigams herrschte eine fröhliche Stimmung, doch Jan Skrodzki erklärte:

»Ich möchte, dass ihr als meine Freunde wisst, warum Anna und ich nach Radziłów fahren und was ich über meinen Vater erfahren habe.«

Und er las ihnen, ohne Rücksicht auf die Hochzeitsvorbereitungen, die Schilderung vor, die ich ihm gerade gegeben hatte: »Skrodzki, Zygmunt, schlug sie mit einem Knüppel, so einem, wie er am Dreschflegel hängt.« Erst als der Bräutigam zur Hochzeit aufbrach und man ihn zeremoniell verabschieden wollte, unterbrach er die Lektüre.

»Ich muss die Wahrheit herausfinden, als Wiedergutmachtung für das, was mein Vater getan hat«, sagte Jan Skrodzki, als wir das nächste Mal unterwegs waren, um nach Zeugen zu suchen, diesmal in Pommern und der Kaschubei. Doch er traf auf Unverständnis. Ein einziges Mal geschah es, dass unser Gesprächspartner das Thema aufgriff: Andrzej R. Zum nächsten Treffen brachte er ein Einzahlungsformular zugunsten eines Priesterseminars mit. »Warum sollst du für diese Rumfahrerei in Polen Geld ausgeben? Zahl was ein, damit sie für deinen Vater eine Messe halten, und dein Gewissen wird sich beruhigen.«

In Ełk machten wir die Familie von Leon Kosmaczewski ausfindig. Eine mächtige Villa, Hanglage, direkt am See. Seine Tochter und die zwanzigjährige Enkelin wohnen dort, er selbst ist vor zwei Jahren gestorben, mit achtundachtzig. Bis zum Lebensende erfreute er sich guter Gesundheit. Sie hatten nicht vor, mit uns zu sprechen, aber Skrodzki ließ ihnen keine Chance, uns rauszuwerfen, denn er erklärte schon auf der Schwelle, seine Mutter sei eine geborene Kosmaczewska, und er habe als Kind zu allen Kosmaczewskis »Onkel« gesagt.

»Sie haben ihm vorgeworfen, er hätte eine Jüdin auf dem Marktplatz vergewaltigt, dabei hat er eine Jüdin gerettet«, ereiferte sich seine Tochter. »Ein Deutscher zeigte auf eine Frau und fragte ihn: ›*Jude?*‹, und er sagte ›*Nein*‹. So hat er ihr die Flucht ermöglicht. Vor einigen Jahren kam eine Jüdin in die Stadt und fragte nach ihm, das war bestimmt die Gerettete, die sich bedanken wollte. Wir wissen, dass mein Vater einen Prozess hatte, aber das war eine Denunziation, wegen des Scheißgrundstücks; unsere Nachbarin hatte Streit mit meinem Vater.«

Die Enkelin unterstützte sie: »Meine Oma hat gesagt, Opa hat eine Jüdin aus Kramarzewo gerettet, und jetzt schreiben sie alles Mögliche. Es gibt einen einzigen ernstzunehmenden Historiker, Professor Strzembosz, und sonst wird uns niemand hier irgendwelchen Unsinn erzählen.«

Sowohl ich wie auch Skrodzki wussten, dass die Jüdin aus Kramarzewo nur Marianna Ramotowska gewesen sein konnte. Wir wussten ebenfalls, dass sie vor Gericht eine Falschaussage gemacht hatte zu seiner Entlastung, weil sie um ihr Leben fürchtete.

Skrodzki versuchte, sie zu unterbrechen, doch er ist ein ruhiger Mensch, und die andere wurde immer lauter und wütender. Schließlich stand er abrupt auf.

»Ich höre mir das nicht länger an. Auf uns Kindern ruht die Verantwortung. Ihr wollt das nicht wahrhaben, umso schlimmer für euch. Anna, wir gehen!«

Und so gingen wir.

Jan macht den Eindruck eines zufriedenen und aus Überzeugung pragmatischen Menschen. Er hat allen Grund dazu. Als Einziger von sechs Geschwistern hat er studiert und ist als Fachmann anerkannt. Er hat etwas aus seinem Leben gemacht. Mit seiner Frau, einer Ärztin, ist er nach Danzig gezogen und hat bis zur Rente im Projektbüro der Werft gearbeitet. Als man in den sechziger Jahren in die Partei eintreten musste, trat er ein, als man im Jahre 1980 austreten konnte, trat er aus. Erleichtert begrüßte er die Gewerkschaft Solidarność, wie viele Parteimitglieder. Er sang im Solidarność-Chor in der Danziger Brigittenkirche. Seine beiden Töchter haben Medizin studiert, eine lebt in Amerika, die andere hat sich in der Nähe von Danzig ein Haus gebaut. Er erzählt gerne Witze, schätzt Ordnung und Disziplin und ist der Auffassung, dass Strafen in der Erziehung unerlässlich sind. Gerne erzählt er von seinem Hund und vom Segeln. Er geht sehr zeitig zum Zug und plant stets so, dass er nie in Eile ist. Ich wollte, ich wäre imstande zu ergründen, warum gerade er, ein »gewöhnlicher Pole«, sich entschieden hat, sein ganzes Leben hindurch die Last der Erinnerung zu tragen.

Aufzeichnungen

13. Mai 2001

Nächste Woche reise ich nach Israel. Ich will mit einem Zeugen sprechen, den Gross in den *Nachbarn* zitiert hat. Ein paar Mal habe ich mit Awigdor Kochaw telefoniert und versucht, mich mit ihm zu verabreden, aber die Antwort war immer dieselbe: Es gehe ihm nicht gut, und er habe keine Lust, mit mir zu sprechen. Ich spürte, dass er mir nicht wohlgesinnt war, und fürchtete, die Begegnung mit jemandem aus Polen könnte für ihn traumatisch sein. So schickte ich Szmulek Horowitz zu ihm, meinen Onkel, den pensionierten Leiter eines Altersheims in Tel Aviv. Er ist einer der herzlichsten Menschen, die ich kenne. Das half. Szmulek solle noch einmal anrufen, wenn ich vor Ort bin. Kochaw hat ihm versprochen, mich zu empfangen.

In der *Rzeczpospolita* erscheint ein umfangreicher Artikel von Strzembosz: »Herabkunft des Satans oder Besuch von der Gestapo?« (eine Anspielung auf mein Interview mit Stanisław Przechodzki in der *Gazeta Wyborcza*, dessen Überschrift dem Text entnommen war: »Der Satan ist in Jedwabne gefahren«. Strzembosz ahmt den ironischen Ton von Kazimierz Laudański nach, der sich über Wasersztejn mit den Worten lustig macht: »Hat er für einen einzigen Minderjährigen nicht etwas zu viel gesehen und gehört?« In ähnlicher Manier kommentiert der angesehene Geschichtsprofessor das Zeugnis von Awigdor Kochaw, der im letzten Moment fliehen konnte, während seine Familie in der Scheune umkam: »Ist er etwa zur Scheune zurückgekehrt, um die Gespräche zwischen den Mördern zu belauschen?«

Strzembosz beruft sich auf zwei Zeugen, um zu beweisen, dass das Verbrechen in Jedwabne von den Deutschen begangen wurde. Der erste ist Stefan Boczkowski, der damals in Grądy Małe wohnte und ihm einen Brief geschrieben hat: »Wir beide gingen mit vielen Einheimischen in einiger Entfernung hinter der Judenkolonne her. Als man sie alle in die Scheune hineingezwängt hatte, kam in schnellem Tempo ein Pritschenwagen mit Soldaten angefahren. Einige sprangen sofort herunter, die Übrigen reichten ihnen rasch die Metallbehälter mit Benzin, das sie an allen Seiten der Scheune ausschütteten.«

Ein Pritschenwagen, aus dem Soldaten springen, das blitzschnelle Tempo der Aktion: Solche Bilder habe ich auch vor Augen, nachdem ich diverse Kriegsfilme gesehen habe. Strzembosz fragt nicht weiter nach, warum »viele Einheimische« hinter den Juden hergingen und warum sich der damals fünfzehnjährige Stefan Boczkowski aus Grądy Małe an diesem Tag in Jedwabne aufhielt. Grądy Małe liegt vier Kilometer von Jedwabne entfernt und gehört zu den Dörfern, aus denen am Morgen des 10. Juli Fuhrwerke mit Bauern kamen, die mit Rungen und Stöcken bewaffnet waren.

Der zweite Zeuge ist Apolinary Domitrz aus dem Dorf Rostki, der gegenwärtig in Greenpoint wohnt, dem polnischen Stadtteil von New York. Domitrz erzählt in einem Interview für *Życie Warszawy* [Das Warschauer Leben], er habe mit zwei Freunden Kühe gehütet, auf den Weiden zwischen Rostki und Jedwabne, ungefähr einen Kilometer von der Scheune entfernt. Als die Flammen emporschlugen, seien sie gleich nach Jedwabne gelaufen. »Wir rannten über den Marktplatz. Es war still, alles zu, niemand auf den Straßen. Und die Scheune brannte. Wir also zur Ulica Cmentarna. Die Deutschen zogen sich vor der Gluthitze zurück.« – »Und die anderen?« – »Welche anderen? Nur Scheißdeutsche. Wir haben keinen einzigen Polen gesehen. Nur wir waren da.«

Über das Buch von Gross sagt er: »Eine einzige Lüge, ich bitte Sie! Wie hat er sich das alles nur ausdenken können? Als ein Freund und ich das gelesen haben, konnten wir uns gar nicht genug wundern, wie man so lügen kann.« Der Journalist hält dagegen, Präsident Kwaśniewski stelle die Schuld der Polen nicht in Frage. »Na und, war dieser Kwaśniewski etwa da, oder was? Ich war da, ich war Augenzeuge, nicht er.«

Strzembosz erklärt, das alles klinge sehr glaubwürdig, ohne zu bemerken, dass beide Berichte einander ausschließen. Wenn, wie Domitrz behauptet, während der Judenverbrennung – die seiner Meinung nach eine Strafe dafür darstellte, dass die Juden Christus in den Tod geschickt haben –, wenn also »nur Scheißdeutsche« bei der brennenden Scheune waren und von den Polen bloß jener Apolinary mit zwei Freunden, dann konnte Stefan Boczkowski das, was er gesehen hatte, nicht gesehen haben, da er nicht dort war. Ganz zu schweigen davon, dass ein Blick auf die Karte ausreicht, um festzustellen, dass die Erzählung von Domitrz topographisch unwahrscheinlich ist. Rostki liegt zwei Kilometer südlich von Jedwabne, die Scheune aber stand im Nordosten, in etwa 500 Meter Luftlinie vom Marktplatz. Ein solch geballter Unsinn und derart ungerechte Anschuldigungen gegen Gross – das sprengt jedes Maß.

Tomasz Strzembosz gehört zu den angesehensten polnischen Historikern, seine Bücher über den militärischen Untergrund in Warschau während des Zweiten Weltkriegs sind sehr populär. Der Fall Jedwabne hat in ihm, einem traditionellen polnischen Patrioten, irgendwelche Dämonen geweckt. Gerade deshalb schmerzen mich all die Absurditäten, die Strzembosz schreibt, so sehr. Der verrückte Antisemit Bubel oder Jerzy Robert Nowak, ein schreibfreudiger Antisemit, der gerade ein Buch über »die Lügen von Gross« vorbereitet, stören mich nicht besonders: Ich bin bereit zu akzeptieren, dass bei jeder derartigen Geschichte ein kleiner Prozentsatz von Wirrköpfen auftaucht. Im Übrigen wäre es nach der Gauß'schen Normalverteilung ohne Bubel und Jerzy Robert Nowak unmöglich, dass es am anderen Extrem dieser Kurve polnische Katholiken gibt, denen es ein Herzensbedürfnis war, noch in den siebziger Jahren jüdische Gräber in Ordnung zu halten. Strzembosz dagegen sei, wie seine Historikerkollegen behaupten, kein Antisemit, und seine Lebensleistung heische Anerkennung und Respekt. Er macht mir bewusst, was ein anständiger Pole über Juden zu erzählen imstande ist, wenn dieses Thema ihm seine Vorstellung über das Vaterland und seine Landsleute kaputt macht.

14. Mai 2001
Auf Stanisław Ramotowskis Geburtstagsfeier. Immer wieder sagt er: »Mein Gott, dass nur niemand erfährt, wo wir sind.« Doch zugleich ist er ein geselliger Mensch und freut sich, wenn ich Gäste mitbringe. Meine Schwester Maria mag er sehr. Diesmal bin ich mit Helena Datner-Śpiewak gekommen, und das war ein Volltreffer. Schon nach wenigen Minuten sprachen sie miteinander wie alte Freunde. Helena erzählte von der Flucht ihres Vaters, Szymon Datner, aus dem Ghetto von Białystok, weil er gegen die Deutschen kämpfen wollte. Er habe es geschafft, sich russisch-jüdischen Partisanen anzuschließen, doch bei der Flucht habe er mit einem Freund zwei Wachleute erschossen. Bis an sein Lebensende habe er darunter gelitten, dass er Menschen getötet hatte. Gleich nach der Befreiung von Białystok sei er Vorsitzender des jüdischen Wojewodschaftskomitees und auch für kurze Zeit im Nationalrat gewesen. Er habe ein Gesetzesprojekt eingebracht, wonach in Schulen nie mehr Deutsch unterrichtet werden sollte (das übrigens bei der Abstimmung eine Mehrheit erhalten hat). Aber er habe nicht vorgehabt, in Polen zu bleiben, sondern sei nach Palästina ausgewandert. Er sei jedoch zurückgekehrt, da er verliebt war und Helenas spätere Mutter Polen nicht verlassen wollte. »Genau wie meine Frau, die wollte auch nicht auswandern, obwohl ich es wollte«, nickt Ramotowski mitfühlend.

15. Mai 2001
Schockierendes Interview von Primas Glemp für die katholische Nachrichtenagentur. Es gebe seit langem eine Kampagne gegen die Kirche, damit sie sich für die Verbrechen an den Juden entschuldigt, das Buch von Gross sei offensichtlich auf Bestellung entstanden, und der Massenmord in Jedwabne habe keinerlei religiösen Hintergrund gehabt. Der Primas zieht alle Register der antisemitischen Klischees: »Die Juden waren schlauer und verstanden es, die Polen auszubeuten«, oder: »Die Juden waren unbeliebt wegen ihrer merkwürdigen Folklore«. Und selbstverständlich auch: »Sollten die Juden nicht eingestehen, dass sie sich schuldig gemacht haben an den Polen, insbesondere zur Zeit ih-

rer Kollaboration mit den Bolschewiken, durch ihre Mithilfe bei den Deportationen nach Sibirien und bei der Verhaftung von Polen?« Zum Abschluss sagt der Primas, es gebe kein Antisemitismusproblem, vielmehr gebe es ein Antipolonismusproblem. In der *Gazeta Wyborcza* erscheint ein Kommentar, der den Primas daran erinnert, dass der Antisemitismus der Kirche nicht von Gross erfunden wurde, denn bereits vorher habe sich ja der Papst selbst bei den Juden dafür entschuldigt.

17. Mai 2001

Anruf von Leszek Dziedzic, der fragt, ob ich nicht bei ihnen vorbeikommen möchte, sein Vater ist aus Amerika gekommen, um an den Feierlichkeiten teilzunehmen. Ich setze mich sofort ins Auto und bin drei Stunden später in Jedwabne.

Leon Dziedzic, ein kleiner, zarter, schüchterner Mann, sitzt in der Küche, eine Schiebermütze quer auf dem Kopf. Er war vierzehn, als er den Auftrag bekam, die Leichen der in der Scheune verbrannten Juden zu vergraben. Von dem Verbrechen weiß er viel, aber es ist schwierig, mit ihm darüber zu reden. Seine Stimme bricht, er bemüht sich, seine Tränen zu verbergen. Ich frage ihn, wie er sich das Verbrechen erkläre.

»Sie hatten nicht genug Unterwäsche, da wollten sie die von den Juden.«

»Sag es doch so, wie du es mir gesagt hast, Papa«, mischt sich Leszek ein: »Für ein beschissenes jüdisches Hemd sind sie losgezogen, um zu morden.«

Leon Dziedzic erzählt, die Raubgier habe den Antisemitismus verstärkt, der ihnen im Religionsunterricht eingetrichtert worden sei: »Es gab welche, die waren die Ersten in der Kirche, trugen bei Prozessionen die Fahnen und schlitzten nachher Juden die Bäuche auf. Einen Nachbarn, der unabhängig vom Gesprächsthema immer etwas gegen die Juden anbrachte, habe ich mal zurechtgewiesen: ›Du betest doch selbst zu einem Juden und zu einer Jüdin.‹ Darauf der Nachbar: ›Leon, du bist ein Dummkopf.‹ Und sein Bruder, ein Priester, der gerade bei ihm zu Besuch war, hat ihn auch noch unterstützt. Ob ich nicht weiß, dass der Herr Jesus erst getauft wurde, als er dreißig Jahre alt war, und dass die Apostel Juden waren? Diese Leute sind es, die von Religion nichts verstehen. Vor dem Krieg habe ich Matzen gegessen, die meine Freunde mit in die Schule brachten. Es hieß immer, auf diesen Matzen wäre christliches Blut, und nach dem Krieg habe ich es gewagt, Frau Helena Chrzanowska einmal direkt danach zu fragen: ›Wir verstehen uns doch gut – bitte sagen Sie mir, wie es in Wirklichkeit ist.‹ Und sie sagte mir, dass es Unsinn ist. Helena hatte nach dem Krieg ein beschwerliches Leben, obwohl sie getauft war und einen Polen geheiratet hatte. Aber sooft ich auch mit ihr redete, sie beklagte sich nie, nur einmal fing sie an zu weinen: Wenn sie gewusst hätte, wie stark diese Vorurteile sind, hätte sie nicht geheiratet, um keine Kinder in die Welt zu setzen.«

Ich frage mich, wie ich noch einmal zu Helena Chrzanowska vordringen könnte. Leszek Dziedzic schlägt vor, zu ihnen zu fahren und zu versuchen, sie zu einem Gespräch mit mir zu überreden. Wenn sie zustimmt, werde er mich holen.

Ich frage Leon, warum gerade er damit beauftragt wurde, die Leichen nach dem 10. Juli zu beseitigen.

»Einige Tage nach dem Verbrechen hieß es, aus jeder Straße und jedem Weiler müsse sich einer melden. Dafür wurden die Jungen bestimmt, wie ich. Wir konnten erkennen, wer da lag; die verkohlten Leichen waren obenauf, aber darunter waren sie nur leicht angesengt. Als die Mörder die Scheune ansteckten, flohen die Leute in den Lagerraum an der Ostseite. Sie waren übereinandergestapelt. Unmöglich zu sagen, wie viele es waren, denn Arme und Köpfe wurden einzeln mit der Heugabel abtransportiert. Wir begruben sie stückweise. Drei Gendarmen bewachten uns. Da lag ein nur leicht angekohlter Schuhkarton, einer hob ihn auf, und Goldmünzen fielen heraus. Viele machten sich gleich daran, sie einzusammeln, aber der Gendarm befahl, sie zurückzugeben, nur einer, der die Münzen in den Stiefelschaft fallen ließ, konnte sie behalten. Ich habe eine Uhr aufgehoben und sie ins Grab geworfen, sie gehörte ja nicht mir.«

Er sah frisch aufgeworfene Erde auf der anderen Straßenseite, wo der jüdische Friedhof war: ein Zeichen, dass dort schon Juden vergraben worden waren – diejenigen, die man einzeln ermordet hatte.

Szmul Wasersztejn hat er zweimal geholfen, das erste Mal Ende Juni 1941, noch vor dem Verbrechen:

»Die Russen waren abgezogen, die deutsche Obrigkeit war noch nicht da, aber die Schurken bereiteten sich schon auf Pogrome vor, die Juden fuhren ihre Sachen weg und vergruben sie irgendwo oder überließen sie Bauern, die sie gut kannten, zur Aufbewahrung. Szmul versteckte seine Sachen auf dem Feld, in einem Kartoffelkeller. Nach einigen Tagen schien die Situation sich beruhigt zu haben, so dass man die Sachen sicher zurückbringen konnte. Szmul und ich kannten uns gut, daher bat er mich, ihm zu helfen. Wir kamen mit dem Fuhrwerk angefahren, und beim Alten Markt hielten uns drei Mann an. Sie verprügelten Szmul, durchsuchten die Kleidung, schirrten das Pferd ab und gaben ihm mit der Peitsche, ich bekam auch etwas ab. Diese drei nahmen später am Zusammentreiben der Juden auf dem Marktplatz teil.«

Mit Mühe gelingt es Leszek, seinen Vater zu überreden, mir ihre Namen zu nennen: Bolesław Ramotowski, Napoleon Piechocki und Jerzy Tarnacki.

Das zweite Mal half die Familie Dziedzic Szmul, nachdem das Verbrechen geschehen war.

»Ich ging zur Scheune, um den Pferden Heu zu geben, und hätte ihn fast mit der Heugabel getroffen. Ich hörte: ›Hör auf, Leon, ich bin's, Szmul!‹ ›Still!‹, sagte ich, denn die Wände hatten Ohren. Unsere Nachbarin lebte mit einem Deutschen zusammen und kam zu uns, um Hühner zu stehlen. Als die Abenddämmerung anbrach, zog meine Mutter doppelte Kleidung an, um Szmul welche zu geben, denn der hatte nichts Warmes an. Sie sagte, sie würde die Hunde füttern gehen; wir waren zu acht, irgendein Kind hätte aus Versehen etwas verraten können. Später fuhr mein Onkel Klemens ihn nach Jedwabne, zu den Wyrzykowskis.«

Als Szmul Wasersztejn direkt nach dem Krieg in Białystok wohnte, schickte er Leons Mutter einen Brief, sie möge ihn besuchen. Er gab ihr Leder, damit sie ihren fünf Söhnen Schuhe machen lassen konnte, und Stoff für die Kleider der Töchter.

Leon Dziedzic erinnerte sich, dass sie Szmul Wasersztejn gleich nach dem 10. Juli 1941 versteckt hatten, während mir bei der Rekonstruktion seines Schicksals aufging, dass er sich bei der Judenverfolgung im Herbst 1942 bei ihnen versteckt hatte, also ein Jahr später! Ramotowski wiederum behauptet steif und fest, sie hätten die Familie seiner Rachela im Jahre 1943 ins Ghetto von Radziłów gebracht, während das viel früher gewesen sein muss, denn im Jahr 1943 gab es in Radziłów schon kein Ghetto mehr. Was Daten und Zahlen betrifft, kann man sich auf niemanden verlassen.

Leon schmerzt es, dass seine Schwägerin, die Frau des inzwischen verstorbenen Klemens, ihn jetzt mit den Worten begrüßte: »Hast du noch viele von den Zähnen, die du den Juden abgenommen hast?« Es ist immer dasselbe: Wenn jemand Mitgefühl mit dem Schicksal der Juden zeigt, fangen die anderen gleich an zu klatschen, seine Liebe rühre ja nur daher, dass er durch jüdisches Gold reich geworden sei.

»Ich habe ihr vorgehalten, was ihr Schwager getan hat, denn das habe ich mit eigenen Augen gesehen«, fährt Leon Dziedzic fort. »Gemordet hat er zwar nicht, aber geraubt. Kurz bevor die Deutschen einmarschierten, floh eine jüdische Familie auf einem Fuhrwerk mit ihrem ganzen Besitz, und er und ein Freund von ihm haben ihnen befohlen abzusteigen und ihnen alles weggenommen. Die Juden gingen weinend zu Fuß weiter.«

Leon Dziedzic erzählt, dass einige schwer an dem Verbrechen trügen, das ihre Landsleute begangen haben:

»Bei Janek Kalinowski, in seiner Schmiede neben dem Friedhof, standen der Amboss und die Zange von Szmuił, dem Schmied aus der Ulica Przestrzelska. Janek hatte mit dem Kalinowski, der Juden ermordet hat, nichts zu tun. Sie zwangen Janek, die Sachen zu nehmen. Sie gingen zu ihm und sagten, er soll eine Schmiede betreiben, denn die Deutschen hatten die Bedingung gestellt, dass die Polen alle Juden ermorden können, aber die Werkstätten müssen besetzt sein. Ich arbeitete gegenüber, als Wachmann in der Schlachtergenossenschaft, da kam er immer wieder auf die Geschichte mit diesen Werkzeugen zu sprechen.«

Leszek kehrt mit leeren Händen zurück: Helena lasse sich entschuldigen, sie sei sehr krank.

»Sie hat Angst, das muss man verstehen«, erzählt er. »Seit sie ihn im Fernsehen gezeigt haben, macht auch mein Vater sich schreckliche Sorgen, dass man unser Haus anstecken könnte. Ich tröste ihn: ›Papa, wenn jemand so dumm ist und mir Geld in die Tasche stopfen möchte, dann bitte sehr, ich bin versichert.‹ Ich bereue nichts, zumindest bin ich jetzt nicht mehr im Unklaren darüber, wo ich lebe.«

18. Mai 2001

Antonina Wyrzykowska, die sieben Juden aus Jedwabne gerettet hat, ist in Polen! Sie ist aus Chicago gekommen. (Ich wusste, dass ihre Familie Journalisten abwimmelt, und wollte zu ihr fahren, ohne große Hoffnung, zu ihr vorzudringen.) Dem unwahrscheinlichen Zufall, dass die Bekannte eines Freundes von mir eine alte Dame betreut, bei der Wyrzykowska als Haushälterin gearbeitet hat, verdanke ich diese Nachricht. Wir verabreden uns für die Zeit nach meiner Rückkehr aus Israel – ich fahre in einigen Tagen.

Nachricht aus Jedwabne: Biedrzycki hat sich nach langen Verhandlungen bereit erklärt, dem Staat das Land unter dem Denkmal zur Hälfte des Preises zu verkaufen, den Bubel ihm angeboten hat. Das heißt für 50000 Zloty.

Ich rufe bei Ignatiew an. Zum wiederholten Mal sehe ich meine Notizen aus den Akten des Jedwabne-Prozesses durch und komme einfach nicht dahinter, warum man die einen verurteilt und die anderen freigesprochen hat, obwohl alles darauf hindeutet, dass sie genauso schuldig waren. Waren vielleicht einige von ihnen zur Zusammenarbeit bereit – in der Region war schließlich eine Art Bürgerkrieg im Gang –, und sah man dafür über den Judenmord hinweg? Ignatiew antwortet, ein Journalist könne beliebige Hypothesen aufstellen, ein Staatsanwalt müsse Beweise vorlegen. Aber ich höre Anerkennung aus seiner Stimme heraus.

22. Mai 2001
Tel Aviv. Ich bitte Onkel Szmulek, mir behilflich zu sein, die Finkelsztejns im Telefonbuch von Haifa zu finden. In den sechziger Jahren, als ein Mitarbeiter von Yad Vashem ihr Zeugnis aufschrieb, haben sie dort gewohnt. Chaja und Izrael waren damals bereits alte Leute, aber vielleicht leben ja ihre Kinder noch? Im Telefonbuch gibt es mehr als ein Dutzend Finkelsztejns. Onkel Szmulek ruft sie geduldig der Reihe nach an, spricht mit ihnen, aber jedes Mal gibt er mir ein Zeichen, dass es nicht die richtigen sind. Etwa nach dem siebten erfolglosen Anruf brechen wir ab.

23. Mai 2001
Jerusalem. Ich fahre durch eine Stadt, die nach den Terroranschlägen leergefegt ist von Touristen. Ich fahre zu einem Treffen mit Meir Ronen, der vor dem Krieg in Jedwabne gewohnt hat. Den Kontakt zu Ronen habe ich von Morgan Ty Rogers bekommen, einem jungen Rechtsanwalt aus New York, der die Internetversion des *Jedwabner Gedenkbuchs* besorgt hat. Ronen ist ein entfernter Verwandter von ihm.

Meir ist ein zarter, zerbrechlicher Mann mit großem Charme, den mein Besuch etwas einschüchtert. Seit 60 Jahren hat er kein Polnisch gesprochen; er schlägt vor, dass sein Schwiegersohn, der direkt nebenan wohnt, vom Hebräischen ins Englische übersetzt. Es kostet ihn eine Viertelstunde, um zu der Sprache zurückzukehren, die in den entferntesten Winkeln seines Gedächtnisses scheinbar unwiederbringlich verschüttet war. Ein so schönes Polnisch habe ich in Jedwabne kein einziges Mal gehört. Er hat die Namen aller polnischen Könige im Gedächtnis behalten und die Namen aller Kinder, mit denen er in dieselbe Klasse ging. Und die bittere Erinnerung, wie gegen Ende der dreißiger Jahre der Lehrer den jüdischen Kindern befahl, sich in die hinteren Bänke zu setzen, und die polnischen Kinder aufhörten, mit ihnen zu sprechen.

Ich muss nicht einmal Fragen stellen. Viele Stunden lang erzählt er mir von seinem Jedwabne. Ich höre zu und sehe ein Schtetl, das nur in seiner Erinnerung überdauert hat. Er erinnert sich daran, wie er ganz klein war und sein Urgroßvater Nachum Radzik (der Verwandte von Ty Rogers) ihm erzählte, sein Ururgroßvater habe zu der Abordnung gehört, die sich mit einer Petition, Jedwabne das Stadtrecht zu verleihen, an die Zarin Katharina wandte. (Die Verleihung des Stadtrechts fand zwar bereits im Jahre 1736 statt, aber vielleicht war der Ururgroßvater in einer anderen Abordnung zur zaristischen Obrigkeit gegangen, und in der Familienlegende hat es sich so niedergeschlagen, dass er ein Mitgründer der Stadt war und Zarin Katharina selbst sich damit befasst hatte.)

Zum Abschied sagt er zu mir: »Gute Nacht, gnädige Frau.«

24. Mai 2001

Am Morgen, im Internet, lese ich in der *Gazeta Wyborcza*, dass die Vorbereitungen für die Exhumierung bereits im Gange sind.

Ich entsinne mich, dass Ignatiew sich vor meiner Abreise erkundigt hatte, ob für Juden eine Exhumierung zulässig sei. Ich sagte ihm, das sei prinzipiell nicht der Fall, aber es gebe Ausnahmen. Und wenn er einen Rabbiner finden möchte, der sich für eine Exhumierung ausspricht und bereit wäre, an ihr teilzunehmen, werde er ihn mit Sicherheit finden, denn in dieser Sache, wie in den meisten anderen, sind Rabbiner unterschiedlicher Auffassung.

Yad Vashem. Im Archiv finde ich die Erinnerungen von Chaja Finkelsztejn aus Radziłów und auch Zeugnisse aus dem benachbarten Wizna über die Geschehnisse in Jedwabne – von Izrael Lewin und Awigdor Kochaw. Aus Wąsosz gibt es leider nichts.

Ich verbringe den ganzen Tag damit, Materialien zu suchen und vor allem, sie zu kopieren. Die Archivnutzung ist teuer, das Schlimmste aber ist, dass ich alles allein machen soll. Technische Dinge waren mir ein Leben lang ein Graus. Und hier geht der Kopierer ungefähr alle dreißig Seiten kaputt. Es ist eng, ich kann die zu kopierenden und die bereits kopierten Seiten nicht getrennt ablegen, die oft nicht paginierten Blätter aus verschiedenen Mappen geraten mir durcheinander. Auf Russisch – in dieser Sprache unterhalten sich die jungen Frauen, die im Archiv beschäftigt sind – versuche ich in Erfahrung zu bringen, was in der letzten Zeile der einen Seite und der ersten Zeile der nächsten Seite steht, um zu überprüfen, ob sie zusammenpassen. Aber sie können mir nicht helfen, sie verstehen kein Jiddisch.

Das Zeugnis von Chaja Finkelsztejn und die von ihr hinterlegten Erinnerungen lagen ungelesen im Archiv von Yad Vashem in Jerusalem. Desgleichen die Aussagen ihres Sohnes Menachem im Jüdischen Historischen Institut in Warschau. Nur wenige polnische Historiker können Jiddisch, und das gilt wahrscheinlich auch für die israelischen Kollegen. Die Zeugnisse der Shoah sind in einer Sprache niedergeschrieben, die mit ihr verschwunden ist.

Am Abend übersetzt mir Onkel Szmulek das Zeugnis von Izrael Lewin aus Wizna, der den Krieg mit seiner Frau und zwei Kindern im Versteck überlebt hat. Im Dezember letzten Jahres war ich in Zanklewo und habe mir die Gebäude angesehen, in denen sie sich verborgen hielten. In Ełk habe ich Witek Dobkowski besucht, den Sohn des Bauern, der sie versteckt hat. Hier nun bin ich mit Izraels Kindern verabredet, er selbst lebt nicht mehr.

Lewin beschreibt die ersten Tage in Wizna nach dem Abzug der Sowjets. Józef Gawrychowski, der Bruder des Bürgermeisters von Wizna sei, als er von dem bevorstehenden Pogrom erfahren hatte, eigens zu ihnen gefahren, um sie zu sich nach Hause zu holen. »Er war ein guter Freund von mir«, schreibt Izrael Lewin. »Unter den Sowjets wollten sie ihn zu den Eisbären schicken, wenn er ihnen nicht 60000 Rubel bezahlte. Er kam mitten in der Nacht zu mir und weinte. Ich gehörte zu der Sorte Juden, die immer Geld hatten. Ich ging zum Schrank und nahm das Geld heraus, eine Quittung wollte ich nicht.«

Als die Deutschen einmarschierten, habe Wizna noch unter den Folgen der Bombardierungen gelitten, die Leute hätten auf der Straße geschlafen. »Der Bürgermeister ordnete an, die Juden aus Wizna sollten nach Jedwabne umziehen«, schreibt Lewin weiter. »Die Polen wussten, dass die Juden aus den kleinen Städten sich in Jedwabne versammeln würden. Eines Tages, es war am Mittwoch des Monats Tamoz 1941 (das heißt einen Tag vor dem Verbrechen), kamen aus Jedwabne Gojim mit Stöcken nach Wizna, sie gingen von Haus zu Haus und sagten: ›Du hast zwei Kinder, schick eins mit einem guten Stock nach Jedwabne.‹« Aber Gawrychowski habe sie gewarnt, nicht nach Jedwabne zu fahren, und sie stattdessen nach Łomża gebracht. Als sie mit der Familie ins Ghetto gezogen seien, hätten sie dort Geschichten gehört, wie in der Scheune in Jedwabne Juden verbrannt seien, davon viele auch aus Wizna, Radziłów und Stawiski.

Weiter schreibt Lewin: »Einige überlebten, darunter eine Frau aus unserer Stadt, Rywka Leja Suraski, die zur Wohnung eines Arztes in Jedwabne gegangen war und gesagt hatte: ›Frau Doktor, retten Sie mich!‹ Die versteckte sie im Stall, warf Stroh über sie, bedeckte sie mit einem Lappen, und so lag Rywka bis zum Morgen da. Ihr Mann verbrannte zusammen mit den Kindern. Eines Tages erschien Rywka bei uns im Ghetto. ›Hier habe ich meine Kinder‹, sagte sie und holte unter ihrer Bluse weiße Knochen hervor. ›Das sind Jankiel und Mosze.‹ Unter Lebensgefahr war sie zur Scheune gegangen und hatte sich die kleinen Knochen geholt. Irgendwo versteckte sie sich, kam aber immer wieder ins Ghetto, holte die Knochen hervor und zeigte sie allen.«

Lewins kamen ins Ghetto. Als dessen Liquidierung bevorstand, beschlossen sie, zumindest zu versuchen, ein Versteck zu finden. Izrael Lewin klopfte an die Tür von Polen, die er aus der Zeit vor dem Krieg kannte. Eines der Häuser war das der Dobkowskis.

»Wenn du nicht kannst«, sagte ich zu Dobkowski, »werde ich dir keine Vorwürfe machen. Ich werde dir auch noch unser Vermögen geben, denn mit uns ist es bald vorbei, und ich will nicht, dass es den Deutschen in die Hände fällt.« Ich gab ihm einige goldene Ringe, ein paar Brillanten, eine goldene Spange, eine goldene Uhr und einige Stoffballen. Ich küsste seine Hand. Der Goj richtete uns im Keller ein Versteck ein und tarnte es. Dieser Goj war außergewöhnlich risikofreudig, denn das war mitten im Dorf. Nach einigen Wochen beschloss er, dass wir an die Luft mussten, und machte uns mit den Hunden bekannt. Das waren sehr scharfe Hunde, aber sie lernten es, uns nicht anzubellen. […] Der Goj behielt Juden nicht umsonst bei sich. Er nutzte uns aus. Meine Frau passte auf das Kind auf, das ihm damals geboren wurde, ich nähte. Sie überließen uns die ganze Küchenarbeit und die Zubereitung des Schweinefutters; all das erledigten wir nachts.«

Einmal seien sie fast hinausgeworfen worden, nachdem die Deutschen zur Sonntagsmesse gekommen waren, um die örtliche Bevölkerung einzuschüchtern.

»Sie sagten: ›Wir sind in euer Land gekommen, um euch von den Juden zu befreien. Für einen Viertelliter Petroleum haben sie euch ein Huhn weggefressen. Das wird sich jetzt ändern. Aber in dieser Gemeinde gibt es nach wie vor viele Juden. Ihr versteckt eure eigenen Feinde. Wenn wir einen Juden finden, brennen wir das Anwesen ab, erschießen alle, und der Hausbesitzer wird in einem Grab mit den Juden verfaulen.‹ Unsere Gastgeberin kam zurück und machte ihrem Mann eine Szene. Sie schrie: ›Du Dreckskerl, als wir sie gesehen haben, habe ich gleich gesagt, du sollst die Tür zumachen und die Kette vorlegen!‹, und sie schlug ihn. Wir haben jedes Wort gehört. Die Kinder verstanden alles und weinten. Dann kam seine Mutter herein und sagte: ›Ihr habt sie aufgenommen, daran ist nichts mehr zu ändern‹, und es gebe Hoffnung, denn die Front komme näher. Sie trat immer als unsere Fürsprecherin auf: ›Wenn du sie rauslässt, schnappen die Deutschen sie, dann werden sie sagen müssen, wo sie waren, und dann sind wir alle verloren.‹ Wenn es eine Welt nach dem Tode gibt, möge seine Mutter dort hochgeachtet leben.«

1944 verlief dort die Frontlinie, und das Dorf wurde evakuiert. Alle Mitglieder der Familie suchten auf eigene Faust in den umliegenden Bauernhöfen nach Arbeit, wobei sie so taten, als wären sie keine Juden. Izrael ließ sich einen ausladenden Schnurrbart wachsen und ging zu den Bauern, um Schneiderdienste anzubieten. Die Russen waren schon auf der anderen Seite des Narew, und Lewin wusste, dass es nur noch um wenige Wochen ging: Wenn er diese überstehen würde, wäre er gerettet. Er nahm wieder Arbeit bei einem Bauern an. »Die Frau holte Stoff heraus. Ich sagte, dass ich erst alles zuschneiden würde, danach würde ich mich ans Nähen machen. Ich dachte so: Wenn sie Verdacht schöpfen sollte, dass ich Jude bin, aber alles schon zugeschnitten ist, wird sie es sich vielleicht zweimal überlegen, mich hinauszuwerfen.

Das Nähen dauerte einem Monat. Und als ich fertig war und sie Hemden für ihren Mann und eine Weste für sich hatte, da dachte sie nicht darüber nach, ob ich ein Jude war, sondern sie dachte, wie gut ich das gemacht hatte.«

An der Vernehmung in Yad Vashem nahm auch Chaja Fejga, Izraels Frau, teil. Sie erzählte, wie der Krieg zu Ende ging und sie zu ihrem Haus zurückkehrten. »Ich ging zu einer christlichen Bekannten, um sie um eine Pfanne zu bitten. Ihr Mann war in der AK. Sie sagte mir: ›Wenn du leben willst, dann flieh, ihr seid bald dran.‹ Mein Mann wollte in Wizna bleiben, aber ich sagte: ›Ausgeschlossen. Wir haben so viel durchgemacht und unser Leben gerettet, und dann kommt einer von der AK und will es uns wieder nehmen?‹ Wir wanderten aus.«

25. Mai 2001

Ich lese im Internet, dass in Jedwabne das Gelände rund um die ehemalige Scheune mit Tarnnetzen verhüllt und von der Polizei umstellt ist. Betreten und Fotografieren verboten. Vor Ort sind Archäologen, Staatsanwalt Ignatiew sowie Rabbi Schudrich. Von Letzterem ist folgender Kommentar überliefert: »Exhumierung ist im Judentum verboten, aber ich habe Verständnis für diese Entscheidung.« Das ist eine imponierende Offenheit, denn ich weiß, dass der Rabbiner zu den Gegnern der Exhumierung gehört.

Yad Vashem. In der Abteilung der Gerechten unter den Völkern suche ich Zeugnisse aus Jedwabne, Radziłów und Wąsosz. Und wieder finde ich nichts aus Wąsosz.

Nachmittags in Tel Aviv, wo ich mit der Tochter von Izrael Lewin, der ehemaligen Tereska, verabredet bin. Ida Sarna ist pensionierte Bankdirektorin.

Sie erzählt von der Flucht aus dem Ghetto: »Vater wollte nicht. Er sagte: ›Was mit allen geschehen wird, das wird mit mir geschehen.‹ Mama war der Meinung, dass man sich mit einem kranken Kind nicht auf ein Landstreicherleben einlassen darf. (Ich litt an chronischer Gelenkentzündung.) Ich war es, die Mama und Papa am Ärmel zog, flehte und schwor, dass ich es schaffen würde. Ich war diejenige in der

Familie, die leben wollte. Ich kann mich nicht erinnern, dass ich im Krieg auch nur einmal gedacht hätte, ich würde sterben.«

Sie erzählt vom Sich-Verstecken: »Kaum hatten wir die Schwelle des Hauses von Bolesław Dobkowski überschritten, sah man gleich, dass das ein anständiges Haus war, denn es gab keine geraubten jüdischen Dinge. Ich bezweifle, ob ich denselben Mut gehabt hätte wie er, uns zu verstecken. Ihre Kinder wussten nicht, dass wir Juden waren. Es hieß, wir seien Cousins aus Amerika, und niemand dürfe von uns erfahren, denn Amerika hatte Deutschland den Krieg erklärt. Es war die Zeit der Passionsandacht, und ich hörte vom Dachboden aus, wie sich das ganze Dorf gleich neben dem Haus von Dobkowski versammelte und sang: ›Jesus, von den Juden gekreuzigt, Jesus, für dreißig Silberlinge verkauft, Jesus, von Judas verraten.‹ Das war überall zu hören, schon vor dem Krieg: ›Sie haben Gott ermordet, und jetzt geht es ihnen besser als den Polen.‹ Vater rechnete sich aus, wann Pessach und wann Jom Kippur war, und beging diese Feiertage. Ich wollte nicht. Ich war wütend, dass ich eine Jüdin war.«

»Im Jahre 1944 verlief die Front in der Nähe, das Dorf musste evakuiert werden, und wir mussten von diesem Zeitpunkt an alleine zurechtkommen, ohne Versteck. Ich verdingte mich bei den Deutschen. Ich trug ein Kopftuch wie die polnischen Bäuerinnen, denn meine Haare waren rot. Aber dafür hatte ich blaue Augen. Die Deutschen dachten, dass keine Juden mehr lebten, daher waren sie nicht misstrauisch, und wir wussten nichts von Auschwitz und Treblinka, daher hatten wir nicht gar so viel Angst.«

Über die Nachkriegszeit:

»Mein Vater arbeitete weiter als Schneider, in Łódź, Ulica Wschodnia 27. 1950 sind wir emigriert. Wir hatten Angst, in Polen unter der sowjetischen Besatzung zu leben. Wie die Russen waren, das wussten wir bereits, denn wir hatten zu Beginn des Krieges zwei Jahre in Wizna mit ihnen verbracht.«

Sie selbst hat Polen nie besucht, denn sie hatte Angst vor dem, was ihr dort passieren könnte.

»Ich gehe zur Entspannungsgymnastik. Wenn wir uns dann etwas besonders Angenehmes vorstellen sollen, habe ich den Ausblick vom Dachboden der Dobkowskis vor Augen, auf den wir manchmal klettern durften, um frische Luft zu schnappen: die Felder, das Grün, der See, der Himmel. Wie gerne würde ich diesen Ausblick wiedersehen, aber ich habe immer noch Angst. Meine Großmutter starb beim Pogrom in Wizna. Dort gab es keine Gestapo, keine SS, nur ein paar Wehrmachtssoldaten und die Polen, denen die Deutschen Wodka gaben. Und wie viele Juden haben die Polen nicht nach dem Krieg umgebracht?«

Über ihre Liebe zur polnischen Landschaft und ihre Sehnsucht danach erzählten mir immer wieder die Mitglieder meiner eigenen Familie aus Skryhiczyn, einem Dorf am Bug im Südostpolen.

Onkel Monio, das heißt Mosze Anaf, der vor seiner Ausreise nach Palästina 1939 vier Jahre in Kibbuzim in Kielce und Warschau verbracht hatte, die auf die Ausreise vorbereiten sollten, besuchte damals mehrfach sein heimatliches Skryhiczyn und versuchte seine Cousins zur Ausreise zu überreden. Ihre Antwort lautete stets: »Sieh dir doch unseren Bug an, unsere Wälder, und in Palästina gibt es nur Sand, Sümpfe und Berge.« »Wenn sie nicht so an Skryhiczyn gehangen hätten, hätten sie überlebt«, sagte Onkel Monio Jahre später einmal traurig zu mir. Als er selbst sich in Rosh Pina niederließ, einer kleinen Stadt in den Hügeln von Galiläa, pflanzte er in seinem Garten, wo sich die Zweige von Feigenbäumen, Mandarinen, Orangen, Avocados und allen möglichen Olivensorten verflochten, Setzlinge von Himbeeren, Walderdbeeren und Maiglöckchen, die er aus Polen kommen ließ.

Mein Onkel Avinoa Hadasz aus dem Kibbuz Kineret nahm mich einmal mit zu einer Stelle am Jordanufer, wo sich die Pilger aus den zahlreichen Ausflugsbussen im Schatten von dreißig Meter hohen Eukalyptusbäumen die Füße wuschen. »Dieser Ort ist im Besitz des Kibbuz«, erzählte mir Onkel Avinoa. »Wir verkaufen hier Flaschen mit Jordanwasser, denn die Christen glauben, dass Christus hier getauft worden ist. Als ich klein war, nahm mein Vater mich immer mit hierher: um zu schwimmen, zu angeln und wichtige Gespräche zu führen. Diese Bäume hat mein Vater gepflanzt, und ich habe ihm dabei geholfen. Er hat sich diese Flussbiegung ausgesucht, weil sie ihn an das Ufer des Bugs bei Skryhiczyn erinnerte.«

26. Mai 2001

Ich bin mit dem Bruder von Tereska, mit Janek, das heißt mit Izaak Lewin verabredet, der als Fahrer beim Militär gearbeitet hat.

Er erzählt mir, Witek Dobkowski, der Sohn der Hausbesitzer, bei denen er sich versteckt hat, sei jetzt sein bester Freund. »Er verbringt mehrere Monate im Jahr bei mir. Ich fahre sie besuchen. In Israel geht Witek manchmal mit mir in die Synagoge, und wenn ich in Polen bin, gehe ich mit ihm in die Kirche.«

Als ich Dobkowski in Ełk besuchte, regte er sich heftig über Gross auf: »Man holt jetzt solchen Schmutz, solche Lügen hervor. Wozu denn nur? – Dann muss man auch sagen, was die Juden in der sowjetischen Besatzungszeit getan haben. Wie kann man nur behaupten, das polnische Volk hätte das getan? Man muss die Völker versöhnen, nicht den Antisemitismus stärken.«

Ich frage Izaak, wie er es aushält, wenn sein bester Freund erklärt, die Deutschen hätten die Juden in Jedwabne ermordet und die Juden hätten bei den Sowjets denunziert.

»Ich schäme mich, ihm zu sagen, dass die Polen das Verbrechen begangen haben. Er würde sich schlecht fühlen. Wenn seine Eltern nicht gewesen wären, würde ich schließlich nicht mit dir sprechen.«

Er erzählt mir, wie er am 17. Februar 1945 zufällig in eine Gemeindeversammlung in Jedwabne geriet.

»Ich ging zu Fuß in Richtung Wizna. Sie trafen sich zu einer Versammlung, weil Bürgermeisterwahlen stattfinden sollten. Einer überschrie den anderen: ›Den nicht, der hat mit den Deutschen zusammengearbeitet!‹ ›Den nicht, denn der hat mit den Sowjets zusammengearbeitet!‹ ›Das ist doch gerade gut, denn jetzt sind die Kommunisten da.‹ Sie waren drauf und dran, sich zu prügeln. Niemand stand auf, niemand sagte, dass hier eine schreckliche Tragödie geschehen war. Ich dachte nur: ›Nicht mein Bier‹, und ging so schnell wie möglich raus.«

Nach dem Krieg wohnten die Lewins in Łódź. Izaak hörte in der Straßenbahn: »Verdammt noch mal, es sind noch so viele Juden übriggeblieben.« Am Tag darauf hielt in seiner Nähe ein Militärjeep und bat Fußgänger um Auskunft. Ihm kam die Idee, dass die Polnisch sprechenden Soldaten in den englischen Uniformen wahrscheinlich Juden aus den Palästina-Brigaden waren, und lief hin. Sie organisierten Bricha, die illegale Auswanderung von Juden aus Osteuropa nach Palästina. 1946 war er bereits dort.

Wie die meisten Überlebenden sprach er nicht darüber, was er in Polen erlebt hatte. »Wir freuten uns an dem Land. Meinen Kindern habe ich nichts erzählt, sie sollten gesund und normal aufwachsen. Bis Witek kam, wusste ich nicht, dass ich noch Polnisch sprechen kann. Erst als ich meine Kinder nach Polen mitnahm, als Erwachsene, habe ich ihnen erzählt, wie ich überlebt hatte.«

Seit sechs Jahren fährt er an jedem 10. Juli nach Jedwabne.

»Als ich das erste Mal nach Wizna kam, stand ich auf dem Platz der alten Synagoge. Jetzt ist dort ein Haus. Der Besitzer kam heraus: ›Das habe ich gekauft, ich habe Dokumente.‹ Er dachte, ich wäre nicht gekommen, um zu schauen, sondern um es ihm wegzunehmen. Wenn ich nach Jedwabne komme, jäte ich das Unkraut beim Denkmal und male den Zaun in den Farben Israels blau und weiß an, ich spreche auch ein Gebet, obwohl ich nicht religiös bin.«

Die Geschichten der Geschwister Lewin von ihrer gemeinsamen Zeit im Versteck unterscheiden sich in wichtigen Einzelheiten.

Izaak erzählt, er sei mit Witek befreundet gewesen und habe mit ihm gespielt. Laut Ida haben sie mit niemandem gespielt, sondern still mit angezogenen Beinen im Dunkeln gesessen. Wenn sie in die Zimmer hinausgegangen seien, dann nur, um irgendwelche Haushaltsarbeiten zu erledigen, nicht um zu spielen, und immer nachts, wenn die Kinder der Dobkowskis schliefen.

In Izaaks Version wusste der Priester, wo sie sich verstecken. Er habe ihren Vater gekannt, denn der habe ihm vor dem Krieg die Soutanen geschneidert. Als Bolesław Dobkowski zur Beichte gegangen sei, habe ihm der Priester gesagt: »Diese Menschen müssen überleben«, und habe jedes Mal grüßen lassen. In Idas Version hat der Priester in den Predigten die Gläubigen daran erinnert, man dürfe keine Juden verstecken, denn die Deutschen würden aus Rache nicht nur die ganze Familie töten, sondern das Dorf abbrennen. Dobkowskis Frau sei verweint und zitternd aus der Kirche zurückgekehrt.

Ida behauptet, Izaak, der einige Jahre jünger ist als sie, habe keine eigenen Erinnerungen. Er sei zu klein gewesen, er habe das Erlebte aus dem Gedächtnis gelöscht und kenne nur die Erzählungen Witeks, mit dem er viel Zeit verbringt, wenn er sich in Israel um ihn kümmert. Offenbar hat Ida die jüdische Erinnerung bewahrt und Izaak die polnische erworben.

Am Nachmittag fahren Szmulek und ich nach Yad Vashem, um uns mit Awigdor Kochaw zu treffen. Der beginnt mit einer Philippika gegen meinen Chefredakteur wegen seines Artikels in der *New York Times* (der auch in der *Gazeta Wyborcza* erschienen ist). Er spricht einigermaßen korrektes Polnisch, manchmal flicht er englische Wörter ein.

»Ich habe im Internet gelesen, Herr Michnik hat die Polen dafür gelobt, dass sie ein heldenhaftes Volk sind und den Juden so geholfen haben. Ist das alles, was er zu Jedwabne zu sagen hat?«

Ich versuche zu erwidern, das sei nicht das einzige, was Michnik und die *Gazeta Wyborcza* zu Jedwabne zu sagen haben, aber Kochaw unterbricht mich mitten im Satz.

»Ich hätte mich mit Ihnen nicht getroffen. Wir reden nur deswegen miteinander, weil ich Ihren Herrn Onkel nicht beleidigen wollte.«

Nach zwei Stunden bittet Kochaws nette Frau mit Nachdruck darum aufzuhören. Kochaw hat Kehlkopfkrebs und befindet sich in der Chemotherapie, zwischen zwei Bestrahlungen. Zum Schmerz der Erinnerungen kommt noch der körperliche Schmerz des Sprechens hinzu.

27. Mai 2001
Wieder bei Kochaw in Yehud. Diesmal bin ich alleine hingefahren. Szmulek hat mir eine Abkürzung erklärt und gesagt, ich solle mich an die Schilder halten. Doch an einer Weggabelung waren die Aufschriften nur hebräisch und arabisch. So habe ich mich verspätet, was mir immer äußerst unangenehm ist.

Mehrfach kommt er auf die Geschichte von Chonek Kubrzański zurück, der sich auf dem Marktplatz von Jedwabne am 10. Juli den Mördern entgegenstellte. Er wollte das Lenindenkmal nicht tragen, und so schlugen sie ihn mit Knüppeln, bis er zu Boden ging.

»Nicht alle sind, wie man so sagt, wie die Lämmer zur Schlachtbank gegangen«, kommentiert er. Er berichtet mir sein Schicksal während des Krieges, auf stolze und kraftvolle Art, zugleich aber so, als würde er auf unausgesprochene Vorwürfe antworten, dass die Opfer sich für ihre Hilflosigkeit schämen sollten. Mit diesem Problem hatten nach dem Holocaust viele Juden zu tun. Ich selbst erinnere mich an Diskussionen mit Onkel Pinio, das heißt Pinchas Rottenberg aus Haifa, der vor dem Krieg nach Palästina ausgewandert war. Ich war empört, dass er es für unwürdig halten konnte, widerstandslos in den Tod zu gehen, wenn man seine Mutter oder ein Kind umarmt hält.

Ich erzähle ihm, dass in Jedwabne die Exhumierungsarbeiten andauern. Allerdings hätte ich bei einem Anruf erfahren, dass sie infolge des Protestes von Rabbinern möglicherweise abgebrochen werden.

»Warum sollen diese Mośki über die Exhumierung entscheiden?«, regt sich Kochaw auf. »›Mośki‹, so nenne ich die Rabbiner, gemäß meiner zionistischen Erziehung, die ich vor dem Krieg in Polen in der laizistischen zionistischen Schule in Wizna genossen habe.«

Abends machen Szmulek und ich uns daran, die nächsten Finkelsztejns aus dem Telefonbuch abzutelefonieren. Erneut ohne Ergebnis.

»Bei uns protestieren die ›Schwarzen‹ dauernd gegen Exhumierungen«, erzählt Szmulek, der, wie Kochaw, mit seiner Abneigung gegen die orthodoxen Juden nicht hinterm Berg hält. »Wenn man auf sie hören würde, könnte man in diesem Land keine einzige Autobahn bauen.«

28. Mai 2001
5:30 Uhr am Morgen. Fahrt mit Izaak Lewin zum Laubhüttenfest in eine befreundete landwirtschaftliche Genossenschaft. Ich hatte versucht, mich herauszureden, aber es hat nicht funktioniert.

»Sieh mal« – er zeigt stolz auf das Gebäude der Leumi-Bank, an dem wir vorbeifahren. »Wenn meine Mutter in Radziłów zur Synagoge ging, warf sie eine Kopeke für den Kauf von Land in Palästina in eine blaue Büchse. Von diesem Geld wurde diese Bank gegründet.«

Er erzählt von seiner Mutter. Seitdem die Deutschen seine beiden Brüder aus dem Ghetto von Łomża geholt und erschossen hatten, habe sie immer wieder gesagt, dass es Gott nicht gebe, aber koscher sei sie geblieben. Nach ihrer Flucht aus dem Ghetto seien sie zu einem befreundeten Bauern nach Kronkowo gegangen. Er habe sie nicht bei sich behalten wollen, aber seine Meinung geändert, als die Mutter ihm einen goldenen Ring zeigte. Für eine Nacht, denn am Morgen wollte er sie wegschicken. »Was, für eine Nacht so einen dicken Ring?«, habe sich seine Mutter aufgeregt. Er habe ihn ihr nicht zurückgeben wollen, da habe sie ihm ins Gesicht geschlagen und sich den Ring selbst genommen. Im November 1944, als die Front näher kam, sei sie als Polin eingezogen worden, um für die Soldaten in der Nähe der Front zu kochen. Ein Ukrainer habe sie als Jüdin erkannt, aber sie habe ihn gewarnt: »Wenn du mich verrätst, sage ich, dass wir uns kennen, weil du eine jüdische Geliebte hattest, und wir werden beide sterben.« Seitdem habe er sie sorgsam gemieden. Zum Jahreswechsel 1944/1945 sei sie mit den sich zurückziehenden deutschen Truppen nach Königsberg gekommen. Sie habe einen Schlitten mit Anhänger organisiert, Kleidung, Daunendecken und Essen aufgeladen und sei zu Fuß nach Wizna gegangen, über hundert Kilometer mit dem schweren Schlitten durch den Schnee.

Wir fahren an Haifa vorbei und sind bald an Ort und Stelle. Wir sind in einem Moschaw, das heißt in einer landwirtschaftlichen Genossenschaft. Aus Lautsprechern ertönt israelische Discomusik. Alle sind feierlich gekleidet, selbst die Traktoren, die vor der Bühne einen »Traktorentanz« aufführen, sind geschmückt. Von der Rednerbühne hören wir: »Unser Moschaw hat letztes Jahr elf Millionen Liter Milch von 1100 Milchkühen sowie 145 000 Eier geliefert.« Ganz wie bei uns zur Zeit des Kommunismus, nur dass sie ihren freien Tag ganz aus freiem Willen so verbringen.

Izaak: »Unsere Landwirtschaft ist weltweit an der Spitze, was den Ertrag pro Hektar angeht, und auch einen Sputnik haben wir. Viele Leute in Polen machen sich keine Vorstellung davon, ein wie gutes Leben wir haben. Sieh nur, wie gesund unsere Jugend ist! Vor dem Krieg sahen die jüdischen Kinder nicht so aus. Wer waren wir vor dem Krieg? Niemand. Und jetzt bilden wir ein gesundes Rassevolk.«

Kein Nationalismus wird jemals meinen Enthusiasmus wecken, aber Lewin ist ein so optimistischer und warmherziger Mensch, dass ich ihm das nicht sagen kann.

Auf dem Rückweg erzähle ich Izaak von meinen Begegnungen mit Kochaw.

»Awigdor mag Polen nicht«, kommentiert Izaak. »Wenn ich über Polen spreche, sage ich ein bisschen was Kritisches, damit sie mich hier nicht als Verräter ansehen, und dann nur Gutes. Meine Freunde wundern sich, warum ich dorthin fahre. Ich erkläre ihnen, dass ich den Fluss dort mag, den Wald, den Weg am Fluss, die Häuser, wo früher Juden wohnten. Ich erzähle ihnen von dem symbolischen Denkmal im Wald in Giełczyn, das dem Andenken der 3000 ermordeten Juden aus dem Ghetto von Łomża gewidmet ist, darunter meine zwei älteren Brüder, und dem Andenken der 16 000 Polen, die in diesem Gebiet während des Krieges umgekommen sind. Sie wollen das nicht glauben. ›Die Polen haben doch zusammen mit den Deutschen die Juden ermordet, was sollen die Deutschen denn gegen die Polen gehabt haben?‹, fragen sie. Mein Herz ist zerrissen. Ich hänge an Polen, es tut mir weh und ich empfinde Sehnsucht. Wir haben mit den Polen zusammengelebt, so war meine Kindheit. Ich kannte einige gute Polen, wie Gawrychowski, den Vorkriegsbürgermeister: Für ihn war mein Papa genauso ein Bürger wie jeder andere. Wenn es mehr von solchen Menschen gegeben hätte, dann wären noch einige jüdische Kinder am Leben geblieben. Und sieh nur, wie viele Kinder diese Kinder bekommen haben! Ich selbst habe siebzehn Kinder und Enkelkinder. Aber ich habe auch gesehen, was die Polen getan haben. Ich bin mit Polen auf demselben Hinterhof aufgewachsen, aber 1941 suchte Herr Parnas, unser guter Nachbar, meinen Vater, um ihn zu töten und die zweite Haushälfte zu übernehmen. Wenn im Wald irgendein Jude herumlief, dann fingen die Polen ihn ein und führten ihn zur Gestapo oder brachten ihn selbst um. Papa hatte Stoffballen bei seinem besten polnischen Bekannten, man könnte beinahe sagen: bei seinem Freund, deponiert. Eines Tages, während wir uns versteckten, stiegen wir, als es dunkel geworden war, auf Dobkowskis Fuhrwerk, um diese Ballen abzuholen. Unser Instinkt rettete uns – er brauchte irgendwie zu lange, um den Stoff herauszuholen, und wir gaben dem Pferd im letzten Moment die Peitsche, als sie schon dabei waren, uns zu umstellen, um uns zu fangen.«

Izaak erzählt von seinem Besuch in Wizna vor einigen Jahren.

»Jeder sagte mir: ›Wir haben Juden versteckt‹, ›Wir haben Juden geholfen‹, ›Wir haben Juden zu essen gegeben‹. Und ich dachte mir bloß: ›Nur dass keiner am Leben geblieben ist, wo sind denn die Geretteten?‹ Ich möchte nicht darüber nachdenken, und man sollte auch nicht darüber schreiben.«

Am Nachmittag nimmt mich Ruta, die Frau meines Cousins Igal Bursztyn, zu einem Treffen mit einer älteren, befreundeten Dame aus New York mit. Ann Kelleman erinnert sich an die Schule, in die sie im Wien der dreißiger Jahre ging. Eines Tages seien die jüdischen Kinder in die hinteren Bänke umgesetzt worden. Anfangs hätten ihre Schulkolleginnen in den vorderen Bänken sich dauernd nach ihnen umgedreht. Dafür seien sie streng gemaßregelt worden. Als das nichts geholfen habe, hätten die Lehrer ihnen mit dem Lineal auf die Finger geschlagen und zwischen den jüdischen und den österreichischen Mädchen eine Bankreihe freigelassen. Bereits nach drei Tagen hätten die österreichischen Mädchen aufgehört, ihre jüdischen Schulkollegen zu sehen. Sie hätten nicht angehalten, wenn sie beim Herauslaufen in die Pause eine jüdische Schulkollegin angerempelt hätten, und sich nicht entschuldigt, und sie hätten bei einer zufälligen Begegnung auf der Straße nicht mit ihnen gesprochen. »Wir hatten für sie aufgehört zu existieren.«

Ich erzählte ihr, dass ich dieselbe Geschichte über das Umsetzen in die hinteren Reihen und das Gefühl der Fremdheit gegenüber den ehemaligen Mitschülern vor einigen Tagen in Jerusalem gehört hatte. Es ging um eine Schule in Jedwabne.

29. Mai 2001

Ich fahre nach Jerusalem, um mich mit Meir Ronen zu treffen.

»Nach Ihrem Besuch konnte ich drei Nächte nicht schlafen, weil alles wieder da war«, sagt er zur Begrüßung.

Er hat drei Tage am Computer verbracht und versucht, für mich in einer Excel-Tabelle zu notieren, wer in Jedwabne umgekommen ist und wo er gewohnt hat. Ihr Titel lautet: »Liste der jüdischen Familien der Stadt Jedwabne, die von ihren Nachbarn verbrannt worden sind.« Am Neuen Markt steht ganz oben Abram Ibram, der an der Längsseite wohnte, zusammen mit seiner Tochter und dem Schwiegersohn, in der Ulica Łomżyńska ist es Chawa Alenberg, in der Ulica Przytulska: Szolem Atłasowicz. Zusammen mehr als hundert im Gedächtnis bewahrte Namen.

»Wundern Sie sich, dass ich mich an so viele Personen erinnere?«, fragt er. »Ich erinnere mich in Jedwabne an jeden Stein.«

30. Mai 2001

Ich rufe morgens bei Stanisław Ramotowski an, um mich nach seiner Gesundheit zu erkundigen. Er erzählt mir von einer Trauermesse für die Juden von Jedwabne, die am Sonntag vor drei Tagen in der Warschauer Allerheiligen-Kirche am Plac Grzybowski stattgefunden hat. Er hat Ausschnitte im Fernsehen gesehen und war offenbar gerührt, denn er beklagt sich, wenn ich in Polen gewesen wäre, wären wir dort zusammen hingefahren. Als ich ihm vor meiner Abreise vorgeschlagen hatte, einer meiner Freunde könnte ihn in Konstancin abholen, sagte er schnippisch, er sei in seinem Leben oft genug in der Kirche gewesen.

Ich kenne nur einen Internetbericht, aber ich kann mir leicht vorstellen, welchen Eindruck die fünfzig Bischöfe, vom Primas Glemp angeführt und in Bußviolett gekleidet, hinterlassen haben müssen – ebenso wie die von Bischof Gądecki als Einleitung zur Bußliturgie gesprochenen Worte: »Als Hirten der Kirche in Polen wollen wir vor Gott und den Menschen für die Wahrheit einstehen, insbesondere vor unseren jüdischen Brüdern und Schwestern, indem wir mit Trauer und Zerknirschung des Verbrechens gedenken, das sich im Juli 1941 in Jedwabne und anderswo ereignet hat. Ihm fielen Juden zum Opfer; unter den Tätern wiederum waren auch Polen und Katholiken, getaufte Menschen.«

Wieder in Yad Vashem. In einem Gang treffe ich Szewach Weiss – der gegenwärtige Botschafter Israels in Polen war viele Jahre lang Vorsitzender des Rats von Yad Vashem. Wir sprechen über die Aufschrift auf dem Denkmal, deren Inhalt gerade öffentlich gemacht worden ist: »Zum Gedenken an die Juden aus Jedwabne und Umgebung, Männer, Frauen, Kinder, denen diese Erde ebenso gehörte und die an diesem Ort am 10. Juli 1941 ermordet und lebendig verbrannt worden sind. Zur Warnung an die Nachgeborenen, dass die durch den deutschen Nationalsozialismus entfachte Sünde des Hasses die Bewohner dieser Erde nie mehr gegeneinander lenken möge.« Weiss spricht sich scharf gegen die Aufschrift aus.

»Was heißt denn ›gegeneinander‹? Das heißt, dass das Opfer auch schuldig ist.«

Mir geht der Inhalt der Aufschrift auch gegen den Strich: Es wurde übergangen, wer das Verbrechen begangen hat, und der zweite Satz klingt ausgesprochen gewunden.

Ich besuche Izrael Gutman, den Vorsitzenden des International Institute for Holocaust Research in Yad Vashem. Ich erzähle ihm von meinem Gespräch mit Kochaw und wie sehr er mir als ein von seinen Erinnerungen gequälter Mensch erschienen ist. Er sagt mir: »Ich habe in der Zeitung ein Foto von ihm gesehen, in seinem Wohnzimmer, vor dem Hintergrund einer prächtigen Fotografie einer Synagoge irgendwo in Ostpolen. Ich würde bei mir im Haus niemals eine solche Fotografie aufhängen. Für einen Teil der Israelis liegt der Schatten der Vergangenheit über jedem Augenblick ihres Lebens. Für andere hatte die Arbeit am Aufbau des Landes therapeutischen Wert und sie verstehen es, trotz ihrer Erinnerung glücklich zu sein. Ich bin ein gutes Beispiel dafür. Ich war zwanzig Jahre lang Mitglied eines Kibbuz und habe das Leben in meinem Land intensiv mitgestaltet. Das gibt mir Kraft.« Ich frage ihn, ob er vor Gross' Buch gewusst habe, wer den Massenmord in Jedwabne begangen hat. »Nein, das habe ich nicht. Den Zeugnissen der Überlebenden stehen wir reserviert gegenüber, gewöhnlich konnten sie nur einen Teil der von ihnen beschriebenen Ereignisse sehen, den Rest ergänzen sie aus dem Hörensagen. Ich hatte mich auf den Artikel Datners von 1966 verlassen, wonach die Verbrechen in diesem Gebiet im Sommer 1941 von den Deutschen unter Mithilfe des örtlichen Pöbels begangen wurden. Als ich denselben Text vor kurzem noch einmal las, sah ich, dass man die Wahrheit leicht zwischen den Zeilen hätte lesen können. Wir haben einen Fehler gemacht, und ich fühle mich schuldig. Ich hätte nie geglaubt, dass die Einwohner einer kleinen Stadt zu so einem Verbrechen fähig sein würden. Ich dachte, die Gleichgültigkeit oder die Bereitschaft, Juden zu verraten, wäre ein Spezifikum größerer Städte gewesen und hätte nicht Ortschaften betroffen, wo Jankiel oder Mosze Nachbarn waren, die man gut kannte. Es zeigt sich, dass gerade in solchen Ortschaften der vor dem Krieg eingeimpfte Antisemitismus seinen Höhepunkt erreichte.«

Im Café von Yad Vashem treffe ich mich mit Aron Wein, dem Chefredakteur von *Pinkas haKehilot*, der vielbändigen Enzyklopädie der jüdischen Gemeinden. Ich frage Wein, warum in seiner Enzyklopädie nicht steht, was wirklich in Jedwabne und anderen Orten vorgefallen ist.

»Aus den Berichten, die ich gelesen hatte, ging hervor, dass an den Judenmorden im Juni und Juli 1941 die örtliche Bevölkerung ihren Anteil hatte. Bei der Redaktion schrieb ich ›Pöbel‹, denn ich wusste nicht genau, ob in diesem Teil Polens auch Weißrussen oder Litauer waren, und ich wollte das polnische Volk nicht beleidigen.«

Ich habe erfahren, dass in dem nach den »Ghettokämpfern« benannten Kibbuz ein ehemaliger Bewohner von Jedwabne lebt, der dort während der sowjetischen Besatzungszeit fortgegangen ist. Onkel Szmulek ruft an. Meir Paperle ist leider vor zwei Jahren gestorben, und seine Tochter weiß nichts über die Heimatstadt ihres Vaters. Aber Onkel Szmulek besitzt das vierbändige Erinnerungsbuch der Gründer dieses Kibbuz und verspricht mir, seinen Bericht zu finden.

31. Mai 2001

In Yehud besuche ich zuerst Kochaw, danach Jakow Geva, der eine Straße weiter in einem hübschen Haus mit Garten wohnt. Früher hieß er Jakub Pecynowicz, doch wie viele polnische Juden hat er nach der Ankunft in Erez Israel seinen Namen in einen hebräischen geändert. Die Familie Pecynowicz hatte in Jedwabne eine Mühle, und dort kam die Familie von Kochaw nach ihrem Rauswurf aus Wizna unter. Er spricht stockend Polnisch und sucht nach Worten.

Am 1. September 1939 floh die Familie Pecynowicz vor der anrückenden deutschen Armee aus der Stadt. Sie kamen bis nach Zawady, Richtung Tykocin, als die Deutschen den Narew überquerten und die Stadt einschlossen. Sie trieben die Fliehenden – darunter zahlreiche Polen aus Jedwabne, aber auch aus Wizna, Radziłów, Szczuczyn und Grajewo – in die Kirche. Die Deutschen quälten die Juden, indem sie sie an den Bärten zogen, sie dazu zwangen, mit bloßen Händen die Aborte zu reinigen, oder Schokolade in den Kot warfen und sie danach mit vorgehaltener Waffe aufforderten, sie zu essen. Alle wurden sie auf ein umzäuntes Feld getrieben. Die Juden sollten mit einer Plane ein provisorisches Zelt errichten, aber nur den Polen wurde erlaubt, darunter Schutz zu suchen. Die Juden mussten die ganze Nacht hindurch stehen – sie konnten sich nicht hinsetzen, es regnete in Strömen. Am Morgen, so erzählt Pecynowicz, hätten die Deutschen die Polen zum Pogrom aufgefordert. Völlig durchgefroren sei er für eine Weile zu polnischen Bekannten gegangen, um sich aufzuwärmen. Er habe gehört, wie einer von ihnen sagte, man solle das Pogrom bleiben lassen; um ihn hätten sich die Unentschiedenen gesammelt.

»Aber die anderen Polen machten sich an die Arbeit, sie rissen an

Armen und Beinen, zogen Schuhe und Hosen aus, und da machten dann die Unentschiedenen auch mit. Ein Jude wehrte sich, als ihm die Jacke abgenommen werden sollte, da half ein Deutscher dem Polen beim Ausziehen, indem er mit einem Messer auf den Juden einstach.«

Als er nach Hause kam, hatten die Nachbarn den ganzen Besitz bereits hinausgetragen.

»Der hinkende Stasiek Sielawa hatte sich am meisten genommen. Mein Bruder ging zu ihm: ›Gib uns wenigstens zwei Töpfe zurück, damit wir etwas kochen können.‹ Kurz darauf marschierten die Sowjets ein.«

In den ersten Wochen, als man ihnen die Mühle noch nicht weggenommen hatte, hätten sie sich den Vertretern der neuen Macht mit Hirse-, Gersten- und Buchweizengrütze erkenntlich gezeigt. Jakow Geva ist der Ansicht, aus diesem Grunde seien sie nicht auf die Deportationsliste gekommen. Aber wie hätten sie auch ahnen können, dass gerade die Deportation ihnen allen hätte das Leben retten können?

»Nur ich habe überlebt, und ich hatte eine Schwester, die zehn Kinder hatte. Sie zogen mich zum Militär ein und daher blieb ich am Leben. Noch in Russland bekam ich einen Brief von zu Hause, dass bei ihnen alles in Ordnung ist. Mit der Sowjetarmee zog ich nach Georgien und Aserbaidschan. In meiner Kompanie waren außer mir neunzehn Polen. Sie bekamen Pakete und teilten sie untereinander, mir gaben sie nie etwas ab.«

Als er 1945 mit einem Repatriierungszug aus Russland kam, hätten auf den Bahnhöfen Juden gestanden und ihn gewarnt, dass er nicht versuchen solle, nach Hause zurückzukehren, denn die Polen würden ihn töten. Und dass er bei den anderen bleiben solle, denn wenn sie einen einzelnen Juden finden, dann werfen sie ihn aus dem Zug und erschießen ihn.

»Ich hatte Angst, in Jedwabne vorbeizufahren. Ich hatte Angst, mich von meinen Gefährten zu trennen. Wir fuhren ans Meer, nach Stettin. Als wir ausstiegen, bewarf man uns mit Steinen, aber schnell erschien die Abordnung eines Kibbuz. Sie schlugen uns vor, sich ihnen anzuschließen und nach Palästina auszuwandern.«

Auf einem Umweg durch halb Europa war er schon fast am Ziel seiner Reise, als ihn an der Küste die Engländer schnappten. Er kam in ein Lager auf Zypern, wo er zwei Jahre verbrachte. Dort erfuhr er von Jedwabne. Er arbeitete als Gärtner und ließ sich in der Siedlung Kiryat Bialystok nieder, wo er bis heute lebt. Diese Siedlung wurde für Juden aus der Region Białystok, die dem Holocaust entkommen waren, erbaut – von Juden aus ebendieser Region, die vor dem Krieg emigriert waren.

1. Juni 2001

Yehud. Das letzte Treffen mit Kochaw. Jedes verläuft auf dieselbe Weise. Kochaw spricht, bis uns seine Frau unterbricht. Jedes Mal erzählt er mir – mit immer etwas anderen Details – von den Juden aus Wizna, wie sie ermordet wurden, ein Teil in Wizna, ein Teil in Jedwabne, und wie er einen Polen spielte, um zu überleben. Wenn ich ihm zuhöre, habe ich das Gefühl, als hätte er seine Erinnerungen auf einem Gedächtnis-Tonband gespeichert, als hätte er sie sich schon Hunderte Male wiederholt und lese mir nun einen in seinem Kopf fertig komponierten Text vor. Er spricht mit einer solchen Anspannung, dass ich nicht wage, ihn mit Fragen zu unterbrechen. Erst wenn er aufhört, sieht man, wie erschöpft er ist.

Szmulek und ich rufen bei weiteren Finkelsztejns an. Schließlich geraten wir an die Witwe von Menachem. Sie spricht gut Polnisch. Ich erfahre, dass ihr Mann die polytechnische Hochschule abgeschlossen hat und Bauingenieur gewesen ist. Nein, sie könne mir nichts zu seinen Erlebnissen während des Krieges sagen. Als ich auf eine Auskunft dränge, unterbricht sie mich scharf:

»Ich weiß nichts. Denken Sie, ich bin dumm? Ich habe auch den Krieg in Polen überlebt, habe mich in Bunkern und Wäldern versteckt, ich habe genug gesehen. Wir haben uns nie davon erzählt. Nie haben wir auf Polnisch auch nur ein Wort gewechselt. Weder mein Sohn noch meine beiden Töchter wissen irgendetwas, denn mein Mann hat mit ihnen nie darüber gesprochen.«

Ich erfahre, dass ihre Schwägerin Chana, die jüngste Tochter von Chaja, noch lebt, aber sie habe keinen Kontakt zu ihr.

Ich erzähle Szmulek von meinen Begegnungen mit Meir Ronen in Jerusalem: wie lebendig seine Erinnerung an Jedwabne sei, das er nach dem Krieg nie mehr besucht, und an sein Polnisch, das er nach dem Krieg nie wieder benutzt hat.

»Ich erinnere mich nur allzu gut an Skryhiczyn«, sagt Szmulek. »Ich möchte es vergessen, aber ich kann nicht. Ich hatte dort Familie und Freunde, polnische, jüdische und ukrainische. Ich wollte nicht fahren, als Onkel Pinio in den achtziger Jahren eine Reise dorthin organisierte. Es hätte noch jemand denken können, ich wollte ihm sein Land wegnehmen. In den letzten Jahren kommen viele Polen nach Israel, um hier schwarzzuarbeiten, auf der Straße unterhalten sie sich auf Polnisch; ich spüre eine gewisse Nähe zu ihnen und mag es, ihnen beim Gespräch zuzuhören, obwohl dieses Polnisch etwas anders ist als dasjenige, das ich kannte. Wenn man weit entfernt von seinem Geburtsort wohnt, fühlt man sich für immer wie ein Ast, der einem anderen Baum aufgepfropft wurde. Selbst dann, wenn das Aufpfropfen gelungen ist.«

Abschlussfeier der 7. Klasse der Grundschule in Jedwabne, 1936. Auf dem Foto sind nur wenige jüdische Kinder zu sehen. Die meisten Eltern nahmen sie wegen der Schikanen durch Lehrer und Schüler aus der Schule. Meir Ronen: »Die handschriftliche Liste der Schüler der Klasse VII stammt von meiner Schwester Fejga Grajewska. In den späten dreißiger Jahren waren wir schon keine Klassenkameraden mehr für unsere polnischen Mitschüler.«

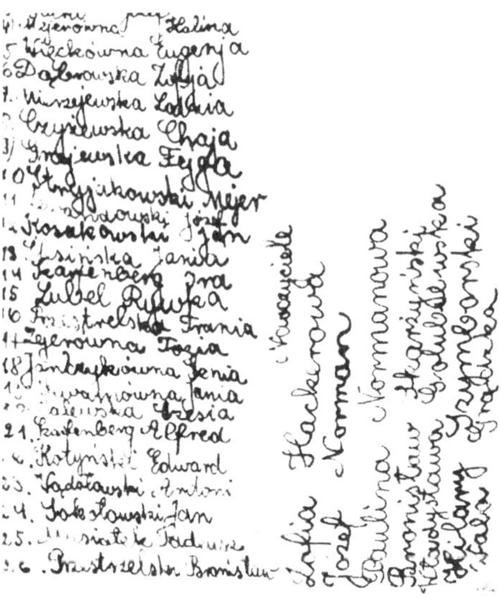

6
Wäre ich damals in Jedwabne gewesen oder Die Geschichte von Meir Ronen, der nach Kasachstan deportiert wurde

»Ich, Meir Ronen, geboren am 20. Februar 1926 in Jedwabne, habe diese Stadt im April 1940 für immer verlassen. Ich bin zur Volksschule gegangen, die nach Adam Mickiewicz benannt war, dem großen polnischen Dichter, der schrieb: ›Zimbelschläger gab es viel / Doch neben Jankiel wagt' sich keiner an das Spiel.‹ Unser Holzhaus stand in der Ulica Przytulska, ringsum nur Wälder und Flüsse: der Narew, die Biebrza. Die Landschaften waren gut, aber sonst gab es nicht viel Güte.«

»Unsere Familie lebte seit Generationen hier. Ich erinnere mich an viele Familiengeschichten über die Zeit vor dem Ersten Weltkrieg. Dass es in Jedwabne eine entwickelte Textilindustrie gab und dass zwei meiner Onkel auf Pferden die Grenze hinter Kolno überquerten und Handschuhe und Hüte schmuggelten.«

»Mein Vater, Symcha Grajewski, hatte einen Eisenwarenladen und ein Schreibbüro, außerdem unterrichtete er Kinder in jedem gewünschten Fach. Er hatte vor dem Ersten Weltkrieg das Gymnasium absolviert und sprach gut Polnisch, aber auch Russisch, Hebräisch und Deutsch. Er war bei den Polnischen Legionen gewesen, im Krieg von 1920 hatte er gegen die Bolschewiken gekämpft. In Jedwabne organisierte er mit anderen zusammen die Parade des Reservistenbundes und nahm an den Maifeiern im Kosakenwald teil. Es gab Tanz, Gesang und Marschübungen, das Feuerwehrorchester spielte unter Leitung des Organisten, der zugleich der Küster war.«

»Mein Vater schrieb anderen Leuten ihre Eingaben, diverse Dokumente für Gerichte und Behörden. Wasilewski, der später unter den Deutschen für Bürgermeister Karolak tätig war, eröffnete ein Konkurrenzunternehmen. Er brachte ein Schild an: ›Polnisches Schreibbüro für Eingaben‹. In Kajtanowo hatten Mierzejewski und Górski eine gerichtliche Auseinandersetzung, und Wasilewski schrieb im Namen des einen wie des anderen Eingaben an das Gericht in Stawiski. Der Angeklagte und der Kläger kamen mit denselben Schriftstücken zum Gericht. Dieselbe Tinte, derselbe Stil, fast derselbe Inhalt, nur die Streitsache war jeweils andersherum dargestellt. Das Gericht lehnte ab und lachte sie aus. Daraufhin kamen sie wieder zu meinem Vater. Die Prozesse verschlangen viel Geld, daher kam Mierzejewskis Tochter zu uns und bat meinen Vater, die beiden miteinander zu versöhnen. Mein Vater traf sich mit Górski und fragte ihn, wie weit er Mierzejewski entgegenkommen könne. Der sagte, kein Stückchen. Mierzejewski fragte er dasselbe. Und hörte, nicht einen Fingerbreit. Sie bezahlten meinem Vater jeder fünf Zloty, aber was hätte er ihnen raten sollen? Die Mierzejewskis verloren alles in diesen Prozessen und waren bei Abram Zajdensztadt, der ihnen Geld geliehen hatte, hoch verschuldet.«

»Viele Polen waren Juden Geld schuldig und sie lösten die Sache so, dass sie ihnen die Schulden nicht zurückzahlen mussten.«

»Mitten auf dem Marktplatz stand das Gebäude der Stadtverwaltung, es gab zwei Brunnen und Kastanienbäume. Im Mai gingen wir abends Käfer fangen. Die Schule war zuerst in der Ulica Sadowa, dann wurde sie verlegt. Hinter der Mühle wurde ein neues Gebäude errichtet, ganz modern, mit Zentralheizung und Parkett.«

»Aus Warschau und Königsberg kamen sie mit Lastwagen nach Jedwabne, um landwirtschaftliche Produkte zu kaufen, und dann gab es noch zwei Stellen für den Verkauf von Vieh. Am Mittwoch, dem Markttag, war fast kein Durchkommen, so viele Leute waren dort am Handeln. Schon am Dienstagabend wurden Gänse- und Viehherden auf den Markt getrieben. Viele Juden handelten mit Getreide, das sie bis nach Ostpreußen verkauften. Juden aus Białystok kamen, um Mehl zu kaufen. Schuhmacher, Böttcher, Radmacher, das waren alles Juden, doch bei den Schmieden gab es auch Polen.«

»Chassiden gab es bei uns überhaupt nicht. Schläfenlocken trug nur der Rabbi, niemand hatte einen Tallit. Die litauischen Juden in der Gegend waren sehr fromm, sie trugen Bärte und Hüte, aber ich erinnere mich nicht daran, dass irgendwelche von ihnen sich in Jedwabne niedergelassen hätten.«

»Während der jüdischen Feiertage war in der Stadt eine festliche Stimmung zu spüren, ganze Familien – und sechs Kinder waren damals nichts Besonderes – gingen über den Markt zur Synagoge in der Ulica Szkolna. Auf dem Markt herrschte das ewige Stimmengewirr aus Polnisch und Jiddisch, aber an Jom Kippur war es ganz still. An kirchlichen Feiertagen wiederum vermieden es die Juden, sich auf der Straße blicken zu lassen, denn dann kamen viele Leute aus den Dörfern, und die waren oft betrunken.«

»Den Nationalfeiertag am 11. November feierten Polen und Juden gemeinsam, es gab eine Messe in der Kirche und einen Gottesdienst in der Synagoge. Am Geburtstag von Marschall Piłsudski versammelten sich die Schulklassen auf dem Marktplatz, und Bürgermeister Walenty Grądzki sprach von einer Tribüne herab. Wir gingen mit Fahnen zur Synagoge, um für den Marschall zu beten, und ich erinnere mich, dass der Bürgermeister und der Polizeikommandant Bielecki am Gottesdienst in der Synagoge teilnahmen.«

»In der Stadt waren viele jüdische Organisationen aktiv, aber jüdische Kommunisten gab es nur wenige. Nachts hängten sie rote Flaggen aus den Fenstern, und einmal, am 1. Mai, ließen sie Tauben frei, die sie vorher mit roter Farbe angemalt hatten. Kommandant Bielecki, der mit meinem Vater befreundet war, hatte ein Auge darauf, wer am Samstag nicht in die Synagoge ging, und verhaftete den Betreffenden wegen Kommunismus. Denn welcher Jude würde sonst samstags nicht in die Synagoge gehen?«

»Marschall Piłsudski hielt die SN-Leute an der kurzen Leine, denn er hatte ein Gewissen. Als er am 12. Mai 1935 starb, hing an jedem jüdischen Haus in Jedwabne die rot-weiße Flagge. Auch an vielen polnischen Häusern, aber bei weitem nicht an allen. Auf dem Neuen Markt wurde später ein Piłsudski-Denkmal aufgestellt, das die Sowjets anschließend stürzten. Nach dem Tod des Marschalls sagten die Kameraden aus dem Reservistenbund zu meinem Vater: ›Wir brauchen keine Juden in unserem Bund.‹ Ich habe das Bild noch vor Augen, wie mein Vater seine Legionärsmütze in den Ofen wirft. Aber immer noch war er mit einigen Polen befreundet: mit Doktor Kowalczyk, mit Kozłowski, dem Schlachter, mit Chodnicki, Białoszewski und mit Śleszyński, der später seine Scheune zur Judenverbrennung zur Verfügung stellte. Einmal vergnügte sich ein Mädchen vom Dorf mit den Burschen und wurde schwanger. Sie kamen auf einem Fuhrwerk zu Doktor Kowalczyk, der ihnen sagte, am selben Tag wieder zurückzufahren sei lebensgefährlich. Ihre Eltern gingen zu meiner Mutter und baten sie, das Mädchen bei uns übernachten zu lassen, um die Schande zu vermeiden. Das zeigt, was für ein Vertrauen die Polen zu uns hatten, dass wir keinen Klatsch herumerzählen.«

»1937 bahnte sich in Jedwabne ein Pogrom an. Rabbi Białystocki und Jona Rotszyld, mein Onkel, gingen zum Pfarrer, und der versprach ihnen, dass es kein Pogrom geben würde. Mein Onkel hatte ein Eisenwarengeschäft, und für den Bau der Kirche in Jedwabne kauften sie alles billig in seinem Laden, er selbst spendete an die Kirche. Wenig später wanderte er nach Palästina aus und nahm meine Schwester mit.«

»Unsere polnischen Nachbarn waren die Polkowskis und Ostrowskis. Zu mir kam Ryś Ostrowski, der Sohn eines Polizisten, und zu meiner Schwester polnische Freundinnen, am häufigsten die Tochter von Śleszyński. Der Chauffeur der Gutsbesitzerin, Madame Prusowa, hatte einen Sohn, der stotterte fürchterlich, doch bei uns zu Hause hörte das Stottern auf, denn wir waren warmherzig zu ihm. Nach Schulschluss lernte ich Hebräisch, und der Sohn des Chauffeurs wartete auf uns, bis ich zurückkam, damit ich ihm beim Lernen half.«

»Ich war fünf Jahre alt, als meine Eltern mich zum Cheder schickten, aber dort unterrichtete ein Rabbi, der eine Gerte hatte, und einmal schlug er mich, da ging ich nicht mehr hin. Dann holte ein Onkel von mir Alter Wiski, einen Lehrer aus Wołkowysko, nach Jedwabne. Der eröffnete eine private, ganz moderne Schule, und nach dem Unterricht an der polnischen Schule ging man dorthin; es gab Bänke, keinen gemeinsamen Tisch wie im Cheder, und man brachte uns bei, Hebräisch zu schreiben.«

»Wir jüdischen Kinder gingen am Samstag nicht in die polnische Schule, was dem Lehrer, Herrn Skupniewski, nicht gefiel, doch am meisten ärgerte es ihn, dass wir am Montag immer die Lektionen nachgeholt hatten. Die polnischen Kinder kamen zu uns nach dem Sabbat, sie mochten es, dass wir sie mit Chalka bewirteten, und brachten uns ihre Hefte. Wenn ich am Samstag manchmal zum Rodeln ging, zog mich mein Onkel am Ohr nach Hause.«

»Unser Polnischlehrer, Herr Szymborski, stellte sich oft vor uns hin und deklamierte den ›Marsch der Falken‹ von Jan Lam:

›Die Welt ist dick und alt und träge, / Sie geht nicht mehr auf neue Wege. / Weil sie im Bett es allzu mollig hat, / Ist sie an Geist und Körper matt. / Falkenbrüder, geben wir ihr Kraft, / Die Lust, sich zu regen, und Lebenssaft!‹«

»Zur Schule ging ich ohne Kippa, aber es gab in Jedwabne auch jüdische Kinder, die nie ohne Kopfbedeckung das Haus verlassen hätten. Nach Piłsudskis Tod fing man an, sie für das Tragen von Kippas aus der Schule zu jagen. Als wir in die Schule kamen, gab es 30 bis 40 jüdische Kinder, und als ich 1939 die sechste Klasse abschloss, waren fünf von uns übriggeblieben. Wenn wir untereinander Jiddisch sprachen, bekamen wir ab 1935 von Direktor Skarżyński zu hören: ›Raus aus der Schule mit dir, du schwatzt jüdisch.‹«

»In der Schule saßen wir anfangs mit den polnischen Kindern zusammen. Ich in der ersten Bank, sonst hätte ich die Tafel nicht gesehen; eine Brille hatte in Jedwabne damals niemand. Eines Tages beschwerte sich eine Lehrerin heftig darüber, dass ein Judenbengel vorne sitzt. Da ließ man alle Juden ganz hinten in der Klasse sitzen. Die Bänke waren für zwei, aber uns setzten sie zu dritt in eine Bank. Die Lehrer redeten uns alle auf dieselbe Weise an: ›Mosiek an die Tafel.‹ Folgende Szene wiederholte sich immer wieder. Ich stand nicht auf. Der Lehrer sagte dann: ›Ich spreche mit dir.‹ Ich antwortete, mein Name sei Meir, nicht Mosiek, und er warf mich aus dem Klassenraum.«

»In der sechsten Klasse, als wir schon in der letzten Bank saßen, kontrollierten die Lehrer nicht mehr unsere Hefte und holten uns nicht mehr an die Tafel, es sei denn, um uns anzuschreien. Wir waren fremd in der Klasse. Die polnischen Kinder sprachen nicht mit uns. Die Lehrer schickten uns dauernd nach Hause, weil wir angeblich dreckig hinter den Ohren waren oder sie eine Laus gesehen hatten. Damals hatten die Kinder viele Läuse; die polnischen Kinder genauso, aber sie wurden deswegen nicht weggeschickt.«

»Nach der Schule musste man nach Hause gehen, und das war nicht einfach. Die Jungen vom Dorf warteten auf uns, überfielen und schlugen uns. Wir fanden einen Umweg, hinter dem Gutshof, dort gab es einen Teich, den Sumpf und Wiesen. Man musste schnell über einen schmalen Pfad laufen, um nicht in den Sumpf zu fallen. Einmal bemerkten uns die Jungen, und beim Hinterherrennen fiel einer unserer Verfolger in den Sumpf. Es zog ihn schon runter, aber wir kehrten um und hielten ihm einen Stock hin. Da hörten sie auf, uns zu verfolgen, weil wir ihn vor dem Ertrinken gerettet hatten.«

»Im Frühjahr 1939 wurde das Klassenzimmer frisch verputzt. Als ich Aufsicht hatte, schlug die jüngere Śleszyńska aus Bosheit die Tür heftig zu, so dass der Putz abfiel. Schuldirektor Skupniewski sagte: ›Mosiek, das ist deine Schuld, los, knie in der Ecke.‹ Für mich hieß das, vor dem Kreuz zu knien, das dort hing. Ich sagte: ›Ich bin mosaischen Bekenntnisses und darf nicht vor dem Kreuz knien.‹ Da schrie er: ›Raus aus der Schule, du hast hier keinen Zutritt mehr!‹«

»In diesem letzten Schuljahr bekam kein einziges jüdisches Kind mehr sein Abschlusszeugnis.«

»Als die Deutschen im September 1939 einmarschierten, war das Verhältnis zwischen Polen und Juden schon sehr distanziert. Die jungen Burschen beraubten und schlugen Juden, gingen hinter den Deutschen her und zeigten auf sie: ›*Jude*‹, aber sie töteten sie nicht.«

»Nach dem Einmarsch der Russen herrschte sofort Mangel an allem: Salz, Petroleum, Zucker. Es gab nur Marken: Noch bevor die neue Macht es verbot, Läden zu betreiben, und Kooperativen einführte, suchten die Russen jüdische Kaufleute heim und nahmen alles mit, ohne zu bezahlen. So schlecht die Polen auch waren – vor dem Krieg konnten wir dennoch am Samstag zur Synagoge gehen und die jüdischen Läden konnten geschlossen bleiben. Die Russen befahlen, am Samstag zur Schule zu gehen und zu arbeiten. Sie drohten, wenn ein Kind am Samstag nicht zur Schule geht, dann gehen die Eltern ins Gefängnis. Die Juden versuchten, sich unter den Sowjets ganz still zu verhalten, denn sie hatten Angst.«

»In der sowjetischen Besatzungszeit spielten sich fünf jüdische Lumpen zu Herren auf.«

»Der Erste war Eli Krawiecki, der eine Schusterwerkstatt hatte und Lederstücke zusammennähte, aus denen ein Schuster dann Schuhe machen konnte. Er war der intelligenteste von ihnen, denn er verstand sich wenigstens auf etwas. Unter den Sowjets bekleidete er offiziell keine Funktion, er wirkte hinter den Kulissen. Später bereiteten ihm die Polen einen grausamen Tod: Nach der Flucht der Russen schnitten sie ihm die Zunge ab, und er verendete qualvoll.«

»Chaim Kosacki – sein Vater war Schlachter, aber er war ein Lump und Faulpelz. Als die Deutschen einmarschierten, brachten die Polen Kosacki zu ihnen, und sie erschossen ihn noch am selben Tag.«

»Abraham Dawid Kubrzański – starb später in der Scheune.«

»Szajn Binsztejn – saß vor dem Krieg drei Jahre lang in Łomża im Gefängnis, weil er ein Mädchen vergewaltigt hatte. Das war ein echter Bandit. In der Synagoge durfte er nur hinter dem Ofen stehen, und bloß wenn niemand mehr da war, damit sich zehn zum Gebet zusammenfinden, wurde er zum Minjan[1] zugelassen.«

»Mechaikał Wajnsztajn – der hat als Einziger von diesen fünf den Krieg überlebt.«

»Sie hatten die Macht in der Stadt während der ersten Wochen, bevor die sowjetische Obrigkeit sich etabliert hatte. Ein echter Kommunist, der Pole Krystowczyk, war ihr Chef. Krystowczyk wurde Vorsitzender der Stadtverwaltung und Binsztejn Polizeikommandant.«

»Diese fünf waren praktisch Analphabeten. Sie wollten meinen Vater als Schreiber haben. Er aber sagte ihnen: ›Was macht ihr denn? Der Krieg hat erst angefangen, man weiß ja nicht, was noch kommen wird.‹

1 Jüdische Betgemeinde. Ein Minjan muss aus mindestens zehn Betenden bestehen.

Auch andere sagten ihnen: ›Was macht ihr denn? Wir leben in Polen, warum wollt ihr Zwietracht säen?‹ Es stimmt, dass sie Polen denunzierten. Aber unsere polnischen Nachbarn machten alle Juden für ein paar Lumpen verantwortlich.«

»Ich erinnere mich nicht daran, dass mehr Juden als Polen Beziehungen zu den Russen gehabt hätten, obwohl es vorkam, dass vor dem Krieg jemand Kommunist war, aber die gingen ihnen lieber aus dem Weg. Es gab einen Juden namens Mosze Lew in Jedwabne, der wegen Kommunismus verhaftet worden war und dann, vielleicht 1934, nach Palästina emigrierte. Dort war er ein so aktiver Kommunist, dass die Engländer ihn vertrieben, und so kehrte er nach Jedwabne zurück. Er heiratete in Tykocin, und sobald die Russen einmarschiert waren, besuchte er seine Bekannten in Jedwabne und bat sie, ihn nicht zu verraten, so sehr fürchtete er sich vor den Sowjets. Die polnische Partei war ja von Stalin 1937 aufgelöst worden, die Sowjets hatten die Mitglieder der KPP zu Provokateuren erklärt und riefen die Kommunisten aus Polen nach Russland, um sie dort zu erschießen.«

»Die Sowjets fertigten Listen an und begannen mit den Festnahmen. Polen wurden häufiger verhaftet. Meinen Vater verhafteten sie am 10. Dezember 1939. Sie brachten ihn nach Łomża ins Gefängnis. Meine Mutter und ich haben seitdem nichts mehr von ihm gehört. Nach dem Krieg suchte ich ihn über das Rote Kreuz. Vielleicht haben sie ihn im Gefängnis erschossen, obwohl wir auch Gerüchte hörten, jemand hätte ihn krank in einem Lager am Weißen Meer gesehen.«

»Im April 1940 deportierten sie meine Mutter und mich nach Nordkasachstan. Ich war damals 14 Jahre alt. Wir fuhren mit vier polnischen Familien anderthalb Monate lang in verschlossenen Waggons. Alle paar Tage ließen sie uns raus, damit wir Wasser trinken konnten. Sie standen mit entsicherten Maschinenpistolen da. Sie brachten uns nach Koktschetaw, und von da waren es noch sechzig Kilometer zur Kolchose in Frunse. Das war zwischen Sibirien und den kasachischen Steppen, am Horizont waren hohe dunkelblaue Berge zu sehen. Der Fahrer warf uns vor dem Kolchosbüro aus dem Auto. Wir waren hungrig und dreckig und hatten Läuse, dass es kaum zum Aushalten war.

Wir wohnten zusammen in einer einzigen Lehmhütte, alle aus demselben Transport. Dort gab es zwei Kammern, ohne Küche, in der Mitte unterhielten wir ein Lagerfeuer. Wir hatten weder Betten noch Stühle.«

»Da war Großmutter Grądzka, 80 Jahre alt. Sie mochte die Juden nicht, hörte aber gerne ihre Gebete, besonders das Kol Nidre. Sie war die Mutter unseres Bürgermeisters, der mit Juden sogar befreundet war. Nur Frau Grądzka redete auf menschliche Weise mit uns. Sie sprach immer ihre Gebete mit dem Rosenkranz in der Hand und aß wenig. Einmal sagte sie zu mir: ›Kleiner Meir, bring mir frisches Wasser.‹ Sie trank das Wasser, bekreuzigte sich und starb.«

»Da war Jadwiga Bronowicz und ihre Tochter Danuta. Bronowicz war der Schwiegersohn von Bürgermeister Grądzki. Frau Bronowicz mochte die Juden nicht, so wenig wie ihr Mann, der eine Bäckerei in Jedwabne gehabt hatte und immer betrunken losgegangen war, um Juden zu verprügeln.«

»Da war Frau Białobrzeska. Im Waggon gab es oben ein kleines Fenster und viel Luft. Als ich mich beim Einsteigen dort am Fenster hinsetzen wollte, nahm sie mich, setzte mich auf den Boden und sagte: ›Du, kleiner Jude, kannst hier unten bleiben.‹ Und dort am Fenster ließ sie die polnischen Kinder sitzen. Sie behandelte uns die ganze Zeit über mit der größten Verachtung.«

»Da war Frau Szymańska mit sieben Kindern. In Jebwabne hatten sie eine Meierei gehabt. Vier dieser Kinder verhungerten. Sie kam einigermaßen mit uns Juden aus, man konnte sie ansprechen.«

»Insgesamt wurden wir zusammen mit fünfzehn polnischen Familien deportiert: Die Männer saßen im Gefängnis, ihre Frauen und Kinder waren hier. Nur ich und meine Mutter waren Juden. Wir litten alle dieselbe Armut, aber dass jemand von den Polen während dieser Zeit auf uns zugekommen wäre, davon konnte keine Rede sein.«

»Zum Waschen gingen wir an einen sumpfigen Teich, in dem die kasachischen Kinder badeten. Die bemerkten, dass ich beschnitten war und die polnischen Kinder nicht, und erzählten es ihren Eltern. Eines Tages gehe ich durch das Dorf, eine kasachische Familie sitzt vor der Hütte an einem niedrigen Tisch, mit einer Schüssel voller

Fleisch, aus der sie mit den Händen essen, und rufen mich herbei. Mit einem Kasachen nicht zu essen ist die allergrößte Beleidigung. Sie fragen mich, woher ich komme, ich sage, aus *Pol'ša* [Polen]. ›Nun gut, aber du bist anders als die anderen Kinder aus *Pol'ša*. Du bist immer allein und sie schlagen dich.‹ Ich sagte, ich wäre ein *Jevrej* [Jude]. ›Wir wollen sehen, wie es bei dir aussieht‹, sagten sie. Ich wollte weglaufen, aber sie fingen mich ein. Ich wollte mich losreißen. Sie sagten den Frauen, sie sollten weggehen. Ich stand mit heruntergelassenen Hosen da, und sie erhoben die Hände zum Himmel und stießen laute Rufe aus. Sie fragten mich noch, ob ich Schweinefleisch esse. Als ich verneinte, riefen sie noch lauter und freuten sich sehr: ›Du gehörst zu uns, du gehörst zu uns!‹ Sie erklärten mir, was für mich *Jevrej* bedeutet, heißt bei ihnen ›Moslem‹.«

»Als die kasachischen Jungen die polnischen verprügelten, wussten die von da an, dass sie mich nicht schlagen durften. Sie halfen uns, aber um mich nicht zu kränken, baten sie mich immer erst um irgendeinen Gefallen und gaben mir dafür Mehl, Weizen oder Milch. Die Kasachen sprachen fast gar kein Russisch, und ich lernte schnell Kasachisch. Ohne ihre Hilfe hätten meine Mutter und ich wahrscheinlich nicht überlebt.«

»Sie mochten die Russen so wenig wie die Polen die Juden. Wenn in Jedwabne ein Kind nicht schlafen wollte, dann jagte man ihm Angst ein: ›Dich wird der Jude holen.‹ Hier aber sagten sie, um einem Kind Angst zu machen: ›Dich wird der Russe holen.‹«

»Das Klima war beschwerlich, Frost bis minus vierzig Grad, Schneeverwehungen. Ich ging zur Schule, musste aber nach der neunten Klasse aufhören, danach gaben sie mir keinen Platz im Internat, denn mein Vater sei ein Volksfeind. Ich arbeitete in Karaganda als Mechaniker in einer Munitionsfabrik. Sie schickten mich nicht an die Front, sondern ließen mich beschädigte Kanonen reparieren, denn es fehlte an Waffen. Danach arbeitete ich am Balchaschsee in einer oberirdischen Kupfergrube, wo sie uns hungern ließen. Ich war ein Skelett, als ich von dort wegging.«

»Heimlich sagten die Russen: ›Russland ist unsere Mutter, Stalin unser Vater, wie gern wäre ich eine Waise.‹ Aber auf der Versammlung der Kolchosarbeiter stand jeder auf und sagte ›*Slava Stalinu!*‹ [Ruhm sei Stalin!]«.

»Aus Jedwabne wurden vier jüdische Familien deportiert: wir, Sara Kuropatwa, Chana Belbud mit ihren Kindern und Frau Kubrzańska, deren Mann Fahrräder reparierte. Mama und ich sowie Sara Kuropatwa haben überlebt. Frau Kubrzańska kam nach Sibirien, dort ging sie zur Mühle, um Weizen zu mahlen, es gab einen Schneesturm, sie kam vom Weg ab und erfror. Chana Belbud bekam einen Brief von ihrem Mann, sie hätten ihn aus dem Gefängnis entlassen und er würde zu ihnen nach Kasachstan kommen. Er kam nie an, unterwegs verhafteten sie ihn wegen Spekulation, und er wurde wieder verurteilt. Als sie davon erfuhr, brach sie zusammen und starb an Herzversagen. Sara Kuropatwa war verheiratet. Ihr Mann kehrte 1945 nach Polen zurück, suchte sie, fand sie nicht und ging mit seiner neuen Frau 1947 nach Palästina. Dort erfuhr er, dass Sara lebte, und so hatte er zwei Frauen. Sie vergab ihm bis an ihr Lebensende nicht und wollte nie mehr mit ihm sprechen.«

»Als ich auf dem Rückweg von Sibirien war, traf ich sowjetische Soldaten, die in unserer Gegend an der Front gewesen waren. Sie sagten mir, ich würde keine Bekannten mehr treffen, denn die Deutschen und Polen hätten alle Juden ermordet. Ich fuhr mit einem Repatriierungszug nach Brest-Litowsk. An der Grenze begrüßten sie uns nicht mit Blumen, sondern mit Steinen. Dabei waren doch nicht nur Juden in diesem Zug, sondern auch einige Polen, aber aus Wut über die Juden war es ihnen egal, ob sie ein paar von ihren eigenen Leuten trafen. Man riet mir ab, mich in Jedwabne zu zeigen.«

»Als ich zurück in Polen war und hörte, was sich abgespielt hatte, fragte ich: ›Lieber Gott, wo bist du gewesen?‹ Für einen Moment verlor ich den Glauben an Gott. Das ist ein schweres, grausames Thema, besser davon schweigen. Wenn Sie kein jüdisches Blut hätten, hätte ich Ihnen das nie erzählt.«

»Ich denke selbst darüber nach, was gewesen wäre, wenn ich am 10. Juli in Jedwabne gewesen wäre. Hätte einer meiner polnischen

Freunde mich versteckt? Sicher nicht. Alle meine jüdischen Freunde sind ja umgekommen, niemand hat sie versteckt. Bereits 1938 hörten die Polen auf, unsere Freunde zu sein. Ryś Ostrowski erkannte mich nicht mehr auf der Straße – wer hätte mich da retten sollen? Vielleicht hätte irgendeiner von meinen Freunden mich verbrannt? Es waren ja meine Freunde, die meine Freunde ermordet haben.«

»Ich wusste, dass ich möglichst schnell aus Polen auswandern wollte. Das Staatliche Repatriierungsamt schickte uns in die Vororte von Stettin. Da kam es zum Pogrom in Kielce. Oft bekam ich zu hören: ›Wo kommen denn noch die ganzen Juden her? Hat Hitler nicht alle erledigt?‹ Wenn sie einen einzelnen Juden sahen, verprügelten sie ihn. Ich war in Russland zum Schlossereimechaniker ausgebildet worden, daher ging ich zu den staatlichen Werkstätten, aber dort sagten sie mir: ›Wir brauchen keine Juden, du kannst beim UB arbeiten.‹ Doch solch eine Arbeit wollte ich nicht.«

»Ich trat der Geheimorganisation Bricha bei, wir verließen Polen ohne Dokumente. Das war bereits nach der Flucht von Mikołajczyk, unter Präsident Bierut. Ich ging in die Tschechoslowakei, von dort nach Österreich und dann zu Fuß durch halb Europa. Danach griffen uns die Engländer an der Nordküste von Palästina auf, verhafteten uns, schlugen uns und brachten uns in ein Lager auf Zypern. Von dort gelang es mir zu fliehen. Meine Mutter war schon vorher nach Palästina gekommen, im Jahr 1947. Zwei ihrer Brüder und eine Schwester hatten dort bereits vor dem Krieg gelebt, und meine Schwester war von meinem Onkel und seiner Frau adoptiert worden, da wir keine Ausreisegenehmigung bekamen. Hier habe ich meine Frau kennengelernt. Sie ist aus Łomża, ihr Vater arbeitete vor dem Krieg in der Stadtverwaltung, die Sowjets verhafteten ihn und schickten ihn mit seiner Familie nach Kasachstan. Sie flohen 1946, wie Tausende Juden, nach dem Pogrom von Kielce.«

»Mechajkał Wajnsztajn, einer der fünf Lumpen, die den Sowjets gedient hatten, wurde zur sowjetischen Armee eingezogen. Auf diese Weise überlebte er den Krieg und kam 1947 nach Palästina. Er hatte die Stirn, dort zu meiner Mutter zu gehen und ihr zu sagen, nicht er hätte uns denunziert, sondern jemand anders. Ich und einige andere Burschen waren drauf und dran, ihn einen Kopf kürzer zu machen. Niemals vorher habe ich meine Hand gegen jemanden erhoben, aber ihn war ich bereit zu töten. Meine Mutter erriet meine Absicht und bat mich, ihm das Leben zu schenken. Sie überzeugte mich mit dem Argument, seine Frau Nehame Horowitz aus Jedwabne sei schwanger und man dürfe nicht für noch mehr jüdische Waisen sorgen.«

»Von dem Schiff, das mich an die Küste von Palästina brachte, ging ich direkt an die Front. In der Armee kümmerte ich mich um die Wartung von Geschützen. 1963 schenkte Adenauer Ben Gurion Geschütze, und sie schickten mich zu einer Flugabwehrschule nach Deutschland. Ben Gurion führte die Regel ein, dass wenn man einen Dienstpass hatte, dort ein hebräischer Name stehen sollte, also änderte ich meinen Namen von Grajewski zu Ronen. Ich wohnte mit deutschen Soldaten zusammen und dachte bei mir, dass es in Polen unmöglich gewesen wäre, sich einem Juden gegenüber so anständig zu verhalten.«

»Ich werde niemals nach Jedwabne fahren, das würde ich nicht überleben. Die Kirche hat den Menschen Gift eingeflößt, und so sind sie zu Bestien geworden. Man kann an zwei Händen abzählen, wer aus Jedwabne überlebt hat. Der Pfarrer wusste es, der Bischof in Łomża wusste es, doch nichts – nur nicht den Mund aufmachen, die Gläubigen wurden von ihnen nicht ermahnt. Das tut weh.«

»Sehen Sie sich dieses Foto von 1938 an. Es stammt aus einem jüdischen Sommerlager, das mein Vater im Rahmen der Selbsthilfe-Aktion CENTOS organisiert hatte, unter anderem für Kinder aus Jedwabne. Das Bild hat überdauert, denn wir hatten es meinem Onkel nach Palästina geschickt, und nach seinem Tod fand ich es bei seinen Kindern. Erste Reihe von rechts: verbrannt, verbrannt, verbrannt. Das ist Jospa Lewin, die Schwester von Józef Lewin, den die Polen gleich nach dem Einmarsch der Deutschen auf dem Marktplatz zu Tode quälten; sie wurde zusammen mit den anderen verbrannt. In der zweiten Reihe: Motłe Farberowicz, der Zweite von rechts, vor dem Krieg nach Nordamerika ausgewandert. Und weiter: umgekommen, umgekommen, umgekommen …«

Aufzeichnungen

3. Juni 2001

Nach der Rückkehr aus Israel sehe ich alte Nummern der *Gazeta Wyborcza* durch. Adam Michnik antwortet auf den Text von Leon Wieseltier[1]: »Nach dem Krieg haben die Polen viele Jahre lang ihre ermordeten Landsleute beweint und nicht zur Kenntnis genommen, dass das Schicksal ihrer jüdischen Nachbarn eine außergewöhnliche Tragödie in der Menschheitsgeschichte darstellt. Unter den Juden siegte dagegen, um Rabbi Klenicki zu zitieren, der ›Triumphalismus des Schmerzes‹. Leon, auch die Polen haben ein Recht auf die Erinnerung an den eigenen Schmerz: und sie haben ein Recht zu erwarten, dass auch die Juden daran denken.«

Ich lese über die Exhumierung. Die Ergebnisse sind erstaunlich. Man hat zwei Massengräber gefunden. In dem einen, kleineren, wurden rußige, zerbrochene Teile des Lenindenkmals entdeckt. Das bedeutet, dass zuerst die Gruppe, die mit der Leninbüste herumgegangen war, in die Scheune gejagt und dort ermordet wurde. Das zweite Massengrab befindet sich außerhalb der Scheune, an einer Seite.

4. Juni 2001

Aufgrund der Proteste religiöser Juden wird die Exhumierung eingestellt. Wir werden niemals erfahren, wie viele Menschen wirklich in der Scheune von Jedwabne gestorben sind.

1 Siehe S. 245.

5. Juni 2001

Besuch bei Maria Sikorska. Jeden Moment soll Antonina Wyrzykowska kommen, die viele Jahre lang ihre Haushälterin war. Ich frage sie, was Wyrzykowska ihr über das Verstecken der Juden erzählt habe.

»Nichts. Aber ich war einmal im Kino – damals lief am Anfang noch die Wochenschau. Und plötzlich, auf der linken Seite, sehe ich sie … ich erkannte ihr rotes Kleid, obwohl das Bild schwarz-weiß war … da konnte ich nicht anders und rief laut: ›Das ist doch meine Antonina!‹ Sie steckten ihr die Medaille der Gerechten unter den Völkern an. Hätte ich sie dort nicht gesehen, hätte sie nie mit mir darüber gesprochen. Dabei stand ich ihr doch nahe und habe ihr immer geholfen; bis heute schreibt sie mir Briefe, dass sie mein Bild bei sich trägt und täglich für mich betet. Ich bin 88 Jahre alt, und meine Schwester, um die ich mich kümmere, 95, wahrscheinlich leben wir beide immer noch, weil Antonina für uns betet.«

Ich wusste, dass Maria Sikorska eine der vier Lew-Schwestern war, die vor dem Krieg als jüdische Schönheiten bekannt waren. Zwei von ihnen haben bekannte polnische Dichter geheiratet.

»Für Frau Wyrzykowska, die sieben Juden gerettet hat, muss es schön gewesen sein, dass gerade Sie, die Sie aus jüdischem Haus stammen, sie so ins Herz geschlossen haben«, sage ich.

»Also wissen Sie, wie können Sie so etwas sagen! Antonina hatte keine Ahnung, aus Jerusalem hat sie mir einen Rosenkranz mitgebracht.«

Wyrzykowska kommt hinzu. Gepflegt, hübsch, warmherzig, sie lacht, oder besser: kichert häufig, obwohl sie verängstigt ist. Auf meine Fragen antwortet sie einsilbig, Frau Sikorska ergänzt. Sie erzählt mir, dass Wyrzykowska immer noch von denen unterstützt wird, die sie gerettet hat.

»Erinnerst du dich noch, als du aus Amerika zurückgekommen bist und an die hundert Fotos mitgebracht hast? Auf einem reicht Frau Kubrzańska dir auf einem Tablett etwas zu trinken, während du dich auf einer Liege räkelst?«, sagt Frau Sikorska, sichtlich amüsiert von der Erinnerung an diese Umkehrung der Rollen im Leben ihrer Haushälterin.

Ich frage sie, warum sie über so viele Jahre nicht einmal Frau Sikorska gesagt hat, dass sie Juden versteckt hatte.

»Also wissen Sie, wie können Sie so etwas sagen!« – wiederholt sie exakt die Worte, die ich gerade von Frau Sikorska gehört habe.

Das IPN veröffentlicht weitere sensationelle Nachrichten über die Ergebnisse der abgebrochenen Exhumierung: In der Leiche eines Opfers wurde die Patronenhülse eines Mauser-Gewehrs gefunden, die Feuerspuren trug, was darauf hindeutet, das beim Eingang der Scheune auf sie geschossen wurde, sowie ein Messingteil, dessen Inneres geschmolzen war.

Stimmt alles, davon abgesehen, dass niemand geschossen hat. Es kann kein Zufall sein, dass in Radziłów Zeugen von Schüssen berichten (was im Übrigen nicht von der Anwesenheit von Deutschen zeugt, denn es schossen Polen, und die Waffen hatten sie aus einem sowjetischen Magazin), in Jedwabne hingegen haben selbst diejenigen, denen vor lauter SS-Uniformen ganz schwarz vor Augen war, keine Schüsse gehört. Warum veranstaltet das IPN diesen ganzen Zirkus?

Im Übrigen ist bekannt, dass im 20. Jahrhundert die Front mindestens zweimal über Jedwabne hinwegging. Zum ersten Mal 1915, zum zweiten Mal im Januar 1945, als in unmittelbarer Nähe der Stadt gekämpft wurde und alles voller toter sowjetischer und deutscher Soldaten war. Das habe ich von mehreren Einwohnern gehört, »Leichen gab es wie Sand am Meer«, sagten sie. Daher die Patronenhülsen in der Erde!

Die Deutschen haben nicht geschossen, aber was war ihre Rolle? Ich habe keinerlei Zweifel, dass die Ermordung der Juden in Jedwabne und vorher in Radziłów Teil einer groß angelegten deutschen Aktion in diesem Gebiet war. Man kann sich kaum vorstellen, dass die Polen, ausgerüstet mit Alkohol und Waffen wie in Radziłów, aus eigenem Antrieb die Juden ermordeten. Die Gendarmen hätten dem kaum ruhig zugesehen, sondern sicherlich Angst gehabt, dass sie bei dieser Gelegenheit auch mit ihnen abrechnen würden. Bekannt ist die Direktive von Reinhard Heydrich, dem damaligen Chef des Reichssicherheitshauptamtes, vom 29. Juni 1941: »Den Selbstreinigungsbestrebungen antikommunistischer oder antijüdischer Kreise in den neu zu besetzenden Gebieten ist kein Hindernis zu bereiten. Sie sind im Gegenteil, allerdings spurenlos, auszulösen, zu intensivieren, wenn erforderlich, und in die richtigen Bahnen zu lenken, ohne dass sich diese örtlichen ›Selbstschutzkreise‹ später auf Anordnungen oder auf gegebene politische Zusicherungen berufen können.« Es seien »zweckmäßig örtliche Volkspogrome [...] auszulösen«.[2]

Doch was in Wąsosz, Radziłów und Jedwabne geschehen ist, geht über ein gewöhnliches »Pogrom« hinaus; mehr noch, dieses auf völlige Vernichtung ausgerichtete Verbrechen wurde in den aufeinanderfolgenden Versionen immer effektiver und schneller begangen. In Wąsosz wurde auf primitive Weise, nämlich individuell gemordet. Nachts drangen die Einheimischen in die Häuser ein, ermordeten ihre Opfer mit Äxten und Stöcken und fuhren sie dann an einen Ort außerhalb der Stadt. In Radziłów wurden alle Juden, jung wie alt, in eine Scheune getrieben, viele flohen, und die Treibjagd dauerte noch zwei Tage an; die Flüchtlinge wurden an einen einzigen Ort gebracht und dort ermordet. Die individuellen Morde bildeten mithin eine wesentliche Vollendung des Verbrechens. In Jedwabne wurden diejenigen, die leichter hätten fliehen oder sich wehren können, für das Tragen des Lenindenkmals ausgesucht, aus der Stadt geführt und als Erste ermordet. Dutzende Morde, die an Einzelnen begangen wurden, stellten einen Epilog, nicht einen Prolog des Verbrechens dar. Nun gut, aber nach Radziłów kamen die Deutschen in zwei Autos am 7. Juli morgens, doch die Fuhrwerke der umliegenden Bauern waren schon seit dem Morgengrauen unterwegs. Das ist sicher, Stanisław Ramotowski hat sie gesehen, und am Abend zuvor wurde er über das sich anbahnende Pogrom in Kenntnis gesetzt, anders hätte er es ja nicht geschafft, Familie Finkelsztejn zu verstecken. Aus den Gesprächen, die ich mit Zeu-

2 P. Klein (Hrsg.): *Die Einsatzgruppen in der besetzten Sowjetunion 1941/42. Die Tätigkeits- und Lageberichte des Chefs der Sicherheitspolizei und des SD.* Berlin 1997, S. 319.

gen geführt habe, geht hervor, dass am 7. Juli morgens auf dem Marktplatz einige Deutsche erschienen und den Polen befahlen, alle Juden zu ermorden. Bedeutet dies, dass die örtliche Bevölkerung sich an diesem Tag auf ein Pogrom vorbereitete und die darüber informierten Deutschen dazukamen, die ihnen die Idee eingaben, alle Juden auf einmal umzubringen? In den Berichten aus Jedwabne taucht immer wieder eine kleine Gruppe von Deutschen, ein oder zwei PKWs, auf, die höchstwahrscheinlich tags zuvor eine Beratung mit Bürgermeister Karolak und der provisorischen Stadtverwaltung abgehalten hatte. Also haben die Deutschen die städtischen Behörden zu einem Kollektivmord angestiftet. Doch Szmul Wasersztejn erwähnt, dass die Vertreter der Stadt während der Beratung einmütig erklärten, alle Juden müssten vernichtet werden: »Auf das Projekt der Deutschen, eine Familie aus jedem Handwerk übrigzulassen, antwortete Śleszyński, Bronisław: ›Wir haben genügend eigene Fachleute.‹« Ist es möglich, dass die Deutschen im Fall von Jedwabne nur ihre Zustimmung ausdrückten, Instruktionen erteilten, wie die Sache am besten durchzuführen sei, und dann den Polen beim Zusammentreiben der Juden auf dem Marktplatz halfen? Für diese Version spricht zweierlei. Wer nicht teilnehmen wollte, konnte an diesem Tag zu Hause bleiben oder zu seiner Familie bzw. befreundeten Bauern aus der Gegend fahren. Und Józef Chrzanowski, dem künftigen Schwiegervater von Jerzy Laudański, dem es um seine Scheune leidtat, weshalb er darum bat, eine andere zu suchen, wurde kein Haar gekrümmt. Man kann nur hoffen, dass Ignatiew das alles ermitteln wird.

6. Juni 2001

Ich fahre nach Jedwabne, wo ich mit Lehrerinnen verabredet bin.

Die Lehrerin für die unteren Gymnasialklassen erzählt mir, als sie eine Novelle aus dem 19. Jahrhundert, in der ein armer Jude vorkam, im Unterricht durchnahmen, hätten die Kinder gesagt, man sollte ihn steinigen. »Und als eine Kollegin sie einmal fragte, wie sie sich andere Nationalitäten vorstellen, da schämt man sich zu sagen, was die Kinder über die Juden geschrieben haben.«

»Das einzige Lebensmodell, das hier akzeptiert ist: Am Sonntag etwas in den Klingelbeutel tun, dann die ganze Woche über trinken, seine Frau schlagen und über die Juden herziehen«, sagt mir eine Oberstufenlehrerin. »Sie müssten mal hören, was hier im Lehrerzimmer geredet wird. Die Leute sind so verbissen, dass Argumente wirkungslos sind. Und die Kinder erzählen in der Schule ständig Witze über Juden. Sie sind imstande, während des Unterrichts aufzustehen und zu fragen, warum es so viele Juden in Polen gibt. Einmal habe ich versucht, das Thema zu wechseln, und ihnen gesagt, sie würden sich bedroht fühlen, da sie nichts über die Juden, ihre Geschichte und Kultur wüssten – sie bräuchten mehr Wissen, dann hätten sie es im Leben leichter. Da stand ein Schüler auf und sagte: ›Warum sollen wir dann etwas lernen, wenn die Juden sowieso die Macht haben.‹ Da, wo ich herkomme, gibt es dieses dauernde Gerede über die Juden nicht. Aber hier war das schon immer so, auch bevor das Buch von Gross erschienen ist. Vielleicht kommt das daher, dass sie sie hier ermordet und sich dabei bereichert haben?«

Sie selbst stamme nicht von hier. Als sie in den sechziger Jahren hergekommen sei, habe sie manchmal gehört, die Polen hätten es getan, aber was passiert war, habe sie erst erfahren, als sie sich mit einer Kollegin, einer gebürtigen Jedwabnerin, angefreundet habe. Während des Krieges habe diese Kollegin an dem kleinen Platz gewohnt, wo das Lenindenkmal stand. Sie habe ihr erzählt, was sie vom Fenster aus sah: Juden, die beim Schleppen der Trümmer des zerschlagenen Denkmals umfielen, und Polen, die sie an Ort und Stelle zu Tode prügelten. Ihre Mutter, die an jenem Tag einen Juden auf dem Dachboden versteckt hatte, sei in Gedanken oft auf das Verbrechen zurückgekommen, habe Einzelheiten erzählt, sich aber gefürchtet, Namen zu nennen außer einem: dem von Kubrzyniecki, der schon lange tot war. Ihr Vater habe ihr erzählt, wie im Herbst 1941 ein Jedwabner bei ihnen auftauchte, der jahrelang zum Arbeiten zu ihnen gekommen war. Im neuen Mantel und mit Siegelring am Finger habe er erklärt, er werde nicht mehr zur Arbeit kommen, denn er und seine Frau seien nun »abgesichert«. Ihr Vater habe ihm damals geantwortet: »Ich gehe alltags nicht im Parademantel herum, sondern in einem abgewetzten Jackett, aber meins brennt wenigstens nicht auf der Haut.«

Frau Z., die Kollegin, wohnt noch im selben Haus wie damals, ich könne ja sehen, ob sie Besuch empfange. »Aber sie ist schon ganz wunderlich geworden«, erfahre ich. »Sie hört nur Radio Maryja und wiederholt ständig, sie habe massenweise Deutsche in blauen Uniformen gesehen. Ich habe versucht, ihr zu widersprechen: ›Aber deine Mutter hat doch nie etwas von denen gesagt.‹«

Meine Gesprächspartnerin erzählt mir auch von der betagten Frau B., die damals in der Ulica Cmentarna wohnte.

»Sie wollte aus dem Fenster schauen, weil Weinen und Geschrei zu hören war, aber ihre Mutter verhängte das Fenster und drückte sie mit Gewalt unter die Decke. Erst am späten Abend ist sie hinausgeschlüpft. Zusammen mit ihren Freundinnen hat sie in der Scheune die angekohlten Leichen von Kindern entdeckt, die sie kannte. Der Nachbar hat stolz erzählt, dass er gleich losgelaufen ist, um die Instrumente aus den Häusern zu holen – er habe ja gewusst, welche Juden Musik machten, denn Klassenkameraden hatten ihn zum Musizieren eingeladen. Er hat die Instrumente dann im Garten vergraben, denn es gab Gerüchte, die Deutschen würden befehlen, das Geraubte herauszugeben. Als er später das Akkordeon aus der Erde zog, war es schon ganz morsch.«

Als Nächstes besuche ich Frau Z., eine ehemalige Lehrerin, und Frau B. aus der Ulica Cmentarna. Frau Z. weiß nichts, hat nichts gesehen, ist krank. Frau B. möchte überhaupt nicht mit mir sprechen.

Ich werfe einen Blick in die Kirche. Auf den Bänken liegen zahlreiche antisemitische Blättchen aus, jedes enthält ein Interview mit Pater Orłowski. Der ist durchsetzungsfähig und versteht sich auf den Umgang mit Medien. Aber die Leute um ihn herum sind weniger effektiv. Das Komitee zur Verteidigung des guten Namens von Jedwabne scheint sich nach einigen Sitzungen aufgelöst zu haben – auf jeden Fall hört man nichts von ihm. Die Idee des Pfarrers, am 10. Juli eine Gegenfeierlichkeit zu organisieren und den Grundstein für ein Denkmal zu legen, das zu Ehren der Polen, die »aufgrund jüdischer Denunziationen« nach Sibirien deportiert wurden, geweiht werden sollte, fand zwar Zustimmung, aber niemanden, der bereit gewesen wäre, sie auszuführen. Und zwar trotz der Versprechen des amerikanischen Auslandspolentums aus Chicago, das Ganze zu finanzieren. Von dort wurde an den Pfarrer sogar ein Vorschlag für die Aufschrift herangetragen: »Zu Ehren der Polen, die ihr Leben bei der Verteidigung der Juden geopfert haben, und unserer Landsleute, die Opfer der Kollaboration der Juden mit der Roten Armee und dem NKWD sowie den deutschen Besatzern waren, in deren Folge sie nach Sibirien deportiert und dort zu Tode gequält wurden oder in nationalsozialistischen Todeslagern umkamen.«

In der Stadt erfahre ich, dass die Zahnärztin Łucja Przystupa erzählt, vor der Exhumierung habe man nachts Knochen zur Scheune gebracht, und der Mossad habe versucht, ihren Hund zu vergiften.

Zu den aktiven Leugnern gehört die Bildungselite der Stadt: ein Arzt, eine Zahnärztin, eine Lehrerin usw.

Ich fahre nach Przestrzele. Dort stellt sich heraus, dass Leon Dziedzic einmal zum Arzt und einmal zu den Nachbarn gegangen ist und dabei so viel zu hören bekommen hat, dass er, ohne die Feierlichkeiten abzuwarten, nach Amerika zurückgekehrt ist. Ewa und Leszek sitzen wie auf Kohlen. Ewa geht immer wieder zum Fenster, um nachzuprüfen, ob jemand vor dem Haus auf der Lauer liegt.

»Unsere Bekannten haben sich aus dem Staub gemacht«, sagt Leszek. »Niemand spricht mit uns – als wären wir Fremde.«

»Und wie verhalten sich Ihre Freundinnen und Bekannten?«, frage ich Ewa.

»Ich habe keine Freundinnen und Bekannten mehr. Ich habe alle verloren. Wenn mein Mann nicht Jäger wäre und eine Flinte zu Hause hätte, würde ich kein Auge mehr zutun. Ich wache nachts auf und weine. Der Pfarrer schwärzt uns an: Leszek sei kein Katholik, wenn er solche Dinge erzählt. Sie rufen bei uns an: ›Hallo, bin ich mit Israel verbunden?‹, ›Hallo, spreche ich mit dem Rabbi?‹. Es ist fürchterlich, über die Straße zu gehen und zu hören, wie sie ›Judenknechte‹ sagen. Und im Geschäft wenden die Nachbarinnen sich ab, als wäre ich aussätzig. Wenn ich in der Stadt in die Apotheke oder in einen Laden gehe, spüre ich die feindseligen Blicke. Ich betrete das Lehrerzimmer, und es wird still, bis es läutet. Unentwegt zeigen sie mit den Fingern auf unsere Kinder. Piotrek hatte seine Firmung, und Tomek saß in der Kirche; die anderen Eltern wussten nicht, dass er unser Sohn ist, und sind schrecklich über uns hergezogen. Wir haben aufgehört in die Kirche zu gehen, am Ende würde uns noch jemand während der Messe rauswerfen. Überhaupt meiden wir alle Kontakte, wir vermeiden es, aus dem Haus zu gehen. Ich hatte eine Freundin, deren Sohn meine Kinder besuchte, seine Klassenkameraden sagten zu ihm: ›Zu diesen Judenknechten gehst du?‹ Also hat er sich nicht mehr blicken lassen.«

Piotr Dziedzic, einer der Söhne, erzählt mir von der Schule: »Ein Junge hat im Unterricht gesagt, die Polen hätten einen Fehler gemacht, sie hätten alle Juden ermorden sollen. Der Lehrer sagte nichts dazu. Bei einem Jungen aus meiner Klasse steht auf der Mappe: ›Sag mir, wo die Juden sind – Asche wehte fort der Wind.‹ Das finden alle lustig. Bei uns erzählen sie jetzt dauernd blöde Judenwitze. Und bei Tomek in der Klasse fragte der Englischlehrer: ›Wer mag Juden?‹ Nur Tomek gab eine positive Antwort. Da fragte der Lehrer, warum, und Tomek sagte: ›Weil wir alle von Adam und Eva abstammen.‹ Da hat die ganze Klasse gelacht.«

»Wir haben uns entschieden, am 14. Juni nach Amerika auszuwandern, es ist nicht mehr zum Aushalten«, sagt Leszek. »Es will ja schon etwas heißen, dass wir außer Ihnen niemandem dieses Datum verraten.«

»Es gibt keine täglichen Pflichten mehr, denn wir haben die Kuh verkauft, und so sitzen wir zu Hause und gehen nirgendwohin«, sagt Ewa. »Es ist schwer, auf die Jungen aufzupassen, damit sie nicht aus Versehen verraten, dass wir auswandern. Wir sind streng zu ihnen, aber wir können sie ja nicht anbinden, und wenn sie rausgehen, werden wir nervös.«

»Und habt ihr Freunde, bei denen es euch leidtut, euch von ihnen zu trennen?«, frage ich Piotr und Tomek.

Beide schütteln den Kopf.

7. Juni 2001
Abends bei den Godlewskis, wir sprechen über die Exhumierung.

»Ich sitze im Wartezimmer beim Zahnarzt«, erzählt Krzysztof, »und da kommt ein gebildeter, studierter Mensch rein und macht mir Vorwürfe: ›Du sitzt hier rum, und die fahren hier Knochen an.‹«

Die Knochen werden angeblich angefahren, »damit so viele Juden gestorben sind, wie Gross meint«. Es ist nicht klar, ob der Pfarrer selbst auf diesen Gedanken gekommen ist oder ob er ihn von jemand anderem hat, auf jeden Fall hat sich in Windeseile die Nachricht verbreitet, die Juden hätten die Exhumierung angeordnet, um aus der Scheune die Reste des Lenindenkmals entfernen zu können und auf diese Weise zu vertuschen, dass sie als Kommunisten gestorben sind.

Godlewski versucht mich zu überzeugen, dass der Vorschlag für die Aufschrift auf dem Denkmal einen sinnvollen Kompromiss darstellt, eine andere wäre für den Stadtrat nicht akzeptabel gewesen. Auch so sei es ein Wunder, dass der Stadtrat – nach Bemühungen von seiner und Michałowskis Seite, einschließlich systematischer nächtlicher Besuche in den Häusern der Ratsherren, um die nötige Anzahl der Stimmen zusammenzubekommen – diese Aufschrift akzeptiert habe.

Godlewskis heroische Versuche, seinen Glauben an die Menschen zu bewahren, sind bewundernswert. Er erzählte mir einmal von zwei Tanten eines Freundes, die heute in der Nähe von Pisz wohnen: Sie hätten am 10. Juli 1941 den ganzen Tag über Pfannkuchen gebacken und sie zu den Teichen hinter dem Gutshof gebracht – ein überwucherter, verlassener Ort, wie geschaffen zum Verstecken –, und die Pfannkuchen seien verschwunden.

»Ich möchte sie überzeugen, dass sie das laut erzählen sollen, damit klar wird, dass Einwohner von Jedwabne auch Mitleid mit den Juden hatten«, sagt er mir.

Doch um nichts auf der Welt wollen sie mit Journalisten darüber reden.

Godlewski hat noch vor kurzem erzählt, die Ratsherren hätten immer wieder gesagt: »Keine Juden, keine Synagogen, keine Gräber, wir werden quer über den Weg pflügen«, doch »auf der letzten Sitzung hat es einen Ruck gegeben, plötzlich ging etwas voran«. Unterdessen stellt sich heraus, dass der Stadtrat auf seiner letzten Sitzung am 4. Juni erklärt hat, dass »er sich von den Feierlichkeiten distanziert und nicht einverstanden ist, dass sein Vorsitzender und der Bürgermeister in seinem Namen das Wort ergreifen und Stellung beziehen«. Damit ruht nicht nur die kraftraubende Organisation der Feierlichkeiten allein auf seinen Schultern, sondern der Stadtrat verbietet ihm auch noch, sich während seiner Arbeitszeit darum zu kümmern.

Die Stadt soll zum Empfang der Gäste am 10. Juli bereit sein, aber es ist noch nichts getan, denn die Ratsherren leisten überall Widerstand. Zu einem bestimmten Zeitpunkt sah es so aus, als ob alle Arbeiten eingestellt werden müssten. Godlewski ist es gelungen, »von oben« mehr Geld für die Renovierung des Marktplatzes und den Weg zum Friedhof zu erhalten. (Ich habe daran einen gewissen Anteil, weil ich Adam Michnik bat, den Entscheidungsträgern auf Regierungsebene klarzumachen, dass die Feierlichkeiten womöglich nicht stattfinden werden, wenn man nicht zu dem Gedenkort fahren kann – die Ratsherren würden jedenfalls keinen Zloty für den Bau einer Straße »für die Juden« ausgeben.) Das Geld reicht auch noch für eine Sporthalle, deren Bau angeblich seit zwanzig Jahren nicht vorankommt. Aber die Probleme türmten sich weiterhin auf, und jeder einzelne Vorgang kam nur schleppend voran. Der Bebauungsplan musste geändert werden: eine Formalie, aber unerlässlich, wenn man ein Denkmal errichten will. Wie durch ein Wunder (oder eher durch Zufall) wurde der Beschluss auf der Sitzung vom 4. Juni dann doch verabschiedet. Sechzehn Ratsleute enthielten sich, keine Gegenstimme. Erst im Nachhinein bemerkten sie, dass der Antrag angenommen wurde, da eine Stimme dafür war: die von Stanisław Michałowski.

Das Gespräch zieht sich hin bis nachts um zwei. Zum Abschied seufzt Godlewski: »Ich werde dir sagen, wie das Stimmenverhältnis in Wahrheit aussieht: zwei zu siebzehn. Die beiden, das sind Michałowski und ich. Wir sind völlig allein. Am liebsten würde ich in einen Zug steigen und irgendwo hinfahren. Hier werde ich sowieso nicht bleiben.«

8. Juni 2001
Jedwabne. Ich versuche mich mit Józef Chrzanowski, dem Sohn von Helena Chrzanowska, zu treffen, aber er ist so eingeschüchtert, dass er sogar Angst hat, am Telefon mit mir zu sprechen. Als ich nach Przestrzele fahre, erzählt mir Leszek Dziedzic, dass er ihm auf dem Marktplatz begegnet sei: »Er hat mit mir kaum ein Wort gewechselt und war dann gleich verschwunden. Er fühlt sich genauso in die Enge getrieben, aber er kann nicht nach Amerika fliehen und hat Angst: Wenn sie uns zusammen sehen, werden sie ihm das Leben noch schwerer machen.«

Während dieses Aufenthalts ist es mir nicht gelungen, mit Halina Popiołek Kontakt aufzunehmen, deren Nichte mich nach wie vor nicht ins Haus lässt. Und zwei Personen haben während des Gesprächs mit mir angefangen zu weinen, sie würden die ständigen aggressiven Bemerkungen und nächtlichen Telefonanrufe vom Typ »Du Drecksjude« nicht mehr aushalten.

Ich kehre nach Warschau zurück, gerade rechtzeitig zur Vorstellung des Buchs *Jedwabne w oczach świadków* [Jedwabne in den Augen von Zeugen], das von der Bauernseelsorge publiziert worden ist (Aufdruck: »Herausgeber mit Erlaubnis der geistlichen Obrigkeit: Pater Eugeniusz Marciniak«). Dort lese ich: »Wasersztejn trat in den UB ein und verfasste eine Schmähschrift. Eine polnische Familie hat ihr Leben riskiert, dafür sind wir alle angeschwärzt worden.«

Die Präsentation findet in einem Saal bei der Warschauer Heiliggeistkirche statt – in demselben Saal, in dem vor kurzem der Bußgottesdienst abgehalten wurde. Hier hat die berüchtigte Patriotische Buchhandlung »Antyk« ihren Sitz, in der man jede beliebige antisemitische Publikation erhalten kann. Mir war nicht bewusst, dass die Zahl dieser Bücher und Broschüren in die Hunderte geht. Während ich auf den Beginn der Veranstaltung warte, sehe ich das beworbene Buch durch. Janina Biedrzycka versucht zu beweisen, warum die Deutschen das Verbrechen begangen haben – anderenfalls hätte ja ihr Vater seine Scheune nicht hergegeben: »Denn wenn irgendein Pole zu meinem Vater gekommen wäre und gesagt hätte: ›Gib die Scheune her‹, dann wäre mein Vater – so krank, wie er war – aus dem Bett aufgestanden und hätte zu ihm gesagt: ›Dann verbrenn sie doch in deiner!‹«

Der Saal ist brechend voll, die Stimmung wie auf einer Kundgebung. Pater Eugeniusz Marciniak, der die Veranstaltung leitet, stellt seine Gäste vor: »Hier ist der wackere Pater Orłowski« (Beifallsstürme). »Hier Janina Biedrzycka, die Tochter jenes Herrn, in dessen Scheune die Juden verbrannt wurden« (noch größere Beifallsstürme). Pater Marciniak: »Wasersztejn war UB-Offizier in Łomża. Danach floh er nach Warschau, wo er bis 1956 Gewerkschaftsdirektor war, dazu liegen Dokumente vor.« Der Ehrengast der Veranstaltung, Pater Orłowski: »Wie kann man die Verbindung zum Judentum vertiefen, wenn es solche Dokumente gibt wie die zu Szmul Wasersztejn?!«

Bis vor kurzem war ich der Auffassung, dass das Jahr 1945 eine Zäsur im Leben der Kirche darstellte: Vor dem Krieg war die Kirche zwar zum größten Teil fremdenfeindlich gewesen, doch nach dem Krieg rückte das in den Hintergrund, und sie entwickelte sich stattdessen zu einer Verteidigungsbastion der Gesellschaft gegen die Sowjetisierung. Pater Jankowski oder die Patriotische Buchhandlung »Antyk« hielt ich eher für abartige Erscheinungen. Schon Radio Maryja hätte mir zu denken geben sollen. Doch erst das Beispiel der Gemeinde von Jedwabne hat mir zu Bewusstsein gebracht, dass die Kirche ihrem Vorkriegsantisemitismus treu geblieben ist, wenigstens in dieser Region.

In Jedwabne stammen die Pfarrer aus dem Milieu der SN. 1945 wurde Pater Antoni Roszkowski zum Dekan ernannt, vor dem Krieg war er Chefredakteur der *Wspólna Sprawa* [Die Gemeinsame Sache] und später der *Sprawa Katolicka* [Die Katholische Sache], die sich den Kampf gegen die Juden auf die Fahnen geschrieben hatten. Folglich hat die Kirchenobrigkeit nach dem Verbrechen einen Priester nach Jedwabne entsandt, der mitverantwortlich dafür war, dass die Juden ermordet wurden, ohne dass es das Gewissen belastet hätte! Seit 1988 ist Pater Orłowski Pfarrer von Jedwabne, vorher war er Pfarrer der nahe gelegenen Gemeinde Drozdowo, im Stammland der Nationaldemokratie, wo Dmowski seine letzten Lebensjahre verbrachte. Als hätte sich nichts geändert.

11. Juni 2001
Ich besuche Antonina Wyrzykowska in Milanówek bei Warschau, in der Wohnung ihres Sohnes.

»Empfinden Sie so etwas wie Genugtuung, dass die Wahrheit über den Massenmord in Jedwabne ans Licht gebracht worden ist?«

»Ach was, ich habe einfach nur Angst.«

»Kommen Sie nach Jedwabne zu den Feierlichkeiten?«

»Ausgeschlossen. Nie wieder. Ich habe genug, meine Liebe. Früher bin ich manchmal hingefahren, aber, gütiger Gott, immer voller Angst.«

Gross hat sie nicht gelesen, weil sie keine Bücher liest. Ihre Schullaufbahn endete mit der zweiten Klasse.

12. Juni 2001
Ich fahre nach Konstancin und hole Stanisław Ramotowski ab. Er soll von Staatsanwalt Ignatiew vernommen werden, bei mir zu Hause. Nach langem Zureden habe ich ihn davon überzeugt, aber er hat zehn Mal betont, dass er das »nur für mich« tue. Es geht ihm zunehmend schlechter. Er wird immer wieder ohnmächtig, hat hohes Fieber und spuckt Blut. Auf dem Weg nach Konstancin erzähle ich ihm, was ich während meiner Exkursion mit Jan Skrodzki in Erfahrung gebracht habe, unter anderem über die Brüder Mordasiewicz, die zu den Mördern gehörten. Stanisław fällt mir ins Wort:

»Aber schreiben Sie auf jeden Fall, dass es in Radziłów auch eine ganz andere Familie Mordasiewicz gab; von denen lebt heute nur noch Stanisław Mordasiewicz, ein sehr anständiger Mensch.«

Der Name Ramotowski ist in dieser Gegend verbreitet. In Jedwabne half ein Ramotowski dabei, die Juden auf den Marktplatz zu treiben, und auch in Radziłów wohnte ein Ramotowski – keineswegs mit Stanisław verwandt –, der an der Plünderung der jüdischen Häuser teilnahm.

In Jedwabne wiederum erfuhr ich, dass es zwei Familien Łojewski gegeben hat: Polen, die an dem Verbrechen beteiligt waren, und einen jüdischen Schmied dieses Namens, dessen Familie in den Flammen umgekommen ist. Das erleichtert mir nicht gerade die Arbeit, ich muss sehr aufpassen, denn dauernd tritt dasselbe Problem auf: Die einen haben gemordet, die anderen haben gerettet, die Dritten waren Kommunisten, wieder andere haben gar nichts getan, aber ihre Namen sind alle gleich.

14. Juni 2001

Letztes Gespräch mit Leszek Dziedzic vor ihrer Ausreise in die Staaten. Wenn es ihnen gelingt, die nötigen Papiere zusammenzubekommen, werden sie nicht zurückkehren. In Jedwabne hatte ich drei Häuser, wo ich jederzeit vorbeischauen konnte und dazu noch mit Essen versorgt wurde: das von Joanna und Krzysztof Godlewski, das von Jadwiga und Stanisław Michałowski und das von Ewa und Leszek Dziedzic. Nun sind es nur noch zwei.

7
Es kommt eine Zeit, da werden selbst die Steine reden oder Die Monologe des Leszek Dziedzic

»Ich habe das Buch von Gross sofort nach Erscheinen gelesen. Einmal kam ein Freund zu mir und las den ganzen Abend darin. ›Ich muss wissen, ob jemand aus meiner Familie Blut an den Händen hat‹, sagte er. ›Einige Namen sind in den Dokumenten verdreht, ich will das genau untersuchen. Mein Vater ist tot, und wenn ich meine Mutter frage, bricht sie in Tränen aus und will mir nichts sagen.‹«

»Am 10. Juli wurden die Juden vom Pöbel ermordet. Aber wenn der Pfarrer sich ihnen damals in den Weg gestellt und gesagt hätte: ›Dafür kommt ihr in die Hölle, und der Teufel wird mit euch abrechnen‹, dann hätte man, vielleicht mit Ausnahme einiger schon sehr betrunkener Banditen, auf ihn gehört und nicht weitergemacht.«

»Mein Vater war schon vor dem Krieg mit den Wasersztejns befreundet. Szmul hat ihn einmal in die Synagoge mitgenommen, obwohl die Freunde meines Vaters sagten, um dort hineinzugehen, muss man erst auf ein Kreuz treten. Mein Vater hat ihn auch einmal in die Kirche mitgenommen. Ich wusste schon immer, dass er sich anfangs bei uns versteckt hatte. Aber ich wusste auch, dass man darüber mit niemandem sprechen sollte. Einmal, das war in den achtziger Jahren, kam ein Polski Fiat 125p angefahren, und auf unserer Schwelle stand ein Unbekannter. Meine Großmutter Leokadia, geborene Dmoch, war bereits tot, meine Eltern waren gerade nicht zu Hause. Aber ich erinnerte mich an die Geschichten meiner Großmutter über Szmuls abstehende Ohren, daher erkannte ich ihn sofort. ›Meine Großmutter nannte Sie Staszek, aber Sie heißen Szmul‹, begrüßte ich ihn und zeigte ihm ein Bild meiner Großmutter im Familienalbum. Er küsste es und weinte so, wie ich nicht einmal ein Kind je habe weinen hören. Er sagte: ›Meine Mutter hat mir das Leben gegeben, aber sie konnte mir nicht dabei helfen, es zu bewahren. Sie aber hat für mein jüdisches, erbärmliches Leben das Leben von acht ihrer eigenen Kinder riskiert.‹«

»Es ging um den jüdischen Besitz, doch seitdem das Buch von Gross erschienen ist, höre ich dauernd, es wäre ihnen recht geschehen, den Juden, denn sie hätten Polen denunziert. Als sie unsere Nachbarn abholten, lief meine Großmutter hin, um ihnen Zwieback mit auf den Weg zu geben. Einen Juden hat sie dort nicht gesehen. Bei uns in Przestrzele war es eine Polin, die ihre Nachbarn bei den Sowjets denunziert hat, im Nachbardorf ein Pole. Insgesamt kenne ich fünf Namen von Polen aus der Umgegend, die denunziert haben. Sicherlich hat es auch Juden gegeben, die Denunzianten waren, denn in jedem Volk gibt es Schurken.«

»Ich ging gerade mit meiner Familie über den Marktplatz, als das Team einer westlichen Fernsehstation seine Gerätschaften aufbaute. Da zeigte ein Freund meines Sohns auf den Kameramann: ›Der Große da ist ein Jude.‹ Ich fragte ihn, woher er das weiß. ›Weil er gut angezogen ist und eine Kamera hat.‹ Er hat Geld, das heißt er ist ein Jude. Das muss dieser Junge doch zu Hause aufgeschnappt haben. Wenn man zum Markt fuhr und das Kind unbedingt mitfahren wollte, sagte man hier in der Gegend: ›Ich nehme dich nicht mit: Kinder müssen am Eingang einer Jüdin die Warze küssen.‹ Und wenn ein Kind nicht schlafen wollte: ›Die Juden werden dich zu Matzen machen.‹ So wurden die Kinder erzogen, auch noch nach dem Krieg. Wie soll ein solches Kind da ein anderes Volk achten? Als ich das Interview mit Rabbi Baker las, kam mir der Gedanke: ›Er, dessen Volk wir zu vernichten geholfen haben, ist imstande, mit so viel Gefühl über Polen zu sprechen – und wie sprechen wir über die Juden?‹«

»Ich war immer gerne mit meinem Vater unterwegs und hörte den Gesprächen der Älteren zu. Bei uns zu Hause wurde gut über Juden gesprochen. Meine Großmutter hat mir erzählt, dass sie, als ihr Mann sie vor dem Krieg mit acht Kindern zurückließ, nicht genügend Geld für seine Beerdigung hatte. Da ging sie zu Pfarrer Szumowski, und der sagte: ›Wenn du kein Geld hast, dann begrab ihn bei dir im Gemüsebeet.‹ Ein jüdischer Bekannter lieh meiner Großmutter damals Geld, er wollte keine Zinsen und nannte keinen Rückzahlungstermin. Meine Großmutter schaffte es, ihm alles zurückzuzahlen, bevor der Krieg ausbrach. Nach dem Krieg konnte man Land in Dauerpacht nehmen, aber meine Familie ließ sich nicht darauf ein, denn es hatte früher Juden gehört.«

»Sehen Sie sich die Parolen in Bubels Zeitungen an: ›Bist du ein Pole, dann gehörst du zu uns.‹ ›Kauf polnische Waren und denk daran, polnische Produkte und polnischer Handel – das ist polnischer Wohlstand.‹ Das haben sie vor der Kirche verteilt, als Bischof Stefanek die Messe zelebrierte. Heute ist es wieder genauso wie in den dreißiger Jahren, als die SN-Leute Hass säten. Die sind nicht einmal imstande, sich etwas Neues auszudenken. Eine merkwürdige Form, seinen Patriotismus zu beweisen – andere Völker zerstören und ermorden.«

»Ich weiß nicht, wann mir bewusst geworden ist, dass die Hälfte unserer Stadt aus Juden bestanden hatte. Ich wusste jedenfalls, dass nur eine einzige Jüdin in der Stadt geblieben war, eine getaufte, Helena, und dass wir immer auf ihrem Hinterhof unser Fuhrwerk abstellten, wenn wir nach Jedwabne fuhren. Ich wusste auch, wo das Grundstück des jüdischen Friedhofs lag, obwohl es nicht eingezäunt war. Einmal fahre ich daran vorbei, und da ist jemand am Baggern. Ich sage: ›Was machst du da mit dem Bagger, hier liegen Leichen.‹ Aber er wusste das genauso gut wie ich, es störte ihn nur offenbar nicht.«

»Meine Großmutter hat am Tag des Mordens keines ihrer Kinder aus dem Haus gelassen. Sie sagte immer, es wird eine Zeit kommen, da werden sie sagen, wer für Katyn verantwortlich ist[1] und wer die Juden ermordet hat. Sie hat diese Zeit nicht mehr erlebt.«

»Im Fernsehen haben sie eine Reportage aus Jedwabne gezeigt, wo einer der Bewohner, Damazy Kiełczewski, rief: ›Sollen sie aus Israel kommen und ihre Asche mitnehmen. Wir helfen ihnen beim Einla-

1 In Katyn (auf dem Territorium der Sowjetunion) erschoss der NKWD etwa 4500 polnische Offiziere in Kriegsgefangenschaft. Die sowjetische Regierung behauptete, dieses Verbrechen sei von den Deutschen begangen worden, und diese Version der Ereignisse galt in Polen bis zum Jahre 1989.

den.‹ Ähnliche Sachen habe ich auf der Tankstelle gehört. Ich schäme mich für die Leute von Jedwabne. Die polnische Republik war ein Vaterland vieler Völker, und ein Pogrom bedeutete einen Angriff auf den polnischen Staat, denn ein Pole ermordete einen Polen, nur eben einen Polen jüdischen Glaubens. Die Juden hatten ihr materielles und kulturelles Erbe, und Steuern zahlten sie in Polen, nirgendwo sonst. Das waren keine ›Fallschirmspringer‹, die während der sowjetischen Besatzung aufgetaucht wären, obwohl ich von jemandem in der Stadt vor kurzem auch eine solche Version gehört habe. Mein Urgroßvater hatte sich mit seiner Familie in den östlichen Grenzgebieten angesiedelt, und als die Revolution kam, flohen sie, und es reichte ihnen gerade, um ein Haus in Przestrzele zu kaufen. Wir leben hier seit achtzig Jahren, aber viele der ermordeten Juden stammten aus Familien, die seit Jahrhunderten hier gelebt hatten.«

»Gemordet wurde nach dem Krieg nicht zu knapp; jedes Mal, wenn es dunkel wurde, hatte man Angst, dass sie kommen, um zu prügeln, zu rauben und zu töten. Mein Vater hat erzählt, dass man genau erspüren musste, wer da kam – sie erschienen in der Nacht und fragten: ›Für wen bist du?‹ Wenn das die NSZ waren, und man sagte, die AK, dann konnten sie einen umbringen. Die NSZ waren schon Kämpfer, aber sie kämpften bloß dafür, Frauen zu vergewaltigen und deren Männer zu bestehlen. Es wäre nicht nur angebracht, dass die Polen sich bei den Juden entschuldigen, sondern auch, dass die Polen sich bei den Polen dafür entschuldigen, was sie in dieser Gegend angestellt haben. Nur dass diejenigen, die sich entschuldigen müssten, heute spezielle Renten für ihre Tätigkeit in den NSZ bekommen.«

»Das hier ist ein spezifisches Milieu: Was auch Schlimmes geschehen mag, immer stellt sich heraus, dass die Juden daran schuld sind. Ich höre das schon mein ganzes Leben lang – ob die Regierung schlecht ist, das Wetter mies ist oder eine Kuh verendet, immer sind die Juden schuld. Mein Vater hatte Geld, denn er war ein guter Bauer und wirtschaftete sparsam, meine Mutter stand nachts auf, um Erdbeeren zu sammeln und morgens loszufahren, um sie zu verkaufen. Wenn ich von der Schule kam, ging ich zu den Nachbarn, hackte ihnen für einen Zloty Holz oder pflückte ihre Walderdbeeren, und was ich verdient hatte, gab ich meinem Vater. Eigenartig, dass sie uns immer um unser Geld beneidet haben, aber nicht um unseren Fleiß. Sie sagten: ›Die Dziedzic' haben jüdisches Geld.‹ Von jedem, der reich ist, denkt man hier, dass er ein Jude ist oder sein Geld von einem Juden bekommen hat. Na ja, eventuell kann er auch im Lotto gewonnen haben. Einmal im Leben habe ich (wie sie das hier nennen) jüdisches Geld bekommen: 100 Dollar von Szmul für meinen Sohn. Hier leben sie von der Rente der alten Eltern, die ihnen den Hof überlassen haben. Es gibt da einen Spruch: ›Lieber Gott, mach, dass ich in der Familie vier Rentner habe, aber nur eine Kuh.‹ Kühe machen Arbeit, aber dank der Rentner fließt das Geld von selbst in die Tasche.«

»Ich hatte meinen Vater seit langem nach dem Verbrechen gefragt, aber er antwortete nur ausweichend. Er sagte immer, am besten wäre es, Stillschweigen zu bewahren über die ganze Sache. Nur manchmal saß er vor dem Haus und weinte, und drinnen hieß es dann, dass ›Papa sich an die Juden erinnert‹.«

»Es gibt jetzt verflucht viel Hass bei uns. Als Buße hat uns Gott anscheinend auferlegt, über die Juden zu sprechen. Es gibt kein anderes Thema, sei es im Krankenhaus, sei es auf dem Amt. Ich bin nach Łomża gefahren, um in der Zeitung eine Anzeige aufzugeben, dass ich Silage zu verkaufen habe – auch dort sprachen sie über nichts anderes mit mir. Von jemandem, und keineswegs vom größten Dummkopf der Stadt, habe ich gehört, dass der Papst ein Jude ist. Ich darauf: ›Ist ja auch kein Zufall, dass vom Bischof aufwärts alle eine Kippa tragen.‹ Ich bin in einem Laden, da kommt die Mutter des Besitzers rein und sagt: ›Man muss diese ganzen Juden fortjagen, die hier angefahren kommen, um die Lage auszukundschaften.‹«

»Ich bemühte mich, zufällig mitgehörte Gespräche in einen Zusammenhang zu bringen. Meine Großmutter hat es ihrem Sohn nie verziehen, dass er nach dem Krieg in ›eine solche Familie‹ eingeheiratet hat. Ich weiß nicht, wann ich endlich begriff, dass es ›eine solche Familie‹ ist, weil Bruder und Vater der Frau von Onkel Klemens bei der Vernichtung der Juden mitgemacht haben.«

»Wenn mir jemand sagt, das alles hätten die Deutschen getan, frage ich ihn: ›Und wenn ein Jude mit Rungen erschlagen am Zaun lag, haben das auch die Deutschen getan?‹ Wenn sie von Deportationen sprechen, dann mag ich nicht mal mehr wiederholen, dass auch Polen denunziert haben, sondern frage nur: ›Und was konnten die Kinder dafür?‹«

»Als Sie gerade bei uns zu Besuch waren, habe ich auf der Straße einen Nachbarn getroffen, dessen Onkel zu den Mördern gehörte, und hier in der Gegend kennt man Ihr Auto bereits. Im Vorübergehen sagte er zu mir: ›Ich könnte kotzen‹, und spuckte aus. Aber ich habe nie vor irgendetwas Angst gehabt. Daher kann ich hier in Jedwabne offen darüber sprechen, was Polen den Juden angetan haben.«

»Einige Namen tauchen immer wieder auf. An der Spitze standen die Laudańskis, der hinkende Stanisław Sielawa, der war schrecklich, Czesław Mierzejewski, Józef Kobrzyniecki, Sobuta, Trzaska, Piechowski, Marian Żyluk, Bolesław Ramotowski, der Glaser, ein Säufer, der sein Pferd und seinen Vater mit derselben Peitsche schlug, Władysław Łuba, der die Ausstattung seiner Schmiede von den Juden erbte, die er selbst ertränkt hat. Das ist schwer zu verbergen, viele haben sie beim Morden gesehen. Die Juden kamen nicht nur in der Scheune um, gewisse Leute haben ihre privaten Juden in den Teichen ertränkt und im eigenen Hinterhof ermordet. Es mordeten diejenigen, die bei ihnen in die Lehre gegangen waren und jetzt ihre Werkstatt übernehmen wollten.«

»Die Wahrheit wird sich nie ganz zuschütten lassen. Es kommt eine Zeit, da werden selbst die Steine reden. Oft dachte ich so: Es reicht, wenn in Jedwabne und in jedem der umliegenden Dörfer wenigstens *ein* Mensch ist, der den Mut hat, seinen Kindern davon zu erzählen, und wenn in jeder darauffolgenden Generation wenigstens *ein* Kind als Erwachsener diese Wahrheit wieder weitergibt. Dann wird sie fortdauern.«

»Wenn ein Pole etwas gut macht, dann kennt unser Stolz keine Grenzen, und wenn er es schlecht macht, dann gehört er nicht mehr zu uns. Da kann man nichts machen, wir haben nun einmal ein solches Erbe aus der Vergangenheit. Die Deutschen sind mitschuldig, aber es geht doch darum, seine Schuld nicht jemand anderem einzureden – sie haben auch so schon genug auf dem Gewissen.«

»Es will mir nicht in den Kopf, dass Śleszyńskis Neffe darüber streitet, für wie viel er das Land für das Denkmal zu verkaufen bereit ist. Dafür, dass sein Großvater freiwillig seine Scheune hergegeben hat, um Juden umzubringen, soll man seinem Enkel jetzt etwas für das Land bezahlen? Ich würde gerne wissen, ob ihm wohl vor Augen steht, wofür er Geld genommen hat, wenn es einst ans Sterben geht. Es gehört doch dem Volk, das dort ruht. Auf unserem Land sind Partisanen ermordet worden. Einmal kam jemand zu uns und fragte, ob er das Stück Land kaufen kann, um seinem Schwiegervater ein Grabmal zu errichten. Ich sagte ihm: ›Der Platz gehört dir, denn ihr Blut hat ihn geweiht.‹«

»Ich streite dauernd mit den Nachbarn. Im Geschäft, bei der Annahmestelle, auf der Tankstelle, in der Kirche, überall, wo ich hinkomme. In der Kirche habe ich einen Freund getroffen, mit dem ich im Chor singe. Er hat mir eine Publikation in die Hand gedrückt, mit dem Auftrag: ›Weitergeben‹. Darin wird behauptet, die Juden hätten sich ihre Vernichtung selbst zuzuschreiben. Ich habe ihm erzählt, was ich davon halte, und ihn daran erinnert, dass sein Vater doch ein anständiger Mensch aus der AK gewesen ist, der nicht am Verbrechen teilgenommen hat. Ein anderer wiederum sagte mir, dass in den Ämtern nur Juden sitzen. Ich antwortete ihm: ›Als die Juden Bücher lasen, da habe ich Fußball gespielt, und was hast du gemacht, um einmal im Amt zu arbeiten?‹ ›Na ja, stimmt‹, sagte er, ›ich habe nicht gelernt.‹«

»Jemand, der Blut an den Händen hat, wird nicht von sich selbst erzählen. Aber davon, wie andere gemordet haben, das schon. Die Banditen hatten anschließend ein Problem: Wie sollten sie das Fell aufteilen, das sie den Juden abgezogen hatten? Da gab es viel böses Blut und viele Denunziationen. Bei jedem Streit rechneten die Nachbarn auf: ›Du hast diesen Juden umgebracht, du hast jenem Juden was weggenommen.‹ Vor dem Buch von Gross war es für niemanden ein Geheimnis, wer gemordet hatte, auch wenn man nicht laut davon sprach.

Erst nachdem es erschienen war, verstummten die Leute, und es stellte sich heraus, dass niemand etwas wusste.«

»Ich versuche, auf eigene Faust zu rekonstruieren, was bei uns in Przestrzele geschehen ist. In zwei von acht Familien gab es Leute, die am Verbrechen teilgenommen haben. Später erinnerten sie sich, dass sie an jenem Tag zufällig in Jedwabne gewesen waren. Zwei von uns aus Przestrzele haben Onkel und Cousin von Frau Helena Chrzanowska ermordet. Das ging so vor sich: Vier Juden hatten sich zusammen versteckt und nächtigten in einem Heuhaufen. Deutsche Gendarmen fuhren vorbei, während einer der Juden gerade durch das Feld ging, und sie sahen, wie sich das Korn bewegte. Sie erschossen ihn, und sein Vater ging ihnen entgegen, ihm war jetzt alles egal, und er wollte, dass sie auch ihn erschießen. Dann fanden sie im Heu noch zwei andere. Die Deutschen ließen die Bauern eine Grube ausheben, warfen die beiden Getöteten hinein und sagten: ›Die beiden anderen könnt ihr mit dem Spaten umbringen und zusammen mit den anderen zuschütten oder zur Gendarmerie bringen.‹ ›Die Deutschen werden doch nicht nachgucken, wie viele da in der Grube begraben sind‹, sagten die Juden zu ihnen. Sie hatten sie schon freigelassen, da kam der Nachbar von gegenüber und sagte, man muss die Juden doch einfangen, denn wenn die Deutschen sie einfangen, brennen sie das ganze Dorf ab. Zwei von ihnen, Domitrz und Edek Kotyński, haben sie dann auf Pferden eingeholt und zur Gendarmerie gebracht.«

»›Ein Patriot würde solche Sachen nicht sagen‹, halten sie mir vor. Ich antworte dann, dass ich nicht der Patriot von Mördern bin, sondern von meinem Heimatland, und dass ich nicht mein Vaterland verrate, sondern die Mörder.«

»Ein Bekannter hat mich einmal mit den Worten begrüßt: ›Du Judenknecht! Wenn ich ein Gewehr hätte, würde ich solche wie dich abknallen. Lass nur deinen Vater noch mal aus Amerika zurückkommen, dann wird man seinen Kopf im Bach finden.‹ Ich darauf: ›Dann vergrabt ihn aber gut, damit es nicht genauso aussieht wie damals, als ihr die Juden ermordet habt und die Hunde ihre Leichen herumgezerrt haben.‹ Und dann habe ich noch hinzugefügt: ›Solche wie du haben das 1941 gemacht und würden heute genau dasselbe tun.‹ Da verduftete er. Er wusste ganz genau, was ich meinte, denn sein Schwager hatte eine Jüdin vergewaltigt, ermordet und vergraben. Es war so, dass der Bruder des Mörders Mierzejewski bei sich in Kajtanowo eine Jüdin versteckt hatte. Sie sollte gerade an einen anderen Ort gebracht werden, als zwei aus Przestrzele sie entdeckten, vergewaltigten, ermordeten und beim Bachufer eingruben, aber nicht tief genug. Im Frühling kam sie dann an die Oberfläche.«

»Sie schrecken nicht vor Anschwärzungen zurück und fragen mich: ›Wie viel hat dein Vater eigentlich von den Juden für das Interview bekommen?‹ Einem habe ich gesagt: ›Und was hat dein Vater dafür bekommen, dass er Juden ermordet hat?‹ Da wurde er puterrot. Das Blut an den Händen ihrer Vorfahren versengt die Nachkommen. Von einem habe ich gehört, mein Vater hätte in der Asche nach Goldzähnen gewühlt, und jetzt wäre er ja ein so großer Verteidiger der Juden. Ich darauf: ›Ja, ja, und dann hat er sie zusammen mit deinem Vater in eurem Keller eingeschmolzen.‹ Einer machte sich lustig, dass sie während der Exhumierung gar keine 1600 Leichen gefunden hätten, und sagte: ›Jetzt sollen uns die Juden doch sagen, wo sie begraben sind.‹ Darauf ich: ›Das werden sie nicht sagen, denn ihr habt sie ja alle ermordet.‹ Ich muss einfach auf diesen Unsinn reagieren, den sie reden, aber wie oft kann man schon solche Antworten geben?«

»Und wenn sich herausstellen sollte, dass es weniger als 1600 Juden gewesen sind? Sie haben das ganze Volk ermordet. Wenn es dreimal so viele Juden gegeben hätte, dann hätten sie dreimal so viele ermordet. Anscheinend waren es weniger. Bedeutet eine kleinere Zahl eine kleinere Schuld? Nein, sie ist gleich groß. Man kann sich dieses Verbrechen kaum vorstellen. Schon allein das Verbrennen ist ein schrecklicher Schmerz, und dann noch das Ersticken. Dabei hatten diese Leute doch niemandem etwas zuleide getan. Wenn ich daran denke, dann sehe ich einen Vater, der mit seinem Kind ins Feuer geht. Das Kind vertraut auf den Vater, dass er es rettet, doch er kann nichts tun.«

»Einmal ist es mir passiert, dass ein entfernter Bekannter auf dem Marktplatz auf mich zugekommen ist und mir die Hand gedrückt hat. Und dann hat auch Stanisław Michałowski mir einmal laut, im Laden, zu meinem Mut gratuliert. Alle anständigen Leute in Jedwabne sind eingeschüchtert. Vor sechzig Jahren sind die jüdischen Einwohner von Jedwabne, die genauso Polen waren wie wir, von ihren Nachbarn umgebracht worden. Und die Nachkommen der Mörder hetzen jetzt gegen uns, weil wir die Wahrheit sagen.«

»Einer hat mich einmal darauf angesprochen, ich hätte keinen polnischen Namen, denn er endet nicht auf -ski. Und der Sohn von Onkel Klemens hat mich als Rabbiner beschimpft und gefragt, warum ich keine Kippa trage. Anscheinend hält er das für eine Beleidigung. Ich bin so aufgewachsen, dass ich mich nie vor irgendwem gefürchtet habe. In der Disco habe ich sie immer gewarnt: ›Lasst mich in Ruhe, sonst wird es sehr schmerzhaft für euch.‹ Ein Faustschlag meinerseits reichte meist aus. Aber in letzter Zeit haben sie mich mit ihrem Gerede psychisch so geschwächt, dass ich einen Reflex entwickelt habe: Ich komme in den Laden und drehe mich sofort mit dem Rücken zur Wand, damit mich niemand von hinten schlägt. Sie drohen mit Brandstiftung. Ich glaube, dass sie Angst hätten, uns etwas zu tun, aber ich gehe aus der Tür und feuere vor dem Haus demonstrativ einen Schuss ab. Am meisten Angst haben meine Frau und ich um unsere Kinder.«

»Ich lasse hier keine Freunde zurück. Als es ernst wurde, haben sich alle als falsch erwiesen. Was sage ich, wenn mich mein amerikanischer Enkel einmal nach meinen Erinnerungen aus der Heimat fragen wird? Dass man in Jedwabne nicht leben konnte?«

Aufzeichnungen

18. Juni 2001

Ich habe Ramotowski zu mir nach Hause gebracht. Heute kommt Marek Edelman aus Łódź, er hat versprochen, ihn zu untersuchen. Ich lade sie zum Mittagessen ein. Edelman sagt, er habe ihn in wirklich gutem Zustand vorgefunden.

»Hauptsache, er hat keine Atemprobleme«, sagt er.

Ich will eine Prognose.

»So kann er einige Monate überleben, ein halbes Jahr, vielleicht sogar länger.«

In der *Rzeczpospolita* ist ein Interview mit Feliks Tych erschienen, dem Direktor des Jüdischen Historischen Instituts und Autor von *Długi cień Zagłady* [Der lange Schatten der Shoah]. Auf der Basis seiner Lektüre von einigen hundert (größtenteils unveröffentlichten) Memoiren stellt er fest, dass mindestens zehn Prozent der polnischen Gesellschaft punktuell oder über längere Zeit hinweg daran beteiligt waren, Juden zu retten; die Mehrheit habe die Shoah mit Gleichgültigkeit zur Kenntnis genommen, und mindestens zwanzig bis dreißig Prozent seien der Meinung gewesen, die Deutschen hätten den Polen geholfen, das Judenproblem loszuwerden. »Diese Feststellung ist bitter, aber als Historiker kann ich nicht umhin, es laut zu sagen, obwohl ich es viele Jahre lang nicht einmal mir selbst eingestehen wollte.«

Ein solches Interview hätte noch vor kurzem niemals in einer auflagenstarken Zeitung erscheinen können. Ich erinnere mich an die Reaktionen auf den Artikel »Biedni Polacy patrzą na getto« [Die armen Polen schauen auf das Ghetto] von Jan Błoński aus dem Jahre 1987 im *Tygodnik Powszechny*, wo von der Sünde der Gleichgültigkeit die Rede war. Er rief einen Proteststurm hervor, und ich spreche hier nicht von nationalistisch-antisemitischen Kreisen, sondern von fortschrittlichen Katholiken. Das Buch von Gross hat ein ganz neues Diskussionsniveau ermöglicht.

Tych erinnert an eine Wahrheit, die für den Rest der Welt sonnenklar, in Polen aber schwer zu akzeptieren ist. Im Krieg gab es keine Schicksalsgemeinschaft von Juden und Polen. Jeder Jude war zum Tode verurteilt, auch die Kinder. Von den unter deutscher Besatzung lebenden Menschen wurden fünf bis sieben Prozent der ethnischen Polen und achtundneunzig Prozent der Juden ermordet.

Am Abend fasse ich für Jacek Kuroń das Interview mit Tych zusammen, und er erzählt mir von seinem ersten Schultag in Lemberg während des Krieges. Sie seien gerade umgezogen, daher habe er niemanden in der Klasse gekannt. Die Lehrerin habe gesagt: »Wie gut, dass es keine Juden mehr gibt.« Die Kinder in der Klasse hätten das aufgegriffen, es sei viel gelacht worden, und er habe nicht gewagt zu reagieren.

»Das Schuldgefühl, weil ich damals nicht opponiert habe, hat mein ganzes Leben bestimmt – ich habe immer opponieren müssen«, sagt Kuroń.

20. Juni 2001

Schon zum wiederholten Male ist mir dieselbe unangenehme Sache passiert. Es überrascht mich, besser gesagt: es schmerzt mich, dass verschiedene meiner Freunde und Bekannten mir direkt sagen, oder mir zumindest zu verstehen geben, ich sei aufgrund meiner Herkunft »nicht objektiv«. Ich habe das Gefühl, die ganze Zeit »unter besonderer Beobachtung« zu stehen (auf diese Weise wiederhole ich die Erfahrung von Juden, die sich in jeder Generation von neuem assimilieren müssen, obwohl bereits meine Vorfahren durch diesen Prozess hindurchgegangen sind). Dabei ist es doch so: Wenn man den Unsinn nicht glaubt, der Fall Jedwabne sei inszeniert worden, damit die Juden Milliardenentschädigungen von Polen fordern können, dann ist mitnichten klar, warum es mir aufgrund meiner Herkunft lieber sein sollte, die Juden in Jedwabne wären von Polen und nicht von Deutschen ermordet worden. Dieselben Freunde und Bekannten von mir sehen nichts »Nicht-

Objektives« darin, dass die Frage der polnischen Schuld von Polen erforscht wird, die angemessen reinblütig sind, etwa von Kieres oder Ignatiew (damit klar ist, ich werfe ihnen keine Parteilichkeit vor, ich möchte nur auf eine gewisse Schieflage aufmerksam machen).

25. Juni 2001

Białystok. Ich bin für einige Tage hergekommen, um im Stadtarchiv Dokumente aus der Vor- und Nachkriegszeit durchzusehen. Im Archiv treffe ich Mitarbeiter des hiesigen IPN, das gleich nebenan seinen Sitz hat. Einer von ihnen spricht mich an: »Wie Staatsanwalt Ignatiew Ihnen sicherlich gesagt hat ...«, auf diese Weise mit interesselosem Übelwollen prüfend, ob Ignatiew nicht vielleicht eine bestimmte Journalistin favorisiert, und zwar auch noch eine von der *Gazeta Wyborcza*.

In solchen Situationen bin ich versucht, direkt zu antworten: »Es interessiert Sie also, inwieweit meine Texte auf Durchstechereien aus der Staatsanwaltschaft beruhen. Nun, da muss ich Sie enttäuschen, denn dank meines Fleißes brauche ich den Staatsanwalt nicht, um Tatsachen festzustellen, ganz zu schweigen davon, dass Ignatiew ein mustergültiger Beamter ist, der keine Ermittlungsgeheimnisse verrät. Wenn hier jemand einem anderen hilft, dann helfe ich ihm, indem ich ihm Zeugen präsentiere, die ich ausfindig gemacht habe. Der Staatsanwalt ist allerdings meine Stütze, mein privater Psychotherapeut.«

Da wir beide ganz offensichtlich von Jedwabne besessen sind, von morgens bis abends an nichts anderes denken, kann ich jederzeit bei ihm anrufen, ihm von einem Gespräch berichten, das ich gerade geführt habe, und mich abreagieren. Ich habe mühselig Ignatiews Steifheit überwunden und ihm die Anrede »Frau Redakteur« abgewöhnt, die bei mir körperlichen Widerwillen erregt. Ich bin mit ihm zum Du übergegangen, und wir haben uns vermutlich sogar angefreundet. Manchmal erlaube ich mir zu schreien, ich könne nicht mehr, ich habe genug, ich werde dieses Land verlassen. Ignatiew hört sich das dann an und beruhigt mich: »Du weißt doch, dass nicht alle so sind, sieh mal, was für ein verpfuschtes Leben er deswegen gehabt hat. Du hast mit einem unglücklichen, kranken Menschen gesprochen – Hass ist eine Krankheit.«

28. Juni 2001

Jedwabne. Stanisław Michałowski hat den Stadtrat zu einer außerplanmäßigen Sitzung einberufen, denn die Feierlichkeiten hängen am seidenen Faden. Zu dem Ort des Verbrechens und dem gegenüberliegenden jüdischen Friedhof führt ein unbefestigter Weg, der bei Regen aufweicht. Die Straßenbaufirma war dabei, das letzte Teilstück zu asphaltieren, als Bubel »seine« Ratsleute davon überzeugte, die Fertigstellung dieses Bauabschnitts nicht zu genehmigen, was bedeutete, dass die Gäste nicht bis zum Denkmal kommen würden.

»Die Aufsichtsbehörde hat die Ausschreibung für die Asphaltierung des zum Denkmal führenden Weges gestoppt«, erzählt mir Godlewski. »Aber das ist allen egal. Die Wojewodin hat uns ein Telex geschickt, dass sie uns die Zuschüsse entziehen werden, und dann müssten wir die bereits erfolgte Renovierung des Marktplatzes aus eigener Tasche bezahlen. Dazu wäre die Stadt niemals in der Lage. Die Mehrheit denkt folgendermaßen: ›Sie geben uns Geld, das muss man mitnehmen, aber wir machen damit, was wir wollen. Den Marktplatz bringen wir in Ordnung, die Straße zum Friedhof nicht.‹ Ein Ratsherr hat laut gerufen, ›mit einer Straße für die Juden sind wir nicht einverstanden‹, ein anderer, dass die Stadt Entschädigung für die Feierlichkeiten verlangen solle. Sie wollten die Arbeiten um jeden Preis an einem Punkt stoppen, an dem es rein praktisch unmöglich wäre, zum Denkmal zu gelangen. Ich habe ihnen vorgeschlagen, im Tausch gegen den Abschluss der Straßenarbeiten zurückzutreten. Ich sagte: ›Ich gestehe ein, dass ich einen Fehler begangen habe, und trete zurück, aber lasst uns beenden, was wir angefangen haben, sonst wird die Stadt dafür bezahlen müssen.‹ Ratsherr Dmoch daraufhin: ›Dann tritt doch gleich zurück, worauf wartest du noch?‹«

Die Abstimmung über die Straße endete sieben zu sieben. Die Straße kann fertig gebaut werden, denn in einer Pattsituation zählt die Stimme des Stadtratsvorsitzenden doppelt.

»Die sieben Ratsleute, die für die weitere Renovierung der Straße gestimmt haben«, fährt Godlewski fort, »sind wahrscheinlich einfach vernünftiger als die anderen und waren erschrocken, dass so viel Geld verschwendet werden soll. Ein Ratsherr hat unterschrieben, weil er erfahren hat, dass ich auf einen Empfang in der amerikanischen Botschaft eingeladen bin; er möchte, dass ich ein Visum für seine Töchter organisiere. Aber ich will daran glauben, dass diese sieben bei dem Festakt erscheinen werden, und das ist beinahe die Hälfte des Stadtrats, vielleicht kommt also auch die Hälfte der Bürger?«

Die Bürger aber lesen Bubel. Vor kurzem hat der ein Gespräch mit einem Bewohner von Jedwabne abgedruckt, darüber, wie das Buch von Gross entstanden sei. »Sie haben es in Przestrzele geschrieben, bei den Dziedzic'. Da war Bürgermeister Godlewski und andere, sie saßen da, tranken und schrieben.« Seit Bubel behauptet hat, Michałowskis Firma hätte ohne Ausschreibung einen Auftrag zum Austausch der Fenster im Rathaus erhalten, und sich noch zehn weitere Vorwürfe aus den Fingern gesaugt hat, reden sich die Leute in der Stadt geradezu den Mund fusselig über diese »krummen Dinger«. Aus Warschauer Perspektive hat Bubels Blättchen so gut wie keine Bedeutung, aber in Jedwabne ist es maßgeblich für das Denken der Menschen.

»Was der mit mir macht, ich halte es nicht mehr aus!«, regt Michałowski sich auf. »Nichts davon ist wahr, aber Leute, die mich seit Jahren kennen, lesen das und glauben diesen Unsinn. Bubel hat sich vorher um Kontakt zu mir bemüht, damit ich mit ihm zusammenarbeite, er wollte sich treffen und rief mich immer wieder an, aber ich habe ihn abgewimmelt. Er hatte die Stirn, auf der Sitzung des Stadtrats zu erscheinen. Dort fing er an, mit der Faust auf den Tisch zu hauen. Und ich erteilte ihm einen Verweis. Da hat er mir den Krieg erklärt. Auf Schritt und Tritt legt er mir Steine in den Weg, dichtet mir ein Image als Hochstapler und Verbrecher an und versucht mich einzuschüchtern. Man hat mich verfolgt, sicherlich waren das seine Leute, und sie haben auch Fotos von meinem Haus gemacht.«

»Wir haben den Hof gepflastert, da haben sie gesagt: ›Alles dank jüdischem Geld‹«, ergänzt Jadwiga, Stanisławs Frau. »Einfach absurd.

Einem habe ich geantwortet: ›Stimmt, und wir werden als Muster noch einen Davidstern legen.‹«

Ich habe mit einem befreundeten Jedwabner verabredet, dass er in der Dämmerung – damit niemand ihn sieht – mit mir in ein Auto steigen und mich in der Stadt herumfahren wird. Er wird mir zeigen, welche Häuser aus der Vorkriegszeit stammen – ich möchte das Jedwabne der Vorkriegszeit Haus für Haus rekonstruieren. Wir fahren mehrmals ein Karree von Straßen ab, wobei ich mich in den Rücksitz drücke. Mein Führer erzählt mir auch von den polnischen Häusern, und die Stadt füllt sich mit Mördern.

»Hier hat Kubrzyniecki gewohnt, der Juden mit dem Messer ermordet hat. Hier Żyluk, aber nicht der, der zu den Aktivsten gehörte, sondern sein Bruder, der auch dabei war. Hier Bolesław Ramotowski. Hier hat der gewohnt, der einem Kind den Kopf zerschmettert hat und sich dann das Jackett reinigen ließ. Wir fahren gerade durch die Ulica Przytulska, aus der viele Banditen stammen: Sielawa, Śliwecki. Die Ulica Przestrzelska, auch eine Mörderstraße: Śleszyński, Gościcki …«

Und bei der nächsten Runde:

»Ganz Jedwabne ist ein Friedhof. Hier war ein Brunnen, in dem zwei Juden ertränkt wurden. Hier die Schmiede, wo Lusiński einen Juden aus der Reihe herausholte und mit der Axt erschlug. Hier …«

2. Juli 2001

Präsident Kwaśniewski in einem Interview für den *Spiegel*: »Der Gang nach Jedwabne ist die größte Herausforderung meiner bisherigen Amtszeit.«

In Łomża haben die Beschäftigten der vor zwei Jahren bankrottgegangenen Łomżyńska-Bawełna-Werke eine Pressekonferenz einberufen, in der sie angekündigt haben, am 10. Juli die Zufahrtsstraße nach Jedwabne zu blockieren. Das habe nichts mit Antisemitismus zu tun, betonten sie, sondern damit, dass ihnen seit zwei Jahren der ausstehende Lohn vorenthalten werde.

Ich rufe in New York bei Rabbi Jacob Baker an, um mich mit ihm für ein Treffen in Polen zu verabreden. Er spricht Englisch, und zwar lange und lebhaft, obwohl ich ihm nur eine kurze Frage nach dem Termin unseres Treffens gestellt hatte. Er verdammt die Mörder: »Ich höre, dass man jetzt darüber redet, wie viele ermordet worden sind. Es ist nicht schön, das zu hören. Sie haben so viele ermordet, wie sie zu fassen kriegen konnten – wären es mehr gewesen, hätten sie mehr ermordet.« Und er verteidigt Polen: »Die Mörder sind nicht nur gegen die Juden aufgetreten, sondern auch gegen Polen. Euer polnischer Premierminister vor dem Krieg wäre damit nie einverstanden gewesen; zum Boykott hat er aufgerufen, das stimmt, aber zu Mord – niemals.«

Der Rabbi bereitet die Rede vor, die er im Rahmen der Feierlichkeiten halten wird. »Ich gehe davon aus, dass die Kinder und Enkel der Mörder kommen werden, um zu beten. Einem Mörder würde ich nicht die Hand geben, denn es klebt Blut an ihr, aber wenn er seine Sünden bereut, bin ich bereit, mit ihm zu sprechen. Wir wollen keine Rache, sondern Gedenken.«

Ich spreche mit Krzysztof Godlewski, den ich regelmäßig, ein-, zweimal die Woche anrufe, um auf dem Laufenden zu bleiben, was in der Stadt passiert: »Es regnet, die Straßen sind aufgebaggert, niemand hilft uns – ein dauernder Stress, der sich darin niederschlägt, dass ich eine Packung nach der anderen rauche. Und meine Kollegen melden sich nur bei mir, um mir alternativlose Vorschläge zu machen: an jenem Tag Urlaub zu nehmen oder zu einer medizinischen Untersuchung ins Krankenhaus zu fahren. Wer wird zu den Feierlichkeiten kommen? Mit Sicherheit meine Mutter. Frauen haben ein größeres Herz.«

6. Juli 2001

Am Morgen erscheint Izaak Lewin mit seinen beiden Enkelkindern, sie kommen direkt vom Flughafen. Wir gehen in die Synagoge zum Trauergottesdienst – nach dem jüdischen Kalender jährt sich das Verbrechen am heutigen Tag. Meine Töchter Ola und Maniucha sind auch da – sie sind eigens aus den Ferien zurückgekommen, um am Gottesdienst teilzunehmen. Ich habe Stanisław Ramotowski mitgebracht. Als man ihn bittet, einige Worte zu sagen, erzählt er ebenso mitreißend wie taktvoll Anekdoten, die mit der Rettung seiner Frau zu tun haben, und nimmt den donnernden Applaus so selbstverständlich entgegen, als wäre das nicht der erste öffentliche Auftritt seines Lebens gewesen. Wie viel Gutes könnte er bewirken, wenn man ihn in Schulen einladen würde, um zu erzählen, dass es sich lohnt, sich gegen die Masse zu stellen und ein fremdes Leben zu retten. Wie könnte er sein Alter genießen, wenn man ihm Beifall für seinen Mut spenden würde.

Interview in der *Rzeczpospolita* mit der Ethnographin Alina Cała über ihr Buch *Obce ulice, wspólne kamienice* [Fremde Straßen, gemeinsame Häuser], das davon handelt, wie die Sitten zweier Gemeinschaften, die jahrhundertelang im selben Land wohnten, einander durchdrungen haben. »Die chassidische Kleidung«, erzählt Alina, »bildete sich im 18. Jahrhundert unter dem Einfluss des Schnitts der Pelzmäntel des Kleinadels heraus. Schnittarbeiten, der Stolz der polnischen Volkskunst, stammen wahrscheinlich aus der jüdischen Kultur, die runden Schnittarbeiten von Łomża sind Modifikationen der ›Rozejle‹, farbiger Schnittarbeiten in Rosettenform, welche die Juden am Schawuotfest auf ihre Fenster klebten.« Alina beschreibt, wie stark der Zionismus an die Tradition der polnischen Romantik anknüpfte, wie die polnischen Juden nicht selten unter dem Einfluss der Erzählungen ihrer Schullehrer über die polnischen Unabhängigkeitskämpfe in zionistische Organisationen eintraten. Sie zitiert einen jungen Mann, der polnische patriotische Lieder hörte und in Tränen ausbrach: »Warum können nicht auch wir Juden Lieder zum Ruhm unseres Vaterlands singen?«

Ich musste an Meir Ronen denken, der nach sechzig Jahren ohne Kontakt zu Polen imstande war, mir alle polnischen Aufstände aufzuzählen.

7. Juli 2001

Zum wiederholten Male versuche ich zu dem für Denkmalangelegenheiten zuständigen Minister durchzudringen; er ist für die Einladung der Familien der Ermordeten verantwortlich, die an dem Festakt teilnehmen sollen. Gleich nach meiner Rückkehr aus Israel, als ich las, dass sie von der polnischen Regierung eingeladen werden sollten, rief ich an, um die mir bekannten Adressen mitzuteilen. Das stieß auf keinerlei Interesse. Ich schickte eine Liste per Fax. Als ich nach drei Wochen in Israel anrief und von Jakow Gevas Tochter erfuhr, dass sich niemand mit ihnen in Verbindung gesetzt hatte, meldete ich mich erneut im Büro des Ministers. Dort behandelte man mich wie eine lästige Bittstellerin und schickte mich von einem Beamten zum nächsten.

Nicht anders ergeht es mir mit den Beamten aus der Kanzlei des Premierministers, die für die Organisation der Feierlichkeiten zuständig sind. Wenn sich auch nur die kleinste Möglichkeit ergibt, einen Mangel an gutem Willen an den Tag zu legen, wird sie von ihnen garantiert genutzt. Ich rufe im Büro an und gebe die Namen der Personen durch, die gerne zu den Feierlichkeiten kommen würden, da ich weiß, dass ziemlich viele Busse fahren werden. Beim dritten Namen höre ich: »Und wer ist diese Dame? Na gut, aber das ist dann auch die letzte.«

8. Juli 2001

Heute kamen zwei Journalistinnen zu Besuch: von einer holländischen Wochenzeitung und vom österreichischen Radio. Zwei ausländische Journalisten täglich, das ist in letzter Zeit mein Schnitt. Sie bereiten Texte oder Radioberichte für den 10. Juli vor. Zu diesem Zweck fahren sie nach Jedwabne und versuchen, mit den Bewohnern zu sprechen, was sich jedoch zäh gestaltet; am häufigsten hören sie, die Juden hätten ihre Nachbarn denunziert. Sie treffen sich mit Pfarrer Orłowski, der gerne Interviews gibt. Auf diese Weise bestätigt sich ihre Vorstellung von Polen als einem antisemitischen, von einem rückständigen Katholizismus geprägten Land. Sie gehen zum Rathaus, um mit Godlewski zu sprechen. Dieses Gespräch wiederum bestätigt ihre Vorstellung, die sie während ihrer Besuche in der Zeit der »Solidarność«-Kämpfe der achtziger Jahre gewonnen haben: dass Polen ein Land mutiger, vom Kommunismus unverdorbener Menschen ist (nicht selten bin im Übrigen ich es, die sie zum Bürgermeister schickt, denn ich möchte, dass sie auch mit dem besseren Polen zu tun haben).

Jeder von ihnen hat seine eigene Perspektive, und bei dieser Gelegenheit erfahre ich immer etwas Interessantes. Als ich gegenüber einem amerikanischen Journalisten erwähnte, der Hauptzeuge des Verbrechens, Szmul Wasersztejn, sei im Jahre 2000 gestorben, im selben Jahr, als Gross sein Buch veröffentlichte, erklärte er mir die »Theorie des letzten Zeugen«. Wenn man Verbrechen aus verschiedenen Weltgegenden analysiert, die nach Jahren des Vergessens ans Licht gekommen sind, zeigt sich häufig, dass dies gerade zu einer Zeit geschah, als die letzten Zeugen starben. Ein japanisches Fernsehteam beabsichtigt, einen einstündigen Dokumentarfilm über Jedwabne zu drehen, was mit der Diskussion zu tun hat, die bei ihnen über die Verbrechen geführt wird, die im Zweiten Weltkrieg an den Chinesen begangen wurden. Der Film soll zeigen, wie mutig sich Polen mit den dunklen Kapiteln seiner Geschichte auseinandersetzt.

9. Juli 2001

In der *Gazeta Wyborcza* wird die morgige Ausgabe zum Jahrestag des Verbrechens von Jedwabne vorbereitet. Ich habe die Bilder mitgebracht, die Meir Ronen mir in Israel gegeben hat, und verfasse die Bildlegenden. Aber die Zuordnung, wer wer ist, fällt mir schwer. Allmählich wird mir klar, dass die Personen auf demselben Bild manchmal von links und manchmal von rechts aufgezählt sind (offensichtlich erzählt man auf Hebräisch von Bildern so, wie man liest: von rechts nach links).

Ich rufe bei Ronen an. Ob Szmul Wasersztejn ganz sicher dieser Junge in der letzten Reihe mit den abstehenden Ohren ist und ob links und rechts neben ihm auch ganz bestimmt Jakub Kubrzański und Mietek Olszewicz stehen, die später zusammen mit ihm überleben werden, versteckt in der Scheune bei Wyrzykowskis? Ja, das sind sie, mit Sicherheit.

Ich sehe mir den Entwurf der morgigen Ausgabe an. In großer Schrift: »Ein Ort, der schreit«, ein Klassenfoto aus Jedwabne, ein Text von der Redaktion mit dem Titel »Einstehen für die Wahrheit« und ein Gedicht von Zbigniew Herbert, »Herr Cogito sucht Rat«:

So viele Bücher Wörterbücher
bauchige Lexika
und niemand weiß Rat

man hat die Sonne erforscht
den Mond die Sterne
und mich verloren

meine Seele
verweigert den Trost
des Wissens

sie wandert daher nachts
auf den Straßen der Väter

und plötzlich
das Städtchen Bracław
zwischen schwarzen Sonnenblumen

ein Ort den wir verließen
ein Ort der schreit

es ist Schabbes
wie immer am Schabbes
zeigt sich der Neue Himmel

– ich suche dich Rabbi

– er ist nicht hier
sagen die Chassidim
– sondern im Reiche Scheol
– schön war sein Tod
sagen die Chassidim
– sehr schön
als wär er
aus einer Ecke
in die andre gegangen

ganz schwarz
in der Hand
die flammende Thora

– ich such dich Rabbi

– hinter welchem Firmament
hast du dein kluges Ohr versteckt

– Rabbi mein Herz tut weh
– ich habe Sorgen

vielleicht könnte mir
Rabbi Nachman raten
aber wie soll ich ihn finden
in so viel Asche

(Übersetzung: Karl Dedecius)

Ich mache den für die Ausgabe verantwortlichen Redakteur darauf aufmerksam, dass er als Aufmacher für die erste Seite ausgerechnet ein Klassenfoto von 1936 ausgewählt hat, als die polnischen Kinder bereits in der Mehrheit waren. Aber er hat sich auf das Foto versteift – daneben soll die per Hand beschriftete Rückseite stehen, mit den Namen der Schüler und Lehrer. Die Schüler waren damals 14 oder 15 Jahre alt. 1941 waren sie demnach zwanzig. Drei der polnischen Jungen haben dieselben Vor- und Nachnamen wie spätere Mörder. Aber sind es dieselben? Allmählich leuchtet mir ein, dass das eine gute Wahl ist: ein Foto, auf dem sie nebeneinandersitzen und den Fotografen anlächeln – künftige Opfer, künftige Zeugen und künftige Mithelfer beim Verbrechen.

Spätabends ruft mich ein Freund an, ich solle unbedingt Radio Maryja hören. Der ganze Abend sei Jedwabne gewidmet.

Ich höre: »Kwaśniewski wird sich an die Brust schlagen, aber an unsere Brust, nicht an seine, nicht an die Brust der kommunistischen Verbrecherbande, an der die Juden teilgenommen haben und bei der er von Kind auf zu Hause ist. Kwaśniewski setzt die Polen der Schande aus.« Es wird gemeldet, bereits 5000 Personen hätten einen Aufruf unterschrieben, dem zufolge Kwaśniewskis Entschuldigung in ihrem Namen ihre Persönlichkeitsrechte verletzt. In weniger als einer Stunde hat Radio Maryja meinen Namen mehrfach genannt und zwar in der Kategorie »Juden und Vaterlandsverräter«. Ich schalte aus, es wird langweilig: Es ist die Sprache des Hasses, in der immer dasselbe wiederholt wird.

10. Juli 2001

In dem zweistöckigen Reisebus, in dem ich mit Stanisław Ramotowski unterwegs bin, sitzen insgesamt etwa zwanzig Personen, im Bus nebenan acht. Eskortiert von Polizeiwagen mit Blaulicht, fahren wir als Kolonne von Regierungsbussen, die zum Teil leer sind, zügig zu den Feierlichkeiten in Jedwabne.

Stanisław schlummert vorne, ich sitze hinten, zusammen mit Jakow Geva und seinen Töchtern Rywka, Chaja und Rachel. Geva, der kleiner ist als alle seine Töchter, sitzt schweigend und angespannt da. Wir halten an einem Ort etwa einen Kilometer vor Jedwabne, wo der Wochenmarkt stattfindet. Den weiteren Weg setzen wir zu Fuß fort, durch den Schlamm und im Regen.

Die Bereiche für die Gäste werden durch Polizeispaliere abgetrennt. Auf dem Marktplatz ertönt der Trauermarsch von Chopin. Hinter der aufgezogenen blau-weißen israelischen Fahne bemerke ich Izaak Lewin, seine Töchter, seinen Schwiegersohn und zwei Enkelkinder. Sie tragen weiße Hemden und weiße Kippas, in der jüdischen Trauerfarbe. Was für ein Bild! Zusammen mit der Fahne und den in großen Lettern auf Pappe geschriebenen Namen der Juden aus Wizna, die in der Schule von Jedwabne ermordet wurden – ich erkenne die Liste, die Awigdor Kochaw mir in Israel diktiert hat –, werden sie am Abend von den Fernsehanstalten in ganz Europa gezeigt werden.

Krzysztof Godlewski wendet sich angespannt an die Familien der Ermordeten: »Mir ist die Ehre zuteilgeworden, im Namen der lokalen Selbstverwaltung und der Einwohnerschaft zu sprechen. Ich begrüße

Sie auf der gastlichen Erde von Jedwabne. Ich bin bewegt, dass wir uns heute treffen, um ein Zeugnis für die Wahrheit abzulegen.«

Präsident Kwaśniewski: »Dieses Verbrechen fordert von uns, die Schatten der Toten und ihre Familien um Vergebung anzuflehen. Deshalb bitte ich heute, als Bürger und als Präsident der Republik Polen, um Entschuldigung! Im eigenen Namen und im Namen aller Polen, deren Gewissen von diesem Verbrechen erschüttert wird, bitte ich um Entschuldigung.«

Szewach Weiss, der israelische Botschafter in Polen, spricht auf Polnisch und auf Hebräisch: »Die Menschen, die hier dicht beieinander lebten und sich mit Namen kannten: Rachele, Jankele, Leja, Dejałe, Moszele, … – und es hat ja jeder Mensch einen Namen und diese Namen haben eine Bedeutung –, wurden ermordet und verbrannt von ihren Nachbarn.«

Ich finde es nur bedauerlich, dass niemand etwas auf Jiddisch sagt, in der Sprache, die auf diesem Marktplatz jahrhundertelang erklang.

Stanisław Ramotowski neigt sich zu mir herüber: »Der Präsident spricht schön. Wenn auch nur ein Mensch die Wahrheit sagt, dann ist das schon viel. Und wie viele sympathische Menschen hierhergekommen sind, sie kommen auf mich zu, um mir etwas Freundliches zu sagen und mir die Hand zu drücken. Dass es nur nicht wieder still wird. In Radziłów und Wąsosz ist das Gleiche passiert wie in Jedwabne, und jetzt geht es darum, die dort Ermordeten nicht allein zu lassen.«

Hinter den Absperrungen für die Gäste hört ein Teil den Reden aufmerksam zu, die meisten aber sind Schaulustige. Sie sind gekommen, um zu gucken, wie ein Jude aussieht oder wie der Präsident aussieht. Es gibt auch solche, die sich auf demonstrative Weise unfreundlich verhalten, laut sprechen und Grimassen schneiden, die vermutlich ihren Vorstellungen der jüdischen Mimik entsprechen.

Wir gehen im Schweigemarsch zum Ort des Verbrechens. Es spricht Rabbi Baker. Er steht aus dem Rollstuhl auf und stützt sich auf einen Stock.

»Ich stehe hier als Landsmann der Ermordeten und der Mörder. Wir sind hier, dank der Tränen, die von Juden und von Menschen anderen Glaubens geweint wurden. Das hat großen Eindruck gemacht im Himmel. Der Präsident hat gesagt, dass Polen – unser Polen – um Vergebung bittet. Diejenigen, die er bittet, sollten diese Bitte gewähren. Mögen diese Tränen in die Geschichte eingehen als einer ihrer schönsten polnischen Beiträge, und mögen sie den Hass abwaschen und diese Erde reinigen.«

Die Kälte dringt bis auf die Knochen, es regnet, der Wind scheint den zierlichen Rabbiner gleich umzuwehen. Eine Gruppe junger Männer, die auf der zum Friedhof führenden Straße »Juden!« riefen, als wir vorübergingen, übertönen seine Rede mit Musik aus Kassettenrekordern und zucken dazu im Takt.

Der bewegendste Moment sind die Psalmen, die vorgetragen werden von Joseph Malovany, einem weltberühmten Kantor aus New York. Sein Gesang, sein Rufen, sein Schreien haben eine solche Kraft, als wollte er die Gebeine der Ermordeten, deren Schreien sich vor sechzig Jahren über dieselben Felder verbreitete, in einem Mantel aus Psalmen einhüllen.

Im Gästebereich kann man bekannte Persönlichkeiten aus Politik und Kultur mit der Lupe suchen, und an Priestern gibt es insgesamt drei. Höhere Vertreter der Kirche fehlen ganz. Meine Freundin Róża Woźniakowska-Thun neigt sich zu mir herüber: »Ich bin geschockt. Ich hatte Angst, nicht rechtzeitig anzukommen, wegen der Menschenmassen. Und jetzt ist es hier leer. Und wo sind meine Hirten?«

Ich ergänze die Liste der Abwesenden: Wyrzykowska hatte Angst zu erscheinen. Von der Familie Wasersztejn ist niemand da. Awigdor Kochaw, der einzige jüdische Zeuge, der an jenem Tag auf dem Marktplatz war, ist nicht gekommen.

Dina und Icchak Nieławicki aus Wizna. Sie kamen am 10. Juli 1941 in Jedwabne um, zusammen mit ihren Kindern, der elfjährigen Cypora Fajga und der siebenjährigen Chaja Szejna. Ihr Sohn, Awigdor Kochaw, konnte auf dem Weg zur Scheune fliehen und überlebte.

8
Die einzige Chance bestand darin, einen Goj zu spielen oder Die Geschichte von der Rettung des Awigdor Kochaw

Sie wurden über einen Feldweg durch den hochstehenden Roggen getrieben. »Sie werden mich sowieso umbringen, aber ich versuche zu fliehen«, dachte er. Er stürzte aus der Menge hervor, duckte sich und rannte in das Roggenfeld. Nachdem er ein Stück weit gelaufen war, legte er sich ganz still hin und hielt den Atem an. Er wusste, dass ihn bei der kleinsten Bewegung das wogende Korn verraten würde.

Es gab außer ihm offenbar noch mehr Verzweifelte. Er hörte die Rufe der Burschen, die das Getreide auf der Suche nach den Geflohenen niedertraten. Ganz in der Nähe schrie jemand: »Verdammt noch mal, sei still!« Dann war etwas wie ein leiser Schrei oder ersticktes Weinen zu hören. Er begriff, dass sie direkt neben ihm ein Mädchen vergewaltigten.

Wieder hielt er den Atem an. Er erwartete Schüsse, vielleicht sogar Granatexplosionen. Er dachte, dass die Polen die Juden nur zum Ort des Massakers führen würden, wie sie es zuvor in seinem Heimatort Wizna getan hatten, wo dann die Deutschen bereits warteten. Nur hatte er keine Soldaten gesehen. Der Lärm verstummte, doch er hielt sich weiterhin versteckt, schmiegte sich an die Erde. Plötzlich hörte er in der Ferne ein Rauschen, eine Art Brummen, ein Vibrieren der Luft, und dann stieg eine Rauchsäule steil in den Himmel auf. Er schöpfte wieder Hoffnung.

»Ein Feuer ist ausgebrochen«, atmete er auf. »Die Häuser in der Stadt sind aus Holz, und die Feuerwehr besteht aus Freiwilligen. Gleich werden sie ans Löschen gehen und die Juden in Ruhe lassen.«

Er lag im Getreide und tröstete sich selbst. »Wie viele Deutsche mögen da sein? Nur wenige. Wenn die Polen weggehen, werden sie mit den vielen Juden gewiss nicht fertig«, dachte er. Oder: »Wie gut, dass keine Schüsse zu hören sind, vielleicht geht es ohne Opfer ab.« Nur, woher kam dieser strenge Gestank nach verbranntem Fleisch? Es hätte ja sein können, dass irgendein Stall oder eine Scheune mit Tieren Feuer gefangen hatte.

Daran wollte er glauben, deshalb dachte er nicht darüber nach, warum er einen Schrei gehört hatte, bevor die Rauchsäule aufgestiegen war. Er lag bis zur Abenddämmerung im Getreide. Als es still und dunkel wurde, machte er sich auf den Weg, um nachzusehen, wie die Lage bei den Pecynowiczs war, Verwandten aus Jedwabne, bei denen sich seine Familie aufhielt, seit sie aus Wizna geflohen war. Unterwegs traf er einen Juden, den ein Pole während des Massenmordes im Keller versteckt hatte. Er erzählte ihm von dem Feuer und warnte ihn: die Bauern hätten sich ans Plündern gemacht, daher sei es gefährlich, zu den Pecynowiczs zu gehen, die als reich galten.

So erfuhr er, dass er Zeuge der Verbrennung der Jedwabner Juden geworden war. Er hoffte, dass seine beiden Schwestern, die elfjährige Cypora Fajga und die siebenjährige Chaja Szejna, nicht in der Marschkolonne gewesen waren, aus der er hatte fliehen können. Er machte sich Sorgen um seine Eltern, die er zuletzt am 8. Juli gesehen hatte.

»Es fanden sich mehrere von uns zusammen, darunter zwei aus Wizna«, erinnert sich Kochaw. »Wir saßen zwei Tage lang im Korn. Einer von uns, er war Bäcker, schlich sich zu befreundeten Polen, um Essen zu holen. Die Bauern durchkämmten die Felder auf der Suche nach Versteckten, also beschlossen wir, dass jeder auf eigene Faust versuchen sollte, sich nach Łomża durchzuschlagen. Ich hoffte, dort bei meinem Onkel meine Eltern zu treffen.«

Die Polen benötigten Passierscheine, und Juden durften überhaupt nicht reisen. Awigdor sah, wie die Deutschen den Verkehr auf einer Brücke über den Narew kontrollierten. In der Nacht hätte er den Fluss durchschwimmen können, aber er wollte nicht im Dunkeln in einer fremden Stadt unterwegs sein. Er stellte fest, dass die Soldaten Fuhrwerke nicht anhielten. Ein Bauer stieg vom Wagen und ging zu Fuß über die Brücke, er führte sein Pferd. Awigdor hielt sich dicht hinter ihm. Auf diese Weise gab er sein Rollendebüt als Pole.

In Łomża ging er direkt zu seinem Onkel, traf ihn aber nicht zu Hause an. Ihm fiel ein, dass Tischa be-Aw war, der Tag der Trauer zur Erinnerung an die Zerstörung des Tempels in Jerusalem. Auf dem Hof sah er einen Minjan, und unter den zehn betenden Juden war auch sein Onkel. Niemand hatte von dem Massenmord in Jedwabne gehört, denn es gab kaum Verkehr, Nachrichten verbreiteten sich nur langsam. Sie hörten ihm zu, was er erzählte, und sahen ihn an wie einen Verrückten.

Awigdor Kochaw, damals Awigdor Nieławicki, der einzige lebende Augenzeuge, der am 10. Juli 1941 aus der Marschkolonne geflohen war, lebt seit über einem halben Jahrhundert in Israel, doch sein Polnisch ist so gut, dass mir erst seine Frage, wie die Jahreszeit zwischen Winter und Sommer heißt, zu Bewusstsein bringt, wie fern diese Sprache für ihn ist.

Er zeigt mir ein Bild mit der Unterschrift: »Wizna, 1937, fünfte Klasse der Tarbut-Schule« (Tarbut war eine in Osteuropa tätige zionistische Organisation, die junge Menschen auf ein Leben in Palästina vorbereitete). Der Blick bleibt an dem kleinsten Jungen hängen, der schelmisch unter der schief aufgesetzten Schulmütze hervorlugt. Das ist er. Weil er eine Klasse übersprungen hat, ist er kleiner als die anderen. In Polen wurde das Leben für die Juden immer schwieriger, und innerhalb eines Jahres emigrierten nicht weniger als vier Familien aus Wizna nach Uruguay, in die USA und nach Palästina – mitsamt den Kindern. Die vierte Klasse musste aufgelöst werden, die schlechteren Schüler wiederholten die dritte, und ausgezeichnete Schüler, wie Awigdor, kamen direkt in die fünfte Klasse.

Die Unterrichtssprache dort war Hebräisch, aber die Fächer Literatur, Geschichte und Geographie wurden auch auf Polnisch unterrichtet, denn so war gewährleistet, dass die dortigen Schüler das Recht hatten, den Unterricht an polnischen Schulen fortzusetzen. Die Anerkennung durch die polnischen Unterrichtsbehörden sicherte der Schule staatliche Zuschüsse. Der zunehmende Antisemitismus hatte zur Folge, dass 1937 laut Beschluss des Sejm die Zuschüsse zum jüdischen Schulwesen gestrichen wurden, so dass die Schulgebühr in der Schule von Wizna hoch war: sechs Zloty monatlich.

»Aus meiner Klasse sind drei am Leben geblieben«, erzählt Kochaw. »Dawid Pędziuch, erste Reihe Mitte, ist rechtzeitig nach Palästina ausgewandert, seine Schwester haben sie in Jedwabne verbrannt. Kron, rechts neben ihm, hat den Krieg in Russland überlebt. Na, und dann ich. Auf dem Bild ist auch Zalman Męczkowski, mit dem ich mich 1943 zusammen nach Ostpreußen durchschlagen wollte, der aber dann nicht zum verabredeten Treffen kam. Er hatte Familie in Palästina, hat also wahrscheinlich nicht überlebt, sonst hätte er sich nach dem Krieg bei ihnen gemeldet. Es sei denn, er wäre Pole geworden, aber das ist ausgeschlossen: Er war ja Zionist.«

In der Tarbut-Schule lernten sie Gedichte von Chaim Nachman Bialik – »unserem hebräischen Mickiewicz«, wie Kochaw ihn nennt – auswendig. In seinem berühmtesten Gedicht, dem nach dem Pogrom von Kischinjow im Jahre 1903 verfassten Poem »In der Stadt des Schlachtens«, beschuldigt der Dichter die Juden, während des Pogroms keinen Widerstand geleistet zu haben.

Entläufst du? Suchst ein Versteck im Hof? – Umsonst:
Dort ist ein Haufen Mist.
Da hat man zwei geköpft: einen Juden mit seinem Hund …
[…]
Du siehst? Da haben unreine Unbeschnittene
die reinen Töchter deines Volkes geschändet.
Auf eine zehn, auf eine zehn, die Mutter –
die Tochter vor Augen, und die Tochter –
die Mutter vor Augen
[…]
dort unter jenem Faß, bei jener Kiste,
haben versteckt gelegen atemlos
Verlobte, Brüder, Männer, Söhne und Väter,
[…]
Und vielleicht hat noch jeder von ihnen allein
für sich geflüstert still mit seinen Lippen:
»Tu, o mein Gott, ein Wunder …«
[…]

ist er, der Mann, aus dem Loch gekrochen,
zu Gott ins Bethaus gelaufen, Dank ihm beten
und dort dem Raw eine fromme Frage stellen:
»Ob er noch darf mit seinem Weibe weiterleben? ...«
[...]
wo deine Brüder, Hasmonäererben,
Enkelkinder ewiger Heiliger,
in jedem Loch drei Zehnermännerschaften,
an jenem Schächttag sich versteckten
und groß machten zwischen Mist meinen Namen ...
Entlaufen, wie Mäuse, versteckt, wie Wanzen,
und, wie Hunde, gestorben ...
[...]
Umsonst so gelebt, so gestorben,
[...]
In Wolken eingehüllt ihr Haupt, wird ewig
Meine alte Schechinah weinen still vor Buße,
[...]

(Übersetzung: Richard Chaim Schneider)

Viele Jahre später fand Kochaw in Haifa eine Lehrerin aus dieser Schule wieder, die rechtzeitig vor dem Krieg nach Palästina ausgewandert war. Ihr Mann, ein hoher Beamter in der Gewerkschaft Histadrut, fragte ihn, wie er überlebt habe. Da antwortete er, dass er der Verachtung entgehen wollte, die in Bialiks Poem sogar Gott selbst gegenüber den Opfern hegt.

»Es war die zionistische Erziehung, die mir die Kraft gab, nicht zu einem Lamm zu werden, das gehorsam zur Schlachtbank geht«, sagt er heute immer wieder zu mir.

»Als ich in der israelischen Armee war«, erzählt er, »wurde Druck ausgeübt, den Namen in einen hebräischen zu ändern. Wäre ich mit einem marokkanischen Juden in einer Einheit gewesen, hätte er ja den Namen Nieławicki nicht aussprechen können. Ich hatte Familie, und so beschloss ich, zusammen mit ihnen einen gemeinsamen Namen festzulegen. Mein Cousin, der später im Sechstagekrieg umkommen sollte, wählte den Namen Bnaja. Der gefiel mir nicht, und so ging ich meinen eigenen Weg. Ich machte Verwandte meiner Mutter ausfindig, die ›Stern‹ hießen, auf Hebräisch: ›Kochaw‹. Sie wurden zu ›Kochawi‹, denn damals war es Mode, eine polnische Endung hinzuzufügen. Das wollte ich nicht.« Der Name Nieławicki, wie Kochaws Familie in Polen hieß, ging laut Familienlegende darauf zurück, dass der Urgroßvater kurzzeitig der Besitzer des Guts von Nieławice gewesen war. Zu Zeiten des Großfürstentums Warschau, als der Code Napoléon galt, war es Juden erlaubt, Landgüter zu besitzen. Nach dem Verkauf des Gutes sei er nach Wizna gegangen, wo er sich ein großes solides Haus baute.

»Als meine Eltern das Haus einmal renovierten«, erinnert er sich, »kam unter der Farbe eine Aufschrift zum Vorschein: ›1812, Nieławicki‹. Ich brachte meine ganze Klasse her, um ihnen zu zeigen, wie lange das Haus schon in unserer Familie war.«

Dort ist Awigdor auf die Welt gekommen, dort verbrachte er seine ersten Lebensjahre, und dort, bei seinen Eltern, wohnte damals auch noch der Großvater Meir Hersz Nieławicki. Er war mit Lieferungen an das zaristische Heer reich geworden und kaufte das Anwesen Przestrzele in der Nähe von Jedwabne.

Awigdors Vater Icchak war eines von 13 Kindern; im Krieg gegen die bolschewistische Invasion 1920 kämpfte er in der Infanterie, u.a. bei der Verteidigung Warschaus.

Seine Schwester Menucha Perel starb, bevor sie seinen Neffen zur Welt bringen konnte. Sie war eines Tages auf angetrunkene polnische Burschen getroffen. Einer von ihnen sagte: »Ich muss einfach einen Juden umbringen« und erstach sie mit seinem Messer. Am nächsten Tag erhielten sie ihre Einberufung und entgingen so der gerechten Strafe.

Nach dem Pogrom von Przytyk im Jahre 1936, als die Juden, in Selbstverteidigung trainiert (sie besaßen sogar Schusswaffen), sich den Bauern entgegengestellt hatten, beschloss ein Onkel von Awigdor, Joszua, genannt Szyjek, auch die Juden von Wizna in Selbstverteidigung zu unterweisen, und legte einen Vorrat von Messern und Äxten an. Er war der Meinung, man müsse kämpfen, und bei Pogromen sollten die

Leute nicht länger davon ausgehen, dass nur Juden sterben werden. Als er das alles hörte, beschloss der kleine Awigdor, kein Polnisch mehr zu lernen, denn er würde ja doch nach Palästina auswandern. Er machte keine Hausarbeiten mehr und wollte vorne an der Tafel auch nicht mehr auf Polnisch antworten. Doch seine Mutter überzeugte ihn, dass Sprachkenntnisse nicht schaden konnten, außerdem konnte man die hebräische Schule ohne Polnisch nicht abschließen.

Bei ihnen zu Hause wurde Jiddisch gesprochen, aber seine Eltern beherrschten auch Polnisch, Hebräisch, Deutsch und Französisch. »Meine Mutter korrigierte mich, wenn ich mit dem Burschen aus der Nachbarschaft Polnisch sprach: ›Fuchtele nicht so mit den Armen, das ist die jüdische Art zu sprechen.‹ Das sollte später meine Rettung sein, als ich mich als Pole ausgab«, erinnert sich Kochaw.

Er erzählt: »Als der Sejm im Jahr 1929 eine Agrarreform verabschiedete, welche Juden dazu zwang, ihr Land zu verkaufen, verkaufte mein Großvater sein Eigentum und verlieh den Erlös an die Gutsherren von Janczewo, Krzewo, Bronowo und Bożejewo. Die brauchten dringend Geld, denn mit der Agrarreform trat auch die Verordnung zur Bodenverbesserung in Kraft. Schon bald ließen sie ihre Hunde von der Leine, wenn mein Großvater kam, um die Zinsen einzutreiben. Nur der Gutsherr von Bożejewo zahlte sein Darlehen regelmäßig ab.«

Alle Juden, die er kannte, wollten nach Palästina auswandern, sogar sein Onkel Becalel, der bei den Ulanen gedient hatte und früher, als sein Großvater noch Gutsbesitzer war, angeblich in der offenen Kutsche zwischen den Knechten umhergefahren war. Sein Vater machte Witze: sein Bruder fahre nach Palästina, in der Meinung, auch dort werde seine Arbeit sich aufs Herumkutschen beschränken.

»Meine ganze Familie wartete auf die Ausreise, doch niemand so sehnsüchtig wie ich«, sagt Kochaw, der nach dem Abschluss der siebten Klasse bei einem Nachbarn in die Tischlerlehre ging.

Sie konnten nicht ausreisen, weil es ihnen nicht gelang, das Geld von ihren Schuldnern einzutreiben. Großvater Stern, ein Mühlenbesitzer, hatte seiner Tochter Dina zur Mitgift ein großes Anwesen in Chudnie bei Nowogród gekauft, und sein Schwiegersohn hatte es an

Polen verpachtet. »Anfangs hatten sie gezahlt, aber als das Gerede anfing, die Juden wären schuld an allem Übel der Welt, hörten sie auf«, erzählt Kochaw. »Mein Vater zog vor Gericht. Die Pachtverträge waren viele Jahre gültig, daher konnten wir das Gut ohne abschließendes Gerichtsurteil nicht verkaufen. Kurz vor dem Krieg gewannen wir am Obersten Gerichtshof, doch das Geld bekamen wir nicht zurück. Um aber nach Palästina ausreisen zu können, musste man pro Person tausend Pfund Sterling auf einer Bank nachweisen und weitere tausend für die Reise besitzen.«

Aus der sowjetischen Besatzungszeit ist Kochaw vor allem im Gedächtnis geblieben, dass alle plötzlich arm wurden. Sein Vater ging zu Trener, der ein halber Deutscher war und im Rahmen des Hitler-Stalin-Pakts mit seiner Frau ins Reich ausreisen sollte. Der gab ihm zwei Kühe und ließ einen Wagen mit Essen beladen. »Wenn wir überleben«, sagte er zum Abschied, »dann treffen wir uns und rechnen ab, wie viel ich Ihnen noch schulde.«

Seine Heimatstadt Wizna wurde am zweiten Tag des deutsch-sowjetischen Krieges bombardiert. Ziel des Angriffs war eine Pontonbrücke, welche die Sowjets für Transporte über den Narew errichtet hatten. Der Marktplatz brannte ab, aber das Haus von Großvater Nieławicki blieb verschont. Die Bewohner verstreuten sich in die umliegenden Felder, und Awigdors Vater lud einen Teil seines Besitzes auf ein Fuhrwerk, denn sie wollten sich für eine gewisse Zeit auf dem Dorf verstecken.

»Da sehen wir sie plötzlich: gerade aus dem Gefängnis entlassen, betrunken und darauf aus, Juden zu verprügeln«, erzählt Kochaw. »Die Räuber holten uns ein. Sie schlugen uns mit Knüppeln und nahmen uns Pferd und Wagen weg. Ein Verwandter, der alte, kranke Fejbusz Lejman, war bei uns. Er wurde verprügelt und starb am nächsten Tag. Auf einem Feld haben wir die Nichte von Izrael Meir Dymnicki, dem Schmied, gesehen – sie war vergewaltigt worden. Trotz seiner siebzig Jahre war Meir Dymnicki von imposanter Gestalt. Während die anderen Juden flohen, blieb er zu Hause: ›Ich habe keine Angst, ich kenne hier alle.‹ Als die Meute kam, saß er auf der Bank vor seinem Haus.

›Her mit den Juden!‹, schrien sie. Als sich dann ein Jude fand, da prügelten sie ihn zu Tode.«

Sie kehrten nach Wizna zurück. Die Bewohner, deren Häuser bombardiert worden waren, hatten jüdische Häuser besetzt. Die Juden drängten sich in den wenigen Gebäuden zusammen, die man ihnen gelassen hatte. Die Nieławickis kamen beim Großvater auf dem Dachboden unter. In der Stadt hatten die »Partisanen« das Sagen (so nennt Kochaw sie), die in der Sowjetzeit im Gefängnis gesessen oder sich versteckt hatten. Jetzt schlugen sie Juden auf der Straße und schüchterten auch Polen ein: sie dürften ihnen nichts zu essen verkaufen und sie nicht bei sich zu Hause dulden.

»Die Deutschen nahmen sich die Polen zur Hilfe«, erzählt Kochaw weiter. »Ich erinnere mich an einen Burschen aus dem SN, er hieß Brzozowiak. Der war mit dabei, als sie die Juden zusammentrieben: ›*Jude arbeiten*!‹, schrie er. Zu denen, die er zusammentrieb, gehörte auch mein Großvater Nieławicki. Die Deutschen fuhren sie aus der Stadt heraus und erschossen sie. Am Tag darauf erschienen sie in der Ulica Srebrowska, wo sich beim Schmied Monko viele Juden eingenistet hatten. Sie befahlen den Männern, im Garten Gruben auszuheben, und erschossen sie. Die Frauen ließen sie in Ruhe. Doch als sie die beiden Goldmanns, Vater und Sohn, ermordet hatten, riefen seine Frau und seine Mutter verzweifelt: ›Tötet mich auch!‹ Und so geschah es. Das Gleiche war, als sie Kron erschossen: Seine Frau Chana bat darum, sie auch zu erschießen, was sie taten.«

Als der Bürgermeister von Wizna erklärte, nach dem Luftangriff und der Feuersbrunst in der Stadt gebe es keinen Platz mehr für die Juden, ging ein Teil nach Łomża, ein Teil nach Białystok, die meisten aber nach Jedwabne. Awigdors Eltern, Icchak und Dina Nieławicki, versteckten sich mit ihren Kindern bei ihrem Verwandten Eli Pecynowicz, der eine Mühle an der Straße nach Radziłów besaß, das war ganz in der Nähe von Jedwabne. Am Dienstag, den 8. Juli 1941 beschloss Icchak Nieławicki, nach Wizna zurückzukehren, um irgendwelche Sachen von einem befreundeten Polen abzuholen, und seine Frau wollte ihn begleiten. Sie sollten in zwei Tagen zurückkehren.

Am Mittwochabend kam eine Schulfreundin seiner Cousine Dewora Pecynowicz angelaufen, um sie zu warnen: »Morgen wird es mit den Juden vorbei sein, flieht!« Der Familienrat wurde einberufen, aber die Älteren nahmen die Gefahr, die ihnen von den Polen drohte, nicht ernst. Auch im Hinblick auf die Deutschen tröstete man sich: »In Wizna waren es ein paar Deserteure, die gemordet haben. Auf dieser Grundlage lässt sich nicht sagen, was die Deutschen tun werden. In Warschau leben die Juden schon seit zwei Jahren unter Hitler.« Awigdor jedenfalls beschloss, auf dem Feld zu übernachten, zwei seiner Vettern, Josef Lejb und Beniamin Pecynowicz, schlossen sich ihm an, der Rest der Familie schlief im Haus. Die Nacht war kalt, die Mücken dermaßen lästig, dass man nicht einschlafen konnte, und seine Cousins waren wütend. Es war noch dunkel, als seine Cousins zur deutschen Gendarmerie gingen – sie arbeiteten dort, d. h., sie striegelten die Pferde und hackten Brennholz für die Küche, so dass sie bereits im Morgengrauen erscheinen mussten. Awigdor wurde frühmorgens von Wagenrattern geweckt. Das wunderte ihn, denn es war ja kein Markttag. Kurz darauf drangen das Geräusch zerschlagener Scheiben und die Schreie von Frauen zu ihm. Ein Pogrom, wie er schnell begriff. Er machte sich auf dem Weg nach Wizna, um seine Eltern zu warnen. Drei Halbstarke verfolgten ihn. Da er drei Paar Hosen und Hemden trug, um im Schlaf nicht zu frieren, gelang es ihm nicht zu fliehen. Sie prügelten ihn, und einer sagte: »Warum sollen wir ihn auf den Marktplatz bringen, schlagen wir ihn lieber auf der Straße tot.« Doch das taten sie nicht. Vor einem der Häuser, an denen sie vorübergingen, stand eine alte Frau und lobte seine Verfolger: »Habt ihr einen Juden gefangen, dann bringt ihn zu den restlichen und macht mit allen auf einmal Schluss!«

Und so befand sich Awigdor Nieławicki am 10. Juli 1941 auf dem Marktplatz von Jedwabne in der Menge, die in den Tod geführt werden sollte. Als er dort ankam, jäteten die Juden das Gras zwischen den Pflastersteinen und sangen dabei: »Wegen uns Juden gibt es Krieg.« Die Polen hatten Rungen, Stöcke, Balken und Messer. Er entdeckte ein bekanntes Gesicht: Chonek Kubrzański, einen Fuhrmann aus Wizna.

»Der wollte das Lenindenkmal nicht tragen und hat sich gewehrt. Sie haben ihn mit Knüppeln geschlagen, bis er zu Boden ging«, erzählt Kochaw.

Man ließ sie in Viererreihen antreten und auf einer Straße marschieren, die aus der Stadt hinausführte. Er versuchte, in der Mitte zu bleiben, um möglichst wenig Schläge abzubekommen. Da aber jeder versuchte, sich auf diese Weise zu schützen, schwoll die Marschkolonne an und nahm die ganze Breite der Straße ein.

»Wir waren schon aus Jedwabne draußen«, erzählt er weiter, »als ich bei mir dachte: ›Sie töten mich sowieso, doch ich versuche zu fliehen.‹«

Die Flucht gelang. Er kam ins Ghetto von Łomża.

Eines Tages erschien dort der Bauer Pieńkowski aus der Nähe von Wizna, er war mit den Nieławickis befreundet und wollte sie besuchen. Er brachte Butter und Eier mit. Awigdor hatte seine Familie überredet, ihm ihren Besitz zu übergeben, denn nur bei einem Polen sei er sicher.

»Pieńkowski wehrte sich dagegen, er wisse nicht, wie er ihn zurückgeben solle, und er schäme sich, ihn zu kaufen und so die Situation auszunutzen«, erzählt Kochaw, dem daran gelegen ist, den Namen eines der wenigen ihm bekannten Polen, der Juden geholfen hat, vor dem Vergessen zu bewahren. »Das war eine Zeit, als die Leute mit Fuhrwerken vor den jüdischen Häusern auftauchten und alles für einen müden Groschen mitnahmen. In Łomża sollte ein Ghetto entstehen, und es kursierten Gerüchte, dass man nur zwanzig Kilogramm Gepäck mitnehmen darf. Am Vortag des Umzugs ins Ghetto brachte ich die Sachen meiner Familie zu Pieńkowski. An der Straße, die ins Ghetto führte, standen Leute, zerrten am Gepäck und machten sich lustig. Die Juden trösteten sich: ›Im Ghetto wird es Ruhe geben, irgendwie werden wir schon überleben.‹«

Erst im Ghetto von Łomża, wohin auch die wenigen überlebenden Bewohner von Jedwabne kamen, begriffen alle, was tatsächlich geschehen war. Awigdor wurde klar, dass das Rauschen, das er gehört hatte, als er im Korn lag, der Klang des gemeinsam vor dem Tod gesprochenen Gebetes »*Schma jisrael, adonaj elohenu, adonaj echad*« gewesen war (der Anfang dreier biblischer Verse: »Höre Israel! Der Ewige, unser Gott, der Ewige ist eins« – mit diesem Bekenntnis auf den Lippen sind die jüdischen Märtyrer aller Zeiten in den Tod gegangen).

Gemeinsam mit seinen Vettern Josef und Beniamin, die überlebt hatten, weil sie den ganzen Tag auf der Gendarmerie gewesen waren, zählte er die Verluste in ihrer Familie. Ein Pole sagte ihnen, dass er Eli Pecynowicz mit Frau und Töchtern in der Scheune gesehen habe. Awigdor begriff, dass er seine Schwestern Cypora und Chaja, die bei ihrem Onkel übernachtet hatten, nie wiedersehen würde. Er hörte sich in der Gegend um und fragte überall nach seinen Eltern. Die Familie aus Zambrów wusste nichts von ihnen. Auch Juden aus Piątnica, die ins Ghetto von Łomża gekommen waren, hatten Icchak und Dina Nieławicki nicht gesehen.

Im Ghetto wurden er und seine Familie anfangs mit dreißig Personen in einen Raum gepfercht, aber die Deutschen fingen an, Selektionen durchzuführen, und bald blieben kaum noch zehn von ihnen übrig. Der Judenrat organisierte Arbeitsbrigaden. Sie gingen am Montag hinaus, arbeiteten auf Baustellen, schliefen nebeneinander auf dem Boden und kehrten am Ende der Woche ins Ghetto zurück. Geld erhielten sie keines, nur einmal täglich zu essen. Bewacht wurden sie kaum. Die Deutschen wussten, dass die Juden das Ghetto als verhältnismäßig sicheren Ort betrachteten und keine Hoffnung hatten, außerhalb zu überleben.

Als er zwischen Drozdowo und Wizna arbeitete, schlich er sich einmal zu Pieńkowski. Der weinte vor Rührung. Er schlug ihm vor, nach der Arbeit bei ihm zu übernachten, und versprach, bei der Gendarmerie anzufragen, ob nicht er selbst ihn zur Arbeit auf seinem Hof mieten könne. Pieńkowskis Frau und Sohn sagten ihm immer wieder: »Du siehst gar nicht wie ein Jude aus, und Polnisch sprichst du so wie jeder von uns.« Sie waren es, die ihn auf den Gedanken brachten, er könnte als Pole überleben. Pieńkowski griff den Gedanken sofort auf: »Wir erzählen allen, dass du aus Wizna kommst, dort habe ich Familie; du hilfst uns bei der Kartoffelernte, bis der Krieg vorbei ist.« Damals war man überzeugt, die Deutschen seien im Begriff, den Krieg zu verlieren, und die Russen würden bald wieder einmarschieren.

Er schlich sich einige Male ins Ghetto, weil er »Begegnungen mit Juden brauchte« und außerdem seiner Familie Essen bringen wollte. Trotz der bedrohlichen Situation gab es einen gewissen Informationsfluss zwischen den Juden in der Gegend, und alle Nachrichten liefen im Ghetto zusammen. Dort erfuhr er, dass einige Juden nach wie vor in Wizna wohnten und bei Deutschen arbeiteten; dass sein Onkel Becalel, der immer den Herrn spielte und vor dem Krieg aus Palästina zurückgekommen war, überlebt hatte; dass ein Pole seine Eltern noch nach dem Pogrom in Jedwabne gesehen hatte und dass Rywka Leja, die in Wizna war, diesen Polen kannte. Das hatte ihm Rywka Kajzer bestätigt, der es gelungen war, mit ihrer Tochter vom Marktplatz in Jedwabne zu fliehen.

Eines Tages fasste er sich ein Herz und ging nach Wizna, und Rywka Leja sagte ihm, wie er dort den polnischen Nachbarn finden könne, der angeblich seine Eltern getroffen hatte. Er fand ihn, und der bestätigte ihm, er habe Icchak Nieławicki mit Frau und Töchtern noch danach gesehen. Er beschrieb ihre Kleidung und sagte, sie hätten erst nach Zambrów und dann nach Łomża gehen wollen.

Awigdor hielt noch lange an der Hoffnung fest und sprach kein Kaddisch für seine Eltern. Noch heute geht er verschiedene Versionen ihres Todes durch: eine erste, wonach seine Eltern nach dem 10. Juli irgendwo zwischen Zambrów und Łomża ermordet wurden; eine zweite, wonach sie auf einem Feld zwischen Wizna und Jedwabne den mordlüsternen Banditen, die in der Gegend ihr Unwesen trieben, zum Opfer gefallen sind; eine dritte schließlich, wonach sie doch in der Menge waren, die zur Scheune geführt wurde, denn ihm war, als habe er auf dem Marktplatz kurz das Gesicht seiner Mutter gesehen. Er vermutet, sein Gewährsmann könnte etwas durcheinandergebracht haben, denn wie hätten seine Schwestern bei den Eltern sein können, wo die Mädchen doch bei den Pecynowiczs geblieben waren.

Ein andermal besuchte Awigdor in Wizna ein Haus, in dem mehrere jüdische Familien wohnten, die bei der Gendarmerie beschäftigt waren. Als Hausmeister arbeiteten dort die beiden Brüder Sokołowicz, die vor dem Krieg eine Molkerei gehabt und Butter für den Export produziert hatten. Dort erfuhr er, dass Onkel Joszua sich bei einem Bauern versteckt hielt und dass sie in Wizna neue Dokumente ausstellten, denn das Rathaus war abgebrannt und das Melderegister sollte rekonstruiert werden. Da dachte er, es wäre besser, ein jüdisches Dokument zu haben als gar keins.

»Man erzählte sich, jeder Christ, der einen Juden versteckt, werde zum Tode verurteilt«, erzählt Kochaw. »Da bekamen es die Frau und die Tochter von Pieńkowski mit der Angst zu tun: ›Wir haben Angst, dass sie unseren Mann und Vater töten; wir können dir helfen, aber nicht so.‹ Ich hatte darauf gezählt, dass ich den Winter über bei ihnen bleiben würde, daher fühlte ich mich wie vor den Kopf geschlagen.«

Ins Ghetto wollte er nicht zurück, er glaubte nicht, dass es dort sicher wäre. Unterwegs durchs Dorf, bemerkte er, dass kein Pole ihn als Jude erkannte. Er würde den Polen spielen können, ging ihm auf. Über die Felder lief er nach Wizna. Er betrat das Rathaus, wo ein Beamter saß, der ihn nicht kannte. »Name?« »Wiktor Mielnicki.« »Vorname des Vaters?« »Ignacy«. »Vorname der Mutter?« »Eugenia.« Von selbst schrieb der Beamte in die Rubrik Religionszugehörigkeit: »katholisch«.

»Das war ein vorläufiges Dokument, ohne Foto«, erzählt er, »aber immerhin hatte ich jetzt etwas in der Hand. Ich erfuhr, dass ein Bauer bei Krankowo für seinen großen Hof einen Arbeiter suchte, denn den Sohn hatten sie nach Russland geschickt. Ich zeigte ihm die Bescheinigung. Als Lohn für die Arbeit versprach er Verpflegung. Mehr brauchte ich nicht, doch ich bat ihn: ›Vielleicht könnte ich ab und zu etwas bekommen, um es meiner Mutter zu geben?‹ Ich erzählte immer von meiner Mutter, meinem Großvater, meinen Brüdern, denn das unterschied die Juden von den Polen, dass die Polen Familien hatten. Er versprach mir einmal im Monat Mehl, und einmal Schinken.«

Aber jemand muss Awigdor doch erkannt haben, denn eines Tages kamen die Deutschen. Es war der Winter 1941/1942. Er dachte sich gleich, wer da angefahren kommt, er hörte es am Klang der Schlittenglocken (Polen durften keine Glocken verwenden). Im Heu versteckt, hörte er, wie der Bauer sich rechtfertigte: ›Ein Bursche arbeitet bei mir, ich weiß nichts von ihm, das muss man nachprüfen.‹ Sie stocherten mit Mistgabeln im Heu über seinem Kopf herum, fanden aber sein vorher vorbereitetes Versteck nicht. Gleich darauf floh er.

Er machte seinen Onkel Joszua ausfindig, der einen ganzen Monat bei einem Bauern auf dem Dachboden gesessen hatte und sicher war, sie hätten alle Juden außer ihm umgebracht. Der beschwerte sich bei seinem Neffen darüber, dass der Bauer ihm das Leben schwermachte und laut überlegte, ob er ihn den Winter über bei sich behalten soll.

»Für meinen Onkel wäre es unmöglich gewesen, einen Polen zu spielen, obwohl er arischer aussah als ich«, sagt er, um zu erklären, warum sie sich nicht zusammen versteckt haben. »Er war ein echter Zionist.«

Er ging von Dorf zu Dorf. »Der Herr sei gepriesen«, begann er, sich bekreuzigend, um dann seine Geschichte zu erzählen: er suche Arbeit, da er zur Zwangsarbeit nach Ostpreußen geschickt werden sollte und geflohen sei. Einen Schlafplatz bekam er meist im Stall über den Pferden oder in der Scheune, so dass er sich ein Versteck und einen Fluchtweg vorbereiten konnte. Einmal hörte er, wie die Bauern untereinander darüber sprachen, die Juden würden in den Sümpfen Erdverstecke bauen. Von seinem Onkel Becalel, den er schließlich ausfindig gemacht hatte, erfuhr er, dass sich ihre Verwandten, die Zacharewiczs – Awigdors Großmutter, eine geborene Zacharewicz, hatte drei Brüder: Szaja, Abraham und Izrael – in den Sümpfen versteckten.

Er überquerte die Biebrza und machte das Erdversteck ausfindig, in dem etwa dreißig junge Juden saßen – die alten und die Kinder waren umgekommen. Sie hatten Geld, mit dem sie bei den Polen Essen kauften, und zwei Revolver. Sie träumten davon, sich den Partisanen anzuschließen, aber in dieser Gegend gab es keine Partisanen, die Juden aufgenommen hätten.

»Ich wollte nicht bei ihnen bleiben, weil ich nicht daran glaubte, dass sie überleben würden«, sagt Kochaw. »Zu viele Einheimische wussten, dass die Juden sich irgendwo in den Sümpfen verstecken. Im Übrigen boten sie es mir auch nicht an, denn sie waren selbst sehr arm.«

Szaja Zacharewiczs Sohn Daniel, den er gut kannte, da er bei ihnen gewohnt hatte, als er in Wizna zur Schule ging, sah aus wie ein hundertprozentiger Pole und sprach ein Polnisch wie auf dem Dorf. Awigdor bat ihn: »Komm mit mir, die einzige Chance besteht darin, einen Goj zu spielen.« Doch Daniel wollte nicht. Stattdessen riet er ihm, seine Schwester ausfindig zu machen, die sich vor dem Krieg hatte taufen lassen und einen Polen geheiratet hatte, ihr Schwager sei ein guter Mensch. Zu dem ging er, und er fand Arbeit für ihn.

»Er verabredete mit einem Juden aus Tykocin, einem Sattler, der in der Gegend mit Erlaubnis der Deutschen arbeitete, mich als polnischen Lehrling zu empfehlen«, erinnert er sich. »Wir aßen mit den Bauernfamilien aus einem einzigen Kessel – ich als Pole saß mit ihnen am Tisch, er als Jude saß abseits und bekam die Reste. Er ließ sich nie anmerken, dass er wusste, wer ich war. Am Samstag ging er ins Ghetto zurück, ich blieb bei den Bauern.«

Einmal traf er einen Burschen, der vom Bauernhof eines Deutschen in der Nähe von Klaipeda geflohen war und ihm erzählte, die Männer seien an der Front, und die auf den Höfen zurückgebliebenen Frauen brauchten Arbeitskräfte. Das erzählte er seinem Klassenkameraden Zalman Męczkowski, der arisch aussah und in einer Mühle als Pole arbeitete: »Mein Dokument ist nicht viel wert, und in dieser Gegend besonders wenig, denn wenn ich so nah an meiner Heimat wohne, warum verlängere ich es dann nicht? Gehen wir nach Ostpreußen, dort haben sie seit 1939 nicht mehr mit Juden zu tun gehabt und erinnern sich nicht, wie sie aussehen, und die Polen sind geflohen, weil die Arbeit zu schwer für sie ist.«

Sie verabredeten sich, am 5. November gemeinsam nach Ostpreußen aufzubrechen. Aber die Deutschen hatten beschlossen, an Allerheiligen 1942 die Stadt von den restlichen Juden zu säubern und sie ins Ghetto von Łomża zu bringen.

»Am Vorabend hatte ich mit den Burschen vom Dorf getrunken – ich hatte schon gelernt, Wodka zu trinken«, erzählt Kochaw. »Nachts kam ich so betrunken zurück, dass ich nicht in mein Versteck ging und nicht mal die Leiter hochzog. Es dämmerte, als ich über mir eine Stimme hörte ›Ein Jude, ein Jude!‹ Ich tat so, als würde ich schlafen.

Dann bekam ich einen Tritt: ›Steh auf, Jude, verdammt noch mal!‹ Ich darauf: ›Zum Teufel auch, ich bin Landadel, und du hältst mich für einen Juden?‹ Ich drehte mich auf die andere Seite und tat so, als würde ich weiter meinen Rausch ausschlafen. Die Bauern sagten: ›Wenn er ein Jude ist, dann nehmt ihn mit.‹ Aus ihren Gesprächen verstand ich, dass sie alle Juden in der Gegend einfangen sollten. Sie brachten mich zum Bürgermeister. Dort saßen bereits zwei ältere Juden aus dem Ghetto von Łomża, die man als Arbeitskräfte gemietet hatte. Ich wusste nicht, wie meine Verfolger darauf gekommen waren, dass ich Jude war, aber ich wusste, dass dies mein Todesurteil bedeutete. Ich ging zur Bank an der anderen Seite des Raums: ›Ich werde doch nicht neben Juden sitzen!‹«

»Ich blieb mit einem einzigen Aufpasser zurück«, erzählt er weiter. »Ich sagte ihm: ›Die wollen mich zur Arbeit einziehen, dabei bin ich gerade aus Ostpreußen geflohen. Ich bin kein Jude‹, und tat so, als ob ich meine Hose herunterlassen würde. Daraufhin sagte er: ›Nicht vor mir, das wird ein Deutscher nachprüfen.‹ Ich erzählte Judenwitze und fragte ihn: ›Wie kannst du als Bruderpole mir so etwas antun?‹ Aber nichts half. Ich versuchte es anders. Ich tat so, als würde ich einschlafen, und da nickte er ein. Meine Arme und Beine waren frei, der Tod, dachte ich, wartet ohnehin auf mich, aber vielleicht würde es mir ja gelingen zu fliehen. Da sprang ich zur Tür und lief davon. Er schrie: ›Fangt den Juden!‹ Ein Bursche rannte hinter mir her und hielt mich fest. Da sehe ich, das ist einer von denen, mit denen ich gestern getrunken habe. Ich sage: ›Stanisław, lass mich los, ich bin kein Jude, sie wollen mich nach Ostpreußen schicken.‹ Da ließ er mich los. Sie fingen an, auf mich zu schießen, und ich lief über den Gutshof. Da waren vier Hunde, aber keiner bellte – ich habe mich immer gut mit Hunden verstanden.«

Er nächtigte in den Sümpfen. Am Morgen traf er eine Bekannte aus dem Ghetto von Łomża, die Tochter von Farberowicz aus dem Dorf Krzewo, deren Mann sie erschossen hatten. Sie hatte ihre beiden kleinen Söhne dabei und bat ihn inständig: »Awigdor, ich weiß, dass du als Pole durchgehst, nimm meinen Szmulek mit.«

»Aber ich bitte Sie, ich konnte ihn doch nicht mitnehmen. Er sprach ganz schlecht Polnisch.«

Das war das einzige Mal, dass er sich in seiner Erzählung direkt an mich wandte, als wollte er mich zur Richterin anrufen.

Was weiter mit Raszka Farberowicz geschehen ist, wissen wir aus dem Zeugnis, das Izrael Lewin aus Wizna in Yad Vashem hinterlegt hat. Ihr Mann war erschossen worden, im Krankenhaus, wo er während der Liquidierung des Ghettos lag. Sie versteckte sich mit ihren Kindern, bis sie sich eines Tages in einen Teich stürzte und ertrank, wie ihm polnische Bekannte erzählt hatten. Die Kinder wurden von den Deutschen umgebracht.

Zalman war nicht am vereinbarten Treffpunkt. Er entschied sich, allein über den Narew zu fahren. Unter einem Feldstein versteckte er seine Dokumente und die Briefe seiner Mutter. Nur ihr Passfoto behielt er, denn darauf trug sie – in Trauer um ihren Vater – eine Kette mit schwarzen Perlen, die sich so verheddert hatten, dass sie wie ein Kreuz aussahen.

»Ich bestieg eine Fähre und half beim Abstoßen, denn ich wusste, wie man das macht, niemand fragte mich«, erzählt er. »Ich konnte gut schwimmen und reiten und Schlittschuh laufen – und rudern, das half mir. Ich bekam gleich eine Arbeit, Steinfundamente errichten, für zwei Mark am Tag. Ich hätte umsonst gearbeitet, aber das konnte ich ja nicht sagen. Nach zwei Wochen kam der Bauer und sagte, sie würden Juden suchen, die aus Zambrów geflohen waren, und die Dokumente überprüfen. Da floh ich. Die Ufer des Narew waren zugefroren. Ich zog mich aus und hielt die Schuhe und Kleider über meinen Kopf, anfangs trug das Eis, aber dann brach es, und ich schwamm ein, zwei Kilometer mit der Strömung. Danach war ich so durchgefroren, dass ich mich nicht anziehen konnte.«

Er suchte weiterhin Arbeit und erzählte, er sei vor der Zwangsarbeit bei einem deutschen Bauern geflohen. Er trainierte sich eine Geste an, als würde er etwas in der Tasche suchen und dann zufällig auf die polnische Bescheinigung aus Wizna stoßen – ein sicheres Zeichen, dass er kein Jude war. Er kaufte sich handgewebte Hemden, wie sie die Bauern trugen. Ging in Landgasthöfe und hörte sich dort die Erzählungen der Einheimischen an, die in Ostpreußen gewesen waren, um sich die Ortsnamen zu merken. Die Erzählungen von seinen Abenteuern, denen die Bauern gerne lauschten, reicherte er mit Gehörtem an. Er lernte Gebete und Weihnachtslieder auswendig, nichts sollte ihn von den Polen unterscheiden.

Nach Ostpreußen war er mehrere Monate lang unterwegs, die Grenze überschritt er in der Nähe von Kolno.

»Dort gab es viele deutsche Einzelhöfe, aber es gab auch Polen«, erzählt er. »Da waren Sümpfe, in denen man sich nachts verstecken konnte. Am frühen Morgen schlich ich mich an ein Haus, und wenn ich den polnischen Satz hörte: ›Mach Platz, verdammte Scheiße‹, da wusste ich, das ist ein Pole, der seine Kuh melkt, und ging und bat ihn um Arbeit. Ich sagte, ich wäre aus Klaipeda geflohen, und erzählte immer etwas Interessantes von der Flucht, dann gaben sie mir zu essen, und ich half auf dem Bauernhof.«

Er blieb immer ein paar Tage an verschiedenen Orten. Dabei ernährte er sich von Milch, die er den Kühen auf der Weide abmolk, und grub auf den Feldern Steck- und Zuckerrüben aus.

Einmal kam er zu einem abgelegenen Haus, das von einem Hain umgeben war, und dieses Anwesen und die Bauersleute gefielen ihm so gut, dass er davon träumte, bis Kriegsende dort zu bleiben. Er wollte, dass sie ihm glaubten, also sagte er, er würde zu seiner Mutter gehen und ihr sagen, dass er Arbeit gefunden habe, damit sie sich keine Sorgen macht. Er meinte, die Geschichte von seiner Mutter würde ihn vor dem Verdacht schützen, er könnte ein Jude sein. Zehn Tage lang trieb er sich ohne Nahrung in der Gegend herum, dabei gab es bereits Frost.

»Ich kehrte verfroren und ausgehungert, aber als echter Pole zurück«, sagt er.

Sein schlauer Plan brachte ihm aber lediglich einige ruhige Wochen ein.

»Sie hätten mich bis Kriegsende bei sich behalten, aber es stellte sich heraus, dass dort Leute herumfuhren und die Papiere überprüften – es ging nicht einmal um Juden, sondern um alle möglichen Flüchtlinge, aber ich hatte ja überhaupt keine Papiere.«

So kehrte er in seine Heimat zurück. Einmal hörte er von Bauern, dass »sich hier irgendein Jud rumtreibt«. Er fand ihn in einem Wäldchen: einen Mann in seinem Alter, abgerissen, unrasiert und dreckig. Das schnürte ihm die Kehle zu, schon lange hatte er keinen Juden mehr gesehen. Das letzte Mal hatte er einen Juden aus Russland getroffen und der hatte ihm die Hatikwa vorgepfiffen, die Hymne der Zionisten (und spätere Nationalhymne des Staates Israel). Jetzt stimmte er seinerseits die Hatikwa an und merkte, dass der Bursche die Melodie kannte. Er sagte: »*Am jihudi*«, »Ich bin Jude.« Der andere antwortete auf Jiddisch. Er hieß Lajbel Kadysz und war aus Stawiski. Er hielt sich in den Wäldern versteckt. Von Zeit zu Zeit ging er in ein Dorf; sein Vater hatte viele Bauern in der Gegend gekannt, hier und dort bekam er manchmal ein Stück Brot. Täglich träumte er davon, auf Partisanen zu treffen und sich ihnen anzuschließen.

»Wir hörten die sowjetischen Geschütze, und ich spürte, dass das Kriegsende nahe war«, erzählt er. »›Die Deutschen machen sich schon zur Flucht bereit‹, sagte ich. ›Pass lieber auf, denn hier gibt es eine Partisanengruppe namens NSZ, die würden dich nur zu gerne umbringen.‹ Ich half ihm, an bessere Kleidung zu kommen, und sagte ihm, er solle sich als Pole ausgeben. Wir verabredeten uns, uns in Erez Israel zu treffen.«

Awigdor kam dann zu Bauern, die ihn wie einen Sohn behandelten. Eines Nachts, bereits im März 1944, war plötzlich Bewegung auf dem Hof, und er hörte, wie jemand sagte: »Wir sind das polnische Heer.« Dort richteten sie dann für einen Monat ihre Basis ein. Einmal fragten sie ihn, ob er sie nicht nach Ostpreußen führen würde, denn dort wollten sie Waffen erobern. Er glaubte ihnen nicht, sondern war sicher, sie wären dahintergekommen, dass er Jude war, und wollten ihn umbringen, nur nicht auf dem Hof eines Polen. Aber er ging mit ihnen, denn er hatte ja keine Wahl.

Hinter der ostpreußischen Grenze zeigte er ihnen einen Ort, wo einige Zwangsarbeiter waren, darunter ein Franzose, ein Weißrusse und ein Ukrainer, die von einem einzigen Deutschen bewacht wurden. Sie machten einen Überfall und befreiten die Arbeiter, doch die wollten sich ihnen nicht anschließen. Sie fesselten den Deutschen und nahmen ihm die Waffe ab. Erst da glaubte er ihnen, dass sie wirklich Partisanen waren.

»Sie nannten sich ›Heimatarmee‹ – vorher hatte ich diesen Namen nie gehört«, erzählt er. »Ihr Ziel war, Polen von den Deutschen zu befreien und einen unabhängigen, nichtkommunistischen Staat zu errichten. Ich wollte mich ihnen anschließen, aber ihr Führer sagte, bei ihm in der Abteilung wären Angehörige der Intelligenz und Studenten, die sich im Wald verstecken müssten: ›Solche wie dich haben wir lieber in den Häusern, als Unterstützung.‹ ›Aber ich habe kein Haus‹, sage ich. ›Ich bin aus Ostpreußen geflohen, die Deutschen suchen mich, ich will für das Vaterland kämpfen.‹ Und so blieb ich. Einige von ihnen waren Antisemiten, aber sie hatten nicht diesen Hass in sich, den ich aus meiner Heimatgegend kannte. Nur einer erzählte, wie er einmal Juden getötet hätte. Der Rest machte sich nur über die Juden lustig und sang antisemitische Lieder.«

Awigdor erinnert sich, dass die Abteilung im Herbst 1944 den Befehl bekam, nach Warschau zu gehen, um dort den polnischen Aufstand zu unterstützen, der in der Hauptstadt am 1. August begonnen hatte, aber als der Aufstand zusammenbrach, kam ein neuer Befehl: Sie sollten sich auflösen und die Waffen vergraben. Wieder war er allein. Zufällig erfuhr er, wie Kadysz gestorben war. Die Bauern fingen ihn, er aber riss sich los, woraufhin sie ihn jagten, einfingen, aus dem Dorf führten und zweimal auf ihn schossen. Obwohl verwundet, versuchte er zu fliehen, da fingen sie ihn wieder ein; er schaffte es, einem von ihnen die Waffe abzunehmen, konnte aber nicht schießen. Seine Verfolger waren in der Überzahl, sie fesselten und töteten ihn.

»Wir hatten einander versprochen: ›Wenn du nicht überlebst, werde ich versuchen, dich zu rächen, und wenn nötig, tust du das Gleiche für mich‹«, erzählt er. Und fügt hinzu: »Ich fand dieses Dorf und blieb einen Monat dort, bis vollbracht war, was ich versprochen hatte.«

Mehr konnte ich nicht in Erfahrung bringen. Nur so viel, dass es später in der Gegend hieß, der Jude habe sich aus dem Grab heraus gerächt.

Er hatte Angst, in Wizna aufzutauchen, er meinte, wenn man ihn erkannte, würde das sein Todesurteil bedeuten. Stattdessen fuhr er nach Łomża, er wollte einen Juden treffen, egal wen. Einmal ging er hinter jemandem her, weil er ihn für einen Juden hielt. Seinen Irrtum erkannte er in dem Moment, als der Mann zu seinem Haus kam und ihm zwei Enkelkinder entgegenliefen. Er wusste ja, dass es keine jüdischen Familien mehr gab. Er war 18 Jahre alt und ganz allein auf der Welt.

Die Geschichte jedes Holocaust-Überlebenden besteht aus Hunderten richtiger, rasch getroffener Entscheidungen. Oft sprechen sie von Instinkt, Intuition oder Vorsehung. In der Erzählung von Kochaw sticht die eiserne Konsequenz hervor, mit der er seinen Überlebensplan umsetzte: einen Polen zu spielen. Seine Risikoanalyse war exzellent, und er schätzte seine Chancen fehlerlos ein, obwohl er noch ein Jugendlicher war.

Er wollte in die Rote Armee eintreten, denn er wusste, militärische Fähigkeiten würden in Palästina sicherlich von Nutzen sein. Doch er wurde nicht genommen. Dann meldete er sich bei der polnischen Armee, wo er, im Gegenteil, herzliche Aufnahme fand: »Polen ist jetzt kommunistisch und als Jude kann man sogar Flieger werden«, sagte man ihm.

»Ich stieg mit meinem Marschbefehl in einen Zug«, erzählt er. »Dort traf ich zwei Soldaten aus der Berling-Armee[1] und bemerkte, dass es Juden waren. Von denen hörte ich, in der kommunistischen Armee gebe es genauso viel Antisemitismus. ›Wir warten auf eine Gelegenheit, um zu verschwinden. Alle Juden treffen sich in Białystok. Das Kennwort lautet ›*Am-chu*‹ [›Unser Volk‹].‹«

In Białystok traf er am 11. Mai 1945 ein. Er stellte sich mitten in der Stadt hin, sagte »*Am-chu*« und gleich kam jemand auf ihn zu und zeigte ihm, wo das Zentralkomitee der Polnischen Juden (CKŻP) seinen

1 Ohne Beteiligung der polnischen Exilregierung in den Jahren 1943/44 in der Sowjetunion aufgebaute polnische Armee.

Sitz hatte. Dort machte er eine Aussage über seine Erlebnisse während des Krieges. Gemeinsam mit ihm sagte ein Jude aus Kolno aus, der sich als Russe ausgegeben hatte, und ein anderer mit blonden Haaren und blauen Augen aus Szczuczyn, der den Polen gespielt hatte.

Letzterer erzählte, es seien schon die sowjetischen Geschütze zu hören gewesen, als es in seiner AK-Abteilung geheißen habe, sie würden Polen von Kommunisten und Juden reinigen. Als jemand ihnen zugetragen habe, in den Sümpfen östlich der Biebrza versteckten sich Juden, seien sie gleich dorthin gefahren, hätten ein Erdversteck gefunden, Granaten hineingeworfen und alle herausgetrieben. Sie hätten sie eine Grube ausheben lassen und hätten alle, einschließlich der Verwundeten, erschossen. Er erinnerte sich, wie diese Juden aussahen: groß gewachsen und blond, mit Schnurrbärten, und ein Kleiner, Dunkler unter ihnen. Den hätten sie die Leichen zuschütten lassen und ihn anschließend erschossen. Aus seinem Bericht erkannte Awigdor das Erdversteck wieder, das er besucht hatte, und auch Zajman Zacharewicz, den einzigen Dunkelhaarigen in der Familie Zacharewicz.

Im jüdischen Komitee hingen Bekanntmachungen, dort suchte man nach seiner Familie. Er schrieb: »Ich lebe. Bin am 19. Mai hierhergekommen – Awigdor Nieławicki«, aber niemand meldete sich. Dagegen sah er an der Tafel, dass ein 1940 geborenes Mädchen aus der Familie Zacharewicz aus Styczkowo lebte. Aber es stellte sich heraus, dass sie bereits nicht mehr in Białystok war. Um dieses kleine Mädchen zu finden, die Einzige, die aus ihrer ganzen großen Familie überlebt hatte, zog er in ganz Polen Erkundigungen ein, fand sie aber damals nicht. Erst 1953 in Israel stieß er auf ihre Spur, sie lebte in einem Kibbuz in der Nähe von Haifa.

Noch in Białystok schloss sich Awigdor dem, wie er es nannte, »zionistischen Untergrund« an, der Bricha. Er bekam ein Mädchen aus Litauen zugeteilt, um das er sich kümmern sollte, dann machten sie sich auf den Weg. Ihre erste Station war Będzin in Schlesien gewesen, wo sie in einem Mietshaus, das vor dem Krieg einer jüdischen Organisation gehört hatte, einen Kibbuz einrichteten. Dort fanden sie eine Bibliothek mit Büchern in Jiddisch und Hebräisch, die allerdings zerrissen waren, also klebten, banden und katalogisierten sie sie. Dort gab es auch polnische Bücher; damals kam er mit dem Kanon der polnischen Literatur in Berührung. Das nächste Mal nahm er ein halbes Jahrhundert später ein polnisches Buch in die Hand: *Nachbarn* von Jan Tomasz Gross.

Awigdor, damals 18 Jahre alt, gehörte zu den älteren Kibbuzniks. Sie besaßen Waffen, die sie von jüdischen Deserteuren aus der Roten Armee bekommen hatten. Er richtete im Ofen ein Waffenversteck ein und stellte jede Nacht bewaffnete Wachen auf.

»Ich sah voraus, was später in Kielce passieren sollte«, erzählt er. »Als es geschah, war ich schon in Palästina und dachte, dass wir ja genau darauf jede Nacht vorbereitet gewesen waren. Wir wären auch umgekommen, aber vorher hätten wir geschossen.«

Sie reisten mit gefälschten Pässen als griechische Juden aus. Ihre erste Kontaktstelle war das Hotel »Jeleň« in Bratislava, die nächste in Holland, von wo aus die Jüdischen Brigaden sie nach Marseille brachten. Dort wurden sie eines Nachts aufs Schiff gepfercht, 750 Menschen, dicht an dicht wie Sardinen. In der Nähe von Haifa wurden sie von den Engländern aufgebracht; wie durch ein Wunder gelangten sie ans Ufer, obwohl die Engländer damals Hunderte Juden auf Zypern internierten.

Im März 1946 war Awigdor bereits in Palästina. Er trat in die Hagana, die Untergrundarmee, ein und nahm danach, bereits als regulärer Soldat, an den von Israel geführten Kriegen teil. Anfangs lebte er in einem Kibbuz, aber als er heiratete und ihm ein Sohn geboren wurde, protestierte er gegen die Kibbuzregeln, nach denen ein Kind getrennt, ohne Eltern, erzogen werden sollte, und begann mit seiner Frau ein Leben auf eigene Faust. Er arbeitete als Landwirtschaftsmechaniker sowie als Flugzeugmechaniker bei der El AL.

Nach meiner Rückkehr nach Polen ließ ich die hebräische Aussage übersetzen, die Kochaw im Jahre 1968 für Yad Vashem gemacht hatte. Mosze Holender, der sein 48-seitiges Zeugnis aufschrieb, notierte: »Seine Erinnerungen kamen ohne mein fragendes Zutun aus seinem Gedächtnis. Er sprach viele Stunden lang, als würde er etwas ablesen, das er, genau und der Reihe nach aufgeschrieben, vor Augen hatte. Er sprach laut, klar und war aufgeregt, als er das hier erzählte« (nicht anders als er 30 Jahre später mit mir sprach). Und weiter: »Er behauptete, die meisten Juden aus seiner Heimatstadt Wizna seien in Jedwabne verbrannt worden, und das sei mit Erlaubnis der Deutschen geschehen, aber von den Polen durchgeführt worden.« Gleich dahinter findet sich eine Notiz des Protokollanten: »Diesen Abschnitt verstehe ich nicht.«

Aufzeichnungen

11. Juli 2001

Ich nehme Antonina Wyrzykowska zum morgendlichen Gottesdienst in die Warschauer Synagoge mit. Rabbi Michael Schudrich dankt Antonina feierlich, indem er ihr eine Menora überreicht.

»Frau Wyrzykowska, die sieben Juden aus Jedwabne gerettet hat, erinnert uns daran, wie wir unser Leben leben sollten.«

»Unsinn«, flüstert mir Antoninas Sohn ins Ohr, »ein guter Mensch hat ein verpfuschtes Leben.«

Ich fahre Antonina und ihren Sohn nach Milanówek zurück.

»Was du bekommen hast, kannst du in die Ecke werfen«, sagt ihr Sohn. »Genau wie die, die du gerettet hast: Haben sich in Florida getroffen, dich eingeladen und dir dann in der Synagoge Trockenblumen überreicht. Hätten sie nicht hundert Dollar im Briefumschlag dazulegen können?«

Ich bekomme die Menora, das Geschenk, das der Rabbi ihr in der Synagoge überreicht hat. Und dazu noch einen Sack Nüsse aus dem Schrebergarten ihres Nachbarn, drei Gläser eingelegte Pilze, eines mit einem Stück Pflaster drauf, dort hat sie Honig in den Essig getan, ein heiliges Bild aus Jerusalem und zwei Gebete an Herrn Jesus. Jedes Mal, wenn ich Antonina besuche, überhäuft sie mich mit Geschenken, zu denen sie oft noch Dinge mit jüdischer Symbolik oder hebräischen Aufschriften hinzufügt. Sich von problematischen Geschenken zu befreien, ist für sie eine Erleichterung.

Nachmittags besuche ich Rabbi Baker im Gästehaus der Regierung in der Ulica Parkowa. Ich habe einen Plan von Jedwabne mitgebracht und möchte, dass er mir dabei hilft festzustellen, wer wo gewohnt hat.

Aber der Rabbi kann kaum noch sehen und ist nicht imstande, irgendetwas zu entziffern. Ich versuche zu erfahren, wie seine gestrige Begegnung mit Pfarrer Orłowski in Jedwabne verlaufen ist, die von der Presse so hochgespielt wurde.

»Darüber werden wir nicht sprechen«, antwortet für den Rabbi sein Schwiegersohn Lester Miller, ebenfalls ein Rabbiner. »Wir sind hierhergekommen, um Frieden und Liebe zu verkünden.«

12. Juli 2001

Wir fahren mit Familie Geva nach Jedwabne. Ein Kleinbus des amerikanischen Fernsehteams von CBS, das eine Reportage für das Programm »60 Minutes« vorbereitet, nimmt uns mit. Jakow Geva (ehemals Pecynowicz) redet die ganze Zeit, und seine Augen lachen dabei. »Ich fühle mich wie zwanzig«, erklärt er. Er erinnert mich an den Patienten einer psychologischen Praxis, der nach der Überwindung eines Traumas endlich zu guten Erinnerungen vordringt.

Seine drei Töchter Rywka, Chaja und Rachel, alle um die vierzig, energisch und herzlich, reden durcheinander. Rachel erzählt mir die Geschichte ihrer Eltern.

Sie haben sich 1947 auf Zypern kennengelernt, wo in einem Lager Juden festgehalten wurden, die versucht hatten, illegal nach Palästina zu gelangen.

»Sie waren beide allein, ohne Familie, und hatten das Gefühl, sie hätten niemanden mehr auf der Welt. Dort erfuhr Papa, dass die Polen seine gesamte Familie verbrannt hatten. Mama hatte ihren Mann und ihre kleine Tochter in Russland verloren. Sie war in Warschau geboren und hatte studiert, bei ihr zu Hause sprach man Polnisch. Sie konnte weder Jiddisch noch Hebräisch, doch Papa wollte mit ihr nicht Polnisch sprechen.«

»Nicht ein polnisches Wort ist mir rausgerutscht«, ergänzt Jakow.

»Mein Vater brachte meiner Mutter Jiddisch bei, und so haben sie das ganze Leben miteinander gesprochen«, fährt Rachel fort. »Alle um uns herum bemühten sich, Hebräisch zu sprechen, aber mein Vater bestand darauf, in der Sprache seines Elternhauses zu sprechen.

Beide wurden von Erinnerungen gequält. Mama konnte nicht mehr glücklich sein, und in unserem Haus zu leben war schwer. Wir wollten nicht so sein wie unsere Eltern, wir wollten uns ihre Leidensgeschichten nicht anhören. Als ich sieben Jahre alt war, sah ich unter meinem Kopfkissen nach, ob dort auch keine Nazis wären. Wir wollten uns stark fühlen, wie die anderen, dank der Stärke eines jungen dynamischen Staates mit seiner Armee und seinen Kibbuzim. Wir schämten uns für unser Elternhaus, dafür, dass unsere Eltern Jiddisch sprachen, dass sie zu alt für Eltern waren und sich anders kleideten als die Leute aus den Kibbuzim. Es war unser Traum, Eltern zu haben, die in einem Kibbuz geboren wurden. In ihren letzten Lebensjahren erinnerte sich Mama, die an Alzheimer litt, nur noch an Polnisch. Wir stellten eine Frau aus Polen ein, um sie zu pflegen. Zwar hatten wir Angst vor der Reaktion unseres Vaters, doch Barbara war so nett, küsste Mama und nannte sie ›Liebling‹, dass sogar Papa anfing, mit ihr Polnisch zu sprechen.«

»Heute sind wir stolz auf Papa – wegen all dem, was er erlebt hat«, mischt sich Rywka ein. Diesen Satz greifen die Schwestern auf und wiederholen ihn noch einmal, für mich auf Englisch und für ihren Vater auf Jiddisch.

Als wir nach Jedwabne kommen, verhält sich Jakow Geva wie ein Bauer, der uns auf seinem Land herumführt. Er möchte mit den Nachbarn aus seiner Straße sprechen. Nicht darüber, was am 10. Juli geschehen ist, sondern über seine Stadt, so wie er sie in seiner Erinnerung bewahrt hat.

»Wir hatten Truthähne, Enten, Gänse und Hühner. Wir kauften eine Färse und gaben ihr dreimal täglich Vollkornmehl, Kartoffeln und Heu«, erzählt er und findet dabei genau die richtigen polnischen Wörter wieder. »Nach anderthalb Monaten hatten wir dann Schmalz und Wurst für ein ganzes Jahr. Meine Mutter stand die ganze Zeit am Herd, und wenn jemand kam, dann bewirtete sie ihn. Nach der Kornernte erlaubte mein Vater es einer Polin aus der Nachbarschaft, die Ähren, die auf dem Feld geblieben waren, einzusammeln. Wir gehörten zu den reicheren Leuten in Jedwabne. Was es hieß, reich zu sein in Jedwabne? Das hieß, wie ein Mensch zu leben. Aber nicht etwa, ein Auto zu haben. Es gab damals überhaupt nur ein einziges Auto in der Stadt, das gehörte Kuropatwa, der Geld verdiente, indem er die Leute zwischen Łomża und Jedwabne hin und her kutschierte. Bei uns zu Hause gab es alles, und obwohl um uns herum fast alle fliehen wollten, dachten wir nicht ans Auswandern.«

Wir sind auf dem Alten Markt von Jedwabne und gehen durch die Ulica Szkolna, eine Kopfsteinpflasterstraße, in der einst die Synagoge stand. Heute steht dort ein Schweinestall.

Godlewski empfängt Familie Geva im Rathaus. Bei dieser Gelegenheit spreche ich mit einem Gemeindebeamten: »Sicherheitsleute waren bei den Feierlichkeiten zahlreicher als Gäste. Sie haben sich hier umgezogen und nachgeprüft, ob ihnen die Halfter nicht unter den Anzügen herausstehen. Sie sagten zu uns: ›Wir gehen da auch nur hin, weil wir müssen.‹ Zur Veranstaltung selbst habe ich keine Meinung, aber ich bin der Ansicht, dass man die Renovierungsarbeiten erledigen musste, denn die Juden waren vier Stunden da und sind dann weggefahren, aber der Asphalt ist geblieben und der gehört uns, nicht den Juden. Ich habe Botschafter Weiss auf dem Marktplatz gehört – das ist ein guter Mensch, auch wenn er ein Jud ist. Er hat gesagt, dass in ihm eine Sehnsucht nach Polen geblieben ist, dass Juden 800 Jahre in diesem Land gelebt haben. Ich will niemanden rechtfertigen, aber das sollte man ja auch verstehen: 800 Jahre, das ist eine lange Zeit für einen Besuch, und das muss nicht jedem gefallen.«

Wir fahren weiter. Am Ende der Ulica Przytulska, wo das Haus und die Mühle der Familie Pecynowicz standen, ist jetzt eine Tankstelle. Aus dem Haus daneben schaut eine junge Frau.

»Hier nebenan hatten wir eine Mühle«, spricht Jakow Geva sie mit einem breiten, schüchternen Lächeln an.

»Am meisten leiden wir, die wir damals nicht hier gewohnt haben«, antwortet die Frau.

»Dort war der Weg zum Friedhof. Und das war unser Privatweg«, zeigt Geva und lächelt weiter.

»Warum sollen unsere Kinder darunter leiden?«

»Das Haus war ganz aus Holz. Einstöckig, lang, und dahinter die Grütz- und die Ölmühle. Ich hatte vier Brüder und zwei Schwestern, Josef, Frumka, Mosze, dann kam ich auf die Welt und dann noch Sara und Jenon.«

Die Frau am Zaun wird schon merklich ungeduldig: »Ich weiß nicht, was mit dem Haus passiert ist. Wir haben uns ein neues gebaut.«

In Jedwabne wohnen vor allem Zugezogene. Sie sind nicht so verbissen, wie einige der alteingesessenen Bewohner, aber sie empfinden es, was ja verständlich ist, als ungerecht, dass der üble Ruf aus jener Zeit sich auf sie überträgt. Was beide Gruppen verbindet, ist die Ablehnung, der fehlende Wille, mit dem Leid der Juden mitzufühlen.

Geva erinnert sich an seine Nachbarn, die Goszczyckis. Er geht auf den Hof und klopft an die Tür. Es öffnet ein etwa fünfzigjähriger Mann mit ausladendem Schnurrbart. Jakow Geva stellt sich mit seinem ehemaligen Namen Pecynowicz vor. Wir hören einen Schrei: »Verlassen Sie sofort das Haus«, dann schlägt die Tür zu. Geva klingelt noch einmal, er glaubt an ein Missverständnis. Derselbe Mann im mittleren Alter öffnet.

»Hier hat Antek Goszczycki gewohnt«, erklärt Geva. »Wir waren beste Nachbarn.«

Der Mann: »Das ist mein Vater, aber er ist sehr krank. Schalten Sie bitte die Kameras aus! Nichts aufschreiben! Oder ich zerreiße Ihnen den Notizblock! Wir haben genug von den falschen Anschuldigungen, wie wir sie aus dem Mund des Präsidenten gehört haben. Rabbi Baker war ein Nachbar meines Vaters, und jetzt sagt er, die Polen hätten es getan. Und das soll ein Nachbar sein? Und durch wen sind die Polen denn auf die Listen für Deportationen nach Sibirien gekommen? Seid also nicht so zudringlich.«

Wir gehen in Richtung Marktplatz. Geva erkennt das Haus, in dem seine Cousins, die Cynowiczs, gewohnt haben. Er klopft, bevor ich einschreiten kann. Das ist das Haus von Wojciech Kubrak. Ich will mir nicht ausmalen, was uns dort erwartet. Und dann steht auch noch seine Schwiegermutter Irena Chrzanowska auf der Schwelle, die eigentlich in Białystok wohnt. Von ihrem Angriff auf Gross während der

Buchvorstellung von *Nachbarn* in einer Białystoker Buchhandlung habe ich von mehreren Seiten gehört: »Ich widerspreche Ihren Worten!«, habe sie gerufen. »Es hat von Deutschen nur so gewimmelt. Sie sind mit Peitschen auf die Polen losgegangen!« Sie habe gesagt, das alles habe sie durch die Ritzen des hohen Tors vor ihrem Haus gesehen. Doch hier haben wir es mit einer alten Dame zu tun, wie sie freundlicher nicht sein könnte. »Aber bitte, kommen Sie doch herein, mein Herr, die Papiere für dieses Haus sind in Ordnung, ich zeige sie Ihnen gleich.«

Die Papiere, welche die Übernahme der zweiten Haushälfte legalisieren – die andere Hälfte habe bereits vor dem Krieg ihrer Familie gehört –, habe sie von Cynowiczs Erben erhalten, als der 1958 aus Bombay hierherkam.

»Wir haben es so geregelt, dass er uns dieses Schriftstück umsonst ausgestellt hat, weil er uns so liebgewonnen hatte.«

Die Daten von Hersz Cynowicz befinden sich auf der im Internet zugänglichen Liste Chiuna Sugiharas, des japanischen Konsuls in Kaunas. Cynowicz war einer von 2139 Juden, die Sugihara gerettet hat, indem er ihnen japanische Transitvisa ausstellte. Auf diese Weise gelangte er nach Bombay, wo er Vorsitzender der jüdischen Gemeinde wurde.

Im *Jedwabner Gedenkbuch* beschreibt Cynowicz seinen Nachkriegsbesuch. Von Bombay nach Jedwabne ist es ein weiter Weg, und Cynowicz hätte sich sicherlich nie auf diese Reise gemacht, wenn nicht im Jahre 1957 eine polnische Regierungsdelegation mit Premierminister Józef Cyrankiewicz an der Spitze Indien einen offiziellen Besuch abgestattet hätte. Als Vorsitzender der jüdischen Gemeinden sei Cynowicz zu einer Begegnung mit dem Premierminister eingeladen worden, der die Tatsache anerkennend begrüßt habe, dass ein polnischer Jude eine so prominente Stellung innehatte, und vorschlug, er möge an den Feierlichkeiten zum 15. Jahrestag des Aufstandes im Warschauer Ghetto teilnehmen. Kurze Zeit später habe er eine Nachricht von der polnischen Botschaft erhalten, das Visum warte auf ihn. Nach den Feierlichkeiten sei ihm von der Regierung ein Auto mit Chauffeur zur Verfügung gestellt worden. »Wir fuhren durch Maków, Ostrołęka und Łomża. Nirgendwo habe ich einen Juden gesehen«, berichtet er. In Begleitung des Milizkommandanten sei er das Haus seiner Eltern besuchen gegangen (sicherlich hat er es damals den Chrzanowskis überschrieben) sowie den Ort, wo sich die Mühle seiner Cousins, der Pecynowiczs, befunden hatte. »Ich begab mich zum Friedhof«, erzählt er, »in der Hoffnung, dort wenigstens die Gräber meiner Vorfahren und die Asche derjenigen wiederzufinden, die lebendig verbrannt worden waren. Aber die Gojim hatten diesen Ort umgepflügt, so dass keine Spur des Verbrechens mehr geblieben war. Ich war am Boden zerstört, als ich Jedwabne verließ.«

Jakow Geva und Irena Chrzanowska beginnen ein Gespräch über alte Zeiten.

»Mein Onkel Cynowicz zog Gemüse und hatte viel Land.«

»Nur zwei Morgen, ein Pferd und eine Kuh«, hält Chrzanowska dagegen.

»Zwei Kühe«, stellt Geva richtig.

»Eine Kuh und ein Kalb«, präzisiert Chrzanowska.

Jakow strahlt übers ganze Gesicht – endlich teilt jemand mit ihm seine Erinnerungen. Er hört nicht, in welch scharfem Ton Chrzanowska mir verbietet, Notizen zu machen.

Chrzanowska bleibt nicht beim Thema des Verbrechens stehen. Sie kehren zu Vorkriegserinnerungen zurück, werfen sich Namen von Nachbarn zu. Sie erinnert sich genau, wer wo gewohnt hat: »Wasersztejn hat an der Ecke der Ulica Łomżyńska gewohnt, hinter uns hatte Bijonka sein Geschäft, danach kamen Atłasowicz, Kubrzańska, der Schmied Łojewski, dann war da ein Haus, in dem sieben Familien wohnten, darunter die Nożyks. Kanowicz hatte ein Geschäft am Marktplatz, Ibram ein Galanteriegeschäft und eine kleine Tochter, die hieß Judytka und war so hübsch.«

Darauf erzählt sie weitläufig eine Geschichte, wie ihre Familie an jenem Tag eine Jüdin versteckt habe. Die Rede ist von irgendeinem Dokument, wonach es Polen erlaubt sei, Juden bei sich zu Hause zu haben, sie habe es von der Gemeinde erhalten und vorgezeigt, als sie gekommen seien, um die Jüdin zu holen. Geva geht gerührt auf sie zu und drückt ihr beide Hände. Ich überlege, ob es ihr mit Hilfe der gleichen erlogenen Geschichte gelungen ist, Cynowicz dazu zu bringen, ihnen das Haus kostenlos zu überschreiben, als er zu seinem kurzen Besuch aus Bombay 1958 hier war.

Wenn man solchen Geschichten Glauben schenken darf – auch die Angeklagten und Zeugen im Prozess von 1949 haben sie ausgesponnen –, dann waren die Einwohner von Jedwabne hauptsächlich mit dem Verstecken von Juden beschäftigt. Am meisten gab mir zu denken, wie es sein konnte, dass sie die Personen, die sie an jenem Tag angeblich versteckt hatten, mit Vor- und Nachnamen nannten. Ich wusste, dass diejenigen, die wirklich Juden gerettet hatten, Angst haben, sich dazu zu bekennen. Erst als ich erfuhr, dass die Deutschen die Juden, die das Pogrom überlebt hatten, zur Arbeit an Polen vermieteten, verstand ich, woher diese Juden in polnischen Häusern stammten.

Ich nehme Geva nach Łomża zur Ausstellung *Für die Nachbarn* mit, die im städtischen Kulturhaus von zwei jungen Leuten, Przemysław Karwowski und Zdzisław Folga, organisiert worden ist. Sie zeigen Bilder aus der Vorkriegszeit (auch jene, die ich von Meir Ronen und Izaak Lewin bekommen habe), aber auch aus den frühen Nachkriegsjahren, darunter ein Bild vom Kopfsteinpflaster auf dem Marktplatz. Dieses wurde 1946 von einem Denkmalschützer aufgenommen. Wusste er, dass er den Ort verewigt, an dem an einem heißen Tag, dem 10. Juli 1941, für die Juden von Jedwabne die erste Station ihres Golgatha begann? Da ist auch ein Bild aus der Nachkriegszeit, von einem Fest auf dem Lande – ein langer Tisch, lachende Gesichter: zwei von den Feiernden sind Mörder, die im Prozess von 1949 angeklagt wurden.

Vielleicht wurde ihre Rückkehr nach Hause gefeiert?

»Ich stamme aus Przytuły, in der Nähe von Jedwabne«, erzählt uns Przemysław Karwowski auf unsere Frage, woher die Idee zu dieser Ausstellung kommt. »Mein Großvater, der Polizeikommandant gewesen war, eröffnete nach seiner Verrentung ein Geschäft und trieb Handel mit Juden. Wenn meine Großmutter zum Markt in Jedwabne fuhr, um Ware zu kaufen, besuchte sie zwei jüdische Schwestern, mit denen sie befreundet war. Beide haben später geheiratet, die eine Herrn Kanowicz, die andere Herrn Stolarski, und sie haben Töchter bekommen. Als meine Großmutter im Juli 1941 zum Markt fuhr, hatten beide panische Angst, sie fürchteten sich, aus dem Haus zu gehen, und flehten darum, die Mädchen zu retten. Meine Großeltern wohnten in einem Haus, in dem es auch Mieter aus der Familie von Jerzy Tarnacki gab, der seit dem ersten Tag mit den Deutschen zusammengearbeitet hatte und später Schutzmann in der deutschen Gendarmerie wurde. Meine Großmutter hatte Angst, versprach aber, für die Mädchen einen sicheren Platz in einem Weiler in der Nähe von Przytuły zu finden. Doch dazu reichte die Zeit nicht mehr, zwei Tage später kamen alle um. Przytuły liegt zehn Kilometer von Jedwabne entfernt, und selbst dort war der Gestank zu riechen. Meine Großmutter war tief verzweifelt. In meiner Familie wurde immer wieder mit Trauer erwähnt, dass es keine jüdischen Nachbarn mehr gibt, obwohl man nicht sagte, wer die Juden verbrannt hatte. Das habe ich erst aus dem Buch von Gross erfahren.«

Zur Ausstellung kommt Stanisław Michałowski mit seiner Familie, um die Gevas zu begrüßen. Am Rande spreche ich mit seiner Tochter, Kasia Czerwińska, einer Polnischlehrerin in einer Schule in Jedwabne.

»Ich halte es hier nicht mehr aus«, sagt sie und erzählt von antisemitischen Witzen, die in der Schule an der Tagesordnung seien, und den Unannehmlichkeiten, denen sie ausgesetzt ist, weil sie sich dieser Spottgemeinschaft nicht anschließen will.

5. August 2001

Ich mache Ferien an einem See, 120 Kilometer von Jedwabne entfernt. Abends fahre ich zu Bürgermeister Krzysztof Godlewski. Heute habe eine Ratssitzung stattgefunden, auf der gerufen wurde: »Bürgermeister Godlewski und Stadtratsvorsitzender Michałowski sind ohne unsere Einwilligung zu den Feierlichkeiten gegangen und haben nur sich selbst vertreten.« Die Ratsleute haben Godlewskis Rücktritt angenommen.

»Nach der Sitzung ist dieser verdammte Antisemit Bubel auf mich zugekommen und hat gesagt: ›Sie hätten ein Held sein können, und jetzt? Sie haben für die Juden getan, was die wollten, und nun haben sie Sie im Stich gelassen‹«, erzählt mir der (nun bereits ehemalige) Bürgermeister.

Wir sitzen bei einem Wodka zusammen und lassen dieses für uns beide so schwere Jahr Revue passieren.

»Weißt du noch, wie du mir am Anfang sagtest, du bist Jüdin? Na, du weißt schon ...«, sagt Krzysztof.

Bevor ich dazu komme, ihm zu sagen, dass ich nicht weiß, was er meint, und dass ich ganz im Gegenteil nicht gedacht hätte, dass er nur aufgrund meiner jüdischen Herkunft irgendwelche Vermutungen über mich anstellt, beendet Krzysztof seine Aussage in enthusiastischem Tonfall:

»Und später, da sehe ich: Eine normale Polin! Eine tolle Frau! Ich liebe dich, Anna!«

6. August 2001

Jedwabne. Ich erfahre weitere Einzelheiten aus der gestrigen Sitzung des Stadtrats. Bubel habe sich in die erste Reihe gesetzt. Godlewskis Rücktritt sei mit Bravorufen aufgenommen worden. Als Stanisław Michałowski angekündigt habe, dass auf der nächsten Sitzung auch er seinen Rücktritt einreichen werde, sei auch das mit Beifall quittiert worden.

»Bubel ging zu den Ratsleuten, die ihm nahestehen, und instruierte sie«, sagt mir Michałowski. »Als ich sein zufriedenes Gesicht sah, wurde mir klar, wer hier gewonnen hat.«

Ich verabrede mich mit Piotr Narewski, dem designierten neuen Bürgermeister, er ist Landwirt.

»Was haben die Bürger von Jedwabne aus diesem Jahr gelernt?«

»Die Menschen sind im Widerstand zusammengerückt. Sie haben sich großartig verhalten. Nicht an den Feierlichkeiten teilzunehmen – das war Ausdruck genug.«

In Łomża bei den Cytrynowiczs. Jan sammelt für mich sämtliche Erwähnungen von Jedwabne in der Regionalpresse. Diesmal hat er eine Rarität: ein Interview in einer Lokalzeitung mit dem hiesigen Bischof Stefanek, der davor warnt, die Polen würden mit aller Macht zuschlagen, wenn die Juden sich nicht beruhigen. Das sind seine Worte! Er behauptet, der Massenmord in Jedwabne sei eine deutsche Entscheidung gewesen und von Deutschen ausgeführt worden, doch man habe »auf geschickte Weise eine Teilnahme der örtlichen Bevölkerung hineinkonstruiert«. Die Polen tun ihm leid: »Nötig wäre eine pflegende und heilende Geste – die Geste eines Arztes – gegenüber denen, die auf verschiedene Weise in dieses Verbrechen verwickelt wurden. Da diese heilenden Gesten fehlten, wurden die Wunden tiefer. In den USA sind viele unserer Landsleute mit der Anschuldigung konfrontiert, sie kämen aus einem Volk von Völkermördern. Das ist ein Problem, mit dem man sich beschäftigen muss. Andernfalls werden die Polen sich mit aller Macht verteidigen, und wenn man sich verteidigt, ist es mit der Zurückhaltung vorbei.«

Der Bischof stellt seine Version der Ereignisse dar. Man habe Kommunisten verbrannt: »Das war keine völlige Ausrottung, sondern lediglich ein Opfer, das aus dem Teil der jüdischen Gesellschaft ausgewählt wurde, das zurückgeblieben und nicht mit der Roten Armee geflohen war.« Die Deutschen hätten es getan. Er spricht von der »Tragödie der Polen, die von den Besatzern unterjocht den Tod ihrer Nachbarn mit ansehen mussten [...], und gleichzeitig verführt wurden, dabei mitzutun«.

Auf der Basis meiner Notizen aus vielen Gesprächen mit Cytrynowicz habe ich seinen Lebenslauf rekonstruiert. Jetzt vergewissere ich mich in Hinblick auf Details.

Man schrieb das Jahr 1928. Er war vier Jahre alt. Vor dem Haus seiner Mutter in Ostrołęka hielt ein Fuhrwerk, und irgendwelche Leute luden ihn dort auf. Der Auftraggeber dieser Entführung war sein Vater, Jakub Cytrynowicz, der seine jüdische Frau für eine Polin verlassen und entschieden hatte, dass sein Sohn mit ihm in Wizna wohnen und christlich erzogen werden sollte.

Von da an trug er den Namen Jan. Eines Tages kamen Juden aus Ostrołęka nach Wizna, die seine Mutter gebeten hatte, ihn dem Vater wegzunehmen. Der aber rief seine Freunde zusammen – Angehörige nationaldemokratischer Schlägerbanden, die bei Juden Fenster einwarfen –, und die entrissen ihnen den Jungen.

»Sein Vater kam mit seiner ersten, jüdischen Frau schlecht zurecht, aber er machte ihr fünf Kinder«, sagt Pelagia Cytrynowicz. »Vier davon als Jude, denn er verließ sie, als sie schwanger war, und noch ein fünftes, ein Mädchen, als er schon Katholik war und öfter für Geschäfte nach Ostrołęka kam. So ein Früchtchen war er.«

Später entführte Jakub Cytrynowicz noch zwei weitere seiner Söhne. Diesmal bezahlte er dafür einen Fotografen, der von Haus zu Haus ging und anbot, Bilder zu machen. Er versprach ihm 20 Zloty. Dafür sollte er den älteren Jungen und seine Tochter Sara mitnehmen, die sein Vater wohl schon vorher hatte taufen lassen, denn Jan erinnert sich, dass man sie im Haus des Vaters Irena nannte. Doch der Fotograf entführte zwei Jungen, von denen einer noch nicht laufen konnte. Für diesen Irrtum zog der alte Cytrynowicz ihm 10 Zloty ab.

Ich frage Jan Cytrynowicz, ob er in Wizna Freunde unter den jüdischen Kindern gehabt habe.

»Es war so: die Juden betrachteten mich als einen Goj, und für die Polen war ich ein getaufter Jude. Da ich bereits getauft war, hatte ich keine jüdischen Freunde. Wenn ich mit meinen polnischen Freunden in Eintracht lebte, war kein Unterschied zu spüren, aber sobald es Streit gab, hörte ich: ›Du Jude‹, ›Du Beschnittener‹, ›Weil du von Juden abstammst‹. Wenn es einen Judenwitz gab, guckten sie, ob ich auch lache.«

Jan arbeitete zusammen mit seiner Stiefmutter beim Vater und lernte das Sattlerhandwerk. »Meine Stiefmutter war eine noble, gute Frau«, erinnert er sich. »Sie war besser zu uns, als es die leibliche Mutter für viele andere war. Aber wir machten ihr das Leben schwer. Mein Vater sagte öfters: ›Schlag doch deine Stiefmutter, was wirst du deiner Stiefmutter gehorchen?‹ Und wir hörten auf ihn. Auch sie hörte auf ihn – sie war verliebt und nachgiebig. Sie zog uns auf und arbeitete noch dazu den ganzen Tag von früh bis spät bei ihm in der Werkstatt.«

Seit seinem dreizehnten Lebensjahr erlaubte ihm der Vater, die

Mutter in Ostrołęka zu besuchen. Er fuhr einmal hin, und der Geschmack der Matzen blieb ihm im Gedächtnis, aber öfter wollte er nicht mehr hinfahren. Er erinnert sich an die Taufe seiner Brüder, seine Erstkommunion und die Firmung. Er war Ministrant, sein Vater spielte im Kirchenorchester.

Ich erzähle Jan, dass ich in Israel mit Awigdor Kochaw, der in dieselbe Klasse gegangen ist wie sein Bruder, über ihn gesprochen habe. Kochaw habe sich erinnert, dass die Kinder hinter den Söhnen von Cytrynowicz hergerufen hätten: »Beschnittene«. Wincenty Dobkowski wiederum habe mir erzählt, sein, d. h. Cytrynowiczs Vater sei an Jom Kippur mit einem auf einen Pfahl aufgespießten Schweinekopf auf dem Markt herumgegangen, um die Juden zu ärgern.

»Unsinn«, sagt Jan Cytrynowicz.

Aber hier mischt sich seine Frau ein:

»Sag bloß nichts Gutes über deinen Vater, sonst rege ich mich auf.«

»Mein Vater war so, wie er war, aber er ließ sich nichts gefallen«, erzählt Cytrynowicz. »Er schrie mit den SN-Leuten gegen die Juden, aber am Boykott gegen jüdischen Handel und Dienstleistungen beteiligte er sich nicht, denn das hätte ihm Verluste gebracht. Er ließ sich vom Juden Froim rasieren. Bei jüdischen Schlachtern kaufte er für einen guten Preis Kälberschinken, denn sie schaffen es nicht, eine bestimmte Sehne aus dem Schinken zu ziehen, und dadurch war das Fleisch nicht koscher. Er hatte fünf Mitarbeiter in seinem Sattlerbetrieb, und dank dieser Kälberschinken war der Unterhalt billiger.«

Pelagia fällt ihm ins Wort: »Da wäre ich doch sehr neugierig, wann sie diese Kälberschinken gegessen haben. Morgens gab es einen Topf mit gekochten Kartoffeln und Grütze mit Milch, das musste für den ganzen Tag reichen, sowohl für die Familie als auch für die Arbeiter. Aber bei sich im Zimmer aß er etwas Besseres. Das weiß ich, denn Jans Stiefmutter war meine Tante, und sie hat es mir erzählt, als wir nach dem Krieg bei ihr gewohnt haben.«

»Ich lobe sein Verhalten ja nicht«, räumt Jan ein. »Angefangen damit, dass er einer nationaldemokratischen Organisation angehörte, mit ihnen herumlief und ›Schlag den Juden!‹ brüllte. Wir wohnten in einem einstöckigen Haus. Im Erdgeschoss war unsere Wohnung und die Werkstatt, oben wohnten die Czapnickis, die mit Saccharin handelten und deren Sohn Karl in einer zionistischen Organisation war. Bei ihnen fanden Versammlungen und manchmal Feiern statt. Mein Vater stritt sich dauernd mit ihnen; einmal ging er betrunken hin, um eine Szene zu machen, wollte sich prügeln und bekam selbst eine Abreibung. Aus Wut denunzierte er Czapnicki beim Zollamt, dass er Saccharin illegal über die Grenze nach Ostpreußen ausgeführt hatte. Dafür erhielt er fünf Zloty als ›Mitarbeiter des Grenzschutzes‹.«

Das war kurz vor Kriegsausbruch gewesen. Sobald die Sowjets einmarschiert waren, wurde in der Stadt eine provisorische Verwaltung und Polizei installiert. Letzterer gehörte unter anderem Chaim Czapnicki an. Ihm schreibt Jan Cytrynowicz die Deportation seines Vaters durch die Sowjets zu. Czapnicki hatte wohl in den Papieren die Quittung über fünf Zloty gefunden und den Vater denunziert. Er wurde gefasst, als er Mehl nach Białystok schmuggelte. Daraufhin bekam er fünf Jahre als »gefährliches Element« und wurde in die Gegend von Tscheljabinsk deportiert.

Jan meldete sich, um nach Wołkowysk (heute Waukawysk in Weißrussland) zu fahren. Dort arbeitete er in einem Zementwerk und ging in die angeschlossene Berufsschule. Als die Deutschen einmarschierten, lösten sie die Schule auf, und er wohnte mittellos bei wechselnden Freunden. Einmal fuhr er mit der Bahn, und ein Gendarm von der Bahnpolizei, ein Pole, erkannte ihn an seinem jüdischen Akzent. »Ich hätte weiter nach Osten fahren sollen, wo es Weißrussen, Litauer und Tataren gab; wo viele Völkerschaften lebten, hatte jeder seinen Akzent und es war schwieriger, einen Juden zu erkennen.«

Er wurde ins Ghetto von Wołkowysk verbracht. Es war der Winter 1941/1942. Jan war 16 Jahre alt, sprach kein Jiddisch, war getauft, ein Pole unter Juden. »Nicht, dass sie mich schikaniert oder mir etwas vorgeworfen hätten. Aber das spürte man einfach, niemand sprach mit mir.«

Er arbeitete in einer Schlachterei und musste Tiere ausnehmen. Eines Tages gab es beim Transport zum Ghetto ein Durcheinander, und er konnte fliehen. Er sagt, er habe überlebt, weil er allein war. Es sei nicht schwierig gewesen zu fliehen, aber seine Altersgenossen hätten im Ghetto Schwestern, Mütter und Großmütter gehabt, und es sei keine leichte Entscheidung gewesen, die Familie zurückzulassen. Seine Klassenkameraden versteckten ihn. Auf den Straßen sah er eine Bekanntmachung, dass man für das Bringen eines Juden ein Kilo Zucker bekam. Einmal sah er einen eingeschüchterten Jungen mit semitischen Gesichtszügen, der von einem Mann mitgezogen wurde. Als es immer schwieriger wurde, in der Stadt bei jemandem Unterschlupf zu finden, machte er sich auf den Weg nach Wizna. Unterwegs in Grądy gelang es ihm, Arbeit in einer deutschen Küche zu finden, wo er Holz hackte. Als die Deutschen merkten, dass der Krieg zu Ende geht, requirierten sie Kühe und Pferde, nahmen ihn als Fuhrmann und ließen ihn die Pferde nach Westen treiben. Ende Mai/Anfang Juni 1944, bevor die Front an der Biebrza zum Stehen kam, wurde ihm klar, dass sie sich in der Nähe von Radziłów befanden, wo er vor dem Krieg öfter gewesen war. Er floh. Er versteckte sich in der Gegend, indem er wieder bei den Deutschen, in Feldküchen, Arbeit fand.

Józef, der jüngste Bruder, der der Mutter gestohlen worden war, als er noch nicht laufen konnte, verbrachte den ganzen Krieg bei seiner Stiefmutter. Nachdem ihr Haus in Wizna abgebrannt war, zogen sie nach Jedwabne. Einmal wurden sie denunziert – Józef sei ein Jude, und es kamen Gendarmen, um ihn abzuholen. Sie zogen ihm dicke Kleidung über und benutzten ihn als Objekt zum Abrichten von Hunden. Sie riefen »Jude«, und dann griffen die Hunde ihn an. Er hätte nicht überlebt, wenn seine Stiefmutter nicht den Besatzungsbürgermeister mit selbstgebranntem Schnaps und Speck bestochen hätte. So bezeugte er vor den Deutschen, dass Józef Cytrynowicz ein Pole sei, Jakub Cytrynowicz habe ihm nur seinen Namen gegeben, als er eine Witwe geheiratet habe, die damals schwanger war. Das funktionierte. Sie ließen ihn frei und stellten ihn in der Gendarmerie als Stallbursche für die Pferde an.

Als der Krieg vorbei war, kam ihr Vater von den Sowjets zurück. Er hatte eine neue Frau gefunden und überredete Józef, vor Gericht auszusagen, seine Stiefmutter habe während des Krieges mit Deutschen

Geschlechtsverkehr gehabt. Es ging darum, dass sie bei der Scheidung nichts bekommen sollte.

Nach der Scheidung seines Vaters blieb Jan weiter bei der Stiefmutter wohnen, arbeitete aber bei seinem Vater in der Sattlerei. Immer häufiger kam es zum Streit.

Pelagia: »Mein Schwiegervater dachte sich die schlimmsten Dinge aus und hat sie sofort umgesetzt. Er mochte Streit, er brauchte Konflikte. Hast du Frau Bikont erzählt, wie er seinen eigenen Sohn ins Gefängnis gesteckt hat?«

Jan: »Es ging uns gut, wir hatten viele Aufträge, also musste man unter der Hand Rohmaterialien organisieren, da die Zuteilung nicht ausreichte. Als jemand dafür in den Knast musste, richtete es mein Vater so ein, dass ich dorthin ging, nicht er. Und zwar dreimal. Im Gefängnis gab ich an: Nationalität: polnisch, Herkunft: Arbeiter, doch als Name der Mutter: Adassa. Irgendwie hat das geklappt, denn obwohl es damals eine Kampagne gegen Zionisten gab, machten sie mir wegen meiner Herkunft überhaupt keine Schwierigkeiten.«

Nach 1989 hat er Kontakt zur jüdischen Gemeinde aufgenommen und trifft sich manchmal mit zwei Personen jüdischer Herkunft, die in Łomża wohnen.

»Manchmal schäme ich mich nicht einmal, dass ich Jude bin, zum Beispiel bei Ihnen«, bemerkt Cytrynowicz mit einem gewissen Erstaunen.

Mir wird klar, dass ich seinen jüdischen Namen nicht kenne, auch den seines Vaters und seiner Brüder nicht. Er erinnert sich mit Mühe. Sein Vater hieß Szajsa, Tadeusz hieß Szmul, und an Józefs Namen erinnert er sich nicht.

»Und Sie?«

»Jesio.«

Er schreckt zusammen, als sein Name laut ausgesprochen wird.

»Ich erzähle Ihnen so persönliche Dinge, wie ich sie nie jemandem erzählt habe. Da werde ich Ihnen noch eine Sache sagen. Vor dem Krieg habe ich mich für meine Mutter so geschämt, dass ich mich, wenn sie zu meinem Vater kam, um uns zu sehen, in einer Ecke ver-

Scham

steckte und um nichts in der Welt zu ihr gehen wollte. Weil sie eine Jüdin war. So ist es nun mal, wenn ein Jude sich erinnert, dass er ein Jude ist, dann spürt er Furcht und Scham.«

Diesem Phänomen, sich für das eigene Jüdischsein zu schämen, bin ich oft begegnet. Ich erinnere mich, was für ein Problem der großartige polnische Schriftsteller Marian Brandys damit hatte; er war schon über achtzig, als ich einmal für die *Gazeta Wyborcza* mit ihm sprach. Ich wusste, dass sein Vater vor dem Krieg im Zuge einer Kampagne gegen jüdische Bankiers verhaftet worden war. Ich fragte ihn nach seinen Erfahrungen als Jude in Vorkriegspolen. Diese Fragen quälten ihn. Er sagte etwas Verblüffendes: »Ich schäme mich nicht meiner Herkunft, aber davon zu sprechen, ist mir unangenehm.« Ich erzählte ihm von meinen Töchtern Ola und Maniucha: dass sie in einen jüdischen Kindergarten gingen und dass ich von ihnen viel über jüdische Bräuche und Feste lernte. Er war schockiert, dass man aus freiem Willen heraus Jude sein wollte, und regte sich darüber auf, dass ich meinen Kindern schaden könnte.

Ich fragte ihn, was für ihn als Polen jüdischer Herkunft die schwierigste Erfahrung gewesen sei. »Die Internierung im Offizierslager in Woldenberg, als die Offiziere polnischer Herkunft eine eigene Baracke für die jüdischen Offiziere forderten«, antwortete er.

Denunzianten gaben an, wer dort Jude war. In der jüdischen Baracke gab es recht viele Polen aus Familien, die seit Generationen assimiliert waren, einige erfuhren erst damals von ihren Wurzeln. In der polnischen Baracke hielt eine Gruppe von Offizieren antisemitische Vorträge, auf Grundlage von Materialien, welche die Deutschen zur Verfügung gestellt hatten. Brandys erkannte, dass er das erniedrigende Bemühen darum, polnisch zu sein, nicht länger ertragen würde, und beschloss, zum Judentum überzutreten. Die Geschichte stellte für ihn das Fundament der Identität dar, also bat er einen Freund, der ein Kenner der hebräischen Literatur war, ihm von den jüdischen Königen zu erzählen. Beim Einschlafen sei er voll guten Willens gewesen, die jüdische Geschichte zu lernen, aber beim Aufwachen sei ihm klar geworden, dass er sich an nichts mehr erinnern konnte, und in welcher

Baracke man ihn auch unterbringen würde, sein König würde der polnische König Władysław Ellenlang bleiben, nicht König David, und seine Heimat die polnische Sprache.

8. August 2001

Gespräch mit Stanisław Ramotowski. Es ging ihm in letzter Zeit immer schlechter, und die Ärztin hatte sich entschlossen, ihm zu sagen, dass er inoperablen Lungenkrebs hat. Darauf reagierte er auf seine gewöhnliche, rebellische Weise:

»Was soll das heißen? Das war's, und keinen Augenblick länger, als es der Herrgott bestimmt hat? Es wird mir schwerfallen, sie so allein zurückzulassen.«

20. August 2001

Aus dem Urlaub zurück in Warschau. Ich schaue bei Ramotowski vorbei: Das Atmen fällt ihm immer schwerer, er braucht eine Sauerstoffflasche.

28. August 2001

Wieder in Jedwabne. »Jetzt wird nicht mehr von den Juden geredet«, höre ich. Oder: »Sie hatten ihr jüdisches Fest, wir haben nicht daran teilgenommen, und jetzt ist Gott sei Dank Ruhe eingekehrt.«

Dieselbe Ruhe, wie sie unter den polnischen Einwohnern von Jedwabne nach dem 10. Juli 1941 herrschte.

Ich versuche Personen aus Jedwabne ausfindig zu machen, die an den Feierlichkeiten vom 10. Juli teilgenommen haben, wohl wissend, dass sie sich an den Fingern einer Hand abzählen lassen. Ich sehe mir zusammen mit Stanisław Michałowski eine Videoaufzeichnung des Fernsehberichts von den Feierlichkeiten an. Er identifiziert für mich einige bekannte Gesichter in der Menge: ein Einwohner eines Dorfes in der Nähe von Jedwabne, eine Lehrerin, eine Putzfrau, ein Beamter.

Ich besuche sie der Reihe nach. Niemand ist damit einverstanden, dass sein Name genannt wird. »Es ist auch so schon schwer genug, hier zu leben«, erklärte mir die Lehrerin. Ein anderer Teilnehmer, ein vierzigjähriger Mann erzählt: »Ich dachte mir: ›Komme was wolle.‹ Im Ärmel hatte ich ein Messer versteckt. Als ich vom Friedhof zurückkam, hörte ich, wie sie mich provozierten: ›Wo hast du denn deine Schläfenlocken?‹, ›Fährst du nach Israel?‹, ›Warum bist du da mitgelatscht, verdammte Scheiße?‹«

30. August 2001

Ramotowski bittet mich, ihm eine Pfanne und einen Topf vorbeizubringen.

»Wir bekommen hier gut zu essen, aber ich möchte mir Rührei in der Pfanne machen und im Topf eine Brühe. Wer wird mir denn da drüben Rührei machen?«

Obwohl ihm das Sprechen Schmerzen bereitet, erzählt er mir lange von einem jüdischen Mädchen, das ihm einmal, noch vor Marianna, gefallen hatte.

»Sie kam aus Wąsosz. Ihre Familie, die Skroblackis, hatten ein Tuchgeschäft, ich fuhr mit dem Rad zu ihr. Ich verabredete mich mit ihr auf der Brücke und nahm sie auf eine Spazierfahrt mit, sie saß auf dem Rahmen. Einmal brachte sie mich mit in den Laden, und ich sehe, wie sie mir von einem Tuchballen ein Stück Anzugsstoff abschneidet, denn meiner war an den Armen schon ganz durchgescheuert. Ihr Vater, Wolf Skroblacki, war dabei und protestierte nicht. Im Sommer 1941 sah ich sie wieder. Ich kam mit dem Rad aus Szczuczyn, und sie ging nach Wąsosz. Sie erzählte mir, als sie in Szczuczyn bei ihrer Familie war, hätten die Polen ihre Eltern mit Äxten ermordet, und jetzt würde sie nach Hause gehen, damit sie auch sie umbringen, denn sie will nicht ohne sie leben. Ich versuchte, sie aufzuhalten, sie zu überreden: ›Eine verstecke ich schon, eine Zweite werde ich auch noch verstecken, zusammen wird es euch besser gehen.‹ Aber sie wollte nicht – nein und abermals nein. Und so haben wir uns getrennt. Vor dem Krieg gefiel mir meine Marianna. Aber sie noch mehr.«

Ich frage ihn nach dem Namen des Mädchens.

»Das ist das Schlimmste. Jeden Tag tut es mir leid, dass ich sie nicht gerettet habe, nachts schlafe ich kaum, und ich kann mich nicht an ihren Namen erinnern.«

Außerdem erzählt er davon, dass seine Frau und er in den ersten Jahren nach dem Krieg koscher aßen und den Sabbat begingen.

»Es gab getrennte Gefäße für Milch und Fleisch; Marianna erklärte mir das, und ich war gerne einverstanden. Bei uns war der Freitag anders als bei allen anderen. Wir zündeten Kerzen auf dem Tisch an und machten uns fein. Am Samstag arbeiteten wir nicht. Später hat sie das vernachlässigt, sie nahm ein Mädchen als Haushaltshilfe, und dann ging es nicht mehr. Zu Hause rührte sie kein Fleisch an, achtete aber darauf, dass niemand ihre Ablehnung bemerkte, wenn wir zu Gast waren.«

Ich habe ihn in diesem Jahr wohl hundertmal gesehen und ich dachte, er hätte mir alles erzählt. Warum hat er mir gerade diese Geschichte erst jetzt, im Bewusstsein seines baldigen Todes mitgeteilt?

»Hat Ihre Frau Sie schwören lassen, dass Sie es niemandem verraten?«, frage ich ihn.

Ramotowski lächelt, und ich weiß, dass ich richtig geraten habe.

20. September 2001

Seit einigen Wochen bin ich in London. In einem Vorort besuche ich Rafael Scharf, einen der Gründer des Institute for Polish-Jewish Studies in Oxford. Er ist in Krakau auf das Hebräische Gymnasium gegangen und vor dem Krieg nach England ausgewandert. Ich sage ihm, ich sei nicht imstande zu begreifen, warum Rachela Finkelsztejn, auch wenn sie damals bereits Marianna Ramotowska war, nicht aus Polen emigrieren wollte. Sie hatte doch Verwandte in Amerika und in Palästina. Ob sie befürchtete, ihre jüdische Familie würde niemals ihren Mann akzeptieren, der ein Goj und noch dazu ungebildet war?

»Die Zeit nach dem Krieg war schlecht für gemischte Ehen«, sagt Scharf und erzählt mir seine Geschichte. Er habe von Palästina geträumt. Aber dann sei der Krieg ausgebrochen; die Jahre habe er in England verbracht. Seiner englischen Frau sei bewusst gewesen, als sie ihn heiratete, dass sie sobald wie irgend möglich nach Erez Israel auswandern würden. Nach dem Krieg sagte sie: »Fahren wir.« Doch er begriff, dass er ihr das nicht antun konnte, denn dort würde sie immer eine Fremde bleiben, seine Freunde würden die Stimme senken, wenn sie ins Zimmer kam. So blieben sie, fuhren aber zu einem Besuch nach Palästina. In Polen hatte Scharf zur Studentenorganisation der Zionistisch-Revisionistischen Partei Jabotinskys gehört und war von diesem fasziniert gewesen, also führte ihn sein erster Weg zur King George Road in Tel Aviv, wo sich der Sitz der Partei befand (Jabotinsky selbst war damals bereits tot). Kurz nach ihm kam Menachem Begin herein, sein Parteikollege aus der Studentenzeit und Freund. Doch Begin habe ihm nicht die Hand gegeben, sondern laut in den Raum gerufen: »Sieh mal einer an, Felek Scharf ist als Tourist gekommen.« Und habe ausgespuckt.

Der alte Mann erzählt mir das derart schmerzerfüllt, als hätte das Gespräch gestern stattgefunden.

»Ich lebe seit über sechzig Jahren in London und fühle mich immer noch fremd«, sagt er. »Mein Bezugspunkt ist Israel, meine Zeitungslektüre beginne ich mit Nachrichten aus Israel, dort ist meine Welt. Aber ich konnte meiner nichtjüdischen Frau die Emigration nicht antun.«

1. Oktober 2001

Zurück in Warschau. Ich fahre sofort raus nach Konstancin. Ramotowski fühlt sich schlecht. Ihm fehlt die Kraft zu einer Unterhaltung, und er bittet mich, ihm eine Geschichte zu erzählen, die er von mir schon mehrfach gehört hat: über einen ukrainischen Jungen, der mit meinen Tanten befreundet war. Jedes Mal reichere ich sie mit neuen Einzelheiten an.

In Skryhiczyn lebte meine Familie unter Polen und Ukrainern, aber nur ein Bursche, Włodek Kuluk, der auf der Balalaika spielte, wurde in die Clique meiner späteren Tanten und Onkel aufgenommen. Als meine Tante Ida Merzan in den dreißiger Jahren eine Erzählung über Skryhiczyn mit dem Titel »Meine Ziege und ich« an Janusz Korczaks *Mały Przegląd* [Kleine Rundschau] schickte und Korczak ihr Arbeit im Waisenhaus in der Ulica Krochmalna anbot, holte sie kurze Zeit später Włodek nach Warschau nach. Er arbeitete in Otwock, in einem Waisenhaus für geistig behinderte Kinder (Tante Ida, nach dem Krieg eine bekannte Korczak-Forscherin, erzählte mir, diese Kinder hätten beim Anblick eines Hundes gefragt, ob das eine jüdische oder arische Rasse sei, da sie nicht begreifen konnten, dass nicht die ganze Welt von dieser Dichotomie geprägt ist). Am Morgen des 1. September 1939 traf eine der ersten Bomben, die für Warschau bestimmt waren, das Waisenhaus in Otwock. Włodek Kuluk nahm einen großen Teil der Kinder nach Warschau mit und wohnte mit ihnen in einer Dienstbotenwohnung bei einem befreundeten Hausmeister. Es war keine besonders gute Idee, eine Gruppe von Kindern im besetzten Warschau wohnen zu lassen, die nur Jiddisch sprachen, also brachte Kuluk sie nach Białystok, das bereits sowjetisch besetzt war (wie die meisten Mitarbeiter der Kinderhäuser sympathisierte er, zum Kummer von Dr. Korczak, mit dem Kommunismus). Die Kinder kamen in ein Kinderheim, und er wurde zur Armee eingezogen. Da er groß gewachsen und blond war, wurde er nach Moskau in die Ehrenkompanie verlegt. Eine meiner Tanten, Ita Kowalska, Kommunistin und vor dem Krieg politische Gefangene, erkannte ihn in der Wachmannschaft, die vor dem Sitz des gerade gegründeten Bundes Polnischer Patrioten (ZPP) salutierte. Nach dem Krieg bemühte sich meine Tante, den Kommunismus in Polen einzuführen, und kaum war er da, holte sie Kuluk aus der Sowjetunion. Kaum aber war er zurückgekehrt, machte er sich im Rahmen von Bricha, jener illegalen Organisation, die Überlebende nach Palästina brachte, auf die Suche nach jüdischen Kindern. Er selbst sollte als ihr Betreuer mitfahren. Drei Tage nach Abfahrt des Zuges erfuhr Tante Ita, dass man noch auf dem Bahnhof festgestellt hatte, dass er kein Jude war, was verdächtig erschien, so dass er zum UB in der Ulica Szucha kam. Sie ging zu einem Vizeminister, um zu intervenieren. »Wie kann das sein?«, fragte sie: »Wenn ein Jude sich für einen Polen hält, kann er Vizeminister werden, doch wenn ein Pole sich für einen Juden hält, dann verhaftet ihr ihn?« Er wurde freigelassen. Aber das war bereits 1948; der Zug, mit dem er nicht abgefahren war, war einer der letzten Züge mit Juden gewesen, die Polen verließen.

Nach Israel wurde Kuluk erst im Jahre 1956 von meinem Onkel Pinio Rottenberg gebracht. Pinio war sich ganz sicher, dass Israel der einzig richtige Ort für Juden war, und das schloss für ihn auch Kuluk ein. In der Familienlegende heißt es, Kuluk habe den Zoo in Tel Aviv mitgegründet.

Auf jeden Fall arbeitete er dort – bis zum Sechstagekrieg, als bei ihm zwei Herren vom Mossad erschienen und ihm 48 Stunden gaben, Israel zu verlassen.

Diesen Teil der Geschichte verschweige ich Stanisław, der sich mit Kuluk identifiziert und sich die Geschichten von dessen Leben in Israel auf eine Weise anhört, als wäre es sein eigenes alternatives, erträumtes Schicksal. Der Mossad hatte vermutlich den Verdacht, ein Nichtjude, der in Israel leben will, müsse ein sowjetischer Spion sein. So erzählte es Kuluk zumindest einer meiner Tanten, die ihn in den siebziger Jahren zufällig im Warschauer Zoo traf, wo er eine Ausflugsgruppe von Kindern herumführte. Nach seiner Rückkehr nach Polen ließ er es niemanden aus unserer Familie wissen, dass er zurückgekommen war, und meldete sich auch nie mehr bei Onkel Pinio, was diesen noch zwanzig Jahre später heftig schmerzte, als er mir davon erzählte.

5. Oktober 2001

Gespräch mit Freunden darüber, welchen Anteil der Fall Jedwabne am Ausgang der Parlamentswahlen gehabt hat: Die Freiheitsunion (UW) ist nicht in den Sejm gekommen – die einzige aus der Solidarność hervorgegangene Partei, deren Vertreter am 10. Juli auf den Feierlichkeiten in Jedwabne erschienen sind; dafür sind zwei Parteien zum ersten Mal im Parlament, deren Mitglieder sich offen antisemitisch äußern: die Polnische Familienliga (LPR), die Partei von Pater Rydzyk und seinem Radio Maryja, sowie die Selbstverteidigung (Samoobrona). Ein bekannter rechter Politiker, der in der *Gazeta Wyborcza* danach gefragt wurde, stellte fest, der Fall Jedwabne habe die Popularität der LPR mittelbar beeinflusst: »Bei der breiten Masse hat sich die Meinung durchgesetzt, dass Fremde – Politiker, Publizisten, Historiker und auch ausländische Kräfte – beschlossen haben, Mörder aus uns zu machen.«

7. Oktober 2001
Jedwabne. Ich bin zur Oktobersitzung des Stadtrats gekommen. Krzysztof Godlewski wurde zum Rücktritt gezwungen, daher muss ein neuer Bürgermeister gewählt werden. Es gibt zwei Kandidaten, einen Landwirt und einen Tierarzt. Auf den Gängen höre ich, der Bauer habe gute Chancen, denn der Pfarrer habe ihn empfohlen. Aber der Tierarzt habe ebenfalls eine starke Position. Er sei es, der den Reinheitsstempel auf die Milchbehälter setzt und die Zustimmung zur Besamung erteilt, kein Bauer werde also gegen ihn stimmen.

Ich lasse mich auf ein kurzes Gespräch mit einer Ratsherrin ein.

»Der Bürgermeister war gut, man kann ihm nichts vorwerfen«, sagt sie. »Er war der Erste dieser Art, vorher gab es immer irgendwelche Mauscheleien, Machtmissbrauch, Betrügereien. Der Punkt ist nur, dass er diese Juden reingelassen hat.«

»Hätte er sie nicht reinlassen sollen?«

»Das war eine Wahl zwischen Pest und Cholera, ich sage Ihnen mal privat, was ich darüber denke: Juden sind auch Menschen. Und diese polnischen Familien hätten sich den Deutschen beim Morden nicht anschließen sollen. Aber nennen Sie um Gottes willen nicht meinen Namen.«

Im Saal ist Janusz Ż. Ich habe unser Gespräch notiert, das vor einem halben Jahr auf der Bürgerversammlung mit Ignatiew stattgefunden hat. Er trat damals unnatürlich nah an mich heran und sprach mich in so aggressivem Ton an, dass ich zurückschreckte: »Werden Sie Ihre Lügen schreiben?« – »Ich kann auch Ihre Wahrheit schreiben und mir die Aussage autorisieren lassen«, antwortete ich höflich, aber er schnauzte nur zurück: »Ich habe nicht die Absicht, mit Ihnen zu sprechen.« Leszek Dziedzic, dem ich davon erzählte, wusste, um wen es sich handelte: um Janusz Ż. Er lebe schon seit Jahren nicht mehr in Jedwabne, komme aber häufig dorthin; sein Vater habe am Mord teilgenommen. Auf der nächsten Ratsversammlung kam er wieder auf mich zu: »Mein Vater wurde nach dem Krieg verhaftet. Als er aus dem Gefängnis kam, war sein Rücken blaugeprügelt, kurze Zeit später ist er gestorben. Ich sehe Sie wie ein böses Omen in meinen Träumen.

Warum hassen Sie die Polen so?« Und in der nächsten Pause: »Ich weiß, dass auch die Polen daran teilgenommen haben. Es schmerzt mich, wenn man sagt, alle hätten gemordet, denn es gab drei Gruppen: die Willigen, die Gezwungenen und die Gaffer.« Als ich das wiederum Dziedzic erzählte, stellte er fest, Janusz Ż. sei einer der wenigen, die von ihrem Gewissen geplagt würden; er wisse nur nicht, wie er damit umgehen solle, und wenn sich hier jemand Asche aufs Haupt streue, dann sei er es. Als ich die Sitzung verlasse, wendet sich Janusz Ż. an mich: »Könnten Sie mir vielleicht einen Talmud besorgen?«

Stanisław Michałowski fehlt auf der Ratsversammlung, denn er ist im Krankenhaus. Ich besuche ihn in der Kardiologie. Die von Bubel inszenierte Hetzjagd macht ihm zu schaffen, oder vielmehr die Tatsache, dass die Leute bereit sind, den Verleumdungen zu glauben. Michałowskis Familie wohnt hier seit Generationen, seine Großeltern hatten vor dem Krieg ein Restaurant direkt am Markt, sie waren eine bekannte, geachtete Familie. Genau wie er selbst, der es zum Besitzer einer Baufirma gebracht hat, den Wochenmarkt verwaltet und Ratsvorsitzender geworden ist; bis zum Streit um das Denkmal wurde ihm als einem Erfolgsmenschen Achtung und Respekt entgegengebracht und niemand stellte seine Position in der Stadt in Frage.

9. Oktober 2001

Ich rufe bei Janusz Ż. an, um ihm zu sagen, dass es keine polnische Übersetzung der über zweitausend Seiten des Talmuds gebe, aber dass ein Freund von mir vier Bände der englischen Ausgabe besitze und sie ihm ausleihen könne.

»Ich verstehe. Es gibt gewisse Dinge, von denen sie nicht wollen, dass andere sie wissen«, entgegnet Janusz Ż.

Er wird so einiges über den Talmud gelesen haben. Das ist ein Schlüsselbegriff in antisemitischen Publikationen. In der katholischen Vorkriegspresse konnte man lesen: »Das mosaische Bekenntnis ist lediglich eine Fiktion, um die naiven Andersgläubigen einzulullen, während die wirkliche jüdische Religion auf dem Talmud und anderen sogenannten ›heiligen Büchern‹ beruht, über die Staatsanwälte zweifellos wesentlich mehr zu sagen hätten als Professoren.«

Janusz Ż. ist offenbar hin- und hergerissen zwischen dem, was er in seiner Umgebung hört und auf antisemitischen Foren im Internet zu lesen bekommt, und dem, was ihn bedrückt und belastet: das Bewusstsein des begangenen Verbrechens.

»Es gibt hier niemanden, der seine eigene Familie ansehen und dann sagen könnte, dass er nichts auf dem Gewissen hat«, sagt er mir. »Vielleicht sind das die vergifteten Dünste aus den umliegenden Sümpfen oder auch der vergiftete Einfluss der Kirche. In den sechziger Jahren wurde hier ein Denkmal mit der Aufschrift errichtet: ›Ort des Massakers an der jüdischen Bevölkerung. Die Gestapo und die Nazi-Gendarmerie verbrannte hier am 10. Juli 1941 1600 Menschen bei lebendigem Leibe‹. Da kam bald irgendwer und entfernte nur so zum Spaß Wörter, damit es sich las wie ›jüdische Gestapo‹. Das hier ist eine dumme Stadt, die zum Untergang verurteilt ist. Sie wissen nicht, dass sie umkommen werden. Ich habe hier keine Bekannten mehr, alle sind weggefahren. Ich war auf dem Friedhof, habe auf meine Weise ein Kaddisch gesprochen und einen Stein dort hingelegt. Ich habe nur einmal versucht, meine Mutter auszufragen, aber sie hatte Angst. Jetzt ist sie tot. Niemand will mir sagen, was mein Vater getan hat. Sie haben die Ermittlungsunterlagen gelesen: Ist dort etwas, was meinen Vater betrifft? Wenn Sie etwas finden sollten, sagen Sie mir bitte Bescheid.«

26. Oktober 2001

Jedwabne. Ich versuche, den Stadtplan der Vorkriegszeit zu rekonstruieren. Ich habe mehrere einander widersprechende jüdische Berichte und weiß, dass eine solche Rekonstruktion unmöglich wäre, ohne auch die polnische Erinnerung heranzuziehen. Ich gehe von Haus zu Haus und frage nach den ältesten Einwohnern. Auf diese Weise finde ich Jan Górski, Jahrgang 1909, der schon vor dem Krieg in Jedwabne gewohnt hat.

»Ich kann auf Ihrem Plan markieren, wo polnische Familien wohnten«, sagt Górski höflich. »Aber die jüdischen? Juden gab es überall. Wozu brauchen Sie das?«

Ich spreche mit Antoni Rakowski, Jahrgang 1923, einem jener Jugendlichen, die wie Leon Dziedzic damit beauftragt waren, nach dem Verbrechen die halb verbrannten Leichen zu vergraben.

»Ich habe in Rostki gewohnt, zwei Kilometer von Jedwabne. Bei uns im Dorf hieß es: ›Pole, Jude oder Teufel, jeder ist ein Mensch.‹ Aus Rostki hatte niemand dabei die Finger im Spiel. Als wir die Leichen vergruben, konnte ich nicht hinsehen: ein kleiner Jude, vielleicht zehn Jahre alt, hatte sich vor Schmerz in die Erde eingegraben. Auf den Feierlichkeiten war ich nicht. Ich weiß, dass die Leute gelacht haben, weil der Präsident und die Juden sich küssten.«

Was die Rekonstruktion des Stadtplans anbelangt, habe ich nichts erreicht:

»Ach nein, lassen Sie mich damit in Ruhe, ich erinnere mich, aber ich will nichts sagen.«

Was für ein Tabu! Da hatte ich es leichter mit den Namen der Mörder. Aber vielleicht sollte ich mich nicht wundern, da ja der Pfarrer immer wieder erzählt, Gross habe sein Buch auf Bestellung der Juden geschrieben, die ihre Häuser zurückhaben wollen. »Bald kommen die Juden, um sich ihr Eigentum zu holen« – das ist ein Satz, den ich immer wieder höre.

27. Oktober 2001

Jedwabne. Beim Denkmal sehe ich zerschlagene Grablichter, verfaulende Blumen und herausgerissene Kabel von den Lampen, die das Denkmal nachts erhellen sollten. Ich erfahre, dass der Leiter der Stadtreinigung Angst hat, dort sauber zu machen, weil der neue Bürgermeister ihn dafür rauswerfen könnte, und hier Arbeit zu finden ist schwer.

Ich rufe ihn an. Ein gutes Zeichen: Er reagiert nicht allergisch auf meinen Namen.

Er erklärt mir, die Reinigung des Friedhofs gehöre nicht zu seinen Pflichten, dafür müsste er einen langfristigen schriftlichen Auftrag haben. Ich frage ihn, ob er auf einen schriftlichen Auftrag warte, um das

Gebiet vor dem katholischen Friedhof in Ordnung zu halten. »Manchmal führen wir solche Dienstleistungen auch ohne Auftrag aus«, gibt er zu.

»Als ich ein Junge war«, erzählt er, »gingen wir zum Nüssesammeln zu den sogenannten kleinen Gräbern, das heißt zum jüdischen Friedhof. Damals ruhte die jüdische Thematik. Als die Aufmerksamkeit dafür wuchs, bekamen die Leute aus Jedwabne Beschäftigung, es gab eine Menge Arbeit beim Asphaltieren, das Geld aus dem Ministerium floss reichlich, und es gab Jobs bei den archäologischen Arbeiten zur Vorbereitung der Exhumierung. Für die Stadt hat sich viel Gutes ergeben. Man muss blind sein, um das nicht zu bemerken. Andererseits, der Abbruch der Exhumierung war ein Schock für mich, diese Angst polnischer Würdenträger vor den Juden. Es ist doch der Jude mit seinem Geld, der die Welt regiert.«

28. Oktober 2001

Jedwabne. Besuch in der Pfarrei. Wir sprechen über die laufenden Ermittlungen. Der Pfarrer sagt, er verfüge über Dokumente, die ein neues Licht auf Ignatiews Untersuchung werfen. Und beginnt einen Vortrag.

»Ich bin im Besitz gewisser Dokumente, aber ich kann sie nicht veröffentlichen, weil ich durch das Beichtgeheimnis gebunden bin. Die Fakten kann ich allerdings rekonstruieren. Das Verbrechen hat die Gestapo von Ciechanów begangen. Über Białystok, Ostrołęka und Suwałki kamen Meldungen aus Berlin, dass die jüdischen Kommunisten zu liquidieren sind. Die Deutschen identifizierten sechzig jüdische Individuen, die mit dem NKWD gemeinsame Sache gemacht hatten. Es wurde beschlossen, sie zu bekämpfen. Auf dem Marktplatz von Jedwabne wurde ein Befehl zum Erschießen der Kommunisten verlesen. Die Liste der Kommunisten, die in Jedwabne und Umgebung, insgesamt 27 Ortschaften, zu liquidieren waren, übermittelte der Białystoker Judenrat an die Gestapo. Der Judenrat hatte mit den Kommunisten eine Rechnung offen, denn die hatten dessen Mitgliedern für die Zusammenarbeit mit der Gestapo Ohren und Genitalien abgeschnitten.

Mehr noch, gerade diese Praktiken, die von Juden an Juden verübt wurden, hat Wasersztejn in seiner Aussage beschrieben und die Lüge in die Welt gesetzt, es wären Polen, Bürger von Jedwabne gewesen, die das an Juden verübt hätten. Man kann nicht sagen, es wäre um Juden gegangen, denn nicht deswegen wurden sie bekämpft, sondern weil sie gemeinsam mit dem NKWD gekämpft hatten. Aber die Deutschen hatten den Grundsatz, dass der Feind bis zur dritten Generation vernichtet werden muss, daher wurden auch die Familien dieser Kommunisten zusammengetrieben. Den Beweis dafür, dass sie nicht als Juden, sondern als Kommunisten umkamen, stellt das Zeichen dar, dass sie zusammen mit Lenins Kopf begraben wurden. Es ist ja klar, dass es bei der ganzen Exhumierung darum ging, dieses Symbol zu entfernen, das daran erinnerte, weswegen sie getötet wurden. Nichts anderes ist während der Exhumierung geschehen.«

Der Pfarrer ist bestens mit dem Militärwesen vertraut.

»Nach Jedwabne kamen drei Gruppen: die NSDAP, das heißt die Sturmabteilungen, das NSKK, das heißt das Kraftfahrerkorps, und das NSFK, das heißt das Fliegerkorps, die kamen aus der Nähe von Ciechanów und trugen blaue Uniformen. Sie waren es, die Kanister mit Kerosin vom Flughafen in Przasnysz herbrachten. Dann gab es noch ein Auto mit Zivilisten, mit Masuren, die sich als Deutsche sahen, aber Polnisch sprachen und in Zivil gekleidet waren, damit es so scheinen sollte, als wären sie Polen. Einmal kam ein Journalist aus Amerika zu mir und sagte: ›Ich bin Jude.‹ Ich darauf: ›So habe ich Sie auch gleich eingeschätzt.‹ Er hat mich gefragt, ob die Juden von Jedwabne überlebt hätten, wenn sie sich nicht dem Kommunismus angeschlossen hätten. Ich habe ihm geantwortet, sie hätten länger gelebt, denn sie wären nicht schon im Juli 1941 als Kommunisten verbrannt worden. Das sind die historischen Tatsachen. Die Aktion wurde geleitet vom Kommandanten der Gestapo Hauptmann Marcholl. Das war ein Jude aus Suwałki: Waldemar Maczpołowski. Der hatte jüdische Widerständler verraten, und für diesen Verrat gegen sein Volk beförderten sie ihn und machten ihn zum Hauptmann des gesamten Nachrichtendienstes im Osten. Die Deutschen protestierten, er war doch beschnitten, aber

Himmler sagte, wer ein Jude und wer ein Freund des Reiches ist, entscheide er allein. So sieht die Wahrheit aus.«

Während er diesen Unsinn von sich gibt, strahlt der Pfarrer vor Zufriedenheit und Selbstbewusstsein.

»Ich habe sieben Darmkrebsoperationen hinter mir, sie haben mir 27 Zentimeter entfernt und ich lebe noch. Offensichtlich ist das Gottes Werk. Je mehr Flüche über mich niedergingen, desto gesünder wurde ich. Auf dass die Wahrheit ausgesprochen werde. Das Wichtigste aber ist, dass die Mitglieder meiner Gemeinde sich angemessen verhalten haben. Die Lüge hat sie schmerzhaft getroffen, aber nicht gebrochen. Ich bin stolz auf die Bürger von Jedwabne.«

30. Oktober 2001

In *Więź* erscheint der Artikel »Sie und wir« von Izrael Gutman aus Jerusalem, der die von Strzembosz aufgestellte These von der heimlichen Kollaboration der Juden mit den Sowjets angreift. Gutman zeigt auf, wie dünn die Quellenbasis ist, auf die Strzembosz seine Feststellungen gründet. Die jüdische Rebellion in Grodno etwa soll belegt werden durch den Bericht einer Schülerin, die gesehen haben will, wie Juden mit roten Armbinden am 17. September 1939 von Balkonen herab auf die Straße schossen. »Wie schlau diese Juden waren, dass sie schon am 17. September, dem Tag, als die Rote Armee in Polen einmarschierte, rote Armbinden und Gewehre hatten«, kommentiert Gutman. »Es ist nur merkwürdig, dass sie auf Einwohner schossen, von denen statistisch mindestens die Hälfte Juden waren.« »Diese armen Leute«, schreibt er weiter, »waren zum größten Teil gottesfürchtige Menschen, für die eine Schusswaffe ein abschreckendes Werkzeug darstellte und das Vergießen menschlichen Blutes ganz undenkbar war. Salo Baron, ein herausragender jüdischer Historiker seiner Generation, der in Tarnów geboren wurde, aber in den USA wirkte, hat festgestellt, dass zu den Veränderungen, die bei den Juden infolge des Holocaust einsetzten, auch das Verschwinden dieser Menschenmassen zählt, die keine Macht und Gewalt anwandten und deren flehende Augen und Gebete in Zeiten von Not und Bedrohung auf den Allmächtigen gerichtet waren.«

9. November 2001

Jedwabne. Nach vielen Versuchen ist es mir endlich gelungen, mich mit Jolanta Karwowska zu verabreden, einer der beiden Lehrerinnen aus Jedwabne, die im Juli letzten Jahres an einem zweiwöchigen Besuchsprogramm im Holocaust Museum in Washington teilgenommen haben. Über diese Fahrt wurde in der Schule monatelang gesprochen. Anfangs hatte der Pfarrer sein Missfallen zum Ausdruck gebracht, so dass sich niemand melden wollte, schließlich aber wurden zwei Kandidatinnen von ihm akzeptiert.

Die Tür zu einer gepflegten Villa öffnet mir eine junge hübsche Frau mit kalten Augen. Ich habe schon von ihr gehört – sie hat an der ersten Sitzung des Komitees zur Verteidigung des guten Namens von Jedwabne teilgenommen. Ich frage sie nach ihren Eindrücken vom Holocaust Museum.

»Ich würde mir wünschen, dass die Polen sich auch so um ihre Interessen kümmern würden. Man darf die Geschichte nicht auf die Geschichte des Holocaust beschränken.«

»War diese Fahrt ein Anlass, darüber nachzudenken, was hier in der Gegend geschehen ist?«

»Das Durcheinander hier in Jedwabne aufzulösen ist nicht einfach, dafür sind viele Nationalitäten verantwortlich. Die Polen konnten sich kaum zwanzig Jahre an ihrer Unabhängigkeit erfreuen. Sie waren die Besitzer dieses Landes und wollten es für sich bewahren. 1939 stellte sich heraus, dass andere, die Russen und die Deutschen, einen Anschlag auf diese Unabhängigkeit planten. Da begriffen die Polen, dass sie sich selbst um ihre Interessen kümmern mussten. Was sollte das arme Volk tun? Die Juden waren hier Gäste. Sie fühlten sich mit diesem Land nicht verbunden. Und diejenigen, die man jetzt beschuldigt, waren einfache Menschen, jeder von ihnen hatte seine Gefühle, hatte ein Herz. Es war doch klar, was im Falle einer Befehlsverweigerung drohte, die Deutschen ließen nicht mit sich spaßen.«

»Haben Sie das Buch von Gross gelesen?«

»Stellenweise. Und diese Stellen waren so drastisch, dass ich mich schlecht fühlen würde, wenn ich alles durchlesen müsste. Vielleicht würde ich auch nicht so gut schlafen.«

»Ich weiß, dass Sie an einer Magisterarbeit mit dem Titel *Społeczność katolicka Jedwabnego* 1939-1945 [Die katholische Gemeinschaft von Jedwabne 1939-1945] schreiben. Was wird dort über das Verhalten der katholischen Gemeinschaft am 10. Juli 1941 zu lesen sein?«

»Der 10. Juli gehört nicht zu meinem Thema. Überall wird der Rest übergangen, immer nur der 10. Juli, daher will ich den Rest beschreiben. Es geht darum, dass die Geschichte wahrhaftig und objektiv ist.«

»Wären Sie zu den Feierlichkeiten gegangen, wenn Sie damals hier gewesen wären?«

»Ich hatte damals einen Termin beim Kinderarzt. Wo ein Friedhof ist, da weiß man ja, wie es zugeht: Die einen begegnen ihm mit Achtung, die anderen verkaufen Tüten mit Asche. Ob nicht vielleicht jemand Jedwabne benutzen will, um ein Geschäft zu machen? Man spricht von einer Entschädigung, die die Polen zahlen sollen. Geht es nicht darum? Wenn sich herausstellen sollte, dass es die Polen waren, gäbe es eine Grundlage für finanzielle Forderungen.«

»Haben Sie bei Ihren Schülern mit antisemitischen Äußerungen zu tun?«

»Bei uns in der Schule gibt es kein Antisemitismusproblem.«

»Werden Sie das Urteil des IPN akzeptieren?«

»Ich werde wohl weiterhin meine Zweifel haben. Wir kennen ja die Schläue der Deutschen – wie können wir da sicher sein, dass unter den Zivilisten keine verkleideten Deutschen waren?«

»Haben Sie als Klassenlehrerin dieses Thema mit Ihrer Klasse besprochen?«

»Ja, aber wir haben nicht entschieden, wer Opfer und wer Täter war.«

10. November 2001

Ich mache einen Besuch in der Schule, wo mir ein Schaukasten zur Geschichte von Jedwabne ins Auge springt. Auf einem hervorgehobenen Platz steht dort ein Foto des ehemaligen Denkmals mit der Aufschrift, dass die Juden von der Gestapo ermordet worden seien. Ich besuche eine befreundete Lehrerin, um in Erfahrung zu bringen, wie das möglich ist. Ich erzähle ihr auch von meinem Besuch bei Karwowska.

»Sie war es, die die Sache so dargestellt hat, bis zum Abschluss der Ermittlungen dürfe man den Schaukasten nicht verändern, danach müsse man sehen. Das ist eine Demonstration, sie soll zeigen, was die Schule in dieser Angelegenheit den Kindern zu sagen hat.«

Wie es inzwischen meine Gewohnheit ist, schaue ich in der Kirche vorbei, um antisemitische Neuerscheinungen zu kaufen.

11. November 2001

Białystok. Ich rufe bei Jan Sokołowski an, der nach dem Erscheinen von *Nachbarn* an verschiedene Redaktionen einen Brief des Inhalts geschickt hat, Śleszyński, der Besitzer der Scheune, in der die Juden verbrannt wurden, sei nach dem Krieg aus Rache erschlagen worden. Als immer wieder Journalisten bei Śleszyńskis Tochter Biedrzycka erschienen, um nach den Einzelheiten zu fragen, forderte sie ihn zu einem Widerruf auf. So schickte er einen neuen Brief herum, in dem er erklärte, er habe die Verleumdungen von Gross nicht ertragen können: »Bei meiner Beschreibung des Todes von Herrn Bronisław Śleszyński habe ich mich an eine Version gehalten, von der ich gehört hatte, nämlich dass er heimtückisch von Juden ermordet worden sei, weil er seine Scheune zu Verfügung gestellt hatte. Es hat sich herausgestellt, dass es sich dabei um ein Gerücht handelte. Ich habe versucht, die Ehre der Einwohner und Landsleute der Stadt Jedwabne gegenüber dem ›Sturm um Jedwabne‹ zu verteidigen, der in den Massenmedien im Zusammenhang mit dem Erscheinen des Buchs *Nachbarn* entfacht wurde. Dieses Buch hat der Jude Jan Tomasz Gross geschrieben. Es lohnt sich, es zu lesen, um zu erfahren, wie Juden lügen.«

Sokołowski lädt mich enthusiastisch zu sich ein.

Ich lausche seiner Version der Geschichte.

»Am 10. Juli morgens sind Lastwagen mit Deutschen gekommen, ich selbst habe sieben gesehen. Die Deutschen saßen dort auf Bänken, so dass ihre Köpfe herausragten und ich sehen konnte, wie viele es sind.

Eine Gruppe von Juden floh in Richtung des Teiches, Soldaten in schwarzen Uniformen mit Pistolen hinter ihnen her. Auch einige Einheimische waren daran beteiligt. Kubrzyniecki, das muss man zugeben, hatte etwas gegen Juden. Aber ich rate Ihnen, folgender Frage nachzugehen: Sehen Sie sich die Geburtsjahre an, dann wird es Ihnen gleich klar werden. Die grausamsten Beteiligten an der Sache waren vermutlich jüdischer Herkunft. Sie waren alle Jahrgang 20. Und damals verhielt es sich so: Während des polnisch-bolschewistischen Krieges gingen die Juden nicht hin, um für die Freiheit Polens zu kämpfen, kein Jude aus Jedwabne kämpfte, nur Polen. Deren Frauen blieben zu Hause, und wenn ihre Männer selbst keinen Hof hatten, sondern Tagelöhner waren, hatten sie nichts, wovon sie leben konnten. Sie gingen als Dienstmädchen zu den Juden. Und bei den Juden gilt, dass die Mutter Jüdin sein muss, der Vater nicht, denn der kann sich immer irgendwie rausreden. Die Juden machten den polnischen Frauen Kinder und stritten dann die Vaterschaft ab. Gucken Sie sich alte Bilder an, dann werden Sie gleich sehen, dass die Tarnackis oder Kalinowskis Juden sind. Kann man sich darüber wundern, dass sie dem Volk gegenüber übel gesinnt waren, aus dem ihre Väter stammten, die sie verleugnet hatten?«

Obwohl ich mich bemühe, nicht zu erkennen zu geben, was ich von diesem Unsinn halte, den er mir erzählt, schaffe ich es anscheinend nicht, den richtigen Ton zu treffen, denn auf einmal sieht Sokołowski mich prüfend an. Mir wird klar, dass er auf jemand ganz anderen gewartet haben muss. Ich laufe eilig aus der Wohnung, als er mich anschreit. Es fehlte nicht viel, und er hätte mich angegriffen und meine Notizen zerrissen. Noch im Treppenhaus höre ich sein Schreien.

16. November 2001

Bei Stanisław Ramotowski in Konstancin. Er fühlt sich so schlecht, dass er nicht aus dem Bett aufstehen kann. Dauernd hat er das Gefühl zu ersticken, als würde ihm jemand den Kopf unter Wasser drücken. Doch er beklagt sich niemals – dass er leidet, erkennt man nur daran, dass er sich zur Wand dreht und schweigt. Er muss so tun als ob, sonst steht seine Frau, die es gewohnt ist, dass er sich um sie kümmert, an seinem Bett und weint: »Steh auf, mein Lieber, du wirst mich doch nicht allein lassen!«

20. November 2001

Ich musste Herrn Ramotowski ins Krankenhaus bringen, denn es stand schon sehr schlecht um ihn. Er liegt mit geschlossenen Augen da. Eine Ärztin kommt und spricht über seinen Zustand, als wäre er bereits ein überflüssiger Gegenstand. Ich mache sie darauf aufmerksam, dass er ein lebender Mensch ist. Stanisław, der einen bewusstlosen Eindruck macht, ergreift meine Hand und küsst sie. Was seine Manieren, sein Gefühl für Humor und seine Zurückhaltung betrifft, hätte er die gesamte Zeit seiner Krankheit hindurch als vorbildlicher englischer Gentleman gelten können.

Irgendein antisemitisches Blättchen hat einen weiteren offenen Brief von Kazimierz Laudański an Adam Michnik abgedruckt, mit dem Titel »Wenn wir ein gemeinsames Vaterland haben«. »Ihre Freunde und Mitarbeiter behandeln Polen wie eine garstige Stiefmutter«, beginnt er, um Michnik dann vorzuhalten, dass Gross »mit seinem verlogenen Buch Polen in den Augen der Weltöffentlichkeit schlechtmacht«, und dass jetzt »die begabte Journalistin A. Bikont ein zweites Buch ähnlichen Inhalts vorbereitet«.

Im harten Kampf ums Dasein waren die Brüder Laudański bereit, auch mit dem Teufel zu korrespondieren. Während der sowjetischen Besatzungszeit haben sie Briefe an Stalin und den NKWD geschickt, nach dem Krieg an das Ministerium für Innere Sicherheit und an das Zentralkomitee der PZPR. Kazimierz Laudański erzählte mir, vor kurzem habe er an das Episkopat geschrieben. Jetzt halten die Laudańskis offenbar die Zeit für gekommen, an Michnik zu schreiben.

Indem ich diesen Zeitungsausschnitt in den entsprechenden Hefter tue – davon besitze ich 23, dieser hat den Aufkleber: Jedwabne/Mörder –, werfe ich einen Blick auf alte Äußerungen und Briefe der Laudańskis und … da läuft es mir kalt den Rücken herunter. In einer Lokalzeitung bemerke ich einen Satz, der meiner Aufmerksamkeit bisher entgangen war. Jerzy Laudański sagt dort: »Wasersztejn sagt aus, dass er gesehen hat, wie 75 ausgewählte junge und starke Männer das Lenindenkmal trugen, und dass diesen Männern befohlen wurde, eine Grube auszuheben, und man sie anschließend ermordet hat. In Wirklichkeit wurde das Denkmal von einem guten Dutzend Männern getragen, die anschließend in Śleszyńskis Scheune geführt wurden.«

Bei der Exhumierung stellte sich heraus, dass eine Gruppe von 30 bis 40 jungen Juden, die die Leninbüste trugen, im Inneren der Scheune, und nicht daneben, ermordet wurden. Das war eine unerwartete Entdeckung, niemand hatte das erwähnt; in den meisten Berichten ist die Rede davon, die erste Gruppe von Juden sei auf den Friedhof getrieben worden.

Während es für die Verbrennung der Juden in der Scheune viele Zeugen gab, denn Gaffer und Mithelfer gingen hinter der zur Scheune getriebenen Menge her, gab es für den Mord an der ersten Gruppe von Juden in der Scheune höchstwahrscheinlich nur eine einzige Gruppe von Zeugen: die Mörder selbst. Es kann kaum noch ein Zweifel daran bestehen, dass unter denen, welche die erste Gruppe von Juden mit Äxten ermordet haben, Jerzy Laudański war.

22. November 2001

Mit Marta Kurkowska-Budzan in Łódź bei Marek Edelman.

Ich habe mich mit Marta in Verbindung gesetzt, da Edelman mit ihr sprechen wollte. Er hatte sie vor einem Jahr auf einem Historikertreffen zu Gross' Buch kennengelernt. Damals war eine junge Frau auf ihn zugekommen und hatte ihm anvertraut: »Weil ich eine Polin aus Jedwabne bin, hatte ich immer das Gefühl, ein schreckliches Geheimnis mit mir herumzutragen. Das habe ich schon im Sandkasten erfahren, und mein Vater hat immer zu mir gesagt: ›Gib nie zu, dass du aus Jedwabne bist.‹«

Marta erzählt uns, als sie in der ersten oder zweiten Grundschulklasse war, habe ihr eine Freundin als großes Geheimnis anvertraut, dass in Jedwabne die Polen die Juden verbrannt und danach in der Scheune Schmuck und Goldzähne gesucht hätten. Marta merkte sich das, obwohl das Wort »Juden« für sie keine Bedeutung hatte. Viele Jahre später habe sie überlegt, ihre Doktorarbeit darüber zu schreiben, was vor sechzig Jahren in ihrer Heimatstadt passiert war, aber die Wissenschaftler, die sie an der Universität konsultierte, hätten ihr eindringlich abgeraten. Vor kurzem habe sie einen Schulausflug aus Jedwabne nach Krakau organisiert. »Nur wenige Kinder lehnten es ab, die Schwelle der Synagoge zu überschreiten«, erzählt sie mir.

Auf dem Rückweg sprechen Marta und ich von den Mythen, die um das Verbrechen herum entstanden sind. Jede von uns hat Geschichten über die Strafen gehört, die die Mörder getroffen hätten: Jemand habe sich zu Tode getrunken, jemand sei gestürzt und auf der Stelle gestorben, jemand habe einen tödlichen Unfall erlitten, einem anderen seien behinderte Kinder geboren worden. Stanisław Ramotowski sprach immer wieder davon, dass die Mörder früher oder später die göttliche Strafe ereilt habe. »Alle, die selbst mitgemordet haben«, behauptete er, »sind rasch umgekommen, meistens bei Unfällen. Ich selbst erinnere mich an einen, der von einem Baum zerquetscht wurde, einen anderen, der an Schwindsucht starb und einen dritten, der verrückt geworden ist.«

Marta und ich haben beide die Geschichte gehört, dass einmal im Park auf dem Marktplatz von Jedwabne aus dem Steinpflaster Gras in Form eines Kreuzes gewachsen ist, und als man es gemäht habe, sei es in derselben Form wieder nachgewachsen. Dies sei der Ort gewesen, wo man eine Jüdin mit einem Kind auf dem Arm erschlagen hat (wobei ich die Version gehört habe, dass es der Ort war, wo nach dem Krieg eine Frau mit ihrem Kind von einer Bande getötet wurde). Marta kennt auch eine Geschichte über Verbrecher, die einen reichen Juden im Pelzmantel ertränkt hätten (im Hinblick darauf, dass es ein heißer Sommer war, zeigt sich, wie schwach ein Mythos manchmal in der Wirklichkeit verankert ist): Als sie die Leiche herauszogen, habe sich gezeigt, dass er nackt war, der Pelzmantel und die Wertgegenstände waren verschwunden. Für Marta haben alle diese Geschichten denselben Sinn: Sie dienen dazu, Ereignisse für das traumatisierte Gedächtnis zu zähmen, die rational nicht zu erklären sind.

Da auf Marta die Einwohner nicht so abwehrend reagieren wie auf mich, hat sie bessere Erinnerungen an ihre Gespräche: Jemandem fielen einige jiddische Worte wieder ein, jemand anders sang ihr ein jüdisches Lied vor.

23. November 2001

Den Vormittag verbringe ich bei Stanisław Ramotowski im Krankenhaus. Ich weiß nicht, ob er meine Anwesenheit bemerkt.

Nachmittags kommt ein Telefonanruf: »Herr Ramotowski ist um 17:45 Uhr verstorben.«

24. November 2001

Ich fahre nach Konstancin, um Marianna zu benachrichtigen. »Wann ist es passiert?«, fragt sie. »Gestern Abend kurz vor sechs habe ich plötzlich so eine Unruhe verspürt.«

Stanisławs Leichnam wird in seine Heimat überführt. Am Abend rufe ich bei seinem Neffen in Kramarzewo an und erfahre, dass die Beerdigung schon morgen stattfinden soll. So schnell? Und dann auch noch am Sonntag? Das passt ganz und gar nicht zur katholischen Tradition. Es sei denn, es geht darum, dass niemand aus Warschau rechtzeitig erscheinen soll.

25. November 2001

Wir fahren in drei Autos los, ich und meine Freunde, die Stanisław über mich kennengelernt haben. Wir fahren direkt vor die Hütte. Auf herbeigebrachten Bänken in der Küche sitzen die Männer, im Essraum hinter der Küche hat man Stanisławs Leichnam aufgebahrt, um ihn herum singen schwarz gekleidete Frauen Klagelieder.

Auf dem Friedhof hält der Priester eine nichtssagende Rede, aus der hervorgeht, dass Stanisławs einziges Verdienst darin bestanden hat, hier zu wohnen. »Du musst etwas sagen«, stößt mich meine Freundin an. Ich nehme das Mikrofon und erzähle davon, wie Stanisław, als andere Einwohner der Stadt Juden ermordeten oder sich versteckten, um nicht zu Zeugen des Verbrechens zu werden, eine jüdische Familie gerettet hat.

»Sie verstehen die Situation anscheinend nicht«, sagt mir später sein Neffe. »Stanisław war hier ein geehrter und beliebter Mensch. Und was geschah, als Sie meinen Onkel mitgenommen haben und das alles an die große Glocke gehängt wurde? Sie nennen mich ›Jude‹. Verstehen Sie mich nicht falsch, ich habe nichts gegen das jüdische Volk, aber Sie müssen zugeben, dass das nicht angenehm ist. Und was war das für ein Problem mit der Beerdigung! Unter alldem habe am meisten ich zu leiden.«

28. November 2001

Ich telefoniere hinter Izaak, dem Sohn von Szmul Wasersztejn her, mit dem ich in Costa Rica verabredet bin, um meine Ankunft zu bestätigen. Es stellt sich heraus, dass er in Boston bei seiner Tochter ist. Als ich dort anrufe, erfahre ich, er sei in Puerto Rico bei seiner anderen Tochter, der eine Frühgeburt droht, daher werde er dort sicher bis zur Geburt bleiben. Und ich bin schon im Begriff, in die USA zu fliegen und habe ein Flugticket von New York nach San José – das billigste natürlich, ohne Umbuchoption.

29. November 2001

In Jedwabne ist der neue Bürgermeister gewählt worden, der Tierarzt. Seine Ansichten entsprechen den Anforderungen: Er mag keine Juden.

Vor meiner Abreise in die USA lasse ich in der *Gazeta Wyborcza* einen Text über Krzysztof Godlewski zurück. Ich wollte ihn mit der Wahl des neuen Bürgermeisters abschließen. Zweifellos bildet sie den Schlusspunkt der Etappe im Leben der Stadt, als zwei Haltungen um die Vorherrschaft stritten. Jetzt ist nur eine Seite auf dem Schlachtfeld zurückgeblieben. Aber telefonisch erreiche ich niemanden, nur die Ehefrauen nehmen ab. Die Bürgermeisterwahl ist eines dieser Ereignisse, nach denen am Abend kein Mann nüchtern nach Hause kommt.

30. November 2001

Mein Flugzeug geht um 9 Uhr morgens. Vom Flughafen rufe ich Krzysztof Godlewski an. Er klingt düster: »Niemand hat sich enthalten, was bedeutet, dass alle akzeptiert haben, dass ich nicht mehr Bürgermeister sein soll.« »Was heißt ›alle‹?«, frage ich. »Und Stanisław Michałowski?« Schweigen. »Wie, Stanisław war also nicht solidarisch und ist nicht zusammen mit dir zurückgetreten?«, frage ich weiter. Ich rufe bei Michałowski an, der mir erklärt, er habe ja gewollt, aber der Stadtrat hätte diesen Punkt von der Tagesordnung genommen, und das sei ja vielleicht auch besser so, denn nun würde es ihm leichter fallen, für Krzysztof eine Arbeit zu finden. Er klingt nicht gerade überzeugend. Ich verwickle mich mit ihm in eine so lebhafte Diskussion, dass deren letzter Teil sich bereits in der Passagierbrücke abspielt und die Stewardessen mir zu verstehen geben, ich solle einsteigen und das Mobiltelefon ausschalten.

9
Die verzweifelte Suche nach dem Positiven oder Die Monologe des Krzysztof Godlewski, ehemaliger Bürgermeister von Jedwabne

»In meiner Dienstpost fand ich ein Jahr vor dem Erscheinen von Gross' Buch einen Brief aus Montevideo: ›Ich bin Esther Migdal, geboren in Jedwabne. 1937 bin ich nach Uruguay gefahren. Ich, meine Schwestern und Bruders und meine Mutti. Dort geblieben ist meine Oma Chana Jenta Wasersztejn. Entschuldigung, ich erinner mich nicht mehr viel Polnisch, es sind schon 62 Jahre, dass ich nicht Polnisch spreche. Ich weiß, dass die Polen die ganze Stadt von Juden umgebracht haben, wer meine Oma ihre Töchter umgebracht hat – der hat die ganze Familie die Wonung weggenommen er wont jetzt in den Haus. Was seid Ihr für Banditen! Was seid Ihr für Diebe! Was sagt Euer Priester dazu? Jetzt habt Ihr ein Haus hat nichts gekostet Ihr könnt tanzen. Was hat schlecht gemacht meine Oma? Ich bitte Sie, schreibt auf, wie Ihr die ganze Stadt von Juden umgebracht habt.‹«

»Meine erste Reaktion war Wut. Ich wollte den Brief wegwerfen, aber dann habe ich doch gezögert. Ich wollte zurückschreiben, aber ich wusste nicht, was. Doch der Brief ließ mir keine Ruhe. Als ich *Nachbarn* gelesen hatte, kam ich zu dem Schluss, dass man etwas tun muss.«

»Ich begriff, dass das ein Verbrechen gewesen war und sein Verschweigen eine Gemeinheit wäre. Aber ich dachte auch so: ›Andere werden mir folgen, und wir werden den Juden zeigen, dass das ein Unfall war, die Folge einer verdeckten Operation, und dass wir ein Volk sind, das andere liebt und Mitleid empfindet.‹ Als Stanisław Michałowski und ich am 10. Juli 2000 mit einer Schleife zum Denkmal gingen, auf der stand: ›Den ermordeten Bewohnern Jedwabnes jüdischer Nationalität zum Gedenken und zur Warnung – die Bürger der Stadt‹, taten wir das als Repräsentanten der Stadtobrigkeit, doch den Kranz hatten wir von unserem Geld gekauft. Irgendwie ahnten wir, dass der Stadtrat einer solchen Ausgabe nicht zugestimmt hätte. Ich dachte allerdings, das wäre nur eine Frage der Zeit.«

»Allmählich fielen mir immer mehr Gespräche ein, die ich in meiner Kindheit mitgehört hatte, obwohl man die Kinder von ihnen fernhielt. Manchmal sagte man von einem Nachbarn: ›Der war bei der Scheune, als die Juden verbrannt wurden.‹ Aber das Wort ›Juden‹ war für mich damals noch völlig abstrakt.«

»Ich sehe, wie schwer es für die Bürger ist, mit dem Gefühl zu leben, dass Jedwabne als Mörderstadt angesehen wird. Meine Idee war es, das umzudrehen. Die Stadt sollte zeigen, dass es in Jedwabne einige Verbrecher gegeben hat, aber dass es auch Polen gab, die Juden gerettet haben. Ich wollte der Schule vorschlagen, sich nach Antonina Wyrzykowska zu nennen. Aber dieser Vorschlag wurde vom Stadtrat nicht positiv aufgenommen.«

»Dass die Bewohner sich von ihrer guten Seite zeigen, ist für Jedwabne so wichtig wie die Luft zum Atmen. Einer meiner Freunde sagte mir: ›Du hast Recht, dir fällt kein Zacken aus der Krone, wenn du Entschuldigung sagst.‹ Da wurde mir gleich warm ums Herz. Ich suche verzweifelt nach etwas Positivem. Ich argumentiere immer so: ›Ich bin kein Staatsanwalt, tun wir, was zu tun ist, und wenn sich herausstellt, dass die Wahrheit eine andere ist, umso besser.‹ Und: ›Ich sage ja nur, dass ein Massenmord stattgefunden hat und die Opfer geehrt werden müssen.‹ Auf den Sitzungen des Stadtrats erkläre ich: ›Wir sollen nur das tun, was jeder Christ tun sollte: für einen würdigen Begräbnisplatz sorgen.‹ Am wichtigsten wäre es, dass die Familien der Opfer, die zu den Feierlichkeiten kommen, die Wärme in unseren Herzen spüren – dann werden sie verstehen, dass nur eine kleine Gruppe schuldig ist, nicht die ganze Stadt.«

»Ich stelle mir schon die Feierlichkeiten vor. Ich möchte, dass ein Enkel von Rabbi Baker und der Enkel eines Mörders sich die Hände geben. Oder dass wenigstens ich und der Rabbiner uns umarmen. Vor allem darf es keine aufgeblasene Begrüßung geben, sondern eine, bei der einem die Tränen kommen, etwas Bewegendes, so dass die Leute ganz von selbst niederknien. Ich möchte sagen: ›Jüdische Brüder, die ihr hier geboren seid, es ist bewegend für uns, dass wir euch bei uns zu Gast haben.‹«

»Im Regionalfernsehen habe ich verraten, wovon ich träume: dass Brautpaare manchmal kommen, um Blumen auf dem Friedhof niederzulegen, wie das in Katyn geschieht, und dass das Denkmal eine der Stationen des Kreuzweges wird. Im Radio sagte ich, dass ich zu den Feierlichkeiten gehen werde, weil es mir ein Herzensbedürfnis ist. Viele Einwohner haben das als Beleidigung empfunden. Ich spüre, wie missmutige Blicke auf mich gerichtet sind. Ein Mann sprach mich aggressiv an: ›Verdammte Scheiße, wenn mir einer den Roggen zertrampelt, schieß ich ihn tot.‹«

»Die meisten Einwohner wissen, dass die Polen daran teilgenommen haben. Aber sie denken so: ›Wir können das nicht zugeben, denn den Juden geht es um eine Entschädigung, und zwar in solcher Höhe, dass unsere Kinder sie nie werden bezahlen können.‹ Wie kann man sie überzeugen, wenn sie das vom Pfarrer hören?«

»Ich habe versucht, eine Lobby zu schaffen, aber ohne Erfolg. Ein Ratsherr hat mir Geschichten erzählt, die er in seiner Familie und von Nachbarn gehört hat: wie und wo Juden getötet worden sind. Aber seit man ihm das Visum in die USA verweigert hat, sagt er, das wäre wegen der Juden, und hat völlig die Seite gewechselt. Dauernd höre ich entweder, dass das alles nicht stimmt oder dass man es nicht ans Tageslicht zerren soll, denn die Juden würden es ausnutzen und Polen ausnehmen. Sie sagen mir: ›Krzysztof, sieh dich vor, wenn du ein Wort zu viel sagst, kann dir was passieren‹, aber das war kein freundlicher Ratschlag, sondern eine Drohung. Das Freundlichste, was ich zu hören bekomme, sind solche Bemerkungen: ›Was hast du denn davon? Du wirst nur einen guten Job verlieren.‹ Auf einem Treffen von Ratsleuten und Bürgermeistern aus der Wojewodschaft Łomża antwortete mir jemand auf mein ›Guten Tag‹ mit ›Shalom‹, und alle haben gelacht. Im Geschäft höre ich hinter meinem Rücken: ›Oh, der Jude Godlewski.‹ Immer weitere Bekannte, darunter solche, von denen ich es nicht erwartet hätte, versuchen mich zu überzeugen, dass das alles eine jüdische Verschwörung ist, in der es um Entschädigungszahlungen geht. Man hat Lügen verbreitet, dass mein Vater, der für seine AK-Mitgliedschaft mehrere Jahre in Wizna im Gefängnis gesessen hat, daran teilgenommen und einem Juden gegen den Kopf getreten hätte, dass meine Schwiegermutter, die in den USA lebt, einen Rabbiner geheiratet hätte.«

»Die ganze Zeit habe ich überlegt, wie man die Menschen erreichen könnte. Ich habe versucht, meine Landsleute zu rechtfertigen, indem ich darüber nachdachte, wie ich vor zehn Jahren gewesen war. Vor nicht allzu langer Zeit hatte ich ja selbst noch keinen Gedanken darauf verschwendet. Ich war Antisemit. Nun ja, vielleicht nicht so direkt, aber ich war Anhänger einer Verschwörungstheorie. In den achtziger Jahren ging in Jedwabne ein Interview von Hanna Krall[1] mit Bronisław Geremek[2] von Hand zu Hand, in dem sie einander erzählten, wie sehr sie als Juden die Polen hassen, und ich glaubte daran. Erst aus deinem Artikel über Jedwabne habe ich erfahren, dass das eine Fälschung des UB war. Ich bekam ein Buch, in dem behauptet wurde, die Juden wollten ganz Polen aufkaufen und uns zu Sklaven machen; ich las es erst einmal, dann noch einmal, und alles schien zu stimmen. Es quälte mich, dass wir in einer Sackgasse steckten, dass ich überflüssig war, weil die Juden mein Vaterland unter ihre Gewalt gebracht hatten. Dann sprach ich mit einer Lehrerin aus Jedwabne, und sie erinnerte mich daran, dass ich doch aus der polnischen Literatur weiß, wie arm die Juden hier waren, und dass die Behauptung Unsinn ist, sie würden Polen beherrschen.«

»In der Schule habe ich mich von der Propaganda manipulieren lassen: Ich glaubte, die Russen sind unsere Freunde und die Amerikaner Imperialisten. Und obwohl ich schon zwölf war, als ich das erste Mal

1 Hanna Krall – Schriftstellerin, Holocaust-Überlebende; Autorin u. a. von *Zdążyć przed panem Bogiem* [Dem Herrgott zuvorkommen] über Marek Edelman, einen der Anführer des Aufstands im Warschauer Ghetto.

2 Bronisław Geremek – Geschichtsprofessor, Holocaust-Überlebender; nach 1989 Abgeordneter der »Solidarność«, Außenminister, Abgeordneter im Europaparlament.

ein Gespräch mithörte, in dem das Verbrechen in schrecklichen Einzelheiten beschrieben wurde, begriff ich nicht, dass Nachbarn das getan hatten. Das war eine Zeit scharfer antideutscher Propaganda: Ich wusste, dass die Deutschen schlecht und die Russen gut sind, daher wollte es mir nicht in den Kopf, dass man mit den Deutschen hatte zusammenarbeiten können. Als mir ein Schulfreund von Katyn erzählte, wollte ich das zuerst auch nicht wahrhaben. Mit der Zeit habe ich meine Meinung geändert, daher war ich der Überzeugung, dass jeder diese Chance hat. Die ganze Zeit habe ich daran geglaubt, dass es direkt vor den Feierlichkeiten zu einem Durchbruch kommen würde.«

»Als ich am 10. Juli meine Rede halten sollte, schnauzte mich eine Ratsherrin an, die die Feierlichkeiten, hinter Gardinen versteckt, von einem Fenster am Marktplatz aus beobachtet hatte: ›Ja, begrüße sie nur, verdammte Scheiße, begrüße sie, dann bist du morgen ohne Job.‹ Am nächsten Tag kam ich zur Arbeit, und schon auf den Stufen höre ich, wie mich ein Wartender mit den Worten begrüßt: ›Du in Polen? Haben dich die Juden noch nicht nach Amerika geholt?‹ Ich bin nicht imstande, sie zu kurieren. Ich habe genug. Immer wieder dasselbe: Wir würden eigennützig handeln, die Juden würden uns Geld geben. Sie sind überzeugt, Stanisław Michałowski und ich sind käuflich, wir müssen einfach etwas bekommen haben dafür.«

»Ich habe mir die Diskussion rund um Jedwabne angehört. Für mich beschränkt sie sich nicht auf die Beziehung zwischen Polen und Juden, sondern zwingt mich als Katholiken dazu, mir unbequeme Fragen zu stellen: die Frage nach der Ehrlichkeit, nach der Anständigkeit, danach, wie viele von uns denen geholfen haben, die Hilfe nötig hatten. Warum gab es nur so wenige Gerechte unter den Völkern? Warum sollen für alle schlechten Momente in unserer Geschichte Juden verantwortlich sein? Und so stand ich dann allein der Mehrheit unter den Bürgern gegenüber.«

»Als Stanisław und ich unseren Rücktritt eingereicht haben, tat es mir am meisten weh, dass sich niemand für uns ausgesprochen hat. Ich bin so deprimiert, dass ich mir eine Zugfahrkarte sonst wohin kaufen würde. Ich wollte doch niemanden beleidigen.«

»Womit ich mich dieses Jahr über beschäftigt habe, hatte nichts mit der Funktion eines Bürgermeisters zu tun, und ich war weder seelisch noch inhaltlich darauf vorbereitet. Bürgermeister wird man, um Straßen zu bauen oder die medizinische Versorgung zu verbessern. Aber nicht, um Liebe zwischen Völkern zu lehren und einen fremden Tod zu beweinen. Zwanzig Jahre lang hatte ich Pläne geschmiedet, um diese Stadt zu verlassen, dachte darüber nach, wohin ich fliehen könnte, aber jetzt weiß ich, warum ich geblieben bin. Ich freue mich, dass mir als Geschenk des Schicksals die Ehre zugefallen ist, an den Feierlichkeiten am 10. Juli teilzunehmen. So manches Leben hinterlässt ja überhaupt keine Spur.«

»Dieses Jahr hat mir viel Kraft gegeben. Ich habe oft über das Leiden, über den Schmerz und die Vergebung nachgedacht. Einmal bin ich in panischer Angst aufgewacht, ich war in der brennenden Scheune. Wenn ich dich und Gross nicht getroffen hätte, dann wäre ich vielleicht nicht der Mensch, der ich heute bin. Ich wusste nicht, dass ich so hartnäckig bin. Ich wusste nicht, dass ich so wenige gute Freunde habe. Ich bin nicht mehr derselbe. Ich war für alle der gute Kumpel. Jetzt habe ich mich ihnen entfremdet.«

»Ich glaube, es sind Wunden geblieben, denn auch wenn ich das nicht zugeben möchte, sie wurden mir von Menschen geschlagen, die mir nahestanden. Ich bin der Auffassung, was ich getan habe, hätte jeder anständige Mensch getan, und es tut mir weh, dass meine ehemaligen Freunde einen anderen Verdacht hegen. Meine Wunden werde ich einsam lecken.«

Aufzeichnungen

2. Dezember 2001

New York. Mit dem *Jedwabner Gedenkbuch* im Rucksack rekonstruieren Ola und ich den Weg der Juden von Radziłów und Jedwabne, die in den letzten beiden Jahrhunderten zahlreich nach Amerika gekommen sind. »Die Jedwabner Juden, die in New York an Land gingen«, lesen wir im *Jedwabner Gedenkbuch,* »waren meist Menschen, die niemals zuvor in einem fremden Haus geschlafen und an einem fremden Tisch gesessen hatten. Sie fuhren nicht aus Vergnügen dorthin, sondern um des Brotes willen – für sich und für ihre Verwandten im heimischen Schtetl auf der anderen Seite des Ozeans.«

Wenn nach einer mehrwöchigen Seereise in einer vollgestopften Kajüte vor ihnen am Horizont die Freiheitsstatue auftauchte, mussten sie noch die Grenzkontrolle auf Ellis Island passieren. Hier entschied sich das Schicksal Tausender, die vor Armut, Verfolgung und Perspektivlosigkeit geflüchtet waren. Sie warteten stunden-, ja sogar tagelang in Schlangen auf die Entscheidung, ob sie zurückgeschickt oder in die neue Welt aufgenommen wurden. Diejenigen, die in New York blieben, landeten an der Lower East Side – dem damals am dichtesten bevölkerten Flecken der Erde, wo über ein Dutzend Menschen in einem einzigen Zimmer zusammenwohnte und es für das ganze Haus nur eine Toilette auf dem Hof gab. Sie arbeiteten mehr als zehn Stunden täglich in illegalen Werkstätten und kamen allmählich zu Geld. Die Migranten kopierten dort das Leben des ehemaligen Schtetls. Jedwabne und Radziłów liegen gut zehn Kilometer auseinander, aber die Verbindung zwischen ihnen war dank zahlreicher Ehen eng. In New York lag die Jedwabner Synagoge von der Radziłówer eine Straße entfernt, die Sehnsucht nach der Heimat wirkte verbindend, so dass man sich häufig traf. Kalman Lasky, der Anfang des Jahrhunderts in Radziłów geboren und aufgewachsen war, fand nach seiner Ankunft in Amerika Aufnahme in der religiösen Gemeinschaft Chebra Par Israel of Yedwabne. Als Radziłówer war er viele Jahre lang gewählter Präsident dieser Organisation.

Rabbi Baker gehört zur nächsten Generation von Jedwabnern, die über den Ozean kamen. Er schreibt: »Als mich der polnische Dampfer ›Batory‹ Mitte Februar 1938 nach New York brachte, war mein erster Wunsch – gemäß Josephs Worten, als er nach Sichem kam (Deuteronomium 37,6): ›Ich suche meine Brüder‹ –, die schöne Synagoge zu besuchen, die unsere Landsleute aus Jedwabne in der Henry Street 216, auf der jüdischen Eastside errichtet hatten. Sobald ich die Schwelle dieses Gebäudes überschritt, erwarteten mich lauter Überraschungen, als Erstes der vertraute Tonfall des Jedwabner Jiddisch mit seiner charakteristischen Aussprache des Lautes ›ł‹.«

Der Reiseführer informiert darüber, dass es Anfang des 20. Jahrhunderts auf der Lower East Side fünfhundert Synagogen gab. Und dass die prächtige Jedwabner Synagoge bereits im 19. Jahrhundert errichtet wurde. Die Gemeinschaft, die sich um sie herum bildete, ließ sich 1891 im Staat New York unter dem Namen Chebra Par Israel of Yedwabne Russia registrieren. Juden aus Radziłów wiederum, die in New York Fuß gefasst hatten, trafen sich in der »Radzilover Shul«, der Synagoge in der Division Street. Dort steigen wir aus der U-Bahn. Es ist Samstag – vor einem Jahrhundert waren an diesem Tag alle Geschäfte in dieser Straße geschlossen, und die Familien gingen mit ihren festlich gekleideten Kindern zum Morgengottesdienst in die Synagoge. Heute ist die Division Street, wie alle Straßen in dieser Gegend, zweisprachig ausgeschildert, Englisch und Chinesisch. Hunderte kleiner Läden sind geöffnet, chinesische Discomusik schallt heraus. Von einer Synagoge ist nichts zu sehen. Auch von der Jedwabner Synagoge keine Spur, an der Stelle stehen neue Schulgebäude, aus denen Hunderte dunkelhäutige Kinder strömen.

Ich vergleiche das *Jedwabner Gedenkbuch* mit dem Buch über Skryhiczyn und die Familie Rottenberg, das mein Onkel Szmulik Hadasz in Israel zusammengestellt hat. Im Buch über Skryhiczyn befinden sich neben dem Teil mit Erinnerungen auch Bilder aller Nachkommen bis hin zu meinen Töchtern, und die Aussage ist klar: »Wir existieren, trotz des Holocausts.« Das *Jedwabner Gedenkbuch* sagt: »Wir existieren nicht, wir leben nur in Erinnerungen.«

3. Dezember 2001

Ich bin mit Rabbi Baker verabredet. In Manhattan nehme ich die U-Bahn, steige in Brooklyn auf dem Kings Highway aus und bin in einer anderen Welt. Auf den Straßen wird Russisch und Ukrainisch gesprochen, die Ladenschilder sind kyrillisch (»*Kondišjonery po niskim cenam*«) und auf Englisch (»Air conditioners on sale«). »Kosher Bagels« und Stände mit russischen Schundromanen reihen sich aneinander. Ich zähle ein gutes Dutzend Zeitschriften auf Russisch, zwei auf Jiddisch, auf Englisch die *Jewish Press* und die *Jewish Week*; auch der polnische *Nowy Dziennik* [Neue Tageszeitung] ist zu haben. Rabbi Baker wohnt ein ganzes Stück von der Metrostation entfernt im eleganteren Teil des Kings Highway.

Wir sprechen Englisch, doch einige Male streut der Rabbiner polnische Wörter ein: Himbeeren, Blaubeeren, Pilze, Grundschule, Heugabel. In jedem zweiten Satz kommt HaSchem vor, der unausgesprochene Name Gottes.

»Als ich klein war, sagte Rabbi Awigdor Białostocki zu mir: ›Ich bin jetzt schon neidisch auf dich, wer du einmal sein wirst.‹ In Amerika setzte ich meine Ausbildung im koscheren Fleischerhandwerk fort. Einen großen Teil meines Lebens verbrachte ich in Minneapolis in Minnesota. Ich hatte eine feste Arbeitszeit in der Woche, in der ich koscheres Fleisch herstellte, später verdiente ich als Rabbiner bereits ausreichend viel Geld und arbeitete nicht mehr als Fleischer. Ich sang als Kantor. Ich habe fünf Kinder und neunzehn Enkelkinder. Amerika ist stolz auf seine jüdischen Kinder.«

Er ist nur lose in der realen Welt verankert. Er sieht nicht mehr deutlich, kann nur Konturen unterscheiden, liest keine Bücher oder Zeitungen und schaut nicht fern. All dies sind günstige Umstände für den Umgang mit den Geistern seiner Vorfahren. Er lebt in der Welt zweier Bücher: der Thora und des *Jedwabner Gedenkbuchs*. Als ich ihn nach seinen Erinnerungen aus Jedwabne frage, erzählt er mir vom Fuhrmann Kuropatwa, der es vorzog, sich und seine Familie zum Tod in den Flammen zu verurteilen, statt seinen Rabbiner zu verlassen, und vom Holzfäller Neumark, der einem der grausamsten Mörder die Axt aus der Hand riss, die Tür der Scheune aufbrach und sie verließ, nachdem er seine Familie vor den Flammen gerettet hatte. Der Rabbi erzählt mir diese Erinnerungen wie lebendige Bilder, seine Worte haben Farbe und Geruch.

Zu den Erinnerungen, die wirklich seine eigenen sind, vorzudringen, bereitet ihm größere Schwierigkeiten. Er ist schon vor so langer Zeit ausgewandert, vor über sechzig Jahren. Er kam aus einer Welt, die – trotz des wachsenden Antisemitismus – einigermaßen sicher war, denn sie war vertraut und vorhersehbar. Er kannte jeden Juden in seiner Ortschaft und dazu vom Hörensagen viele, viele andere im Umkreis von zwanzig Kilometern. Später sollte er sich immer nach dieser Welt sehnen: auf dem Schiff, das ihn zu einem neuen Land brachte, in der amerikanischen Provinz und in seiner bescheidenen Wohnung in Brooklyn, die er auf seine alten Tage bezogen hat. Diese Sehnsucht hat er in das Buch einfließen lassen. »Ich habe es mit einem Finger getippt«, schrieb er. »Die Geldmittel ließen es nicht zu, dass ich eine professionelle Schreibkraft beschäftigte. Ich dachte über die Größe der Märtyrer nach, und die Seiten waren feucht von meinen Tränen.«

»Wie können sie sagen, dass die Juden mit den Sowjets zusammengearbeitet hätten«, beklagt sich der Rabbi mit Tränen in den Augen. »In Jedwabne war kein einziger Jude Kommunist.«

Ich mache ihn darauf aufmerksam, dass es eine Zelle der Kommunistischen Partei in Jedwabne gab – eine schwache zwar, doch sie existierte. Und Meir Ronen habe fünf seiner Landsleute, die eifrig mit der sowjetischen Obrigkeit kollaboriert hätten, in allerschlechtester Erinnerung. Baker schüttelt zweifelnd den Kopf. Als ich ihm die Namen vorlese, da erklärt er beim ersten, Binsztejn, der habe schon als Kind Probleme gemacht, habe später wegen der Vergewaltigung eines geistig behinderten jüdischen Mädchens im Gefängnis gesessen und sei nicht zur Synagoge gegangen. Mit anderen Worten, nach dem Verständnis des Rabbi hat er sich selbst aus der jüdischen Gemeinschaft ausgeschlossen.

Der Rabbi ist nicht frei von der Sünde der Eitelkeit. Wenn er das *Jedwabner Gedenkbuch* erwähnt, wiederholt er: »Ich als Autor des ersten Buchs über Jedwabne«; wenn er von Gross' Buch spricht, fügt er hinzu: »Dieses Buch, das aus meinem Buch hervorgegangen ist«.

Das *Jedwabner Gedenkbuch* der Brüder Baker gehört in die Gattung der Bücher, die auf Hebräisch »Pinkas zakaron« und auf Englisch »Yizkor book« heißen: Sie sollen Personen oder Welten, die nicht mehr existieren, vor dem Vergessen bewahren. Hervorgegangen sind sie aus der frühmittelalterlichen Tradition, als während des Gebetes lange Listen von Pogromopfern verlesen wurden. Nach der Shoah wurden diese Bücher zu einer allgegenwärtigen Aufgabe der jüdischen Landsmannschaften, so dass in Israel der Beruf des Redakteurs von Gedenkbüchern entstand.

Jedes Buch enthält einen Ursprungsmythos, d. h. eine Erzählung über die Ansiedlung der ersten Juden an dem betreffenden Ort, die Geschichte der jeweiligen Gemeinschaft, Skizzen verdienter oder typischer Personen, wie der Wasserträger oder der örtliche Sonderling, darauf folgt eine Beschreibung der Shoah und ein Bericht von Feierlichkeiten zum ehrenden Andenken an die Ermordeten.

Wie Olga Goldberg-Mulkiewicz von der Hebräischen Universität Jerusalem feststellt, erfüllen die Gedenkbücher in der Regel zwar nicht die Bedingungen für historische Monographien, stellen aber ein unvergleichliches Material für Kulturanthropologen dar, da sie den Prozess zeigen, in dem sich der Mythos des glücklichen jüdischen Schtetls herausgebildet hat. Bei fast dreihundert Gedenkbüchern, die Goldberg-Mulkiewicz erforscht hat, darunter auch das *Jedwabner Gedenkbuch*, fand sie in hundert Büchern per Hand und aus dem Gedächtnis gemalte Karten. Ich sehe mir die Zeichnung des Städtchens vorn im *Jedwabner Gedenkbuch* genau an. Sie ist außerordentlich reizvoll. Apfelbäume bezeichnen Obstgärten, Tannenbäume die umliegenden

Wälder. Die Straßennamen sind auf Hebräisch, lediglich die Ulica Nowa, in der keine Juden wohnten, hat auch einen polnischen Namen. Die Kirche ist viel kleiner als die Synagoge, obwohl es in Wirklichkeit umgekehrt war. Wenngleich die Zeichnung Jedwabne vor dem Krieg darstellt, brennt auf ihr die Scheune.

Die Gedenkbücher wurden nach den Möglichkeiten und Vorlieben bestimmter Sponsoren bezuschusst, daher, schreibt Goldberg, hätten wir es oft mit einer verzerrten Perspektive zu tun – bestimmten Motiven werde ein besonderes Gewicht beigemessen, andere werden übergangen. Die besondere Aufmerksamkeit, die im *Jedwabner Gedenkbuch* der Herstellung koscheren Fleisches gewidmet wird, hat also wohl damit zu tun, dass seine Autoren, die beiden Rabbi Baker, die längste Zeit ihres Lebens dieser Tätigkeit nachgegangen sind.

Rabbi Baker erzählt mir vom Schlachter Mendel Nornberg, bei dem er gelernt hat. »Das ist ein schwieriger Beruf. Gänse koscher zu zerlegen ist leichter, aber Hühner und Enten, da muss man so einiges lernen. Ich habe gehört, man hat in der Scheune ein Messer gefunden; ich würde gerne wissen, ob das seines ist. Ich würde es sofort erkennen. Nornberg hielt das Messer immer zwischen den Zähnen, es müssten sich also Spuren darauf finden.«

4. Dezember 2001

Ich habe aus Polen die Telefonnummern ehemaliger Jedwabner mitgenommen, die heute in Chicago und Umgebung wohnen. Ich habe bereits aus Warschau angerufen und wäre bereit, dorthin zu fahren, wenn ein Augenzeuge mit mir sprechen möchte.

»Meine Schwiegermutter war doch nicht einverstanden«, erzählt der Bekannte einer mit mir befreundeten Person aus Jedwabne. »Vielleicht hat diese Angst sie bis heute nicht verlassen. Sie war damals ein elfjähriges Mädchen. Ihre Familie fuhr um fünf Uhr morgens aufs Feld, um nicht mitzumachen, und sie sollte zu Hause sitzen und nicht rausgehen. Aber sie lief zusammen mit Freundinnen hin, um zu sehen, was los war. Sie sah, wie bewaffnete Burschen einen jüdischen Jungen angriffen, ihn fingen, als er versuchte zu fliehen, und auf ihm herumsprangen. Sie hörte, wie ein junger Jude im Kornfeld, den sie mit einem Messer verletzt hatten, schrie und flehte: ›Töte mich.‹ ›Doch sie haben ihn nicht getötet‹, erzählte sie. ›Sie haben ihn mit einem Funken Leben zurückgelassen, damit er sich noch quält.‹«

5. Dezember 2001

San José, Costa Rica. Der Sohn von Szmul Wasersztejn ist glücklicherweise schon vor Ort und hat mir die Memoiren seines Vaters übergeben, die er gerade auf eigene Kosten publiziert hat. Ich lese Tag und Nacht, wobei ich die Stellen unterstreiche, die meine Freundin Anna Husarska mir versprochen hat zu übersetzen. Sie ist u. a. Übersetzerin polnischer Literatur ins Spanische und nimmt hier gerade an einer Menschenrechtskonferenz teil.

Bei der Beschreibung, wie die Juden auf den Marktplatz getrieben wurden, führt Szmul alle möglichen Schimpfwörter an, mit denen sie von den Polen belegt wurden. Dabei ist bemerkenswert, dass niemand sie als Kommunisten bezeichnete! Doch man nannte sie Ausbeuter. Offensichtlich hatten die Einwohner noch die Sowjetpropaganda in den Köpfen, mit denen man sie ein halbes Jahr lang gefüttert hatte.

6. Dezember 2001

Zusammen mit Anna Husarska und Wiktor Osiatyński, der als Vertreter von George Soros zu der Menschenrechtskonferenz gekommen ist, machen wir einen Ausflug zu den Vulkanen. Wir fahren in einem gemieteten Wagen mit Chauffeur, Osiatyński auf dem Vordersitz, ich hinten zusammen mit Anna, die mir verschiedene Stellen laut übersetzt. Wir fahren durch eine Hügellandschaft, rechts und links violette und rote Blumenteppiche, Affen huschen vorbei, und Anna liest naturalistische Details des Verbrechens vor, die Rede ist von »in Stücke geschnittenen Kindern, die in der Umarmung ihrer Mütter qualvoll verenden«, von »Köpfen, die zu einer blutigen Masse aus Fleisch und Knochen wurden«. »Hat er das aus dem Alten Testament abgeschrieben?«, versucht Osiatyński zu scherzen, aber ich merke, dass es übertrieben von mir ist, ihm eine solche Lektüre in seiner Freizeit zuzumuten. Also wähle ich angenehmere Abschnitte zur Übersetzung aus. Davon gibt es im Übrigen gar nicht wenige.

Wasersztejn sagte, dieses Buch sei sein Testament und solle spätere Generationen an die Vernichtung der Juden von Jedwabne erinnern; er hat aber auch viele Erzählungen aus seiner Tätigkeit als Kaufmann hinzugefügt. Sein halbes Leben hat er dem Schuhhandel gewidmet. Seine bedeutende finanzielle Stellung auf Kuba verdankte er einem Geschäft mit Sportschuhen. Ein Jude aus der Ukraine hatte zweieinhalb Millionen Sportschuhe für das Heer auf Lager, als der Krieg zu Ende ging. Es gab wohl keinen Menschen auf Kuba, den Szmul nicht zum Kauf von Sportschuhen zum Sonderpreis überredet hätte. Sein Buch ist voller praktischer Ratschläge für Schuhverkäufer. Zum Beispiel dass es sich nicht lohnt, Arbeitern auf Bananenplantagen Schuhe auf Kredit zu verkaufen, denn das seien mobile Kunden und das Eintreiben der zweiten Rate gestalte sich schwierig.

Ich gebe Anna den Abschnitt zum Übersetzen, in dem Szmul erzählt, was er am Sabbat nach seiner Ankunft in Costa Rica machte:

»Eines unserer Kleidungsgeschäfte befand sich in einem Stadtteil, in dem abends Prostituierte und ihre angetrunkenen Kunden den Ton angaben; am Freitagabend war am meisten los. Mir kam die Idee, dort Damenunterwäsche auszustellen. Heute würde man sagen, ich betrieb Marktforschung. Die örtliche Kundschaft bevorzugte Unterwäsche in den Farben rot und schwarz. Also kaufte ich im Geschäft eines Landsmanns je sechs rote und schwarze Unterhosen sowie sechs Büstenhalter in denselben Farben und legte die Waren am Freitagabend ins Schaufenster. Um 22 Uhr erschien die erste Frau mit ihrem Verlobten zum Einkaufen. Seinen Kopf streichelnd, bat sie ihn, sie mit roten Unterhosen und einem Rüschenbüstenhalter zu beglücken. Der holte sein Geld heraus, und so gingen die Artikel in den Besitz des Mädchens über. Diese Nachricht verbreitete sich im Rotlichtbezirk von San José wie ein Lauffeuer. Bereits um ein Uhr nachts, als ich das Geschäft schloss, waren nur zwei Unterhosen und zwei Büstenhalter übriggeblieben. Es gelang uns, diese nächtliche Kundschaft lange bei der Stange zu halten.«

Dieser Abschnitt lässt mich hoffen, dass Familie Wasersztejn bereit sein wird, sich mit mir am morgigen Sabbat zu treffen, und mir noch dazu erlaubt, Notizen zu machen, was religiöse Juden am Sabbat normalerweise nicht zulassen.

Schwer zu unterscheiden, was wahr ist und was erfunden oder vielleicht auch nur eine ausgeschmückte Anekdote. Hat sich die folgende, geradezu filmreife Szene tatsächlich zugetragen? Vor seiner Ausreise nach Kuba im Jahre 1946 muss Wasersztejn erst noch dem Wehrdienst entgehen. Vorbei an Wachmannschaften und Sekretärinnen dringt er in Warschau zum wichtigsten General vor und erklärt ihm: »Vielleicht hatten Sie schon mit Problemen zu tun, aber das waren kleine Probleme. Mein Problem ist riesig. Die Polen haben meine ganze Familie ermordet. Die Erde in Jedwabne ist wie ein Schwamm, der sich mit jüdischem Blut vollgesogen hat. Erschießen Sie mich auf der Stelle, aber zur polnischen Armee gehe ich nicht.« Und so wird er vom Wehrdienst befreit.

Nachmittags bin ich mit seiner Witwe verabredet. Die Residenz hinter einem zwei Meter hohen Zaun, wo die einsame alte Dame wohnt, wird von zwei kleinen, feisten Sicherheitsleuten mit Knüppeln bewacht. Im Vorzimmer steht eine Chaiselongue mit einem Kissen in Gestalt der Thora. Wir gehen über einen Teppich, der so dick und flauschig ist, dass die Schuhe darin verschwinden. Im Salon sind zu sehen: eine Menge sorgfältig in Schaukästen angeordneter Nippes, prunkvolle Spiegel in vergoldeten Rahmen, Kronleuchter mit Hunderten Glaskristallen, ein Porzellanpudel mit Porzellanwelpen und halbmeterhohe Statuen herausgeputzter Wiener Damen. Eine löst kokett ihr Strumpfband, auf ihrem Porzellanfüßchen sitzen zwei Tauben, neben ihr ein hochgewachsener Moses aus Kristall mit der Tafel der Zehn Gebote.

Szmul hat Rachela noch in Polen kennengelernt, in Bielsk Podlaski, als er dabei war, ein Haus für Antonina Wyrzykowska zu kaufen. Er erzählte, ihm sei ihre attraktive Figur gleich aufgefallen. »Ich habe mich sofort in ihn verliebt«, sagt Rachela zu uns. »Mit vierzehn verliebt man sich leicht.« Nach der Ankunft in Kuba habe er zufällig erfahren, dass Rachela in New York war, und sich gleich mit ihr in Verbindung gesetzt. »Meinem Bruder gefiel das nicht«, schreibt er in seinem Buch. »Er versuchte, hinter meinem Rücken eine bessere Partie für mich zu finden, und argumentierte, ich möge ruhig von Rachela träumen, das sei ein schöner Traum, aber im Leben eines Holocaust-Überlebenden müsse man pragmatisch handeln. Seiner Ansicht nach sollte ich eine schöne und intelligente kubanische Jüdin mit Kapital heiraten. Er gab mir die Adressen von jüdischen Unternehmern, die ihm dezent zu verstehen gegeben hatten, er könnte seinen jüngeren Bruder ihren appetitlichen Töchtern vorstellen.« Aber Szmul blieb hartnäckig: Er brachte Rachela nach Kuba, und bald darauf heirateten sie.

Rachela gehört zu der Sorte Juden, die mit Polen nur traumatische und keinerlei positive Gefühle verbinden. Sie hat den Holocaust in einer polnischen Bauernfamilie überlebt, die sie gegen Geld versteckte. »Jeden Monat bezahlten wir mit Goldmünzen dafür, im Schweinestall zu wohnen; der Bauer wusste nicht, wo sie versteckt waren, daher haben wir überlebt. Nach dem Krieg ermordeten die Polen Juden, die nach Hause zurückkehren wollten; sie haben den Bruder meiner Mutter ermordet.«

Wie viele Überlebende haben sie nie ein polnisches Wort miteinander gewechselt. Sie sprachen Jiddisch miteinander, mit der Zeit dann Spanisch. Rachela spricht Spanisch mit mir, obwohl ich von Frau Wyrzykowska weiß, dass sie sich auf Polnisch verständigen kann. Als ich sie nach einigen Abschnitten in den Memoiren ihres Mannes frage, die mir unklar sind, kann sie mir nicht helfen.

Bis spät in die Nacht lese ich von Wasersztejns Abenteuern auf Kuba. Er beschreibt, wie in den fünfziger Jahren viele jüdische Kaufleute angefangen hätten, Fidel Castro vorsichtig zu unterstützen, denn sie seien unzufrieden gewesen mit den Repressionen der Regierung von Batista. Auch Szmul habe Batista nicht gemocht. Nach der Revolution sei er zu dem Schluss gekommen, dass man abwarten und die Geschäfte auf Eis legen müsse; er habe geglaubt, es müsse eine Lockerung geben, aber es sei immer schlimmer geworden. »Häuser und Geschäfte gingen in Staatsbesitz über. Fidel griff die Mittelklasse an. Man sah Schlangen vor den Fleischereien. Ich fing an, mich umzusehen, wie man am schnellsten auswandern könnte. Rachela verstand das nicht, sie wurde depressiv und weinte. Sie meinte, das sei nur vorübergehend.« Zuerst brachten sie ihren Sohn Izaak aus Kuba weg (denselben, mit dem ich am Telefon gesprochen habe), »damit sie keine Gehirnwäsche mit ihm anstellten«. Als Elfjähriger kam er zu einer jüdischen Familie nach Philadelphia.

Viele Kinder verließen damals Kuba im Rahmen der amerikanischen Aktion »Peter Pan«, die zum Ziel hatte, den jugendlichen Geist vor kommunistischer Indoktrination zu schützen. Über diese Kinder, die jetzt erwachsen sind und mit ihrem Trauma aus der Kindheit kämpfen, als sie plötzlich von ihren Eltern getrennt wurden – einige für mehrere Jahre, andere für ihr ganzes Leben –, werden heute Bücher geschrieben.

7. Dezember 2001

Ich bin mit Izaak verabredet. Wir reden in einem engen Verschlag, in dem sich Kartons bis unter die Decke stapeln – Izaaks Firma handelt mit Medikamenten. Ich habe reihenweise Fragen zu verschiedenen Dingen in Szmuls Memoiren, aber auf keine einzige kann er mir antworten. Sein Vater habe dauernd von Jedwabne erzählt, ihm aber sei nur das Leid in Erinnerung geblieben, sonst nichts.

Auf dem Rückweg erzähle ich dem Taxifahrer, dass ich aus Polen gekommen sei, da bei uns viel von einem Juden aus Costa Rica gesprochen werde. Er stimmt mir stolz zu, als ginge es um Bodenschätze: »O ja, wir haben hier viele bekannte Juden: den Transportminister, den Kulturminister und einen Kandidaten für die Vizepräsidentschaft.«

Ich erfahre, dass man Juden hier »Polacos« nennt. Es gebe auch das Verb »polaquiar«, das den fliegenden Handel bezeichne, wie ihn osteuropäische Juden hier eingeführt haben.

Ich finde einen Satz in Wasersztejns Memoiren: »In Geschäftsbeziehungen nannten sie mich hier ›Polaco‹, aber das war weder schlechter noch besser, denn für die Costa-Ricaner ist es egal, wer man ist.«

9. Dezember 2001

Ich bin nachmittags zum Chanukka-Essen bei Rachela eingeladen. Ihre Söhne Izaak und Saul, zwei Nichten sowie eine Freundin von Rachela, Maria Wiernik, sind mit dabei. Die kolumbianischen Bediensteten, zwei dunkelhäutige Frauen von beachtlichem Leibesumfang in weißen Spitzenschürzen, tragen das Essen herein: Zlatkes, das heißt Kartoffelpuffer, Krapfen und Pfannkuchen mit Quark. Dasselbe, was Rachela und Szmul in ihren Elternhäusern in Polen an Chanukka gegessen haben – zumindest dem Aussehen nach, denn der Geschmack ist ganz anders, vor allem ist alles zu süß. Offen gesagt: ungenießbar.

Endlich habe ich mein Geschenk mitbringen können: Mein Album *I ciągle widzę ich twarze. Fotografie polskich Żydów* [Und immer noch sehe ich ihre Gesichter. Fotografien polnischer Juden]. Heute früh, am letzten Tag meines Aufenthalts, ist mein Koffer, der durch ein Versehen in Nicaragua gelandet war, doch noch angekommen.

»In die Synagoge ist er nicht gegangen«, erzählt Wiernik von Szmul, »aber wenn etwas renoviert werden musste, wer war der Erste in der Stadt, der einen Scheck aus der Tasche zog? Szmul. Sowohl die Rabbiner als auch die Rechtsanwälte und Ärzte – alle kannten ihn gut und respektierten ihn sehr.«

Izaak bringt mich nach Hause zurück. Als wir mit dem Auto über die Avenida Central, die Hauptstraße von San José, fahren, kommen wir an Szmuls Läden vorbei, die jetzt sein Sohn führt. Jeder von ihnen hat einen anderen Namen: Pompile, Zapatos, Fantasía. Keine Kette, nur Dutzende kleiner Läden.

»Ich habe nur eine Frage an Sie«, sagt Izaak. »Wie kann ein Jude in Polen leben?«

Ich versuche, es ihm zu erklären, bin aber wohl nicht überzeugend, denn Izaak stellt fest:

»Als ich in Warschau war, bin ich zur Synagoge gegangen, um Juden dieselbe Frage zu stellen, und sie haben mir auch keine Antwort gegeben.«

Ich muss an mein Gespräch mit Ramotowski über Helena Chrzanowska denken, die mitten in Jedwabne wohnte. »Wie kann man so leben?«, wunderte sich Stanisław. »Bei uns ist das etwas ganz anderes, wir wohnen abseits, wenn ich aus dem Haus gehe, sehe ich meinen Bach und nicht die Gesichter von Mördern.«

Ich wiederum bin nicht imstande zu verstehen, warum sowohl Helena Chrzanowska als auch die Ramotowskis bereit waren, weiterhin unter den Mördern zu leben. Aus Izaak Wasersztejns Perspektive gibt es keinen Unterschied zwischen Jedwabne, Kramarzewo und Warschau – ganz Polen ist ja ein Friedhof.

12. Dezember 2001

Ein weiteres Treffen bei Rabbi Baker. Das Gespräch kommt auf Jan Gross. »Das ist ein ehrlicher und romantischer Mensch«, sagt der Rabbiner, »aber kein Jude.«

Für religiöse Juden zählt nur die Mutter, und Frau Gross war eine polnische Landadlige. Sie gehörte zur AK und nahm an einer Aktion zur Rettung von Juden teil. Im Übrigen hat Jan Gross zufällig, und erst nachdem er *Nachbarn* geschrieben hatte, entdeckt, dass Andrzej Wydźga, der erste Kastellan des Łomżaer Landes, damals Wiznaer Land genannt, ein entfernter Vorfahr von ihm ist. Halb im Scherz sagte er damals: »In Jedwabne haben meine Bauern meine Juden ermordet.«

13. Dezember 2001

Ich fahre in den Nachbarstaat New Jersey, um dort Herschel Baker, Jahrgang 1911, den Bruder des Rabbiners, zu treffen. Wir sprechen Englisch, nur von Zeit zu Zeit flicht mein Gesprächspartner einen völlig korrekten Satz auf Polnisch ein. Er ist freundlich, heiter, hat viel Charme und einen sehr ungewöhnlichen Lebenslauf: Vor dem Krieg sei es ihm in Polen blendend gegangen, während der sowjetischen Besatzungszeit habe er sich versteckt, während der deutschen Besatzungszeit auch, habe aber gleichzeitig Handel getrieben.

»Die älteren Juden sprachen Jiddisch miteinander, und diese beiden Sprachen, Polnisch und Jiddisch, vermischten sich in harmonischer Weise auf dem Marktplatz« – so seine nostalgischen Erinnerungen an Jedwabne, das er 1931 verließ, als er in die Heimatstadt seiner

Frau umzog. »Wir hatten gute Kontakte zu unseren polnischen Nachbarn. Am engsten befreundet war ich mit Franek Sielawa, dem Sohn unserer Nachbarn. Wir besuchten uns zu Hause und spielten Fangen. Nachdem ich die polnische Schule abgeschlossen hatte, ging ich noch in die Jeschiwa, aber als mein Vater starb, damals war ich sechzehn, kümmerte ich mich um den Unterhalt des Hauses, während meine Brüder sich weiterbildeten und Rabbiner wurden. Die erste Sprache meiner Kinder war Polnisch. Wir wussten, dass sie zur polnischen Schule gehen würden, daher sprachen wir, solange sie klein waren, Polnisch, nicht Jiddisch mit ihnen. Es war ja klar, dass sie bald im Cheder sowohl Jiddisch als auch Hebräisch lernen würden, und wir wollten, dass sie gut Polnisch sprechen, denn wie sollten sie sonst hier leben können?«

»Haben Sie Polen als Ihre Heimat empfunden?«

»Selbstverständlich. Ich bin dort geboren, lebte dort, hatte ein gut gehendes Geschäft – eine Manufaktur für Damen- und Herrenkleidung nebst Verkauf – und gute Beziehungen zu allen. Von Bauern nahm ich Kartoffeln und Getreide an, da sie kein Geld hatten. Ich beschäftigte viele Polen. Gegen Ende der dreißiger Jahre gab es bereits zu viele Schläger, die uns das Leben schwermachten, und beinahe jeder Jude träumte nur noch davon, eine Fahrkarte für eine Schiffspassage in den Händen zu halten. Ich nicht. Die Schläger standen vor dem Vordereingang meines Geschäfts – 1938 kam kein Kunde mehr durch den Vordereingang herein, aber von hinten kamen sie sehr wohl, da sie lieber mit mir als mit Polen Geschäfte machten. Bei mir war es billiger, und ich betrog niemals. Wenn jemand ein bisschen Geld hatte, vertraute er es mir an, ich investierte es, und er hatte später mehr. Weil ich nicht auswandern wollte, habe ich alles verloren: In Treblinka sind meine Frau und meine beiden Jungen umgekommen, sie waren vier und sechs Jahre alt.«

Während der sowjetischen Besatzungszeit habe er sich verstecken müssen, denn als bürgerlichem Element habe ihm die Deportation gedroht. »Ich wohnte für einige Zeit bei verschiedenen Bauern, die ich kannte. Vor dem Krieg hatte ich ihnen Kredite gewährt und musste sehr oft bei ihnen vorbeischauen, damit sie mir das Geld zurückgaben, daher kannten wir uns gut. Kurz bevor die Deutschen kamen, war ich nach Hause zurückgekehrt und musste diese Bekanntschaften erneut in Anspruch nehmen.«

Seine Mutter wohnte in Jedwabne bei ihren Brüdern, den Pecynowiczs. Der Schuldirektor habe ihr am Tag vor dem Massenmord geraten, sie solle am nächsten Tag lieber nicht in der Stadt sein. Am Morgengrauen des 10. Juli habe sie das Klappern der Fuhrwerke gehört, die zur Stadt fuhren, dann Schreie. Sie floh zu ihm und seiner Frau nach Goniądz. Dass sie sich wie eine Polin kleidete und Polnisch ohne Akzent sprach, habe ihr unterwegs geholfen. Später sei sie zusammen mit ihm, Herschel, seiner Frau und den Kindern ins Ghetto gekommen. Ihm als Einzigem aus der ganzen Familie gelang es, sich zu verstecken, als die Juden von dort abtransportiert wurden.

»Ich versteckte mich drei Jahre lang. Morgens um fünf, sechs Uhr ging ich zu Bauern, die ich kannte. Ich fragte sie: ›Was brauchst du am nötigsten?‹ Sie sagten: ›Butter, Kartoffeln, Käse, Kleidung, Getreide‹ – gutes Getreide war wertvoll! Ich versuchte immer, das Beste zu finden. Ich hatte so ungefähr vierzig Bauern in der Gegend, die ich versorgte. Es war Tauschhandel.«

Ich frage ihn, wo er seine Waren aufbewahrte.

»Das waren keine Speicher, sondern Verstecke auf Feldern, auf Dachböden, in ehemaligen Kartoffelgruben. Spät in der Nacht, wenn alle schliefen, legte ich mich in irgendeiner Scheune schlafen, so dass die Bauern nichts merkten. Ich war vor ihnen auf den Beinen. Ich wusste, dass ich nicht zu viel sagen durfte, nie, woher ich kam und wohin ich ging. Manchmal hörte ich bei jemandem in der Scheune, was sie von den Juden erzählten, und dann hatte ich Angst. Von mir redeten sie allerdings nicht schlecht, sie waren eingeschüchtert, aber wohlwollend. Es kam vor, dass jemand mich für eine kurze Zeit bei sich aufnahm. Als ich bei einem Bürgermeister wohnte, da kümmerte sich dessen Schwester, eine Nonne, um mich und wollte, dass ich ihren Glauben annehme.«

»Als der Krieg vorbei war, fuhr ich mit dem Fahrrad von Goniądz nach Jedwabne«, erzählt er. »Da traf ich Stanisław Sielawa. Ich wusste noch nicht, dass er zu den Mördern gehörte. ›Herszek, du lebst noch?‹, fragte er, und in seiner Stimme hörte ich eine Drohung. Das war eine nette, arme Familie gewesen, fünf Jungen und ein Mädchen, ohne feste Anstellung, sie arbeiteten als Tagelöhner bei Juden. Von solchen sympathischen Menschen gab es noch mehr, und kaum ergab sich die Gelegenheit, wurden sie zu Mördern. Ich ging zu einer ehemaligen Freundin meiner Mutter. Sie riet mir: ›Bleib nicht über Nacht hier, das ist gefährlich. Geh auch nicht auf demselben Weg zurück, auf dem du gekommen bist, sie könnten dir auflauern.‹ An jenem Abend verließ ich Jedwabne und setzte nie wieder einen Fuß auf diesen Boden. Nicht in dieser Stadt und nicht in Polen.«

In den USA kam er 1946 an, er arbeitete in der Bekleidungsbranche und als Immobilienmakler. Vor seiner Ausreise überschrieb er sein Haus dem Bruder der Nonne, der ihn am längsten bei sich hatte wohnen lassen. »Antisemiten verprügelten ihn dafür, dass er einen Juden gerettet hatte. Er musste seine Frau und seine beiden Kinder nehmen und fliehen. Sie ließen sich in Gdynia nieder. Jeden Monat schickte ich ihm ein paar Dollar. Als er gestorben war, schrieben mir seine Kinder, sie hätten z. B. gerne schwarze Sporthosen mit Streifen. Da habe ich sie ihnen geschickt.«

14. Dezember 2001

Treffen mit Rabbi Baker, zum letzten Mal vor meiner Abreise nach Polen. Ich habe beschlossen, heute mit dem Rabbiner über die Zeugnisse vom 10. Juli, die im *Jedwabner Gedenkbuch* verewigt sind, zu sprechen: darüber, was Wahrheit und was Mythos ist. Ein weiteres Mal studiere ich es sorgfältig. Gestützt auf Materialien, die von einer Generation aufgeschrieben wurden, die dem Ende ihres Lebens entgegensah, stellt es eine Sammlung bewegender, ungeschickt aufgeschriebener eigener Erlebnisse und fremder Geschichten dar, die durch Einwirkung der Zeit einerseits verblasst und andererseits verdunkelt sind. Das *Jedwabner Gedenkbuch* überführt Ereignisse aus der Vergangenheit in die Sphäre der Mythologie. Es dient nicht nur der Rekonstruktion vergangener Ereignisse aus der Zeit des Holocaust, sondern vor allem der Verewigung von Erinnerungen an das Schtetl, das man verlassen hat und das in nostalgischen Erinnerungen als mythisches Kindheitsparadies erscheint, um das Zusammengehörigkeitsgefühl einer durch die Geschichte dezimierten, über die Welt verstreuten Gemeinschaft zu stärken.

»Als ich darüber nachdachte, welchen Ton ich beim Schreiben der vorliegenden Einleitung anschlagen sollte, stand ich vor mehreren Alternativen, die in mir miteinander rangen. Sollte ich die völlige Zerstörung meines Volkes beweinen? Sollte ich versuchen, die Schönheit und die spirituelle Bedeutung meiner Kindheitserinnerungen zu verewigen? Oder sollte ich versuchen, die über die Welt verstreuten Übriggebliebenen wiederzufinden und ihnen dabei helfen, ihr Leben so zu verändern, dass sie zu ewigen Repräsentanten unserer lieben Tradition werden würden? Ich bin zu dem Schluss gekommen, dass unser Hauptziel darin besteht, die Lebensweise unserer Märtyrer zum Leben zu erwecken, damit wir für uns selbst und für die Nachwelt erfahren, welche moralische Stärke es unseren Vorfahren ermöglicht hat, über mehr als 300 Jahre hinweg Generationen stolzer Juden in Jedwabne hervorzubringen, bis zum 15. Tammus 5701, dem 10. Juli 1941. [...] In der Tat haben die Mörder ihre Opfer nicht nur erniedrigt und hingeschlachtet, sie wollten auch die Erinnerung an sie auslöschen. Sie haben sie zweimal getötet, indem sie sie in Jedwabne buchstäblich in Asche verwandelt und dann versucht haben, ihre Tat zu verleugnen. Nicht an unsere Märtyrer zu erinnern würde bedeuten, zu Komplizen bei dem Plan ihrer Mörder zu werden.«

Wie also kann ihr Andenken verewigt werden? Indem man sie auf schöne Weise darstellt. Die Konvention des Gedenkbuchs erinnert ein wenig an den magischen Realismus der südamerikanischen Schriftsteller, für die ich viel übrighabe. Tatsachen verweben sich mit Fiktion. Die Erzählung ist nicht den Gesetzen der Logik unterworfen, sondern dient dazu, den verborgenen Sinn von Ereignissen zu enthüllen. Obwohl zuweilen gutmütig scherzhafte Anekdoten über den einen oder anderen Rabbiner angeführt werden, ist das Gesamtbild doch einheitlich. Das Städtchen wird von tiefreligiösen Juden bewohnt, die Gott fürchten, den Geboten der Thora folgen und zu heroischen Opfern für ihre Gemeinschaft bereit sind. Ständiger Verfolgung ausgesetzt, beweisen sie großen Mut. Und wenn sie umkommen, dann tun sie es, indem sie zusammen mit ihrem Rabbiner beten.

Herschel Baker beschreibt es so: »Die ganze Gemeinschaft, einschließlich Rabbi Białystocki, umarmte und küsste sich und sprach den Kaddisch und das Schma Jisrael – so kamen sie in den Flammen um.« Dabei weiß man doch, dass der Rabbiner gezwungen wurde, vor der Gruppe der Männer, die Teile des Lenindenkmals trug, herzugehen, und gemeinsam mit ihnen noch vor dem Verbrennen ermordet wurde.

Im *Jedwabner Gedenkbuch* gibt es eine Geschichte über den Fuhrmann Kuropatwa aus Jedwabne, die Baker auf den Feierlichkeiten am 10. Juli anführte: »Er hatte einmal einem polnischen Piloten das Leben gerettet, der sonst den Russen in die Hände gefallen wäre, daher sagten die Mörder ihm, er müsse nicht mit den anderen in die Scheune gehen. Er aber spuckte ihnen ins Gesicht und lehnte ihre Gnade ab. Er wollte kein Leben, das ihm von diesen Mördern geschenkt worden wäre, und rief: ›Ich gehe dorthin, wohin mein Rabbi geht!‹ Seine Frau und seine Tochter versuchten ihn zu überzeugen, wenn er auf jene hören würde, dann würden sie vielleicht alle überleben. Kuropatwa erklärte, seine Entscheidung sei endgültig, er werde mit seinem Rabbi gehen, sie könnten machen, was sie wollten. Da küssten und umarmten ihn seine Frau und seine Tochter und riefen, sie gingen mit ihm, und gleich fassten sie sich an den Händen, liefen nach vorn und sprangen unter diejenigen, denen es bestimmt war, verbrannt zu werden. Unter der Führung des Rabbiners begannen alle zu beten. Gemeinsam waren sie von der Überzeugung besessen, dass auch nicht ein einziger zufälliger Gedanke die Heiligkeit ihres Opfers trüben solle.«

Icchak Yankel Newmark (in Polen: Icek Janek Neumark), einer der Autoren des Gedenkbuchs, beschreibt den Augenblick, als die Juden in die Scheune gepfercht wurden, so: »Bei der Tür stand Stanisław Sielawa mit einer Axt, bereit, jedem den Kopf abzuschlagen, der versuchen sollte zu fliehen. Plötzlich drückte die Kraft des ausbrechenden Feuers die Tür auf. Ich sah Sielawa, der mit der Axt ausholte, und es gelang mir, sie ihm zu entreißen; ich nahm meine Schwester, ihre fünfjährige Tochter und ihren Sohn. Dabei sah ich noch, wie mein Vater, ganz in Flammen gehüllt, zu Boden fiel.«

Diese heroische Szene ist doch ganz offenbar eine verzweifelte Polemik dagegen, die Juden seien wie Lämmer zur Schlachtbank in den Tod gegangen. Es gibt jedoch Zeugen, die sich daran erinnern, der Träger Neumark hätte sich vorher versteckt und sei an jenem Tag nicht in Jedwabne gewesen.

Newmark erzählt auch von seiner Großtat während des polnisch-bolschewistischen Krieges von 1920, als Soldaten aus der Armee von General Haller eine Provokation geplant hätten: Sie hätten einen der Ihren getötet und dessen Leiche vor das Haus des Rabbiners von Radziłów gelegt. Als Vergeltung sei befohlen worden, zehn Rabbiner und fünfzig andere prominente Juden zu erschießen. Die einzige Chance zu ihrer Rettung habe darin bestanden, einen Brief mit der Bitte um Intervention dem Bischof von Łomża zu überbringen, und diese gefährliche Aufgabe sei eben Neumark erteilt worden, der zu Pferde aus der Umzingelung entkommen sei, sich zum Bischof durchgeschlagen, sein Wohlwollen gewonnen und es noch rechtzeitig geschafft habe, mithilfe eines vom Bischof verfassten Briefes die Exekution aufzuhalten. Der Segen der geretteten Rabbiner habe es, wie wir im *Jedwabner Gedenkbuch* lesen, Neumark später ermöglicht, aus der brennenden Jedwabner Scheune zu entkommen und im Konzentrationslager zu überleben.

Während etliche der im *Jedwabner Gedenkbuch* enthaltenen Erinnerungen und Berichte eine eigenartige Vermischung von Dichtung und Wahrheit darstellen, ist Newmarks Erzählung, wie er sechzig Juden vor dem Märtyrertod durch die dämonischen Soldaten General Hallers gerettet habe, vollkommen fiktiv. Das Einzige, was in diesem Mythos wahr sein mag, ist die Erinnerung an die Gewalt seitens des polnischen Heeres während des Krieges von 1920, obwohl gerade in dieser Gegend nicht die für ihre antijüdischen Untaten bekannte Haller-Armee operierte, sondern andere Abteilungen der polnischen Armee. Im *Jedwabner Gedenkbuch* hat diese Geschichte denselben Status erhalten wie die anderen Zeugnisse.

Newmark überlebte Auschwitz und einen Todesmarsch. Danach emigrierte er nach Australien, zusammen mit seiner Frau, die er im Lager kennengelernt hatte. Sie schrieb seine Geschichten für das *Jedwabner Gedenkbuch* auf; Newmark selbst blieb bis zu seinem Lebensende Analphabet.

Im Archiv des Auschwitz-Museums fand ich sein Geburtsdatum: 1910. Seine erste Heldentat muss er demnach als Zehnjähriger begangen haben.

Die Geschichte von Kuropatwa ist mit Sicherheit eine Legende. Keiner der polnischen Einwohner bestätigt sie.

Ich habe weder die innere Stärke noch den Mut, mit dem alten Rabbiner darüber zu sprechen, dass seine Geschichten nur erbauliche Märchen zur Stärkung der Moral sind. So höre ich mir also noch einmal die Geschichte vom Heldentum des Fuhrmanns Kuropatwa an. Und die mir schon wohlbekannte Erzählung, wie er selbst, damals noch Schüler in der Jeschiwa, unter Gefahr für sein Leben und seinen Reisepass heimlich die koschere Schlachtung eines Kalbes vorgenommen habe, und zwar in einem Kuhstall gleich neben dem Gendarmerieposten. Seine Augen lachen, als er mich fragt: »Haben Sie schon gehört, wie ich einen frommen Juden vor dem Hunger bewahrt habe?«

15. Dezember 2001

Gleich nach dem Treffen mit dem Rabbiner bin ich mit dem Auto nach Lawrence, einer Ortschaft noch hinter Boston, aufgebrochen, um die Familie Dziedzic zu besuchen. Sie haben eine kleine Wohnung im ersten Stock eines Hauses gemietet und machen einen glücklichen Eindruck.

»Wenn ich mich schlafen lege«, erzählt Leszek, »dann bin ich im Traum in Przestrzele und komme nicht mehr weg. Wenn ich aufwache, bin ich zum Glück wieder in Amerika. Aber jede Nacht träume ich wieder von Jedwabne.«

»Gott und den Juden sei Dank geht es irgendwie«, erklärt er. »In Jedwabne sagen sie, dass die Juden für uns gesorgt haben; nun ja, irgendwie haben sie auch Recht, denn wenn du uns nicht geholfen hättest, wären wir nicht ausgewandert« (als er ein amerikanisches Visum für seine gesamte Familie beantragte, habe ich für Bürgschaften von Jacek Kuroń und Marek Edelman gesorgt).

Leszek sitzt am Computer und antwortet Antisemiten auf ihre Listen im Internet. Ihr Sohn Piotrek hat beschlossen, nur Einsen in der Schule zu haben, um allen in Jedwabne zu zeigen, dass die Dziedzic' doch etwas wert sind.

20. Dezember 2001

Zurück in Warschau.

Es gibt keinerlei Beweise dafür, dass die Juden in der Jedwabner Scheune von den Deutschen ermordet worden sind – so das Ergebnis der gestrigen Pressekonferenz des IPN. Es müsse sich um »eine Metallkapsel unklarer Herkunft aus gepresstem Buntmetallblech« gehandelt haben, erklärten die Experten. Noch im Frühling war es eine Kugel aus einer zur Ausrüstung deutscher Offiziere gehörenden 9-Millimeter-Pistole gewesen, ein Beweis dafür, dass die Deutschen nicht nur am Ort des Verbrechens anwesend waren, sondern auch auf die Opfer geschossen hatten. Beim Erstellen der Expertise hatte sich ferner herausgestellt, dass die Patronenhülsen, der bisherige Hauptbeweis, aus dem Ersten Weltkrieg und aus einer russischen Waffe stammen. Ein anderer Teil stammt aus Gewehren, die im Zweiten Weltkrieg verwendet wurden, aber erst 1942, also nach dem Verbrechen, in Gebrauch kamen.

Wie üblich, war die sensationelle Meldung – Die Deutschen haben das Verbrechen von Jedwabne begangen! – auf den Titelseiten der Zeitungen. Die wenig attraktive Wahrheit dagegen hat in den Medien kein besonderes Interesse erregt.

21. Dezember 2001

Ich versuche das Schicksal von Józef, ehemals Izrael, Grądowski zu ermitteln, einem der sieben Juden, die von Antonina Wyrzykowska gerettet wurden. Ich habe ein Bild von ihm aus der Vorkriegszeit im *Jedwabner Gedenkbuch* gesehen: Er, ein eleganter Mann mit einem Binokel, seine hübsche Frau Fajga im dekolletierten Kleid, drei ausgewachsene Burschen – Awrum Aaron, Reuwen – und Emanuel als Jüngster. Es ist ein idyllisches Bild, aufgenommen unter freiem Himmel, eine Seltenheit in der damaligen Zeit. In Wasersztejns Memoiren und in den Prozessakten habe ich von ihm gelesen und mit den Bakers, Jacob und Herschel, viel über ihn gesprochen.

Ich bin in der Lage zu rekonstruieren, was mit ihm am 10. Juli 1941 geschehen ist. Am Morgen drangen drei mit Knüppeln bewaffnete Polen in die Wohnung der Grądowskis ein; sie alle waren ihm bekannt, am besten Feliks Żyluk, sein Nachbar aus demselben Haus. Sie holten die gesamte Familie auf den Markt. Von dort brachte sie ein Pole weg, ein Mann aus Szczuczyn, dem Ort, aus dem Fajga stammte – Grądowski hat den Namen des Mannes nie preisgegeben.

Er wohnte anschließend mit seiner Frau und zwei Söhnen im provisorischen Ghetto von Jedwabne. Als im Herbst 1942 die Deutschen allen Juden befahlen, sich beim Gendarmerieposten zu melden, machte es Grądowski stutzig, dass ihnen nicht empfohlen wurde, Werkzeuge mitzunehmen. Er kam zu dem Schluss, dass es bei diesem Aufruf nicht um Arbeit ging und dass man fliehen musste. Er schaffte es nach Janczewko, zu den Wyrzykowskis, wo er bis Kriegsende Unterschlupf fand. Was mit dem Rest der Familie geschehen ist, bleibt unklar. Grądowski erzählte, seine Frau und seine Kinder seien von Gendarmen gefangen genommen und ins Ghetto nach Zambrów gebracht worden. Leon Dziedzic wiederum behauptet, zwei Söhne Grądowskis seien in Przestrzele bei Jedwabne erschossen worden. Sie hätten sich in einer Dieme auf dem Feld der Nachbarin der Dziedzic' versteckt. Es sei November gewesen, Frost habe geherrscht, und ehe sie sich nach einem besseren Versteck hätten umsehen können, habe die Bäuerin sie bemerkt und dem Bürgermeister Bescheid gesagt. Dieser habe die Gendarmerie informiert, die dann auch gekommen sei und sie an Ort und Stelle erschossen habe.

Nach Kriegsende ging Izrael Grądowski nach Szczuczyn, in der Hoffnung, dort Überlebende aus seiner Familie zu finden. Dabei begleitete ihn Szmul Wasersztejn; die Straßen waren gefährlich, zu zweit fühlten sie sich sicherer. Sie fanden niemanden. Der fast sechzigjährige Izrael, der beinahe zwei Generationen älter war als die übrigen sechs von Wyrzykowska Geretteten, hatte nicht die Kraft, zusammen mit ihnen über die grüne Grenze zu gehen.

Er erhielt sein Haus in Jedwabne zurück, ließ sich taufen und heiratete eine Polin, die vor dem Krieg Dienstmädchen bei ihm zu Hause gewesen war. Er wollte in der Umgebung aufgehen, änderte seinen Namen in Józef und gab im Personalausweis als Namen seiner Eltern Leon und Regina an. Er suchte keinen Kontakt mit Juden, die überlebt hatten, und meldete sich nicht bei der Jüdischen Historischen Wojewodschaftskommission, um eine Aussage zu machen.

Rabbi Baker, damals als Jakub Piekarz Student der Jeschiwa in Łomża, kannte Izrael aus der Zeit vor dem Krieg. Er habe dessen Söhnen Hebräischunterricht gegeben. Auf diese Weise habe er sich ein paar Schuhe leisten können, die das ganze Schuljahr über hielten. »Er war damals einer der nettesten Menschen in Jedwabne«, sagte er mir. »Doch später wurde aus Izrael Józef, und sie schenkten ihm das Leben unter der Bedingung, dass er das Leben anderer verriet. Das ist unverzeihlich.«

Der Rabbi stützte sich hier auf den Bericht von Rivka Fogel aus dem *Jedwabner Gedenkbuch*: »Izrael Grądowski entweihte in dieser Zeit der Not den Namen Gottes. [Am Tag der Judenverbrennung] lief er mit seiner Familie zur katholischen Kirche, fiel dem Pfarrer zu Füßen und bat ihn, sie zu taufen; so rettete er ihr Leben. Derselbe Mann wandte sich gegen sein eigenes Volk. Etwa 125 Juden hatten sich glücklich verstecken können und waren so dem Schicksal entgangen, bei lebendigem Leibe verbrannt zu werden. Der neue Christ verriet den Gojim, wo das Versteck zu finden war.«

Ich weiß, dass das nicht wahr ist. Grądowski ließ sich im August

1945 taufen (was ein Eintrag im Jedwabner Pfarrbuch bezeugt). Auch hätte er die Juden, die der Verbrennung in der Scheune entgangen waren, niemandem verraten können. Sie kamen selbst aus ihren Verstecken, um im Ghetto zu wohnen, das ihnen – nach dem, was die polnischen Einwohner angerichtet hatten – als der sicherste, da von den Deutschen beschützte Ort erschien. Wahr ist jedoch, was mir Jakow Geva erzählte, dass Grądowski nach dem Krieg darauf aus war, Jedwabner Familien zu betrügen, die vor dem Krieg in die Vereinigten Staaten oder nach Palästina ausgewandert waren. Indem er ihnen einredete, nahe Angehörige hätten überlebt, versuchte er, Geld von ihnen zu erschleichen.

Davon hat mir auch Herschel Baker erzählt. Er habe Grądowski kurz nach dem Krieg besucht. »Seine Frau öffnete die Tür und sagte: ›Er wird mit keinem Juden sprechen.‹ Ich bat sie: ›Ruf ihn, wir werden sehen‹, doch sie schlug mir die Tür vor der Nase zu. Er war damals zu Hause und muss unser Gespräch gehört haben, denn ich habe seine Stimme erkannt, als er sie fragte: ›Wer war das?‹ Als ich Polen verlassen hatte, nahm ich in einem Übergangslager in Italien Briefkontakt mit meinen Brüdern auf. Sie schrieben mir, dass unsere Mutter und andere Juden aus Radziłów leben würden, davon hätte sie Izrael Grądowski unterrichtet, und zu seinen Händen hätten sie Geld überwiesen, damit er es ihnen zukommen lassen sollte. Ich aber wusste bereits mit Sicherheit, dass sie nicht mehr lebt. Das war kein anständiger Mensch.«

Als wäre diese Sünde zu klein, schrieb ihm das *Jedwabner Gedenkbuch* eine um ein Vielfaches größere Sünde zu, die Denunziation seiner Mitbrüder – um ihn endgültig und für immer aus der Gemeinschaft der gottesfürchtigen Juden auszuschließen.

Im Jahre 1947 kam Całka Migdał aus Uruguay in einem Brief an das Zentralkomitee der Juden in Polen auf ihn zu sprechen (dieser Brief bildete den Anstoß zur Aufnahme des Jedwabne-Prozesses): »Der Einzige, der am Leben geblieben ist, ist Izrael Grądowski. Ihn wollen wir nicht allzu sehr ausfragen, denn er ist der einzige Jude unter so vielen Nichtjuden, daher könnte er Angst haben, die Wahrheit zu sagen. Bitte erkundigen Sie sich nach Izrael Grądowski, ob er unsere Hilfe verdient. Er ist unser ehemaliger Nachbar. Wir können nicht verstehen, wie er als einziger Jude unter so vielen Menschen bleiben konnte, die geholfen haben, alle Juden aus der Stadt zu vernichten, wie er ihnen ins Gesicht sehen kann.«

Ein einziger Jude »unter so vielen Menschen, die geholfen haben, die Juden zu vernichten«, konnte hier leben, da er, wie Marianna und Stanisław Ramotowski, zugunsten der Mörder aussagte. Zur Zeugenaussage aufgefordert, wiederholte er mehrfach, dass die Deutschen das Verbrechen begangen hätten, und stellte den Angeklagten Unschuldszeugnisse aus.

Über Józef Żyluk schrieb er, dass er ihn und seine Familie vom Marktplatz weggebracht habe: »Nur Żyluk verdanke ich mein Leben.«

Über Aleksander Janowski: »Ich bezweifle, dass er an der Judenverbrennung teilgenommen hat, denn er ist ein ehrlicher Mensch und hat einen guten Ruf.«

Über Roman Górski: »Er kam zu uns, als wir auf dem Marktplatz waren, und wollte meine Familie verstecken, aber seine Tochter rief ihn zu sich, denn seine Frau war erkrankt.«

Über Władysław Miciura: »An diesem Tag wurde ich zum Gendarmerieposten gebracht, zusammen mit Miciura führte ich da Tischlerarbeiten aus. [...] Ich habe Miciura nicht das Gendarmeriegebäude verlassen sehen.«

Das Gericht interessierte sich nicht dafür, dass seine Aussagen widersprüchlich waren – je nach den Bedürfnissen der Angeklagten war Grądowski einmal auf dem Markt, einmal im Rathaus, dann wieder im Gendarmerieposten.

Józef Grądowski unterschrieb zusammen mit anderen Einwohnern Briefe, die bestätigten, dass es sich bei den Angeklagten um unbescholtene Bürger handelte. Zygmunt Laudański berief sich in seiner Eingabe für die Revision des Prozesses auf Grądowski, der seine Unschuld bestätigen könne.

Es kam jedoch eine Zeit, da er sich entschloss, die Wahrheit zu sagen. »Als die Juden zusammengetrieben wurden, war ich Jude«, erklärte er am 11. Dezember 1953 im Gerichtssaal des Wojewodschaftsgerichts in Białystok im Prozess gegen Józef Sobuta. »Ich kannte Sobuta und habe ihn auf dem Marktplatz gesehen, wie er Juden jagte und einen Knüppel in der Hand hielt.« »Er sollte nicht verurteilt werden«, sagte er in der nächsten Verhandlung gegen Sobuta im Jahre 1954, »denn davon werden jene nicht wieder lebendig. Während der Ermittlungen habe ich nicht von Sobutas Teilnahme gesprochen, denn ich hatte Angst, da ich wusste, dass mich in Jedwabne kein Polizist beschützen würde, in der Verhandlung aber sage ich jetzt, wie es war, denn ich habe einen Eid abgelegt, und nun komme, was wolle.«

Er sprach darüber, was er später von einem polnischen Zeugen gehört habe:

»Während der Judenverbrennung schlüpfte ein jüdisches Kind aus der Scheune; ein Pole bemerkte das, ergriff es und warf es ins Feuer. Das war ein so niederträchtiger Mensch, ich dagegen habe eine polnische Waise aufgenommen und erziehe sie wie mein eigenes Kind, ohne an das von den Polen erlittene Unrecht zu denken.«

Das Gericht erachtete seine Aussagen für unglaubwürdig, dagegen schenkte es der Aussage von Sobutas Frau Glauben, Grądowski habe 200 Zloty für eine Aussage zu dessen Gunsten verlangt und dieses Geld nicht erhalten.

Auch in dem 1967 aufgenommenen Prozess deckte er nicht mehr die Mörder: »Etwa um 8 Uhr morgens kamen Feliks Żyluk, Antoni Surowiecki und [Antoni] Grzymała zu mir. […] Sie hatten eiserne und hölzerne Knüppel bei sich.« Er erhielt seine Aussage während der Gegenüberstellung mit Antoni Grzymała aufrecht. Doch dann muss er es wieder mit der Angst zu tun bekommen haben, da er ein halbes Jahr später bei einer weiteren Vernehmung das genaue Gegenteil aussagte: Diese drei hätten ihn selbst und seine Familie in Żyluks Haus versteckt, und die Juden seien auf den Markt getrieben worden »von mir unbekannten, in Zivil gekleideten Männern mit Masken, die uns auf Polnisch ansprachen«.

Grądowski starb 1971 im Alter von 82 Jahren. Ein gutes Dutzend Jahre später sprach das Ehepaar Wroniszewski von der Łomżaer Zeitschrift *Kontakty* mit seiner Frau. Sie erzählten seine Geschichte, wobei sie jedoch nur seine Initialen verwendeten. Nach dem Krieg war Feliks Żyluk wieder Nachbar der Grądowskis: »Mein Mann hielt ihm niemals vor, dass er am Pogrom teilgenommen und ihn selbst mit Gewalt aus dem Haus auf den Platz gezogen hatte. […] Mein Mann war sehr fromm und ertrug vermutlich nur deswegen in duldsamer Weise verschiedene Schikanen.«

Gegen Ende seines Lebens war er offensichtlich weniger duldsam. Sobald jemand schlecht von den Juden sprach oder ihn ärgerte, hatte Grądowski, nach der Erinnerung von Leszek Dziedzic, folgenden Spruch parat: »Und warum küsst du in der Kirche diesem Juden die Füße?«

»Feliks Żyluk zog nach einiger Zeit in die Wiedergewonnenen Gebiete«, erzählt Grądowskis Witwe im Gespräch für *Kontakty* weiter. »Seinen Kindern baute er ein Haus in Ełk. Während eines Besuchs in der Heimat erfuhr er vom Tod meines Mannes. Er kam zu mir und machte mir Vorhaltungen, dass ich ihn nicht über das Begräbnis informiert hatte. Da hielt ich es nicht mehr aus: ›Józef hätte sich ganz bestimmt im Grab umgedreht, wenn ich das gemacht hätte.‹ Aber jetzt ist auch Feliks auf dem Friedhof, meine Zeit ist auch gekommen, und niemand wird mehr vom alten Unrecht und Leid sprechen.«

Seine Frau überlebte ihn um ein Vierteljahrhundert, sie starb 1996. In Jedwabne habe ich mehrmals dieselbe Geschichte gehört. Grądowski hatte einen Ziehsohn aufgenommen, doch Gott strafte ihn dafür, dass er sich nicht aufrichtig hatte taufen lassen, indem dieser Ziehsohn Unfug trieb und sich schließlich zu Tode soff.

Antonina Wyrzykowska bewahrt Józef Grądowski nach wie vor in wohlwollendem Angedenken. Nachdem sie aus Jedwabne fortgezogen war, besuchte sie ihre Heimatgegend nur selten, schaute dann aber jedes Mal bei ihm vorbei.

»Er hatte ein Bestattungsunternehmen«, erzählt sie mir. »Es gab noch ein Bestattungsunternehmen in Jedwabne; dessen Besitzer ging gleich zur Familie, in der jemand gestorben war: ›Ihr wollt doch nicht etwa zu einem Juden gehen?‹ Aber was war Grądowski denn für ein Jude? Er hatte sich doch schon vor so langer Zeit taufen lassen und hatte eine katholische Frau. Sie hatten einen Ziehsohn angenommen, der war überhaupt kein Jude, aber auch den ärgerten sie damit, dass er Jude wäre. Bis zu seinem Lebensende hatte Józef seinen jüdischen Singsang und sagte immer, wenn er mich sah: ›Frau Wyrzykowska, ich habe nicht vergessen, was Sie für mich getan haben. Wenn Ihr Vater stirbt, mache ich ihm einen Sarg umsonst.‹ Grądowski starb, aber mein Vater lebte noch zehn Jahre, er wurde 95.«

30. Dezember 2001

Ich überbringe Antonina Wyrzykowska Neujahrsgrüße.

Dabei frage ich sie nach verschiedenen Dingen, von denen ich aus Wasersztejns Buch erfahren habe. Aber Antonina weiß nichts und erinnert sich nicht, wie üblich. Ich lese die Beschreibung vor, wie eine der versteckten Frauen dabei war zu gebären und sie eine Schere zum Abschneiden der Nabelschnur gebracht habe. Frau Wyrzykowska könnte im Theater auftreten. Sie macht große Augen und kann kaum glauben, dass Szmul sich so etwas hat ausdenken können. Sie ist dermaßen überzeugend, dass ich diese erschütterndste Episode aus der Zeit des Versteckens als ein weiteres Phantasieprodukt von Szmul angesehen hätte – wenn nicht ihr Mann Aleksander Wyrzykowski die Geburt eines Kindes in seinem Schreiben an Yad Vashem aus den sechziger Jahren erwähnt hätte.

1933 besuchten polnische und jüdische Kinder in Jedwabne die Grundschule noch gemeinsam. In der letzten Reihe, links, stehen drei Jungen, die den Krieg überlebt haben, weil sie von Antonina und Aleksander Wyrzykowski versteckt wurden: Szmul Wasersztejn (Zweiter von links); Mojżesz Olszewicz (Dritter von links); Jankiel Kubrzański (Vierter von links). Ebenfalls abgebildet ist Meir Grajewski (später Meir Ronen), in der ersten Reihe sitzend, Dritter von rechts; seine ältere Schwester Fajga, rechts hinter ihm, in der zweiten Reihe; die Tochter des Schlachters Mendel Nornberg, ebenfalls in der zweiten Reihe, Vierte von rechts; Meir Stryjakowski, der Enkel des Rabbiners von Jedwabne, Awigdor Białostocki, steht in der letzten Reihe, Zweiter von rechts. Ebenfalls auf dem Bild: die Kinder der Familien Zajdensztat, Zimny, Jedwabiński, Kamionowski.

Antonina Wyrzykowska mit ihren Kindern Antoni und Helena, späte vierziger Jahre.

10
Nur ich wusste, dass es sieben waren oder Die Geschichte der Antonina Wyrzykowska

Wäre sie nicht gewesen, hätte er den Krieg sicherlich nicht überlebt. Und ohne sein Zeugnis wäre die Wahrheit über Jedwabne wohl nie ans Licht gekommen. Antonina Wyrzykowska und Szmul Wasersztejn lernten sich als Teenager kennen. Sie war eine freundliche, fröhliche Person; bis an ihr Lebensende blieb sie eine hübsche Frau und kicherte wie ein Backfisch. Er war hässlich, rothaarig und ein Jude. Das Schicksal hat sie erst auf unerwartete Weise miteinander verbunden, um sie dann zu trennen.

Von dem, was in Jedwabne geschehen ist, hat Wyrzykowska nie erzählt, weder ihren Kindern noch sonst irgendjemandem. Auch mit mir wollte sie darüber nicht sprechen, ich musste ihr die Wahrheit Stück für Stück entlocken, und das gelang meist nur dann, wenn ich aus anderen Quellen schon etwas wusste.

Ich fragte sie: »Wusste man bei Ihnen in Janczewko sofort, wer die Juden in Jedwabne ermordet hatte? Die Deutschen oder die Polen?«

»Wer es getan hat, das weiß ich bis heute nicht, ich war ja nicht da.«

»Wurden die Namen irgendwelcher Mörder genannt?«

»Woher sollte ich solche Dinge wissen?«

»Antonina, Sie wissen das doch sehr gut …«

»Liebes, noch ein bisschen Tee, oder vielleicht einen Lebkuchen?«

Wir sprachen oft miteinander und sie achtete immer sehr darauf, was sie sagte. Sie wollte den Eindruck erwecken, dass sie nichts weiß und sich an nichts erinnert. Nur selten, besonders wenn sie sah, dass ich mir keine Notizen mache, rutschte ihr etwas heraus.

»Man sah den Rauch und hörte die Schreie, dabei sind es von uns in Janczewko fünf Kilometer bis Jedwabne. Es war schnell klar, was passiert ist. Ich habe geweint, meine Mutter hat geweint und auch noch eine Nachbarin. Viele in Janczewko aber haben nicht geweint, weil die Juden für sie Feinde waren. Czesława Wądolowska ist mit Säcken hin- und hergerannt, kam mit Pelzmänteln an, bis sie sich von der ganzen Schlepperei einen Bruch gehoben hatte, und das war ihr Ende.«

Ein anderes Mal seufzte sie:

»Vor dem Krieg habe ich für meinen Vater tageweise beim Kirchenbau mitgearbeitet, ich hätte mich dort also wie bei mir zu Hause fühlen können. Aber als ich nach dem Krieg in der Kirche Frauen sah, die Pelzmäntel trugen, die früher Juden gehört hatten, da fühlte ich mich nicht mehr zu Hause.«

Noch ein anderes Mal gestand sie:

»Am meisten Angst hatte man vor den Nachbarn. Wenn jemand dahintergekommen wäre, dass wir Juden verstecken, dann wäre niemand von uns mehr am Leben. Und ich habe immer noch Angst, denn drei von denen, die mich nach dem Krieg dafür zusammenschlugen, dass ich Juden versteckt hatte, sind noch am Leben.«

»Und wer war das?«

»Wie soll ich mich daran erinnern können, nach so vielen Jahren …?«

Sie ist 1916 geboren und wohnte in Janczewko, einem Weiler bei Jedwabne – alles in allem ein gutes Dutzend Hütten weit ab vom Weg. Ihr Vater Franciszek Karwowski teilte seine Zeit auf in Arbeit, Gebet und Hilfe für andere. Er fluchte niemals und ließ nie eine Sonntagsmesse aus. Als ihn einmal ein Nachbar bestahl, betete er für ihn, dass der liebe Gott ihm vergeben möge, denn der Dieb wusste ja nicht, was er tat. Antoninas Mutter Józefa wies ihn zurecht: »Du Dummkopf, am besten noch lauter, dann werden sie uns den gesamten Haushalt wegstehlen.« Antonina besuchte die Grundschule nur bis zur zweiten Klasse. Ihr Vater ließ dem Direktor der Schule in Jedwabne eine Aufmerksamkeit zukommen, damit sie von der Schulpflicht befreit würde, denn es wurden Hände zur Arbeit gebraucht.

»Zumindest gut, dass ich unterschreiben kann«, sagt Antonina.

Als sie sechzehn Jahre alt war, verheirateten ihre Eltern sie mit Aleksander Wyrzykowski, dem Nachbarn aus dem Haus nebenan. Auch dort wurden Hände zur Arbeit gebraucht.

In Janczewko gab es keine Juden. Antonina fuhr nach Jedwabne zum Markt und traf dort manchmal Szmul, wenn sie seiner Mutter Stoff brachte, und manchmal ließ sie ihr Fahrrad bei Jakub Kubrzański reparieren, der in der Werkstatt seines Vaters arbeitete. Beiden sollte sie später das Leben retten.

»Einige Zeit nachdem die Juden in der Scheune verbrannt worden waren«, erzählt Wyrzykowska, »sah mein Mann Szmul auf der Treppe seines Hauses sitzen. Er fragte ihn, ob er nicht bei uns arbeiten will, denn damals konnte man Juden bei sich arbeiten lassen und dafür die Deutschen bezahlen. Szmul sprang gleich auf den Wagen und sie fuhren zu uns nach Janczewko. Seitdem half er uns bei der Feldarbeit.«

Szmul war zwar ganz offiziell bei ihnen – Antoninas Mann gelang es sogar, bei dem von den Deutschen eingesetzten Bürgermeister Marian Karolak zu erwirken, dass Szmul sich nicht jeden Monat bei der Gendarmerie in Jedwabne melden musste –, aber sie erzählten nicht unbedingt herum, dass er bei ihnen arbeitete. Die Summe, die sie für das Ausleihen eines Juden zur Arbeit jeden Monat an die Deutschen entrichten mussten, verdienten die Wyrzykowskis und Wasersztejn gemeinsam, indem sie mit dem Ghetto Handel trieben. Sie fuhren am Sonntag hin, wenn am meisten Verkehr war, denn dann kehrten die Juden zurück, die unter der Woche bei Bauern gearbeitet hatten. Es gab damals viele, die mit dem Ghetto Handel trieben, was meistens darauf beruhte, dass man alles, was wertvoll war, zu einem Spottpreis erwerben konnte, z. B. einen Laib Brot für einen Ring. Die Wyrzykowskis und Szmul waren hier eine Ausnahme: Sie mussten etwas verdienen, aber vor allem ging es ihnen darum, den Hungernden Lebensmittel zu bringen.

»Ich band mir plattgedrückte Butterpakete an den Leib, und darüber eine dicke Weste«, erzählte mir Wyrzykowska. »Wir hatten ein Loch im Zaun ausgeguckt, aber manchmal hatte Szmul es sogar so abgesprochen, dass sie uns mit dem Fuhrwerk durch das Tor ließen. Wir hatten Mehl und Brot dabei, man musste vor dem Tor nur schnell einen gelben Flicken mit der Aufschrift ›*Jude*‹ anlegen. Ich hatte auch einen und konnte ohne Risiko im Ghetto herumlaufen«, erzählte sie in einem Ton, als wäre es das Normalste von der Welt.

»Das erste Mal habe ich Antonina gesehen, als sie uns Kartoffeln und Rüben durch den Stacheldraht reichte«, erzählte mir Lea Kubran (ehemals Kubrzańska), als wir uns in den Vereinigten Staaten trafen. Sie hatte den Krieg im Versteck bei den Wyrzykowskis überlebt. »Ein anderes Mal traf ich sie im Ghetto, sie trug einen gelben Flicken. Ich habe nicht gehört, dass irgendein anderer Pole die gelbe Armbinde angelegt hätte. Wenn sie sie erwischt hätten, hätten sie sie ja auf der Stelle erschossen.«

Szmul lebte sich rasch bei der Familie Wyrzykowski ein. Er wohnte in einem Zimmer mit den Kindern.

»Er gewöhnte sich daran, dass wir ihn ›Staszek‹ nannten«, erzählt Wyrzykowska. »Er fuhr mit uns zu den Maiandachten, und ich erinnere mich, dass er unsere polnischen Kirchenlieder sang. Dann war seine Aussprache schön und rein; wenn er redete, klang es nicht so rein.«

»Franciszek, der beste Mensch unter der Sonne«, erinnert sich Jahre später Szmul Wasersztejn an den Vater von Antonina Wyrzykowska, »hatte es sich zum Lebensziel gesetzt, nicht nur mein Leben, sondern auch meine Seele zu retten. Er weinte darüber, dass ich ein Jude war und Juden nicht in den Himmel kommen würden. Jeden Abend hielt er mir Vorträge über den Herrn Jesus.« Wasersztejn war damit einverstanden, getauft zu werden. »Ich sah darin kein besonderes Problem, wir glaubten schließlich an denselben Gott, und Franciszek war von da an glücklich, weil ich erlöst werden würde.«

Wyrzykowska erinnert sich daran, wie ihr Vater Szmul mit geweihtem Wasser beträufelte, und dass außer der Familie niemand bei der Taufe anwesend war.

Als die Deutschen im Herbst 1942 die Liquidierung der Ghettos anordneten und die außerhalb der Ghettos wohnenden Juden einfingen, gelang es Wasersztejn, der Treibjagd zu entgehen. Doch das Haus der Wyrzykowskis war für ihn nun der am wenigsten sichere Ort in der Gegend, denn die Deutschen wussten ja, dass er dort gewohnt und gearbeitet hatte. Die Wyrzykowskis baten daher Antoni Karwowski, Antoninas Bruder, ihn für einige Wochen zu verstecken, bis sie einen guten Unterschlupf für ihn gefunden hätten. Da erschien Mietek Olszewicz mit seinem Bruder Berek bei ihnen.

»1941 flohen mein Bruder und ich vor dem Pogrom nach Łomża ins Ghetto, und später kamen auch meine Eltern und meine Schwester dorthin«, schrieb Mojżesz Olszewicz 1975 aus Buenos Aires in einem Brief an Yad Vashem. »Dort blieben wir ein Jahr. Während der Liquidierung hatte die Gestapo das Ghetto umstellt; da begriffen wir, dass das Ende gekommen war, und flohen durch den Stacheldraht. Wir wanderten in der Gegend umher, es gab Schnee und es war kalt, wir fühlten, dass wir das nicht aushalten würden. Da fiel mir eine Christin ein. Wir gingen dorthin und baten um ein Stück Brot. Ihr Mann gab uns nicht nur Brot, sondern auch heiße Milch und noch mehr. Ich kann ihre Güte kaum beschreiben. Wir waren dort die ganze Nacht bis zum Morgen, wir hätten gehen sollen, und da sagte er: ›Geht nicht, ihr seid auch Kinder von Eltern, wenn wir etwas zu essen haben, dann habt ihr auch zu essen, wie es uns ergeht, so wird es euch ergehen. Wir können nicht zulassen, dass ihr den Mördern in die Hände fallt.‹ Und seine Frau stimmte ihm zu.«

»Olszewicz war der Baumeister des Verstecks, er hat es sich ausgedacht, als hätte er ein Ingenieursdiplom« – Wyrzykowska sprach mit großer Anerkennung über ihn. »Mein Mann sagte, er würde nach Jedwabne zum Markt fahren, und wenn er zurückkommt, soll das Versteck so gut sein, dass wir sie nicht wiederfinden. Dann würde er bleiben können. Mein Mann kam zurück und konnte sie nicht finden, so dass er rief: ›Nun kommt schon raus, verdammt noch mal, sonst dürft ihr nicht bei mir bleiben.‹«

Als das Versteck fertig war, holten sie Szmul. Danach holte Mosze mit ihrer Erlaubnis auch noch seine Verlobte Elke nach. Als Nächster erschien Izrael Grądowski, den Szmul nach dem Verbrechen getroffen und dem er die Adresse der Wyrzykowskis gegeben hatte. Und schließlich kam Jankiel Kubrzański.

»Kubrzański erschien, als es mit dem Ghetto in Łomża vorbei war«, erzählte mir Wyrzykowska. »Es war kalt, und der Arme war in so einer

Jacke ganz ohne Futter. ›Frau Wyrzykowska, haben Sie nicht vielleicht jemanden von unseren Leuten gesehen?‹ Da zeigte ich ihm das Versteck: ›Schnell rein da.‹ Ich sagte meinem Mann, dass Kubrzański da gewesen war und nach anderen Juden gefragt hatte. Er war neugierig, was ich ihm gesagt hatte, aber seinem Gesicht konnte man gleich ansehen, dass er nicht noch mehr Juden aufnehmen wollte. Wegen dem Essen wollte er nicht, denn schon fünf Leute zu ernähren, war schwierig. Außer unserem aßen sie kein anderes Brot. Da sagte ich ihm nicht, dass ich ihn schon in den Schweinestall geführt hatte.«

Die Wyrzykowskis gaben sich keinerlei Illusionen hin, was mit ihrer Familie geschehen würde, wenn man die Juden bei ihnen fände. Sie hatten zwei kleine Kinder, Helena war fast acht und Antoni zwei Jahre alt.

»Nur ich wusste, dass sie zu siebt waren«, erzählt Wyrzykowska, »denn diese beiden (Kubrzański holte gleich seine Verlobte nach), die waren bis zum Schluss auf mein Risiko da. Mein Mann meinte, wir würden fünf von ihnen verstecken. Als das Verstecken vorbei war, kam Kubrzański gleich zu uns nach Hause, wie zu Besuch, denn wir kannten uns aus der Zeit vor dem Krieg. Da sagt mein Mann zu ihm: ›Warum seid ihr nicht zu mir gekommen, ich hätte euch versteckt.‹ Das wäre sicher so gewesen, dass mein Mann zugestimmt hätte, aber warum sollte er sich aufregen.«

Eines Tages erschien noch ein Jude, ein Verwandter von Izrael Grądowski.

»Das war ein junger Bursche, noch ein Kind, der aus einem Lager geflohen war«, erinnert sich Antonina. »Ich gab ihm besser zu essen als mir selbst, alle Medizin, die wir im Haus hatten, aber er überlebte nur wenige Tage. Mein Mann fuhr mit ihm bis hinter Kownaty; es war schwer, ein Grab auszuheben, denn es gab strengen Frost. Wie er hieß, weiß ich nicht. Die Namen der anderen kannte ich auch nicht, nur die von Szmul und Kubrzański.«

Die beiden Paare, die Kubrzańskis und die Olszewicz', waren unter dem Schweinestall, Szmul, Grądowski und Berek Olszewicz unter dem Hühnerstall. Nachts konnten sie miteinander Kontakt aufnehmen, wenn sie hinausgingen, um etwas frische Luft zu schnappen – beide Wirtschaftsgebäude berührten sich an den Dächern. Doch sie hatten nur selten Kontakt miteinander, denn es war im Interesse der Sicherheit, dass sich immer nur höchstens eine Person außerhalb des Verstecks aufhielt.

Wyrzykowska erinnert sich daran, dass das größte Problem darin bestand, zweieinhalb Jahre lang sieben zusätzliche Esser zu ernähren. Damals gab es alles auf Karten. Pro Familienmitglied erhielt man eine Karte, die dazu berechtigte, für eigene Zwecke 20 Kilo Getreide zu mahlen. Das reichte nicht für Brot für alle, daher mahlte Wyrzykowskas Vater Korn mit Hilfe zweier Steine.

»Eine Nachbarin fragte einmal, warum wir so viel Brot backen, und meine Mutter erklärte ihr, das wäre für Zwieback. Der Krieg könnte ja noch schlimmer werden, und dann würde man Vorräte brauchen. Eine andere Nachbarin fragte, warum wir so viele Kartoffeln kochen. ›Verdammich‹, antwortete meine Mutter, ›wir haben Ferkel, die nichts anderes fressen wollen, immer nur Kartoffeln und Kartoffeln, und stell dir vor, die müssen auch noch geschält sein.‹«

»Wir waren ständig hungrig, obwohl Antonina sich solche Mühe gab«, erzählt Lea Kubran. »Die Deutschen verlangten Abgaben, und sie hatten selbst nicht allzu viel zu essen. Dafür war es nicht kalt, denn das Versteck war so klein, dass die Atemluft ausreichte, um es zu wärmen.«

Zwei Deutsche, die von der Polizei in Jedwabne abgestellt worden waren, um Janczewko zu bewachen, wohnten auf demselben Hof, etwa 100 Meter vom Schweinestall entfernt.

»Wir hatten einen anständigen, gemauerten Außenkeller; den hatten die Deutschen requiriert«, erzählt Wyrzykowska. In einem Teil schliefen sie, im zweiten hatten sie einen Speicher, wo sie Fleisch räucherten und Vorräte für die ganze Polizei von Jedwabne aufbewahrten. Daher konnten unsere Juden niemals rausgehen, selbst in der Nacht nicht. Der Schweinestall war gemauert, das Dach bestand aus Brettern. Sie hatten mit dem Messer eine kleine Ritze freigekratzt, und wenn sie sahen, dass die Deutschen weg waren, gingen sie auf den

Dachboden. Sie schnappten Luft, machten ihre Beine lang und erledigten ihr Notdurft. Ein solcher Ausflug musste reichen. In ihrem Versteck hatten sie nicht genug Platz, dass sich jeder hinlegen konnte. Sie verbrachten die Zeit im Sitzen, und der von gegenüber legte dem anderen die Füße auf die Brust. In den Hühnerstall schaute ich oft hinein, denn ich brachte Szmul, Berek und Grądowski dasselbe, was wir aßen. In den Schweinestall brachte ich einmal am Tag einen Topf mit Kartoffeln oder Grütze, angeblich für die Schweine, und abends gab ich noch Brot dazu.

»Antonina konnte uns kein Essen bringen, darum nahm sie den Topf für die Schweine, damit man nicht erkannte, dass es für Menschen war«, erzählte mir Lea Kubran, »und dann musste sie einen günstigen Moment abpassen, um den Topf zu übergeben. Oft sagten wir abends: ›Es hat ja keinen Sinn, sich so abzuquälen‹, aber dann brach immer ein neuer Tag an.«

Im Winter 1943 verbreitete sich das Gerücht, die Deutschen würden Polen rekrutieren, um mit ihnen eine Armee gegen die Sowjets aufzubauen. Wyrzykowski erfuhr, dass er auf der Einberufungsliste stand, daher versteckte er sich in der Scheune bei den Nachbarn. Eines Tages kam Wyrzykowskas Bruder angelaufen, die Deutschen seien gekommen, um auf ihrem Hof mit Hunden nach Juden zu suchen. Er lief sofort nach Hause, denn er dachte, er könne seine Frau in einer solchen Situation nicht allein lassen.

Stanisław Karwowski, ein Neffe von Wyrzykowska, erzählt: »Einer aus unserem Dorf, der von Haus zu Haus ging, um seinen selbstgebrannten Schnaps zu verkaufen, man nannte ihn Walenty, hatte einmal bei meiner Tante einen Juden bemerkt und das einem erzählt, dessen Tochter beim Gendarmerieposten arbeitete. Die führte sofort die Polizisten hierher. Sie waren zu viert, beritten und hatten Hunde dabei.«

»Die Polizisten stellten mich an die Wand, einer zielte mit dem Gewehr auf mich, und dann befahlen sie, die Juden rauszugeben«, schrieb Wyrzykowska in der Erklärung für Yad Vashem. »Sie sagten, wenn ich sie herausgebe, würde mir nichts geschehen, sie würden nur die Juden erschießen. Ich sagte, dass ich keine Juden habe. Ich kniete nieder und weinte sehr und bat den lieben Gott, mir das Leben zu schenken und meine Familie und jene Menschen zu retten.«

Wyrzykowski zeichnete sich durch große Geistesgegenwart aus: Als die Deutschen im Stall gepresstes Stroh entdeckten, erklärte er, er würde hier schlafen, weil es bei ihnen in der Wohnung zu eng sei. Als sie dann das Stroh anstecken wollten, um seine Worte zu überprüfen, brachte er sie mit Bitten davon ab, indem er sagte, sein ganzer Hof würde Feuer fangen.

»Ich weiß nicht, wer mir das geraten hat, denn selbst wäre ich nicht so schlau gewesen, täglich um den Schweinestall herum Petroleum auszugießen«, sagt Wyrzykowska. »Die Deutschen suchten sie mit Hunden, aber wo Petroleum ist, können Hunde nichts riechen. Der Herrgott hat ihnen geholfen und hilft ihnen noch immer, denn vier von ihnen leben ja noch.«

»Als die Gendarmen kamen, waren wir alle bereit, Selbstmord zu begehen«, erzählt Lea Kubran. »Wir hatten Rasierklingen vorbereitet, um uns die Adern aufzuschneiden. Als sie gegangen waren, waren wir überzeugt, dass unsere Gastgeber uns wegschicken würden, denn ein zweites Mal konnte das ja nicht gutgehen. Wyrzykowski klopfte bei uns an, umarmte meinen Mann und sagte: ›Meine Lieben, wenn sie euch diesmal nicht gefunden haben, dann finden sie euch mit Sicherheit überhaupt nicht mehr und ihr werdet hier bei uns die Zeit bis zum Ende des Krieges überstehen.‹«

Wyrzykowska rettete nicht nur sieben Juden, sondern auch einen Deutschen.

»Einmal war einer der Gendarmen, die gegenüber wohnten, allein. Der Arme lag auf dem Boden und wand sich vor Schmerzen. Ich gab ihm Soda mit Essig, was wir immer nahmen, aber ihm half das nicht. Ich ging zu meinen Leuten, die sich im Schweinestall versteckten, um sie zu fragen, wie man auf Deutsch sagt: ›Ihr Kollege ist krank.‹ Dann spannte ich den Wagen an, fuhr zur Polizeistation und sagte: ›*Kamrad krank*.‹«

Zum Glück bemerkte dort niemand, dass Wyrzykowska nicht so

sehr gebrochenes Deutsch mit ihnen sprach als vielmehr reines Jiddisch.

»Sie kamen gleich angefahren. Als er wieder gesund war, da half er mir beim Dreschen, wenn der zweite Deutsche es nicht bemerkte und niemand von den Nachbarn. Es gab hier noch mehr gute Deutsche, sie gaben den Kindern Bonbons, und als der Krieg zu Ende ging, sagten sie: ›*Hitler kaputt.*‹«

Als die Front verlegt wurde und Janczewko evakuiert werden musste, bereiteten Wyrzykowskis auf dem Feld in den Kartoffeln für alle einen Schutzraum vor, denn sie hatten Angst, es könnte an der Front ein Feuer ausbrechen und die Juden würden im Schweinestall bei lebendigem Leibe verbrennen. In der Nacht brachten sie Bohlen und Bretter dorthin und gruben den Unterschlupf. Als die Russen am 23. Januar 1945 einmarschierten, kamen die Juden aus ihrem Versteck.

»Es war noch Nacht, als wir aus dem Schweinestall befreit wurden«, schrieb Mojżesz Olszewicz in dem Brief an Yad Vashem. »Wir traten in eine helle Welt hinaus, voll Luft und Sonne. Wir waren schwach, krank, körperlich und geistig gebrochen. Sie blickten auf unsere bleichen Gesichter, unsere dürren Arme und Beine, unsere Augen, die nichts sahen, und sie brachten uns mit herzlichen Worten und indem sie uns das beste Essen gaben, das sie hatten, ins Leben zurück.«

»Während der ersten Tage in Freiheit war niemand imstande, auf eigenen Beinen zu gehen«, erinnert sich Lea Kubran.

Die Kubrzańskis und Olszewiczs gingen bald nach Łomża. Izrael Grądowski ließ sich taufen und blieb in Jedwabne. Szmul blieb bei den Wyrzykowskis wohnen. Eines Tages kam Antoninas Bruder verzweifelt nach Janczewko gefahren und warnte sie, er habe ein Gespräch von sechs Polen gehört, die sich verabredet hätten, Wasersztejn zu töten. Sie versteckten sich sofort und ließen Antonina mit ihren beiden Kindern und den alten Eltern zurück.

»Mein Bruder war auf der Versammlung, wo sie sich verabredet hatten«, erzählte Wyrzykowska. »Er fuhr gleich zu uns: ›Ich habe mich entschieden, es dir zu sagen, denn es ist doch schade um sie, wo sie sich so viele Monate abgequält haben und du dich mit ihnen abgequält hast.‹«

Leon Dziedzic, dessen Bruder ebenfalls an diesem Treffen teilnahm, ist sicher, dass es die Versammlung der örtlichen AK-Zelle war.

Wyrzykowski versteckte sich in der Hoffnung, dass es eine bloße »Abrechnung unter Männern« werden würde und Antonina als Frau in Sicherheit war. Aber die Angreifer hatten auch mit einer Frau kein Mitleid.

»In der Nacht«, so Wyrzykowskis Schilderung, »kamen Partisanen, um den Juden zu holen: Wir sollten ihn herausgeben, sie würden ihn töten, aber uns nichts tun. Meine Frau sagte, er wäre weggefahren. Da schlugen sie sie so, dass ihr Körper nicht mehr weiß war, sondern schwarz.«

»Sie war eine fromme Christin, ich glaubte, sie würden ihr nichts tun«, berichtete Szmul Wasersztejn. »Um Mitternacht kamen sie zu sechst, alles Teilnehmer am Pogrom von Jedwabne. Sie verprügelten den alten Franciszek und Antonina, warfen sie auf die Erde, traten sie und schlugen sie, um herauszubekommen, wo ich war. Sie raubten nach Herzenslust und zwangen diese tapfere Frau, die Pferde anzuspannen und sie mit ihrer Beute nach Jedwabne zu fahren. Sie bat sie nur, ihren kranken Vater in Ruhe zu lassen. Als sie zurückkam – es graute schon der Morgen –, stieg sie vom Wagen und verlor das Bewusstsein. Ihr Gesicht war verletzt und auf dem Rücken hatte sie Striemen von den Schlägen. Die Kinder hatten alles mit angesehen.«

»Sie sagten, wir sollten uns auf den Boden legen, und schlugen uns mit Knüppeln«, erzählt Wyrzykowska. »Sie verprügelten mich so, dass mein Körper ganz blau war. Dabei schrien sie: ›Ihr Judenknechte, ihr habt Juden versteckt, und die haben Jesus gekreuzigt.‹ ›Sag, wo du den Juden hast.‹ Ich sagte: ›Der Jude ist schon lange nicht mehr da.‹ Sie waren schon alle weggefahren, nur Szmul war noch da und saß versteckt in einer ehemaligen Kartoffelgrube bei der Nachbarin. Sie schlugen auch meinen Vater und nahmen die besseren Dinge mit. Ich war hart im Nehmen. Ich spannte noch selbst den Wagen an, um sie zurückzufahren.«

Am nächsten Tag schlossen sich die Wyrzykowskis den Olszewiczs und Kubrzańskis an, die eine Unterkunft in einem Vorort von Łomża gefunden hatten. Sie waren völlig mittellos. Wyrzykowska sagte, die Situation in ihrem Leben, in der sie am meisten Angst gehabt hatte, sei eine nächtliche Fahrt nach Janczewko gewesen, um die Kuh zu holen, damit sie wenigstens Milch hätten, denn sie waren die ganze Zeit hungrig. Dies war zu der Zeit, als zahlreiche Banden ihr Unwesen trieben und man tagsüber keine Kuh sicher herführen konnte, nachts aber eine Begegnung mit den Banditen den sicheren Tod bedeutet hätte.

Danach zogen sie nach Białystok, schliefen bei anderen Leuten auf dem Fußboden und hatten nichts zum Leben.

Die Körperverletzung, die Wyrzykowska erlitten hatte, kam schließlich vor Gericht. »In der Nacht vom 13. auf den 14. März 1945 haben zehn bewaffnete Terroristen von der AK die Bürgerin Wyrzykowska, Einwohnerin des Dorfes Janczewko, Kreis Łomża, zusammengeschlagen, weil sie während der deutschen Besatzungszeit Juden versteckt hatte und sich gegenwärtig freundlich zu ihnen verhält«, liest man im Bericht des UB Białystok im Kapitel: »Charakteristische Terrorakte von AKO-Banden im Berichtszeitraum« (Die Heimatarmee in dieser Gegend war damals in die Heimatbürgerarmee [AKO] umgewandelt worden.) Aus den Dokumenten geht hervor, dass Antonina Wyrzykowska am 9. Februar beim UB in Łomża aussagte, eine Bande habe sie verprügelt. »Ich kann hier nicht wohnen bleiben, denn sie würden mich umbringen«, behauptete sie. Sie gab die Namen an. Die meisten Genannten gehörten zu den »Waldleuten«, so dass sie nicht auf die Vorladung reagierten, aber zumindest einer von ihnen, Antoni Wądołowski, wurde offenbar verurteilt.

In seinem ersten Bericht vor der Jüdischen Historischen Kommission sagte Szmul aus, dass er »seine Retterin geheiratet« habe. Wyrzykowska möchte nicht darüber sprechen, mit Sicherheit gab es keine formelle Heirat.

Wyrzykowska entschloss sich, zusammen mit Szmul, aber auch mit den Kubrzańskis und Olszewiczs, über die grüne Grenze zu fliehen. Die Olszewiczs schlugen sich über Budapest nach Italien durch. Die Übrigen befanden sich im späten Frühling in Österreich, in einem

Flüchtlingslager in Linz. »Wir liefen mehr, als dass wir fuhren«, erzählte Lea Kubran.

»Das waren dort alles Juden, ich war die einzige Polin. Ich hatte meine Kinder zurückgelassen, und jedes Mal, wenn ich ein Kind auf der Straße sah, bekam ich solche Sehnsucht, dass es nicht auszuhalten war«, erzählt Wyrzykowska. »Nach einigen Wochen kehrte ich zurück.«

Wann hatten sie sich ineinander verliebt? Damals, als sie zusammen zum Ghetto fuhren, noch bevor Szmul sich versteckte? Oder während der Zeit des Versteckens? Gleich danach? Wie sah es in der Ehe der Wyrzykowskis nach ihrer Rückkehr aus? Von Wyrzykowski weiß ich so viel, dass er ein edler Mensch und ein gutaussehender Mann war und nach dem Krieg zu trinken anfing.

»Ich habe darüber oft mit Szmul gesprochen«, sagte mir Chaim Sroszko aus Jedwabne, der heute in Israel lebt. »Er erzählte mir, dass er zu einem bestimmten Zeitpunkt begriff, dass er kein Recht auf eine Frau hatte, die für ihn ihre Kinder zurückgelassen hatte. Er beschloss, mit Antonina nach Polen zurückzufahren, um sie sicher zu ihrer Familie zu bringen.«

Die Kubrańskis lebten noch fast vier Jahre in einem Lager für Displaced Persons in Österreich, ehe sie 1949 Visa für die Vereinigten Staaten erhielten.

Als Antonina zu ihrem Mann und den Kindern zurückgekehrt war, zogen die Wyrzykowskis nach Bielsk Podlaski, und Wasersztejn kaufte ihnen von dem Geld, das ihm sein Bruder aus Kuba geschickt hatte, ein Haus und einen Bauernhof. Sie wussten nicht, was aus den Juden geworden war, die sie gerettet hatten. Bevor sie sich trennten, hatte Antonina Wyrzykowska mit allen verabredet, dass sie von sich hören ließen, wenn sich eine Gelegenheit ergab, und sie bat darum, ihr um Gottes willen nicht zu schreiben. Sie hatte Angst vor Briefen von Juden, und bald kamen Zeiten, in denen man überhaupt vor Briefen aus dem Ausland Angst haben musste.

Es kam vor, dass Wyrzykowska ihre Verfolger in Bielsk traf, einem Ort unweit von Jedwabne. Sie schüchterten sie ein und beschimpften sie. Sie hatte ständig Angst. Ihr Mann Aleksander begann zu trinken, so dass schließlich von dem Bauernhof, den Szmul Wasersztejn ihnen gekauft hatte, nichts mehr übrigblieb.

Aus Bielsk zogen sie Anfang der sechziger Jahre nach Milanówek. Von dort pendelte Antonina nach Warschau, wo sie als Hausmeisterin in Schulen arbeitete. Kurz nach dem Umzug starb Aleksander.

Sie unterstützte ihre Tochter Helena und ihren Sohn Antoni finanziell. Helena wurde Verkäuferin, Antoni fand eine Anstellung im Rathaus.

»Sie haben mir gesagt, Ihre Kinder hätten nicht gewusst, dass Sie Juden versteckt haben, aber als sie größer wurden, haben Sie da nicht mit ihnen über all das gesprochen?«

»Aber nein, ich hatte keine Zeit, von solchen Dingen zu erzählen. Ich musste schwer arbeiten, am schlimmsten war Schneeschippen im Winter. Zusätzlich ging ich noch putzen. Selbst an Feiertagen ging ich zu Leuten und putzte ihre Fenster.«

»Jahrelang nahm Mama täglich den Zug um 4:05 Uhr ab Milanówek und kam um 22:03 Uhr zurück«, erzählt ihr Sohn Antoni.

In den siebziger Jahren fuhr Wyrzykowska zum ersten Mal nach Amerika – die Familie Kubrzański, damals bereits Kubran, hatte sie eingeladen. Sie warteten auf dem Flughafen in Miami auf sie, zusammen mit den Olszewiczs, die für diese Gelegenheit aus Argentinien angereist waren (die Kubrans verbrachten die Sommermonate in Florida). Sie nahmen sie in die Synagoge mit, wo sie einen Dankgottesdienst für sie bestellt hatten. Wasersztejn stieß aus Costa Rica hinzu.

»Ich hatte Szmul lange nicht gesehen. Es war fast dreißig Jahre her.«

»Das erste Mal war sie drei Monate bei uns, danach noch einmal ein Jahr«, erzählt Lea Kubrzańska. »In New London wohnen viele Juden und Polen. Antonina hat hier ihre Freundinnen, mit denen sie ans Meer geht. In unserem Städtchen findet jedes Jahr eine polnische Woche statt, dann gibt es polnisches Essen und polnische Musik. Als mein Mann noch lebte, hat er so manchen Abend mit Antonina Polkas getanzt.«

Bei ihrem nächsten Aufenthalt in den USA heiratete Wyrzykowska einen Amerikaner polnischer Herkunft.

»Nach der Heirat sagte mein Mann zu mir: ›Jetzt gehen wir zum Gericht und prozessieren, damit du von den Juden, die du versteckt hast, Geld bekommst, denn du hast ihretwegen deine Gesundheit verloren.‹ Da machte ich Schluss mit dem Mistkerl.«

Sie heiratete ein drittes Mal, wieder in den Vereinigten Staaten und wieder einen Amerikaner polnischer Herkunft.

»Er war Witwer, geizig und gerissen. Im Geschäft kaufte er das fetteste Huhn, denn wenn in Amerika etwas fett ist, dann ist es am billigsten. Er war älter als ich, da sage ich einmal zu ihm: ›Liebster, sollte man nicht einmal zum Anwalt gehen und etwas aufschreiben für den Fall deines Todes, damit mich deine Kinder nicht aus dem Haus jagen?‹ Er ging mit mir zum Anwalt, es war alles in Englisch, aber ich sollte unterschreiben. Einmal gab ich es einer Freundin zum Lesen. Und sie las mir vor: Wenn ich sterbe, dann erhält er mein ganzes Erbe, und meine Kinder sollen enterbt werden. Da packte ich meine Sachen, fuhr zu meiner Enkelin nach Chicago und ließ mich scheiden. Ich bete jeden Tag für die Juden, die in der Scheune verbrannt sind, und bei dieser Gelegenheit auch für die erste Frau meines dritten Mannes. Ich habe sie nie kennengelernt, aber wenn ich daran denke, dass sie 27 Jahre mit ihm verbracht hat!«

Szmul Wasersztejn lud sie nun jeden Winter zu sich nach Costa Rica ein.

»Ich fuhr gerne im Winter für zwei, drei Monate hin, es war so schön warm dort. Seine Söhne laden mich immer noch ein, aber was soll ich mit einer Lampe reden, ich kenne ja ihre Sprachen nicht.«

Zuletzt war Wyrzykowska im Winter 1999/2000 dort.

»Szmul war schon so gut wie taub. Er sah aber fern, denn er konnte von den Lippen ablesen, und wenn ich ihm direkt ins Ohr sprach, dann hörte er es. Wir erinnerten uns häufig daran, wie gut er früher hören konnte: Er hörte das Knarren des Tors, und bevor der Polizist da war, war er schon im Versteck. An jenem Tag fuhr seine Frau Rachela zu ihrer Tochter nach Miami. Sie fragte, ob sie bleiben soll, denn Szmul fühlte sich nicht gut, aber er sagte, sie soll fahren. Staszek (so nannte ich ihn immer) und ich sahen uns eine Kassette von meiner

Reise ins Heilige Land an. Es war Mittag, er sagte mir, ich soll nach oben gehen, er will ein bisschen schlafen. Ich las im Gebetbuch, da hörte ich einen Schrei. Er saß im Sessel und war bereits tot. Solange ich konnte, hatte ich ihm das Leben gerettet, aber jetzt konnte ich ihm nicht mehr helfen.«

Antonina verbringt ihre Zeit gerne mit Beten.

»Ich habe ein Büchlein mit Gebeten des heiligen Antonius, die spreche ich jeden Tag. Als es einmal in der Schule, wo ich als Hausmeisterin arbeitete, spukte, da brachte ich ein Bild des heiligen Antonius, geweihtes Wasser, steckte Kerzen an, und da hörte der Spuk auf.«

Sie lebt zum Teil in Polen, zum Teil in den Vereinigten Staaten, wo ihre Enkelin wohnt. Nirgendwo hat sie einen eigenen Platz. Wenn sie in Polen ist, wohnt sie bei ihrem Sohn und ihrer Schwiegertochter, die ihr ein schmales Zimmer abtreten und selbst im Wohnzimmer schlafen, das von der dunklen Küche durch eine Scheibe abgetrennt ist.

Wir sitzen auf dem Sofa – in dem Zimmer ist kein Platz für Stühle – und reden darüber, wie die von ihr Geretteten Polnisch sprachen.

»Am besten sprach Lea, und Mietek Olszewicz kannte viele polnische Witze.«

Plötzlich macht sie ein Zeichen mit der Hand, dass wir still sein sollen. Ihr Sohn hat gerade Besuch bekommen, man könnte hören, worüber wir sprechen.

»Meine Sachen lasse ich im Sofa und im Koffer, denn sie haben genügend eigene im Schrank. Und die Bilder habe ich gut versteckt, warum soll sie sich jemand ansehen«, sagt sie, indem sie unter der Tischdecke Bilder aus Amerika hervorholt.

Ich frage sie, ob ich die Briefe sehen dürfe, die sie von Wasersztejn, den Kubrzańskis und Olszewiczs bekommen hat.

»Ich habe keinen einzigen mehr. Wenn ich sie gelesen habe, reiße ich sie gleich in kleine Stücke. Mieczysław Olszewicz hat mir geschrieben, dass es in Buenos Aires polnische Fußballklubs gibt, aber dass er nicht eintreten wird, denn er kann keine Polen mehr sehen. Aber er hat nie ›Mojżesz‹ hinten auf den Umschlag geschrieben, sondern immer ›Mieczysław‹.«

Ich fuhr Antonina und ihren Sohn nach Hause, als sie in der Synagoge mit einer Menora geehrt worden war. Den ganzen Weg über hörte ich mir den Monolog ihres Sohnes an.

»Die Juden bekommen dafür Geld von den Deutschen, dass sie überlebt haben. Und wem haben sie es zu verdanken, dass sie überlebt haben? Etwa nicht meiner Mutter, die ihr Leben und das ihrer Kinder riskiert hat? Die bekommen 500 Grüne monatlich, 2000 Zloty, einfach so. Jetzt nehmen Sie das mal sieben Personen und zwölf Monate. Da kommt ein ganz hübsches Sümmchen raus, nicht wahr? Und ich habe einen zwanzigjährigen Polski Fiat, der bald schlapp macht. Es ist eine Tatsache, meine Mutter hat sie gerettet, das muss man akzeptieren. Ich bin zufrieden mit Mama. Aber meine Schwester meint, wir sollten es lieber ableugnen, weil sie uns allen den Hals durchschneiden werden. Meine Schwester ist negativ eingestellt, das muss man zugeben. In der Gemeinde, wo ich gearbeitet habe, haben sie die älteren Arbeitnehmer entlassen, weil sie zu viel wussten. Mich haben sie auch entlassen, dabei hätte ich doch nichts gesagt, das ist nicht mein Ding. Ich drehe mich um und sehe nichts. Ich sage immer zu meiner Mutter: ›Du musst keine Angst haben, du verrätst ja keine Namen, und was war, hast du nicht gesehen, denn du warst nicht bei der Scheune.‹ Hier in Milanówek hat ein Jud einen Gemüseladen gekauft. Meine Freunde und ich reden darüber. Sie machen sich Sorgen, dass die Juden sogar in unseren kleinen Ort kommen. Aber ich erkläre ihnen: ›Der Jud steht früh am Morgen auf und bringt alles in Ordnung, und dann hilft auch noch der eine dem anderen. Und der Pole? Hilft der, arbeitet der schwer? Der steht am Zaun und trinkt und ist neidisch auf andere. Und das Ende wird sein‹, sage ich meinen Freunden rundheraus, ›dass die Juden halb Milanówek besitzen und wir ihnen die Schuhe putzen werden‹. Meine Schwester ist Antisemitin, aber ich habe nichts gegen Juden. Wenn sie erfahren würde, dass Mama in der Synagoge war, wäre die Hölle los. Aber man kann die Frau ja verstehen. Sie ist krank, hat kein Geld für Medikamente, aber sie weiß, wie viel die Juden Mama verdanken.«

Ich wandte mich an Antonina. »Sie haben Sie doch oft eingeladen und helfen Ihnen doch sicherlich?«

Ihr Sohn: »Aber einfach Geld auf die Hand, daran hat keiner gedacht.«

Antonina protestierte leise: »Wenn ich Geld für Medikamente brauchte, habe ich es immer von Szmul bekommen.«

Als ich Antonina ein anderes Mal besuchte, war sie in Sorge, weil ihre Tochter sie schon wieder ausgeschimpft hatte.

»Ich weiß selbst nicht, wo Helena gelesen hat, dass ich zum Präsidenten gegangen bin. ›Warum zum Teufel bist du da hingegangen‹, schimpfte sie und knallte den Hörer auf. Man kann das ja verstehen, denn meine Kinder haben wegen dieser ganzen Sache Probleme. Die Frau meines Sohnes haben sie im Rathaus gefragt: ›Nanu, du arbeitest hier noch? Ihr habt doch wohl genug Geld, wenn deine Schwiegermutter sieben Juden versteckt hat!‹«

Ich fragte Wyrzykowska, wie vielen Menschen sie im Laufe ihres Lebens erzählt hat, dass sie Juden versteckt hat.

»Menschen, denen ich vertraute, habe ich es wohl gesagt, aber sonst – ich habe das nicht an die große Glocke gehängt, denn ich hatte Angst. Und die mich geschlagen haben, die haben keine Angst. Für mich war es eine Freude, Juden zu retten, aber die Leute sehen das gar nicht gern. Wenn ich Schwarze gerettet hätte, dann hätten sie vielleicht eine andere Einstellung. Sie wissen ja, wo wir leben – sagen Sie selbst, wie viele Leute gibt es, denen es gefällt, dass ich Juden versteckt habe? Einer von zehn, oder eher noch weniger? Man muss sich ehrlich eingestehen: Wenn man einen Juden zum Freund hat, hat man die Polen sofort zu Feinden. Warum das so ist – ich weiß es nicht. Als ich die Auszeichnung bekommen habe, diese Medaille für die Gerechten unter den Völkern, da hat meine Helena sie gleich in den Mülleimer geschmissen. Und das war auch besser so, ich hätte sie ja doch niemandem zeigen können. In Amerika habe ich einem Priester in Chicago gebeichtet, dass ich Juden gerettet habe und täglich für sie bete. Er hat nicht gesagt, dass man das nicht darf, also ist es offensichtlich keine Sünde. In Polen würde ich einem Priester solche Sachen nie erzählen, um nichts in der Welt.«

Im Flüchtlingslager in Linz, 1945: Antonina Wyrzykowska, Szmul Wasersztejn, Lea Kubrzańska (sitzend, von links). Stehend: Jankiel Kubrzański und Mosze Lasko, ebenfalls aus Jedwabne, den sie unterwegs getroffen hatten.

11
Ich, Szmul Wasersztejn, spreche eine Warnung aus oder Auf dem Weg von Jedwabne nach Costa Rica

Um künftige Generationen zu warnen, müsse er das Verbrechen, das im Land seiner Geburt begangen wurde, vor dem Vergessen bewahren, sagte Szmul Wasersztejn seinen Kindern, die am anderen Ende der Welt geboren wurden, immer wieder. Gegen Ende seines Lebens engagierte er einen lokalen Journalisten und erzählte ihm sein Leben. Wasersztejn hörte und sah bereits schlecht und war nicht mehr imstande, den diktierten Text selbst durchzusehen. Er wollte der Opfer gedenken und die Verbrecher brandmarken, doch der spanischsprachige Journalist verdrehte die jüdischen und polnischen Namen auf eine Weise, dass es unmöglich war, zu erraten, wie sie lauteten. Nur wer Szmuls Schicksal kennt, wird erahnen, dass es sich bei der Familie »Viashilikowski« um Antonina und Aleksander Wyrzykowski handelt. Szmul sprach mit Wehmut von den Landschaften seiner Kindheit, und sein Zuhörer fügte den wogenden Kornfeldern aus freien Stücken ein paar Orangenhaine hinzu. So ist das über 400 Seiten starke Buch *La Denuncia. 10 de Julio de 1941* [Die Enthüllung. Der 10. Juli 1941] zustande gekommen, das nach Wasersztejns Tod im Jahre 2000 von seinem Sohn Izaak auf eigene Kosten publiziert wurde.

Im selben Jahr erschien das Buch von Jan Tomasz Gross, in dem Wasersztejns Aussage zitiert wird – das Zeugnis, das im Archiv des Jüdischen Historischen Instituts lag, geriet an die Öffentlichkeit. Wasersztejns Worte waren ein Schock, sie wurden mit Ungläubigkeit aufgenommen. Doch das hat er schon nicht mehr erlebt, er starb, bevor die Lawine von Ereignissen in Gang kam, die er ausgelöst hatte: die Leugnungen und antisemitischen Angriffe auf der einen, die mutige Konfrontation mit der Wahrheit auf der anderen Seite.

Was wir in Wasersztejns Memoiren lesen, erinnert eher an die apokalyptischen Visionen eines Hieronymus Bosch als an das reale Verbrechen von Jedwabne (auch wenn es schrecklich genug ist). Wasersztejn sieht auf dem Marktplatz »alte Jüdinnen mit blutverschmierten Gesichtern«, »Schulkinder mit gebrochenen Händen«, »nackte Frauen, die versuchen ihre Scham mit Stofffetzen zu bedecken und deren Gesäß von Rasierklingen zerschnitten ist. Blut, Flüche, Tod«. In der Ulica Cmentarna blickt er auf »einen Leichenhaufen«, »zwei junge Frauen mit aufgeschlitzten Bäuchen, denen die Gedärme heraushängen«, »ein schönes sechsjähriges Mädchen, dessen Hals mit einer Rasierklinge geöffnet worden war«. Diese ganze Kakophonie von Vergewaltigungen, Morden und Schreien muss in seinem Kopf entstanden und durcheinandergeraten sein.

In dem völlig unlektorierten Buch gibt es neben schrecklichen Beschreibungen des Verbrechens reichlich pseudoanspruchsvolle Reflexionen über das Wesen der Welt und aufgebauschte Geschichten über die eigenen Großtaten. Das geht mir gegen den Strich, und erst nach einiger Zeit mache ich mir klar, wie absurd meine Erwartungen an Wasersztejn waren: dass er klug, edel und wahrhaft tragisch zu sein habe. Je mehr ich in seine Geschichte eintauche, desto tiefer bewegt er mich: ein Mensch, der, wie mit bloßem Auge zu sehen ist, nicht die Statur eines tragischen Helden besaß.

»Der heiße Sommer von 1941 fiel auf Polen wie ein Fluch«, beginnt Szmul seine Erinnerungen. »In Jedwabne war es wie in einem Backofen. Die Erde ausgetrocknet, die Pflanzen verdorrt, die Wiesen trocken, alles wie Zunder – ein Funken und ein Luftzug reichen aus, damit eine Flamme entsteht, die eine Feuersbrunst auslöst.«

Danach geht er in der Zeit zurück, beschreibt seine Geburt und die Erlebnisse seiner Mutter im Wochenbett: »War das Fieber, das in ihren Schläfen wütete, nicht eine Vorahnung des lodernden Scheiterhaufens, auf dem sie verbrannte, ermordet durch christliche Polen aus Jedwabne? War die Hand, die sie in ihren Fieberträumen quälte, die mich aus ihren Armen reißen wollte, nicht dieselbe Hand des Todes, die mich Jahre später von dieser Erde zu fegen versuchte? War die Katze, die mit ihren Pfoten gegen die Fensterscheibe sprang und das Glas zerbrach, als sie mich gebar, nicht ein Vorbote des Augenblicks, als aus meinem Hirn der glasklare Racheplan entsprang, dessen Verwirklichung die Kirche und die frommen Pharisäer zerschmettern würde, die Gott loben, nachdem sie meine Mutter, meinen Bruder und andere Juden aus der Stadt ermordet haben?«

In diesem Stil ist das ganze Buch gehalten. Blumige Beschreibungen stehen neben pathetischen Reflexionen (empört über die Leugnung des Holocaust und die Entweihung jüdischer Friedhöfe, schreibt er: »Ich, Szmul Wasersztejn, bezeuge in Costa Rica und spreche die Warnung aus, dass eine Weltverschwörung gegen die Juden im Gange ist«). Nur ein sehr geduldiger Leser wird ihnen Details der Tragödie von Jedwabne entnehmen. Ich vergleiche sie mit dem Bericht, den Szmul nach dem Krieg angefertigt hat.

1945 sagte er aus, dass am 25. Juni Polen Jakub Kac mit Ziegeln gesteinigt und Eliasz Krawiecki erstochen hätten (»Sie rissen ihm die Augen heraus, schnitten ihm die Zunge ab, er quälte sich in unmenschlicher Weise zwölf Stunden lang, bis er seinen Geist aushauchte«), und dass zwei junge Frauen, Chaja Kubrzańska und Barbara Binsztejn, zum Teich gegangen seien, »da sie sich lieber zusammen mit ihren Kindern ertränken wollten, als den Banditen in die Hände zu fallen«. Sie hätten zuerst ihre Kinder ertränkt. (»Danach sprang Binsztejn, Barbara hinein, die sofort unterging, während Kubrzańska, Chaja, sich stundenlang quälte. Die Schläger, die sich dort versammelt hatten, machten daraus ein Schauspiel.«)

»Ich habe es mit eigenen Augen gesehen«, sagte er damals. In den Memoiren ein halbes Jahrhundert später sieht es jedoch anders aus. Am 2. Juli habe er eine Gruppe von Schlägern gesehen, die Kac quälten: »Sie schubsten ihn, beschimpften ihn, schlugen ihm ins Gesicht und traten ihn. Einer schlug ihm mit einem dicken Knüppel auf den Kopf. Das Gehirn des Alten, der ein Freund meiner Eltern war, spritzte auf den Gehsteig.« Danach seien sie zu dem Haus gegangen, wo sowohl Kubrzańska als auch Binsztejn wohnten. »Sie wehrten sich, aber sie nahmen ihnen die Kinder weg. Niemanden kümmerte es, dass Frauen, denen man die Kleidung ausgezogen hatte, vorbeigejagt wurden, denn alle waren Feiglinge und schauten, ohne zu sehen, horchten, ohne zu hören. Sie brachten sie an einen Ort außerhalb der Stadt, an der Straße nach Łomża, dort waren Lehmkuhlen, in denen sich Regenwasser sammelte. Sie befahlen den Frauen, ihre Kinder zu ertränken. Die weigerten sich. Da nahmen sie die Kinder und steckten ihre Köpfe in den stinkenden Sumpf. Die Erde verschlang sie. Dann kam die Reihe an die misshandelten und sich wie wahnsinnig gebärdenden Frauen. Doch die Lehmkuhlen waren zu flach für sie. Ein Bandit brachte große Steine an, die sie den Frauen mit Schnüren um die Hälse banden. Da konnten sie sich nicht mehr aufrecht halten, bekamen Schlamm in Mund und Nase und ertranken.«

Die Steinigung von Kac, das Zu-Tode-Quälen von Krawiecki, das Ertränken von zwei Müttern zusammen mit ihren Säuglingen zur Freude der Gaffer – diese Tatsachen werden von anderen Zeugen bestätigt. (Eine Frau aus Jedwabne erzählte mir: »Die Schwester meiner Mutter sah, wie sie zwei Jüdinnen mit ihren Kindern dazu zwangen, sich zu ertränken. Sie kam weinend nach Hause.«). Chaja Kubrzańska und Barbara Binsztejn, die Frauen, die es vorzogen, sich und ihre Kinder zu töten, statt auf ihre Mörder zu warten, waren Schwestern. Ihre Männer hatten mit den Sowjets kollaboriert. Der Sommer jenes Jahres war in der Tat trocken und heiß, in den Teichen außerhalb der Stadt, an der Straße nach Łomża, gab es mehr Schlamm als Wasser, daher gelang es ihnen nicht gleich, sich zu ertränken.

Ich sprach mit Zeugen und sah die Aussagen im Rahmen des Ermittlungsverfahrens von 1949 durch, und die meisten von Wasersztejn angeführten Fakten ließen sich bestätigen. Aber erst nach der Lektüre der Memoiren mit einer weitaus detaillierteren Beschreibung der Vorkommnisse, ist mir klar geworden, dass er nicht alles, was er beschreibt, mit eigenen Augen gesehen haben kann. Das ist übrigens ganz natürlich: Ein Zeuge, dem noch dazu bewusst ist, dass er einer von wenigen Überlebenden sein dürfte, berichtet alles, was er von den Geschehnissen weiß, unabhängig davon, ob er es selbst gesehen oder später von anderen erfahren hat.

Nehmen wir die Szene mit den ertränkten Frauen. Er wird sie doch wohl kaum vergessen haben, um sie Jahre später anders zu erzählen. Wahrscheinlicher ist, dass er aus Informationsfetzen – jemand hatte die beiden Frauen mit ihren Kindern bei den Lehmgruben und örtliche Banditen in der Nähe gesehen, jemand hatte die aufgetriebenen Leichen gefunden –, wahrscheinlicher ist, dass er aus diesen Bruchstücken versuchte, den Verlauf der Ereignisse zu rekonstruieren. 1945 gab er an, es sei am 25. Juni passiert, im Buch, es sei der 2. Juli gewesen. Dieser Unterschied ist nicht wichtig, nach so vielen Jahren kann man sich schon mal im Datum irren. Aus den Zeugenaussagen geht hervor, dass die Szenen des Quälens und Mordens sich über viele Tage hinzogen. Andererseits war Jakub Kac dank des suggestiven Berichts von Szmul für mich nicht mehr nur ein anonymes Opfer des Pogroms, sondern er wurde zu einem Sattler, der in Handarbeit Pferdegeschirr anfertigte und bei jedem Stück mit ganzem Herzen bei der Sache war.

Wenn es das Jahre später von Gross ans Licht gebrachte Zeugnis Wasersztejns nicht gegeben hätte, wäre das Verbrechen von Jedwabne vielleicht nie aufgedeckt worden. Es hat etwas Paradoxes, dass der Weg zur Wahrheit dank eines Berichts gebahnt wurde, der – im Lichte dieser Memoiren – zu gewissen Vorbehalten Anlass gibt. Aber man kann sich ein anderes Szenario vorstellen. Wasersztejn wird damals, im Jahre 1945, kompetent befragt. Das Dokument, das in den Archiven verwahrt bleibt, unterscheidet streng zwischen dem, was der Zeuge selbst gesehen hat, und dem, was er aus zweiter Hand weiß. Es stellt sich nur die Frage, ob sein Bericht dann jene Kraft gehabt hätte, die Gross dazu brachte, sein Buch über Jedwabne zu schreiben: ein Buch, das wiederum zu den IPN-Ermittlungen führen sollte.

Indem man sie mit den Berichten anderer Zeugen vergleicht, lassen sich aus Wasersztejns Beschreibungen die Fakten herauspräparieren. Aber man gewinnt auch einen Eindruck von der Atmosphäre jener ersten Tage nach dem Abzug der Sowjets:

»Die Gemeinde befahl den Juden, für die Sauberkeit der Straßen in der Stadt zu sorgen, unabhängig davon, ob die Straße gepflastert oder ein schlammiger Lehmweg war. Jeder Familie wurde ein Straßenabschnitt zugeteilt. Dort mussten sie die Gehwege kehren, Pferdemist wegräumen, die Gossen säubern, die öffentlichen Gebäude putzen und Müll wegschaffen. Wer sich weigerte, erhielt Schläge. Die Juden mussten ihre Geschäfte schließen. Bei meiner Mutter wurden keine Hemden mehr gekauft. Die Lebensmittelvorräte gingen rasch zur Neige. Eine Kartoffel war eine Kostbarkeit. Im Schutzmantel der Nacht warfen Banditen Fenster ein, indem sie riefen: ›Weg nach Palästina‹. Viele Kaufleute wurden dafür verprügelt, dass sie ihre Geschäfte nicht geschlossen hatten. Angetrunkene Banditen besaßen die Macht. Dank des Antisemitismus konnte dieser Pöbel sich als ›Schützer des Gemeinwohls‹ bezeichnen. Pogrome fanden an verschiedenen Orten statt. Verbrechen, Diebstähle, Vergewaltigungen, Zerstörung jüdischen Eigentums. Wir huschten wie Schatten vorüber.« In seiner Aussage von 1945 führte er an, dass in der Bande, die von Haus zu Haus ging, um Juden zu verprügeln und zu berauben, die Brüder Wacław und Mieczysław Borowski gewesen seien und »auf der Ziehharmonika und Klarinette spielten, um die Schreie der Frauen und Kinder zu übertönen«.

Und hier der Augenblick, als die Nachbarn sich am 10. Juli in Komplizen des Verbrechens verwandeln: »Wir hatten als Kinder mit ihren Kindern gespielt. Wir hatten ihnen Freundlichkeiten erwiesen, ihnen Kartoffelschalen für die Schweine gegeben. Jetzt klang ihre Stimme hart: ›Die jüdischen Einwohner haben auf dem Markt zu erscheinen, und zwar schnell.‹ Seit die Deutschen in die Stadt gekommen waren, waren wir für sie zu Abfall geworden. Meine Mutter suchte die Thora. Ein Nachbar fasste sie grob bei der Hand und zerrte sie aus dem Haus, er schrie: ›Treiben Sie keine Spielchen mit mir, sonst verliere ich noch die Geduld.‹ Wir versuchten, würdevoll zu gehen, aber einige gaben uns heftige Schläge auf den Rücken, trieben uns an und bewarfen uns mit Schimpfwörtern: ›jüdische Hunde‹, ›Hundesohn‹, ›Spekulant‹, ›verfluchte Christusmörder‹.«

Viele Szenen lassen sich weder bestätigen noch widerlegen, da es ja außer den Opfern und den Tätern, die möglicherweise später davon sprachen, vermutlich keine weiteren Zeugen gegeben hat. »In der Ulica Sadowa waren fast nackte junge Frauen, die von Banden vergewaltigt wurden. Sosnowskis Tochter Sara wurde von ihrem kleinen Sohn getrennt und von fünf Männern auf dem Dachboden vergewaltigt. Sie wälzten sich auf ihrem weißen, glatten Körper. Da sie wussten, dass sie in der Bank gearbeitet hatte, folterten sie sie, damit sie verriet, wo das Geld war.« Kam seine Nachbarin Sara, die Tochter von Hana und Zundel Sosnowski, wirklich auf diese Weise um?

Szmul erwähnt, er habe sich gerettet, weil er einem Klassenkameraden namens »Mushalzko« (tatsächlich ging er mit Tadeusz Musiałek zur Schule) ein Geschäft vorschlug: Wenn der ihn vom Marktplatz wegführe, werde er ihm einige Kilo Machorka geben, die er in der Nähe seines Hauses versteckt habe. Als sie von dort weggegangen waren, habe er, Wasersztejn, erklärt, den Tabak gebe es zwar nicht, aber er müsse überleben, denn es sei ein Zeuge vonnöten, um der Welt das ganze Ausmaß des Verbrechens zu enthüllen, das gerade stattfand (es fällt mir schwer zu glauben, dass Szmul mit seinem starken Selbsterhaltungsinstinkt gerade ein solches Argument angeführt haben soll). Nach einem kurzen Ringkampf sei er geflohen und habe sich auf dem jüdischen Friedhof in einem offenen Grab versteckt. Allerdings liegt der Friedhof in einer anderen Richtung als das Haus der Wasersztejns, es gibt also keinen Grund, warum Musiałek ihn in diese Richtung geführt haben sollte.

Wörtlich beschreibt er die Szene folgendermaßen: »Er war einverstanden, mich herauszuholen, aber nicht meinen Bruder, der in der Gruppe war, die von Diewiczsi, dem Hinkefuß, geführt wurde. Ich flehte ihn an, aber er sagte, mit dem Hinkefuß sei nicht zu spaßen. Er fuhr mir mit dem Knüppel über die Kehle: ›Halt die Klappe, alle Juden werden um vier Uhr nachmittags ermordet.‹ Mein Herz zog sich zusammen. Allen war ein unwürdiger Tod bestimmt, auch meiner Mutter und meinem jüngeren Bruder. Jemand musste am Leben bleiben, vielleicht würde der Gott Israels mir helfen, diese Ungerechtigkeit aufzuhalten. Mushalzko zitterte vor Wut, seine Augen waren hasserfüllt, zwei brennende Kreise. Er bespuckte und beschimpfte mich, wollte mir den Kopf zerschmettern. Als er weglief, um Verstärkung zu holen, floh ich auf den Friedhof. Zwanzig Meter vom Grab meines Vaters entfernt sah ich ein offenes Grab.«

Wenn Szmul sich auf dem Friedhof versteckte, der noch nicht, wie heute, mit Haselsträuchern bewachsen war – und bei dem es sich im Übrigen um einen der gefährlichsten Orte handelte, dort wurden an jenem Tag viele Morde begangen –, dann musste er sich gründlich verbergen. Wie viel hat er von dort aus wohl sehen können?

Er habe gesehen, wie eine erste Gruppe von Juden zur Scheune geführt wurde. Ein Mörder mit einer Beinprothese (dabei muss es sich um Stanisław Sielawa, den »Hinkefuß«, handeln, habe seinen Opfern mit der Axt die Köpfe abgeschlagen, seine Helfer hätten andere mit dem Messer erstochen und die Ermordeten und Sterbenden später in eine vorher ausgehobene Grube geworfen. Nur dass Wasersztejn nicht gesehen haben kann, wie Sielawa Juden ermordete, denn wie aus der Exhumierung hervorgeht, wurde die erste Gruppe von Juden, die das Lenindenkmal getragen hatte, in der Scheune ermordet. Andererseits wurden die Juden aus der ersten Gruppe auf genau diese Weise ermordet: alle an einem Ort und mit Äxten und Messern. Das muss in der Stadt erzählt worden sein, und Szmul muss davon nach dem Verbrechen erfahren haben, und zwar von Polen.

In dem ersten kurzen (undatierten) Bericht von Szmul Wasersztejn für die Jüdische Historische Kommission lesen wir: »Der Aussagende war im Gebüsch. Er hörte das Schreien, wo sie 128 Männer an einem Ort ermordeten, die stärksten.« Er muss die Schreie gehört haben, ohne zu wissen, dass sie aus der Scheune kamen. Chaim Sroszko erzählte er gleich nach dem Krieg, er habe sich auf dem Friedhof versteckt. Abraham Śniadowicz, den er in Białystok traf (und der 1947 vor der Jüdischen Historischen Kommission berichtete, was ihm Szmul damals erzählt hatte), sagte er bereits, er habe nicht nur etwas gehört, sondern »zwischen den Gräbern versteckt alles gesehen«. Er muss wohl selbst daran geglaubt haben.

Wasersztejn beschrieb die Ereignisse, die sich gleich nach der Judenverbrennung abspielten: »Frauen und Kinder machten sich daran, ein Haus nach dem anderen auszurauben. Die Männer mordeten, und die christlichen Frauen und Kinder stahlen.« Als er Polen in den achtziger Jahren besuchte, habe er von einer ehemaligen Bekannten gehört: »Szmul, ich weiß, wer die Sachen deiner Mutter genommen hat.« Er habe es nicht wissen wollen.

Im Morgengrauen des 11. Juli habe er Stimmen gehört, es seien zwei junge Juden gewesen, die wie er überlebt hatten. Sie seien zu einem befreundeten Haus gegangen, danach zu einem anderen. Dort habe man ihnen zu essen und zu trinken gegeben und mit ihnen die Toten beweint, aus Angst aber habe man sie nicht dabehalten. Ihr Gastgeber habe in Erfahrung gebracht, dass die Deutschen verboten hätten, noch weitere Juden zu ermorden. Er, Wasersztejn, sei zu seinem Haus in der Ulica Przestrzelska zurückgekehrt, in der Hoffnung, dort seine Mutter oder seinen Bruder anzutreffen. Das Haus sei ausgeplündert gewesen, weder die Nähmaschine war mehr da noch irgendwelche von den Essensvorräten, die sie angelegt hatten. Da habe er sich auf die Schwelle gesetzt und geweint.

Ein Deutscher sei vorbeigekommen und habe ihn zum Gendarmerieposten mitgenommen. Dort seien bereits sechzehn Juden gewesen, die sich hatten retten können. Später hätten die Deutschen sie den Polen nicht ausliefern wollen, da sie sie, nach ihren Worten, zum Striegeln der Pferde und zum Schuhputzen brauchten. Die Juden hätten in einem der ehemals jüdischen Häuser gewohnt und seien morgens zur Arbeit erschienen. Als einmal einer von ihnen blutig, mit zerfetztem After zurückgekehrt sei, da ihn betrunkene Gendarmen vergewaltigt hatten, sei er, Szmul, am darauffolgenden Tag nicht zur Arbeit erschienen. Er sei zu seinem ausgeplünderten Haus zurückgekehrt, habe sich auf die Schwelle gesetzt und wieder angefangen zu weinen.

Das war die Stelle, wo Aleksander Wyrzykowski ihn entdeckte und zur Arbeit nach Janczewko mitnahm. Szmul schreibt, die Mörder vom 10. Juli hätten ihn gesucht, und er habe sich im Keller und auf dem Dachboden versteckt, wenn sie nach Janczewko kamen, um herumzuschnüffeln, ob er nicht vielleicht dort sei. Es sei ihm gelungen, da er mehr Phantasie beim Finden von Verstecken gehabt habe als sie beim Aufspüren.

Im Herbst 1942, als die Deutschen befahlen, die bei Bauern arbeitenden Juden zum Gendarmerieposten zu bringen, und die Gegend durchkämmten und Flüchtende einfingen, sei es ihm, Szmul, gelungen, der Treibjagd zu entkommen und sich in der Scheune bei den Dziedzic' zu verstecken, die ihn einige Tage später nach Janczewko zu den Wyrzykowskis zurückbrachten.

Er berichtet, kurze Zeit später sei Schnee gefallen und Wyrzykowski habe Fußspuren entdeckt, die zum Stall führten. Dort habe er Jakub Kubrzański und Mieczysław Olszewicz mit dessen Bruder Berek, ihre Freundinnnen Lea und Elke, die sie im Ghetto kennengelernt hatten, sowie den älteren Izrael Grądowski gefunden. Wasersztejn schreibt in seinem Buch: »Das war ein Schock für ihn, aber er ließ sich nichts anmerken, sondern umarmte sie. Er lief zu seiner Frau: ›Wir haben noch sechs Juden.‹ Sie brachten ihnen Brot und Wasser. Die hatten solche Wohltaten schon ganz vergessen und aßen unter Tränen. Wyrzykowski sagte, wir seien zu viele, sie würden dafür erschossen werden. Ich begriff, dass man sich bedanken und ohne Hass fortgehen musste, um eine andere Lösung zu suchen. Ich sagte, ich würde fortgehen, um das Schicksal meiner Brüder zu teilen. Wir hatten vor, uns durch die Sümpfe nach Weißrussland durchzuschlagen.«

Am nächsten Tag sei Wyrzykowski erschienen: »Als Christ kann ich euch nicht in den Tod schicken, aber ich kann auch nicht meine Familie für euch in den Tod schicken. Als ich den Schmerz nicht mehr auszuhalten vermochte, kam ich erst zu dem Schluss, dass ich euch gebieten muss, den Hof zu verlassen. Aber dann habe ich etwas Gerechteres ersonnen. Ich werde mit meiner Frau nach Jedwabne zum Markt fahren. Wir werden viele Stunden fort sein. Du weißt, Szmul, ich kenne jeden Millimeter meines Eigentums. Wenn ihr einen Ort findet, wo wir euch nicht entdecken, verpflichte ich mich, euch bis zu dem Tag mit Nahrung zu versorgen, an dem Gott eure Rettung beschließen wird. Und wenn ich euer Versteck finde, wird das eure letzte Nacht hier gewesen sein. Dann werde ich euch Wasser, Essen für vier Tage, Kleidung und ein Jagdmesser mitgeben. Ist meine Entscheidung klar, Szmul?«

Alle seien auf dem Hof umhergegangen, ohne ein Versteck finden zu können. Schließlich habe sich Szmul resigniert auf den Rand des Schweinekobens gesetzt, habe aber das Gleichgewicht verloren und sei in den Misthaufen gefallen. Daraufhin sei er wütend aufgestanden und habe in die Erde getreten. »Wie wundersam sind doch Gottes Wege!«, schreibt er. »Und es ward Licht. Was ich an der Spitze meines Schuhs entdeckte, war ein Klumpen roter Lehm, der sich kneten ließ.« Er habe die Idee gehabt, einen Tunnel und ein unterirdisches Versteck zu graben.

»Ich rief die anderen herbei und sagte ihnen: ›Wir werden auf zwei Quadratmetern leben, Schweinemist und Schafsurin atmen. Wir brauchen trockenes Gras, Dung und frischen Tiermist.‹ Um fünf Uhr war alles fertig. Die Frauen hatten Dinge gefunden, die sich hervorragend zur Auskleidung unserer Katakombe eigneten: zwei Stücke Pappe, sieben Bretter in gutem Zustand, trockenes Heu, einen halben Sack Hühnerfedern und auch eine alte Lampe: Alle diese Schätze nahmen wir mit uns unter die Erde. Wir verwischten draußen die Spuren und fühlten uns wie Würmer, die in der Erde leben. Dann deckten wir uns mit dem Schweinetrog zu. Wir hörten, wie Aleksander und Antonina vom Haus zur Scheune gingen, dann von der Scheune zum Schweinestall. Sie suchten im Abort, im Schornstein, im Hühnerstall, auf dem Dachboden, auf dem Feld und im Garten. Dann kamen sie zur Werkzeugkammer, warfen die Werkzeuge hinaus, klopften die Wände ab und hoben die Schafswolle hoch. Unter Tränen baten sie Gott um Vergebung dafür, dass die Juden ihretwegen auf verschneiten Wegen nach Weißrussland gingen und dort vielleicht nie ankommen würden. Die erste Nacht als Eingegrabene war nicht leicht. Es ist schwer zu beschreiben, wie Schweinemist stinkt. Urin ist sauer, und dann auch noch die fauligen Exkremente, die Schwefelwasserstoff ausströmen: dieser natürliche Prozess verschlug uns den Atem.«

Wasersztejn beschreibt, wie er um acht Uhr morgens theatralisch das Haus der Wyrzykowskis betreten habe. Er habe gesagt, ihr Versteck würde der Gestapo und den Pogromen trotzen, und Aleksander habe entgegnet: »Ich werde mein Versprechen halten. Ihr werdet eine Mahlzeit täglich bekommen. Einer muss Tag und Nacht Wache halten, und wenn Ruhe herrscht, können zwei herauskommen in die Scheune. Nur Szmul darf im Schutz der Nacht ins Haus. Szmul, du musst dich jetzt von unseren Kindern verabschieden und ihnen sagen, dass du wegfährst. Zweimal in der Woche werde ich euch Wasser zum Waschen bringen. Und ich gebe euch eine Büchse für eure Notdurft. Antonina wird mit den Frauen besprechen, was sie während der Menstruation machen sollen. Von nun an hängt euer Leben von unserem ab und unseres von eurem. Wir werden eure Kleidung waschen, euch die Haare schneiden, von Läusen befreien, die Nägel schneiden und euch das Alte Testament geben, denn mein Schwiegervater hat immer gesagt, das ist für Szmul die jüdische Bibel.«

In Wirklichkeit war es Mojżesz Olszewicz, dem Wyrzykowski vorschlug, ein Versteck zu bauen, und Olszewicz leitete die Arbeiten. Szmul war damals nicht dabei, er versteckte sich bei Antoninas Bruder. »Szmul kam erst, als alles schon fertig war«, erinnerte sich Lea Kubran. Die Geschichte vom Bau des Verstecks muss Wasersztejn in allen Einzelheiten von Olszewicz gehört haben, und zwar so oft, dass er sie ganz in sich aufnahm und das Gefühl hatte, es sei seine eigene.

»Die ersten Tage waren ein Albtraum«, schreibt Szmul. »Es kostet einiges, sich an den Geruch von Mist zu gewöhnen. Ich erinnere mich an die hysterischen Schreie von Elke, als sie fünf Zentimeter lange Maden entdeckte. Izrael musste kotzen, als ihm ein sogenannter Käsewurm, weiß mit braunem Kopf, direkt in den Mund fiel. Wir litten viel und mussten uns immer wieder übergeben, aber mit der Zeit fanden wir zu einer Harmonie mit unserer Umgebung. Wir gewöhnten uns daran, durch Ritzen in die Welt zu sehen. Unser Geruchssinn wurde feiner. Durch den Gestank drang der Duft gebackenen Brotes zu uns. Wir waren nicht mehr Szmulke, Lejka, Elke, Mosze, Berek, Izrael, Jankiel. Wir waren die Brüder aus dem Schweinestall. Wie bei Alexandre Dumas: Einer für alle, alle für einen. Inmitten von Würmern und Dreck waren wir ein Vielzeller, ein unterirdisches Monster mit vierzehn Armen, Ohren, Augen und Nasenöffnungen, sieben Köpfen, Mündern und Aftern, fünf Gliedern und zwei weiblichen Geschlechtsorganen, und mit einem einzigen Bedürfnis: zu überleben. Wir mussten uns im

Hinblick auf unsere Gefühle völlig aufeinander einlassen, indem wir bis zum Äußersten auf unsere Individualität verzichteten. Und wir mussten alles miteinander teilen, außer den Frauen. Elke und Lea liebten zwei Männer. Und obwohl wir übrigens auch sexuelle Bedürfnisse und schmerzende Glieder hatten, müssen wir Gott danken, dass wir die Kraft besaßen, unseren sexuellen Appetit zu zügeln.«

Wasersztejn beschreibt, wie einmal eine größere Gruppe von Deutschen mit zwei Lastwagen nach Janczewko gekommen sei, um zu sehen, wo sie Quartier beziehen könnten. Sie hätten den Hof der Wyrzykowskis ausgewählt, ein Zelt aufgeschlagen, eine Küche unter dem Zelt eingerichtet und die Scheune übernommen.

»Als die Deutschen über uns in der Scheune waren, kam für eine der Frauen die Zeit der Geburt«, schreibt er. »Antonina brachte ein Bettlaken, eine Schere und Alkohol. Sie erklärte ihr, wie sie pressen und atmen musste. Kurz darauf erschienen die Deutschen mit ihren Hunden. Sie lachten so laut, dass wir wussten, sie sind betrunken; dann begannen sie zu schnarchen. In der Nacht setzte die Geburt ein. Die Frau hatte ein Stück Stoff im Mund, um nicht zu schreien. Ich sagte meinem Freund, wenn ein Kind zur Welt kommt, während die Deutschen so nah sind, würde das für Antonina den Tod bedeuten – ich überließe das seinem Gewissen. In seinen Augen sah ich eine dramatische Frage. Er sprach leise mit seiner Frau. Die unterirdische Mutter wand sich vor Schmerzen, sie biss so stark auf den Lappen, dass ihr Blut aus dem Mund lief. Das Kind erschien langsam, und als sein Kopf zu sehen war, legte ihm der Vater die Hand auf den Mund, damit es nicht anfing zu weinen. Er hielt sie dort so lange, bis es blau war; die Mutter verlor das Bewusstsein. Er hielt den Mund noch weiter zu, bis es sich nicht mehr bewegte. Wir schnitten die Nabelschnur durch. Als die Mutter ihr Bewusstsein wiedererlangte, betete sie auf Hebräisch, streichelte ihr totes Kind und schlief weinend ein. Der Vater küsste sein Kind auf die Stirn. Als die Deutschen auf Patrouille gingen, schob er den Trog zur Seite und ging hinaus. Er tat es in den Misthaufen. Noch viele Monate verbrachten wir so halbliegend unter der Erde. Der Gestank von Mist und Petroleum drang zu uns, und es quälte uns die Erinnerung an das Kind, dessen Leben wir geopfert hatten, um selber leben zu können.«

Dieses Zeugnis klingt wahrhaftig und verzweifelt. Doch Szmul konnte nicht direkter Zeuge der Geburt und des Todes dieses Kindes gewesen sein, denn in Wirklichkeit gab es zwei Verstecke, und Szmul befand sich im anderen. Es gab auch keine zusätzliche Abteilung von Deutschen, die über ihnen in der Scheune Quartier genommen hätten, sondern es gab, wie während der gesamten Zeit ihres Versteckens, Deutsche, die gegenüber dem Haus der Wyrzykowskis eine Räucherei betrieben – was aber auch so eine hinreichende Bedrohung darstellte.

Er hatte mehr als zwei Jahre unter der Erde verbracht. »Eines Morgens«, schreibt Szmul, »kam Antonina: ›Die Deutschen sind weg, ihr könnt rauskommen. Ich hoffe, ihr habt nicht vergessen, wie es ist, aufrecht zu stehen.‹ Sonne, Licht, Nahrung, Freiheit – all das ist nicht so notwendig wie Bewegung. Wir begannen zu tanzen, herumzuspringen, uns zu strecken, die Arme zum Himmel zu erheben. Grobschlächtige Soldaten der Roten Armee, die nach Wodka stanken, berührten uns, lachten, gaben uns Wodka, aber sie hielten ihre Gewehre auf uns gerichtet. Wir weinten, als wir den blauen Himmel sahen, wir waren keine Maulwürfe mehr.«

Er, Wasersztejn, habe sich auf den Weg nach Jedwabne gemacht, die Straßen seien rot vor Blut gewesen. Überall hätten die Leichen deutscher Soldaten gelegen. Die Polen hätten ihnen alles abgenommen, was von Wert war. Anfangs sei ihm das abscheulich vorgekommen, aber dann habe er auf sein zerrissenes Hemd, seine an einen Lappen erinnernde Hose sowie seine mit einer Schnur zugebundenen Schuhe geblickt und sei zu dem Schluss gekommen, dass er das Recht habe, bessere Dinge zu suchen. Er habe sich eine Mütze mit Ohrenklappen, Soldatenstiefel, Handschuhe und einen Militärledermantel genommen. Zusammen mit Izrael Grądowski seien sie auf eine sowjetische Abteilung gestoßen. »Ihr habt Glück«, habe der Offizier gesagt, »wir werden heute Deutsche erschießen. Das wird euch bestimmt Freude machen.« Sie hätten sich rasch verabschiedet.

Er, Wasersztejn, hätte gewusst, dass er Polen verlassen würde, habe aber die Wyrzykowskis vorher materiell absichern wollen. Er schreibt: »Ihr Haus hatten sie in Armut gebaut. Ich dachte mir, ich habe das gesetzliche und moralische Recht, ein Haus von Juden in einer guten materiellen Lage auszuwählen und nach Janczewko zu bringen. Da war ein hübsches Holzgebäude, dass ein Pole übernommen hatte. Ich ging hinein und sagte ihm, er solle verschwinden, das sei mein Haus. Er wollte Widerstand leisten, aber zufällig fuhren sowjetische Lastwagen vorbei, und ich grüßte den Offizier. Da bekam der Pole es mit der Angst zu tun und floh über den Hinterhof.«

Die Zeit habe nicht gereicht, das Haus zu versetzen. Noch am selben Abend sei er gewarnt worden, dass Banditen ihn umbringen wollten, und er sei geflohen: zuerst nach Łomża, dann nach Białystok. Zusammen mit den Wyrzykowskis habe er in Vorstädten gewohnt, wo sie nebeneinander auf der Erde schliefen. Er habe Handel getrieben: in Łódź Stoff und Garn gekauft und die Ware in Białystok verkauft. Um den Schlägertrupps zu entgehen, die Juden in Zügen suchten, habe er sich in der Nähe der Gleise versteckt und sei im letzten Moment, beim Losfahren des Zuges aufgesprungen. Er schreibt: »Mir fiel ein, dass jemand gesagt hatte, wie gut man in Łódź mit Stoff handeln könne. Ich kratzte das Geld für die Fahrkarte und zwei Stoffballen zusammen, und mir blieb noch ein halber Zloty fürs Essen. Ein Bahnbeamter, der die Juden nicht hasste, erzählte mir von vier Orten, wo die polnischen Faschisten Juden an den Gleisen töteten.«

In Szmuls detaillierter Erzählung findet sich kein Wort über seine Reise mit den Olszewiczs und Kubrzańskis nach Österreich, wohin er Antonina Wyrzykowska mitnahm, die er ihrem Mann und ihren Kindern entrissen hatte. Aus anderen Quellen ist bekannt, dass er Wyrzykowska nach Polen zurückbrachte, als sie beschlossen hatte, zu ihrer Familie zurückzukehren.

Er blieb noch für eine Weile in Polen. Über die Vermittlung von Joint machte er seinen ältesten Bruder Mojżesz, der im Jahre 1938 nach Kuba gegangen war, ausfindig. Szmuls Mutter Chaja Sara, hatte sich, seit ihre direkte Nachbarin Hana Sosnowska während des Pogroms von Radziłów im Jahre 1933 ermordet worden war, unaufhörlich um ihre Zukunft in Polen Sorgen gemacht, so dass die Familie unter vielen Entbehrungen das Geld für diese Ausreise zusammenbrachte.

Mojżesz habe ihm ein Telegramm geschickt: »Szmul, bleib, wo du bist, und warte auf einen Brief.« Er habe ihm zurückgeschrieben, die Bauern, die ihn versteckt hatten, hätten dadurch ihren Hof und ihren ganzen Besitz verloren, und angekündigt, er werde nicht gehen, ohne sie abgesichert zu haben. Sein Bruder habe ihm Dollars geschickt, für die er den Wyrzykowskis ein Haus in Bielsk Podlaski, ein Pferd, eine Stute mit Fohlen, zwei Kühe, ein Radio und Möbel gekauft habe.

Er sei mit dem Flugzeug nach Stockholm gereist (»Gott Israels, nie im Leben hatte ich so viel Essen, so elegante Frauen und so schöne Kleider gesehen.«) und habe dann das Schiff von Göteborg zur Antilleninsel Aruba genommen (»Das erste Mal in meinem Leben habe ich einen Schwarzen gesehen. An der Anlegestelle waren Leute mit Schildern auf Polnisch, Hebräisch und Jiddisch: ›Wenn Juden auf diesem Schiff sind, kommt hierher.‹ Und dort standen Juden aus Aruba und kümmerten sich um uns«). Am 15. November 1946 sei er auf dem Flughafen von Havanna gelandet. Er habe seinen Bruder nicht erkannt und daher laut gesagt: »Ich bin Szmul Wasersztejn«, worauf er sich in der Umarmung eines Mannes wiedergefunden habe, der unter Tränen immer wieder sagte: »Szmulke, Szmulke«. Aus der ganzen Familie waren nur sie beide übriggeblieben. Aber im Blick seines Bruders habe er eine Unsicherheit bemerkt, ob er auch wirklich Szmul war. »Ich fragte ihn: ›Erinnerst du dich an die schwarze Kuh mit weißen Flecken, die mehr Milch gab als die helle? Erinnerst du dich an die Hemden, die unsere Mutter genäht hat? Erinnerst du dich, dass wir vier Hektar Getreide hatten? Und an die kurzen Hosen, die ich von dir geerbt habe, als du nach Kuba ausgereist bist? Und an unser Kohlenbügeleisen? Und erinnerst du dich an den Ziegelstein, der in unserem Brotofen fehlte?‹ Als ich das sagte, da war er sicher, dass ich es bin.«

Er habe sich gleich darangemacht, Handel zu treiben. Als er von seinem Bruder sechs Dutzend Lederstücke für Reithosen bekommen habe, sei er damit ins Landesinnere gefahren. »Einem Landsmann in

Cienfuegos erzählte ich, wie ich überlebt hatte, und berichtete von dem Mord an den Juden. Er hatte Mitleid mit mir, kaufte drei Dutzend Lederstücke und gab mir noch die Adressen von acht anderen jüdischen Händlern. Überall musste ich vom Verbrechen berichten, und jedes Mal bestellten sie Schuhe. So habe ich angefangen.«

Er bemerkte schnell, was für ein ausgezeichneter Marketingtrick das war. »Wie eine alte kaputte Platte auf einem Kurbelgrammophon erzählte ich noch einmal die Ereignisse in Polen von 1941 bis 1945, und wir schlossen ein Geschäft über 700 Dollar ab«, schreibt er mit entwaffnender Offenheit. »Es gibt wenige Kubaner, die Kuba so intensiv bereist haben wie ich. In Havanna ertönte Musik und Gesang, die Paare umarmten sich an der Strandpromenade, umspült von den Wellen mit ihrer salzigen Gischt, ich aber verkaufte Tag und Nacht. Gegen Ende 1947 besaß ich 25 000 Dollar.«

1948 heiratete er Rachela Goldwaser, die er in Polen kennengelernt hatte. Die Geschäfte gingen immer besser. Seine Frau arbeitete wie er, Tag für Tag, von morgens bis in die Nacht. Sie gründeten eine Fabrik für Tennisschuhe und legten eine ordentliche Summe beiseite. Anfang der sechziger Jahre waren sie reiche Bürger von Kuba.

Als Fidel Castro an die Macht kam, gelang es Familie Wasersztejn, die Insel zu verlassen. Eine Vertreterin der revolutionären Wohnungskommission habe anhand einer Liste nachgeprüft, ob sie auch alle vorher inventarisierten Gegenstände zurückgelassen hatten. Sie hätten ihre gesamte Habe verloren. So hätten sie sich in Philadelphia wiedergefunden, ohne die Sprache zu können und ohne eine Idee, wovon sie leben sollten. Das Geld, das sie illegal in die Vereinigten Staaten geschickt hätten, sei verloren gegangen. Die Kinder seien hungrig gewesen, Rachela habe geweint. Eines Tages habe er, Szmul, in der alten Ausgabe einer jüdischen Lokalzeitung eine Beschreibung Costa Ricas gelesen: schöne Vulkane, eine beträchtliche, von Juden dominierte Mittelschicht, Demokratie und schöne Frauen. Das habe verlockend geklungen, daher habe er zuerst Costa Rica auf der Karte gesucht und dann den Konsul in Philadelphia ausfindig gemacht, der, wie sich herausstellte, ein Jude war, was Szmul als gutes Omen erschien. Er notiert, dass er einen Dollar für einen Regenschirm ausgegeben habe, denn der Konsul habe ihn gewarnt, in Costa Rica regne es viel.

»Er kam am Sonntag an, und bereits am Montag hatte er einen Laden«, erzählte mir in Costa Rica Maria Wiernik, eine Freundin von Rachela.

Wasersztejn schreibt über seine ersten Schritte, als er noch allein war. Am Morgen sei er im Geschäftsviertel von San José spazieren gegangen und habe die Aufschrift »Laden zu verkaufen« gesehen. »Es war ein kleiner Laden, aber voller Schuhe, genau das, womit ich mich auskannte.« Diesen Besitzer habe er zwar nicht davon überzeugen können, den Laden mit den Geschäftseinnahmen abzuzahlen, aber schon beim nächsten gelang es ihm. Er habe seine Frau angerufen: »Ich habe 30 Paar Schuhe, komm her.« Und wieder führte er, diesmal vor costaricanischer Szenerie, die Sitten eines Vorkriegsschtetls ein. Er fuhr durch Straßen voller Schlamm und Schlaglöcher, suchte Furten in Flüssen und drang so zu jedem Haus vor. Er klopfte und bot Schuhe auf Kredit an.

»Ich wurde zu einem geachteten Menschen und ging jeden Tag auf einen Kaffee in den Soda Palace«, schrieb Szmul über sich – er war in die Geldelite Costa Ricas vorgedrungen. Auf einer 1997 aufgenommenen Videokassette, die eine Reise nach Polen festhält, erklärt er beim Einsteigen ins Flugzeug stolz: »Wir fliegen Erster Klasse!«

Nach der Schule halfen ihm seine Kinder, Schuhe zu verkaufen. Aber er sorgte auch für ihre Ausbildung. Izaak ist Doktor der Pharmazie, Besitzer und Leiter eines Medikamentenlabors, Saul ist Doktor der Medizin und seine Tochter Rebeka ist als Rechtsanwältin akkreditiert.

»Er hat uns zum Lernen und zur Arbeit gezwungen«, sagte mir Saul. »Er sagte immer, Gott hat den Juden einen Sinn für Geschäfte gegeben, damit sie andere beschäftigen können. In seiner Schuhfabrik arbeiteten 1200 Personen. Es erfüllte ihn mit Stolz, dass seinetwegen so viele Menschen den Unterhalt für ihre Familien verdienen konnten. Gut zu sein hieß für ihn, hart zu arbeiten, anderen Arbeit zu geben und für wohltätige Zwecke zu spenden.«

Während andere Jungen Fußball spielten, an den Strand fuhren oder New York besuchten, arbeiteten sie und halfen ihrem Vater. Außerhalb der Arbeit kannten sie ihn nicht. Wenn sie einschliefen, waren ihre Eltern noch nicht da, wenn sie aufwachten, waren sie schon aus dem Haus. Saul reichte noch nicht an die Tischkante, als sein Vater ihm sagte: »Du bist anders als die anderen Kinder – die haben Onkel und Großeltern, aber du nicht. Deine wurden von ihren polnischen Nachbarn ermordet. Du bist nach deinem Onkel benannt, dem sie den Kopf mit der Axt gespalten haben, als er zwölf Jahre alt war.«

»Bei jeder Nachricht über ein Verbrechen irgendwo auf der Welt musste mein Vater an Jedwabne denken«, erzählte der älteste Bruder Izaak. »Er war der Ansicht, dass er die Welt warnen muss, denn wenn die Welt von Jedwabne wüsste, würde sich das Böse nicht wiederholen. Er wollte, dass die Menschen, die er liebte, es wussten. Davon war er besessen. Ich musste mir Hunderte Male die Geschichten von diesem Verbrechen anhören. Wenn ein Kind zu einem glücklichen Menschen werden soll, muss es im Vertrauen zu anderen aufwachsen. Indem ich ständig davon hörte, wie die Juden von ihren polnischen Freunden ermordet wurden, verlor ich dieses Vertrauen. Um weiterleben zu können, musste ich diese Erinnerungen in mir blockieren. Doch sie kehren in Form von Depressionen zu mir zurück. Mein Bruder Saul hat dieselbe Krankheit, aber irgendwie schaffen wir es zu leben und zu arbeiten. Unser dritter Bruder, Gerardo, ist schizophren. Vorher hat es in unserer Familie keine psychischen Erkrankungen gegeben. Jedwabne hat uns gezeichnet.«

Sie dachten oft darüber nach, warum ihr Vater nicht in der Lage war, zärtlich zu sein, warum er sie nie an sich drückte, sie nicht küsste, warum er nie mit ihnen Eis essen ging, nicht zum Reiten und sie auch nicht ins Kino mitnahm. Vielleicht versuchte er, nach außen hin hart zu sein, weil er ein sentimentaler Mensch war? Vielleicht waren alle seine Gefühle an jenem Tag in der Scheune verbrannt, und es gab keine Zärtlichkeit mehr in ihm? Oder vielleicht war er der Ansicht, in dieser schrecklichen Welt wäre es für sie besser so?

Szmul brachte seinen Söhnen bei, den Staat Israel zu verehren. »Die Leute respektieren uns, weil wir unseren Staat haben«, sagte er.

»Vorher haben sie uns nicht respektiert.« Er abonnierte israelische Zeitungen: *Jehuod Hamot* und die *Jerusalem News*. Damit begann er den Tag, und vor dem Zubettgehen las er noch zwei, drei Stunden lang Berichte aus Israel. Er ging nicht in die Synagoge, nur einmal im Jahr, zu Jom Kippur. Das war der einzige Tag im Jahr, an dem er nicht arbeitete. Doch abends, sobald der Versöhnungstag vorbei war, lief er los, um sein Geschäft zu öffnen.

»Ich wollte anders sein als mein Vater«, erzählte Saul. »Ich wollte zeigen, dass man anders gut sein kann. Daher bin ich Arzt geworden. Aber als mein Vater krank wurde, war ich gezwungen, an seiner Seite ins Geschäftsleben einzutreten.«

Wasersztejn hatte Läden mit »Szmatkes«, das heißt mit Kleidung und Schuhen, sowie eine Schuhfabrik. Die fing an, Verluste zu machen, als der Markt mit billigen chinesischen Produkten überschwemmt wurde. Saul gelang es schließlich, seinen Vater zu überzeugen, dass man sie schließen und sich auf die Schuhläden beschränken müsse. Zwanzig Jahre lang führten sie diese Läden gemeinsam. Von Bekannten hörte ich, sie hätten sich so gestritten, dass es manchmal zu Handgreiflichkeiten kam.

»Wir stritten uns verbissen, vor allem deswegen, weil er in Land investieren wollte und ich wusste, dass sich das nicht lohnt«, sagte Saul. »Die Juden wollten Kindern eine gute Ausbildung geben und Land besitzen; davon versprachen sie sich ein Gefühl der Sicherheit, aber im Vorkriegspolen konnten sie kein Land erwerben. Als mein Vater gestorben war, wurde mir klar, dass ich mich gar nicht so sehr von ihm unterscheide. Am Samstag arbeite ich nicht, aber nur deswegen, weil meine Frau es mir verbietet. Ich fahre zwei Wochen in Urlaub, weil meine Frau es mir sagt. Aber sonst widme ich mich diesem Geschäft vom Morgengrauen bis in die Nacht, ich habe 71 Schuhgeschäfte, über das ganze Land verteilt. Und wissen Sie was? Neulich habe ich angefangen, in Land zu investieren.«

Auf der Videokassette aus Polen ist zu sehen, wie Wasersztejn niederkniet, weint und die Erde am Ort des Massakers küsst. Er zeigt seinen Söhnen: »Hier entlang bin ich geflohen. Hier ist der Stein, hinter dem ich mich versteckt habe. Hier haben sie die Frauen im Teich ertränkt.« »Seit Jahrhunderten hatten sie mit uns als Nachbarn zusammengewohnt, und dann haben sie uns aus unseren Wohnungen herausgeholt und in Śleszyńskis Scheune ermordet, um drei Uhr nachmittags.« Er spricht das Kaddisch. »Liebe Mutter, lieber Bruder, wie schwer war es all diese Jahre ohne euch. Ich denke jeden Tag an euch.«

Von diesem Besuch hatte ich schon zuvor in Jedwabne gehört. Dass Wasersztejn gekommen sei und jedem hundert Dollar habe geben wollen, da er sich für seine Lügen geschämt habe. Dass er nach Janczewko gefahren sei, geweint habe, und wenn jemand auf der Straße vorbeiging, jedes Mal zehn Dollar aus der Tasche gezogen habe. Stanisław Karwowski, Antonina Wyrzykowskas Neffe, der in Jedwabne wohnt, sagte mir: »Man schämt sich ja zu sagen, was ich von ihm dafür bekommen habe, als er nach all den Jahren kam: vierzig Dollar. Und die Nachbarn haben herumerzählt, es wären dreitausend gewesen.«

»Jeder Ort in Jedwabne war von seinen Erinnerungen geprägt. Hier war ein Kind hingefallen, dort hatte er Schreie gehört, hier hatte der Pfarrer die Kirchentür geschlossen«, erzählte Izaak.

Auf dem Marktplatz von Jedwabne hörten sie: »Fragt nicht, verschwindet von hier.« Sie hatten geplant, länger zu bleiben, fuhren dann aber gleich wieder weg.

Als Jan Gross nach Costa Rica kam, um Szmul zu besuchen, war kein Kontakt mehr möglich, er war in seiner Krankheit gefangen. Ich war erst nach seinem Tod in San José; er starb im Februar 2000.

In seinen letzten Lebensmonaten hörte er fast nichts mehr. Seinen Söhnen sagte er, er höre seine Mutter: Sie sei in der Scheune und rufe nach ihm, flehe ihn um Hilfe an.

Als er zum Ziel von Angriffen und Verleumdungen wurde, war er bereits nicht mehr am Leben, und es ist vielleicht besser so, dass ihm das erspart geblieben ist. Er wurde zum Prügelknaben für alle, die es ablehnten, die Wahrheit über Jedwabne zu akzeptieren. Sobald Gross' Buch erschienen war, begann man in der Stadt zu erzählen, Wasersztejn habe mit einem Gewehr auf dem Fuhrwerk gestanden, wenn man Polen nach Sibirien deportierte.

»Er war ein junger Bursche, auf dessen Schultern die Last des Unterhalts für seine Mutter und seinen jüngeren Bruder lastete, denn sein Vater war vor dem Krieg gestorben« – so Rachela, als sie mir berichtete, was sie von den Erzählungen ihres Mannes behalten hatte. »Er fuhr über die Dörfer, kaufte Fleisch und trieb damit illegalen Handel. Er wollte überleben. Er konnte kein Wort Russisch und wollte mit den Sowjets so wenig wie möglich zu tun haben.«

Rachelas Worte passen zu dem, was ich in Israel von Meir Ronen gehört habe: »Ich kannte Szmul aus der Schule, wir nannten ihn ›Karotte‹, weil er rote Haare hatte. In der sowjetischen Besatzungszeit hatte er mit diesen Dummköpfen, die die neue Obrigkeit unterstützten, überhaupt nichts zu tun.«

Als die Russen 1939 einmarschierten, war er noch nicht ganz siebzehn. Freunde, die ein Jahr jünger waren, wurden von der sowjetischen Schule indoktriniert, die ein Jahr älteren gingen als Rekruten der Sowjetarmee zu Russisch- und Marxismus-Leninismus-Kursen. An ihm ging beides vorüber.

Leon Dziedzic aus Przestrzele hat Erinnerungen an ihn aus dieser Zeit: »Ich habe ihn in der Sowjetzeit öfter gesehen, weil er mit Fleisch handelte und er bei uns im Kuhstall – denn in Przestrzele war es ruhig – die Tiere schlachtete und ausnahm. Manchmal schlachtete er auch ein Schwein, aber das tat er heimlich, nicht nur vor den Sowjets, sondern auch vor den anderen Juden, denn für die war das eine Sünde.«

»Warum schreibt dieser Jude sich ›Wasersztejn‹, wenn er hier ›Całko‹ hieß? Wenn ich einen Namen habe, dann ändere ich ihn nicht. Wenn er nicht kollaboriert hätte, hätte er seinen Namen dann auch geändert?«, fragte Janina Biedrzycka auf der Bürgerversammlung mit Staatsanwalt Ignatiew.

In Wirklichkeit hieß Wasersztejn so, wie er hieß – vor dem Krieg und bis zu seinem Tod. Wahrscheinlich stand in dem sowjetischen Pass, den alle Einwohner von Jedwabne in der sowjetischen Besatzungszeit annehmen mussten, in der Rubrik »Vatersname«: Szmul »Całkowicz« Wasersztejn – sein Vater hatte den Vornamen Becalel, also Całko –, und daher nannten die Wyrzykowskis ihn, als er bei ihnen arbeitete, Staszek Całko, was zu jener Zeit erheblich besser klang als Szmul Wasersztejn.

Im Winter 2001 setzte Tomasz Strzembosz eine Nachricht in Umlauf, die, wie er behauptete, »von allen Seiten bestätigt wird: dass ›Całko‹ Wasersztejn war und dass er nach dem Krieg als UB-Mitarbeiter in Łomża arbeitete«. Dies wurde von der Katholischen Informationsagentur aufgegriffen und verbreitet.

»Ich schrieb ihnen, dass ich Zeuge bin, dass Wasersztejn gleich nach dem Krieg aus Polen emigriert ist«, erzählte mir Chaim Sroszko aus Jedwabne, der heute in Israel lebt. Er habe Szmul 1945 in Białystok getroffen und sei mit ihm bis zu dessen Tod in ständigem Kontakt geblieben. »Ich verlangte, dass eine Richtigstellung veröffentlicht wird. Keine Reaktion.«

In der rechten Presse und in verschiedenen Büchern über Jedwabne wiederholen sich unter Berufung auf Strzemboszs Autorität dieselben Formulierungen: »der UB-Mann Wasersztejn«, »jüdischer Bandit«, »UB-Bandit«, »nicht zum ersten und nicht zum letzten Mal stellen die jüdischen UB-Leute ihren Opfern ein Moralzeugnis aus«. Die Einwohner von Jedwabne, die gierig die antisemitische Presse lesen, nahmen sie gerne auf.

»Wasersztejn hat meinen Vater beim UB gefoltert, das ist die Wahrheit über Jedwabne«, schrie mir ein Jedwabner zu. Ich fragte ihn, wann das gewesen sei. In den fünfziger Jahren, stellte sich heraus. Damals war Szmul schon lange nicht mehr in Polen.

Ich fragte Szmuls Söhne, ob sie jemandem von den Erlebnissen ihres Vaters erzählen würden. »Jemand, der am Pazifik lebt, versteht das ohnehin nicht«, sagte Izaak. »Einmal habe ich einem bekannten Intellektuellen erzählt, worüber mein Vater ein Buch diktiert, und er hielt das für Fiktion.«

Szmul schrieb zum Gedenken und zur Warnung, aber trotz allem auch zur Stärkung der Moral. Daher die mehrfache Schilderung, wie jemand seinen Tod in Würde annimmt.

»Ein frommer Jude, der aussah, als sei er dem Buch der Propheten entsprungen, wickelte sich in seinen Tallit ein, umschlang mit seinem

Körper eine fünfhundertjährige Thora, hob das Buch für den Gottesdienst gen Himmel und ging, auf Hebräisch die Macht Gottes verkündend, ins Feuer. Ein Moment der Stille setzte ein. Für einen Augenblick hatte die Kraft seines jüdischen Glaubens diese Monster gelähmt, so dass sie schweigend auf seinen Gebetsschal blickten, aus dem riesige Flammenzungen schlugen.«

»Einer zog eine schöne Jüdin namens Telca an den Haaren hinter sich her. Er ging mit ihr an den Rand des Friedhofs, wo ich mich versteckt hatte, legte sie auf den Boden und sagte, er wolle sie sich nehmen. Sie weigerte sich standhaft und sagte schließlich: ›Gebiete diesem Blutbad Einhalt, dann werde ich dir gehören.‹ Der Verbrecher zuckte zusammen, als hätte ihm jemand einen Schlag versetzt. Mit einem wilden Schrei schlug er die junge Frau, doch aus jenem Mund, von dem die Männer träumten wie von einer Oase in der Wüste, kam kein Schmerzenslaut. Er hob sie hoch in die Luft und schleuderte sie in die brennende Scheune.«

Er beschreibt auch, wie er von einem Polen, der »mit eigenen Händen nichts tat, aber durch sein Schweigen und seine Passivität ein Verbrecher war«, erfahren habe, wie sein zwölfjähriger Bruder umgekommen ist. Er sei in der Gruppe der jungen Juden gewesen, die man bei der Scheune mit Äxten ermordet habe. »Er war stark und schön, sie nahmen ihn mit zum Hinkefuß, der ermordete sie mit der Axt und beförderte sie mit einem Tritt seiner Prothese ins Grab. Meinen Bruder ließen sie fast bis zum Schluss übrig. Er versuchte, sich mit einem Spaten zu verteidigen. Sie wollten ihn mit Knüppeln erschlagen. Jeder andere wäre gestorben, aber Saul war nicht wie jeder andere. Blutend fiel er nieder und stand wieder auf. Sie schlugen ihn auf den Kopf, doch er stand wieder auf. Der Hinkefuß stürzte sich mit der Axt auf ihn, da erhob sich Saul zum dritten Mal, obwohl sein Kopf kaum noch mit dem Rumpf verbunden war, und ging einige Schritte auf den Schlächter zu; der zog ein Bajonett aus dem Ersten Weltkrieg hervor, durchbohrte ihn dreimal und warf ihn ins Grab.«

In Gesprächen mit Überlebenden im Ghetto von Łomża, mit seinen Schicksalsgefährten im Versteck bei den Wyrzykowskis und schließlich mit polnischen Zeugen, muss er sich jedes Detail des Verbrechens eingeprägt haben. Später quälten ihn all diese Tatsachen, die sich miteinander verflochten und vervielfältigten, Tag und Nacht, und formten sich zu etwas, was er selbst als »Blutorgie« bezeichnete. Er erzählte alles Hunderte Male, bis er es zu einem Mythos umgeformt hatte.

Er muss sich als letzten Hüter der Wahrheit über das Verbrechen von Jedwabne gesehen haben. Jahrzehntelang vermochte die Nachricht von diesem Verbrechen nicht zum Bewusstsein der Menschen durchzudringen. Daher dieses mit Blut geschriebene Buch. Er begann sein Diktat 1995 und schloss es im Dezember 1999 ab. Durfte er hoffen, dass irgendjemand sich einmal diese Geschichte anhören würde? Wohl kaum in größerem Maße als ein Schiffbrüchiger auf einer einsamen Insel, der eine Flasche in den Ozean wirft, in der Hoffnung, dass jemand sie finden und an seinem Schicksal Anteil nehmen möge.

Aufzeichnungen

1. Januar 2002

In Łódź beim Geburtstag von Marek Edelman. Ich spreche mit seiner Schwiegertochter, der Malerin Zofia Lipecka, über ihre Videoinstallation zu Jedwabne.

Marek Edelman, der einzige lebende Anführer des Aufstands im Warschauer Ghetto, Funktionär des Bundes[1], ist dessen Ideen sein ganzes Leben lang treu geblieben (Bund-Mitglieder gingen nach dem Krieg auf die Bahnhöfe, um die Ausreisewelle der aus Polen fliehenden Juden aufzuhalten). Doch als im Jahre 1968 der Antisemitismus von oben abgesegnet wurde und seine Kinder Ania und Aleksander weinend aus der Schule kamen, beschloss er, dass es besser wäre, wenn sie mit ihrer Mutter nach Frankreich auswanderten. Alina Margolis-Edelman lud zu Ostern eine Schulfreundin Anias, nämlich Zofia Lipecka, ein, und die blieb dann in Paris und beendete die Schule dort. Alina, eine Kinderärztin, nimmt an humanitären Missionen der »Ärzte ohne Grenzen« teil – sie war in Vietnam, um die Boat People zu retten, in El Salvador, im Tschad und in Bosnien. Ania wurde Chemikerin, Aleksander Biophysiker und Zofia Lipecka Malerin und Aleksanders Frau.

Zofias Installation besteht aus Nahaufnahmen menschlicher Gesichter, die auf mehreren Monitoren angezeigt werden, während sie dem von einem Schauspieler gesprochenen Zeugnis von Szmul Wasersztejn zuhören. Unter ihnen sind prominente Persönlichkeiten wie

1 Kurzname für den Allgemeinen Jüdischen Arbeiterbund, eine sozialistische und antizionistische jüdische Partei, die seit Ende des 19. Jahrhunderts in Osteuropa aktiv war.

Jan Tomasz Gross, Freunde, Bekannte, aber auch völlig zufällige Menschen, insgesamt 75 Personen. »Einige hören konzentriert zu, andere weinen«, erzählt Zofia, die ebenfalls vorlas und ihre Reaktionen aufzeichnete. »Ich musste dabei oft selbst fürchterlich weinen«, erzählt sie mir. »Es sind Polen, Juden, Franzosen dabei, aber auch eine Chinesin, eine Algerierin und eine Vietnamesin, die bei der Beschreibung der begangenen Grausamkeiten an ihren eigenen Krieg denken musste, oder auch die schwarze Putzfrau aus dem Kulturzentrum, in dem ich arbeite, die mich später tröstete, ich müsse mich als Polin doch gar nicht so schuldig fühlen.«

3. Januar 2002
Ich habe den unbezahlten Urlaub in der *Gazeta Wyborcza* verlängert, denn ich bin erst bei der Hälfte des Buches.

5. Januar 2002
Wenn ich einen freien Augenblick habe, fahre ich zu meiner Tante Hanna Lanota aufs Land. Sie übersetzt mir die Memoiren von Chaja Finkelsztejn aus Radziłów. Sie sind auf Jiddisch geschrieben, einige Passagen auch auf Hebräisch, und von Zeit zu Zeit ein Satz auf Deutsch. Für Hanna ist das ganz egal. Sie übersetzt so flüssig, als würde sie mir ein polnisches Buch vorlesen.

27. Januar 2002
Ich verbringe einen weiteren freien Tag bei meiner Tante mit der Übersetzung der Memoiren von Chaja Finkelsztejn. Ihre Beschreibung des Verbrechens ist ein Glanzstück der Reportage. Chaja hat eine gute Beobachtungsgabe, zieht scharfsinnige Folgerungen, hat einen Sinn für Anekdoten und versteht es, den richtigen Ton zu treffen und Details meisterhaft einzusetzen.

So sah sie am 7. Juli um sieben Uhr morgens einen Gestapomann, der zusammen mit dem Gemeindesekretär Stanisław Grzymkowski durch die eingeschlagenen Fenster in das Beit Midrasch schaute. Als die Juden von Radziłów in der Scheune verbrannt worden waren, begriff Chaja sofort, dass sie Zeugin der Suche nach einem Ort für das Massaker geworden war und dass sie wahrscheinlich auf das zentral gelegene Gebetshaus verzichtet hatten, weil sie befürchteten, das Feuer könnte auf die angrenzenden Gebäude übergreifen. Wahrscheinlich schlug Grzymkowski die in sicherer Entfernung stehende unbenutzte Scheune vor, deren Besitzer nach Argentinien ausgewandert war und daher nicht protestieren konnte.

Am schlechtesten steht es um die Namen: Chaja nennt sie entweder gar nicht oder gibt nur Nachnamen an, dabei ist ihr Bericht so solide und präzise, dass es gut wäre, die Namen den beschriebenen Daten korrekt zuordnen zu können.

Tomasz Strzembosz, der den Grundsätzen der wissenschaftlichen Redlichkeit untreu geworden ist und all jenen Glauben geschenkt hat, die die Schuld der Polen bestritten, wurde vom *Tygodnik Solidarność* [Wochenzeitschrift Solidarität] als »Kustos des wahren Polens« zum Menschen des Jahres 2001 erklärt. Eine Mitarbeiterin des Blattes schreibt: »Während die linksliberalen Milieus ›schockierendes Wissen über die Großväter und Väter der gegenwärtigen Polen‹ suchen, um zufrieden ihre These von der moralischen Armut ›dieses Volkes‹ zu untermauern, während in bestimmten Medien darum gewetteifert wird, wer Polen heftiger bespuckt, es mehr in den Dreck zieht, sucht Tomasz Strzembosz nach der Wahrheit über Polen.«

10. Februar 2002

Jedwabne. Eine Bürgerversammlung im Gemeindehaus der Kirche. Der Pfarrer spult die mir bereits bekannten Ausführungen ab, wonach die Juden sich selbst und auf eigenen Wunsch ermordet hätten. Viele ältere Menschen, von denen ein Teil Zeuge bei jenen Ereignissen gewesen sein muss, nicken beifällig, als der Pfarrer von massiven deutschen Kräften spricht.

Ich frage den Pfarrer, wie er die Feststellung des IPN kommentiert, wonach die in der Scheune gefundenen Patronenhülsen nicht aus dem Jahre 1941 stammen, so dass es keinen Beweis für die Anwesenheit von Deutschen gibt. »Die Wahrheit wird ans Licht kommen«, antwortet er in aller Ruhe. »Die Bürger von Jedwabne haben zu Hause andere Patronenhülsen aufgehoben.«

19. Februar 2002

Hanna Lanota übersetzt mir weiter aus Chajas Memoiren.

Als die Deutschen im Herbst 1942 von den Juden verlangten, ins Ghetto zurückzukehren, versteckten sich die Finkelsztejns. Hanna Lanota, die selbst aus dem Warschauer Ghetto geflohen ist und sich auf der »arischen« Seite versteckte, sagt immer wieder, während sie mir vorliest, wie die Mörder ins Dorf kommen, um die Herausgabe von Chajas Familie zu verlangen:

»Das ist ja grauenhaft! In Warschau musste man vor Denunzianten Angst haben, aber ich konnte mich auf der Straße bewegen, es gab befreundete Häuser von Bekannten aus der Vorkriegszeit, zu denen ich manchmal ging. Diese Frau hat wie in einem Zoo gelebt, in dem man die wilden Tiere freigelassen hat.«

Die Bauern, bei denen sich Chaja versteckte, erzählten ihr, vor dem Ghetto von Łomża hätten Fuhrwerke gestanden, die auf Befehl der Deutschen die Juden zu ihrem letzten Weg abholen sollten, und Bäuerinnen hätten den Frauen ihre Bündel weggerissen und ihre Opfer bis auf die Unterwäsche ausgezogen. Hat so etwas auch in Skryhiczyn stattgefunden, von wo meine Familie in das Ghetto von Dubienka gebracht wurde? Eines Tages wurde den Bauern von Skryhiczyn befohlen, die Juden mit Fuhrwerken zur Eisenbahnrampe von Dorohusk zu bringen, von wo sie direkt in ein Vernichtungslager kamen. Sie wurden von Bauern gefahren, die sie seit Jahren kannten. Wie haben sich diese zur Mittäterschaft gezwungenen Menschen verhalten? Haben sie mit ihnen gesprochen? Geschwiegen? Sich verabschiedet? Oder haben sie ihnen vielleicht ihre Sachen abgenommen, denn »sie brauchten sie ja nicht mehr«?

20. Februar 2002
Dass in der Strafsache des Verbrechens von Jedwabne Juden die Verhöre durchgeführt, die Anklagen geschrieben und die Urteile gesprochen haben, weiß in Jedwabne jedes Kind. Während aus den Ermittlungsakten von 1949, die vom IPN analysiert werden, hervorgeht, dass sie von einem ethnischen Polen geleitet wurden und die Verdächtigen von acht ethnischen Polen und drei Weißrussen verhört wurden. (Ähnlich war es im Prozess von 1953, wo ein Pole die Untersuchung leitete und vier Polen und ein Weißrusse die Verhöre durchführten.)

Ich versuche, die damaligen Ermittler ausfindig zu machen.

Paweł Tarasewicz, der 1950 zum UB-Chef von Ełk aufstieg, wohnt heute in Białystok: »Ich weiß nichts, ich habe nichts gesehen, ich war damals nicht der Leiter, ich kann mich an keine derartige Angelegenheit erinnern.«

Włodzimierz Wołkowycki, damals Hilfsreferent, wohnt heute in Bielsk Podlaski: »Ich war oft in Jedwabne und habe viele Verhöre durchgeführt, ich würde Ihnen gerne helfen, aber ich kann mich an nichts erinnern.«

Stefan Kulik, der heute in Warschau wohnt, besteht anfangs darauf, es müsse sich um einen Irrtum handeln. Als ich ihm seine Angaben aus den Gerichtsakten vorlese, erinnert er sich ein wenig, aber als ich nachfrage, ob bei den Ermittlungen auch geschlagen wurde, setzt sein Gedächtnis wieder aus: »Ich habe Probleme mit dem Gleichgewicht, ich war im Krankenhaus, und deswegen ist auch mein Gedächtnis nicht mehr so gut.«

24. Februar 2002
Im IPN lese ich die Prozessakten aus der Nachkriegszeit zu Verbrechen, die von der lokalen Bevölkerung in Kleinstädten in der Umgebung von Jedwabne und Radziłów an Juden verübt wurden. Praktisch in jeder Stadt kam es zu Morden an Juden.

Hier zwei Fälle aus dem nahe gelegenen Szczuczyn.

Zu einem Verbrechen, das im August 1941 begangen wurde, bekannte sich Stanisław Zalewski (1950 zum Tode verurteilt). Diesem Verbrechen fielen zwanzig Jüdinnen im Alter zwischen fünfzehn und dreißig Jahren, die aus dem Ghetto von Szczuczyn für Gartenarbeiten auf dem Gut Bzury bei Szczuczyn gemietet worden waren, zum Opfer. Zalewskis Schilderung lautet folgendermaßen: »Wir fuhren mit Rädern dorthin. Vorher waren wir in die Gutsschmiede gegangen und hatten unsere Knüppel am Ende mit Eisen beschlagen, damit man mit ihnen besser töten konnte. Nach einer Stunde kamen zwei Leiterwagen vom Gut Bzury, auf dem einen saß Krygiel, auf dem anderen Modzelewski, Henryk. Als die Fuhrwerke vor dem Haus standen, jagten wir die Jüdinnen aus dem Keller und befahlen ihnen aufzusteigen. Wir fuhren sie in den Boczkowski-Wald, wo ein Graben ausgehoben war. Dort befahlen wir allen Jüdinnen, sich bis auf die Hemden und Unterhosen auszuziehen, nur zwei junge Jüdinnen, die alte Kleidung hatten, konnten sie anbehalten. Wir führten sie einzeln zum Graben und erschlugen sie mit unseren Knüppeln. Tkacz erschlug vier Jüdinnen. Vor dem Töten vergewaltigten fünf Personen eine Jüdin. Nach der Vergewaltigung dieser Jüdin nahm ich von Tkacz einen Holzknüppel und tötete sie selbst, indem ich sie dreimal auf den Kopf schlug, so dass sie in den Graben fiel. Von den Sachen der ermordeten Jüdinnen bekam ich Pantoffeln und ein Kleid.« Einer der Vorgeladenen sagte über die Teilnehmer am Verbrechen: »Wir waren alle in der SN.«

In der Nähe von Szczuczyn wurde wenig später ein Jude namens Magik zu Tode gequält. Einer der Zeugen sagte aus: »Im Herbst 1941 kam ich mit meiner Mutter Kazimiera auf dem Weg vom Dorf Skaje nach Szczuczyn von der Kartoffelernte zurück. Ich sah genau, wie Konopko, Franciszek, der einen handbreiten Birkenknüppel in der Hand hielt, zusammen mit Domiziak, Aleksander, einem Bewohner von Szczuczyn, der genau so einen Birkenstock in der Hand hielt, den mir bekannten Juden Magik, der bis 1939 in Szczuczyn Bonbons hergestellt hatte, in Richtung der jüdischen Gräber vor sich hertrieben. Als die oben genannten Personen und der von ihnen geführte Jude mit uns auf gleicher Höhe waren, hörte ich, wie Magik Domiziak bat: ›Lass mich gehen, Aleksander, ich habe doch deine Kinder gefüttert, ich habe dir oft umsonst Bonbons gegeben, ich habe eine goldene Uhr, die gebe ich euch.‹ Ich sah, wie Konopko den Juden Magik mit der Fußspitze in den hinteren Teil des Körpers trat und sagte: ›Weiter, verdammter Scheißjude.‹«

25. Februar 2002

Ich lese abwechselnd die Prozessakten zu Radziłów und die Memoiren von Chaja Finkelsztejn und versuche so, mir die Atmosphäre in der Stadt nach dem Juli-Verbrechen zu vergegenwärtigen.

Ein wenig Glanz war ins Leben gekommen. Man freute sich an seiner neuen Hütte, der neuen Federdecke oder dem neuen Eimer. Man hatte mit dem Renovieren der neugewonnenen Häuser zu tun, und da die meisten vorher geplündert worden waren, setzte man Fenster ein, reparierte man Öfen und weißte die Wände. Obwohl der Neid auf diejenigen, die mehr geraubt hatten, vielleicht noch größer war als die Zufriedenheit. Aus Chajas Memoiren geht hervor, dass man sich an den Winterabenden 1941/1942 darüber unterhielt, wer am meisten profitiert hatte.

Die Aussagen von Helena Klimaszewska von 1949 und 1953 werfen ein Licht auf die mit der Übernahme der Häuser verbundenen Rangeleien. Sie war die Schwiegermutter von Józef Ekstowicz, der die Scheune in Radziłów angesteckt hatte. Im August 1941 sei sie zusammen mit dessen Großmutter von Goniądz nach Radziłów gefahren, da sie wusste, dass es »nach der Liquidierung der Juden dort freie Wohnungen gab« und »Godlewski über die ehemals jüdischen Wohnungen bestimmt«. Sie habe ihn gebeten, »eine ehemals jüdische Wohnung abzugeben«.

»Untersteht euch«, habe Feliks Godlewski gesagt, auf der Schwelle des Hauses stehend, das er vom ermordeten Zandler übernommen hatte.

Klimaszewska habe ihm vorgeworfen, ihm selbst stünden vier Häuser zur Verfügung.

»Das geht euch einen Scheißdreck an, mein Bruder soll aus Russland zurückkommen, wohin ihn die Sowjets gebracht haben, und der muss ein Haus haben.«

Klimaszewska bat hartnäckig weiter um eine Wohnung.

»Als man die Juden liquidieren musste, da war keiner von euch da, und jetzt wollt ihr eine Wohnung«, habe sich Godlewski aufgeregt und eines seiner Kinder zur Gendarmerie nebenan geschickt, um Henryk Dziekoński (einen der Anführer des Mordes, der später für die Deutschen arbeitete) zu holen, damit er als Vertreter der Obrigkeit die Großmutter zur Vernunft bringe.

»Dieser Herr will Ihnen nichts geben, also gehen Sie bitte«, habe Dziekoński sie aufgefordert.

Helena Klimaszewska erwähnte auch, während des Gesprächs mit Godlewski habe die Großmutter von Józef Ekstowicz ihm vorgehalten, als ihr Enkel gebraucht worden sei, da hätten sie ihn zum Anzünden der Scheune losgeschickt, aber jetzt wollten sie ihnen nicht einmal eine Wohnung geben.

In Radziłów fand weiterhin donnerstags ein Wochenmarkt statt, nur dass es dort keine jüdischen Stände mehr gab und vor allem Tauschhandel getrieben wurde, denn seit der Rubel seinen Wert verloren hatte, glaubten die Leute auch nicht mehr an die Mark. Die Juden, die das Pogrom überlebt hatten, wohnten zusammengedrängt in einer einzigen Unterkunft in der Nähe der Synagoge. Es waren ungefähr dreißig Personen, darunter zwei Familien, die aus Kolno geflohen waren. Dort war auch ein Neffe von Chaja Finkelsztejn. Er erzählte ihr, die Gendarmerie habe sich ihrer angenommen, daher drohe ihnen nicht mehr der Tod von Seiten der Polen, aber sie müssten für die Deutschen schwere Arbeiten erledigen, völlig unnütze, wie Steine aus dem Fluss zu sammeln oder eine Mauer abzutragen, und ein Pole bewache sie, damit sie keinen Moment lang ausruhen konnten.

Dank der Memoiren von Chaja vermag ich den Verlauf des Verbrechens in Radziłów nun viel vollständiger zu rekonstruieren, als ich es in der *Gazeta Wyborcza* getan habe – ich denke, ich könnte den Verlauf der Ereignisse Stunde für Stunde beschreiben.

Immer wieder taucht dort das Motiv der geraubten Gegenstände auf. Wir lesen, wie die Frauen es nicht abwarten können, Chajas Haus auszuplündern, während die Männer die Juden zur Scheune bringen. Chaja beschreibt, wie sie aus ihrem Versteck durch Ritzen in der

Scheune am Sonntag sahen, wie die Bauernkinder in der Kleidung ihrer Kinder zur Kirche gingen. Während sie von einem Unterschlupf zum nächsten gingen, seien sie überall auf jüdische Kleidung und Möbel gestoßen, denn auch diejenigen, die selbst nichts geraubt hatten, hätten sie als Bezahlung für Butter oder Honig erhalten. Was Chaja in ihren Memoiren schildert, habe ich schon einmal in einem Gedicht von Sara Ginsburg beschrieben gefunden, die unter ihrem Pseudonym Zuzanna Ginczanka bekannt ist:

> Non omnis moriar – meine stolze Habe,
> Wiesen meiner Tischdecken, Festungen meiner Schränke,
> Breite Bettlaken, kostbare Bettbezüge
> Und Kleider, helle Kleider bleiben von mir übrig.
> Ich hinterlasse hier keine Erben,
> So mögen deine Hände den Judenkrempel durchstöbern,
> Frau Chomin aus Lemberg, tapfere Spitzelgattin,
> Mutter eines Volksdeutschen, flinke Denunziantin,
> Mögest du mit deiner Sippe erben, doch nicht etwa Fremde.
> Meine Lieben – das ist keine Laute, kein leerer Klang.
> Ich denke an euch, ihr habt, als die Schupos kamen,
> Auch meiner gedacht.
> Mögen meine Freunde sich beim Wein
> Versammeln, auf meinen Abgang erheben das Glas
> Und auf ihren Reichtum:
> Kilime, Wandteppiche, Leuchter, Porzellan –
> Mögen sie die Nacht durchzechen und bei Morgengrauen
> Die Suche aufnehmen nach Gold und Juwelen in Sofas
> Matratzen unter Teppichen und Bettzeug.
> O wie wird ihnen die Arbeit hurtig von der Hand gehen,
> Verknäueltes Pferdehaar und Seegras, Wolken
> Aus Innereien von Kopfkissen und Wolken aus Federbetten werden
> An ihren Händen haften und Arme in Flügel verwandeln;
> Mein Blut wird Werg mit frischen Daunen verkleben
> Und wird die unverhofft Geflügelten zu Engeln erheben.
>
> (Übersetzung: Henryk Bereska)

Ginsburg versteckte sich auf der »arischen« Seite, zuerst in Lemberg, dann in Krakau. Sie hatte nicht so viel Glück wie die Finkelsztejns. Jemand verriet sie. Man weiß nicht einmal, wann und unter welchen Umständen sie umgekommen ist. Wie durch ein Wunder ist das zerknitterte Blatt Papier mit diesem prophetischen Gedicht erhalten geblieben, das sie kurz vor ihrem Tod verfasst hat.

Die Kinder der Familie Zylbersztejn. Vordere Reihe von links: Jaakow Cwi und seine Schwester Chana Gitel, Mordechaj Menachem Zylbersztejn und sein Zwillingsbruder Jaakow Cwi. Hintere Reihe: Chaim Josef Zylbersztejn und seine Schwester Rywka Rochla. Alle umgekommen am 7. Juli 1941.

Sara, die Tochter von Pesza und Israel Gutsztejn, und ihr Mann Jakób Zimnowicz. Umgekommen am 7. Juli 1941, zusammen mit ihrer achtjährigen Tochter Szulamit.

Pesza Gutsztejn war 71 Jahre alt, als sie in der Scheune verbrannte. Ihr Enkel José Gutstein, der in Miami lebt, hat das virtuelle Schtetl Radziłów im Internet geschaffen (www.radzilow.com).

12
Sie hatten Wodka, Waffen und Hass oder Der 7. Juli 1941 in Radziłów

Das Verbrechen von Radziłów ist außerordentlich gut dokumentiert, vor allem dank der Aussagen der Familie Finkelsztejn. Bei ihnen handelt es sich um außergewöhnliche Zeugen, sie waren damals auf dem Marktplatz, Eltern wie Kinder, und als sie sich im Anschluss an das Verbrechen der Reihe nach an einem guten Dutzend verschiedener Orte versteckten, hörten sie den Erzählungen ihrer Gastgeber zu und rekonstruierten auf dieser Grundlage Tag für Tag, Stunde für Stunde den Ablauf der Ereignisse, in dem Glauben, dass einmal der Tag kommen würde, an dem sie Zeugnis ablegen können. Menachem Finkelsztejn, der älteste Sohn, machte seine Aussagen 1945 vor der Jüdischen Historischen Wojewodschaftskommission in Białystok. Izrael Finkelsztejn, der Vater, sagte 1945 aus, als erstmals der Anteil der Polen an dem Verbrechen untersucht wurde. Chaja Finkelsztejn, die Mutter, berichtete in ihren 1946 geschriebenen Memoiren detailliert über den Massenmord und die Umstände, die ihm vorausgegangen waren. Mit ihrer jüngsten, damals sieben Jahre alten Tochter, der einzigen heute noch lebenden jüdischen Zeugin, habe ich im April 2002 in Kansas City gesprochen.

Die Aussagen in den zwischen 1945 und 1958 geführten Prozessen sind sehr hilfreich. Der Teilnahme an der Ermordung der Juden wurden damals angeklagt: Henryk Dziekoński, Józef Ekstowicz, Feliks Godlewski, Antoni Kosmaczewski, Leon Kosmaczewski, Ludwik Kosmaczewski, Henryk Statkiewicz, Zygmunt Skrodzki.

Ich habe mit mehr als einem Dutzend Augenzeugen des Massenmordes gesprochen, von denen einige, wie ich vermute, nicht nur Zeugen waren, sondern als damals Minderjährige in der Rolle von kleinen Mithelfern am Verbrechen aufgetreten sind.

1

Als die Russen in der Nacht vom 22. auf den 23. Juni 1941 aus Radziłów flohen, verließen viele Juden ihre Häuser, um die ersten Tage des deutschen Einmarschs abzuwarten. Die polnischen Einwohner – ob mehrheitlich oder nur zum Teil, lässt sich heute schwer feststellen – sahen der Ankunft der Deutschen erleichtert entgegen. Nach der verhassten sowjetischen Besatzung erschien ihnen jeder Wechsel gut. Einige machten sich an die Vorbereitung eines Triumphbogens, jemand holte ein verstaubtes Porträt des »Führers« vom Dachboden, das im September 1939 ein paar Tage im Rathaus gehangen hatte.

Menachem Finkelsztejn beschrieb, wie die Einwohner von Radziłów in den Morgenstunden des 22. Juni durch eine ohrenbetäubende Kanonade geweckt wurden. »Die 800 jüdischen Einwohner der Stadt begriffen sofort den Ernst der Lage.« Einige hätten beschlossen, nach Osten zu fliehen, doch auf den Straßen seien »gut bewaffnete faschistische polnische Banden« erschienen und hätten die jüdischen Flüchtlinge angehalten, ausgeraubt und verprügelt. Sie hätten versucht, sich in den umliegenden Dörfern und in den Feldern zu verstecken, um nicht in der Stadt zu sein, wenn die Armee einmarschierte. Aber die Bauern hätten ihnen nicht einmal erlaubt, ihre Höfe zu betreten. »Da es keinen anderen Ausweg gab, machten sich alle auf den Rückweg nach Hause. Die Polen aus der Umgebung sahen die verängstigten Juden spöttisch an und deuteten auf ihren Hals: ›Jetzt geht's los – schlachtet die Juden ab!‹« Chaja Finkelsztejn sah, wie junge Leute einen Triumphbogen aufstellten, ihn reinigten und mit grünen Schleifen und Blumen schmückten. Menachem sagte aus, man habe ein Hakenkreuz, ein Hitlerportrait und eine polnische Aufschrift angebracht: »Es leben unsere Befreier von der verfluchten Judenkommune!« An dasselbe erinnerten sich meine Gesprächspartner. Franciszek E. sah, wie Pfähle eingeschlagen wurden, wie man sie mit Blumen umwand und zwischen ihnen eine Aufschrift aufhängte. Andrzej R. könnte schwören, dass sie kurz war: »Willkommen« und noch ein Wort, an dass er sich nicht erinnere, und die Pfähle seien mit grünen Zweigen umwunden gewesen.

Die Wehrmacht rückte mit Panzern ein. Die damals siebenjährige Eugenia K. beobachtete, wie die Einwohner Blumen auf die Panzer warfen, die durch Radziłów hindurch- und dann weiterfuhren. Chaja Finkelsztejn, die, als polnische Bäuerin verkleidet, in der Nähe des Triumphbogens stand, erinnert sich an die Gespräche. »Die Christen empfingen sie enthusiastisch mit Rufen wie: ›O ihr Lieben, ihr Teuersten!‹, ›Unsere Erlöser!‹, ›Sie haben uns vor den Sowjets gerettet!‹ ›Seht, wie schön sie sind, wie sie nach Parfüm riechen‹, begeisterte sich eine Christin.« Sie sei betroffen gewesen von dem Anblick verwundeter russischer Kriegsgefangener, die vorbeigeführt und von den Einwohnern mit Steinen beworfen wurden.

Einige von den Mutigen sprangen auf die Panzer, und obwohl die Kenntnis von Fremdsprachen nicht gerade ihre Stärke war, gelang es ihnen, zu erklären, dass sie beim Verfolgen von Marodeuren aus der Roten Armee helfen würden. »Die Russen flohen in Richtung Biebrza«, erzählte mir ein Bauer aus der Gegend von Pisz, »und auf den Panzern saßen Polen, die den Deutschen zeigten, wo sie den Fluss überqueren mussten, um die Russen zu schnappen.«

Sofort konstituierte sich eine provisorische Obrigkeit, die aus polnischen Einwohnern bestand. Henryk Dziekoński sagte im Prozess aus: »Zusammen mit einigen Freunden machte ich mich daran, in der Stadt eine Obrigkeit zu organisieren, um die Ordnung aufrechtzuerhalten«, und nannte die Namen der übrigen acht Mitglieder. Über alle neun habe ich von Zeugen gehört, sie seien am Verbrechen beteiligt gewesen. Sie stolzierten mit (von den Sowjets zurückgelassenen) Gewehren und mit weiß-roten Armbinden umher.

Chaja Finkelsztejn beschrieb die Stadt in diesen ersten Tagen folgendermaßen: »Die Christen saßen festlich gekleidet und gut gelaunt auf den Bänken vor ihren Wohnungen. Das alles waren unsere Bekannten. Als ich ihre Zufriedenheit sah, verging mir die Lust, sie zu grüßen. Ganz kleine christliche Kinder zeigten den Deutschen auf der Straße die Juden, indem sie hinter ihnen herriefen: ›*Jude, Jude*‹. Wenn ein Deutscher nicht reagierte, zogen sie ihn am Hosenbein. Und sie hetzten Hunde auf sie und riefen: ›Fass den Juden!‹«

Mit den Kommunisten und Verrätern sei abgerechnet worden – das sei das Gesetz des Krieges, erklärten mir verschiedene meiner Gesprächspartner. Dieser Teil der Geschichte wird nicht verschwiegen.

Halina Zalewska: »Bevor die Deutschen kamen, gab es eine große Deportation, Frauen und Kinder hatten sie schon deportiert, aber die Männer wurden zum Verhör festgehalten, und die Deutschen befreiten sie, als sie die Festung Osowiec entwaffneten. Na, da kamen die Burschen mächtig erzürnt zurück, und dann gab's kein Halten mehr.«

Andrzej R.: »Die Deportationen, kurz bevor die Deutschen kamen, nannte man später den schwarzen Donnerstag. Sie führten nicht nur Deportationen durch, sondern riefen auch noch dazu auf, an einer Versammlung teilzunehmen, wo sie dann erklärten, warum die Deportationen gut waren. Ein örtlicher Jude trat vor und sagte: ›Alle Raben, die viel krähen, kommen nach Sibirien.‹ Den fanden die Polen sofort, kaum dass die Russen weg waren. Das war am 23. Juni nachmittags. Erst misshandelten sie ihn auf dem Marktplatz. Sie banden ihm mit einer Schnur einen großen, flachen Stein um den Hals und befahlen ihm, in die Sonne zu sehen. Wenn er die Augen zumachte, schlugen sie ihn mit einem Knüppel auf den Kopf. Neben ihm standen zwei, einer schlug ihm mit einer Runge von der einen Seite auf den Kopf, der andere von der anderen; immer wieder fragten sie ihn, wo die Familie von Kapelański ist. Das war der Organist, den sie zusammen mit seiner Familie deportiert hatten. Sie führten ihn über die Ulica Łomżyńska bis zur Brücke und warfen ihn runter. Das Wasser war flach. Ich sah mir bis zum Ende an, was sie mit ihm anstellten.«

Halina Zalewska erinnert sich, dass das Opfer vor seinem Tod durch das Sehen in die Sonne erblindet war.

Chaja Finkelsztejn traf ein jüdisches Mädchen, eine Schulkameradin ihres Sohnes, die auf den Feierlichkeiten im Gymnasium begeistert von den Sowjets gesprochen habe. Sie habe blaue Lippen gehabt, da sie in der Nacht von ihrem polnischen Schulkameraden verprügelt worden sei. Chaja schreibt: »Beim Schmücken des Triumphbogens sah ich Polen, die vorher Deputierte im Bezirkssowjet gewesen waren, und Polinnen, die beim Komsomol gewesen waren, doch für alles musste ein Mädchen bezahlen, dem seine polnische Lehrerin auf Schulversammlungen zu feierlichen Jahrestagen die Texte zum Vorlesen gegeben hatte.«

Bei Gelegenheit wurde alles geplündert, was nicht niet- und nagelfest war. Ein Bauer aus der Gegend von Pisz sah, wie am selben Tag, als die Russen abzogen, die Einwohner das Armeemagazin mit Kleidung, Essensvorräten und Gewehren stürmten, das in der Synagoge in der Ulica Gęsia untergebracht war. Es begann mit den sowjetischen Magazinen, aber kleine Gruppen von Einheimischen drangen auch in jüdische Häuser ein – viele Juden hatten für die ersten Tage die Stadt verlassen und bei befreundeten Bauern auf dem Dorf Unterschlupf gefunden oder übernachteten auf Feldern in der Umgebung.

Ganz Radziłów war betrunken. Weil die Brennerei eingenommen worden war.

Czesław C.: »Kaum waren die Russen abgezogen, drangen unsere Leute in die Brennerei in Słucz ein. Wodka gab es reichlich in der Brennerei, die Polen waren gierig auf Wodka, und einige hegten einen Groll gegen die Juden, aus gutem Grund.«

Ein Bauer aus der Gegend von Pisz: »Eimerweise holten sie Wodka aus der Brennerei in Słucz, dabei kamen einige um, weil irgendein Lager in Brand geriet. Sie hatten Wodka, Waffen und Hass.«

Nach den deutschen Panzern erschien in Radziłów eine Gruppe Wehrmachtssoldaten. Sie quälten die Juden und ließen die Polen gerne mitmachen. Alten Männern schnitten sie die Bärte ab, sie verletzten sie mit den Scheren und schlugen zu. Am 25. Juni veranstalteten sie eine Vorführung, um zu zeigen, was man mit den Juden tun dürfe. Sowohl die jüdischen wie auch die polnischen Berichte sprechen davon, dass ein Teil der Einwohner sich mit Freude daran beteiligte.

Nach Menachem Finkelsztejns Darstellung haben die Deutschen den Befehl erteilt, alle jüdischen Männer sollten sich bei der Synagoge versammeln und die Polen sollten die Ausfallstraßen bewachen und Fliehende gewaltsam zurückschicken. Dann befahlen die Deutschen den Juden, die heiligen Bücher aus der Synagoge zu holen, sie in den Fluss zu werfen, auf ihnen herumzutrampeln und sie anzuzünden.

Danach »spannten sie die Juden vor Wagen, setzten sich darauf und jagten sie mit schrecklichen Schlägen durch alle Straßen«. Die Juden seien an dem schlammigen Fluss zusammengetrieben worden, wo man ihnen befohlen habe, sich auszuziehen und ins Wasser zu gehen.

Andrzej R. erinnert sich genau an diese Szene: »Sie spannten Juden vor einen Wagen und trieben sie mit der Peitsche an. Auf dem Wagen war ein Fass, und die Deutschen saßen in Badehosen auf dem Fass, denn der Juni war heiß. Wir standen da und guckten zu. Die Kinder lachten, man wusste ja nicht, wie das enden würde, daher gab es in den ersten Tagen viel Heiterkeit.«

Chaja Finkelsztejn: »Die Bauern verkauften den Juden keinerlei Nahrungsmittel und nahmen ihnen die Kühe weg. Wer Zimmer an Juden untervermietet hatte, sagte, sie müssten ausziehen, denn man schlug ihnen die Scheiben ein.«

Am 27. Juni zog die deutsche Kommandantur aus Radziłów ab, doch die Gewalt nahm immer mehr zu. Die Macht lag in den Händen der örtlichen Obrigkeit, die sich selbständig formiert hatte, nur von Zeit zu Zeit kamen kleine Gruppen von Deutschen in die Stadt. Aus Chaja Finkelsztejns Bericht geht hervor, dass an dem Tag, als die Wehrmacht abzog, spätabends eine ziemlich große Gruppe von Deutschen in khakifarbenen Uniformen angefahren kam – sie bezeichnet sie als »Nazihunde« –, die auf einem von vier Pferden gezogenen, mit Tarnplanen bespannten Wagen saßen. Sie seien in ihr Haus eingedrungen, wobei sie alle, auch die Kinder, heftig geschlagen und das Haus demoliert hätten. Sie seien von Einheimischen begleitet worden, und der bereits erwähnte Henryk Dziekoński habe sie im Haus »herumgeführt«. Am nächsten Tag hätten die Bauern den Juden die Kühe weggenommen und auf den Marktplatz gebracht, und als die Deutschen wiederkamen, diesmal auf Lastwagen, hätten sie sie mitgenommen. Dies ist ein Anzeichen dafür, dass es in der Nähe einen deutschen Posten gegeben haben muss, auch wenn in der Stadt selbst keine Einheit stationiert war. Da den Juden keine Lebensmittel mehr verkauft wurden, bedeutete die Beschlagnahmung ihrer Kühe, sie dem Hunger auszuliefern.

Das Eindringen in Wohnungen, um sie zu demolieren und auszurauben sowie ihre Bewohner zu verprügeln – das waren Szenen, die sich jede Nacht wiederholten. Dank der zahlreichen Aussagen lässt sich rekonstruieren, wer Mitglied in diesen Banden war.

Antoni Olszewski: »Banditen banden Juden unten am Wagen von Czesław Bagiński fest und spannten seine Pferde an. Das hat er mir selbst erzählt, als ich einmal mit einem kranken Pferd zu ihm kam. Er sagte, keiner hätte ihn um Erlaubnis gebeten, er wäre ein junger Bursche gewesen, sie hätten ihn vom Wagen gestoßen und sich ihren Spaß mit dem Juden gemacht. Viel Wasser gab es nicht, nur Sumpf eigentlich, aber es reichte, damit sie ertranken. Ich habe nicht gehört, dass irgendein Deutscher dabei gewesen wäre.«

Chaja Finkelsztejn: »Die Nächte waren schrecklich. Junge polnische Burschen liefen herum, auch ältere. Aus dem Haus unserer Nachbarn holten sie Kleidung, Unterwäsche, Decken und Kissen heraus. Als sie unserem Nachbarn, einem Kürschner, die Schaffelle wegnahmen, hörten wir das Klirren eingeschlagener Scheiben und wildes Geschrei. Jede Nacht waren fürchterliche Schreie und das Flehen um Hilfe zu hören. Die Juden versteckten sich auf Dachböden und in Kellern, oder in Zimmern, wo man einen Schrank vor die Tür schieben konnte. Aus vielen Häusern holten sie die Familienväter, schlugen sie bis zur Bewusstlosigkeit, erweckten sie wieder zum Bewusstsein, schlugen sie weiter und brachten die völlig blutverschmierten Männer dann wieder nach Hause. Wenn die Frauen weinten, als sie ihren Ehemann und Vater so zugerichtet sahen, sagten sie: ›Still, sonst schlagen wir euch genauso zusammen.‹ Diese Schikanen dauerten zwei Wochen.«

Halina Zalewska: »Jede Nacht passierte etwas. Meine Mutter sagte zu den Banditen: ›Macht es auf einmal, so oder so, das ständige Schreien und Heulen ist ja nicht zum Aushalten.‹«

Menachem und Izrael Finkelsztejn sagten aus, dass es im Zuge der Plünderung auch zu vielen Vergewaltigungen gekommen sei. Als Jan Skrodzki seiner Cousine Halina Zalewska den Abschnitt von Menachems Bericht über die Vergewaltigung von Jüdinnen vorlas, protestierte sie energisch, ohne zu bemerken, dass sie selbst seine Aussagen bestätigte: »Das sind jüdische Verdrehungen. Da hätte sich ja jeder geekelt. Nur die beiden Kosmaczewskis, Leon und Antoni, und die Mordasiewiczs, die hinter den Gärten wohnten, haben solche Sachen gemacht. Kazimierz Mordasiewicz nahm sich Estera, die Frau des Schneiders Simon, unsere Wäscherin, und machte mit ihr, was er wollte. Er führte sie zum Morast am Fluss Matlak hinter dem Damm und befahl ihr, sich darin zu wälzen. Sie flehte uns an zu helfen. Mein Vater wollte sogar, aber die Banditen hämmerten gegen die Tür und riefen: ›Wenn ihr euch für die Juden einsetzt, seid ihr die Ersten bei der Verbrennung.‹ Na, und dann haben sie Estera zusammen mit allen verbrannt.«

Am Sonntag, dem 6. Juli kam die schockierende Nachricht, dass die Polen alle Juden im nahegelegenen Wąsosz ermordet hätten. Wie Menachem Finkelsztejn berichtet, seien um zwölf Uhr mittags viele Polen aus Wąsosz nach Radziłów gekommen. Die Einheimischen hätten sie nicht in die Stadt gelassen, den Juden aber auch nicht erlaubt wegzufahren. »An den Straßen stadtauswärts standen viele Bauern und Bäuerinnen, die auf jede Bewegung der Juden achtgaben«, schreibt Chaja Finkelsztejn. »Wir hörten die Rufe der Bauern, man würde ihr Korn zertrampeln, sie ließen es nicht zu, dass die Unglücklichen sich versteckten.« Chaja Finkelsztejns Bruder ging zu Pfarrer Dołęgowski, um ihn zu bitten, sich für sie einzusetzen: »Mein Bruder bat ihn unter Tränen, aber der Pfarrer tat nichts, von ihm kamen bloß Vorwürfe.«

2

Am 7. Juli kamen vom frühen Morgengrauen an Fuhrwerke nach Radziłów, auf denen mit Rungen bewaffnete Männer aus den umliegenden Dörfern saßen.

Stanisław Ramotowski: »Vom 6. auf den 7. Juli, es war noch Nacht, kamen sie auf ihren Fuhrwerken nach Radziłów, um mit den Juden abzurechnen.«

Gegen 7 Uhr morgens erschienen auf dem Marktplatz zwei oder

drei Autos. Höchstwahrscheinlich handelte es sich dabei um eine Gruppe von Beamten der Schutzpolizei und des Sicherheitsdienstes unter Führung von Hermann Schaper, eine der kleinen Einheiten, die an der »Befriedung« dieser Gegend beteiligt waren, indem sie unter anderem Aktionen zur »Selbstreinigung« der örtlichen Bevölkerung von den Juden betrieben. Schaper war ein in Ciechanów stationierter Gestapomann. Das IPN machte den 91-jährigen Schaper ausfindig, und Staatsanwalt Ignatiew versuchte, ihn im April 2002 zu verhören. Mit Hinweis auf seinen Gesundheitszustand weigerte sich Schaper jedoch.

Wann wurde der Massenmord an den Juden von Radziłów geplant? Und von wem? Dass an jenem Tag ein Pogrom stattfinden würde, war vorher bekannt gewesen. Man kann annehmen, dass die Absprachen am Tag zuvor zwischen Schaper und der provisorischen Obrigkeit von Radziłów erfolgt waren, obwohl kein Zeuge eine solche Beratung oder ein früheres Erscheinen der Deutschen erwähnt. Doch wenn ein Personenwagen mit einem oder zwei Deutschen gekommen wäre, hätte man sich daran nicht unbedingt erinnert. Worauf diese Absprachen beruhten, ist nicht bekannt. Befahl Schaper die Ermordung der Juden, drängte er dazu oder brachte er nur seine Billigung zum Ausdruck?

Schon im Morgengrauen, als die Bauern zum Pogrom angefahren kamen, fanden die ersten Morde statt. Mojżesz Perkal wurde zu Tode geprügelt. Eine von Perkals Töchtern, sechzehn Jahre alt, hockte, selbst kaum noch lebendig, neben ihrem toten Vater. Die Bauern hoben ein Grab aus und warfen sie mit der Leiche ihres Vaters hinein. Davon erfuhr um sieben Uhr morgens Chaja Finkelsztejn von ihrem ehemaligen Fuhrmann. Sie schreibt: »Er war fürchterlich aufgeregt und fluchte auf die Mörder: ›Hundesöhne! Ein Mädchen lebendig zu begraben!‹«

Andrzej R.: »In einem offenen Wagen kamen drei Deutsche angefahren. Ich stand in der Nähe. Sie sagten: ›Hier stinkt es aber sehr nach Juden. Wenn wir in ein paar Tagen wiederkommen, soll es nicht mehr so stinken.‹ Sie sagten, Feliks Mordasiewicz, der in der Nähe stand, würde dafür verantwortlich sein. Und der fragte: ›Aber womit soll ich das machen?‹ Da reichten sie ihm aus dem Auto fünf Gewehre, Einzellader, mit langem Lauf.«

Halina Zalewska: »Vier Deutsche kamen auf den Markt gefahren, in zwei Autos, solchen, mit denen man ins Gelände fährt. Sie hatten Mützen mit Totenköpfen auf und brachten Gewehre mit, um sie zu verteilen. Besonders die jungen Burschen kamen, um zu hören, was die Deutschen zu sagen hatten. Und die Deutschen sagten ihnen: ›Ihr habt hier Juden, ihretwegen erfrieren eure Familien in Russland. Holt sie auf den Marktplatz, gebt vor, dass sie das Pflaster jäten sollen.‹«

Antoni K.: »Es waren fünf Deutsche und ein Fahrer. Sie hatten weiße Mützen und weiße Handschuhe. Viele Leute kamen zusammen, ich war auch dabei. Ein Deutscher stieg aus und sagte: ›Holt alle Juden und lasst sie erst das Gras auf dem Marktplatz jäten. Wir fahren zum Markt nach Jedwabne, danach kommen wir zurück und sehen uns an, was ihr gemacht habt, wenn nicht, erledigen wir euch.‹«

Als Antoni K. gefragt wurde, wie die Versammelten verstehen konnten, was der Deutsche sagte, antwortete er nach kurzer Überlegung, er habe Polnisch gesprochen. Das würde passen – es ist bekannt, dass Schaper Polnisch konnte.

Das Sammeln der Juden auf dem Marktplatz – eine Aktion, die vermutlich von der selbsternannten Obrigkeit nach den Vorgaben der angereisten Gestapomitarbeiter koordiniert wurde – war gut organisiert. Alle Erwachsenen und Jugendlichen wurden zusammengetrieben. Ein Teil der Polen hatte die Aufgabe, die Straßen zu bewachen, damit die Juden nicht fliehen konnten. Stanisław Ramotowski sah auf einem Balkon am Marktplatz einen Deutschen, der das Zusammentreiben der Juden fotografierte.

Halina Zalewska: »Sie gingen von einer Hütte zur anderen und sagten: ›Juden, unser polnischer Marktplatz ist schon ganz zugewachsen, geht jäten.‹ Oh, da griffen die Juden mit Freude nach ihrem Jätzeug, es hätte ja schlimmer kommen können. Und auf dem Marktplatz suchten unsere Leute die schlimmsten Kommunisten heraus. Wenn jemand einen Groll gegen jemanden hegte, suchte er seinen Mann da auf dem Marktplatz und rechnete mit ihm ab. Die Juden wollten sich in den Schornsteinen verstecken, aber man holte sie da heraus. Ein Kommunist hatte solche Angst davor, dass er sterben sollte, dass er sich mit einer Schneiderschere selbst die Kehle durchschnitt.«

Henryk Dziekoński (Verhör, 1953): »Wir trieben alle Juden, die auf dem Gebiet der Stadt Radziłów wohnten, ohne Ansehen von Alter und Geschlecht auf dem Marktplatz zusammen, woran auch ich aktiv teilnahm. Einer der Gestapomänner erklärte mich zum Führer der Gruppe, deren Aufgabe es war, die Juden zu liquidieren, und machte mir deutlich, dass wir die Juden mit Messern aufschlitzen und mit Äxten zerhacken könnten. Einer aus unserer Gruppe, der auch am Judenmassaker teilnahm, wandte ein, das würde womöglich ein beidseitiges Blutvergießen geben, da sagte einer der Gestapoleute zu Godlewski, Aleksander (der sich gegenwärtig im Gefängnis befindet): ›Ihr habt ja die Scheune, da könnt ihr sie alle verbrennen.‹ Nachdem der Gestapomann die oben genannten Worte ausgesprochen hatte, stellten alle meine Kameraden und ich die Juden in Viererreihen auf. Nachdem wir sie aufgestellt hatten, setzte ich mich an die Spitze der Marschkolonne und führte sie vom Marktplatz in Richtung Scheune.«

Es dauerte mehrere Stunden, bis alle Juden versammelt waren. Man zwang sie mit Schlägen, das sowjetische Lied »*Moskva moja*« zu singen.

Chaja Finkelsztejn beschreibt, wie Jan Walewski, genannt der Amerikaner (da er nach 15 Jahren aus Amerika zurückgekehrt war), einen Juden, der direkt neben ihrem Sohn stand, geschlagen habe, bis er umfiel und ihm das Blut aus Hals und Ohren lief. Sie habe eine ihrer Freundinnen gesehen, die einen nackten Säugling in den Armen hielt, drei Monate alt; jemand hatte das Tuch weggerissen, mit dem er bedeckt war. Die Gestapoleute hätten sich einen Imbiss und Wein aus den Autos geholt. Nach der Einnahme ihrer Mahlzeit vor den Augen der zusammengetriebenen Menge hätten sie sich darangemacht, die Juden zu schlagen. Einem von ihnen habe ein Deutscher einen Stein an den Hals gebunden, ihn mit einem Knüppel geschlagen und dazu angetrieben, im Kreis zu gehen. Zu einem bestimmten Zeitpunkt seien die Gestapoleute weggefahren. Dann hätten die Polen den Juden befohlen, sich in vier Reihen aufzustellen und die Ulica Piękna entlangzugehen. Als sie in die Scheune getrieben wurden, und auch bei der Scheune selbst, habe es keine Deutschen mehr gegeben.

Andrzej R.: »Ich lief nach Hause, um meiner Mutter Bescheid zu sagen, dass etwas los sei, ich fütterte die Kaninchen, aß zu Mittag, und als ich auf den Marktplatz zurückkehrte, hatte sich schon eine Kolonne von Juden gebildet. Ich habe meine Freunde und Freundinnen aus der Schule und vom Hinterhof gesehen.«

Halina Zalewska: »Sie trieben sie die Ulica Piękna entlang, unter unseren Fenstern, da sagte eine jüdische Nachbarin: ›Herr Zalewski, Sie sind ein so geachteter und anständiger Mensch, nehmen Sie unsere Habe und retten Sie sie.‹ Aber die jungen Leute hatten Springmesser in der Hand. Eine Jüdin trug ihren kleinen Sohn auf den Armen, ein anderer hielt sich an ihren Beinen fest, da trieb so einer – das muss ein Zugereister gewesen sein, denn ich habe ihn weder vorher noch nachher jemals gesehen –, da trieb so einer sie an und schlug mit dem Knüppel zu, dass das Hirn des kleinen Kindes umherspritzte. Mein Vater stand hinter den Vorhängen, sah sich das an und weinte nur.«

Henryk Dziekoński (Verhör, 1949): »Die Juden versuchten nicht zu fliehen, zumindest habe ich nichts bemerkt. Sie gingen wie die Lämmer. Ein einziger Jude lief los, um zu fliehen. Feliks Mordasiewicz holte ihn ein und schlug ihm mit dem Stock, den er in der Hand hielt, so heftig auf den Kopf, dass Blut austrat, woraufhin jener Jude umkehrte in Richtung Scheune.«

3

Die Wände waren aus Stein, das Tor aus Holz, innen ein Lehmboden und zu beiden Seiten Bansen zum Lagern von Getreide. Es war noch vor der Ernte, die Bansen waren leer, dort hinein wurden durch Öffnungen Kinder geworfen. Man stützte das Tor mit Stangen ab und wälzte große Steine davor, damit die Juden nicht fliehen konnten.

Janina Staniurska, eine Cousine von Jan Skrodzki, die in Gdynia wohnt: »Ich war damals zwölf Jahre alt. Einige Leute hatten sich im Korn versteckt, wütende Banditen mit Knüppeln durchsuchten die Felder. Ich kam von einer Weide hinter dem Matlak zurück, dort hatte ich einem Burschen, der Kühe weidete, Essen gebracht. Es war später Nachmittag. Da sehe ich, wie einer mit einem Knüppel durch den Roggen auf mich zuläuft und ruft: ›Du Jüdin.‹ Er führte mich zur Scheune. Großer Gott, dort verbrannten sie Menschen bei lebendigem Leibe, die Leute versuchten zu fliehen, kletterten aufs Dach, sprangen herunter. Jarosz und Andrychowski, zwei Nachbarn, die ein Haus in der Nähe hatten, halfen mir: ›Das ist keine Jüdin. Was wollt ihr von der Chauffeurstochter?‹ So nannten sie mich, weil mein Vater Fahrer war. Später erklärten sie mir, es wären Bauern aus Wąsosz gekommen, deshalb hätten sie uns nicht gekannt. Ich hatte danach immer Angst, dort entlangzugehen.«

Es steht mit Sicherheit fest, wer das Feuer legte: Józef Ekstowicz. Viele Zeugen erinnern sich daran. Höchstwahrscheinlich benutzte er Blechkanister mit Petroleum. Wer zu fliehen versuchte, auf den wurde geschossen.

Halina Zalewska: »Józef war dick und klein, so dass seine Kameraden ihn hochheben mussten. Sie nannten ihn Klimas oder Klimaszewski, weil er bei seiner Großmutter Klimaszewska aufwuchs, aber in Wirklichkeit hieß er Ekstowicz.«

Andrzej R.: »Ich habe mit eigenen Augen gesehen, wie Józef die Scheune begossen hat. Danach verfolgte er ein Mädchen, das es geschafft hatte, aus der Scheune zu springen. Im Roggen holte er sie ein und brachte sie um.«

Józef Ekstowicz alias Klimaszewski (Vernehmungsprotokoll, 1948): »Initiatoren und Hauptausführende dieses Verbrechens waren: Dziekoński, Godlewski und die Kosmaczewskis. Sie waren mit Gewehren bewaffnet und zwangen mich, die Scheune mit Benzin zu begießen. Sie hoben uns hoch [der zweite Brandstifter war ein aus Karwowo zugereister Bursche], wir kletterten aufs Dach und gossen das Benzin über das ganze Dach aus.«

Henryk Dziekoński (Vernehmungsprotokoll, 1949): »Es stimmt

nicht, dass der damals minderjährige Klimaszewski die Scheune gezwungenermaßen anzündete, denn er tat es aus freiem Willen. Das Petroleum hat Klimaszewski von Modzelewski aus Radziłów bekommen. Nachdem das Dach mit der Flüssigkeit aus einem Kanister begossen und ein Streichholz angezündet worden war, fing das Dach Feuer. Nach einer Weile stürzte ein Mann aus dem Dachboden, seine Kleidung am Rücken brannte. Mieczysław Strzelecki, der in meiner Nähe stand, schoss mit dem Gewehr auf ihn. Sofort nach dem Schuss zuckte der Mann zusammen und schien hochspringen zu wollen.«

Vor der Scheune standen viele Menschen – sowohl Täter als auch Gaffer.

Bolesław C.: »Ich sah, wie sie sie hineintrieben, wie das Feuer um sich griff. Was war das für ein Weinen! Die meisten waren ganz kleine Kinder und Alte. Säuglinge warfen sie von oben hinein.«

»Und warum waren Sie dort?«

»Aus Neugier. Eine Menge Leute war aus Neugier dort, die meisten waren Jugendliche, auch einige Frauen. Einige hatten Waffen, ansonsten Stöcke und Knüppel. Ein Jud floh durch das Moor. Aber da war einer, voll wie eine Standhaubitze, mit einer Mauser, er legte an und zack! traf ihn, egal wie betrunken er war.«

Halina Zalewska: »Ich schlich mich aus dem Haus und sah, wie sie verbrannt wurden. Über Rachela Wasersztejn – die Schönste in der Stadt neben meiner Schwester Zosia – hörte ich, dass sie ihr Kind von oben hineingeworfen hätten. Kurz vorher hatte ich sie noch gesehen. Sie hatte gerade entbunden, sie hatten sie aus dem Wochenbett geholt. Unter unseren Fenstern ging sie vorbei, mit ihrem Säugling, und weinte.«

Berek Wasersztejn aus Radziłów, der diesen Tag überstand, kam nach Białystok, und es gelang ihm, bis Kriegsende zu überleben, indem er sich den sowjetischen Partisanen anschloss. Im Prozess sagte er aus, was er über den Tod seiner Frau Rachela von einer polnischen Bekannten gehört hatte: »Meine Frau hatte sich versteckt. Als sie sie entdeckten, brachten sie sie zur Scheune. Leon Kosmaczewski hat ihr befohlen, zusammen mit dem Kind hineinzugehen, und ihr wegen der lodernden Flammen eine Leiter hingestellt. Meine Frau hat gebeten, ihr zumindest das Kind, das zehn Tage alt war, abzunehmen. Da hat Kosmaczewski das Kind an den Beinen gepackt und durch das Dach hineingeworfen und meine Frau mit einem Bajonett erstochen und ebenfalls hineingeworfen.«

Wolf Szlapak lag zusammengeschlagen im Haus, er konnte sich nicht rühren; bei ihm geblieben war sein kleiner Sohn und seine alte, kranke Mutter.

Chaja Finkelsztejn: »Szlapak und sein siebenjähriger Sohn wurden in ihrem Bett von Mieczysław Strzelecki ermordet, der ihm als Fuhrmann gedient hatte; er begrub ihre Leichen beim Abfallhaufen hinter dem Haus. Seine kranke Mutter zerrten die Mörder aus dem Haus, legten sie auf einen Wagen und trieben die Pferde an. Sie konnte sich nicht halten, fiel unter die Räder, ihr Nachthemd blieb hängen und so schleppten sie sie so lange über das Kopfsteinpflaster, bis nur noch ihre blutigen Beinstümpfe übrigblieben.«

Finkelsztejn hörte von mehreren Fällen, dass alte Leute, die nicht imstande waren, zum Marktplatz zu gehen – einer von ihnen war auf seine alten Tage aus Amerika zurückgekehrt, da er in seinem Geburtsland beerdigt werden wollte –, angeblich in ihren Betten ermordet wurden. Sie hörte auch von Nachbarn, die anboten, eine Familie zu verstecken, und sie dann ausgeraubt und den Mördern ausgeliefert oder sogar selbst umgebracht hätten.

Diejenigen, die aus der Marschkolonne geflohen waren und sich im Getreide versteckt hatten, wurden nach und nach eingefangen.

Andrzej R.: »Gegen Abend stand keines der ehemals jüdischen Häuser mehr leer. Aber was war das für ein Gerenne, was für ein Gezanke, wer sich wessen Sachen nehmen kann! In den Häusern war nicht mehr viel geblieben, denn die Juden hatten ihre Waren vorher Nachbarn, denen sie vertrauten, zur Aufbewahrung gegeben. Sawicki, der Schlachter, der eine billige Schlachterei in der Ulica Kościelna hatte, hatte gleich im Juni seine wertvollsten Sachen auf einen Leiterwagen geladen und weggefahren; später habe ich ihn gesehen, wie er mit seiner Frau und seiner ältesten Tochter zur Scheune getrieben wurde.«

Halina Zalewska: »Vor Sonnenuntergang kamen die Deutschen angefahren, brachten noch mehr Munition und ließen nachprüfen, ob der wichtigste Hammel gefangen worden war – sie meinten den Rabbiner.«

Andere Zeugen haben nichts davon gesagt, dass am selben Tag ein deutsches Kommando gekommen sei. Chaja Finkelsztejn behauptet, sie seien erst zwei Tage später erschienen.

4

Auf die Nachricht hin, dass sie auf dem Marktplatz zusammengetrieben werden sollten, versteckten sich viele Juden in Kellern und auf Dachböden. Die Banditen holten sie dort heraus, ermordeten sie an Ort und Stelle oder brachten sie zum Eiskeller. Das war eine längliche, mehrere Meter tiefe Grube auf dem Weg zur Scheune, in dem Eis aufbewahrt wurde, das man im Winter aus dem Fluss gehackt hatte. Dort erschoss man sie, erschlug sie mit Äxten oder warf sie lebendig in die Grube voller Leichen. Man brachte Fässer mit ungelöschtem Kalk und bestreute damit nacheinander die Schichten von Opfern. Das Einfangen und Ermorden der Überlebenden (an Ort und Stelle oder beim Eiskeller) dauerte drei Tage lang, bis zum 10. Juli. Davon sprechen die Berichte sowohl der jüdischen wie der polnischen Zeugen.

Izrael Finkelsztejn (Zeuge im Prozess, 1945): »Danach dauerte die Treibjagd noch an, und wen sie fingen, den brachten sie um. Als sie keine Gewehrpatronen mehr hatten, mordeten sie mit Spaten und dergleichen.«

Halina Zalewska: »Wen sie nicht verbrannt hatten, brachten sie um, sie warfen sie bei der Molkerei in die Gruben für Butter und Quark und bestreuten sie mit Kalk. Einmal ging ich in der Dämmerung hin, da bewegte sich die Erde. Halbtot waren sie umgefallen und später wieder lebendig geworden, aber der Kalk erledigte sie.«

Andrzej R.: »Ich sah, wie die Drozdowskis, beide Brüder Dziekoński, Jan und Henryk, sowie Władysław Dudziński am Eiskeller auf Juden schossen. Da standen viele, die gerne schießen wollten. Wenn die Kugeln nicht mehr reichten, warfen sie sie lebend in die Grube. Die Erde bewegte sich drei Tage lang. Ich sah, wie Antoni Kosmaczewski und Henryk Dziekoński eine ganze Familie zum Eiskeller brachten, die der Verbrennung in einem Versteck auf dem eigenen Dachboden entgangen war – das war der Besitzer einer Kohlen- und Eisenwarenhandlung, seine Frau und seine beiden Kinder.«

Chaja Finkelsztejn: »Die Gestapo hatte den Polen drei Tage lang freie Hand gelassen. In der Zeit durchsuchten sie jeden Winkel, jeden Ort, wo sich ein Jude versteckt haben konnte. Als die Gestapo am dritten Tag zur Grube kam, wo die ermordet worden waren, die sich versteckt hatten, kam ein achtjähriger Junge zwischen den Leichen hervor. Sie ließen es nicht zu, dass er getötet wurde, und so überlebte er bis zur Liquidierung der restlichen Juden. Dann war sein schreckliches Leiden vorbei.«

In Menachem Finkelsztejns Zeugnis, in den Aussagen der Angeklagten und Zeugen der früheren Prozesse sowie in den von mir geführten Gesprächen stimmen die Namen der Haupttäter überein: die Brüder Jan und Henryk Dziekoński, die Brüder Aleksander und Feliks Godlewski, Edmund Korsak, Antoni, Józef und Leon Kosmaczewski, Mieczysław Strzelecki, Aleksander Leszczewski.

Andrzej R. erzählte, einen Juden, der sich in einem Weiler versteckt hatte, hätten die Banditen gefunden und von Racibory nach Radziłów gebracht. Sie hätten ihn an die Ladefläche eines Wagens gefesselt und ihm mit einer Holzsäge den Kopf abgesägt. »Das Absägen selbst habe ich nicht gesehen«, sagte er, »aber ich habe die Leiche ohne Kopf im Straßengraben gesehen.«

Antoni Olszewski war damals dreieinhalb Jahre alt. Er behauptet, ihm habe sich das Bild gewissermaßen fotografisch ins Gedächtnis gebrannt, wie er die Erde über der Leiche eines etwas älteren jüdischen Jungen festtrat, den seine Nachbarn ermordet hatten: »Einige Zeit nach der Verbrennung fand ich bei uns im Garten zwischen dem Kohl eine blutige Mütze. Da holten sie ein Kind, das sich in der Nähe versteckt hatte, heraus und erschlugen es. Meine Mutter rief, sie sollten es tief vergraben, damit unsere Schweine es nicht herauswühlen. Die Erwachsenen schütteten Erde darüber und ich und Józek Szymonów trampelten sie fest. An dieses Festtrampeln erinnere ich mich bis heute, ich könnte den Ort zeigen.«

Halina Zalewska: »Gestank und fetter Qualm, mit menschlichem Fett, hing noch wochenlang in der Wohnung.«

Andrzej R.: »Jan Ekstowicz, der im Krieg seine Hände verloren hatte, nahm zwei Kinder auf und ließ sie gleich taufen. Aber schon bald fand sich ein Denunziant, und die Gendarmen nahmen die Kinder mit.«

5

Wie viele Juden sind in der Scheune von Radziłów verbrannt? Menachem Finkelsztejn gab an, 1700 Juden seien auf den Marktplatz getrieben worden, ein anderes Mal sprach er von 1000, aber die jüdischen Zeugnisse übertreiben in der Regel die Anzahl der Opfer. In den Prozessakten erscheint am häufigsten die Zahl sechshundert. Die Frage, wie viele beim Eiskeller und gleich an den Orten, wo sie gefangen worden waren, ermordet wurden, ist noch schwieriger zu beantworten. Immer wieder taucht die Anzahl von 300 Personen auf, doch in Anbetracht der Tatsache, dass es in ganz Radziłów wohl nicht mehr als 600 Juden gab, muss diese Zahl übertrieben sein. Wahrscheinlich sind in der Scheune etwa 500 Personen verbrannt, während individuellen Morden etwa 100, vielleicht 200 Personen zum Opfer gefallen sind.

Wie viele Täter gab es? Chaja Finkelsztejn schreibt: »Um den Marktplatz hatten sich beinahe alle christlichen Einwohner der Stadt versammelt« und so ein dichtes Spalier gebildet. »Wenn ein Jude begriffen hatte, was gespielt wurde, und zu fliehen versuchte und glücklich durch das Spalier gekommen war«, setzt sie ihre Schilderung fort, »wurde er von den polnischen Frauen und Kindern, die sie in großer Menge, wie bei einer Vorführung, umringten, aufgehalten und zurückgeschickt.« Józef Ekstowicz sagte (1951, als Zeuge) aus: »Am Zusammentreiben der Juden nahm ganz Radziłów teil, und dann gab es auch noch Leute, die sich das anschauten.« Henryk Dziekoński sagte 1949 in einem Verhör aus: »Am Treiben der Juden war fast die gesamte Bevölkerung der Ortschaft beteiligt: Männer, Frauen und Kinder.«

»Kannst du einschätzen, wie viele von uns aus Radziłów daran teilgenommen haben?«, wurde Jan R. von Jan Skrodzki gefragt.

»Frag lieber, wer nicht dabei war, da fällt mir das Zählen leichter. Aber sie nahmen auf unterschiedliche Weise teil. Einige waren aktiv, andere weniger, noch andere bloße Gaffer. Ich erinnere mich an eine Frau, die hinter den Juden herging und weinte.«

Aufzeichnungen

27. Februar 2002
New York. Zwei Monate werde ich in aller Ruhe an dem Buch arbeiten können, dank Lawrence Weschler, der das New York Institute for the Humanities an der New York University übernommen und ein Arbeitszimmer für seine Leute organisiert hat. Ich kann ein wenig Abstand gewinnen von dem, was ich aus freiem Willen auf mich genommen habe – Sozialhelferin und Psychotherapeutin für ein paar anständige Menschen aus Jedwabne und Umgebung zu sein.

28. Februar 2002
Ich schildere das Schicksal der Familie Finkelsztejn auf Grundlage der Memoiren von Chaja Finkelsztejn und träume davon, ihre Tochter Chana ausfindig zu machen, von der ich nur weiß, dass sie in Amerika lebt. Es ist mir nicht gelungen, ihre Kontaktdaten von Menachems Witwe zu erhalten. Ich rufe in Tel Aviv bei Onkel Szmulek an, er möge es noch einmal versuchen. Wenn sie die Adresse ihrer Schwägerin schon nicht hat, vielleicht kennt sie dann zumindest jemanden, der sie haben könnte? Szmulek ruft zurück, er habe folgende Antwort erhalten: »Sie ist irgendwo in Kansas, ich weiß die Adresse nicht und habe keinen Kontakt zu ihr, und außerdem hat Chana Gedächtnisstörungen, ein Gespräch hätte gar keinen Zweck.«

Ich werde versuchen, sie an Ort und Stelle ausfindig zu machen, jetzt, wo ich weiß, dass sie in Kansas ist.

1. März 2002

In der Internetausgabe der *Gazeta Wyborcza* lese ich einen Bericht über die Sitzung des Sejms, auf der der IPN-Vorsitzende Leon Kieres den Tätigkeitsbericht vorgelegt hat. Die Abgeordneten der Liga der polnischen Familien griffen ihn im Stil eines Schlägertrupps an: »Ich danke Ihnen, Herr Vorsitzender, für Manipulationen, Verschweigen und Gefügigkeit«, rief ein Abgeordneter. »Die Juden der Welt und Herr Kwaśniewski haben im Juli 2001 während der Farce von Jedwabne das Kaddisch gesprochen. Wann können wir damit rechnen, dass Sie als Vorsitzender des IPN zurücktreten, um den Weg freizumachen, auf diesen Posten einen Polen zu wählen, dem es um die Wahrheit der polnischen Geschichte geht und der das polnische Volk liebt?« Weitere Abgeordnete griffen das IPN an, das »in den Kampf gegen das Polentum eingespannt« sei. Ein Abgeordneter erklärte, was Kwaśniewski sage, sei der »Höhepunkt der Steinigung des polnischen Volkes«, den ersten Stein aber habe Kieres geworfen. Die Redebeiträge wurden beklatscht. Kieres erklärte, die Ermittlungen habe er als polnischer Patriot eingeleitet, und er stamme aus einer polnischen Familie. Lies: Er ist kein Jude.

6. März 2002

Per E-Mail erreicht mich ein Unterstützerbrief für Kieres. »Wir sind empört über die Haltung der Abgeordneten. Dem IPN-Vorsitzenden Leon Kieres gegenüber hat man sich Unterstellungen erlaubt, die geprägt sind vom Hass auf andere Rassen, Völker und Religionen. Weder der Vizemarschall des Sejms, der die Sitzung leitete, noch irgendeiner der Abgeordneten hat darauf reagiert. Im Parlament sich einer solchen Sprache zu bedienen hat Tradition – und eine Zukunft: den Faschismus.« Ich unterschreibe ihn gemeinsam mit mehreren hundert Wissenschaftlern, Schriftstellern, Geistlichen, Ärzten, Künstlern, Politikern, Geschäftsleuten und Journalisten.

15. März 2002
Heute ist der letzte Tag, um mein reserviertes Flugticket nach Buenos Aires zu kaufen. Ich will dort Mojżesz Olszewicz treffen, der sich mit seiner Verlobten Elke unter dem Schweinestall der Wyrzykowskis versteckt hat. Er ist neben Awigdor Kochaw der zweite noch lebende Zeuge des Verbrechens von Jedwabne. Ich hatte ihm geschrieben, ohne Erfolg, und dann beschlossen, die Hilfe von Antonina Wyrzykowska in Anspruch zu nehmen. Sie hat ihnen einen Brief geschrieben, und am Vortag meines Abflugs nach New York ging ich bei ihr vorbei, um mich zu verabschieden und sie zu bitten, für alle Fälle noch einmal von meinem Mobiltelefon aus bei ihm anzurufen.

»Anna ist meine Freundin und hat viel für mich getan«, hörte ich Antonina zu Elke sagen. »Ich habe euch nie um etwas gebeten und verspreche, es auch nicht wieder zu tun. Aber bitte empfangt sie.«

Ich möchte mich vergewissern, ob die Olszewiczs sich auch wirklich mit mir treffen, daher rufe ich an, um den Termin zu bestätigen. Ich höre Elkes ungeduldige Stimme: »Warum muss man das nach all den Jahren wieder hervorkramen, wer hat etwas davon? Bitte rufen Sie nicht mehr an.« Dann das Knacken, als der Hörer aufgelegt wird.

30. März 2002
Es ist mir gelungen, Eliasz Grądowski zu erreichen, nachdem ich vorher unzählige Nachrichten auf seinem Anrufbeantworter hinterlassen hatte. Er betreibt eine Fahrradwerkstatt in Brooklyn. 1941 hatte er das Grammophon aus dem Kulturzentrum gestohlen und deswegen überlebt, denn er wurde nach Sibirien deportiert. Obwohl er zur Zeit des Verbrechens nicht in Jedwabne war, trat er im Prozess von 1949 als Augenzeuge auf. Er war eine der maßgeblichen Personen in der Affäre um die Legalisierung der Übernahme ehemaligen jüdischen Besitzes durch die Polen.

Ich berufe mich auf Antonina Wyrzykowska, die mit ihm befreundet ist (seit sie ihn einmal zufällig in Brooklyn getroffen hat. – »Was machst du denn hier?«, fragte er sie. »Ich warte auf den Bus. Und was machst du hier?« »Ich warte auch auf den Bus.«).

Seine Antwort ist wütend: »Ihr habt Antonina schon genug ausgenutzt. In Amerika muss man 1000 Dollar für solche Interviews bezahlen, wie sie sie euch gibt. Sie sollte eine Villa dafür haben, stattdessen machen die Journalisten das große Geld damit. Wie viel bekommen Sie dafür?«

Die gleiche Argumentation wie in Jedwabne: Es gehe ums Geld. Und auch das Geräusch des aufgelegten Hörers ist das gleiche.

Gespräch mit Leszek Dziedzic. Sein Enthusiasmus für Amerika ist irgendwie kleiner geworden. Mit einiger Mühe bekomme ich aus ihm heraus, was los ist.

»Ich habe meinem Bruder bei der Arbeit geholfen, aber mit seiner Frau komme ich, was die Juden betrifft, nicht auf einen Nenner. Und jetzt habe ich keine Arbeit mehr.«

4. April 2002

Ty Rogers erzählt mir, wie er als juristischer Vertreter der Familien der Opfer von Jedwabne dem polnischen Konsulat in New York eine Liste von Personen vorgelegt habe, die eine Einladung zu den Feierlichkeiten in Jedwabne am 10. Juli 2001 erhalten sollten. Die Wasersztejns könnten nicht eingeladen werden, wurde ihm gesagt. »Sie wissen schon, Sie verstehen schon«, »das ist ein heikles Thema in Warschau«, »man weiß ja, wer Wasersztejn war«. An solche Gespräche nicht gewöhnt, fragte er so lange nach, bis man ihm schließlich sagte, dass Wasersztejn doch für den UB gearbeitet habe.

Ich rufe beim Konsulat an, um mich bei der anderen Seite nach dem Verlauf des Gesprächs zwischen Ty Rogers und der Konsulin zu erkundigen. Aber nein, ein solches Gespräch habe es nicht gegeben. Als ich nachhake, es erscheine mir wenig wahrscheinlich, dass ein amerikanischer Rechtsanwalt dergleichen einfach erfunden haben soll, erfahre ich, »vielleicht hat es tatsächlich eine solche Anregung aus Polen gegeben, und offenbar ist sie irgendwie bei Herrn Rogers angekommen«.

Wasersztejn hat nach dem Krieg nicht für den UB gearbeitet. Und selbst wenn: Würde dies etwas daran ändern, dass seine Mutter in der Scheune verbrannt ist?

12. April 2002
Telefongespräch mit Giselle, der Tochter von Chana Finkelsztejn. Chana lebt, sie erwartet mich, sie erinnere sich an alles und werde es mir erzählen. Sie sei glücklich, dass sich nach sechzig Jahren jemand für ihre Geschichte interessiert. Was für eine Erleichterung! Meine besessenen Recherchen, die Dutzenden Telefonate und krampfhaften Suchanstrengungen im Internet haben am Ende doch einen Erfolg gebracht.

Ich buche ein Flugticket nach Kansas City. Ich bin neugierig, ob Chana die Memoiren ihrer Mutter kennt.

18. April 2002
Nachmittags, Abflug nach Kansas City. Giselle Widman holt mich am Flughafen ab. Ich betrachte die Landschaft des Mittleren Westens: flach, einzelne niedrige Häuser, verteilt auf einer Fläche von Dutzenden Meilen. Die Stadt zählt vier Millionen Einwohner. Der Vorort, zu dem wir unterwegs sind, unterscheidet sich auf den ersten Blick nicht von all den anderen, durch die wir gekommen sind, nur dass über jeder Türe eine Mesusa angebracht ist. In der Straße, in der Giselle wohnt, bemisst sich der Wert eines Hauses danach, wie weit es von der Synagoge entfernt liegt. Die Synagoge ist orthodox, weshalb man am Sabbat nicht mit dem Auto hinfahren darf. Die Bewohner haben vorgesorgt für die Zeit, da sie nicht mehr so gut zu Fuß sein werden.

19. April 2002
Giselle holt ihre Mutter aus dem Pflegeheim – eine zierliche, hübsche, elegant gekleidete Dame mit goldenen Pantoffeln. Wir sprechen Englisch. Ich habe 56 Fragen vorbereitet. Leider hat Chana (jetzt: Ann Walters), wie ihre israelische Schwägerin mir sagte, tatsächlich gravierende Gedächtnisprobleme.

Sie ist in jeder Faser ihres Körpers eine echte Dame, auch angesichts der Krankheit.

»Es tut mir so leid, ich habe dieses Bild vor Augen, aber wenn ich darüber sprechen will, zerfließt es wieder. Bitte unterbrechen Sie mich, wenn ich mich wiederhole«, sagt sie, als sie zum zehnten Mal ihre letzte glückliche Kindheitserinnerung erzählt. Es war in der sowjetischen Besatzungszeit, und da die Sowjets sich um begabte Kinder kümmerten, wurde sie vor anderen ausgezeichnet und durfte zu einem Auftritt nach Jedwabne fahren. Sie spielte einen kleinen Fisch, der an der Angel hing und mit Tanz und Gesang den Fischer erfolgreich anflehte, ihn freizulassen.

Das muss im Rahmen jener Auftritte stattgefunden haben, von denen mir eine Bürgerin Jedwabnes berichtet hatte: »Anlässlich der Oktoberrevolution wurde im ehemaligen Katholischen Haus, das zu einem Kulturzentrum umfunktioniert worden war, ein Theaterwettbewerb für die umliegenden Schulen veranstaltet. Ich war in einem Chor, der russische Lieder sang. Den ersten Preis bekam eine Schule aus Radziłów, in der es viele jüdische Mädchen gab. Für sie wurden Bänke übereinandergestellt; die Schülerinnen hielten mit einer roten Schleife umwickelte Stangen und bildeten auf diese Weise einen fünfzackigen Stern. Ich erinnere mich noch, wie sehr mir das gefallen hat und welchen Beifall sie bekommen haben.«

Chaja erwähnt die Tanzauftritte in ihren Memoiren. Sie habe ihre Tochter Chanełe nicht zu den sowjetischen Veranstaltungen schicken wollen, aber der polnische Lehrer habe sie mit seinen Bitten dazu gebracht, zuzustimmen. Sie selbst sei jedoch nicht hingegangen, um sich den Auftritt ihrer Tochter anzusehen.

Chana, das einstige Chanełe, erinnert sich bruchstückhaft:

Wie ihr Bruder Szlomke vor dem Krieg blutig nach Hause kam, denn die Kinder hätten mit Steinen nach ihm geworfen und dabei »Jude« gerufen, und wie die polnischen Mädchen aus der Nachbarschaft erst zum Spielen zu ihr kamen und dann nicht mehr, weil sie von den anderen Kindern ausgelacht wurden.

Wie vor dem Verbrechen, kaum dass die Russen abgezogen waren, mit Kreide Kreuze auf die polnischen Häuser gezeichnet wurden, damit die Deutschen gleich wussten, welche Häuser christlich und welche jüdisch sind.

Wie sie am 7. Juli 1941 ihre jüdische Freundin – an ihren Namen erinnert sie sich nicht mehr – mit den blonden Locken sah, der das Blut über die Wange lief, nachdem sie jemand geschlagen hatte.

Wie der Pfarrer im Religionsunterricht, den sie nach dem 7. Juli besuchen mussten, um getauft zu werden, sagte, den süßen kleinen Jesus hätten die Juden grausam ermordet, dafür seien sie verflucht worden, und deshalb stoße ihnen so viel Schlimmes zu.

Wie nach der Taufzeremonie die Taufpaten ihr versprachen, sie würden, wenn sie überlebten, die ganze Familie nach Tschenstochau mitnehmen, um der Gottesmutter dafür zu danken, dass sie sie zum wahren Glauben bekehrt habe. Dabei wusste sie von ihrer Mutter, dass sie nur zum Schein Katholikin geworden waren.

Wie ihre Mutter sie im Versteck manchmal nachts weckte, weil sie im Schlaf Jiddisch sprach.

Ann spricht mit ganz leiser Stimme. »Dieses leise Sprechen ist uns vier Geschwistern von der Zeit des Versteckens geblieben.«

Mittags begleite ich Giselle, die ihren Sohn aus der jüdischen Schule abholt. Empört erzählt sie von den örtlichen Animositäten. So hielten sich die deutschen Juden gegenüber den Juden aus Osteuropa für etwas Besseres. Die Nachkommen derjenigen, denen es gelungen war, vor dem Krieg aus Deutschland zu fliehen, bezeichneten sich selbst als »Holocaust Kristallnacht Survivors«, während sie ihre Mutter nicht als »Survivor« betrachteten, da sie nicht in einem Vernichtungslager war.

Die Schule befindet sich in einem riesigen jüdischen Zentrum, mit Konferenzsälen, Café, Geschäften und einer gläsernen Bibliothek in der Mitte, in der Literatur zum Holocaust den Schwerpunkt bildet. Dort ist das Erinnerungsbuch der »Survivors« deponiert, in das Ann nicht eingetragen wurde. Ich werde der Bibliotheksleiterin sowie der Chefin des Zentrums vorgestellt und soll einer Lokalzeitung ein Interview geben. Ich begreife, dass mein Besuch das entscheidende Argument sein soll, um Giselles Stellung in der örtlichen Gemeinschaft zu stärken.

Ein kräftig gebauter Bursche mit einer Kippa und in zu weiten Kampfhosen kommt auf uns zu. Das also ist Anns Enkel, der seine Existenz der heroischen Haltung seiner Urgroßmutter verdankt.

Sabbat-Abendessen im Kreis zahlreicher geladener Gäste. Man spricht Englisch. Ein älterer Herr beugt sich zu mir und flüstert mir zu, indem er auf ein betagtes Paar zeigt: »Das ist eine gute Ehe. Wer würde auf die Idee kommen, dass sie aus Ungarn stammt? Denn eigentlich kommen hier alle aus Polen.«

20. April 2002

Ann ist glücklich, dass ich mir ihre Geschichten anhöre. Sie irrt sich, wiederholt sich, aber aus den Winkeln ihres Gedächtnisses zieht sie doch ein paar neue Bruchstücke hervor. Ihr ganzes Leben lang hat sie immer wieder von einer Bäuerin erzählt, die sie gegen Ende des Krieges, schmutzig, verlaust und krank, wie sie war, aufgenommen habe. Sie habe sie wie ein eigenes Kind behandelt, sie gewaschen und auf den Armen nach draußen getragen, denn sie, Ann, sei nicht imstande gewesen, sich auf den eigenen Beinen zu halten. »Ich erinnere mich nicht an ihren Namen, dabei würde ich mich so gerne erinnern.«

Ich verspreche ihr, an den Ort zu fahren, wo sie versteckt wurden, und das in Erfahrung zu bringen.

Nach der Befreiung ist sie zwei Jahre lang in die polnische Schule gegangen. »Dort hatte ich keine Freundin, ich konzentrierte mich nur darauf zu verbergen, was ich erlebt hatte. Emotional waren wir schon seit vielen Jahren in Palästina, aber als wir dorthin kamen, fühlte ich mich genauso fremd wie in der polnischen Schule. Ich beobachtete, wie die Kinder spielten, und bemühte mich, sie nachzuahmen, damit niemand bemerkte, dass ich anders war. Am nächsten standen mir meine Mutter und meine Schwester Yaffa (in Polen hatte sie den Namen Szejna), aber niemals sprachen wir von dem, was wir erlebt hatten, wir wollten einander nicht wehtun. Vielleicht bin ich zu weit gegangen damit, nichts zu sagen und nichts zu denken, und vielleicht ist das der Grund, weshalb ich ein weißes Blatt in meinem Kopf sehe, wenn ich nach Erinnerungen suche.«

Sie heiratete, emigrierte mit ihrem Mann nach Kansas und half ihm bei seinen Juweliergeschäften, was sie nie interessiert hatte. Als er vor zehn Jahren die Scheidung einreichte, war das für sie eine Erleichterung. Mit ihrem Mann konnte sie nicht über das sprechen, was sie erlebt hatte.

»Er war im Konzentrationslager gewesen, seine Familie war vergast worden. Er trug gewissermaßen ständig ein großes Transparent mit sich herum: ›Meine Eltern sind im Lager umgekommen, ich bin durch einen Albtraum gegangen.‹ Er gab mir immer zu verstehen, dass ich es ja gar nicht so schlecht hatte, denn ihm war es viel schlechter ergangen. Um im Lager zu überleben, musste man gerissen sein. Er hatte es geschafft. Er war nicht warmherzig, nicht mitfühlend, sondern aggressiv.«

Wir rufen in Haifa an, um Shlomid zu grüßen, die Enkelin von Chaja Finkelsztejn. Sie ist die Tochter von Yaffa, Chajas bereits verstorbener Tochter.

»Meine Mutter hat uns nie erzählt, was sie erlitten hat«, sagt sie mir. »Gehört das zur polnischen Kultur, die Zähne zusammenzubeißen und nicht von dem zu sprechen, was wehtut? Vielleicht ist deswegen vor ihrem Tod so viel Leiden aus ihr hervorgebrochen. Gegen Ende ihres Lebens konnte sie nur noch Polnisch sprechen, und in den letzten Monaten zitterte sie wie vor Angst und wiederholte immer dieselben polnischen Wörter, die keiner von uns verstand.«

21. April 2002

Ann und ich sehen uns das Video an, das vor einigen Jahren für das örtliche jüdische Zentrum aufgezeichnet wurde. Sie erzählt von ihrer Zeit im Versteck. Sowohl damals wie auch jetzt, im Gespräch mit mir, benutzt Ann immer wieder den Begriff des Wunders.

»Es war ein Wunder, dass meine Mutter mich unter dem Bett versteckte und ich gerettet wurde, als die Schlägertrupps kamen, um uns zu verprügeln.« »Ein Wunder geschah, als wir nach der Verbrennung der Juden in Radziłów auf der Straße unterwegs waren: Ein Bauer, der uns kannte, rief uns zu, wir sollten uns im Roggen verstecken – ich erinnere mich an das Gefühl, dass ich in die Erde kriechen wollte –, und sie fanden uns nicht.« »Das war doch ein Wunder: Als wir aus unserem Versteck gejagt wurden, weil der Bauer es mit der Angst bekommen hatte, und wir nachts durch das Dorf gingen, bellten die Hunde, doch niemand sah aus dem Fenster. Und ein weiteres Mal geschah das gleiche Wunder: Zwei deutsche Gendarmen kamen auf den Hof, und der Bauer sagte, wir sollten sofort durch die hintere Tür verschwinden, da hätte uns alles verraten müssen, vor allem unsere Hautfarbe – es war Sommer und wir waren leichenblass –, doch es gelang.« Dann über ihren Bruder: »Es ist ein wahres Wunder, dass Menachem nicht starb, obwohl er eine Blutvergiftung hatte und vor Fieber ohnmächtig wurde. Die Katze hatte wohl aus dem Haus ein Stück Speck gestohlen und war dann verscheucht worden, ohne es aufgegessen zu haben, da legte meine Mutter ihm den Speck abwechselnd mit kalten Umschlägen auf den Arm.« »Es ist ein Wunder, dass wir als bekehrte Christen durchgingen. Sie selbst sagten, dadurch dass sie uns bekehrt und später gerettet hatten, hätten sie sich den Weg zum Himmel gebahnt.« »Ein Wunder geschah in der Scheune, in der wir uns versteckten: Wir hatten dort eine Petroleumlampe, und einmal lief Petroleum aus und es gab ein Feuer, aber mein Vater hat es gelöscht. So viele Wunder sind geschehen, damit wir überleben konnten. Gott war gut zu uns. Und einige Christen auch. Viele Polen waren gegen uns, aber nicht alle.«

Die Memoiren von Chaja Finkelsztejn sind die Erzählung einer Frau, die ihre Familie inmitten einer entsetzlichen welthistorischen Katastrophe wie eine Löwin beschützt. »Ich war hart wie Stahl und kalt wie Eisen« – diesen Satz wiederholt sie viele Male. Nach diesen wenigen Tagen, die ich mit Ann verbrachte, wurde mir klar, wie hoch die Mauer war, dank deren es Chaja gelungen war, ihre Kinder vom Grauen der Außenwelt zu isolieren.

Zuerst starb Chaja an Alzheimer. Dann traf Ann, Menachem und schließlich auch ihre Schwester Yaffa dasselbe Schicksal. Es ist wohl wirklich ein Wunder, dass gerade dank dieser Familie, die so schwer von einer das Gedächtnis zerstörenden Krankheit betroffen ist, die Erinnerung an die Vernichtung der Juden von Radziłów bewahrt wurde.

22. April 2002
Gestern Nacht bin ich aus Kansas City nach New York zurückgekehrt. Heute früh ging es nach New London, zu einem Treffen mit Lea Kubran, die von Antonina Wyrzykowska versteckt wurde.

Leas Mann Jack Kubran (in Polen: Jankiel Kubrzański) überlebte, weil er am 10. Juli 1941 zum deutschen Gendarmerieposten gebracht wurde – an jenem Tag der sicherste Ort in Jedwabne. Sie wohnte mit ihren Eltern in Szczuczyn und überlebte, da sie zufällig bei ihrer Freundin Elke im Haus gegenüber war. Ihr Cousin, der es geschafft hatte, aus dem Fenster zu springen, erzählte ihr, wie ihre Nachbarn, befreundete Burschen, denen ihr Vater oft sein Fahrrad geliehen hatte, in ihr Haus eingedrungen seien. Sie hätten alle mit Äxten ermordet. Lea hatte sechs Brüder und vier Schwestern.

Als sie klein war, habe ihre Mutter ihr eine Prophezeiung vorgelesen: Es werde einen Krieg geben und nur eine Person aus der ganzen Familie werde überleben. Damals habe sie, Lea, gesagt: »Das will ich sein.« »Ich habe überlebt, denn so war es vorherbestimmt«, sagt sie. »Außerdem habe ich mich abgequält und Gefahren auf mich genommen.«

Nach dem Pogrom von Szczuczyn schlug sie sich mit Elke nach Łomża zu deren Familie durch. Dort hatte schon das Ehepaar Olszewicz aus Jedwabne (Elkes zukünftige Schwiegereltern) Unterschlupf gefunden, sie waren aus Angst vor einem Pogrom rechtzeitig in eine größere Stadt umgezogen. Nach kurzer Zeit tauchten weitere Flüchtlinge aus Jedwabne auf: Mojżesz, der Sohn der Olszewiczs, und sein Freund Jankiel Kubrzański. Sie erzählten entsetzliche Sachen, die niemand glauben wollte: dass dort alle Juden verbrannt worden seien.

Lea weiß, dass am 10. Juli Polen zur Gendarmerie kamen, um ihren Mann zu holen, dass die Gendarmen ihn jedoch nicht herausgaben. »Ihr habt genügend Juden«, hätten sie gesagt. Abends hätten sie sie fortgeschickt: »Geht, wohin ihr wollt, wir werden euch nicht mehr verteidigen.«

Im Prozess zum Verbrechen von Jedwabne sagte Karol Bardoń aus: »Vier Personen kamen plötzlich auf den Hof des Gendarmeriepostens und versuchten, drei Juden, die Holz hackten, mitzunehmen. Da trat der Kommandeur des Postens zu ihnen heraus: ›Haben euch die acht Stunden nicht gereicht, um mit den Juden fertig zu werden?‹« Einer von diesen Juden war mit Sicherheit Kubrzański.

Nach kurzer Zeit mussten alle dieses Haus verlassen, da es außerhalb des entstehenden Ghettos lag. Aber sie blieben jetzt zusammen. Am Tag vor der Auflösung des Ghettos floh sie zusammen mit Jankiel. Sie versteckten sich bei einem Bauern, aber jemand hatte sie denunziert.

»Der Bauer kam schreiend in den Schweinestall gelaufen: ›Flieht, die Gendarmerie ist auf dem Weg zu euch!‹«, erzählt Lea Kubran. »Wir liefen los, es war Herbst 1942, aber der Schnee war schon sehr hoch. Sie fingen uns ein und brachten uns zum Bürgermeister. Ich wurde verprügelt, die Narbe über den Augenbrauen habe ich immer noch. Die Deutschen betranken sich zusammen mit dem Bürgermeister, aus Zufriedenheit, dass sie Juden gefunden hatten, und sagten dem Bauern, dass man uns auf dem Fuhrwerk in die Stadt bringen soll. Der ließ uns auf den Wagen aufsteigen und fesselte seine Hand an meiner, zwei Gendarmen saßen hinten, der Pole vorne. Das Ziel unserer Reise war der Tod. Die Gendarmen hatten sich so betrunken, dass sie im Frost einschliefen, und der Pole sagte zu uns: ›Flieht, sie schlafen. Ich wecke sie, wenn ihr schon weit weg seid.‹«

Lea unterbricht ihre Erzählung, um uns das Mittagessen zu servieren. Wenn sie Englisch spricht, dann mit einem schweren jüdischen Akzent, Polnisch dagegen in reinster Jedwabner Mundart.

»Als wir ein Stück weggelaufen waren«, setzt sie ihre Erzählung fort, »rief der Pole so laut, dass wir es hörten: ›Sie fliehen, sie fliehen.‹ Da schlugen sie den Polen und jagten ihn mit Tritten fort. Wir fanden eine Scheune und gruben uns im Heu ein, unsere Hände waren immer noch gefesselt. Jankiel wollte zu einem Bauern in der Region Kurpie, aber unterwegs schaute er bei Antonina vorbei. Wir wussten, dass Szmul Wasersztejn dort arbeitete und dass man auf Antonina zählen konnte. Antonina sagte ihm, dass die Olszewiczs schon da waren. Sie beherbergten ihn für eine Nacht, und er half damals mit, zwei Unterschlupfe zu bauen, einen für die Olszewicz', den anderen für Szmul und Grądowski, und ging dann weiter, um einen Platz in Kurpie für uns zu finden. Er hatte sich einen Schnurrbart wachsen lassen und sah gar nicht wie ein Jude aus. Bei mir sah man sofort, dass ich Jüdin war. Ich versteckte mich bei einem Bauern am Narew, den wir kannten; er hatte Jankiel gesagt, dass er damit nicht einverstanden war, aber ich versteckte mich ohne sein Wissen in der Scheune. Meine Eltern besuchten mich in meinen Träumen, und sagten mir, was ich tun sollte, und ich hatte das Gefühl, mein Vater stützte mich mit der Hand, damit ich mich in der Scheune bis ganz nach oben hochziehen konnte. Jankiel versprach, für uns beide etwas zu suchen, und wenn sich herausstellen sollte, dass wir uns trennen müssten, würden wir uns nach dem Krieg wiederfinden – falls wir überlebten. Es vergingen elf Tage, vielleicht zwölf. Ich dachte bei mir: Noch einen Tag werde ich auf Jankiel warten, dann ertränke ich mich. Weinend schlief ich ein, doch am nächsten Tag hörte ich Stimmen. In Kurpie hatte er nichts gefunden und war zu Antonina zurückgekehrt, und die hatte gesagt, er soll mich mitbringen.«

Als sie nach dem Krieg ihr Versteck verließen, zogen sie in Kubrzańskis Elternhaus. Aber nur für kurze Zeit.

»Dort wohnten Polen«, erzählt Lea weiter, »aber wir beruhigten sie, dass wir nur wenige Tage über Nacht bleiben und dann emigrieren wollten, und so verhielten sie sich korrekt. Eines Nachts kamen Partisanen. Olszewicz war schon nicht mehr da, er suchte eine Wohnung in Łomża, denn wir hatten verstanden, dass es in Jedwabne nicht sicher war. Jankiel sprang blitzschnell auf das Sofa und zog sich auf den Dachboden hoch, über dem Sofa war eine Klappe – Engel müssen ihm die Hände geführt haben, dass ihm das gelang. Ich sagte, im Haus wären keine Männer; einer schlug mir ins Gesicht, ich würde lügen. Sie gingen nach draußen, und ich hörte, wie sie zu ihrem Führer sagten: ›Da sind keine Männer, nur zwei Frauen, was sollen wir mit ihnen machen?‹ Aber sie taten uns nichts, und noch in derselben Nacht flohen wir zu Fuß nach Łomża.«

Nach der Ankunft in den USA ließen sich die Kubrzańskis in Connecticut nieder. Nachdem sie ihre drei Kinder großgezogen hatte, arbeitete Lea in einer jüdischen Schule als Köchin und gewann zweimal einen örtlichen Wettbewerb im Schokoladenkuchenbacken. Jankiel, damals bereits Jack, begann als Nachtwächter in einer Molkerei, war danach Arbeiter und brachte es bis zum Meister.

Die Olszewiczs gingen nach Argentinien. »Elke und Mosze machten Geschäfte«, erzählt Lea. »Sie nähten Taschen aus Leder und Plastik, zum Einkaufen, nicht um ins Theater zu gehen. Das war ein gutes Geschäft, denn in Buenos Aires gab es solche Taschen vorher nicht. Mosze, der hatte einen unglaublichen Sinn für Geschäfte. Im Ghetto drückte er sich vor dem Arbeiten, er kaufte und verkaufte, wobei er dauernd zwischen dem Ghetto und der ›arischen‹ Seite hin- und herwechselte. Er sagte immer: ›Wo zwei Menschen sind, da lässt sich immer ein kleines Geschäft machen.‹«

Lea hat mehr als fünfzig Jahre mit Jankiel verbracht, genau wie Elke mit Mosze. Erst als ich mit Lea sprach, wurde mir bewusst, dass Lea und Elke, als sie sich versteckten, fünfzehn Jahre alt waren, genau wie Berek, und auch die anderen waren noch unter achtzehn.

24. April 2002

Kaum bin ich in Warschau gelandet, klingelt mein Mobiltelefon. Ich erfahre, dass Marianna Ramotowska ins Krankenhaus gebracht wurde. Ich fahre gleich vom Flughafen zu ihr. Mein erster Telefonanruf gilt Ignatiew – das sind die Situationen, in denen mir meine Jedwabne-Besessenheit ganz deutlich wird.

3. Mai 2002

Jedwabne. In der Stadt kursieren Dutzende Kopien eines Briefes, den der Bürgermeister und der Stadtratsvorsitzende im vergangenen Frühjahr an die staatlichen Behörden geschickt haben mit der Bitte um Hilfe bei der Vorbereitung der Feierlichkeiten zum 10. Juli. Angeblich hat der neue Bürgermeister den Brief in dem von seinem Vorgänger übernommenen Schreibtisch gefunden und beschlossen, ihn zu veröffentlichen. Der Brief sei eine Schande, sagen die Einwohner. In Pfarrer Orłowskis liebstem antisemitischen Blättchen wurde er unter der Überschrift »Hier der Beweis für den Verrat« abgedruckt, wobei Michałowski bei dieser Gelegenheit vorgeworfen wurde, die »Koscheren« über die Stimmung in der Stadt zu informieren: »Vor kurzem sprach er mehrere Stunden diskret – bei sich zu Hause, nicht im Rathaus – mit der jüdischen Hauptanschwärzerin Bikont von der *Gazeta Wyborcza*. Diese Journalisten-Hyäne hat sich ihren Ruf durch polenfresserische und lügnerische Artikel in der *Gazeta Wyborcza* redlich verdient. Mögen die Polen in Jedwabne wissen, wer sie denunziert.«

Ich versuche darüber mit Michałowski zu scherzen, doch mir ist klar, dass ihm ganz und gar nicht zum Lachen zumute ist.

Ich besuche eine ältere Dame, die ein heruntergekommenes Haus bewohnt, in dem es eine Menge Hunde und Katzen gibt, aber weder fließendes Wasser noch Gas.

Auf dem von Szmul Wasersztejn aufgenommenen Video habe ich gesehen, wie sie sich in Jedwabne begrüßt haben: »Lieber Staszek«, rief sie, »komm doch rein.« In Szmuls Memoiren habe ich die Beschreibung gefunden, wie sie ihn viele Jahre früher, ebenso verwundert und erfreut, auf der Schwelle ihres Elternhauses begrüßte – und zwar am 11. Juli 1941: »Szmulke, und ich dachte schon, du lebst nicht mehr.« Sie und ihre Mutter hätten geweint, als er erzählte, dass seine Mutter und sein Bruder verbrannt seien. Sie hätten Angst gehabt, ihn bei sich zu behalten, aber ihr Vater sei nach Jedwabne gegangen und habe dort erfahren, dass die Juden ruhig nach Hause kommen könnten, da die Deutschen weitere Morde verboten hätten.

Als Leszek Dziedzic noch in Polen war, hat er mehrmals erfolglos versucht, für mich eine Verabredung mit ihr auszumachen.

»Sie wohnt ja ganz allein und abseits«, erklärte er mir ihre ablehnende Haltung. »Da kann einer kommen, ihr mit einem Stein das Fenster einwerfen, und es würde nicht einmal jemand bemerken.«

Ich komme jetzt öfter bei ihr vorbei und versuche, sie an mich zu gewöhnen, indem ich aus unglaublich schmutzigen Gläsern Tee trinke. Sie mag meine Besuche, doch ich bin nicht einen einzigen Schritt weitergekommen.

»Ich habe niemanden gejagt, eher hätte ich ihnen Brot gegeben. Aber wer sie gejagt hat, das weiß ich nicht. Ich wollte nicht, dass mir das im Gedächtnis blieb, und da ist es verschwunden. Ich weiß nur, dass ich mit meinem Leben in schlechte Zeiten geraten bin.«

Von Szmul Wasersztejn habe sie noch nie gehört.

4. Mai 2002

Jedwabne. Ich fahre beim Haus von Franciszek Karwowski vor, Antonina Wyrzykowskas Neffen, mit dem ich früher schon einmal gesprochen habe.

Anscheinend hat er mich nicht erkannt und meint, Pfarrer Orłowski habe mich geschickt. Der Pfarrer schickt Journalisten zu ihm als einem Experten in Sachen Wasersztejn. Schließlich hat der sich ja bei seinem Vater in Janczewko im November 1942 einige Wochen lang versteckt. Dem Sohn hingegen ist es ein Vergnügen, ständig zu wiederholen, Szmul Wasersztejn sei ein ausgemachter Schurke, der Polen in den Dreck zieht. Er ist sich wohl selbst nicht ganz klar darüber, was er mir da erzählt:

»Noch mal sollte man nicht helfen. ›Warum habt ihr ihn bloß versteckt?‹, hat mich Biedrzycka einmal gefragt. ›Warum habt ihr ihn euch bloß durch die Lappen gehen lassen? Dann hätte es niemanden mehr zum Verstecken gegeben‹, habe ich ihr darauf geantwortet.«

8. Mai 2002

Milanówek. Ich besuche Antonina Wyrzykowska. Und spreche sie auf ihren Neffen Franciszek Karwowski an.

»Er hat mir geschrieben, sein Sohn hätte einen kaputten Traktor gekauft und ich soll bei Kwaśniewski eine Reparatur organisieren, weil er kein Geld für Ersatzteile hat. Jemand anders aus meiner Familie hat mich gefragt, wen ich im Fernsehen kenne. Ich habe zurückgeschrieben: Was ich kenne, ist, wie man Straßen reinigt und Kinder in die Umkleide bringt, und wenn er sich dafür interessiert, könnte ich ihm ein paar Ratschläge geben.«

Sie fährt jetzt bald nach Chicago zu ihrer Enkelin. Sie sagte mir, sie fühle sich krank – sie ist schon 85 Jahre alt – und werde sich dort operieren lassen. Sie weiß nicht, ob sie nach Polen zurückkehren wird.

»Mein Leben, das war nichts Besonderes, mein Engelchen«, resümiert Antonina beim Abschied.

9. Mai 2002

Ich habe eine Kopie der Titelseite der in Jedwabne weit verbreiteten Zeitung *Najjaśniejsza Rzeczpospolita* vor mir: »Ich klage an: 1. Leon Kieres, einen Juden [...] 2. Radosław Ignatiew, einen Juden ...« Kieres »nimmt die deutschen Verbrecher in Schutz, die sechs Millionen Polen ermordet haben«.

Na bitte, radikale Antisemiten erkennen das Polentum der drei Millionen Juden an, die in der Zweiten Republik gelebt haben, und das alles nur, um die Statistik der ermordeten Polen zu verbessern.

Ich rufe bei Ignatiew an, um ihn zu fragen, ob er schon wisse, dass er Jude ist. Er habe es gesehen und die Zeitung mit nach Hause genommen. Seine Frau habe sie ins Feuer geworfen, seine Schwiegermutter sei in Tränen ausgebrochen.

Ich rufe bei Krzysztof Godlewski an, der vor einem Monat in die Vereinigten Staaten ausgewandert ist.

»Jedwabne ist noch gar nichts im Vergleich zu Chicago«, beklagt er sich. »Die hiesige Zeitung für Auslandspolen druckt eine Serie mit dem Titel ›Jedwabne, die Jahrtausendlüge‹. Dauernd höre ich Witze über Juden und Krematorien. *Die Protokolle der Weisen von Zion* hat hier jeder gelesen. Ich gebe nicht zu erkennen, dass ich ›der‹ Godlewski bin, der Bürgermeister von Jedwabne.«

29. Mai 2002

Die Stiftung von Jolanta Kwaśniewska, der Frau des Präsidenten, hat mich nach Jedwabne zu ihrem Treffen mit Gymnasiasten eingeladen. Zwanzig Gymnasiasten werden nach Amerika fahren, eine Exkursion, die von der amerikanischen Jan Karski Educational Foundation mit Unterstützung der Stiftung von Kwaśniewska organisiert wird.

Ich habe schon vorher von dieser Exkursion gehört. Bereits im

Herbst brodelte es in der Gerüchteküche, wessen Kind nach Amerika fahren würde. Die Hauptattraktion ist der Besuch von Disneyland. Eine vorläufige Liste von Interessenten hat Jolanta Karwowska zusammengestellt, die selbst bei der Exkursion ins Holocaust-Museum dabei war.

»Die Kinder verehren sie und nehmen alles auf, was sie ihnen sagt«, erzählte mir eine befreundete Lehrerin. Und dass Karwowska sagt, sie werde nach Amerika fahren, um sich die Juden näher anzuschauen. Aber sie werde sich nicht von ihnen beeinflussen lassen. In der Schule gehe Karwowska mit einem Bild der Dame herum, die sie bei der Exkursion ins Holocaust-Museum kennengelernt hat und deren Stiftung sie und die Kinder jetzt einlädt. Sie mache dann deutlich: »Das ist Frau Kaya, im Hintergrund ein Flügel, und über dem Flügel die Muttergottes. Sie ist katholisch. Auf eine Einladung von einer Jüdin hin würde ich nicht fahren.«

Ich habe im Präsidialamt interveniert, dass man die Kinder nicht mit der Hauptantisemitin der Schule als Betreuungsperson losschicken sollte. Ob aufgrund dieser Intervention oder unabhängig davon, auf jeden Fall wird sie nicht fahren.

Auf dem Weg nach Jedwabne spreche ich mit Mitarbeiterinnen der Stiftung von Kwaśniewska. Den für die Exkursion vorgesehenen Kindern haben sie Arbeiten aufgegeben, die wir uns jetzt ansehen werden. Sie sollten eine Arbeit anfertigen über eine Religion oder Nationalität, die in der hiesigen Gegend vorkomme. Ich frage, wie man in einer Schule, wo antisemitische Sprüche von Schülern an der Tagesordnung sind, mit der jüdischen Nationalität umgeht. In der Tat, es habe da ein Problem gegeben. Die Themen »Juden« und »Judentum« seien erst nach mehreren Interventionen der Stiftung bearbeitet worden.

Ich bringe meine Skepsis zum Ausdruck. Um den Antisemitismus auszumerzen, wäre eine umfangreiche, systematische Arbeit mit den Kindern erforderlich – ob es da nicht angebracht wäre, langfristige Aufgaben in Angriff zu nehmen, wie etwa eine gemeinsam mit den Kindern vorgenommene Rekonstruktion des jüdischen Vorkriegs-Jedwabne oder das Aufräumen und Neugestalten des Friedhofs? Vielleicht hätte es erst dann Sinn, sie mit einem Ausflug nach Disneyland in Florida zu belohnen? Aber die Damen von der Stiftung versuchen mich zu überzeugen, dass sie ein hervorragendes Erziehungsprogramm anbieten; es sei bereits in Ferienlagern mit Kindern aus dem ehemaligen Jugoslawien gelungen, eine Brücke der Verständigung zu bauen.

Wir kommen bei der Schule an – die Aula geschmückt, die Schüler rausgeputzt. Kasia Czerwińska (die Tochter von Stanisław Michałowski) und Joanna Godlewska (die Frau von Krzysztof Godlewski) küssen mich zur Begrüßung. Ich weiß, dass dies hier einer heroischen Tat gleichkommt. Eine dritte Lehrerin, die ich kenne, wirft mir im Vorbeigehen zu: »Wir kennen uns natürlich nicht.«

Die Kinder sollen davon erzählen, was sie vorbereitet haben. Über die Litauer erfahren wir, wie sehr sie in diesem Land verwurzelt gewesen sind, über die Tataren, dass sie in Danzig wohnen und man sich dort ihre Moschee ansehen kann; was sie über die Juden sagen, klingt so, als handele es sich bei ihnen um Ankömmlinge von einem fernen Planeten.

Es gibt zwei Tische: »Jedwabne gestern« (zwei historische Arbeiten von Schülern über ihre Stadt: in einer fällt das Wort Jude überhaupt nicht, obwohl Ende des 19. Jahrhunderts über 80% der Bevölkerung Juden waren und es auch danach nicht wenige gab; in der zweiten ist ein Foto des alten Denkmals enthalten) und »Jedwabne heute«. Farbfotos von allen wichtigen Ereignissen und ein Schwarzweißfoto aus dem Internet. Darauf ist Präsident Kwaśniewski zu sehen, der einen Kranz beim Denkmal niederlegt. Das Bild ist von oben aufgenommen, daher tritt die Kippa auf seinem Kopf hervor. (Godlewski sagte mir nach den Feierlichkeiten: »Ich wusste, dass ich eine Kippa hätte aufsetzen sollen, da es eine religiöse Feierlichkeit war, aber ich muss dir gestehen, dass ich feige war – ich hatte solche Angst, dass sie mir das Haus abbrennen würden.«) Die Kippa ist das Symbol dessen, was die Einwohner über die Feierlichkeiten vom 10. Juli denken: dass es eine jüdische Feier war. Ich gehe auf das Mädchen zu, das an diesem Tisch sitzt, und frage sie, ob sie wisse, was sich in der Stadt am 10. Juli 1941 ereignet hat.

»Es geschah ein Verbrechen«, rezitiert sie schnell. »Wir wissen nicht, wer es begangen hat, aber wir haben auch nichts gegen Juden.«

»Was will diese Drecksjüdin von unseren Kindern?«, höre ich eine Lehrerin zu einer anderen sagen.

Ich erfahre, dass die Schule für die Exkursionsteilnehmer und ihre Eltern sowie für die Lehrer ein Treffen mit dem Pfarrer organisiert hat. Er habe erklärt, die Juden versuchten, die Jugend zu beeinflussen, und er habe darüber gesprochen, dass die Juden für den NKWD denunziert hätten, dass sie die Schuld auf die Polen abwälzen und Entschädigung fordern wollten, während am 10. Juli 1941 doch hundert Deutsche und 2500 Masuren in die Stadt gekommen seien. Neben Pfarrer Orłowski habe der Geschichtslehrer gesessen und geschwiegen. Der Direktor habe versichert, dass es sich um eine touristische Exkursion handelt, die »nichts mit den Feierlichkeiten oder mit den Juden zu tun hat«. Diese Aussage wiederholen nun alle Eltern, die von denjenigen angegriffen werden, deren Kinder keinen Platz ergattert haben: »Unser Kind geht auf eine touristische Exkursion.«

3. Juni 2002

Telefongespräch mit Krzysztof Moenke, dem Direktor der Schule in Jedwabne, der mit den Kindern nach Amerika fahren wird. Ich frage ihn, mit welcher Absicht er das Treffen mit dem Pfarrer organisiert habe.

»Der Pfarrer wollte nicht, dass die Kinder unvorbereitet fahren. Und die Exkursion wird touristischen Charakter haben.«

Ich frage ihn, warum er nie auf die Idee gekommen sei, Antonina Wyrzykowska in die Schule einzuladen.

»Bevor die Sache an die große Glocke gehängt wurde, hatte ich den Namen Wyrzykowska nie gehört«, antwortet – etwas an der Frage vorbei – der Direktor, der von Geburt an in Jedwabne wohnt und dessen Eltern während des Krieges dort waren.

»Und wo Sie ihn nun schon einmal gehört haben?«

»Ich würde die Kinder da nicht hineinziehen. Das Leben in Jedwabne war ruhig. Und wie werden denn die Palästinenser in Israel behandelt?«

14. Juni 2002
Mit Bożena und Jan Skrodzki auf dem Weg nach Radziłów. Ich bin zusammen mit ihnen zur Hochzeit des Enkels eines Bauern aus Trzaski eingeladen, bei dem sich Jan während der sowjetischen Besatzungszeit versteckt hat.

15. Juni 2002
In einer Wagenkolonne fahren wir zur Kirche, danach zur Hochzeitsfeier in ein Restaurant in Jedwabne. Ich schaue kurz bei Michałowski vorbei. Sie können sich gar nicht genug wundern, dass jemand aus der Gegend den Mut gehabt hat, mich zur Hochzeit einzuladen: »In Jedwabne hätte ja jeder Angst, dass sie ihm die Hütte abfackeln.«

16. Juni 2002
Die Skrodzkis und ich besuchen Franciszek E., der einmal Lehrling bei den Skrodzkis war. Jan liest ihm die Aussage von Kosmaczewski vor.

»Das ist nicht dein Vater«, widerspricht Franciszek E., »das kann ich beschwören. Kosmaczewski hatte Streit mit deinem Vater und hat ihn deswegen denunziert.«

»Ich weiß, dass er nicht die Wahrheit sagt«, erklärt mir Jan, als wir weg sind.

Ich frage seine Frau Bożena, wie es sein kann, dass Jan, obwohl er »die leichtere Wahrheit« wählen könnte, davon keinen Gebrauch macht.

»Du hast ja selbst gesehen, wie unaufmerksam Franciszek zugehört hat, wie er sich in der Küche zu schaffen machte und geradezu erstarrt ist, als der Name Dorogoj fiel. Er weiß es, und Jan weiß es. Jan hat es irgendwie immer gewusst, doch dank seiner Nachforschungen ist es ihm jetzt ganz klar geworden. Als seine Mutter einmal auf seinen Vater wütend war, hat sie gesagt: ›Was habe ich für ein Leben gehabt? Im Gefängnis hat er gesessen, weil er eine Jüdin ermordet hat.‹ Und warum hat sein Vater gegen Ende seines Lebens den Kontakt zur Familie abgebrochen? Und warum wollte er schon vorher niemand aus Radziłów treffen, selbst seinen Gesellen nicht, der in der Nähe, in Otwock wohnte? Er ist vor den eigenen Erinnerungen weggelaufen.«

Steht der Umstand, dass Zygmunt Skrodzki sich gegen Ende seines Lebens den Zeugen Jehovas anschloss, in Zusammenhang damit, was er im Sommer 1941 getan hat, wie sein Sohn und seine Schwiegertochter glauben? Jan als ältester Sohn war, entgegen der Auffassung seiner Familie, damit einverstanden, dass die Beerdigung seines Vaters gemäß dem letzten Willen von dessen Glaubensbrüdern durchgeführt wurde.

Die jüdische Tarbut-Schule in Radziłów, um1937. Fast alle Kinder sind umgekommen, bis auf Chana Finkelsztejn, sitzend, Zweite von links.

Szlomo, Menachem und Szejna, die Kinder von Chaja und Izrael Finkelsztejn. Radziłów, um 1937/38.

Chana, die Jüngste, das vierte Kind von Chaja und Izrael Finkelsztejn, Radziłów, um 1937/38.

13
Die Träume der Chaja Finkelsztejn oder Die Geschichte von der Rettung der Familie des Müllers von Radziłów

Zusammen mit den Deutschen machen die polnischen Einwohner von Radziłów Jagd auf die Juden und zwingen sie, sich paarweise entlang der Straße aufzustellen, vom Beit Midrasch bis zur Kirche. Sie schlagen sie mit Stöcken und Gewehrkolben. Die Finkelsztejns – Chaja, ihr Mann Izrael sowie ihre Kinder Menachem, Szlomo, Szejna und Chana – verlassen in aller Stille ihr Haus, um sich vor den Verfolgern zu verstecken. Sie schlüpfen durch, als wären sie unsichtbar, niemand bemerkt sie. Aber selbst müssen sie mit ansehen, wie Deutsche und Polen den Juden Bärte ausreißen und sich dabei nicht halten können vor Lachen. Sie schleichen an Hauswänden vorbei, an denen Judenkarikaturen aus dem *Stürmer* hängen. Doch die Häuser enden irgendwann, keine Mauern mehr, an denen die Fliehenden entlangschleichen können. Sie stehen vor dem Zaun des Kirchgartens. Verzweifelt beschließen sie, dort Schutz zu suchen. Chaja berührt die eiserne Klinke der Pforte und … erwacht.

Dies ist der erste der prophetischen Träume, die Chaja Finkelsztejn bis zum Kriegsende begleiten sollten, Träume, die ihre Schritte lenkten, ihr Kraft gaben und sie vor der Verzweiflung bewahrten.

Die Finkelsztejns gehörten zu den reichsten Familien der Stadt. Chajas Mann war Müller. Sie hatten Kontakte zu den Bauern der Umgebung, die ihr Korn zum Mahlen brachten. Ihnen war an guter Nachbarschaft gelegen, Izrael maß großzügig ab und gab kleine Geschenke für die Kinder mit.

Die Mühle stand beim Ortsausgang von Radziłów in Richtung Jedwabne, gegenüber ihrem Haus. Sobald die Sowjets einmarschiert waren, beschlagnahmten sie die Mühle, und kurze Zeit später ließen sie auch das Wohnhaus räumen. »Ein mitfühlender Christ« (so Chaja in ihren Memoiren) vermietete ihnen eine Wohnung. Schweren Herzens verbrannten sie ihr Archiv mit den Dokumenten über ihre zionistischen Aktivitäten, das bis 1917 zurückreichte. Chaja und ihr Mann wurden von den Sowjets aufgrund zweier Paragraphen Repressionen unterworfen: als »bürgerliche Elemente« und als Zionisten. Izrael musste sehr oft zu Verhören erscheinen, jede Nacht zitterten sie vor der Deportation. Chaja bereitete sich auf diesen Fall vor: Sie kaufte Stoffballen, denn sie wusste, dass das Geld von einem Tag auf den anderen seinen Wert verlieren konnte, während man mit Stoff immer würde bezahlen können. Dank Chajas Geschick im Bestechen sowjetischer Beamter gelang es ihnen, die Deportation zu umgehen. Sie erhielten ihr Haus zurück, allerdings mit einem Polizisten als Mieter. Von ihrem Fenster aus sahen sie, wie die neuen Verwalter sich in der Mühle breitmachten, darunter Lejzor Zandler, der schon vor dem Krieg mit dem Kommunismus sympathisiert hatte, und der Pole Malinowicz.

Als Chaja einem Flüchtling aus Krynki vorschlug, ihre Kinder zu unterrichten, rief der: »Ich träume wohl! Es gibt also noch Juden, denen es wichtig ist, dass Unterricht im Hebräischen und im Talmud stattfindet?« Sie lernten heimlich, bei geschlossenen Fensterläden.

An Jom Kippur 1940 stellte ihr Mann, der in seiner ehemaligen Mühle als einfacher Arbeiter beschäftigt war, die Uhr um zwei Stunden vor und kam so rechtzeitig zum Abendgebet. Die Juden beteten im Beit Midrasch, denn die Synagoge war von den Sowjets zu einem Magazin umfunktioniert worden.

Im Januar 1941 fand zum Jahrestag der Nationalisierung der Mühle das Fest »*God bez chozjaina*« [Ein Jahr ohne Eigentümer] statt. Sie schreibt: »Danach kamen einige ehemalige christliche Arbeiter zu uns. Sie erzählten, es habe mit langen Reden begonnen, welches Glück die Kommunisten den Arbeitern gebracht haben, weil sie nun die Besitzer, diese Blutsauger, los sind. Sie hätten uns verflucht. Die Verleumdungen und Widerwärtigkeiten über uns hätte Lejzor Zandler vorgebracht. Jemand aus unserer Familie hatte also Anteil daran. Wir haben ihn erzogen, ihn den Beruf gelehrt, doch er ist einen anderen Weg gegangen und ist falschen Propheten gefolgt. Einmal forderte ich ihn auf, sich daran zu erinnern, dass er Ausbilder gewesen war, der Ausreisewillige auf Palästina vorbereitet hatte, und sagte ihm, er wäre im Irrtum, wenn er glaubt, dass der Kommunismus die Juden befreien wird. Wenn der Wind sich dreht, würden die Russen, diese alten Pogrom-Täter, jüdisches Blut vergießen. ›Unsere einzige Chance ist der Staat Israel‹, erklärte ich ihm. ›Du möchtest wohl eine blau-weiße Fahne mit Stern haben?‹, verspottete er mich. ›Wenn du nicht den Mund hältst, landest du in Archangelsk.‹«

Im Juni 1941 wurden sie gewarnt, es werde eine Deportation geben und sie seien auf der Liste. Aber noch in derselben Nacht brach der deutsch-russische Krieg aus.

Kurz darauf besuchte sie Franciszek Rogowski, einen reichen Bauern aus dem vier Kilometer entfernten Dorf Trzaski: »Er gehörte zum Landadel, einer seiner Brüder war Arzt, ein anderer Priester und drei weitere waren Studenten. Er führte den Hof mit seinem Vater und noch einem Bruder. Er wollte uns sein Mitgefühl ausdrücken. Wir baten ihn, unser Vermögen aufzubewahren. Anfangs hatte er Angst, aber dann stimmte er zu. Er schlug vor, auch die Kuh zu nehmen. Wenn es nötig werden sollte, könnten wir uns bei ihm verstecken. Aber nur unsere Familie, und zwar so, dass kein Nachbar unser Kommen bemerken würde.«

Sie bringen die bereits gepackten Körbe und Koffer nach Trzaski, die dort ein ganzes Zimmer in Anspruch nehmen. Doch als sie nach dem Einmarsch der Deutschen zu Rogowski gehen, um die ersten Tage der deutschen Besatzung abzuwarten, sind sie ungern gesehene Gäste: »In ihren Gesichtern lasen wir, dass sie vor allem an unseren Sachen interessiert waren. Ihr ältester Sohn bat mit gespielter Freundlichkeit, wir mögen uns setzen, und forderte seine Mutter auf, uns Brot und Milch zu geben. Diese Frau, die uns, wie die ganze Familie, vorher freundlich gesinnt war, hatte ihre Einstellung geändert. Sie sprach kaum mit uns. Kühl bat sie zu Tisch. Wir wollten nicht auf unsere Ehre pochen und sagten unseren Kindern, sie sollten etwas essen. Aber auch sie spürten diese Kälte. Unser kleiner Sohn war vor Erschöpfung eingeschlafen, und als er aufwachte, begann er zu weinen, wir sollten weggehen, sie würden uns ermorden. Er hatte erkannt, dass sie bereit gewesen wären, Mörder zu werden, um unsere Sachen an sich zu nehmen.«

Am folgenden Tag entschloss sich Chaja, nach Hause zurückzukehren, da sie sich um die Gänse und Enten Sorgen machte, die sie auf dem Hof sich selbst überlassen hatten. Sie schnürte die Schuhe, band ein Kopftuch um und ging als angebliche Dörflerin in die Stadt. Sie stand in der Menge der Schaulustigen, als die einmarschierenden Deutschen von den Einwohnern enthusiastisch begrüßt wurden: »Ich erinnerte mich daran, wie sie 1915 in Radziłów einmarschiert waren«, schrieb sie später. »Derselbe Stolz, dieselben erhobenen Häupter. Und wie sahen sie 1918 als Kriegsgefangene aus? Da ergaben sie sich Bauern, die mit Stöcken bewaffnet waren. Ich betete für den Tag, an dem sie wieder fliehen würden. Ich war sicher, er kommt, aber ob wir ihn erleben würden?«

Als sie zu ihrer Familie zurückkehrte, stellte sich heraus, dass ihr Mann unruhig geworden und aufgebrochen war, um sie zu suchen. Er kam erschüttert zurück. Mit Mühe und Not war er einem Bauern entwischt, der sich mit dem Messer auf ihn gestürzt und gerufen hatte: »Ihr Juden seid schuld, dass sie mich nach Sibirien schicken wollten.« Seine Rettung verdankte er einer List: Er zog sein Jackett aus und der Bauer blieb stehen, um es aufzuheben und nachzusehen, ob nicht Geld darin war.

Sie erfuhren, dass die Polen eine Anordnung erlassen hatten, Juden nichts zu verkaufen und sie nicht zu verstecken. Da es in der Stadt ruhig war, konnten sie nach Hause zurückkehren. Ihr Haus war bereits von deutschen Offizieren besetzt, aber die überließen ihnen einen Teil der Wohnung. Im *Stürmer*, der dort herumlag, lasen sie, England habe vorgeschlagen, in Palästina zwei Staaten zu schaffen: Israel für die Juden und Arabien für die Araber. Für eine Weile waren sie glücklich.

Am 27. Juni verließen die bei den Finkelsztejns einquartierten Deutschen mit den übrigen Soldaten Radziłów.

»Mir fiel ein«, schreibt Chaja, »dass gleich Sabbat war und man etwas für Samstag vorbereiten musste. Die Gans hatte ich versteckt, das übrige Geflügel war gestohlen. Auf Schleichwegen brachte ich sie zum Schächter. Der lag krank im Bett, die Schändung der heiligen Bücher aus der Synagoge hatte ihn aus der Bahn geworfen. Seine eigene Wohnung war von christlichen Bekannten ausgeraubt und demoliert worden. Die Tochter des Schächters, meine Freundin, erzählte mir unter Tränen, sie hätte versucht Widerstand zu leisten, doch da hätten sie sie geschlagen und gerufen: ›Du dumme Jüdin, es ist doch ganz egal, wer dir das wegnimmt.‹«

Schon seit einigen Tagen quälten Polen aus Radziłów und deutsche Soldaten gemeinsam die Juden, indem sie sie schlugen und dazu zwangen, die heiligen Thorarollen zu verbrennen. Gleich neben dem Haus der Finkelsztejns hielten von vier Pferden gezogene und mit Tarnplane bedeckte Wagen. Chaja sah aus dem Fenster, wie Deutsche in Tarnanzügen heraussprangen, eine neue Einheit, die sie noch nicht in der Stadt gesehen hatte. »Die Bauern und mit ihnen auch die Bäuerinnen, die jungen wie die alten, liefen heraus, um sie zu begrüßen. Sie zeigten auf unsere Wohnung«, schreibt sie in ihren Memoiren.

Ein gutes Dutzend Deutsche und Polen drangen bei ihnen ein. Der Anführer war Henryk Dziekoński. »Ich sprach ihn namentlich an«, schreibt sie. »Ich kannte ihn, er war oft bei uns gewesen. Sein Vater war vor dem Krieg Polizist gewesen, er selbst hatte während der sowjetischen Besatzungszeit auf der Post gearbeitet. Ich fragte ihn, was er gegen uns habe. Er sagte, alle Juden seien gleich: ›Niemand hatte Erbarmen mit uns, als sie uns nach Sibirien deportiert haben, also erwartet auch ihr kein Erbarmen.‹«

Sie warfen den Inhalt der Schränke und Anrichten auf den Boden, trampelten mit Stiefeln auf den Sachen herum, zerschlugen Porzellan, verstreuten Lebensmittel, übergossen diese mit Petroleum und schlugen die Scheiben ein. »Mit sadistischer Wut hämmerten sie mit Gummiknüppeln gegen den Kronleuchter. Sie liefen durchs Haus und durchsuchten die Zimmer. Ihre Beute brachten sie zu den Bauern hinaus, von denen eine ganze Masse vor dem Haus stand. Ihre wilden Schreie ›*Jude*‹ waren ohrenbetäubend«, lesen wir bei Chaja. Sie stürzte sich auf die Angreifer, um ihrem Mann die Flucht zu ermöglichen. Dann hörte sie, wie man hinter ihm her schoss, und wusste nicht, ob er verwundet worden war oder überhaupt überlebt hatte.

Sie schlugen die Kinder, doch Chaja verteidigte sie wie eine Löwin, trat und biss die Verbrecher und nahm die meisten Hiebe auf sich. Sie drang in den Keller ein, wo einer der Angreifer versuchte, ihre Tochter Szejna zu vergewaltigen, und riss sie ihm aus den Händen. Als es Mitternacht schlug, wurde es leer im Haus, und Chaja, von der ganzen Familie am schlimmsten verwundet, war von Blut überströmt. Am Fenster stehend wartete sie auf die Morgendämmerung, um ihren Mann suchen zu gehen. Im Stehen schlummerte sie ein, und dann hatte sie jenen Traum, in dem alle Juden von Radziłów an einem Ort zusammengetrieben wurden.

»Ich begriff, dass das ein Zeichen war, dass wir einen Ort finden mussten, wo wir uns verstecken konnten«, schreibt sie. »Mein Körper war voll blauer Flecken, am Kopf hatte ich lauter offene Wunden, doch mein Gehirn funktionierte und suchte nach einer Lösung. Ich glaubte nicht an die Menschlichkeit des Pfarrers. Vielleicht aber sollten wir trotz allem dort Hilfe suchen, wo das ganze Gift seinen Ursprung hatte?«

Gegen Morgen kehrte Izrael gesund und unverletzt zurück. Doch ihre angeborene Energie erlaubte es Chaja nicht, im Antlitz der Gefahr tatenlos zu bleiben. Ohne auf ihre Wunden Rücksicht zu nehmen, wird sie losziehen und bei ihrem Versuch, im Lager des Feindes eine Garantie für das Überleben ihrer Familie zu erhalten, von Pontius zu Pilatus geschickt werden.

Chaja beschloss, den Stier bei den Hörnern zu packen und direkt zu denen zu gehen, die sie für das Pogrom verantwortlich macht. Sie nahm sich vor, ihnen die Frage nach dem Warum zu stellen und sie zu bitten, den Deutschen nicht zu helfen, und die Einwohner davon abzuhalten, die Juden zu quälen. Sie begann bei Mordasiewicz, dessen beide Söhne sich am Quälen der Juden beteiligten. Dessen Antwort lautete, sie würden nur das tun, was man ihnen von oben befiehlt, und sie könnten nicht helfen.

»Wenn das so ist«, entgegnete Chaja, »dann raten Sie mir, Herr Mordasiewicz, an wen ich mich wenden soll.« Er nannte ihr Stanisław Grzymkowski, der vor dem Krieg Bürgermeister war. Chaja ging direkt zu ihm.

»Seine unzufriedene Grimasse bei meinem Anblick überspielte er mit einem höflichen Lächeln«, schreibt sie. »Er ging im Zimmer umher. Jedes Mal, wenn er an der Anrichte vorbeiging, schnitt er sich Brotscheiben ab, legte Speckstücke darauf und verzehrte sie in aller Ruhe. Meine Geschichte hörte er sich ohne das geringste Mitgefühl an. Er muss davon gewusst haben, vielleicht hatte er sogar selbst den Befehl dazu erteilt. Ich fragte ihn: ›Warum wurde uns das angetan? Kann uns etwa jemand vorwerfen, wir wären Freunde der Kommunisten gewesen? Wisst ihr, wie viel wir durch sie gelitten haben? Mehr als unsere polnischen Nachbarn.‹«

Auf diese Worte hin wurde er etwas milder und schickte sie zu Mazurek, dem Hilfsarzt, denn, wie er sagte, »sein Amt ist höher, sein Wort wiegt mehr«.

Mazurek, dessen Sohn zu denen gehörte, die nachts Juden überfallen, beklagte sich, wie viel Arbeit er mit der Versorgung der verwundeten Juden habe. (»Der Sohn sorgt dafür, dass der Vater Arbeit hat«, kommentiert Chaja.) Er sah keine Möglichkeit zu helfen und schlug ihr vor, zum Pfarrer zu gehen. So ging sie also dorthin, wohin ihr Traum sie gewiesen hatte.

In der Pfarrei sah sie Kupferkessel, wie sie von Juden zum Waschen verwendet werden – sicherlich Raubgut. Sie zeigte dem Pfarrer die Wunden an ihrem Kopf, ihr geschwollenes Gesicht und die im Halsausschnitt sichtbaren blauen Flecken. Am ganzen Körper sehe sie so aus, erklärte sie: »Als geistlicher Vater sollten Sie von der Kanzel herab dazu aufrufen, den Deutschen nicht zu helfen, da das den guten Namen der Polen besudelt und die Deutschen den Juden auch schon selbst genug Schlimmes zufügen.« Er antwortete wütend, er werde kein gutes Wort für die Juden einlegen: »Obwohl ich groß bin« – in der Tat war er groß gewachsen und dick –, »würde ich dann in ihren Augen ganz klein werden. Ich bin nicht sicher, ob sie mich nicht auf der Stelle umbringen würden. Später würden sie es vielleicht bereuen, aber im Eifer des Gefechts könnten sie mich erschlagen, so groß ist ihr Hass auf die Juden. Jeder Jude, von zwölf bis sechzig, ist ein Kommunist.« Chaja versuchte ihm zu erklären, dass die Schurken unter den Juden zusammen mit der Roten Armee geflohen und die Unschuldigen zurückgeblieben seien, doch der Pfarrer beharrte auf seiner Meinung, alle Juden seien Kommunisten.

Chaja hatte einen unglaublichen Verhandlungsinstinkt und eine Intuition für zwischenmenschliche Beziehungen. »Auch wenn Sie meine Garantie für das ganze jüdische Volk nicht annehmen, dann müssen Sie es für meine Familie tun«, erklärte sie dem Pfarrer. »Ich lege meine Hand dafür ins Feuer, dass es keine Kommunisten bei uns gibt.« Da gestand der Pfarrer zu, dass die Finkelsztejns anständige Leute waren und ihre Kinder in der Schule keine roten Tücher tragen wollten. Er riet ihnen, auf dem Dorf abzuwarten, bis das Schlimmste vorüber war. Und er versprach ihr: »Direkt kann ich euch nicht helfen, aber indirekt werde ich es tun.« Aus den Memoiren geht hervor, dass das Versprechen des Pfarrers ihnen tatsächlich einige Tage in Sicherheit einbrachte.

Chaja begab sich zu dem befreundeten zionistischen Aktivisten Wolf Szlapak. »Szlapak hatte Kontakt zum Führer der örtlichen SN-Gruppe aufgenommen, der ihm versicherte, sein Haus und sein Besitz seien sicher. Er wusste nicht, dass sie uns in der vorigen Nacht überfallen hatten, und wunderte sich, dass ich beim Pfarrer Rettung gesucht hatte. ›Das ist ein Antisemit. Wir glauben, dass er es war, der an der Spitze der Mörder gestanden hat.‹ – ›Eben darum bin ich zu ihm gegangen‹, antwortete ich.«

Der Gedanke tauchte auf, Szlapak könnte versuchen, im Namen der gesamten jüdischen Gemeinschaft zu verhandeln und eine Sammlung von Geld und Wertgegenständen zu veranstalten, um Sicherheit zu erkaufen.

An diesem Samstag erschien die Wachfrau, die bei den Finkelsztejns arbeitete, nicht zur Arbeit, und Chaja brach zum ersten Mal in ihrem Leben den Sabbat, indem sie selbst Feuer entfachte, um den

Kindern die Suppe für das Sabbatessen aufzuwärmen. Sie ging zu ihrer Schwägerin, um von dort das Essen zum Aufwärmen zu holen. »Als sie erfuhr, dass ich Feuer gemacht hatte, blieb ihr vor Überraschung der Mund offen stehen. Sie machte mir Vorwürfe, ich und meinesgleichen seien dafür verantwortlich, dass all dieses Unglück über die Juden hereinbreche. Ich antwortete ihr, dass eine Lebensgefahr das Sabbatfest aufhebt. Und dass ich, wenn nötig, an jedem Samstag Feuer im Herd machen würde. Ich erinnere mich immer noch an ihr wutverzerrtes Gesicht. Sie konnte mir nicht verzeihen. Aber meine Kinder waren zufrieden, dass sie etwas Warmes zu essen hatten. Ich war sicher, dass ich eine gute Tat getan hatte.«

Abends schickte sie ihren Sohn Menachem zu Szlapak. Es zeigte sich, dass die Banditen auch bei ihm eingebrochen waren, die Frauen herausgeholt und verprügelt hatten, die sich dort versteckten, und Szlapak gewarnt hatten, der Schutz gelte nur für ihn und seine Familie. Dennoch wurde beschlossen, die Sammlung von Geld und Schmuck weitergehen zu lassen. »Das war nicht einfach, denn es war gefährlich, über die Straße zu gehen«, kommentiert Chaja. »Aber die Nachricht, dass wir mit den Anführern gesprochen hatten, verbreitete sich rasch, und es herrschte der Glaube, das wäre ein Weg zur Rettung.«

Als Chaja nachts ihre Kinder schlafen gelegt hatte, setzte sie sich mit ihrem Mann ans Fenster, um Ausschau nach den Banditen zu halten. Die Tür zu verriegeln hatte keinen Sinn, denn die Scheiben waren eingeschlagen. Die ganze Nacht über hörten sie Schreie aus den Nachbarhäusern. Am Morgen erschien Dziekoński. »Er kam, um sich zu entschuldigen. Er sagte, er sei betrunken gewesen. Wir begriffen, dass ihn jemand geschickt hatte, damit er uns zeigt, dass es ihm leidtut.« In der folgenden Nacht, als sie es aufs Neue schreien hörten, kam ein Bandit an ihr Fenster und rief: »Geht schlafen! Euch passiert nichts.«

Unterdessen wurden bei Szlapak Geräte, Bettwäsche, Kleidung, Silber und Porzellanservice abgeliefert, und das für das Lösegeld bestimmte Zimmer war schon so gut wie voll. Dann drangen die Banditen ein, stahlen alles und verprügelten den Hausherren. »Seine Frau sagte mir, er blute, seine Lunge sei verletzt. Sie bat mich, zu ihm zu gehen. Ich fühlte mich nicht gut, aber ich konnte es ihr nicht abschlagen. So riss ich mich zusammen und ging hinein zu dem Menschen, der geglaubt hatte, die Mörder hätten Respekt vor ihm und würden sich mit ihm auf eine Verabredung einlassen. Ich ging durchs Esszimmer, dort saßen seine Kinder und die Kinder von Flüchtlingen und Nachbarn, alle schön wie Blumen und so traurig. Szlapak lag in Bandagen da, unter den Kompressen sah ein schwarzes Gesicht hervor. Ich ging schweigend hinaus, denn ich fand keine Worte des Trostes.«

Es vergingen weitere Tage und Nächte, die Banditen kamen in die Häuser, prügelten, raubten und vergewaltigten, doch das Haus der Finkelsztejns ließen sie in Frieden. Chaja und ihr Mann kämpften gegen den Schlaf an und wachten an den Betten ihrer schlafenden Kinder.

Einmal nickte Chaja kurz ein und träumte, die Mörder wären ins Haus gekommen und hätten alles mitgenommen. Im Traum war sie wütend darüber, dass sie eine Cognacflasche nicht ausgegossen, sondern nur vergraben hatte, so dass sie jetzt den Mördern in die Hände fallen könnte. »Ich laufe in den Keller, und da ist eine zerbrochene Flasche und Vergissmeinnicht, blau mit gelben Herzchen im Innern, die an der Stelle wachsen, wo der Cognac versickert ist.« Chaja erzählte diesen Traum einem jüdischen Nachbarn und hörte, Blumen seien ein gutes Omen. Andererseits sei es nicht gut, dass sie nur an einem einzigen Ort wuchsen. Sie beschloss, wachsam zu bleiben und sich bereitzuhalten, aus der Stadt zu fliehen.

Am Sonntag, dem 6. Juli, kam die polnische Wachfrau, die in ihrer Mühle vor dem Krieg aufgepasst hatte, zu ihnen. Sie sagte, es seien viele Bauern aus Wąsosz gekommen, um den Radziłówern zu helfen, die Juden umzubringen. Sie wollte die Sachen der Finkelsztejns holen, bevor andere auftauchten (»Es ist besser, wenn ich das bekomme als irgendwelche fremden Leute«, erklärte sie). Kurze Zeit später kam die Frau eines jüdischen Buchhalters aus Wąsosz, der vor dem Krieg bei ihnen gearbeitet hatte, mit einem kleinen Kind herein. »Sie sah wirr aus und bat um ein Stück Brot. Die Mörder hatten ihr gesagt, sie hätten ihre ganze Familie in Wąsosz abgeschlachtet, wie man Kälber schlachtet. Sie hätten die Namen ihrer ermordeten Schwestern und Brüder genannt. Mit unmenschlicher Stimme rief sie: ›Flieht! Flieht!‹«

Chaja zog ihre Kinder an, sie schlichen sich nach Trzaski zu den Rogowskis, doch die fürchteten sich, sie ins Haus zu lassen. Sie gestatteten ihnen, auf dem Feld zu übernachten. Im Morgengrauen erfuhren sie, die Radziłówer hätten die Bauern aus Wąsosz weggeschickt, so dass sie nach Hause zurückkehren konnten. Doch kaum waren sie zu Hause, erreichte sie die Nachricht, die Gestapo sei gekommen und habe befohlen, die Juden zum Jäten des Marktplatzes zusammenzutreiben. Es war der Morgen des 7. Juli 1941.

Der Befehl galt nicht für Kinder, doch einige Übereifrige trieben ganze Familien auf den Platz. Dank Chajas Memoiren lässt sich nicht nur der Verlauf des Verbrechens detailliert rekonstruieren, sondern auch mit ihren Augen beobachten.

Sie stehen in der Hitze, von einem Spalier aus Nachbarn umgeben, die aufpassen, dass niemand flieht. Einige wurden geschlagen und bluten, es sind jene, die nicht freiwillig auf den Marktplatz gehen wollten. Dort stehen Mütter mit ihren Kindern an der Hand, andere machen sich Sorgen, wie es den Kleinen geht, die sie zu Hause zurückgelassen haben. Alle sind von dem zweiwöchigen Albtraum zermürbt und ausgehungert, denn der Boykott wirkte, so dass sie nichts bei Polen kaufen konnten, und ihre Vorräte wurden nachts von den marodierenden Banden gestohlen. Die Gestapoleute und die Polen prügeln wahllos drauflos, quälen die Juden und reißen den Alten die Bärte aus. Viele beten leise – man hört das Murmeln des Gebets Schma Jisrael.

»Was wird jetzt werden, Chaja?«, fragt sie eine Freundin.

»Der Tod ist sicher«, antwortet sie. »Nur was für ein Tod?«

Plötzlich und unerwartet ein Hoffnungsschimmer: Die Gestapoleute steigen in ihre Autos und fahren davon.

Kurze Zeit später führt ein Bauer, den sie vor dem Krieg zum Dreschen angestellt hatten, die Finkelsztejns vom Marktplatz und erlaubt ihnen, nach Hause zu gehen. Chaja erklärt nicht, wie es dazu kam, dass er sie gerettet und vor den anderen beschützt hat. Sie muss ihn dafür bezahlt haben, eine andere Erklärung ist kaum denkbar. Unterwegs stellt sich ihnen eine Menschenmauer in den Weg, macht aber Platz, als jemand ruft: »Lasst sie durch. Sie sind frei.«

Sie sahen jüdische Kinder, die auf der Suche nach ihren Eltern umherirrten. Ihre beiden, Szejna und Chana, die sie zu Hause zurückgelassen hatten, beruhigten die weinenden Kleinen. Schulkameraden von Szejna kamen zum Fenster gelaufen und riefen: »Wisst ihr, was mit den Juden passiert? Sie werden in einer Scheune verbrannt.« Szejna brach in Tränen aus, aber ihre Eltern wollten es nicht glauben. Sie machten sich daran, das Haus zu verbarrikadieren, als eine Bande von Burschen mit dem Sohn ihrer Wäscherin voran hereinplatzte. Sie holten sie aus dem Haus, und als Chaja die Tür abschließen wollte, versuchten sie ihr den Schlüssel abzunehmen, denn »sie wird ihn ja doch nicht mehr brauchen«. Sie erklärte ihnen, sie seien befreit worden, aber die Angreifer wollten nicht auf sie hören. Doch als Rauch erschien, sagten sie, sie hätten Glück gehabt und könnten nach Hause gehen.

So kehrten sie zurück – zur Überraschung ihrer Nachbarn, die bereits dabei waren, ihren Besitz herauszutragen. Chaja sagte ihnen, sie könnten sich nehmen, was sie wollten, und die ganze Familie, einschließlich Chajas Nichte, verließ die Stadt. Sie trafen auf eine Gruppe von Bäuerinnen, die in Tränen ausbrachen und angesichts ihres Unglücks die Hände über dem Kopf zusammenschlugen. Plötzlich rief ein Bauer, den sie einmal beim Torfstechen beschäftigt hatten: »Ins Korn! Versteckt euch!« Auf der Straße erschien ein Reiter. Sie hörten, wie er sagte, alle Juden seien verbrannt worden, nur die Müllerfamilie sei geflohen und er würde sie suchen. Er fragte den Bauern, ob er sie nicht gesehen habe, doch der verneinte. Der Geruch verbrannter Haare, Kleidung und Körper drang zu ihnen.

In dem abseits der Hauptwege liegenden Dorf Konopki entdeckte Izrael eine Bäuerin, die er kannte, und sprach sie mit Namen an. Sie erschrak, denn sie hatte gehört, kein Jude sei mehr am Leben. Und da sie glaubte, jüdische Seelen seien sündig und könnten nicht in den Himmel kommen, meinte sie, die Seele des Müllers wäre auf ihren Hof geraten. Sie gingen zum Bürgermeister Bolesław Zawadzki, der sich freute, sie zu sehen. »Es hat mir sehr leidgetan um dich«, sagte er zu Izrael. »Unter den Sowjets war ich *predsedatel'* [Vorsteher] und bin daher in einer schwierigen Lage, aber wenn du unseren Glauben annehmen würdest, könnte ich vielleicht noch jemanden überzeugen.« Er ließ seinen Schwager und die Nachbarn kommen. Als sie darüber nachdachten, wie sie sich verstecken könnten, kam eine in Konopki verheiratete Bäuerin aus Radziłów herein, die Schwester des Mörders Mieczysław Strzelecki. Sie war eine Schulfreundin von Chajas Nichte, und Chajas Bruder hatte ihren Eltern seine Sachen zur Aufbewahrung gegeben. »In ihren Augen glomm ein böser Funke«, schreibt Chaja. »Meine Nichte begriff sofort: ›Zosia, ich brauche die Sachen nicht und werde sie nicht holen.‹ Sie darauf: ›Ihr quält euch unnötig. Sie werden euch sowieso finden und umbringen.‹«

Der Bruder des Bürgermeisters erzählte, Juden, die sich irgendwo versteckt hatten, würden herausgeholt, mit Petroleum übergossen und angezündet oder in der Nähe der Scheune erschossen. Er war mit dem Wagen zur Stadt gefahren, um etwas von ihrem Besitz zu retten, aber die Radziłówer hatten ihn nicht hereingelassen. »Wie sich später herausstellen sollte, war er ein guter Mensch«, schreibt Chaja. »Aber der Hass auf die Juden war so groß, dass er sich über nichts wunderte. Er berichtete uns das alles ohne Gefühlsregung.«

Beim Bürgermeister erschien Marian Kozikowski, der sie vom Marktplatz weggeführt hatte. Er wurde wütend, als er die Nichte bei ihnen sah, und schrie, nur Chajas Familie hätte das »Recht«, gerettet zu werden. »Der Wahnsinn in seinen Augen zeigte, welch schreckliche Taten er begangen hatte«, schreibt sie. »Das Blut gefror uns in den Adern.« Er prahlte damit, er habe dreißig Juden abgeschlachtet, und ging in die Küche, um sein Messer zu schärfen, er rief: »Sie muss ich auch noch abschlachten.« Nur der Widerstand des Bürgermeisters und das Weinen der Frauen bewirkten, dass er diese Absicht aufgab.

Am 10. Juli sahen die Finkelsztejns am Horizont einen Feuerschein. Es war die Scheune voller Juden, die ein gutes Dutzend Kilometer weiter in Jedwabne brannte. Später erreichten sie Nachrichten, in der ganzen Umgebung werde gemordet, in Grajewo, Stawiski, Łomża, Kolno, Szczuczyn, überall dort, wo auch nur ein einziger Jude lebte.

Die Bewohner des Dorfes liefen hin, um sich die Ermordeten anzusehen. Später erzählten sie, wen sie erkannt hatten, wer verbrannt und wer erstickt war, bei wem nur die Haare abgesengt waren, und dass die kleinen Kinder vom Feuer unberührt geblieben waren, weil die Mütter sie mit ihrem eigenen Leib abgeschirmt hätten. Man konnte beinahe über jeden Juden, der in der Stadt ermordet worden war, etwas erfahren: wie er sich vor dem Tod verhalten hatte, ob er um Gnade gebeten oder nur gebetet hatte. Sie sagten, die Frau des Schächters sei ermordet worden, obwohl sie versucht hatte, die Mörder davon zu überzeugen, dass sie begriffen habe, dass die Juden von ihrem Gott verlassen worden sind, und bereit sei, gleich zur Kirche zu laufen, um den Pfarrer um die Taufe zu bitten. Ein Maurer, der vor dem Tod bei den Finkelsztejns tätig war und nach getaner Arbeit immer einen Trinkspruch zu Ehren der Juden ausgebracht hatte, die ihm Arbeit gaben, sagte, er sei Zeuge des Todes von Chajas Bruder gewesen: »Ich hätte etwas sagen können und er wäre verschont worden, aber ich dachte mir: ›Die ganze Familie haben sie ihm umgebracht, was nützt ihm da noch das Leben?‹«, erklärte er.

Die Bauern aus Trzaski begaben sich zum Pfarrer von Radziłów und sagten, die Familie Finkelsztejn wolle zum Katholizismus übertreten. »Der Pfarrer ließ unsere Kinder zusammen mit den polnischen Kindern zum Religionsunterricht gehen. Nach der ersten Unterrichtsstunde kamen sie verbittert zurück. Sie hatten bei ihren Schulkameraden jüdische Kleidungsstücke entdeckt. Als der Priester unsere Kinder für ihre Fortschritte lobte, fingen sogar unsere früheren Feinde im Dorf an, uns zu besuchen. Die Gespräche drehten sich immer um dasselbe: Wer wie viel geraubt hatte und wie reich die Juden gewesen waren. Man erzählte sich, bei Szlapak habe es ein Zimmer voll mit allen möglichen kostbaren Dingen gegeben und man habe für den Pfarrer eine Kiste mit Silberbesteck und andere Dinge mitgenommen, die seine Haushälterin gebrauchen konnte. Die Mörder prahlten mit ihrem

Heldentum, erzählten, wie die Juden geschrien hätten, wie sie die Mädchen gequält hätten, und zeigten die Grimassen ihrer Opfer« – so Chajas Zusammenfassung der Geschichten, die sie sich auf dem Dorf anhören musste.

Chaja erkannte auch ihre Dinge wieder, ließ sich aber nie etwas anmerken. Eine der Bäuerinnen beschwerte sich bei ihr, dass die Radziłówer ihr keine ehemals jüdische Kleidung geben wollten, da sie nicht beim Morden dabei gewesen war, und versuchte Chaja in den Streit hineinzuziehen, wem der Besitz der Opfer zufallen sollte: »Ich sehe das anders«, erklärte die Frau. »Wir haben nicht getötet, deswegen sollten wir uns das nehmen, was die Juden zurückgelassen haben, denn wir haben es mehr verdient.«

Sie wohnten in Konopki und arbeiteten auf dem Feld. »Unsere Gastgeber redeten mit uns die ganze Zeit darüber, was für ein Glück es sei, dass wir den katholischen Glauben annehmen würden. Daher könnten wir in den Himmel kommen, nicht so wie die anderen Juden, die sich in Staub verwandeln würden. Und wir würden ein Licht sehen, das Juden nicht sehen können. Sie erzählten uns von einem Juden namens Dawid, der dauernd gefragte habe, wie spät es war, obwohl er die Sonne doch sah. Denn die Juden haben Christus gekreuzigt und deshalb ist es dunkel für sie geworden, so dass sie auch am Tag nur Dunkelheit sehen. Wir hatten das Gefühl, wir müssten an diesen Worten ersticken.«

Wie aus den Eintragungen im Radziłówer Pfarrbuch hervorgeht, fand die Taufe am Morgen des 21. Juli statt. Nach der Anzahl der Taufzeugen zu urteilen, erschienen die Finkelsztejns in der Stadt mit recht zahlreicher Begleitung. Chaja erhielt den Namen Anna, Izrael wurde zu Bolesław. Die polnischen Namen der Kinder sind den Bewohnern der Dörfer, in denen sie sich versteckten, bis heute geläufig: Menachem nennen sie Józek, Szejna ist für sie Marysia, Szlomo ist Janek und Chana heißt Jadzia. Am selben Morgen fand eine katholische Trauung des fünfzigjährigen Bolesław mit der siebenundvierzigjährigen Anna statt.

Ein antisemitisches Büchlein, das im Dorf verbreitet wurde, fiel ihnen in die Hände. Dort lasen sie die Geschichte von einem Mönch, der jeden Freitag ein Kind in der Kirche weinen hörte. Einmal versteckte er sich unter der Kanzel, und da sah er den Priester, der in einer Hand die Hostie und in der anderen eine Nadel hielt. Der Priester durchstach die Hostie, aus den Löchern floss Blut, und man hörte das verzweifelte Weinen eines Kindes. Der Priester wurde verhaftet, und es stellte sich heraus, dass er jüdischer Herkunft war. »Wir begriffen, dass dieses Büchlein deswegen im Dorf verbreitet wurde, damit die fanatisch frommen und primitiven Bewohner uns nicht halfen«, schreibt Chaja. »Aber sie kümmerten sich weiter um uns. Wahrscheinlich meinten sie, wir besäßen sagenhafte Reichtümer.«

Sie lebten bis zum Herbst 1942 in Konopki. Chaja schreibt nichts davon, aber höchstwahrscheinlich hatten ihre Gastgeber sie bis zu diesem Zeitpunkt offiziell von den Deutschen gemietet, wobei sie die Gebühr in Wirklichkeit selbst entrichteten. Als im November 1942 das Ghetto aufgelöst wurde, benachrichtigte sie der Bürgermeister, sie müssten ihre Sachen packen, da sie zum Gendarmerieposten gebracht werden sollten. Sie überredeten ihn, ihnen zu erlauben, sich zu verstecken. Später hörten sie, dass man den Bauern befohlen hatte, sich mit Fuhrwerken zur Verfügung zu stellen, um die Juden zum Gut Bogusze zu bringen, der letzten Station der Juden von Radziłów vor dem Vernichtungslager in Treblinka.

Eine Bäuerin erzählte ihnen, sie hätte nicht mit ansehen können, was die Leute mit den Juden anstellten: wie die Frauen den Juden die Bündel mit warmen Sachen wegnahmen oder ihnen sogar die Kleider vom Leib rissen. Sie selbst gab zu, sie habe nach der Judenverbrennung die Thora und andere heilige Bücher aus dem Haus des Rabbiners geholt, weil sie gehört hatte, es steckten Dollars darin, aber da sei nichts gewesen.

Sie versteckten sich im Dorf Dusze, wo Banditen aus Radziłów sie fanden, auf einen Wagen luden und zur Gendarmerie brachten. Es gelang ihnen, die achtjährige Chana bei den Bauern zu lassen. Bei den Deutschen half Geld, bei den Banditen, dass der Pfarrer sich für sie einsetzte. Als sie zurückkamen, waren ihre Sachen bereits aufgeteilt und ihre Tochter einem Mörder überlassen worden, mit dem ihre Gastgeber früher einen Streit darüber gehabt hatten, dass sie Juden beherbergten. Ihre Tochter bekamen sie zurück, ihre Sachen nicht. Seitdem mussten sie vollständig untertauchen. Sie hielten sich abwechselnd in vier benachbarten Dörfern auf: Trzaski, Konopki, Dusze und Kubra.

Ihre Verstecke wechselten sie vielmals, wobei sie niemals sagten, von wem und zu wem sie gingen, so dass die einen Gastgeber nichts von den anderen wussten. Sie hatten Angst, da sie glaubten, die einzigen lebenden Zeugen des Verbrechens zu sein. In vielen Hütten wurde Schnaps gebrannt, und wenn das Dorf sich vergnügte, zitterten sie, irgendein Trunkenbold könnte sie verraten. Einmal geschah es tatsächlich, dass der angetrunkene Bürgermeister sich mit ihrem Gastgeber zerstritt, da er meinte, sie seien schon zu lange bei ihm, der Krieg sei bald vorbei und er würde sich an ihnen allzu sehr bereichern. Er rief, die Finkelsztejns sollten verschwinden, sonst würde er sie an die Deutschen ausliefern. Als er wieder nüchtern war, kam er, um sich bei ihnen zu entschuldigen.

In der Gegend waren einige Juden unterwegs, manchmal kamen sie ans Fenster und baten um Brot. Einige Leute warfen mit Steinen nach ihnen, fingen sie und übergaben sie den Gendarmen für ein Kilo Zucker. Ein Bauer erzählte ihnen – kommentarlos –, dass ein Bürgermeister den Gendarmen einen Juden ausgeliefert habe, und die hätten ihn auf einen heißen Ofen gesetzt und gefragt, wer ihn versteckt habe. Danach hätten sie ihn den Hunden zum Fraß vorgeworfen. Aber ihnen, den Finkelsztejns, gegenüber wiederholte man stets, der Pfarrer erkundige sich, ob sie am Leben seien, und erinnere alle daran, dass man der getauften Müllerfamilie helfen muss.

Einmal hörten sie, wie ihr Gastgeber einen Knecht bat, ihm einen Hammer zu überlassen: »So viel hast du von den Juden genommen, vorher hattest du nichts in der Werkstatt, und jetzt bist du voll ausgerüstet, und dazu noch dein Vater und dein Bruder.« Und der darauf: »Der Pfarrer hat uns gesagt, das kommt von unserer Arbeit, von unserem Blut, das uns die Juden ausgesaugt haben.« Bei anderen Bauern musste sie sich anhören, wie schwer die Polen vor dem Krieg gearbeitet hätten, aber die Juden hätten sie um die Früchte ihrer Arbeit gebracht. Die Mutter des Bauern sagte: »Gut, dass es die Juden getroffen hat, denn sie haben Christus ermordet. In Amerika haben sie auch schon Ghettos gemacht.« Auf so etwas zu reagieren, war unmöglich.

Eines Nachts träumte Chaja, sie hätte in Radziłów ihre Bekannte Wiśka Dubin getroffen. Die kam aus der Straße gelaufen, wo alle verbrannt wurden, und sagte: »Chaja, die Zeit der Rache ist gekommen.« Zwei Tage später erfuhren sie aus der Zeitung, dass die Deutschen vor Stalingrad geschlagen worden waren. Nachts träumte Chaja von der Niederlage der Deutschen, tagsüber träumte sie von Palästina.

Der Aufenthalt bei den Karwowskis in Dusze zu Weihnachten 1943 war für die Finkelsztejns eine Zeit des Durchatmens. Sie konnten so lange bleiben, wie der Knecht frei hatte. »Unser Gastgeber empfing uns herzlich wie alte Freunde. Er gab uns einen Platz auf dem Stroh und brachte uns morgens heiße Milch. Er hatte Tränen in den Augen und tröstete uns, der Krieg werde bald zu Ende gehen. Er erzählte uns auch von schrecklichen Dingen, die Leute in den Nachbardörfern täten, von denen er das nie gedacht hätte – das lasse ihm keine Ruhe. In Dusze war noch ein zweiter reicher Bauer; dessen Frau und Frau Karwowska verbrachten Zeit mit uns und trösteten uns. Aus dieser Woche schöpften wir die Kraft, uns noch weiter zu quälen.«

Immer öfter sprach man davon, dass der Krieg zu Ende geht, aber es geschah auch immer häufiger, dass die Gendarmen nächtliche Inspektionen durchführten. Ihre Nervosität war für Chaja ein Beweis dafür, dass sie die Niederlage kommen sahen. Die Bauern organisierten Wachen. Wenn die Deutschen angefahren kamen, verschwanden die Männer. »Viele junge Männer versteckten sich«, schreibt Chaja, »aber sie versteckten sich nur dann, wenn die Gendarmen kamen. Sonst spazierten sie im Dorf umher und sangen betrunken vom Untergang Warschaus. Ihr Gesang war voller Schmerz, und doch waren es dieselben, die im Blut Unschuldiger gebadet hatten.«

Es wurde immer schwieriger, ein Versteck zu finden. »Die Bauern sagten, sie wollten unseretwegen nicht noch zu Kriegsende sterben.« Sie mussten sich aufteilen, denn niemand mochte das Risiko eingehen, eine so große Familie bei sich aufzunehmen. »Wir entschieden uns, unsere zwei jüngsten Töchter gut zu verstecken, und zwar weit weg von uns, denn zusammen würden wir vielleicht nicht alle überleben. Ich lehrte sie die jüdische Geschichte. Ich erzählte ihnen von der spanischen Inquisition, den Marranen, von Spinoza, von den Orten, an denen es Pogrome gegeben hatte: Pińsk, Kischinjow, Białystok, Przytyk, Radziłów, von der Geschichte des Zionismus. Ich sagte ihnen immer wieder: ›Wenn ihr überlebt, glaubt nicht, was eure Mörder euch sagen, dass es keine Juden mehr gibt auf der Welt. Bestimmt werden irgendwo Juden sein – die müsst ihr finden und sie bitten, dass sie euch nach Palästina schicken.‹«

Im Frühjahr 1944 erfuhren sie, dass Franciszek Rogowski gestorben war, bei dem sie ihre Sachen aufbewahrt und der Reihe nach abgeholt hatten, um sie Stück für Stück zu verkaufen. »Das war eine Katastrophe. Er war ein anständiger Mensch gewesen, doch seine Frau war Abschaum, und ihre Kinder standen unter ihrem Einfluss. Solange er lebte, konnte sie nichts machen. Izrael ging mit einem unserer Kinder hin, als wir nichts mehr zum Leben hatten. Sie sagten, man hätte bei ihnen unsere Sachen gesucht, sie hätten sie vergraben müssen und würden unseretwegen bespitzelt. Mein Mann verließ das Haus mit leeren Händen. Er versteckte sich, und es dauerte keine drei Minuten, da kam Rogowskis ältester Sohn heraus, um zu sehen, in welche Richtung er ging.«

Chaja erzählt weiter, die Frau von Franciszek Rogowski sei ihnen später in Dusze bei den Karwowskis begegnet: »Sie nahm unsere Gastgeberin zur Seite. Die kam ganz blass heraus, aber ich sagte zu ihr: ›Frau Karwowska, Sie kannten ja unsere Wohnung – alles, was es bei uns gab, die Teppiche, die Plüschvorhänge, die Kleidung, den Stoff, alles, was wir in Erwartung schlechter Zeiten angesammelt hatten, das haben wir ihnen zur Aufbewahrung überlassen, und als Herr Rogowski starb, wollten sie es uns nicht mehr herausgeben. Sie wollten uns dem Tod ausliefern, um es sich anzueignen.‹ Ich brach in Tränen aus, und sie mit mir.«

Sie versteckten sich in Schweineställen und hatten nicht genug zu essen. Mehr als fünfzig Mal wechselten sie ihr Versteck. Sie lebten in Schmutz, schlechter Luft und Angst. Von Zeit zu Zeit schlich Chaja sich nachts in die Hütte, um die Kleidung im Kessel zu kochen. Die Kinder gaben sich hebräische Rätsel auf und träumten davon, ein Kartenspiel zu haben. Menachem brachte kleine Papierstücke, aus denen sie Karten machten. Sie spielten Sechsundsechzig, Rommé und Schnapsen. »In diesem Dorf fanden konspirative Aktivitäten statt«, schreibt Chaja. »Sie bekamen Untergrundzeitungen, aber niemand konnte lesen, daher kam der Dorfkommandeur der AK zu uns, stellte sich an den Trog, und unser Menachem las ihm vor.«

Eines Tages träumte Chaja, dass sie auf der Suche nach einem Versteck über die Felder wandert. Da sieht sie jemanden auf einem Fahrrad. Sie erkennt Marian Kozikowski, den Mörder, der sie mit ihrer Familie vom Marktplatz geholt hatte. Er sagt zu ihr: »Kommt zu mir, bei mir ist ein guter Platz.« Beim Aufwachen wird ihr klar, dass Kozikowski ja nicht zu Hause ist, sondern zur Zwangsarbeit in Deutschland. Niemand aus der Familie hatte etwas dagegen, als sie beschloss, nach Konopki zu Kozikowskis Frau zu gehen.

Die war nach inständigen Bitten und gegen eine versprochene Bezahlung bereit, sie unter dem Dach der Scheune wohnen zu lassen. Aber nur zwei Personen: Chaja und Menachem, Chana nahmen sie heimlich mit. Dort saßen sie fünf Monate lang. Dann besuchte sie der verzweifelte Izrael mit Szejna; sie hatten nicht mehr gewusst, was sie tun sollten, in wenigen Tagen mussten sie mehrfach den Ort wechseln und hatten seit mehreren Tagen nichts gegessen. Aber Chaja hatte auch nichts. Sie sah, dass ihr Mann einem achtzigjährigen Greis glich, er hatte Falten im Gesicht und glanzlose Augen. Szejna, die damals 15 Jahre alt war, tröstete alle, sie würden ein neues Versteck finden und es noch erleben, dass sie unter Juden und in sauberen Betten sterben.

»Mariana, unsere Gastgeberin, achtete sehr darauf, dass wir nichts hatten, das uns vor der Kälte schützen würde. Es war ihr wichtig, dass es so aussah, als wären wir erst kürzlich gekommen und als hätte sie nichts davon gewusst. Sie sagte öfter, es habe keinen Sinn, sich so zu quälen, wir würden doch nicht überleben – sie höre die Gespräche der Bauern und wisse, wenn wir aus dem Versteck kommen, würden sie uns umbringen. Und wir wiederholten stets, dass wir diejenigen, die uns geholfen hatten, belohnen würden. Marianas Schwiegermutter jammerte darüber, dass die Deutschen ihren Sohn geholt hatten. Sie sagte: ›Ich weiß nicht, ob ich ihn jemals wiedersehen werde, er hat schwere Sünden auf sich geladen, weil er Juden getötet hat, aber schließlich hat ihn doch das ganze Dorf geschickt.‹ Ich tröstete sie damit, dass er unsere Familie vor dem Feuer gerettet hatte, das würde auf das Konto seiner guten Taten gehen und er würde überleben. Und er hat tatsächlich überlebt.«

Als sie im Winter 1944 kein Versteck finden konnten, gingen sie zu den Rogowskis: »Sie führten uns zu einem Versteck, das schon vorbereitet war, denn sie versteckten dort Nahrungsmittel vor den Deutschen. Dort war es sehr kalt. In der Nacht gab es einen Schneesturm, und der Schnee drang durch die Ritzen. Sie brachten uns heißes Essen. Einmal gingen wir zu ihnen die Küche, die Frauen spannen, sie waren menschlich mit uns. Zum ersten Mal seit drei Jahren waren wir in einem richtigen Zimmer. Der Sohn sagte, es sei schrecklich, was man mit den Juden gemacht hat. Aber seine Mutter sagte, sie könne nicht schlafen, solange wir da sind. Der Bürgermeister wusste von uns und wollte, dass wir das Dorf verlassen. Auf den Versammlungen sagte er, man solle keine Juden bei sich aufnehmen, das sei lebensgefährlich. Wir blieben so lange bei ihnen, bis sie uns sagten, wir müssten gehen.«

Aber am Himmel waren schon sowjetische Flugzeuge zu sehen. Sie zählten die Tage bis zur deutschen Niederlage. Ein weiterer Traum Chajas stärkte ihre Moral.

Eine zionistische Versammlung, alle gehen auseinander, auch sie wollen gehen, doch die Tür ist verschlossen. Da kommt Wolf Szlapak und sagt mit fester Stimme, sie sollen ruhig abwarten, bis er ihnen den Schlüssel bringt. Sie glaubten, das sei ein guter Traum, wenn Szlapak, als Freund der Familie, ihnen aus dem Jenseits zu Hilfe kommt.

Unterdessen kam die nächste Katastrophe auf sie zu. Die Einwohner von Radziłów und Umgebung erhielten den Evakuierungsbefehl, denn die Frontlinie verlief genau dort. Sie blieben allein im verlassenen Dorf zurück, in einem engen Versteck unter einem Lehmboden, wo das Wasser stand. Chaja bekam klaustrophobische Asthmaanfälle, sie hatte das Gefühl, sie wären lebendig begraben. Der Bauer hatte ihnen zwei nicht durchgebackene Brote und einen verrosteten Topf für Wasser dagelassen und ihnen gesagt, wo er die Steckrüben aufbewahrte. Sie aßen verschimmeltes Brot mit gefrorenen Steckrüben und tranken Wasser, das rot war vom Rost. Die Kinder ermahnten einander, an Wasser und Brot zu sparen. Chana weinte vor Hunger. Menachem sagte, er möchte nur den Moment noch erleben, wann er sich satt essen kann. Alle fragten: »Werden wir irgendwann in einem Zimmer sitzen und durch die Scheiben sehen, wie es regnet oder schneit?« Chaja antwortete, sie würden überleben und es nach Erez Israel schaffen.

Als Menachems Hand sich entzündete und das Fieber ihm das Bewusstsein raubte, träumte sie, der Krieg wäre vorbei und ihr Sohn wäre als Delegierter für einen zionistischen Kongress ausgewählt worden. Wieder kehrte ihre Hoffnung zurück. Sie rettete ihren Sohn, indem sie ihm den Arm über dem Ellbogen fest abband und ihm mehrere Tage lang Tag und Nacht kalte Kompressen auflegte.

Als die Frontlinie sich verschob, gelangten die Finkelsztejns zu den Karwowskis in Konopki, bei denen sie im vorigen Jahr Weihnachten verbracht hatten. »Ich werfe euch nicht raus«, versprach ihnen Frau Karwowska. Güte begegnete ihnen seltener als die Gier nach dem eigenen Vorteil. »Wir trafen ein menschliches Herz, das kam selten vor. Vorher war ich wie versteinert gewesen.« Als es allzu gefährlich wurde, gingen sie fort. Die ausgezehrte Chana ließen sie zurück.

Ihr nächstes und letztes Versteck fanden sie im Januar 1945 bei den Klimaszewskis. Zosia, die sechzehnjährige Tochter ihrer Gastgeber, die ihnen viel Mitgefühl entgegengebracht hatte, erkrankte an Typhus. Chaja beschreibt, wie Zosias Mutter trotz der Bitten ihrer Tochter nicht einverstanden war, sie ins Krankenhaus zu bringen, denn das hätte bedeutet, ihre eigene Federdecke abzugeben. Außerdem machte sie sich Sorgen, dass sie noch kein Kind begraben hatte, so dass es im Himmel kein Engelchen gab, das auf sie warten würde. Den Tod ihrer Tochter nahm sie mit Erleichterung auf.

Als die Sowjets am 22. Januar 1945 im Dorf erschienen, kamen sie aus ihrem Versteck. Der Bürgermeister von Konopki hatte sie gewarnt, sie sollten besser noch versteckt bleiben, denn erst am Tag zuvor hatte man Vater und Sohn Dorogoj ermordet. Die Finkelsztejns machten sich auf den Weg nach Knyszyn und von dort nach Białystok. »Vereinzelte Juden, die überlebt hatten, wurden überfallen«, schreibt Chaja. »Es gab eine Liste von siebzig Juden aus der Gegend, die auf der Straße oder in Ortschaften ermordet worden waren. In Białystok war es gefährlich, abends konnte man nicht auf die Straße gehen. Eine Bande überfiel ein Haus bei uns in der Nähe, wo jüdische Bäcker wohnten. Sie verprügelten sie und sagten, sie sollen aufhören zu backen, sonst würden sie sie umbringen. Eine jüdische Frau wurde am helllichten Tage erschossen, als sie die Tür ihres Ladens öffnete. Wir saßen auf glühenden Kohlen.« Als es einmal nachts bei ihnen an der Tür klopfte, verbarrikadierten sie sich. Am Morgen stellte sich heraus, dass es Milizionäre gewesen waren. Wütend riefen die: »Schade, dass Hitler euch nicht erledigt hat. Wir werden euch in Stücke schneiden, statt euch zu schützen.«

Ihre Kinder gingen in Białystok zur Schule. Als Szejna das erste Mal ihren Nachnamen nannte, brach die Klasse in Gelächter aus. Der Lehrer sorgte für Ruhe und erklärte den Kindern, alle seien gleich. Chaja fand einen Hebräischlehrer für ihre Kinder. Sie fuhren nach Łódź, wo Menachem Direktor einer Schule wurde, die auf das Leben im Kibbuz vorbereitete. Der Traum von Palästina nahm allmählich Gestalt an.

Sie verließen Polen mit Papieren griechischer Repatrianten. Ihr Weg war der von vielen Juden, die versuchten, nach dem Holocaust ins Gelobte Land zu gelangen: falsche Papiere, das Überqueren grüner Grenzen, Übergangslager, das Aufbringen ihres Schiffs, als sie schon die Lichter von Haifa sahen, Internierung in einem Lager auf Zypern. 1947 waren sie bereits alle in Palästina. Szlomo wollte unbedingt in die Armee, obwohl er noch keine sechzehn Jahre alt war. Er sagte: »Mama, erinnerst du dich, wie oft wir im Versteck davon geträumt haben, gegen den Feind kämpfen zu können. Und jetzt sagst du, ich soll warten, bis sie mich einberufen. Willst du, dass ein anderer an meiner Stelle stirbt?«

Izaak Lewin aus Wizna, der zusammen mit seinen Eltern den Krieg im Versteck in einem Dorf auf halbem Wege zwischen Wizna und Radziłów überlebt hatte, traf Szlomo in einem Lager in der italienischen Stadt Selvino. Er erzählte mir: »Szlomo hatte mehr von einem Helden als ich. Er lebte für seine Ideale. Ich hielt mich an die anderen Burschen aus unserem Lager, aber er wollte unbedingt zum Palmach, zu den Spezialtruppen. Die kämpften am häufigsten und starben auch am häufigsten.«

»Szlomo kam. Er hatte keine Erlaubnis, die Kaserne zu verlassen, aber er schlüpfte durch den Stacheldraht, denn von der Kaserne war es nicht weit zu uns. Er wollte nachprüfen, ob er nicht gewachsen sei, verglich die Striche an der Tür, und es zeigte sich, dass er tatsächlich gewachsen war, und zwar um mehrere Zentimeter. Er hoffte, zum Seder Ausgang zu bekommen, das wäre unser erster gemeinsamer Seder seit 1941 gewesen. Um fünf Uhr morgens musste er gehen. ›Szlomke‹, rief ich, als er hinausging …«

So enden die Memoiren von Chaja Finkelsztejn.

Szlomo Finkelsztejn fiel im Jahre 1948 in der Nähe von Kiryat Anavim, auf dem Weg nach Jerusalem.

Ann Walters, die einstige Chana, erzählte mir: »Nach der Ankunft in Palästina waren meine Eltern für kurze Zeit wieder jung, nach dem Abendbrot sangen sie Hechaluz-Lieder[1], aber nach Szlomos Tod war es bei uns zu Hause nie mehr fröhlich.«

Chaja war es gelungen, ihre ganze Familie durch die Hölle der Shoah zu bringen – nicht nur weil sie reich waren, und nicht einmal deshalb, weil sie, wie sie es beschrieb, die Komödie aufführten, fromme Christen zu sein. Sie überlebten dank Chajas unglaublicher seelischer Stärke, dank der Tatsache, dass sie ihren Träumen lauschte und Hoffnung aus ihnen schöpfte. Sie schaffte es, auch ihre Kinder mit ihrer Hoffnung anzustecken, sie flößte ihnen die Liebe zur fernen Hei-

1 Hechaluz – Verband zionistischer Jugendorganisationen.

mat ein, und dafür, dass ihr das gelungen war, zahlte sie später den höchsten Preis.

1966 kam eine Mitarbeiterin von Yad Vashem zu Chaja Finkelsztejn nach Haifa, um ihr Zeugnis niederzuschreiben. »Sie beschuldigte die Polen, Juden lebendig verbrannt zu haben«, notierte sie. »Sie war so erregt, dass es schwer war, alles zu verstehen. Sie sagte, sie habe dreihundertsechzig Seiten Erinnerungen geschrieben und warte seit Jahren auf eine Möglichkeit, sie drucken zu lassen.«

Chajas Memoiren wurden nicht nur nie publiziert, sondern vermutlich hat sie auch niemand gelesen, als sie noch lebte.

Aufzeichnungen

16. Juni 2002

Ich nehme Bożena und Jan Skrodzki mit auf die Suche nach den Orten, wo sich die Familie Finkelsztejn versteckt hat. Chaja konnte nicht viel Hoffnung haben, dass ausgerechnet jemand aus Polen ihre Erinnerungen studieren würde. In den meisten Fällen hat sie weder die Namen der Mörder noch die ihrer Helfer genannt, ebenso wenig wie Ortsnamen, so dass selbst eine akribische Auslegung ihres Textes kaum die Chance bietet, ihre Route zu rekonstruieren. Aber es ist klar, dass es sich bei einer der Ortschaften, in denen sich die Finkelsztejns versteckt haben, um Trzaski handelt. Dort wohnen die Borawskis, eine mit Jan seit langem befreundete Familie.

In Trzaski steht auch das Haus von Franciszek Rogowski, der von sich aus zu den Finkelsztejns gegangen war, gleich nachdem die Sowjets einmarschiert waren, um ihnen Hilfe anzubieten; dank der Information von Chaja, dass »einer seiner Brüder Arzt, ein anderer Priester und drei weitere noch Studenten waren«, ließ sich das Haus ausfindig machen. Ohne diese Einzelheiten wäre das unmöglich gewesen, denn, wie wir bei den Borawskis gehört haben: »An welchem Haus man hier auch anklopft, gleich meldet sich irgendein Rogowski.«

Wir sprechen mit seinem Enkel Leopold, er ist um die fünfzig und lebt mehr in New York als hier. Er weiß, dass sein Großvater einer jüdischen Müllerfamilie geholfen hat. Ich sage ihm, dass Chaja seine Familie in ihren Memoiren beschrieben hat und wie sehr der Tod seines Großvaters sie getroffen habe. (Jedes Detail stimmt, Franciszek Rogowski starb im März 1944.) Über seinen Großvater schreibt sie am schmeichelhaftesten, über den Rest der Familie in unterschiedlichem Ton. Ich schlage vor, ihm die Abschnitte über seinen Großvater vorzulesen.

»Aber nein, ich bitte Sie, lesen Sie alles vor«, sagt der Enkel. Also lese ich auch die Passagen vor, in denen es darum geht, wie nach Franciszek Rogowskis Tod seine Frau den Finkelsztejns ihre Sachen nicht habe herausgeben wollen und zu den Nachbarn gegangen sei, um sie dazu zu bewegen, sie nicht bei sich aufzunehmen: »Sie wollten uns dem Tod überantworten, um alles zu bekommen.« Ich fühle mich unwohl, aber als ich unseren Gastgeber ansehe, merke ich, dass Chajas Worte keinen besonderen Eindruck auf ihn machen. Als ich fertig bin, fragt er:

»Sind Sie nicht mit Juden verwandt? Ich habe in Amerika bei einem Juden gearbeitet, das war ein anständiger Mensch, vielleicht können Sie mir helfen, in New York Arbeit zu finden?«

Er erzählt in gleichgültigem Ton verschiedene Geschichten über jene Zeiten, die er gehört hat. »Mein Onkel erzählte, dass ihn ein Jude vor der Deportation gewarnt hatte, und als mein Onkel zur Scheune ging, schon nach dem Ganzen, da sah er diesen Juden angekokelt dort stehen.«

»Unter uns Polen«, mischt sich Jan Skrodzki ein. »Sagen Sie mir, sind Sie Antisemit?«

»Ich mag die Juden nicht.«

»Und warum nicht?«

»Sie wohnen nebenan bei mir in New York, solche religiösen Juden, mit Schläfenlocken, schon für dieses Aussehen mag ich sie nicht.«

In unseren Gesprächen taucht immer wieder das mir bereits wohlbekannte Motiv der göttlichen Strafe auf. Da habe es einen Schneider und Mietshausbesitzer gegeben, und ein Pole habe ihn zur Verbrennung getrieben und mitgeholfen. Er habe dessen Haus übernommen, aber als er im jüdischen Federbett eingeschlafen sei, da sei er am nächsten Tag nicht mehr aufgewacht. Oder die Geschichte von den Juden namens Cherubin, die von Polen in der Nacht aus dem Haus geholt, ermordet und ausgeraubt worden seien; auch ihre Schmiedewerkstatt hätten die Polen übernommen. Danach seien ihnen behinderte Kinder geboren worden.

17. Juni 2002

Wir folgen weiter der von Chaja beschriebenen Route. Abseits der Straßen kommen wir auf Dorfwegen zu verstreuten Hütten. Wann immer ich mit Zeugen der Ereignisse vor sechzig Jahren sprach, bestätigte sich nahezu jedes von Chaja angeführte Detail. Aber erst als ich zu den Orten kam, an denen sie sich versteckt hatten, wurden ihre auf Jiddisch geschriebenen Memoiren zu greifbarer Wirklichkeit.

Heute kann man hier nur noch wenige Nachkommen der früheren Einwohner antreffen. In Konopki, wo neunzehn Familien wohnten, sind nur noch wenige übriggeblieben, die Fenster vieler Häuser sind mit Brettern vernagelt. Dusze ist entvölkert. Aber alle, die geblieben sind, erinnern sich an die Müllerfamilie. Sie kennen weder ihre Nachnamen noch die jüdischen Vornamen, aber sie erinnern sich an die Kinder von Chaja: Józek, Janek, Marysia und Jadzia (das heißt: Menachem, Szlomo, Szejna und Chana).

Wenn ich früher Bauern besuchte, bei denen sich Juden versteckt hatten, waren sie beunruhigt, fragten, wie ich sie gefunden hätte, und baten mich, ihre Namen nicht zu nennen. In Trzaski, Konopki und Dusze dagegen wurde das Verstecken von Juden während des Krieges zur Norm, die beinahe von der ganzen Gemeinschaft akzeptiert wurde, und heute spricht man davon ohne Angst. Fast jeder, mit dem wir sprechen, erwähnt, sein Vater, Großvater oder Onkel habe einen Juden versteckt – außer den Finkelsztejns versteckten sich in diesen Dörfern noch zwei Familien, die offenbar, wie die Finkelsztejns, für jeweils eine kurze Zeit bei vielen Gastgebern unterkamen. Nur einer unserer Gesprächspartner zieht die Broschüre Die *Lügen von Gross* aus der Serie »Erkenne die Juden« heraus, in Jedwabne fast in jedem Haushalt ein unerlässliches Requisit.

»Sie ließen sich taufen und haben unter uns gelebt«, erzählt Franciszek Mroczkowski. »In unserem Haus war ein Grammophon, Marysia kam zum Tanzen. Der Jude schneiderte, er hat mir eine Mütze gemacht. Er war zwar unzufrieden, dass sie nicht gelungen war, keine richtige Form hatte, aber mir passte sie. Ich habe ihm dafür Butter und Speck gegeben. Und so hat man diese Juden gerettet. Sie dachten, sie würden wie Polen sein, wenn sie sich taufen lassen, aber Hitler hatte befohlen, sie zu vernichten, und so mussten sie sich in Erdlöchern verstecken.«

Franciszek Grądzki, der älteste Einwohner von Trzaski (»Ich habe Angst, mein Geburtsjahr zu verraten, denn der Tod hört mit«), sprach mit Sympathie von Józek, das heißt Menachem Finkelsztejn: »Er war 18 Jahre alt, hat die Kuh geweidet, der Jude. Ein guter Junge. Wir haben ihm ein Medaillon gegeben, das er trug, und er hat den Rosenkranz gebetet.«

Das bedeutet ganz und gar nicht, dass die Sympathie für die Müllerfamilie sich auf alle Juden erstreckt hätte. Mroczkowski erzählte stolz von seinem Bruder, der an dem Pogrom in Radziłów von 1933 teilgenommen hatte.

»Mein Bruder war bei der SN, das war eine gute, anständige Organisation, mit der Kirche verbunden. Er nahm an dem Aufruhr in Radziłów teil, als Juden von Balkonen aus auf Polen schossen und die polnische Polizei die Leute angriff. Bei solchen Unternehmungen musste man unbedingt dabei sein. Sie machten den Juden das Leben sauer«, sagte er und lachte lange.

»Und taten sie recht daran?«, fragte ich ihn.

»Den Polen ging es schlecht. Die Arbeiter rebellieren und streiken heute ja auch. Leute, denen es schlecht geht, sind doch wohl im Recht, oder was meinen Sie?«

Was später mit der Familie des Müllers von Radziłów geschehen ist, weiß niemand. Wenn sie die Zeit ihres Versteckens beschreiben, greifen sie auf ihre eigenen Erinnerungen zurück, wenn sie ihr weiteres Leben beschreiben, schöpfen sie mit vollen Händen aus antisemitischen Stereotypen: Reichtum, UB, Verschwörung.

Ich habe Ann versprochen, den Namen der Frau in Erfahrung zu bringen, die sie wie ein eigenes Kind angenommen und dem Leben zurückgegeben hatte. Aus Chajas Memoiren habe ich mir erschlossen, dass sie in Dusze gewohnt haben muss, und ich finde das Haus. Es ist hübsch, aus rotem Backstein, unbewohnt. Die Nachbarn sagen mir, während des Krieges habe hier Zofia Karwowska gewohnt. Sie wissen nicht, ob und wo ihre Nachkommen leben.

20. Juni 2002
In Chaja Finkelsztejns Memoiren tauchen weitere Personen auf, von denen ich schon gehört habe.

Da ist Lejzor Zandler, der sich in der Sowjetzeit als Leiter der verstaatlichten Mühle der Finkelsztejns groß aufspielte und Propagandareden gegen die ehemaligen Besitzer, diese Blutsauger, schwang. Sein weiteres Schicksal kenne ich dank Ramotowski, der ihn während der deutschen Besatzungszeit traf, als er dabei war, in die Sowjetunion zu gehen und sich dort den kommunistischen Partisanen anzuschließen.

Und da ist der Hilfsarzt Mazurek, den Chaja als eine der neben dem Priester und dem Bürgermeister wichtigsten Personen in der Stadt nach dem Einmarsch der Deutschen beschreibt; es ist derselbe ältere Herr, der mit Ramotowskis Mutter befreundet war. Auf seinen Rat hin ließ Rachela sich taufen, und Mazurek selbst war Taufpate und Trauzeuge bei ihrer kirchlichen Hochzeit mit Stanisław Ramotowski.

Da ist Marian Kozikowski aus Konopki, der am Verbrechen teilnahm, aber die Finkelsztejns vom Marktplatz wegführte. Sein Name erscheint mehrfach in den Prozessen der Mörder von Radziłów. Józef Ekstowicz sagte aus, Marian Kozikowski sei in der Schutzpolizei gewesen und hätte ihm befohlen, die Scheune anzuzünden. Wenn Kozikowski bei der Schutzpolizei war, dann konnten die Finkelsztejns mit seiner Erlaubnis tatsächlich sicher den Marktplatz verlassen. Er war ja an jenem Tag Herr und Meister in der Stadt. Man wüsste gern, wie viel er dafür genommen hat.

Da ist Wolf Szlapak, ein Freund der Familie Finkelsztejn und zionistischer Aktivist, der als Ausbilder von Keren Kajemet in Polen herumreiste und sogar nach Amerika fahren sollte, es aber vor dem Kriegsausbruch nicht mehr schaffte. An Szlapak aus der Zeit vor dem Krieg erinnert sich Stanisław Ramotowski, der ihn manchmal in seinem Eisenwarengeschäft am Marktplatz sah: »Er war hochgewachsen und gutaussehend, er strahlte eine Würde aus, als wäre er der Anführer von irgendetwas.«

Chaja beschreibt, wie Zionisten vor dem Krieg Abgesandte aus Erez Israel in die Stadt eingeladen hätten. Sie hätten in der brechend vollen

Synagoge über Palästina gesprochen. Die Kommunisten hätten versucht, das Treffen zu stören, und Wolf Szlapak habe die Polizei gerufen. Chaja hebt hervor, er habe nicht erwähnt, dass die Ruhestörer Kommunisten waren.

Es muss dasselbe Treffen gewesen sein, von dem ich in den »Situationsberichten des Amtes für Öffentliche Sicherheit« gelesen habe: »Am 2. Mai 1932 fand im Landgericht von Szczuczyn die Verhandlung statt gegen Abram Strzałka und zwölf weitere Juden, kommunistische Mitglieder der Vereinigung Jüdische Perec-Bibliothek in Radziłów, die der Störung der öffentlichen Ordnung in der örtlichen Synagoge angeklagt waren. Das Gericht verurteilte alle Angeklagten zu einer Geldbuße von 30 Zloty respektive 7 Tage Haft.«

Wolf Szlapak wurde am 7. Juli ermordet, bevor seine Mitbrüder in der Scheune starben. Davon erzählte mir Halina Zalewska: »Mieczysław Strzelecki nahm Szlapak zuerst den ganzen Schmuck ab und erschoss ihn dann im eigenen Bett.«

Als Jan Skrodzki und ich diesmal in Radziłów waren, sahen wir uns auf dem Marktplatz Szlapaks ehemaliges Haus an – ein Blockhaus, es steht unverändert bis heute, ist aber inzwischen etwas schief, nicht besonders ansehnlich für einen reichen Kaufmann.

Hier wohnt Stanisław Mordasiewicz. Es handelt sich um die Person, von der Stanisław Ramotowski mir immer wieder sagte, ich solle sie bloß nicht mit der Mörder-Familie Mordasiewicz verwechseln, denn er sei ein hochanständiger Mensch. Er muss sich unter der örtlichen Gemeinschaft noch vor dem Krieg hervorgetan haben, denn als nach 1945 der Bruder von Wolf Szlapak, der den Krieg (dank seiner Deportation durch die Sowjets) überlebt hatte, in der Stadt auftauchte, da bot er ihm an, das Haus seines Bruders zu einem besonders günstigen Preis zu erwerben.

Stanisław Mordasiewicz wusste, dass Szlapak von seinen Mördern im eigenen Garten vergraben worden war. Er grub die sterblichen Überreste aus, wickelte sie in ein Betttuch, brachte sie auf einem Fuhrwerk zum jüdischen Friedhof und beerdigte sie dort. Davon erzählte er niemandem, denn man hätte ihm das Leben in der Stadt verleidet.

25. Juni 2002

Treffen mit Pater Ryszard Bosakowski und Studenten in einer Kirche in Warschau-Służewiec. Sie wollen nach Jedwabne fahren, um dort den jüdischen Friedhof aufzuräumen. Als ich komme, ist die ganze Gruppe völlig konsterniert. Sie hatten gehofft, die dortigen Kinder zu aktivieren. Pater Bosakowski hatte mit der Direktorin des Gymnasiums ein vielversprechendes Gespräch, konnte sie dann aber nicht mehr erreichen. Die Sekretärin antwortete immer wieder, die Frau Direktorin sei nicht da, bis sie schließlich trocken erklärte, er möge in Zukunft beim Pfarrer anrufen, und den Hörer auflegte.

Ich rufe bei einem meiner Bekannten in Jedwabne an, um ihn zu fragen, wie es sein könne, dass eine Schuldirektorin keine Anrufe von einem Priester entgegennimmt.

»Ich weiß schon«, antwortet er mir mit offenem Sarkasmus, »du hättest es gerne, dass sie sich dabei engagiert, den Friedhof aufzuräumen, und dann einen Monat später ohne Arbeit dasteht. Die Schulen unterstehen dem Landratsamt, das heißt ihr unmittelbarer Vorgesetzter ist Wojciech Kubrak, ein Vertrauter von Pfarrer Orłowski.«

Für einen anständigen Bewohner von Jedwabne ist es völlig offensichtlich, dass jemand dafür entlassen wird, dass er Kontakt zu einem Priester hat, der sich öffentlich vom Antisemitismus distanziert. Es macht ihn nur ungeduldig, dass ich nicht imstande bin, das zur Kenntnis zu nehmen.

Ich erfahre, dass Tadeusz Ś., unser erster Gesprächspartner, der sich seinerzeit mit Adam Michnik in Verbindung gesetzt hatte, erzählt, er habe mit der »Mistjüdin Bikont« zu tun gehabt und würde nun Hebräisch lernen, denn »man muss die Sprache der Feinde kennen«.

29. Juni 2002

Reise nach Zabrze. Nach einem meiner Artikel in der *Gazeta Wyborcza* habe ich einen Brief von Grzegorz Karwowski erhalten, seine in der Nähe von Radziłów wohnende Familie hätte während des Krieges Juden versteckt. Wir wechselten einige Mails, aus denen für mich so viel hervorging, dass eine der versteckten Personen die zukünftige Helena Chrzanowska aus Jedwabne war. Grzegorz Karwowski erklärte sich bereit, mit mir zu seinem Vater Antoni Karwowski nach Zabrze zu fahren, obwohl sich dieser, wie er sagte, »eine feste Meinung zu den Ereignissen in Jedwabne gebildet hat, die sich mit dem Buch von Herrn Gross nicht unbedingt deckt«. Unterwegs sprechen wir darüber, warum es bis heute in der Gegend von Jedwabne so viel hasserfüllten Antisemitismus gibt. Karwowski hat eine Hypothese. Die Einwohner dieser armen polnischen Region, von denen ja viele als Gastarbeiter nach Amerika fahren, meist in die Gegend von Chicago, würden dort dem wüsten Antisemitismus der Auslandspolen begegnen und ihn zurück in die Heimat importieren. Vielleicht ist da etwas dran? Die antisemitischen Broschüren von jenseits des Atlantiks und die Unterstützung seitens der Auslandspolen waren ja ein wesentlicher Faktor für das Verhalten der Stadt während der Zeit, als sie im Zentrum des medialen Interesses stand.

An Ort und Stelle erfahre ich von Antoni Karwowski, Jahrgang 1936, dass seine Eltern (der Vater war in der AK) nicht nur die heute in Jedwabne wohnende Helena Chrzanowska und deren Mutter bei sich wohnen ließen, sondern kurz vor dem Einmarsch der Roten Armee auch noch »eine der Töchter des Müllers von Radziłów«. Antoni war damals bereits neun Jahre alt und erinnert sich an Chana: »Sie saß ganz brav am Ofen und sagte kein Wort.«

»Als die Deutschen einmarschierten«, erzählt Antoni Karwowski, »vertrauten die Juden reicheren Bauern ihr Vermögen an, denn der Jude hatte Angst, einem Armen etwas anzuvertrauen. Und das ist die größte Schande, dass die Bauern, denen die Juden ihre Sachen anvertrauten, kein Interesse daran hatten, dass die Juden überlebten. Es wurde schrecklich geplündert. Als sie die Juden verbrannt hatten, ging die Polakowska los und brachte Bettwäsche an. Ihr Mann aber wollte keinen Vorteil aus der Sache ziehen, er ließ alles auf die Straße werfen und verbrennen.«

Aber die Aufregung um das Buch von Gross gefällt ihm nicht. Aus seiner Perspektive – der Perspektive einer Person, deren Familie Juden versteckt hat – tue man den Polen Unrecht. Und die Tatsachen änderten daran nichts.

»Die Familie von Helena Chrzanowska«, erzählt er, »versteckte sich nicht nur bei uns, sondern auch bei Onufry Kosmaczewski und bei den Klimaszewskis. Aber glauben Sie nur nicht, jede Familie, die Juden versteckte, hätte das aus humanitären Gründen getan. Meine Eltern zogen daraus keinen Profit, aber gleich nach dem Krieg konnte man sehen, wer für Geld versteckt hatte. Dörfer wie Dusze, Trzaski oder Konopki sind im Krieg viel reicher geworden.«

Schon seit langem versuche ich die Familiengeschichte von Helena Chrzanowska zu rekonstruieren. Ich wusste, dass ihre Eltern, die Kuberskis, in Kubra wohnten, das näher an Radziłów als an Jedwabne liegt.

Ich habe mit Janina Karwowska gesprochen, einer Lehrerin im Ruhestand, die Helena, damals noch Sara Fajga Kuberska, während der sowjetischen Besatzung näher kennengelernt hatte. (Meine Verbindung zu Frau Karwowska hatte ihr Sohn Przemysław Karwowski hergestellt, der Organisator einer Ausstellung über Jedwabne in Łomża.)

»Wir freundeten uns an, als wir in derselben Klasse waren. Ich besuchte sie zu Hause, sie lud mich zu Matzen ein. Wie sauber es bei ihnen war! Helenas Mutter hatte einen Schmied aus Kubra geheiratet, kam selbst aber aus Jedwabne. Sie lebten auf dem Dorf unter lauter Polen. Sie waren beliebte, geachtete, edle Menschen, die gerne anderen halfen.«

Ich wusste, dass am 7. Juli 1941 Bauern ihren Vater geholt und auf den Marktplatz von Radziłów gebracht hatten. Sara (später Helena), die damals fünfzehn Jahre alt war, musste mitansehen, wie sie ihren Vater mitnahmen. Davon hatte mir Leon Dziedzic erzählt, der mit ihr befreundet war. Er wusste jedoch nicht, wo sie sich versteckt hatten.

Chaja Finkelsztejns Erinnerungen erlaubten es mir, das Schicksal der Kuberskis während des Krieges zu rekonstruieren. Die Bauern, bei denen sich Chaja und ihre Familie versteckt hatten, erzählten ihnen am 7. Juli 1941, dass »der Schmied Ezre von Bauern aus Radziłów gefangen worden ist und nicht mehr lebt«. Die Familie Kuberski, die Mutter mit ihren vier Kindern, überlebte auf dieselbe Weise wie die Finkelsztejns, ja sogar in denselben Ortschaften.

Sie ließen sich taufen, solange es noch möglich war, und zahlten den Deutschen Geld dafür, dass polnische Bauern sie als Arbeitskräfte mieten konnten. Chaja Finkelsztejn traf sie einmal bei Bauern, die sie kannte. In ablehnendem Ton schreibt sie: »Die Frau des Schmieds ist mit ihren Söhnen und ihrer Tochter zum Katholizismus übergetreten, und der Pfarrer hat sie unter seine Fittiche genommen. Anders als wir nahmen sie es ernst und glaubten an ihren neuen Gott. Die Frau des Schmieds schlief nächtelang nicht, sondern betete den Rosenkranz. Das zu sehen erfüllte unsere Herzen mit Bitterkeit.« Chaja erklärte Helenas Mutter, der Krieg werde nicht ewig dauern, und erinnerte sie daran, dass sie Juden waren und nach dem Krieg nach Amerika oder Palästina auswandern konnten. Sie sagte ihr, sie solle die christlichen Verehrer ihrer Tochter ignorieren, denn nach dem Krieg würde sie einen Juden heiraten können. Chaja beschrieb ihre Begegnung mit der späteren Helena Chrzanowska so: »Sie grüßte uns nicht, denn sie wollte zeigen, dass sie nun echte Gojim waren, dass ihre Lage besser war, obwohl wir einmal reich gewesen waren. Wütend fragte sie ihre Mutter, ob sie die Schweine gefüttert hätte. Danach wiederholte sie den Bauern, was ich ihrer Mutter gesagt hatte.«

Als im Oktober 1942 der Befehl erging, sich bei der Gendarmerie zu melden, mussten die Kuberskis sich verstecken. Die Mutter wechselte zusammen mit Sara/Helena und ihrem jüngeren Bruder mehrfach den Wohnort, indem sie in der Gegend von Radziłów – Chrzanów, Kubra, Doliwy, Trzaski – umzog.

Helenas ältere Brüder waren auf sich allein gestellt: »Die Söhne des Schmieds hielten sich an Polen, die sich ebenfalls vor den Deutschen versteckten«, schreibt Chaja. »Ich wusste, dass die [Polen] sie verraten würden. Und tatsächlich, einer der Brüder saß bei einem Bauern in der Stube, als die Gendarmen kamen. Da warfen sie ihn aus dem Haus. Die Gendarmen erschossen ihn, kaum dass sie ihn gesehen hatten, und die christliche Familie nahmen sie mit.« Chaja wusste davon, denn die Nachricht von diesem Vorfall verbreitete sich in Windeseile, und der Bauer, bei dem sie sich gerade versteckten, bekam es mit der Angst zu tun und befahl ihnen, ihr Versteck zu verlassen.

Als ich mit Jan Skrodzki in Trzaski war, stießen wir dort auf Spuren der Familie des Schmieds aus Kubra. Bauern zeigten uns auf ihrem Hof einen Brunnen, wo einer der Brüder versucht haben soll, sich zu verstecken, doch die Gendarmen hätten ihn erwischt. Der andere sei geflohen. Im Nachbarhaus hörten wir eine andere Version, wonach die Gendarmen beide Burschen gefangen und auf der Stelle erschossen hätten. Mehrfach wurde uns eine Geschichte über Bauern erzählt, die für das Verstecken jüdischer Jungen zum Gendarmerieposten gebracht worden sein. Ihre Nachbarn hätten Speck und Wurst gesammelt und nach einer Woche hätten sie es geschafft, sie freizukaufen.

Janina Karwowska: »Helena hat mir nie anvertraut, wie sie den Krieg überlebt hat, und ich habe sie nie näher danach gefragt. Ich erinnere mich, dass ihre Mutter, sie und ihr Bruder Icek gleich nach dem Ende der Besatzung zur Kirche gingen, laut beteten und weinten.«

Der erste, der mir erzählte, was mit Icek geschah, war Leon Dziedzic:

»Gleich nach dem Krieg erhielt Helenas Mutter das Haus, das ihrem Großvater Abram Kruk gehört hatte, zurück, und zog dort mit ihr und Icek, ihrem jüngeren Bruder, ein. Nach dem Krieg weidete Icek die Kühe in der Nähe unseres Feldes, denn dort waren Felder, die seinem Großvater gehört hatten. Freunde, die zusammen mit ihm das Vieh weideten, ermordeten ihn beim Spielen.«

Diese Geschichte bestätigten mehrere meiner Gesprächspartner, die allerdings nicht namentlich genannt werden wollten.

»Sie spielten, indem sie Steine hochwarfen und fingen. Er war jünger als sie, aber besser. Und er hat gewonnen. Da haben sie mit Steinen nach ihm geworfen. Er hat es noch nach Hause geschafft.«

»Einmal hat Icek mit seinen Freunden Kühe gehütet. Sie haben mit Steinen gespielt. Icek hat gewonnen. Da haben ihn die Jungen dafür ermordet, dass sie gegen einen Juden verloren hatten. Sie haben ihn so heftig auf den Rücken geschlagen, dass der Junge zwei Tage später starb. Er war Katholik, und als er spürte, dass er sterben würde, hat er sie gebeten, ihm ein Kreuz mit Herrn Jesus zum Küssen zu geben. Sie haben ihm das Kreuz von der falschen Seite gegeben, und er war noch so geistesgegenwärtig, dass er es umdrehte und den Gekreuzigten küsste. Die Mutter eines dieser jungen Mörder ist zum Pfarrer gegangen und hat gesagt, einen Juden darf man nicht katholisch beerdigen.«

Ich fragte Janina Karwowska, was sie von Iceks Tod wisse:

»Ich war damals bei ihnen im Haus. Er lag halb bewusstlos da, im Sterben, weinte und weinte, bis er starb. Helena hat gesagt, dass einer seiner Freunde ihn beim Spielen zufällig an der Schläfe getroffen hatte.«

Ich las ihr die Berichte über Iceks Tod vor, die ich auf meinem Laptop hatte.

Karwowska äußerte sich verwundert: »Helena hatte mir doch gesagt, dass sie niemandem Vorwürfe machen würden, die Jungen hätten mit Steinen geworfen und an allem wäre nur so ein kleiner Stein schuld gewesen. Ich glaube, ihre Mutter starb noch im selben Jahr.«

Jetzt frage ich Antoni Karwowski nach Iceks Tod. Erst nachdem er sich vergewissert hat, dass ich die Geschichte sowieso schon kenne, entschließt er sich zu reden. Er nennt die Namen der Jungen, die damals mit ihm Kühe weideten: Zygmunt, Genek und Władek. Ihm zufolge habe Genek als Erster mit Steinen nach Icek geworfen. Die Nachnamen der Jungen? Nein, die werde er mir nicht sagen.

Einmal fragte ich Wyrzykowska nach Helena Chrzanowska. Sie kannten sich gut und schrieben einander, als Antonina in den Staaten lebte. Sie erzählte von einem Brief, den sie einmal von ihr bekommen hatte: »Wenn ich gewusst hätte, was das für ein Leben werden würde, dann hätte man es lieber nicht retten sollen.«

1. Juli 2002

In Krakau nehme ich am Trauergottesdienst für Jan Kott teil, einen der großen Theaterkritiker des 20. Jahrhunderts und Vater meines Freundes Michał. Jan Kott ist im Dezember 2001 in Santa Monica in Kalifornien gestorben, und seinem Wunsch entsprechend soll seine Asche in Krakau beigesetzt werden.

Er stammte aus einer assimilierten jüdischen Familie – sein Vater ließ ihn taufen, damit er in Polen und das Polentum hineinwachsen könne. In einem seiner letzten Texte hat er beschrieben, wie nach Jedwabne die Erinnerung an seinen Vater zurückgekehrt ist.

Seine Eltern legten im Krieg die Armbinde nicht an und wohnten in Krakau auf der »arischen« Seite. Sie spürten seinen Vater in einem Café auf, wo er irgendein Geschäft vermittelte, und nahmen ihn fest. Als er duschte, sahen seine polnischen Mitgefangenen, dass er beschnitten war, und denunzierten ihn. Das war an dem Tag, als er freigelassen werden sollte und seine Frau vor dem Gefängnis auf ihn wartete. Jan schrieb: »Ich weiß nicht mehr genau wann, aber viele Jahre später sprach ich zweimal das Kaddisch für meinen Vater. Ich sprach es laut auf Polnisch, unser Freund S. hatte es aus dem Hebräischen übersetzt. Dieses aus dem Hebräischen ins Polnische übersetzte Kaddisch hatte wohl einen gewissen Sinn.«

Jedwabne regt das Gedächtnis an und ebenso das Gewissen. Einem Redakteur von *Więź* erzählte ein Priester, es habe Fälle gegeben, dass Bauern jetzt nach sechzig Jahren zu ihm kamen, um zu beichten, dass sie einen Juden an die Deutschen verraten haben.

2. Juli 2002

Im Hotel Klezmer Hois in Krakau-Kazimierz habe ich das Buch *Imiona przez Żydów polskich używane* [Von den polnischen Juden verwendete Vornamen] gekauft, in dem ein Verzeichnis jüdischer Vornamen aus dem Jahre 1928 enthalten ist. Es ist ein kleines Wunder, dass Wojciech Ornat, ein Enthusiast, der im Klezmer Hois den Verlag Austeria gegründet hat, gerade jetzt dieses Buch publiziert hat. Ich weiß nicht, wie ich mich ohne seine Hilfe im Chaos der jüdischen Vornamen hätte zurechtfinden können – abgesehen von dem tröstlichen Wissen, dass ich nicht der einzige Mensch bin, dem dieses Durcheinander keine Ruhe lässt.

In der Einleitung von Lidia Kośka erfahre ich, dass M. Feldstein im Jahre 1927 auf der Sitzung des Vorstands der Jüdischen Gemeinde in Warschau die Idee vorgebracht hat, ein Komitee ins Leben zu rufen, das ein Verzeichnis korrekter Vornamen erarbeiten solle. Er argumentierte folgendermaßen: »Die Sache mit den jüdischen Vornamen nimmt einen wichtigen Platz ein unter den Plagen des jüdischen Lebens im Galut [in der Diaspora]. Jeder wird zugeben, dass bei keinem Volk ein solches Chaos in diesem Bereich herrscht. Bei allen Kulturvölkern spiegeln die Vornamen deren natürliche Entwicklung wider und stellen einen Ausfluss ihres nationalen Geistes und ihrer Sprache dar.« Feldstein ist unglücklich darüber, dass in Analogie zum polnischen Suffix -ek, das verwendet wird, um Kosenamen zu bilden (z. B. Stasiek oder Waldek zu Stanisław bzw. Waldemar), entsprechende jüdische Namen entstanden sind, etwa Moszek, Berek oder Josek; ja mehr noch: während andere Völker Kosenamen nur im Familienkreis verwenden, »haben bei uns Juden die Eltern diese entstellten Namen auf die Straße gebracht, ja lassen sie in dieser entstellten Form sogar beim Standesamt eintragen«. Und weiter: »Man muss die traurige Erscheinung konstatieren, dass unsere Brüder in Polen sich an diese verunstalteten Namen so sehr gewöhnt haben und sich bis zu einem solchen Grade organisch mit ihnen verbunden haben, dass z. B. die Namen Jankiel oder Josek ihnen natürlicher und jüdischer erscheinen als die schönen biblischen Namen Jakow oder Josef.«

Kosenamen tauchen tatsächlich nicht nur in Memoiren, sondern auch in offiziellen Dokumenten auf. So erscheinen in der Liste der Bewohner der Ulica Przestrzelska ein Ici (vermutlich = Icchak) Kapuśniak; ein Berek (vermutlich = Ber) Szmuił; ein Całko (mit Sicherheit = Becalel) Wasersztejn. Welche Namen soll man angeben, die Koseform oder die korrekte Version? Und in welcher Sprache, auf Jiddisch, Hebräisch oder in polnischer Schreibweise? Dank des Buches von Ornat kann ich mich für bestimmte Kriterien entscheiden und eine bewusste Wahl treffen.

6. Juli 2002

Und wieder einmal warte ich, wie schon seit Tagen, in der Warschauer Hitze auf Ignatiew, den ich für die *Gazeta Wyborcza* interviewen will. In drei Tagen soll er auf einer Pressekonferenz eine Erklärung über die vorläufigen Untersuchungsergebnisse verlesen. Anscheinend sind noch einige Dinge abzuklären, denn er verlässt das IPN nicht und verlegt unser Treffen alle paar Stunden auf einen späteren Termin.

10. Juli 2002

Gestern hat Staatsanwalt Radosław Ignatiew die vorläufigen Ermittlungsergebnisse bekannt gegeben. »Die Ausführenden des Verbrechens als Täter *sensu stricto* waren polnische Bewohner von Jedwabne und Umgebung – Männer, mindestens vierzig an der Zahl.«

Vor Einbruch der Dunkelheit komme ich in Jedwabne an, um einen Stein auf das Denkmal zu legen. An den letzten beiden Jahrestagen haben der Bürgermeister und der Stadtratsvorsitzende einen Kranz am Denkmal niedergelegt. Nun hat der eine das Land verlassen und der andere sich entschieden, nicht zu kommen.

16. Juli 2002

Ich arbeite einsam an dem Buch auf einem fernab der Welt gelegenen Anwesen in der Nähe von Sejny, in einer Landschaft voller Seen, Hügel und Blaubeeren. Ein Bekannter aus Jedwabne ruft mich an: Jemand habe auf dem jüdischen Friedhof eine Katze aufgehängt; welche Behörde man verständigen müsse. Ich wende mich mit dieser Frage an Ignatiew und erzähle ihm bei dieser Gelegenheit auch von den Seen und Hügeln.

»Landschaftspatriotismus – auch gut«, freut sich Ignatiew, den ich oft als Punchingball missbrauche, um die Wut über meine Landsleute abzureagieren. Er erträgt das tapfer, aber es muss doch unangenehm für ihn sein.

19. Juli 2002

Ich kehre aus Sejny nach Jedwabne zurück. Nachdem Leszek Dziedzic und Krzysztof Godlewski ausgewandert sind, fehlen mir Menschen, die ich in aller Offenheit besuchen kann, statt mich nach Einbruch der Dunkelheit in die Häuser zu schleichen. Ich weiß, dass ich jederzeit bei Stanisław Michałowski vorbeischauen kann, aber ich bin mir auch im Klaren, dass ihn mein Besuch nicht glücklich machen würde. Ich verstehe das, schließlich ist er als Einziger übriggeblieben.

Ich schaue bei Henryk Bagiński vorbei, der mit seinem Polski Fiat regelmäßig zum Denkmal fährt, mit einer Harke und Plastiktüten, manchmal mit einem Rasenmäher. Er räumt auf, sammelt zerbrochene Grablichter ein und mäht das Gras um das Denkmal herum. Er gibt mir ein Gespräch mit einem Nachbarn auf der Straße wieder:

»Wir werden sechzig Milliarden zahlen, jetzt, wo der Präsident sich zur Schuld bekannt hat.«

»Das werden wir nicht, das ganze Polen ist nicht so viel wert.«

»Und bei der Zeugung deiner Oma hat ein Jude mitgeholfen!«

20. Juli 2002

Jedwabne. Ich sage Stanisław Michałowski, wie ich mich über den Preis der Karski-Stiftung freue, den Krzysztof Godlewski in einer Synagoge in Brooklyn entgegengenommen hat.

»Mussten die Zeitungen wirklich darüber berichten?«, fragt Michałowski gereizt. »Du machst dir keine Vorstellung davon, was in der Stadt los ist. Für die Leute ist das der klare Beweis, dass alles ein abgekartetes Spiel war, dass Godlewski von Anfang an den Stadtrat manipuliert hat, für jüdisches Geld.«

Anfangs erschien mir Jedwabne als ein armes, heruntergekommenes Städtchen, dem das schwere Schicksal zugefallen war, eine unbequeme Wahrheit zu tragen – für die meisten Einwohner eine unverdiente Last, sie hatten ja nicht daran teilgenommen, ja kamen nicht einmal von hier. Mit der Zeit habe ich mich daran gewöhnt, dass es mir als das Land des Bösen vorkommt, wie das Land Mordor bei Tolkien.

Ich sage mir immer wieder, dass ich bei meiner Suche nach Zeugnissen des Verbrechens nur punktuell mit meinen Gesprächspartnern in Berührung komme, mit ihrer dunklen Seite. Der Schuldirektor, der es zulässt, dass die Kinder im Geist des Rassenhasses erzogen werden, ist ja ein enthusiastischer Organisator von Kajakausflügen. Die junge Frau, die in nächtlichen Anrufen ihre Freundin beschimpft hat, nur weil sie zum Denkmal gegangen war (sie hatte ihre Stimme verstellt, aber die Sache kam ans Licht, als der Staatsschutz die Leitung abhörte), ist vielleicht eine treusorgende Mutter. Und der Briefträger, der in der Post die Einbestellung eines Zeugen durch den Staatsanwalt fand und den Adressaten am Telefon bedrohte – vielleicht ist auch er, abgesehen von diesem einen Zwischenfall, ein verlässlicher Postzusteller, wie er es zuvor war und auch in Zukunft sein wird. Vielleicht. Aber seit einiger Zeit kehre ich von jeder Reise nach Jedwabne krank zurück (wobei ich nicht von der Psyche spreche, sondern von Grippe, Mandelentzündung und Bronchitis) und verspreche mir, dass dies das letzte Mal gewesen sein soll.

22. Juli 2002

Gespräch mit Marek Edelman. Während meiner Abwesenheit in Warschau hat er eine Nachricht auf dem Anrufbeantworter hinterlassen, dass er unbedingt mit mir über meinen Artikel über Szmul Wasersztejn sprechen muss, der vor kurzem in der *Gazeta Wyborcza* erschienen ist.

»Wie konntest du schreiben, dass ein Zeuge nicht gesehen hat, wovon er behauptet, es gesehen zu haben?«, fragt er mich. »Bei solchen Dingen kann man sich nie sicher sein. Ich weiß von so vielen Zeugen, die Dinge gesehen haben, die unmöglich zu sehen waren, aber sie haben sie wirklich gesehen. Weil sie hingelaufen sind und für den Bruchteil einer Sekunde durch ein Astloch in den Waggon gesehen haben oder weil der Mond plötzlich einen Teil der Lichtung beleuchtet hat. Am dritten Tag des Aufstands habe ich durch ein Loch im Haus in der Ulica Franciszkańska 24, ungefähr auf der Höhe des vierten Stocks, ein Karussell und die wehenden roten und blauen Kleider der Mädchen gesehen. Ich habe das wirklich gesehen, obwohl es ganz und gar nicht offensichtlich ist.«

Ich schaue in der Redaktion vorbei, um die Korrespondenz zu sichten, die während meiner Abwesenheit eingetroffen ist.

»Dieser Brief hat im Laufe von 25 Jahren in meinen Gedanken Gestalt angenommen. Ihr Artikel über Szmul Wasersztejn hat mich dazu gebracht, dass ich meine Überlegungen mitteilen möchte. Meine Mutter hat erzählt, dass in dem Dorf, aus dem ich stamme, die bucklige Józia wohnte, eine jüdische Waise und hervorragende Schneiderin. Eine polnische Familie wollte sie bei sich verstecken, aber die anderen Nachbarn zogen ihr erst das Geld aus der Tasche und brachten sie dann um.« Maria Chrząstowska, Warschau.

Die Korrespondenz, die mich in der *Gazeta Wyborcza* erreicht, lässt sich in drei Kategorien einteilen: Erstens Briefe mit Beschimpfungen oder mit Geschichten über Juden, die im UB polnische Patrioten gefoltert haben (oder aus Briefen, die beides enthalten – das ist die Mehrzahl). Zweitens Briefe, die Namen von Polen nennen, die Juden versteckt haben, und uns auffordern, über sie zu schreiben. Drittens Briefe wie der von Frau Chrząstowska: Da und da, auf der Straße, im Wald, im Versteck, nach der Befreiung sei ein Jude, eine jüdische Familie oder ein jüdisches Kind ermordet worden, und das habe der Nachbar aus dem Haus nebenan, von gegenüber oder aus dem Nebendorf getan. Manchmal werden die Namen der Ortschaften und der Täter genannt.

Ich rufe in Jedwabne an. Zur Liste der Gäste, die zum Essen beim Pfarrer eingeladen sind – Kazimierz Laudański, Leszek Bubel, Bohdan Poręba, Henryk Gontarz –, ist der Sänger Krzysztof Krawczyk hinzugekommen.

25. August 2002

In der *Gazeta Wyborcza*, nach der Rückkehr aus Bayern, wo ich im Haus von Nawojka und Nicolas Lobkowicz an dem Buch gearbeitet habe, wartet ein Brief von Tomasz Strzembosz auf mich, der meinen Text über Wasersztejn kommentiert. Strzembosz gibt zu, dass es so aussieht, als ob Wasersztejn tatsächlich nicht beim UB gewesen sei. »Dafür hat sich«, schreibt er, »die Information bestätigt, dass unter den Juden, die das Pogrom überlebt haben, vermutlich zwei Mitarbeiter des UB gewesen sind.« Auf alle Fälle gibt er diesmal keine Namen an.

Der Herr Professor hat offensichtlich selbst nicht bemerkt, dass er seine Autorität als Historiker in die Waagschale geworfen hat, indem er Gerüchte wiederholt, als handelte es sich um seriöse Quellen. Auf Strzembosz' Enthüllungen hat sich die gesamte rechte Presse berufen. An diese sollte der Professor einen Brief schicken, der die Verleumdungen an Wasersztejns Adresse richtigstellt.

Gespräch in der Redaktion mit Adam Michnik, dem ich Strzemboszs Brief zeige. Wie ich mir neuerdings angewöhnt habe, beschwere ich mich über mein Land. Adam sagt mir immer wieder, ich solle mich einmal umsehen, wie die Diskussion über die Vergangenheit in Litauen und in der Ukraine verläuft, oder auch, mit welcher Mühe sich in Frankreich das Wissen über die Kollaboration durchgesetzt hat, obwohl die Regierung und ein großer Teil der Gesellschaft an ihr beteiligt war.

1. September 2002

Ich lese die Presse der jüngsten Zeit. Angriffe auf Ignatiew finde ich nicht nur in randständigen, offen antisemitischen Blättchen wie *Myśl Polska* [Die polnische Idee] (Titel: »Wie das IPN die SS freisprach«) oder *Nasza Polska* [Unser Polen] (»Das Kommuniqué des IPN trägt Züge von Verleumdung, ja sogar von Absurdität«, stellt Pfarrer Orłowski fest), sondern auch in der katholischen Wochenschrift *Niedziela* [Sonntag], die in hoher Auflage erscheint. Dort wird er von keinem Geringeren als von Bischof Stefanek selbst getadelt: »Dem Labor des Hasses schließen sich sogar Autoritäten wie das IPN an. Zu Jedwabne hat es keine Ermittlungen gegeben, sondern einen Zirkus aus allen nur erdenklichen Lügen.«

9. September 2002

Aus einem Gespräch mit Ignatiew:

»Ich träume nicht mehr von den Ermordeten in der Scheune. Ich habe anscheinend das Gefühl, dass ich meine Pflicht ihnen gegenüber angemessen erfüllt habe.«

10. September 2002

In Jedwabne. Ich sage Stanisław Michałowski zum wiederholten Male, dass ich mich über seine Entscheidung wundere, weiterhin Stadtratsvorsitzender zu bleiben, nachdem er doch öffentlich angekündigt hatte, zusammen mit Godlewski zurückzutreten. Er erklärt mir, mein Urteil über Jedwabne sei zu hart, ein Teil der Bewohner denke anders, als es mir vorkommt, und er fühle sich als ihr Vertreter. Er werde bei den Wahlen im Oktober antreten, und das werde ein Test sein, wie viele Menschen ähnlich denken wie er.

Ich höre mir die Gerüchte an, die in der Stadt kursieren: Familie Dziedzic habe sich in Israel niedergelassen, und Godlewski, der von Anfang an beim Schreiben des Buches mit Gross zusammengearbeitet habe, habe die Biege gemacht, um 100 000 Dollar als Lohn für den Verkauf von Jedwabne entgegenzunehmen.

Ich erfahre Einzelheiten über die Exkursion, die unter Jolanta Kwaśniewskas Schirmherrschaft organisiert wurde. Die Kinder von Jedwabne haben sich im Disneyland in Florida vergnügt. Veranlasst durch Briefe der Eltern und unter dem Druck der Organisatoren haben sie jedoch das Holocaust-Museum nicht besucht und sich auch nicht mit Schülern einer jüdischen Schule getroffen, was ursprünglich im Plan vorgesehen war.

Ich fahre zu einem Bauern in der Nähe von Radziłów. Über ihn hatte ich Folgendes gehört: »Er hat Radziłówer Juden ermordet und beraubt, und als keine mehr da waren, hat er Polen ermordet und beraubt, wofür er jetzt einen Rentenzuschlag als NSZ-Kämpfer erhält.« Der Bauer ist zu einem Gespräch gerne bereit. Nach seiner Version habe es am 7. Juni 1941 in Radziłów weder auf dem Marktplatz noch in einer der umliegenden Straßen auch nur einen einzigen Polen gegeben, denn an diesem Tag hätten die Deutschen den Polen verboten, ihre Häuser zu verlassen. Schneidig erzählt er mir vom Partisanenleben in der Nachkriegszeit und welchen Anteil er daran hatte, dass Grajewo 1945 den Händen der Sowjets entrissen wurde. Der UB habe ihn gefoltert, doch er habe nichts gestanden. Er habe ein paar Jahre abgesessen und sei rausgekommen, und die, die geständig gewesen waren, hätten die Todesstrafe erhalten. Ich verabschiede mich rasch. Ich mache mir besser keine Illusionen, dass ich irgendetwas aus ihm herausbekomme.

11. September 2002

Wieder in Warschau, beklage ich mich bei meiner Freundin und Journalistenkollegin Joanna Szczęsna, wie oft ich mit mageren Ergebnissen zurückkomme, obwohl ich sicher war, dass eine Erinnerung an das Verbrechen existiert. Nur habe ich keinen Zugang dazu.

Joanna kommentiert: »Das kommt alles daher, dass das Ermorden von Juden heutzutage politisch unkorrekt ist. Wenn stattdessen Rentenzulagen und Orden verteilt würden, dann stünden die Teilnehmer am Verbrechen vor deiner Tür Schlange. Dass du auch so die tatsächliche Wahrheit möglicherweise nicht erfahren würdest, steht auf einem anderen Blatt.«

13. September 2002

New York. Freunde haben mich eingeladen, damit ich ein bisschen Abstand zur traumatischen Nähe von Jedwabne gewinne und mein Buch schreiben kann. Ich verbringe zwei Monate in Manhattan. Ola, die in dieser Zeit mit Sara, der Tochter meiner Freunde Joanna und Lawrence Weschler, auf eine amerikanische Schule geht, verabschiedet sich nach dem Unterricht von einer Schulfreundin: »Bis Montag.« »Ist denn am Montag Schule? An Jom Kippur?«, wunderte sich die aus Irland stammende Schulfreundin. In New York und Umgebung – im Staat New York wohnen fast zwei Millionen Juden – haben Kinder in sehr vielen Schulen an diesem Tag frei.

Der Gedanke macht mich traurig, dass es in Polen niemandem einfällt, an diesem Tag auch nur der Juden zu gedenken, jener polnischen Bürger, die über Jahrhunderte hinweg den Versöhnungstag begingen. Zum Trost lese ich Stanisław Vinzenz. Bei der Beschreibung seiner Kindheit am oberen Tscheremosch in den Ostkarpaten, der Heimat des Chassidismus, erwähnt er, dass er einmal am Versöhnungstag zum Fenster einer erleuchteten Stube, in der Juden beteten, hineingeschaut habe und in den Anblick des greisen Vorbeters versunken sei, der mit klagender Stimme sang und schluchzte. »Wie sicher fühlt sich doch ein Kind«, schreibt er, »das in einem Land aufwächst, in dem Jahr für Jahr solche Gebete beachtet werden. Selbst wenn es sich um Gebete einer fremden Religion handelt. Über Jahrhunderte hinweg hatte sich das Murmeln dieser Gebete zum Himmel erhoben, dann verstummte es plötzlich. Wird es von neuem erklingen? Und klang in ihm eine fremde Hoffnung oder unsere eigene?«

20. September 2002

Maniucha berichtet mir, dass drei Personen aus Jedwabne für mich angerufen haben. Eine hat mir ausrichten lassen, ich müsse unbedingt bis zum nächsten Sonntag aus Amerika zurückkommen. Nach der Messe werde der Pfarrer ein Treffen organisieren, er wolle das Komitee zur Verteidigung des guten Namens von Jedwabne wiederbeleben, damit es mit der Forderung an die Stadtverwaltung herantritt, das Denkmal zu entfernen.

Ich rufe Krzysztof Godlewski in Chicago an. Die Ergebnisse von Staatsanwalt Ignatiew, wonach Polen die einzigen direkten Täter des Verbrechens waren, haben ihn schockiert.

»Ich muss das akzeptieren«, sagt er, »denn ich habe Ignatiew kennengelernt und habe keinen Zweifel an seiner Redlichkeit. Aber bisher habe ich geglaubt, die Untersuchung würde zeigen, dass es die Deutschen waren, denen sich die Schlechtesten unter den Einheimischen angeschlossen haben, und dass wir uns für diese Leute entschuldigen.«

Ich rufe Leszek Dziedzic in Lawrence an und erzähle ihm von den Gerüchten in Jedwabne.

»Ich habe niemanden, von dem ich erfahren könnte, was dort los ist«, sagt er bitter. »Ich bin in Przestrzele geboren und aufgewachsen, habe dort vierzig Jahre, die Hälfte meines Lebens verbracht – wenn Gott mir ein langes Leben schenkt –, und ich habe niemanden, bei dem ich anrufen könnte, um zu fragen, was es denn Neues gibt.«

Ein Schulfreund aus der Grundschule habe ihn hier ausfindig gemacht.

»Sein Vater war in den NSZ. Er nannte den Massenmord ›eine Säuberung des Volks vom Unrat‹. Ich fragte ihn: ›Was willst du denn hier in Amerika, wo es so viele Puertoricaner, Juden und andere Nationalitäten gibt? Geh doch zurück, um in einer gesäuberten Umgebung zu leben.‹«

Er fasst mir ein Interview mit Pfarrer Orłowski in der auslandspolnischen Presse zusammen:

»Der Pfarrer redet von 270 deutschen Soldaten in Uniformen der Luftwaffe (wobei er nicht genau sagt, wo sie denn gelandet sein sollten) und dass die Mitglieder seiner Pfarrgemeinde scherzen, sie hätten eine olympische Medaille verdient dafür, mit Ortscheiten so viele Juden erschlagen zu haben.«

Sein Vater habe solches Heimweh, dass er jeden Tag ankündigt, er würde nach Polen zurückkehren, denn er möchte bei sich zu Hause sterben.

»Ich erkläre ihm: ›Papa, der Pfarrer wird dich sowieso nicht begraben.‹«

20. Oktober 2002

Leszek Dziedzic ist nach New York gekommen, um Rabbi Baker kennenzulernen, und ich begleite ihn als Übersetzerin.

»Hast du Arbeit? Zahlt man dir einen guten Stundenlohn?«, fragt ihn der Rabbi gleich auf der Schwelle.

Ich wundere mich, dass er Polnisch spricht – aus unseren vorigen Gesprächen ging hervor, dass er sich an Liedertexte erinnert, aber sonst nur an einzelne Wörter.

»Ich hätte nicht gedacht, dass ich es noch kann«, antwortet er mir jetzt doch auf Englisch, wobei er zufrieden lacht, »aber Krzysztof Godlewski, den ich bei der Verleihung des Preises in der Synagoge in Brooklyn begleitet habe, hat ein paar Tage bei mir gewohnt. Mit seiner Hilfe habe ich mein Gedächtnis ein wenig aufgefrischt.«

Dziedzic erklärt: »Wir beide, Sie, Rabbi Baker, und ich, Leszek Dziedzic, sind aus Jedwabne. Ich bin hierhergekommen, um einen Nachbarn kennenzulernen. Für die Mörder entschuldige ich mich nicht, denn das sind Fremde für mich. Aber ich entschuldige mich bei dir, Rabbi, für diejenigen, denen es damals an Mut gefehlt hat, um den Juden zu helfen.«

»Wir wollen nichts«, sagt der Rabbi wieder auf Polnisch. Und fügt auf Englisch hinzu: »Sie denken: ›Die Juden wollen uns unsere Häuser wegnehmen.‹ Aber wir wollen, dass die Mörder sich wegen ihrer Schuld grämen, nicht wegen der Häuser.«

»Mein Großvater, Piotr Dziedzic aus Przestrzele«, erzählt Leszek, »muss Getreide zum Mahlen zu einer Mühle gebracht haben, die Ihrer Familie gehörte.«

»Mein Großvater Becałe Pecynowicz war Müller«, bestätigt der Rabbi, »und unsere Nachbarn waren Brzózko und Zaleski, und ein Stück weiter, an der Ecke, wohnte Sielawa, dahinter Zambrowski.«

»Der 10. Juli war eine großartige Gelegenheit zur Versöhnung«, stellt Leszek fest, »aber der Pfarrer hat das in Jedwabne nicht zugelassen. Sag mir, Rebbe: Warum ist das so? Wir haben einen Gott, wir haben euren Glauben angenommen und beten zur jüdischen Muttergottes. Wie kann der Pfarrer da keine Angst haben, dass er eines Tages vor Gottes Antlitz stehen wird?«

Der Rabbi: »Ich habe daran gedacht, ihn danach zu fragen, aber er hätte keine Antwort gewusst.«

28. Oktober 2002

Ich rufe in Jedwabne an, um mich über den Ausgang der Lokalwahlen zu informieren. Stanisław Michałowski hat sich nicht durchsetzen können.

»Ich war immer auf einem der drei ersten Plätze. Jetzt musste ich mir anhören: ›Warum hast du dich auch auf die falsche Seite gestellt?‹ Das ist der Preis, den ich für die Vorbereitung der Feierlichkeiten in Jedwabne zahlen muss.«

Ich versuche, nicht so zu klingen wie »Ich hab's dir ja gesagt« (dass du damals, zusammen mit Godlewski, hättest zurücktreten sollen). Aber das ist mir wohl nicht gelungen, denn Stanisław fügt hinzu:

»Ich wollte dir verheimlichen, was die Leute hier vor allem denken, denn ich habe mich vor dir geschämt. Aber es ist nun mal so, wie es ist.«

29. Oktober 2002

Mit Freunden in einem japanischen Restaurant in Manhattan. Bekannte aus Polen haben eine Freundin mitgebracht, eine junge Frau, die hier studiert.

»Und ist Ihr Buch für oder gegen Gross?«, fragt sie freundlich.

Mir stellen sich die Nackenhaare auf. Musste diese Frage, die zu den häufigsten gehörte, mit denen ich in Polen in zufälligen Gesprächen konfrontiert worden bin, mich bis nach Manhattan verfolgen? Man erwartet nur eine Antwort: Das Buch wird gegen Gross sein. Ich ziehe es gerade aus diesem Grunde vor, das Buch in New York zu schreiben und die Gastfreundschaft meiner Freunde zu strapazieren, um mir solche Fragen nicht anhören zu müssen. Die junge Frau hat das Buch von Gross im Übrigen gar nicht gelesen, war aber auf einer vom Konsulat veranstalteten Begegnung mit Rabbi Baker.

»Ein wunderbarer Mensch. Er sagte, er würde ein neues Buch vorbereiten, um das Buch von Gross richtigzustellen. Er erklärte, am Verbrechen hätten dreiundzwanzig Schläger teilgenommen, aber die übrigen Einwohner seien gute, fromme Leute gewesen.«

Schon früher habe ich bemerkt, dass der Rabbi für Polen und für Juden je eine andere Version hat. Vor kurzem hat er mir eine Geschichte erzählt, die selbst ich – die ich in dieser Angelegenheit geneigt bin, unangenehme Tatsachen zu bemerken und scharfe Urteile zu fällen – kaum glauben kann. Der hiesige Direktor der polnischen Fluggesellschaft LOT habe beschlossen, sein *Jedwabner Gedenkbuch* ins Polnische zu übersetzen, und sei dafür gefeuert worden.

30. Oktober 2002

Mittagessen mit Krysia Fiszer vom YIVO, dem Jüdischen Wissenschaftlichen Institut, das in Wilna gegründet wurde und gegenwärtig seinen Sitz in New York hat. Auf dem Empfang im Konsulat habe sie Rabbi Baker gesehen:

»Er saß gleich am Eingang, und immer wieder kamen Menschen auf ihn zu, um sich mit ihm ablichten zu lassen. Ich hatte das Gefühl, man behandelt ihn wie ein Ausstellungsobjekt, das bezeugen soll, dass die Polen keine Antisemiten sind.«

4. November 2002

Bei Rabbi Baker. Leszek Dziedzic ist diesmal mit seinem Vater zu ihm gekommen. Der Rabbi hat zu Ehren von Leon Dziedzic einen ganzen polnischen Satz vorbereitet:

»Sie haben eine gute Tat vollbracht, dass Sie die Juden begraben haben.«

Mehrfach wiederholt er gerührt auf Englisch:

»Leon hat den Verstorbenen den nach der jüdischen Religion wichtigsten Dienst erwiesen, den Dienst eines würdigen Begräbnisses. Er und sein Sohn sind außergewöhnliche Menschen.«

»Höre, Rebbe«, sagt Leon Dziedzic, »ich lege die Hand dafür ins Feuer, dass es Polen waren. Ich habe das immer gesagt. Und der Pfarrer erzählt in Jedwabne, ich wäre nach Israel gefahren, weil die hiesigen Auslandspolen mich wegen meiner Lügen nicht nach Amerika hereingelassen hätten.«

»Der Pfarrer hat mir gesagt, dass die Kreuze in der Kirche von Juden gestiftet wurden«, sagt der Rabbiner. »Eine einfache Frage habe ich ihm nicht gestellt: ›Warum haben Christen vor diesen Kreuzen getötet?‹ Ich wusste, dass ich ihm diese Frage nicht stellen kann, denn ich war ja zum Zeichen der Versöhnung gekommen.«

Mit Bedauern stellen sie fest, dass sie sich vor dem Krieg wahrscheinlich nicht gekannt haben. Als Jakub Piekarz dreiundzwanzig Jahre alt war, war Leon Dziedzic gerade erst zehn. Sie erinnern sich gemeinsam an die Stadt von damals.

Leon Dziedzic: »Ich erinnere mich an Cukierbaum« (»Medikamentenlager« – ergänzt der Rabbi auf Polnisch), »den Schmied Szmuił, der seine Schmiede an der Ecke hatte und kleingewachsen war, Kuropatwa, der Leute chauffierte, Zundel, bei dem man Schuhe kaufte. In der Bäckerei des Polen an der Ecke bekam man zwei ›Brötchen zweiter

Wahl‹, so hießen die, für denselben Preis, zu dem man beim Juden drei kaufen konnte. Die ›Brötchen zweiter Wahl‹ waren aus schlechterem Mehl, aus Weizen, aber nahrhafter, denn sie enthielten Kleie.«

Rabbi Baker fügt hinzu, dass bei seinem Großvater Brot zweiter Wahl hergestellt wurde; der habe nicht nur eine Mühle besessen, sondern auch eine Ölmühle und Brotöfen, so dass er auf jedem Produktionsabschnitt überprüfen konnte, ob auch alles koscher war.

Der Rabbi hat zugestimmt, dass ich seine Bilder aus dem Jedwabne der Vorkriegszeit in meinem Buch veröffentliche. Er schickt mich in seine Wohnung, um sie zu suchen. Ich finde sie in einer der zahlreichen Schubladen und schütte sie auf den Tisch. Der Rabbi sieht nicht mehr gut genug, um die Personen zu identifizieren.

24. November 2002

Zurück in Polen. Ich besuche Marianna Ramotowska, die sich immer mehr in ihrer Welt verschließt. Diesmal hat sie mich nicht erkannt. Wenn die Gegenwart immer verschwommener wird, nimmt die Vergangenheit Farben an. Ich frage ihre Betreuerin Daria, die 24 Stunden am Tag mit ihr verbringt, ob sie mit ihr über ihre Kindheit spricht. Doch das ist nicht der Fall. Daria hat sie zwar oftmals danach gefragt, doch Marianna hat ihre Kindheitserinnerungen aus der Zeit, als sie noch Rachela war, ganz fest verschlossen.

29. November 2002

Ich verbringe einen weiteren Tag mit dem Studium der beiden umfangreichen IPN-Bände *Wokół Jedwabnego* [Rund um Jedwabne], herausgegeben von Paweł Machcewicz und Krzysztof Persak. Über 1500 Seiten, hauptsächlich Dokumente (insgesamt 440), die in Archiven in Białystok, Warschau, Ełk, Jerusalem, Minsk, Grodno und Ludwigsburg gefunden wurden. Das IPN-Buch gibt zumindest ungefähre Antworten auf die meisten Fragen, die die Zeitungsüberschriften während dieser intensivsten Debatte der letzten Jahre beherrscht haben. Es ist ein großer Erfolg von Gross, dass er ein gutes Dutzend Gelehrter dazu gebracht hat, sich Materialien zu widmen, für die sich vorher niemand interessierte.

Paweł Machcewicz zählt die Gründe auf, warum es in dieser Region zu Pogromen und Massenmorden gekommen ist: (1) der Antisemitismus eines wesentlichen Teils der polnischen Bevölkerung, als Nährboden und notwendige Bedingung; (2) der Raub jüdischen Eigentums; (3) die Rache für die tatsächliche oder eingebildete Kollaboration der Juden mit der sowjetischen Besatzungsmacht; (4) deutsche Anstiftung, die auf dem Organisieren oder Mitorganisieren von Pogromen beruhen konnte, denen sich Polen dann anschlossen, und manchmal auch den Charakter von Ermunterung oder Gewährenlassen hatte.

Wie viele Teilnehmer haben aktiv an dem Verbrechen in Jedwabne teilgenommen? Krzysztof Persak, der die Angaben aus den Prozessen von 1949 und 1953 eingehend analysiert hat, kommt unter Ausschluss der Aussagen, die zu Zweifeln Anlass geben, auf 85 Personen, die mit Vor- und Nachnamen genannt werden. Die Zahl der Einwohner von Jedwabne und umliegender Dörfer, die in irgendeiner Form am Verbrechen teilnahmen, beläuft sich nach grober Schätzung auf 150 Personen.

Kann man die Ergebnisse des Prozesses von 1949 akzeptieren? Andrzej Rzepliński zeigt in seiner vernichtenden Kritik des Prozesses, dass das Verbrechen maximal heruntergespielt wurde und die Ermittlungen außerordentlich schlampig waren: Seiner Ansicht nach ist es nicht ausgeschlossen, dass ein Teil der UB-Mitarbeiter und Staatsanwälte die antisemitischen Vorurteile der Verdächtigen teilte. »Es unterliegt keinem Zweifel«, schreibt er, »dass der Prozess in einer solchen Weise geführt wurde, um möglichst wenige Beweise ans Licht zu bringen, die für die Schuld der Angeklagten und anderer polnischer Einwohner gesprochen hätten.« Rzepliński schenkt den Aussagen der Zeugen Glauben, die während der Untersuchung Verbrecher preisgaben, dies in der Verhandlung dann aber wieder zurücknahmen. So konstatiert er etwa bei der Analyse der Aussage von Bronisława Kalinowska (»da kam Laudański, Jerzy, angelaufen und sagte, er hat schon zwei oder drei Juden ermordet«): »Ihre mutige Aussage im Rahmen der Ermittlung wurde vor Gericht ›korrigiert‹, da diese ältere Frau – und das unterliegt für mich keinem Zweifel – mehr Angst vor den in Freiheit befindlichen Mitgliedern der Familie Laudański und anderen Familien von Angeklagten hatte als vor dem UB.«

Kann man Staatsanwalt Waldemar Monkiewicz glauben, der behauptete, das Verbrechen sei von 230 Deutschen begangen worden? Nein, erklärt Krzysztof Persak, der die Akten der Untersuchung von 1967 analysiert hat. In den Dokumenten gebe es nicht einmal die Spur von Quellen, die zu einer solchen Schlussfolgerung führen könnten. »Die damalige Vorgehensweise des Staatsanwalts«, lesen wir, »lässt sich nicht anders bewerten denn als Manipulation des Beweismaterials und Verfälschung der Ermittlungsergebnisse.«

Wie viele Opfer gab es? Marcin Urynowicz, der versucht, dies auf Grundlage verschiedener einander widersprechender Angaben zu ermitteln, kommt zu dem Schluss, dass die jüdische Gemeinschaft in Jedwabne im Jahre 1939 ungefähr 1000 Personen umfasste. Wie viele Juden es in Jedwabne im Jahre 1941 gab, ist nicht bekannt, doch es waren vermutlich nicht mehr. Er stellt fest: »In der Scheune müssen deutlich weniger als 1000 Personen umgekommen sein; bekanntlich fiel ein Teil den Einzelmorden mit Stöcken und Äxten zum Opfer, und einem Teil gelang es, sich vor den Mördern zu verstecken. (Allerdings wissen wir nicht, wie viele Flüchtlinge aus Radziłów, Wizna, Stawiski und kleineren Gemeinschaften von Juden aus der Umgebung sich an jenem Tag in der Stadt befanden.)«

Haben die Deutschen das Verbrechen in Jedwabne geplant oder nur die Erlaubnis dazu gegeben? Detaillierte Nachforschungen in dieser Frage hat Edmund Dmitrów durchgeführt. Leider wurden keine deutschen Dokumente gefunden, die es erlauben würden festzustellen, worin der deutsche Anteil bestand.

1. Dezember 2002

Ich wollte rekonstruieren, was in Radziłów, Jedwabne und Wąsosz geschehen war, in diesen drei Orten, wo Polen fast alle ihre jüdischen Nachbarn ermordet hatten. In Bydgoszcz habe ich die Materialien des IPN über das Verbrechen in Wąsosz gelesen, wo in einer Nacht alle Juden mit Spaten, Heugabeln und Äxten ermordet wurden. Wie viele Juden umkamen, ist schwer zu sagen. Vielleicht 250.

»Damals gab es keine Obrigkeit, denn die Russen waren abgezogen und die Deutschen hatten sich nur kurz gezeigt, doch bei dem Mord an den Juden waren sie nicht anwesend. Den Mord begingen ausschließlich Polen«, sagte einer der Zeugen im Prozess von 1951; verurteilt wurde niemand.

Die Julinächte waren kurz, so dass der Tag bereits anbrach, als die Leichen der Ermordeten auf Fuhrwerke geladen wurden und alle durch die Gardinen sehen konnten, was geschehen war. Im Übrigen müssen die Einwohner schon vorher von den Schreien der Opfer aufgewacht sein. Das Massaker fand von Samstag auf Sonntag statt, die Einwohner, die zur Morgenmesse eilten, sahen Blutlachen. Was der Pfarrer an jenem Tag in seiner Predigt gesagt hat, ist nicht bekannt.

Ich habe das Sammeln der Materialien zu Wąsosz immer wieder vor mir hergeschoben. Jetzt wird mir klar, dass ich keine Kraft mehr habe, mich dem nächsten Albtraum zu stellen.

14
Burschen aus gutem Hause und Schläger oder Von den Mördern aus Jedwabne, Radziłów, Wąsosz und Umgebung

1

In einem Buch über die im Untergrund agierende Unabhängigkeitsbewegung in der Gegend von Łomża stieß ich auf eine Information über Maksym Jonkajtys aus Szczuczyn: »Grundschuldirektor, leidenschaftlicher Patriot, einer der ersten Angehörigen des Untergrunds sowohl während der sowjetischen als auch während der deutschen Besatzung, erschossen im Jahre 1943.« Mir war nicht gleich klar, dass es sich um denselben Schuldirektor Jonkajtys handeln musste, der nach dem Bericht von Basia Kacper aus Szczuczyn ein Pogrom in seiner Heimatstadt angeführt hatte.

Diesen Bericht hatte ich im Jüdischen Historischen Institut gelesen, ganz am Anfang der Recherchen, die zu diesem Buch führen sollten. Ich erinnere mich, dass mir bereits damals die Formulierung aufgefallen war, die Pogrome seien von »Burschen aus gutem Hause und Schlägern« organisiert worden.

Doch es musste noch viel Zeit vergehen, bis ich das ganze Grauen und zugleich die Präzision dieser Bezeichnung verstand. Ich musste die Aussagen der Holocaustüberlebenden ein zweites Mal durchsehen, um mir klarzumachen, dass diese Bezeichnung ein Wissen verbarg, das die ganze Zeit gewissermaßen für mich bereitgelegen hatte.

Der örtliche Lehrer, der Leiter der Post, der Polizist, der Hilfsarzt – aus den im ŻIH aufbewahrten Zeugnissen geht hervor, dass Vertreter dieser vor dem Krieg in Polen auf dem Lande prestigeträchtigen Berufe nicht nur zu Verbrechen angestiftet, sondern selbst an ihnen teilgenommen hatten. Noch deutlicher stellt sich die Rolle der örtlichen politischen Eliten bei den unheilvollen Ereignissen im Sommer 1941 dar.

2

Die Elite der Kleinstädte in diesem Teil Polens wurde in der Regel von SN-Funktionären aus der Vorkriegszeit gebildet.

Viele von ihnen saßen während der sowjetischen Besatzungszeit im Gefängnis, versteckten sich vor der Verhaftung oder waren als antisowjetische Partisanen aktiv. Sie waren es meist, die nach dem Abzug der Sowjets und dem Einmarsch der Deutschen den Ton angaben, indem sie Bürgerwehren organisierten, die theoretisch die Ordnung in der Stadt aufrecht erhalten sollten, in der Praxis aber Rachetaten verübten, in erster Linie an Kommunisten, jüdischen wie polnischen, sodann auch an ihren jüdischen Nachbarn. Diese selbständig gebildeten Bürgerwehren und Polizeiabteilungen – Formationen, die nur wenige Wochen lang bestanden (bis die deutsche Verwaltung sich etabliert hatte, die einen Teil bei der Hilfspolizei einstellte) – leiteten die meisten Pogrome und Morde.

So wurde etwa das Massaker von Wąsosz von neun Personen angeführt, die alle zur Bürgerwehr gehörten und, nach Angaben der Zeugen im Prozess von 1951, vor dem Krieg SN-Mitglieder gewesen waren.

In Radziłów erinnerte man sich daran, dass Henryk Dziekoński und Feliks Godlewski ihre Verbrechen mit den weiß-roten Armbinden der Bürgerwehr ausgeführt hatten. Die Judenmorde seien aus einer idealistischen Motivation heraus ausgeführt worden, davon versuchte nach dem Krieg Henryk Dziekoński das Gericht zu überzeugen, indem er sowohl während der Ermittlungen als auch im Prozess hartnäckig wiederholte, er habe an die Einwohner appelliert, sich des Plünderns zu enthalten und den jüdischen Besitz einfach zu verbrennen. Er habe gewollt, dass dieser Akt des reinen Patriotismus nicht besudelt werde.

Erst nachdem in Radziłów die politische Elite aktiv geworden war, schlossen sich Kriminelle und der örtliche Abschaum an.

paranoid-schizoide Persönlichkeitsspaltung bei den Ganzen

Zu den örtlichen SN-Aktivisten in Jedwabne gehörten unter anderem Bronisław Śleszyński, der seine Scheune zur Judenverbrennung zur Verfügung stellte, sowie Czesław Laudański, der Vater von Jerzy und Zygmunt Laudański, die als Tatbeteiligte verurteilt wurden.

Die aus der Bürgerwehr hervorgegangene Hilfspolizei stellte in vielen Ortschaften, insbesondere den kleineren, die einzige Vertretung der deutschen Besatzungsbehörden dar. Es steht auf einem anderen Blatt, dass viele Teilnehmer am Verbrechen, die in Sachen Judenmord mit den Deutschen auf einer Linie waren, bald die Zusammenarbeit mit ihnen aufgaben; einige gingen in die Wälder, andere blieben bei der Hilfspolizei und unterstützten den Untergrund.

Von den acht Personen, die wegen Beteiligung an der Ermordung der Juden in Radziłów angeklagt wurden – und ich weiß von Zeugen, dass sie alle tatsächlich eine führende Rolle spielten –, hatten sechs während der sowjetischen Besatzung Kontakte zum Untergrund und waren unter der deutschen Besatzung in der AK; ein Teil von ihnen war nach dem Krieg in der Untergrundbewegung aktiv. Feliks Godlewski, einer der Mörder, wird in einem Buch über die örtlichen Helden während des Zweiten Weltkriegs folgendermaßen beschrieben: »Seit 1939 im Untergrund. Seit 1944 in einem Zug des Kedyw [Sabotageleitung]. Kämpfte in der dritten Schwadron des 9. PSK [Kavallerie-Schützen-Regiments] in Grzędy. Entschlossen und mutig. Nach dem Krieg zu einer mehrjährigen Gefängnisstrafe verurteilt.«

Allerdings wurde Godlewski im Zusammenhang mit dem Judenmord in Radziłów verurteilt. Aber für die lokale Erinnerung ist auch dieser Umstand Teil seiner Heldenbiografie (im Verlauf der Untersuchung wurde der Vorwurf der Körperverletzung gegenüber Personen, die mit der Sowjetmacht zusammenarbeiteten, hinzugefügt).

Auch von anderen, die sich an dem Verbrechen in Radziłów beteiligten, ist bekannt, dass sie in der AK waren. So lesen wir etwa in Chaja Finkelsztejns Memoiren folgende Notiz über Zygmunt Mazurek: »Er gehörte zu den Judenmördern und war einer der Intelligenteren unter ihnen.« Die Familie Mazurek gehörte zur örtlichen Intelligenz, der Vater Jan, ein Hilfsarzt, war ein anständiger Mensch, der verprügelte Juden versorgte. Zygmunt Mazurek, Kampfname »Kuba«, der als Lehrer arbeitete und nach dem Krieg Arzt wurde, war zugleich der höchstrangige AK-Offizier in Radziłów und leitete das Referat für Information und Aufklärung im Gebiet Grajewo. Während der aufsehenerregendsten Untergrundaktion in dieser Gegend, der Einnahme des Gebäudes des UB, der Miliz und der sowjetischen Kommandantur in Grajewo im Mai 1945, war er Adjutant von »Bruzda«[1].

Auch einige der wegen des Judenmordes in Jedwabne Angeklagten waren danach im Untergrund aktiv. Bolesław Ramotowski, Roman Górski und Franciszek Łojewski waren AK-Soldaten (sie offenbarten sich 1947). Im Haus von Józef Sobuta, der vor dem Krieg an der Zerstörung jüdischer Geschäfte teilgenommen hatte und einer der Anführer des Massenmordes war, fanden nach dem Krieg Versammlungen der NSZ statt. Anders als in Radziłów war eine Aktivität der Mörder im Untergrund oder bei den Partisanen hier jedoch eher die Ausnahme als die Regel.

In der Stadtverwaltung von Jedwabne spielte Karol Bardoń, der in den dreißiger Jahren aus Schlesien gekommen war, eine wichtige Rolle. Von Beruf Mechaniker, arbeitete er zuerst in Radziłów, in der Mühle von Chaja Finkelsztejn, dann in Jedwabne, in der Mühle von Hirsz Zdrojewicz. Unter den Sowjets war er Abgeordneter im Stadtrat *[Gorsovjet]* sowie Vorsitzender der Versorgungsabteilung für Jedwabne. Vielleicht war er ein deutscher Agent, und seine Stimme zählte, da man der Meinung war, er sei ein Vertreter der Deutschen? Ende Juni, Anfang Juli 1941 lag die Macht bei Bürgermeister Marian Karolak. Und er war es, der das Zusammentreiben der Juden leitete. Warum ordneten sich ihm alle unter? Etwa deswegen, weil er als Schwiegersohn von Walenty Grądzki, dem langjährigen Vorkriegsbürgermeister von Jedwabne, von der städtischen Elite unterstützt wurde?

1 Vgl. S. 229.

Bielsk Podlaski, Choroszcz, Czyżew, Goniądz, Grajewo, Jasionówka, Jedwabne, Kleszczele, Knyszyn, Kolno, Kuźnica, Narewka, Piątnica, Radziłów, Rajgród, Sokoły, Stawiski, Suchowola, Szczuczyn, Trzciane, Tykocin, Wasilków, Wąsosz, Wizna … – Gerichtsakten aus der Nachkriegszeit belegen Ausschreitungen gegen jüdische Nachbarn in mehreren Dutzend Ortschaften der Gegend. In vielen Fällen waren es die Deutschen, die die Initiative ergriffen und Exekutionen vornahmen, während Polen sich ihnen anschlossen, dabei mithalfen, die Juden auf den Marktplatz zu führen, sie schlugen, demütigten und manchmal auch ermordeten. An anderen Orten waren Polen direkte Ausführende, während die Deutschen in der Rolle von Inspiratoren und Mitorganisatoren auftraten. In Kolno, Rutki, Grajewo oder Szczuczyn aber sind die antijüdischen Vorfälle, wie es scheint, keineswegs von den Deutschen provoziert worden, sondern hatten den Charakter von Initiativen, die von der polnischen Bevölkerung ausgingen. So lauten die Ermittlungsergebnisse des IPN.

Warum konnten die Pogrome und Morde gerade in diesen Gebieten ein in anderen polnischen Regionen unbekanntes Ausmaß annehmen? Und wie kann es sein, dass Personen, die ihre Hände mit dem Blut unschuldiger Opfer besudelt hatten, bereits kurze Zeit später als Mitglieder der AK in der Rolle von Nationalhelden auftraten?

Adam Dobroński, Historiker aus Bydgoszcz und Spezialist für die Geschichte dieser Gegend, dachte gar nicht daran, auf meine Frage zu antworten. Stattdessen hielt er mir einen langen regionalgeschichtlichen Vortrag und gab mir auf diese Weise ungewollt Antwort.

»Historisch gesehen, gehört Jedwabne zum Gouvernement Łomża, dem Stammland des Polentums und des Katholizismus. So schrieb man im 19. Jahrhundert über diesen Landstrich. Ein Paradies für den Kleinadel, ein Phänomen in ganz Europa. Dieser Kleinadel saugte Dmowskis Ideologie wie ein Schwamm auf. Ein patriotischer, katholischer Landstrich mit einem fremden Element: den Juden – so wurde es empfunden. Hinzu kam, dass die Verschiebung der Grenzen nach dem Ersten Weltkrieg bewirkte, dass die Region um Łomża zur Peripherie wurde, und die Wirtschaftskrise der dreißiger Jahre vertiefte diesen zivilisatorischen Rückstand nur noch. Es waren Kleinstädte ohne Zukunft, ohne Entwicklungsimpuls. Die örtliche Bevölkerung erlebte einen kulturellen Abstieg, sie war primitiv, und der Krieg verstärkte diesen Zustand noch, wobei er jedoch die Erinnerung an die Vorfahren, die den Glauben und das Polentum verteidigt hatten, konservierte.«

Als ich seinem immer länger werdenden Vortrag zuhörte, war mir, wie wahrscheinlich auch ihm selbst, noch nicht bewusst, dass er mit seinen Ausführungen den Kernpunkt des mich umtreibenden Problems getroffen hatte. Selbst wenn man über alle einschlägigen Informationen verfügt, ist es nicht leicht zu akzeptieren, dass die Bereitschaft, ein Verbrechen zu begehen, und die Bereitschaft, das Leben für das Vaterland zu opfern, aus derselben Quelle entspringen kann, nur dass sie irgendwo unterwegs vergiftet wurde.

4

Auf die Gestalt von Jerzy Tarnacki, der am 10. Juli an der Ermordung der Jedwabner Juden teilnahm, bin ich bereits während meines ersten Aufenthalts in Jedwabne gestoßen. Er hat sich in die Erinnerung vieler Zeugen, mit denen ich gesprochen habe, eingegraben: als Mitglied der SN-Schlägertrupps aus der Vorkriegszeit (»Er schikanierte und beschimpfte junge Juden, und wenn es eine Hochzeit in der Synagoge gab, dann störte er sie, wie er nur konnte«); als gewöhnlicher Plünderer (»Noch bevor sie angefangen hatten, die Juden zu ermorden, war er schon dabei, den Besitz von Szmul Wasersztejn zu plündern«); als derjenige, der die Juden auf den Marktplatz trieb und zusammen mit Józef Sobuta die Zerschlagung des Lenindenkmals anleitete (»Er schlug die Juden und befahl ihnen zu singen«) – und schließlich auch als Schutzmann (»Er war schlimmer als so mancher Deutsche, aber als sich abzeichnete, dass die Deutschen verlieren würden, ging er in den Wald«).

Auch die Zeugenaussagen aus dem Prozess von 1949 belasteten ihn

(»Ich habe mit eigenen Augen gesehen, wie Tarnacki, Jerzy, an der Ermordung der Juden teilnahm. Er trieb einen Juden auf den Marktplatz und hatte einen Stock in der Hand; was er mit diesem Juden machte, das weiß ich nicht, ich habe nur gesehen, wie er den genannten Juden in Richtung des Feuers führte.«)

Aus den Prozessmaterialien geht hervor, dass er nicht verhaftet wurde und nicht vor Gericht stand, da er sich versteckte. Er wurde von der Miliz gesucht.

Man weiß, dass er während der sowjetischen Besatzung im Waldgebiet Kobielno im Untergrund tätig war und sich nach Kriegsende den antikommunistischen Partisanen anschloss.

Auf die Korrespondenz mit ihm berief sich Strzembosz in einem vielzitierten Artikel für die *Rzeczpospolita*. Er schreibt dort über die unheilvolle Rolle der Juden während der sowjetischen Besatzung und über die Opferbereitschaft der polnischen Patrioten, von denen sich eine Partisanenabteilung im Waldgebiet Kobielno versteckte. Schon früher hatte er in der Zeitschrift *Karta* über die Partisanen von Kobielno geschrieben und dabei den Namen von Jerzy Tarnacki genannt. »Die ich hier gefunden habe, sind ›die letzten Mohikaner‹, Überbleibsel aus der ausgerotteten Generation der polnischen Widerstandskämpfer. Ich verneige mich tief vor ihnen« – mit diesen Worten erweist ihnen Strzembosz die Ehre.

Im Sitz des IPN in Białystok las ich auf Mikrofilm eine Einverständniserklärung für den UB, datiert auf 1952 und (mit zahlreichen Fehlern) mit der Hand geschrieben von Jerzy Tarnacki aus Jedwabne. Tarnacki verpflichtet sich dort, »alle mir anvertrauten Aufgaben gewissenhaft zu erledigen und dabei keine Angaben über Ausschreitungen gegen die Volksrepublik Polen zu verbergen«, »über seine Zusammenarbeit mit niemandem zu sprechen, auch nicht mit der engsten Familie«, und außerdem »zu verabredeten Treffen pünktlich zu erscheinen«. Er macht die Einschränkung, dass er nur mit den Mitarbeitern zusammenarbeiten werde, die ihn angeworben haben, und bittet darum, auf keinen Fall bei ihm zu Hause zu erscheinen. Er wählt das Pseudonym »Ujawniony« [Der Enthüllte].

Jerzy Tarnacki, der Juden ermordet und als Schutzmann bei der deutschen Gendarmerie angestellt war, Jerzy Tarnacki, der sich den Partisanen im Waldgebiet Kobielno anschloss, in der AK und der Untergrundunabhängigkeitsbewegung tätig war, und schließlich Jerzy Tarnacki, der eine Einverständniserklärung für den kommunistischen UB unterschrieb – es handelt sich um ein und dieselbe Person.

5

Das Problem besteht darin, dass die Teilnahme an Judenmorden kein Ausschlussgrund für die Aufnahme in die Reihen der AK darstellte. Hier gibt es leider keinerlei Zweifel: Mörder konnten Soldaten der polnischen Untergrundarmee werden, obwohl sie ihre Verbrechen am hellichten Tage, mitten in der Stadt und vor den Augen zahlreicher Zeugen begangen hatten.

Die Untergrundorganisationen dieser Gegend akzeptierten in ihren Reihen Personen, die Morde an Juden auf dem Gewissen hatten. Differenzieren muss man insoweit, als für die NSZ jemand disqualifiziert war, wenn er Juden gerettet hatte oder ihnen Hilfe leistete, während die AK ihre Reihen sowohl für Judenmörder öffnete als auch für diejenigen, die versuchten, sie zu retten.

Derselbe Zygmunt Mazurek, der zu einer Bande gehört hatte, die Juden schikanierte, schlug Stanisław Ramotowski vor, in die AK einzutreten – obwohl er wusste, dass dieser eine jüdische Familie gerettet hatte, mit einer Jüdin verheiratet war und sich zusammen mit ihr versteckte.

6

Im Herbst 1943 wurde der Vertreter des SN in der Londoner Exilregierung, Józef Przybyszewski, Abgeordneter des polnischen Untergrundstaates für den Bezirk Białystok. Ich habe es nachgeprüft – es ist keine zufällige Namensgleichheit, sondern es handelte sich um denselben Przybyszewski, der Chefredakteur des Blattes *Młodzi OWP* war und den ein Gericht 1933 als »moralischen Urheber des Pogroms in Radziłów« verurteilt hatte. In meinen Notizen über die Vorkriegszeit finde ich Zitate aus dem programmatischen Artikel von Przybyszewski »Nasze stanowisko w sprawie żydowskiej« [Unsere Stellung in der Judenfrage]: »Die Bewegung der OWP wird so lange Bestand haben, solange es in Polen Polen gibt, die ihr Land verkaufen und an die Juden ausliefern oder die Möglichkeit erwägen, Lemberg den Ukrainern oder Wilna den Litauern abzutreten. [...] Polen muss national sein, und die Juden sind eine zur Assimilierung ungeeignete Rasse.« Und hier Notizen aus den »Situationsberichten des Amtes für Öffentliche Sicherheit«: »In Radziłów fand am 13. Dezember 1932 eine Versammlung von etwa 60 Mitgliedern und Sympathisanten der SN statt. Józef Przybyszewski, der SN-Sekretär von Łomża, hielt eine Rede, in der er ausführte, die Juden seien in Polen am stärksten privilegiert und würden die Hochschulen überschwemmen, sie seien so dreist geworden, dass sie sogar vor dem Mord an polnischen Studenten nicht haltgemacht hätten. Gleichzeitig appellierte er an die Versammelten, nicht bei Juden zu kaufen und sich unter der Fahne des SN zu sammeln, die, wie er sich ausdrückte, in Kürze, d.h. nach dem Fall der gegenwärtigen Regierung die Macht im Lande übernehmen werde.« Der *Przegląd Łomżyński* [Łomżaer Rundschau], eine Regierungskreisen nahestehende Wochenzeitschrift nahm in einem Kommentar nach dem Pogrom in Radziłów im Jahre 1933 zur Rolle von Przybyszewskis Blatt sowie zu dessen Unterstützung durch die kirchliche Obrigkeit Stellung: »Die Diözesandruckerei hat mit dem Blatt *Młodzi OWP*, welches das Schlagwort, Juden zu schlagen und zu zerstören, propagiert, zur Verbreitung von Judenhass in der Gesellschaft beigetragen. Der unaufgeklärte Leser des Blattes *Młodzi OWP* sah das Signum der Diözesandruckerei, hielt sich für gerechtfertigt und setzte den Slogan ›Die Juden schlagen‹ praktisch um, was zu den tragischen Ereignissen in Radziłów führen musste.«

Warum machten die Führer von Untergrundpolen ausgerechnet einen aktiv kämpfenden Antisemiten zu ihrem Vertreter in dieser Region? Es war doch klar, dass die örtliche Bevölkerung bei der Schikanierung und Ermordung von Juden mit den Deutschen zusammengearbeitet hatte. Die polnische Untergrundregierung hatte dies nicht nur nicht unterstützt, sondern im Gegenteil klar und deutlich davor gewarnt, nicht der deutschen Propaganda zu erliegen. Ganz offensichtlich kam man jedoch – und zwar sicher nicht grundlos – zu dem Schluss, dass in dieser Gegend Formen des Patriotismus, die sich von der nationalen Strömung mit ihrer stark antijüdischen Einfärbung unterschieden, zu schwach waren, um auf ihnen Widerstandsstrukturen aufzubauen.

Den Titel von Christopher Brownings Studie zitierend, schrieb Jan Tomasz Gross über die Mörder, sie seien »ganz normale Männer« gewesen. In seiner Polemik mit Gross widersprach der Soziologieprofessor Antoni Sułek: »Die aktivsten Teilnehmer an dem Verbrechen waren nicht ›gewöhnliche Männer‹, sondern Menschen an der Peripherie, die auf den unteren Stufen der gesellschaftlichen Hierarchie standen, kein gefestigtes Leben führten und von keinerlei Familienbande zurückgehalten wurden. Nicht solche also, die eigene Häuser besaßen, sondern solche, die auf die Wohnungen und den Besitz der Juden spekulierten; keine Bauern, die über die bevorstehende Ernte nachdachten, sondern beschäftigungslose ›Burschen‹ vom Lande, keine Familienväter, sondern altgewordene Junggesellen und einsame Männer.«

In Wirklichkeit war es viel schlimmer.

Juden wurden ermordet von »Menschen an der Peripherie«, wie in Tykocin, wo man – den Aussagen von Menachem Turek zufolge – »das Leben der Juden in die Hände eines ehemaligen Hirten legte: Anton Jakubiak, der zum Kommandanten der gerade geschaffenen Polizei ernannt wurde.« Ein Teil stammte vom Rande der Gesellschaft, wie z. B. Józef Kubrzyniecki aus Jedwabne, der vor dem Krieg im Ort als Bandit bekannt gewesen war und vom Raub lebte.

Juden wurden ermordet von Menschen, die bereit waren, sich jedweder Obrigkeit anzudienen, wie die Brüder Jerzy und Zygmunt Laudański aus Jedwabne oder der bereits erwähnte Władysław Grodzki, ein Lehrer aus Jasionówka, der vor dem Krieg in der SN gewesen war, während der sowjetischen Besatzungszeit mit dem NKWD zusammengearbeitet hatte und sofort nach dem Einmarsch der Deutschen damit begann, Juden zu ermorden und auszuplündern, und in die Hilfspolizei eintrat (nach dem Krieg wurde er zum Tode verurteilt).

Juden wurden – wie eindeutig aus den Ermittlungsakten hervorgeht – ebenfalls von »ganz gewöhnlichen Männern« ermordet, die ein gefestigtes Leben führten, verheiratet waren und eine zahlreiche Nachkommenschaft hatten.

Das Problem besteht darin, dass es noch eine andere Kategorie von Mördern gab neben den »Menschen an der Peripherie« und den »ganz gewöhnlichen Männern«, nämlich die »Autoritäten«: die patriotischen Eliten, die von den örtlichen Strukturen der Nationaldemokratie und deren Priestern in einem nationalistischen und radikal antisemitischen Geist erzogen worden waren.

7

Ich habe mehrfach Geschichten darüber gehört, dass man sich nach dem Krieg auf Versammlungen der AK verabredet hätte, überlebende Juden umzubringen.

Der in der Gegend bekannteste Fall dieser Art betrifft Mordechaj Dorogoj und seinen Sohn Akiwa (hier Icek genannt) aus Radziłów.

Chaja Finkelsztejn erwähnt in ihren Erinnerungen, dass die Deutschen ihnen nach dem 7. Juli 1941 erlaubten, bei sich zu Hause zu wohnen, wo Dorogoj seine Werkstatt hatte, denn sie brauchten einen Schuhmacher. Sie schreibt: »Sie baten den Pfarrer, sie zu taufen, aber der Pfarrer hatte keine große Lust dazu.«

Als die Deutschen die übriggebliebenen Radziłówer Juden wegbrachten, flohen sie.

»Ich kannte die Dorogojs aus der Zeit vor dem Krieg«, erzählte mir Stanisław Ramotowski. »Sie wohnten in einem roten Backsteinhaus in der Ulica Nadstawna. Er war Schuster, gehörte aber zu den ärmeren

Leuten. Ich wusste, dass sie sich versteckten, denn der alte Dorogoj schlich sich einmal zum Haus meiner Mutter, um mich zu suchen, aber ich versteckte mich damals schon selbst. Sie verbargen sich auf eigene Faust, aber einige wussten von ihnen.«

Sie hatten es geschafft, die wichtigsten Schusterwerkzeuge mitzunehmen, und bestritten ihren Unterhalt mit der Herstellung von Schuhen, die jemand aus dem Dorf bei ihnen abholte und weiterverkaufte. Sie kamen am 23. Januar 1945, gleich nach dem Erscheinen der Russen aus ihrem Versteck. Am 28. Januar waren sie bereits tot. Es war unter den Einheimischen ein offenes Geheimnis, dass Antoni Kosmaczewski, der Mörder von Dora Dorogoj, sie ermordet hatte.

»Ich sah mir die Erdhütte an, in der sie den Krieg überlebt hatten«, erzählte mir Andrzej R. »Das war ein ausgebuddeltes Loch, auf dem Feldsteine lagen, wie die Bauern sie auf einen Haufen werfen. Dort lag noch im Frühjahr 1945 ein Haufen Lederreste aus ihrer Schusterwerkstatt.«

Im Rahmen der Ermittlungen gegen ihn gestand Antoni Kosmaczewski 1948, beide Dorogojs nach dem Krieg ermordet zu haben.

Kosmaczewskis Version zufolge hatte er im Februar 1945 von Landwirten aus Słucz erfahren, dass die Dorogojs aus ihrem Versteck gekommen waren, dort bei einem Bauern wohnten und drohten, sehr bald werde die Rote Armee einmarschieren und dann werde die Zeit der Rache kommen, sie hätten eine Waffe, einen »Neuner«-Nagant-Karabiner, und planten, Kosmaczewski zu erschießen. Er sagte aus: »Am nächsten Tag abends nahm ich ein Fuhrwerk von meinem Bruder, Józef Gabriel Kosmaczewski, und fuhr zusammen mit meinem Bruder Józef zum Dorf Słucz auf den Hof von Bürger Walewski, Stanisław [...] und erklärte Walewski, die Russen wären bald da, und der Jude Dorogoj würde damit drohen, mich und Skrodzki, Zygmunt, aus Radziłów umzubringen, für seine Tochter Dora Dorogoj, die wir zusammen umgebracht hatten. Ich sagte Walewski, ich hätte einen Liter Wodka in der Tasche und würde zu den Juden gehen, um mich zu entschuldigen, um mich mit ihnen zu versöhnen und mich dafür zu entschuldigen, dass ich ihre Tochter ermordet habe. Walewski hörte mich an und glaubte mir, dass ich Wodka hatte und mich wirklich entschuldigen wollte. Er ging nach Samołki, wo die Juden sich aufhielten, und führte sie zu sich auf den Hof. [...] Ich stand in der Diele mit einer Axt, die ich in meinem Pelz versteckt hatte. [...] Als der alte Dorogoj in die Diele kam, wurde er von mir mit der stumpfen Seite der Axt heftig am Kopf getroffen und fiel um, ohne auch nur einen Laut von sich zu geben. Als der junge Dorogoj das sah, lief er weg und schrie. Ich holte ihn ein und stellte ihm ein Bein, so dass er auf die Erde fiel, und ich schlug ihn sofort zweimal mit der Axt auf den Kopf, auch mit der stumpfen Seite, und brachte ihn so um. [...] Nachdem ich die Juden getötet hatte, rief ich meinen Bruder Józef, weil der so etwa zehn Meter weit weg stand, und Mordasiewicz, Feliks, wohnhaft in Radziłów, der aber damals in Słucz war. Als sie kamen, legten wir die Juden auf Schlitten, brachten sie in einen Wald bei Słucz, warfen sie auf den Schnee und ließen sie dort. Da suchte ich sie nach Waffen ab, fand aber keine.«

In seinem Prozess behauptet Kosmaczewski, dass er für die Ermordung der Dorogojs, die nach seinen Aussagen gedroht hätten, ihn zu töten, die Erlaubnis seiner Vorgesetzten in der AK erhalten habe. »Daher bekam ich Angst und begab mich zu meinem Kompanieführer, denn ich gehörte zur illegalen Organisation AK, und fragte ihn, was ich mit diesen Juden machen soll [...]. Der Kompanieführer sagte mir: ›Wenn du Zeugen dafür hast, gib ihnen die Kugel.‹ Der Kompanieführer hieß Bujnarowski und kam aus Radziłów, aber er lebt nicht mehr.«

Was soll man von Erklärungen eines Angeklagten halten, der für die Ermordung von Zeugen eines von ihm begangenen Verbrechens seinen AK-Kompanieführer mitverantwortlich macht?

Der erste Reflex: man möchte nicht glauben, dass die AK irgendetwas damit zu tun haben könnte. Doch es existiert ein Dokument mit dem Titel »Liquidierungsmeldung für den Monat Februar 1945«:

»Datum der Liquidierung: 28.1.1945;

Ausführender und Art der Liquidierung: AK-Patrouille;

Name und Vorname sowie Wohnort des Liquidierten: Dorogoj, Mord[e]chaj, Radziłów;

Grund der Liquidierung und Geschädigter infolge der feindlichen Tätigkeit des Liquidierten: sowjetischer Spitzel, Bedrohung für die gesamte Arbeit der Organisation;

In der Presse bekanntzugeben (nicht bekanntzugeben): nein.«

Eine zweite identische Meldung betrifft Dorogoj, Icek.

Die Dokumente sind unterschrieben von Oberleutnant Franciszek Warzyński (»Wawer«) und Major Jan Tabortowski (»Bruzda«).

Beide, sowohl »Wawer« wie auch »Bruzda«, sind in jener Gegend legendäre Helden.

8

»Der Pfarrer stand im Tor, Juden kamen, um sich taufen zu lassen, doch er stand nur da und sagte nichts«, beschrieb Janina Biedrzycka, die Tochter des Besitzers der Scheune, in einem Film von Agnieszka Arnold, eine Szene, die sie am 10. Juli in Jedwabne gesehen hatte.

Vor dem Krieg standen Pfarrer aus der Gegend von Łomża nicht selten an der Spitze von Boykottaktionen, und Vikar Władysław Kamiński aus Radziłów schlug gemeinsam mit Schlägertrupps die Scheiben von jüdischen Geschäften ein. Es gibt keine Berichte, wonach Priester an den Pogromen und Morden von 1941 beteiligt gewesen wären, aber es ist klar, dass sie sich mehrheitlich passiv, zuweilen sogar zustimmend verhalten haben. In vielen Berichten findet sich die Information, dass ein Pogrom nach der Messe begonnen habe. (»An einem sonnigen Sonntag fertigten sich die Polen Stöcke an, in denen spitze Stacheln steckten und die mit Schnüren und Spiralfedern umwickelt waren«, sagte Mendel Mielnicki aus Wasilków aus. »Als sie von der Kirche zurückkamen, gingen alle zum jüdischen Viertel und den jüdischen Häusern – das Pogrom, das Prügeln und Rauben begann.«)

Es gab aber auch Ausnahmen.

Nach dem 1948 angefertigten Bericht von Nachman Rapp habe Pfarrer Aleksander Pęza aus Grajewo seine Gemeindemitglieder dazu aufgerufen, in sich zu gehen, und an sie appelliert, nicht mit den Deutschen zusammenzuarbeiten und ihren antijüdischen Provokationen nicht nachzugeben.

Im Ringelblum-Archiv ist ein Bericht aus Rutki erhalten geblieben, wie der Pfarrer zusammen mit dem örtlichen Schulleiter versucht habe, eine Gruppe von Männern aufzuhalten, die sich während der sowjetischen Besatzungszeit versteckt hatten und nun aus den Wäldern kamen, um mit den Juden abzurechnen.

Nach dem Bericht von Jehoszua Bernard, der in einem Flüchtlingsheim in Bukarest im Jahre 1945 verfasst wurde, habe Cyprian Łozowski, der Pfarrer von Jasionówka, seine Gemeindemitglieder, die jüdische Wohnungen plünderten, mit einem Stock geschlagen und ihnen mit der Hölle gedroht.

Es ist auch ein Fall dokumentiert, in dem die örtlichen Eliten Juden in Schutz genommen haben. Samuel Suraski sagte im Jahre 1948 für das Jüdische Historische Institut in Białystok aus: Als die Deutschen nach Knyszyn einmarschierten, »intervenierte die polnische Intelligenz – Doktor Nowakowski, der Apotheker Rzeźnicki und der örtliche Pfarrer – bei der Obrigkeit, und die sagte die Verfolgung ab. Die Juden blieben weiterhin in ihren ehemaligen Wohnungen.«

In ähnlicher Weise habe sich die Intelligenz in Knyszyn angesichts eines Pogroms verhalten: »Im Juli 1941 sammelten sich kriminelle Elemente aus der polnischen Bevölkerung. Ihr Anführer war unter anderem der Polizist Stach Bibiński. Zu diesem Zweck markierten sie jüdische Häuser mit dem Davidstern und polnische mit einem Kreuz. An diesem Abend standen die Juden große Angst aus. Am kommenden Morgen wurde es wieder ruhig, und zwar dank der örtlichen Intelligenz, welche die wilde Menge aufhielt. Der Pfarrer selbst verjagte einen Burschen, der Scheiben einschlagen wollte. Derselbe Pfarrer hielt jeden Sonntag eine Predigt an die Gläubigen, in der er sie aufforderte, Juden nicht zu verfolgen, sondern ihnen zu helfen, denn man weiß ja nicht, was die Zeit bringen wird.«

Die Nachricht über eine Stadt, in der die örtliche Elite sich für die Juden einsetzte, muss sich blitzschnell in der Gegend verbreitet haben, denn, so Suraski weiter, nach Knyszyn seien »Juden aus Szczuczyn,

Grajewo und Radziłów angelaufen gekommen, wo die örtlichen kriminellen Elemente verrücktspielten«. Doch der Rettungsschirm habe sich nur auf die eigenen Juden beschränkt, und der Bürgermeister habe angeordnet, dass »Fremde die Stadt verlassen müssen. Man ging sogar herum und kontrollierte jüdische Häuser.« Wäre Ende Juni, Anfang Juli 1941 irgendeine Autorität in der Lage gewesen, der Pogromstimmung in der örtlichen Bevölkerung Einhalt zu gebieten? Diese Frage ist schwer zu beantworten. Tatsache ist, dass nicht viele es versucht haben. Umso mehr sind sie dafür zu rühmen.

Aufzeichnungen

10. Januar 2003

Ich habe eine Kassette erhalten, die vor einer Kirche in Białystok verkauft wird. Es ist die Aufzeichnung eines Vortrags im Wallfahrtskloster Jasna Góra.

»Ich möchte mit Ihnen, Herren Kapellane, und mit Ihnen, Herr Bischof, einige Überlegungen zum katholisch-jüdischen Dialog teilen. Beginnen wir damit, wer ein Jude ist. Es gibt zwei Kriterien des Jüdischseins. Das erste ist die Mutter. Denn der Talmud sagt, dass selbst die eigene Mutter Probleme haben kann festzustellen, wer der Vater ist [Gelächter]. Wenn man keine jüdische Mutter hat, ist man kein Jude – den Rabbinern zufolge, denn uns zufolge ist er ein Jude. Man denke an unseren Präsidenten. Und wenn jemand von einer jüdischen Mutter geboren wurde und Kommunist, Atheist ist – von solchen Beispielen gab es in Russland Millionen –, ist er dann ein Jude? [Donnernde Antwort: ›Ja!‹] Das zweite Kriterium ist das Judentum.«

Der Name des Vortragenden fällt nicht, aber ich erkenne die Stimme von Pater Waldemar Chrostowski, Prorektor der Kardinal-Stefan-Wyszyński-Universität in Warschau und ehemaliges Mitglied des Leitungsgremiums des Rates der Christen und Juden, gegenwärtig Experte des Primas in Fragen des christlich-jüdischen Dialogs.

Ich höre weiter: »Die Wendung, die Juden seien die älteren Brüder der Christen, hat eine große Karriere gemacht, doch sie ist ein Irrtum. Ebenso wie die Berufung auf Johannes Paul II. Der Papst hat das nicht gesagt. Der Papst sagte in einer Synagoge in Rom: ›Ihr seid unsere bevorzugten Brüder und‹, Gedankenstrich, ›so könnte man gewissermaßen sagen‹, Gedankenstrich, ›unsere älteren Brüder.‹ Und hier zählt jedes Zeichen, selbst der leere Raum zwischen zwei Zeichen. In Wirklichkeit sind sie unsere jüngeren Brüder. Denn heute haben wir mit einem talmudischen Judentum zu tun, das mit dem biblischen Judentum nichts gemein hat. Das jüdische Denken, die jüdische Mentalität entspringt aus dem Talmud. Das finden wir in Kosińskis *Bemaltem Vogel*, in den Romanen von Isaac Singer und in den Berichten über Jedwabne aus der letzten Zeit. Das ist alles ausgedacht, alles Unsinn, nichts dergleichen ist geschehen. Warum spricht man trotz der Exhumierung von der Zahl 1600? Wir Christen wollen Tatsachen rekonstruieren. Für die Juden haben Tatsachen keine Bedeutung. Wir haben Mitgefühl, doch ihre Antwort läuft darauf hinaus: ›Und wie viel Gewinn können wir daraus ziehen?‹ Die Deutschen haben 100 Milliarden Mark an Israel gezahlt. Als diese Quelle versiegt ist, begann man, woanders Quellen zu suchen. Wir hatten kaum eine Ahnung von diesen Dingen, dachten in moralischen Kategorien, und daraus hat man nun finanzielle Forderungen von 65 Milliarden gemacht. Man hat es über Auschwitz versucht, über die Sache mit den Kreuzen[1]. Als das nicht funktionierte, nahm man sich Jedwabne vor, die Vorbereitungen dauerten drei Jahre. Wir haben die Kanzleien des Präsidenten und Premierministers gewarnt, man dürfe nicht zulassen, dass die Regierung sich bei den Juden entschuldigt.«

Ich erfahre, dass Chrostowski aus einem Dorf in Podlasien stammt, also unweit von Jedwabne geboren ist.

29. April 2003

Begräbnis von Pfarrer Orłowski, der eine Schlüsselrolle gespielt hat, als es darum ging, die Einwohner von Jedwabne aufzuwiegeln, das Verbrechen zu leugnen. Zwei Bischöfe haben aus diesem Anlass den Weg nach Jedwabne auf sich genommen.

1 Anspielung auf Auseinandersetzungen über die Form des Gedenkens auf dem Gelände des ehemaligen Konzentrationslagers Auschwitz, vor allem gegen Ende der 1990er Jahre.

6. Juni 2003
Gespräch mit dem Soziologen Ireneusz Krzemiński, der seit Jahren den polnischen Antisemitismus erforscht. Er erzählt mir von seinen neuesten Erkenntnissen: »Nach der Enthüllung von Jedwabne hat die Zahl der Antisemiten in Polen deutlich zugenommen.«

14% der Polen seien der Meinung, dass in Auschwitz – dem Symbol des Holocaust, wo 90% der Ermordeten Juden waren – vor allem Juden ermordet wurden.

38% der Polen stimmten der Aussage zu, dass die Juden während des Krieges mehr gelitten haben als die Polen.

»Die Ergebnisse lassen keinen Zweifel zu: Nach der Enthüllung von Jedwabne ist in Polen die Anzahl der Antisemiten gewachsen.« Krzemiński stellt die Hypothese auf: »Jedwabne hat unsere Leidenskonkurrenz verschärft.«

15. Juni 2003
Nach den aktuellen Ergebnissen der Volkszählung leben in Polen 1100 Juden.

Darunter ich und Ola. Ich erinnere mich noch gut an den Besuch der Interviewerin. Bei der Volkszählung wurde nach der Nationalität gefragt. Es stellte sich heraus, dass man bei der Frage nach der polnischen Nationalität »nein« ankreuzen musste, um eine andere Nationalität ankreuzen zu können. Ich habe also nicht das Recht, mich als Polin und Jüdin fühlen zu können! Im Übrigen erzwingt schon die polnische Sprache eine bestimmte Weise, sich zu definieren. Wenn ich von mir spreche, muss ich wählen, ob ich mich als »Polin jüdischer Herkunft« oder als »polnische Jüdin« bezeichne. In der Sprache gibt es keine Möglichkeit, mich in gleichwertiger Weise als Polin und als Jüdin zu bezeichnen.

Wir hatten eine Familiendiskussion. Maniucha sagte, sie fühle sich als Jüdin, zumindest zu einem Viertel, wegen ihrer Großmutter, andererseits aber verstehe sie nicht ganz, was es heißen soll, Jude zu sein, wenn man nicht gläubig ist. Daher wähle sie die polnische Nationalität. Ola zweifelte keine Sekunde daran, dass es nicht in Ordnung ist, sie vor zwei einander ausschließende Alternativen zu stellen; wenn das so sei, entscheide sie sich für die jüdische Nationalität. Ich auch.

Die Interviewerin kreuzte, ohne mit der Wimper zu zucken, die entsprechenden Felder an. Beim Gehen sagte sie:

»Ich habe eine zweiwöchige Schulung mitgemacht, um diesen Job zu bekommen. Dort hat man uns gesagt, wir sollten uns über gar nichts wundern.«

24. Juni 2003

Ich spreche für die *Gazeta Wyborcza* mit Imre Kertész. Die Tatsache, dass der so lange herbeigesehnte Nobelpreis für die ungarische Literatur ausgerechnet einem in seinem eigenen Land nicht sehr bekannten Schriftsteller zugesprochen wurde, der den Holocaust zum Thema seiner Prosa gemacht hat, ein – in Hinblick auf die Beteiligung der Ungarn an der Vernichtung der dortigen Juden – düsteres, schmerzhaftes und ins Vergessen abgedrängtes Thema, hat in Ungarn gemischte Gefühle ausgelöst.

Ich erzähle Kertész, dass sein Essay »Die exilierte Sprache«, den ich im *Guardian* gelesen hatte, Balsam auf meine Seele gewesen sei. Er erklärt, warum er, ein Ungar und Jude, der die meiste Zeit des Jahres in Berlin verbringt, sich im Ausland wie zu Hause fühlt, in Ungarn aber so, als wäre er dort zu Gast. Ich sage ihm, dass mir selbst erst beim Schreiben des Buchs über Jedwabne bewusst geworden ist, dass ich für viele meiner Landsleute eine Fremde bin. Und dass ich von meinen immer häufigeren Aufenthalten in New York mit zugeschnürter Kehle nach Polen zurückkehre, in unruhiger Erwartung, was ich jetzt wieder zu hören bekommen werde. Dank seines Essays hätte ich diesen einfachen, im Grunde offensichtlichen Mechanismus begriffen: Das Gefühl der Fremdheit stört uns im Ausland nicht, denn es gibt ja keinen Grund, sich dort zugehörig zu fühlen. Das schmerzt nur im Heimatland.

»Am besten ist es, irgendwo dazwischen, irgendwo unterwegs zu sein«, rät mir Kertész.

30. Juni 2003
Staatsanwalt Ignatiew hat verfügt, die Ermittlungen zum Verbrechen von Jedwabne einzustellen, da man keine lebenden Täter mehr ausfindig machen konnte, die nicht vorher schon vor Gericht gestanden hätten.

7. August 2003
Jedwabne. Ich bemühe mich um die Autorisierung von Aussagen für das Buch. Henryk Bagiński ist damit einverstanden, sich als derjenige zu erkennen zu geben, der den jüdischen Friedhof systematisch pflegt. Stattdessen verschwindet aus meinem Tagebuch leider eine mir nahestehende Person, die ihre Aussagen anonymisieren möchte, selbst jene, die sie bereits in der Öffentlichkeit gemacht hat.

19. Januar 2004
Jacek Kuroń hat sich in heroischer Weise durch das Manuskript meines Buchs gearbeitet, zwischen aufeinanderfolgenden Dialysen und Aufenthalten auf der Intensivstation.

»Ich weiß nicht, wie viele Leser sich diese Lektüre zumuten werden«, sagt er sorgenvoll. »Ich war ja theoretisch auf all das vorbereitet, du hattest mir schon viel erzählt, aber trotzdem musste ich alle paar Dutzend Seiten eine Pause machen, so schwer war es für mich.«

Ähnliches schrieb mir eine Freundin aus Paris, die ebenfalls das Manuskript gelesen hatte. Ania und ihre Familie hat die antisemitische Kampagne von 1968 aus Polen vertrieben. »Ich fürchte«, schrieb sie mir, »dein Buch wird nicht vielen gefallen. Von Antisemiten und anderen ›Patrioten‹ abgesehen, ist die Lektüre auch für anständige und ehrliche Leute unerquicklich, und das hat niemand so gern. Ich vermute, bei meinem Vater wird es das letzte bisschen Glauben an die Polen zerstören und daran, dass irgendjemand außer ihm selbst in ihm noch einen Polen sieht (wobei er das Buch zu schätzen wissen wird). Das Schlimmste hast du also noch vor dir, aber das weißt du sicher selbst.«

9. April 2004
Marek Edelman sagte meiner Freundin Joanna Szczęsna, dass er das Manuskript meines Buches bei der Lektüre immer wieder mit dem Seufzer beiseitelegt: »Wer soll das nur lesen? Wer wird überhaupt imstande sein, das zu lesen?« Und dann fügt er noch hinzu, dass ihm das Lesen beinahe körperliche Schmerzen bereite: »Am schwersten zu ertragen ist nicht der Umstand, dass in Jedwabne und Umgebung Juden ermordet wurden«, gibt Joanna seine Worte wieder, »sondern dass dies mit solcher Grausamkeit geschah und dass sie solche Freude am Morden hatten.«

25. April 2004
Ich bereite die Bildunterschriften für das Buch vor.

Diese Erfahrung, Informationen dem Nichtsein zu entreißen, kenne ich bereits aus der Arbeit an dem Album *Und immer noch sehe ich ihre Gesichter.* Ich erinnere mich an den Augenblick, als ich die Hunderte von Bildern sah, die Lech Majewski auf dem Fußboden ausgelegt hatte, und ich sofort begriff, dass ich gar nicht den bestellten Text über ehemalige jüdische Schtetl schreiben will, sondern dass ich Bildunterschriften machen, dass ich möglichst viel von der untergegangenen Welt rekonstruieren sollte, und zwar nicht nur das Schicksal der Menschen auf den Bildern, sondern auch das verschlungene Schicksal der Bilder selbst.

Anfangs sah es so aus, dass die meisten der für den Wettbewerb eingeschickten Fotografien sich in ein fremdes Schicksal verirrt hatten, in Verzweiflung in die Familienalben polnischer Nachbarn eingeklebt oder in die Schubladen von Anrichten entfernter Bekannter gesteckt worden waren. Es kam vor, dass jemand ein Bild ein halbes Jahrhundert lang aufbewahrt hatte, das er an den zum Lager Birkenau führenden Gleisen gefunden hatte, obwohl die Personen auf dem Bild ganz fremd für ihn waren.

Mit der Zeit stellte sich heraus, dass diese Fremdheit in vielen Fällen etwas war, das man sich gewaltsam auferlegt hatte. Beim dritten, fünften oder zehnten Treffen oder Telefongespräch enthüllten mir meine

Gesprächspartner, dass dies tatsächlich ihre Familienfotos waren. Ihre jüdischen Verwandten.

Eine Frau, die mir verschiedene Einzelheiten aus der Biografie eines Mannes in der Uniform der polnischen Armee erzählte – dieser Mann sei in der Polnischen Sozialistischen Partei (PPS) gewesen und in Katyn umgekommen – brach auf meine drängenden Nachfragen hin in Tränen aus und erklärte, er sei ihr Vater, aber sie wolle nicht darüber sprechen. »Seit uns unsere Nachbarn im Krieg denunziert hatten und wir wie durch ein Wunder dem Tod entkommen waren«, erklärte sie mir, »beschlossen meine Mutter und ich, nicht zuzugeben, dass wir Jüdinnen sind.« Ihre Kinder wissen nichts von ihrer Herkunft. Und sie selbst fing bei unserem nächsten Gespräch wieder an, den Mann auf dem Bild als »dieser Herr« zu bezeichnen.

Eine aus einer vornehmen jüdischen Familie stammende Professorin der Polytechnischen Hochschule teilte mir unbezahlbare Informationen über ihre Vorfahren mit. Sie wusste beinahe alles über sie, fühlte sich der jüdischen Gemeinschaft tief verbunden und besuchte regelmäßig ihre Verwandten im Ausland. In Polen aber hatte sie ihre Herkunft niemals irgendjemandem gegenüber erwähnt, denn »das wäre aus verständlichen Gründen unangebracht gewesen«.

29. April 2004

Marianna Ramotowska ist gestorben.

Bei dieser Gelegenheit habe ich die Bedeutung des Ausdrucks »ist erloschen« verstanden. Stanisław litt und kämpfte gegen seine Krankheit, Marianna verließ diese Welt ganz still und ruhig. Bei jedem meiner Besuche schien ihr Bett immer größer zu werden: Von Natur aus klein und mager, wurde sie noch kleiner und magerer, und ihre Haut erinnerte an Pergament. Die Ärztin versicherte mir, sie habe nicht gelitten.

30. April 2004

Der Historiker Dariusz Stola, den ich darum gebeten hatte, das Buch zu lesen, hatte neben rein sachlichen Anmerkungen auch einige Einwände anderer Natur: Ich würde in neurotischer Weise reagieren, wenn jemand anders an die Sache herangeht als ich; ich verfiele zu häufig in einen anklagenden Ton; es sei offensichtlich, dass sich in mir viel Bitterkeit angesammelt hat. Er machte mich auch darauf aufmerksam, wie vieles von dem, was heute in Jedwabne geschieht, sich in Wirklichkeit in der Vorstellung abspielt.

»Ihre Gesprächspartner leben in ständiger Angst, jemand könnte ihr Haus abbrennen, ihre Kinder entführen oder sie in einer dunklen Gasse zusammenschlagen. Aber es hat doch niemand körperlichen Schaden genommen, oder?«, versichert er sich.

In der Tat. Außer einer Körperverletzung durch die Familie einer älteren Dame, Belästigungen durch nächtliche Telefonanrufe, vereinzelter rüpelhafter Verhaltensweisen, wie absichtliches Anrempeln im Geschäft, so dass die Einkäufe herausfielen, und dem Aussprechen von Drohungen, ist niemandem meiner Gesprächspartner etwas geschehen. Abgesehen davon, dass angesehene Mitglieder der Gemeinschaft, die Verwandte, Freunde, Bekannte und eine gewisse Stellung hatten, sich plötzlich ausgeschlossen, unbeliebt und einem Scherbengericht ausgesetzt fühlten, oft auch durch die eigene Familie. Ist das alles nichts?

Ich verbringe die Nacht damit, das Buch zu lesen und die Sätze zu streichen, die mit Bitterkeit und in anklagendem Ton geschrieben sind oder neurotisch anmuten.

15. Juni 2004

Seit Tagen, Wochen, Monaten sitze ich jetzt schon über einem Plan von Jedwabne vor dem Krieg. Ich trage die von mir ermittelten Informationen ein, indem ich konkrete Personen konkreten Adressen zuordne.

Eine unschätzbare Hilfe ist das im Stadtarchiv von Łomża ausfindig gemachte »Verzeichnis des sich auf dem Gebiet der Stadt Jedwabne befindlichen ehemaligen deutschen und jüdischen Immobilienvermögens«. Es stammt zwar aus dem Jahre 1946, enthält aber die Namen und Adressen der Vorkriegsbesitzer von einigen Häusern und Anwesen. Glücklicherweise enthält das Verzeichnis auch Angaben über den Rauminhalt der Häuser – dank dieser Angabe fällt es mir leichter zu rekonstruieren, welche Familie in welchem der auf dem Plan eingezeichneten Rechtecke möglicherweise gewohnt hat. Tzipora Rothchild, die bereits vor dem Krieg nach Palästina ausgewandert war, hat für die Zwecke des *Jedwabner Gedenkbuchs* in den siebziger Jahren eine Liste angefertigt, auf die ich mich stützen kann. Ich verfüge über Angaben aus den sogenannten Gedenkblättern für Holocaustopfer, die Staatsanwalt Ignatiew von Yad Vashem erhalten und für die Untersuchung bearbeitet hat. Leider gibt es Dutzende von Ungereimtheiten, die etwa daraus resultieren, dass sie nicht nur von den Familien der Opfer ausgefüllt und an Yad Vashem gesandt werden, sondern auch von Freunden und Bekannten der Opfer, so dass ein und dieselbe Person an verschiedenen Stellen auftauchen kann, und dann stimmen das Geburtsdatum, die Schreibung des Vor- und Nachnamens oder die Anzahl der Kinder in der Regel nicht überein.

Die größte Hilfe für mich ist das unglaublich präzise Gedächtnis von Meir Ronen. Als ich ihn im Mai 2001 in Jerusalem traf, erzählte er mir – Straße für Straße, Haus für Haus, Nachbar für Nachbar – von Menschen, die nur noch in seiner Erinnerung lebten. Er nannte Namen, oft auch Adressen, und ich notierte, so dass der abstrakte Raum von Jedwabne vor dem Krieg sich allmählich mit konkreten Inhalten füllte.

Beim Entziffern der Adressen, aber auch der Verwandtschaftsbeziehungen und des Besitzstandes der Einwohner von Jedwabne hilft mir auch Chaim Sroszko aus Cholon bei Tel Aviv, mit dem ich im ständigen Telefonkontakt stehe.

Sroszko hatte vor vielen Jahren für sich selbst über 200 Namen und alle Geschäfte in Jedwabne rekonstruiert, hat diese Aufzeichnungen dann jedoch leider verlegt. Wie sich zeigte, war er es, der Tzipora Rothchild die Liste diktiert hat, die sich im *Jedwabner Gedenkbuch* findet. Jetzt vollbringt er diese Arbeit ein drittes Mal für mich. Indem ich seine Bemerkungen und Korrekturen eintrage, sehe ich, dass nicht alles übereinstimmt. Zuweilen muss ich zwischen seiner Erinnerung und der Erinnerung von Meir Ronen wählen. Ich bin mir bewusst, dass einige Irrtümer nicht zu vermeiden und diverse Zweifel nicht zu lösen sind, dass in vielen Fällen Fragezeichen bleiben werden.

Außerdem habe ich noch einzelne Namen und Adressen von Jedwabner Juden, die ich aus verschiedenen Dokumenten herausgeschrieben habe, etwa aus den Gerichtsakten zu Überschreibungen ehemals jüdischer Häuser an ihre neuen Besitzer, den »Angaben über Feuerversicherungen für das Jahr 1939« oder aus einem Ausschnitt aus einem im Jahre 1929 vom Towarzystwo Reklamy Międzynarodowej [Gesellschaft für Internationale Reklame] herausgegebenen Adressbuch, wo zwar keine Adressen angegeben sind, dafür aber die Besitzer von Geschäften und Handwerksbetrieben.

Ein eigenes Problem, mit dem ich mich herumschlage, ist die Schreibweise von Vor- und Nachnamen. Die meisten von ihnen wurden aus dem Jiddischen ins Hebräische und aus dem Hebräischen ins Englische übersetzt, und ich habe sie danach ins Polnische übertragen (wobei im Übrigen ein Teil bereits im Hebräischen verschiedene Versionen hatte).

Der Ausdruck »ich rate« ist manchmal angemessener als »ich rekonstruiere«. Auf der Liste von Tzipora Rothchild befindet sich der Name Skocznadek. Er kam mir so unwahrscheinlich vor, dass ich nicht wusste, ob ich ihn aufnehmen sollte, als mir Nawojka Cieślińska, die gerade gemeinsam mit mir an der Redaktion des Buches arbeitete, klar machte, dass der Name vermutlich »Skocznadel« lautet, wörtlich »Springnadel«, dass wir es also mit einer Schneiderfamilie zu tun haben.

1. Juli 2004

Ich lese den Abschlussbericht von Staatsanwalt Ignatiew und kann vergleichen, was dieselben Personen mir und was sie dem Staatsanwalt gesagt haben.

Unsere Schlussfolgerungen sind ähnlich, meine gehen in einigen

Fällen weiter, denn ich muss mich ja auch nicht an die strengen Regeln einer Ermittlung halten. Ignatiews Ergebnisse sind aus einem ganz unerwarteten Grund ein Schock für mich: Sie beweisen, wie verbreitet die Akzeptanz der Lüge ist.

Ignatiew musste viele Augenzeugen als unglaubwürdig ausschließen! Dabei geht es nicht um Ungenauigkeiten, die irgendwelche, möglicherweise auch wichtige Einzelheiten betreffen – selbst die Personen mit dem allerbesten Gedächtnis können sich irren –, sondern um Fiktion.

Meine antisemitischen Gesprächspartner schimpften lauthals über die »koschere *Gazeta Wyborcza*« und über Juden, die für den NKWD denunziert hätten, aber nur selten machten sie sich die Mühe, Geschichten zu erzählen, von denen wir – sowohl ich wie auch sie – wussten, dass sie nicht stimmen. In den Aussagen für den Staatsanwalt lügen sie wie gedruckt. Nach ihren Aussagen wimmelte es in Jedwabne am 10. Juli 1941 vor Deutschen.

Halina Czarzasta aus Kajetanów zufolge sei noch vor dem 10. Juli von einer Petition der Juden an die Gendarmerie die Rede gewesen, man möge ihnen Waffen geben, dann würden sie mit den Polen schon fertig. Sie selbst sei am Tag des Verbrechens nach Jedwabne gegangen, wo sie auf der Straße zum Friedhof eine Gruppe von Juden mit der Leninbüste gesehen habe und hinter ihnen ein dunkelgrünes Militärfahrzeug, daneben Deutsche zu Fuß, an den Straßenseiten wiederum einige polnische Zivilisten, davon einer mit einem Stock. Sie habe zahlreiche einzelne Schüsse gehört.

Nach Stefan Boczkowski aus der Nähe von Jedwabne (der dies in zahlreichen Interviews wiederholt hat) seien zwei, vielleicht drei Kleinlaster mit uniformierten Deutschen angefahren gekommen, als die Juden zur Scheune getrieben wurden. Sie hätten Metallkanister aus den Fahrzeugen geholt und die Scheune in Brand gesetzt.

Laut (dem ebenfalls in der Presse auftretenden) Teodor Lusiński aus Jedwabne, Sohn von Franciszek Lusiński, einem Mordteilnehmer, seien bereits um vier Uhr morgens ein Geländewagen und acht mit Planen bedeckte Lastwagen in die Stadt gekommen, und in jedem seien uniformierte und bewaffnete Deutsche gewesen. Um 16 Uhr habe der Zeuge Befehle gehört, die per Megafon auf Deutsch gegeben wurden: Die Juden sollten sich in Viererreihen aufstellen. Er habe gesehen, wie Männer mit der Leninbüste auf den Friedhof gingen, wo sie sich auf deutschen Befehl hin nebeneinanderlegten, die Kleidung hochzogen, um den Bauch zu enthüllen, und sich daraufhin gegenseitig mit Bajonetten abschlachteten, die man ihnen gegeben hatte. Nachts habe er eine Reihe von Schüssen gehört. Später habe er erfahren, dass die überlebenden Juden vor der verbrannten Scheune hätten beten wollen und die deutsche Wache auf sie geschossen habe.

Jadwiga Kordas aus der Nähe von Jedwabne zufolge seien gegen Mittag zwei Lastwagen mit bewaffneten Gendarmen einer Spezialeinheit, des »Todeszuges«, langsam über den Marktplatz gefahren. Die Deutschen hätten auf die Juden geschossen, die vom Marktplatz und (später) aus der brennenden Scheune flohen. Am folgenden Tag, als die Zeugin wieder nach Jedwabne fuhr, sei klar gewesen, dass nur Juden, die mit den Sowjets zusammengearbeitet hatten, und deren Familien vernichtet worden waren. Der jüdische Arzt, der die Zeugin empfangen habe, habe gesagt, die verbrannten jüdischen Kommunisten hätten sich ihr Schicksal selbst zuzuschreiben, denn während der sowjetischen Besatzung hätten sie ihre Notdurft in der Synagoge verrichtet.

Der Staatsanwalt verhörte auch den aus Grądy Małe stammenden Tadeusz Święszkowski. Also meinen Tadeusz Ś., jenen Arzt im Ruhestand aus Warschau, den ich in Gegenwart Adam Michniks im August 2000 getroffen hatte. Laut der Version, die er uns übermittelte, habe er zwei Motorräder mit Gestapomännern in die Stadt fahren sehen. Er selbst sei hinter den Juden hergegangen und habe gesehen, wie drei Deutsche etwa tausend Juden in die Scheune trieben. In der Version für den Staatsanwalt hat Tadeusz Święszkowski zwei Militärlastwagen mit Planen gesehen, ist aber gar nicht bei der Scheune gewesen – mittags habe er sich nach Kajetanów begeben, um seinen Onkel zu besuchen, so dass er nur aus der Ferne den Rauch gesehen habe. Später habe er gehört, auf dem Marktplatz seien 300 Juden versammelt gewesen, von denen die Hälfte geflohen sei, unter anderem dank polnischer Hilfe.

Ignatiew fasst in wenigen Sätzen die Glaubwürdigkeit der jeweiligen Zeugen zusammen. Zur Kategorie der unglaubwürdigen Zeugen zählt er neben den vielen Personen, auf die sich Strzembosz berufen hat, auch Tadeusz Święszkowski.

Im Anhang zu seinem Bericht führt er Gegenstände auf, die während der Exhumierung aus der Asche geborgen wurden: eine Menge Schlüssel, hunderte Kopeken, wie sie während der sowjetischen Besatzung in Umlauf waren, Silber- und Goldmünzen, eine davon mit einem Piłsudski-Porträt, viele Zahnbrücken und Kronen, siebzehn goldene Eheringe, drei Siegelringe, Ohrringe, Medaillons, Broschen (darunter eine mit der Aufschrift »J. Chocholski«), viele Metall- und Plastikknöpfe, Ringe, ein Armband, Ketten, Armbanduhren, einen goldfarbenen Halsanhänger in Gestalt eines geöffneten Buchs mit einer unleserlichen hebräischen Aufschrift, eine Klammer für den Tallit, verbogene Löffel (zum Jäten des Grases auf dem Marktplatz), metallene Schuhbeschläge und Gummisohlen, Strumpfbandklammern, einen Reißverschluss, eine Sicherheitsnadel, Klammern für Hosen und Hosenträger, Druckknöpfe, ein Brillenglas, eine Metallbüchse mit Schusternägeln, eine Nähmaschinentrommel, einen Fingerhut.

10. Juli 2004

Ich lege einen Stein vor das Denkmal der Ermordeten. Aus Warschau ist ein Bus von der jüdischen Gemeinde gekommen und das Kaddisch wurde gesprochen. Aus Jedwabne ist, glaube ich, niemand zu den Feierlichkeiten erschienen.

Die Zwillinge Mordechaj Menachem und Jaakow Cwi Zylbersztejn, dreißiger Jahre, umgekommen am 7. Juli 1941.

15
Die Täter *sensu stricto* waren Polen oder Ein Gespräch mit Staatsanwalt Radosław Ignatiew

In deiner Erklärung, welche die Untersuchungsergebnisse zum Verbrechen vom 10. Juli 1941 zusammenfasst, hast du geschrieben: »Gegen Morgen trafen nach und nach Bewohner der umliegenden Dörfer in Jedwabne ein, mit der Absicht, an dem vorher geplanten Verbrechen der Ermordung der jüdischen Einwohner teilzunehmen.« Dieser erste Satz reicht im Grunde schon, man müsste nichts mehr hinzufügen. Ich selbst hätte wohl nicht den Mut gehabt, ihn so kategorisch zu formulieren. Woher bist du dir dessen eigentlich so sicher?

Während der Exhumierung wurden in den Gräbern ziemlich viele Wertgegenstände gefunden: Armbanduhren, Schmuck, Goldrubel. Man hätte den Juden, die auf dem Marktplatz standen, diese Sachen mühelos abnehmen und wegfahren können. In Jedwabne begannen die Akte der Plünderung jedoch erst, als die Scheune bereits niedergebrannt war. Daher gehe ich davon aus, dass die Menschen aus der Umgebung herkamen, um zu morden.

Du stellst fest: »Die Ausführenden des Verbrechens als Täter sensu stricto *waren polnische Bewohner von Jedwabne und Umgebung – Männer, mindestens rund vierzig an der Zahl. […] Sie nahmen aktiv am Begehen des Verbrechens teil und waren mit Stöcken, Rungen und anderen Gegenständen bewaffnet.« Lass uns versuchen zu rekonstruieren, wie du zu der Beschreibung des Verbrechens gekommen bist, die du in deinen Untersuchungsergebnissen vorstellst. Du liest das Buch von Gross …*

Das war ganz am Anfang unserer Tätigkeit als Strafverfolgungsabteilung des IPN in Białystok. Ich war damals Staatsanwalt, Kanzleischreiber, Magazinarbeiter, Hausmeister und sogar Putzfrau – nach der Arbeit zog ich mit dem Staubsauger los, damit die beiden Zimmer, die man uns zugeteilt hatte, einigermaßen aussahen. Und es war mein erster Fall im IPN. Das Buch von Gross war keine angenehme Lektüre, es rief Widerstand hervor, die Lust zu widersprechen. Ich bin in der patriotischen Tradition erzogen worden: die Schlachten von Zehden und von Tannenberg, die Polnischen Legionen, Kamińskis *Kamienie na szaniec* [Steine auf die Schanze].[1] Von Leuten, die versteckte Juden verrieten, hatte ich gehört, aber in mir regte sich ein Widerstand zu glauben, dass Polen Juden ermordet haben sollten. Doch ich machte mir schnell klar: Ein Staatsanwalt ist vor allem ein Untersuchungsbeamter, der sich auf die Ergebnisse der durchgeführten Ermittlungen zu stützen und seine eigenen Überzeugungen beiseitezulassen hat.

Wann kam der Moment, als dir klar wurde, dass Gross eine Geschichte erzählt, die tatsächlich stattgefunden hat?

Das war nicht Gegenstand meiner Ermittlungen. Ich habe mich nicht damit befasst, ob das Buch von Gross gut oder schlecht, wahr oder erlogen ist, obwohl man mich dergleichen sehr oft gefragt hat.

Nun gut. Strzembosz hat die Prozessakten von 1949 gelesen und darin manipulierte stalinistische Ermittlungen gesehen, in deren Folge viele unschuldige Menschen verurteilt wurden. Du aber hast etwas ganz anderes gesehen?

1 In der Schlacht bei Zehden besiegte der polnische Herzog Mieszko I. im Jahre 972 das Heer des Markgrafen Hodo. Bei Tannenberg schlug König Wladysław II. Jagiełło 1410 mit einer polnisch-litauischen Streitmacht die Ritter des Deutschen Ordens. Die Polnischen Legionen waren eine während des Ersten Weltkriegs von den Mittelmächten aufgestellte militärische Formation. Das auf tatsächlichen Geschehnissen beruhende Buch *Steine auf die Schanze* erzählt von einer Gruppe junger Widerstandskämpfer im besetzten Warschau während des Zweiten Weltkriegs.

Für mich war sofort klar, dass das Verfahren von 1949 nicht korrekt durchgeführt wurde.

Doch du hast daraus entgegengesetzte Schlussfolgerungen gezogen.

»Man hat sich nicht bemüht, die Personalien und die Anzahl der Opfer sowie den genauen Verlauf der Ereignisse festzustellen, die Zeugen haben die Namen vieler Täter genannt, doch das Gericht hat sich nicht weiter dafür interessiert. In diesem Prozess wurden 22 Ortsansässige angeklagt, der deutschen Obrigkeit zur Hand gegangen zu sein und daran teilgenommen zu haben, die Juden auf den Marktplatz zu treiben und sie zur Scheune zu geleiten. Und das war alles. Obwohl aus den Zeugenaussagen klar hervorging, dass ein Teil der Täter persönlich in unmittelbarer Weise an Mordtaten beteiligt gewesen war. Es war schockierend – das konnte man aus den Prozessakten herauslesen –, wie präzise das Verbrechen organisiert war: Die einen trieben die Opfer aus den Häusern, die anderen sicherten die Ausfallstraßen der Stadt, wieder andere bewachten diejenigen, die auf den Markt geführt worden waren.

Es war die Zeit des Stalinismus, blutjunge AK-Kämpfer werden zum Tode verurteilt, und hier werden offensichtliche Mörder freigesprochen. Aus den Gerichtsakten lässt sich nicht ersehen, warum die einen verurteilt und die anderen freigelassen wurden. Denkst du, man hat diejenigen freigelassen, die zur Zusammenarbeit bereit waren?

Es wurden mehr Personen festgenommen als später im Prozess angeklagt wurden. In den Kontroll- und Ermittlungsakten des Kreisamtes für öffentliche Sicherheit (PUBP) in Łomża finden sich Fälle wie der, dass jemandem etwas vorgeworfen wird, doch diese Person später in der Anklageschrift nicht auftaucht, weder als Angeklagter noch als Zeuge. Im Fall eines Verdächtigen sind wir auf Angaben gestoßen, dass er eine Einverständniserklärung zur Zusammenarbeit mit dem UB unterschrieben hat.

Historiker und Publizisten haben sich gerne auf die Ermittlungsergebnisse von Staatsanwalt Monkiewicz aus den siebziger Jahren berufen.

Zu dieser Ermittlung möchte ich mich nicht äußern, ich würde mich nur aufregen.

Versuch es trotzdem, es ist sehr wichtig. Laut Monkiewicz war es das Kommando von Birkner, das am 10. Juli 1941 auf Lastwagen in Jedwabne erschienen ist …

Nichts deutet darauf hin, dass das Einsatzkommando unter Birkners Führung, das damals in der Gegend von Białystok stand, sich achtzig Kilometer zurückgezogen hätte. Und noch dazu in einer Situation, als die Deutschen so viele ungesicherte Gebiete vor sich hatten. Diese Annahme ist völlig aus der Luft gegriffen und wird von keinerlei Informationen gestützt. Der Staatsanwalt ging von der Voraussetzung aus, dass die Täter Deutsche waren. Aber welche Deutschen kamen in Frage? Außer dem Kommando von Birkner natürlich die örtlichen Gendarmen. In einem entsprechenden Antrag nannte er die Namen von Gendarmen aus Jedwabne, an die sich die Zeugen erinnern konnten. Dieser Antrag wurde den deutschen Strafverfolgungsbehörden übermittelt, damit sie die Täter ausfindig machen.

Und daher kam plötzlich die Information in der Presse, es gebe Hinweise in Ludwigsburg, dass es die Deutschen getan hatten?

Das war der erwähnte Antrag, der wieder an uns zurückgeleitet worden war. Die von Monkiewicz genannten Gendarmen waren am 10. Juli 1941 noch nicht einmal in der Stadt.

Monkiewicz spricht jetzt selbst von Maßgaben, die er damals von der Hauptkommission zur Erforschung nationalsozialistischer Verbrechen in Polen erhalten habe, wonach er ausschließlich deutsche Täter verfolgen sollte.

Was ich mit Sicherheit behaupten kann: Die Ermittlungen wurden schlecht durchgeführt. Der Prozess von 1949 erfüllte das Grundprinzip eines ehrlichen Verfahrens: Niemand wurde unschuldig verurteilt. Nur wurden eben nicht gegen alle identifizierten Täter juristische Schritte eingeleitet. Doch zumindest wurden einige Dinge festgestellt. Die Ermittlungen der ehemaligen Bezirkskommission zur Untersuchung nationalsozialistischer Verbrechen in Białystok zogen sich beinahe acht Jahre lang hin, von 1967 bis 1974. In dieser Zeit wurde nichts unternommen, außer dass man sechzehn Zeugen verhört hat. Der Verlauf der Ereignisse wurde nicht rekonstruiert, es liegen keinerlei Hinweise vor, dass die Akten der Strafprozesse von 1949 und 1953 ausgewertet worden wären.

Parallel dazu wurden in der genannten Bezirkskommission Ermittlungen zu den Verbrechen durchgeführt, die von den Gendarmen in Jedwabne begangen worden waren. Jemand legte eine Erklärung vor, wonach ein bestimmter Einwohner des Dorfes Korytki am Tag der Menschenverbrennung sehr aktiv an dem Zusammentreiben der jüdischen Bevölkerung auf dem Marktplatz von Jedwabne beteiligt gewesen sei. Die genannte Person wurde einbestellt und als Zeuge verhört. Die Fragen betrafen jedoch ausschließlich die Umstände eines Mordes an Mitgliedern seiner Familie, der 1943 von den Deutschen begangen wurde!

Als ich diese Akten las, beschloss ich – als Beamter des polnischen Staates und im Hinblick auf das Gedenken an die Ermordeten –, alles zu tun, um die nächsten Ermittlungen anständig durchzuführen. Leider ist es nicht gelungen, lebende Täter des Verbrechens zu ermitteln, die sich nicht schon vorher vor der Justiz verantworten mussten. Daher wurde das Strafverfahren eingestellt. Die Untersuchungen eines IPN-Staatsanwalts haben jedoch ebenso zum Ziel, die möglichst vollständige Wahrheit über die Umstände der untersuchten Verbrechen zu rekonstruieren. Ich habe wirklich große Mühe darauf verwendet, möglichst viele Informationen über das in Jedwabne begangene Verbrechen zu gewinnen. Mir lag daran, die Namen der Ermordeten zu ermitteln, damit die Opfer nicht anonym bleiben. Leider ist mir das nur zum Teil gelungen.

Während du mit der Sache betraut warst, gab es einige Fälle von falschem Alarm, die von der Presse hochgespielt wurden: in der Scheune hatte man Patronenhülsen gefunden, und gleich wurde überall verkündet, die Deutschen hätten es getan …

Nachdem der Presse mitgeteilt worden war, man habe am Ort des Verbrechens Patronenhülsen gefunden, behaupteten die Zeugen auf einmal, sie hätten Schüsse gehört. Vorher hatte ich erst ein Mal mit einer solchen Behauptung zu tun gehabt.

Im März 2001 hast du weitere Ermittlungen eingeleitet, diesmal Radziłów betreffend. Ich wusste aus Gesprächen, die ich mit Zeugen geführt hatte, dass auch dort nach dem Krieg Prozesse »wegen der Juden« stattgefunden hatten. Ich habe dir die Namen der Angeklagten mitgeteilt – der einzige Weg, um die Prozessakten ausfindig zu machen – sowie den Ort, an dem sie stattgefunden hatten: Ełk. Vorher hatte niemand vermutet, dass es außer dem Prozess in Jedwabne noch irgendwelche anderen gegeben hätte. War das der erste Schritt, der dazu führte, dass das IPN die Prozessakten aus Radziłów wiederfand?

Ein Teil dieser Akten hat dank dem Leiter des Staatsarchivs in Ełk überdauert. Er hat mir erzählt, in den frühen sechziger Jahren sei entschieden worden, die Prozessakten infolge des Augustdekrets (»über das Strafmaß für faschistisch-nationalsozialistische Verbrecher […] sowie für Verräter des polnischen Volkes«) auszudünnen, das heißt mit Ausnahme weniger ausgewählter Akten zu vernichten. Dieser Archivar erzählte mir, wie er zu ihm bekannten Staatsanwälten gegangen sei: »Ich gebe euch einen Stempel, dass sie zerstört worden sind, und ihr legt diese Akten irgendwo oben auf ein Regal.« Er habe auch bei Personen außerhalb von Ełk angerufen, aber die hätten ihn nicht gut gekannt, ihm nicht vertraut und die Akten vernichtet. Nach einigen Jahren habe es dann eine neue Anweisung gegeben, jene Akten aufzubewahren.

Ein wie großer Teil der Materialien zu den Strafprozessen vernichtet wurde, ist nicht bekannt. Die Frage der Täterschaft einiger Personen wurde in eigene Verfahren abgespalten, aber die Akten dieser Prozesse haben wir nicht gefunden. Im Einklang mit dem Gebot, Zweifelsfälle zugunsten der Verdächtigten auszulegen, muss davon ausgegangen werden, dass über die Personen, die damals angeklagt worden waren, ein Urteil gesprochen wurde, auch wenn es bis heute nicht gelungen ist, diese Akten ausfindig zu machen.

Du hast im Februar 2001 ein Treffen mit den Einwohnern der Stadt veranstaltet, um sie zu Zeugenaussagen zu bewegen. Ich erinnere mich an die flammende Rede von Pfarrer Edward Orłowski, der dazu ermunterte, sich bei dir zu melden und zur Verteidigung des guten polnischen Namens auszusagen. Wie groß war der Anteil der Zeugen, die »zur Verteidigung des guten polnischen Namens« ausgesagt haben?

Ich weiß nicht, wie ich das schätzen sollte.

Zeugen, darunter Pfarrer Orłowski, sprechen von Deutschen in Kompaniestärke, von Motorrädern, Lastwagen und Schüssen. Damit werden doch die Ermordeten ganz offensichtlich verspottet. Mich machen solche Gespräche krank. Wie ergeht es dir, wenn du dir solchen Unsinn anhören musst?

Ich unterstelle nie, dass die Zeugen sich lustig machen und bewusst ein falsches Zeugnis ablegen.

Nun ja, sonst müsstest du auch viele Zeugen wegen Falschaussage zur Verantwortung ziehen. In erster Linie Pfarrer Orłowski.

Aber ich nehme ja eben nicht an, dass Pfarrer Orłowski oder andere verhörte Personen bewusst Falschaussagen gemacht haben. Wenn Zeugen, nachdem sie gehört haben, dass Patronenhülsen gefunden wurden, mir erzählen, es sei geschossen worden, dann kann das bedeuten, dass sie frische Informationen aus den Medien mit dem unklaren Bild der sechzig Jahre alten Ereignisse vermischt haben und tatsächlich davon überzeugt sind, diese Schüsse gehört zu haben.

Jede Aussage, sogar von einer Person, deren Gedächtnis ein verzerrtes Bild der Ereignisse aufbewahrt, trägt etwas bei, besonders wenn man nach konkreten Einzelheiten fragt. Das kann z. B. für das Ausschließen bestimmter möglicher Ereignisabläufe hilfreich sein. Ich habe die verhörten Personen danach befragt, wie die Deutschen, die sie am Tag des Verbrechens gesehen haben wollen, ausgesehen hätten. Schwarze Dienstuniformen und sattelförmige Mützen, feldgraue Uniformen und Helme, SA-Uniformen, Uniformen der Luftwaffe, Pistolen im Halfter oder auf Menschen gerichtete Läufe von Maschinenpistolen – ich habe einen Überblick über alle Truppengattungen erhalten, auch über die aus Filmen erinnerten. Ich habe von Einzelschüssen gehört, von mehrfachen Schüssen und von Maschinengewehrsalven. Die Zeugen breiteten alle möglichen Szenarien der Ereignisse am 10. Juli 1941 vor mir aus. Die einen hatten bei der Scheune uniformierte Deutsche gesehen – nur Deutsche, keinen einzigen Polen, denn die hätten sich aus Angst versteckt. Oder sie hatten Lastwagen gesehen, aus denen Deutsche heraussprangen. Ich erfuhr, dass nur diejenigen jüdischen Familien dem Mord zum Opfer gefallen sind, deren Mitgliedern vorgeworfen wurde, das kommunistische System aktiv zu unterstützen; und dass der deutsche Kommandant, der sich geweigert habe, in der Scheune Polen, Juden und Russen gemeinsam zu verbrennen, von SS-Männern erschossen worden ist. Andere wiederum hatten als Täter einzig und allein Polen gesehen.«

Ich stütze mich auf Wissen, das ich bereits besitze, aber zum großen Teil auch auf meine Intuition. Ich achte auf unwillkürliche, in einen fremden Kontext eingestreute Phrasen, die oft mehr verraten als ein langes Gespräch zum Thema. Und wie scheidest du unglaubwürdige Zeugen aus?

Ich stelle viele Fragen, die anscheinend gar keinen Bezug zur Sache haben oder unwichtige Dinge betreffen. Sie erlauben es am besten, die Glaubwürdigkeit eines Zeugen einzuschätzen, z. B., ob er tatsächlich am angegebenen Ort war und alles sehen konnte, worüber er ausgesagt hat. Ein Zeuge behauptete auf die Frage, wie die Juden ermordet worden seien, er sei beim Marktplatz versteckt gewesen und habe die Schüsse der deutschen Soldaten gehört. In einem neutralen Kontext fragte ich ihn nach lauten Geräuschen an jenem Tag. Er habe keine gehört. Ich prüfte auch nach, welche Texte über Jedwabne die verhörten Personen gelesen hatten. Bei einem sechzig Jahre alten Fall hat die Kontaminierung des Gedächtnisses durch Lektüren eine große Bedeutung. In den Berichten mehrerer Personen war es offensichtlich, dass sie mit Nachrichten aus den Medien operierten, in denen verschiedene Meinungen zum Verlauf des Verbrechens und seiner Täter vorgestellt worden waren. Zum Beispiel sagte mir ein Zeuge, er habe gesehen, wie 75 Juden das Lenindenkmal trugen. Ich fragte nach, woher er wisse, dass es 75 gewesen sind. Weil er gehört habe, wie sie durchgezählt hätten. Dabei ist das eine Zahl, die Gross, gestützt auf Wasersztejn, angibt und die von niemandem bestätigt wird. Es war wie ein Geschenk des Himmels, wenn ich mit einem Zeugen zu tun hatte, der weder das Buch von Gross noch eine andere Publikation gelesen hatte.

Die Zeugenaussagen wichen so stark voneinander ab, dass es unmöglich war, die einen Aussagen ausschließlich mit Hilfe anderer Aussagen zu verifizieren. Daher stützte ich mich dabei auch auf sogenannte Sachbeweise, das heißt auf die Ergebnisse der Exhumierung, auf Akten und Archivmaterialien, auf Ortstermine und auf die Untersuchungen der Patronenhülsen. Sachbeweise lügen nicht – wenn also die Thesen eines Zeugen ihnen widersprachen, musste man annehmen, dass diese Person sich nicht erinnern kann oder sich irrt.

Und wie verhält es sich mit der Glaubwürdigkeit jüdischer Aussagen? Zuerst einmal: mit der von Szmul Wasersztejn.

Wasersztejn hat den Verlauf des Verbrechens rekonstruiert, doch auch sein Bericht ist an mehreren Stellen unglaubwürdig. Ich bin der Auffassung, dass einige Szenen, die in jüdischen Berichten beschrieben werden, sowohl bei Wasersztejn als auch im jüdischen *Jedwabner Gedenkbuch* – jemand wurde mit einer Säge geköpft, Säuglinge wurden mit einer Heugabel ins Feuer geworfen und der Kopf eines Mädchens wie ein Ball zum Spielen benutzt – nicht stattgefunden haben. Dass jemand gegen einen Kopf trat, das kann ich nicht ausschließen, aber die Szene, dass mit dem Kopf eines Opfers ein Spiel ausgetragen wurde, kommt mir unwahrscheinlich vor. Die Ereignisse waren so schrecklich, dass ihre Beschreibungen durch die Familien der Opfer oft eine mythologisierte Form annehmen.

Dann lass uns rekonstruieren, was sich feststellen lässt.

Ab den frühen Morgenstunden wurden die Juden aus ihren Häusern auf den Marktplatz getrieben. Ihnen wurde befohlen, das Gras zwischen den Pflastersteinen auszureißen. Die Einwohner von Jedwabne und Umgebung waren mit Stöcken, Rungen und anderen Gegenständen bewaffnet. Eine große Gruppe von Männern wurde zur Zerschlagung des Lenindenkmals gezwungen, das sich auf einem kleinen Platz abseits des Marktplatzes befand. Gegen Mittag wurde ihnen befohlen, ein Stück der zerschlagenen Büste auf den Marktplatz und danach zu einer mehrere hundert Meter entfernten Scheune zu tragen. Sie transportierten es auf Holzstangen. Unter ihnen war der Rabbiner. Die Opfer wurden getötet und ihre Körper wurden in ein innerhalb der Scheune ausgehobenes Grab geworfen. Auf die Leichen wälzte man Stücke des Lenindenkmals. Das Grab wurde wahrscheinlich nicht zugeschüttet, denn während der Exhumierungsarbeiten wurden auf dem Denkmal zahlreiche Feuerspuren gefunden. Eine zweite, größere Gruppe von Juden wurde später auf den Marktplatz geführt, darunter Frauen, Kinder und alte Menschen. Sie wurden zur hölzernen, strohgedeckten Scheune geführt. Das Gebäude wurde vermutlich mit Petroleum begossen, das aus einem ehemals sowjetischen Magazin in Jedwabne stammte. In den Akten des Prozesses von 1949 erklärte Antoni Niebrzydowski, er habe acht Liter Petroleum aus diesem Magazin herausgegeben. Diese Menge reichte zum Anzünden des Gebäudes aus.

Bedeutet das, dass die Mitglieder der zweiten Gruppe vor ihrem Tod die massakrierten Körper ihrer Väter, Brüder und Söhne gesehen haben?

Das ist möglich.

Hast du festgestellt, wie der letzte Weg der Juden von Jedwabne aussah? Wussten sie, dass sie in den Tod gingen?

Bei den Leichen wurden Gegenstände des täglichen Gebrauchs gefunden: eine Dose mit Schusternägeln, Fingerhüte, Löffel, wie auch goldene Münzen und eine erstaunliche Anzahl von Schlüsseln für Tore, Häuser, Vorhängeschlösser und Schubladen. Als ob die Menschen sich in der Hoffnung gewiegt hätten, sich auf einen Weg zu machen, von dem sie einmal zurückkehren werden.

Wie viele Juden wurden am 10. Juli 1941 in Jedwabne ermordet? Du schreibst, es wurden mindestens 340 Personen ermordet. Und wie viele höchstens?

Nicht mehr als einige Hundert. Eine Größenordnung von 1600 Opfern dürfte unwahrscheinlich sein. Ich habe alle Zeugen danach gefragt, und die Antwort eines von ihnen war überzeugend: »Nach dem Krieg habe ich in einer Militäreinheit gedient. Wir hatten Appelle zu je 500, 600 Soldaten – und daran erinnert mich optisch die Anzahl der Juden, die sich aufstellten, als sie vom Marktplatz weggeführt wurden.« In der Gruppe, welche die Stücke des Lenindenkmals trug, waren vierzig bis fünfzig Personen, in der zweiten einige hundert, man kann sagen: nicht weniger als dreihundert. So viele Opfer befinden sich schätzungsweise in den beiden entdeckten Gräbern. Allerdings wurden auf dem jüdischen Friedhof keine Exhumierungsarbeiten durchgeführt. Es gibt Indizien, die dafürsprechen, dass sich dort ein weiteres Massengrab befindet. Wenn jemand einen Menschen bei sich im Keller oder im Garten ermordet hatte, dann vergrub er ihn vermutlich nicht auf dem eigenen Hinterhof, neben dem eigenen Brunnen. Eher musste man, da es ja schon einen jüdischen Friedhof gab, einen Transport der Ermordeten organisieren und sie dort vergraben. Ich kann auch nicht ausschließen, dass sich irgendwo Einzelgräber befinden. Wahrscheinlich haben wir nicht alle Orte entdeckt, wo Opfer begraben wurden. Aber selbst wenn es vorher Morde an anderen Orten gegeben haben sollte, kann man sich kaum vorstellen, dass mehr Personen einzeln ermordet worden sein sollen, als später in der Scheune verbrannt wurden.

Die genaue Anzahl der Opfer lässt sich auch deswegen nicht schätzen, weil am Tag des Verbrechens Juden aus den Nachbarstädten, aus Wizna und Kolno, in Jedwabne Schutz gesucht hatten. Ein Teil der Juden, einige Dutzend vielleicht, hat überlebt. Die meisten von ihnen lebten später in Jedwabne im Ghetto, auf einem abgetrennten Platz am Alten Markt. Von dort kamen sie ins Ghetto von Łomża, aber nicht alle. Ein Zeuge hat erzählt, dass nach dem Verbrechen eine Gruppe von Juden aus Jedwabne durch die Gegend von Jeziorko bei Łomża gekommen sei. Der Vater dieses Zeugen, ein Landbesitzer, hatte in Jedwabne einen jüdischen Getreidemakler. Und dieser Mann sei im Haus des Zeugen mit seiner zwölfjährigen Tochter erschienen und habe darum gebeten, sie zu verstecken. Das Mädchen habe christliche Gebete wiederholt, um zu beweisen, dass sie als Polin durchgehen könnte. Die Familie des Zeugen habe aus Furcht vor Denunziation durch die Nachbarn unter Tränen die Erfüllung dieser Bitte ablehnen müssen.

Ich habe in Jedwabne und Umgebung einen Fall gesucht, dass ein Pole von den Deutschen dafür bestraft wurde, dass er nicht am Verbrechen teilgenommen hat – das wäre ein Beweis dafür, dass zumindest einige unter Zwang gehandelt haben. Es ist mir nicht gelungen.

Ich kenne auch keinen Fall dieser Art.

Kann man von einer Anweisung sprechen, wenn ihre Nichtausführung keine Sanktionen nach sich zieht?

Sanktionen waren nicht nötig, denn es gab Personen, die sich freiwillig ans Zusammentreiben der Juden machten. Vielleicht gab es eine unklare Anweisung, wie »Macht was mit den Juden«, was in meinem Verständnis kein Befehl ist. Eine solche Anweisung erscheint möglich im Licht von Direktiven, die von Reinhard Heydrich in zwei Dokumenten Ende Juni und Anfang Juli 1941 formuliert wurden. In einem Fernschreiben von Ende Juni 1941 stellte Heydrich fest, man solle antikommunistische und antijüdische Ausschreitungen in den neu besetzten Gebieten provozieren, aber ohne eine deutsche Spur zu hinterlassen. Der Einsatzbefehl wiederum, der den Führern der Einsatzgruppen am 1. Juli 1941 erteilt wurde, betraf die Grundlagen der Durchführung von »Säuberungsaktionen«, die zur »Befriedung« der von den Deutschen besetzten Gebiete dienen sollten. Dort ist die Rede davon, dass diese Aktionen keine antikommunistisch und antijüdisch eingestellten polnischen Milieus treffen sollten. Das heißt, man sollte ihnen nichts antun, denn man würde sie dazu benutzen können, anderen etwas anzutun.

Mit anderen Worten, die Rolle der Deutschen bestand darin, die örtliche Bevölkerung anzustacheln?

Was heißt anstacheln? Wenn die Umstände zum Beginn eines solchen Verbrechens nicht gegeben gewesen wären, dann hätte wohl auch alles Anstacheln nichts genützt. Aus den weiter nördlich gelegenen Gebieten sind deutsche Rapporte bekannt, welche die Unzufriedenheit zum Ausdruck bringen, dass es nicht gelungen ist, die örtliche Bevölkerung zu antijüdischen Exzessen zu bewegen. Es lässt sich nicht leugnen, dass es vor dem Krieg im Gebiet von Łomża mehrfach Ausschreitungen gegen Juden gegeben hat, und es scheint mir, dass die Deutschen die starken antisemitische Gefühle ausnutzten, die längst existierten.

Lässt sich trotzdem entscheiden, ob die Deutschen die Idee suggerierten, »mit den Juden aufzuräumen wie in Radziłów«, oder ob sie nur den von der Stadtobrigkeit zum Ausdruck gebrachten Wunsch der Einwohner akzeptiert und unterstützt haben?

Das festzustellen, ist mir nicht gelungen. Als Staatsanwalt muss ich mich von der Sphäre der Mutmaßungen fernhalten. Wir haben zu wenige Informationen, und daher konnten einige Umstände nicht aufgeklärt werden. Das Verbrechen in Jedwabne wurde von den Deutschen inspiriert. Es ist unmöglich, dass sich eine Aktion solchen Umfangs ohne die Zustimmung der Besatzungsmacht abgespielt hätte. Man muss bedenken, dass Jedwabne hinter der Front lag, auf dem Gebiet der deutschen Militärverwaltung. Im Fall unerwarteter spontaner Unruhen in der Stadt hätte die Besatzungsmacht sofort reagiert. Die, wenn auch passive, Anwesenheit deutscher Gendarmen vom Posten in Jedwabne und anderer uniformierter Deutscher – wenn wir annehmen, dass sie dort waren – ist im Lichte des Rechts gleichbedeutend damit, das Verbrechen zugelassen zu haben. Den Deutschen ist daher die Täterschaft *sensu largo* [im weiteren Sinne] zuzuschreiben.

Viele Zeugen sagen, dass die Einheimischen, die die Juden auf den Marktplatz trieben, von uniformierten Deutschen (außer den Gendarmen) begleitet worden seien. Mit Sicherheit handelte es sich dabei um eine kleine Gruppe, keine starke Abteilung. Die Deutschen hatten zu viele Orte zu besetzen, Ortschaften, in denen sie »mit den Juden aufräumen« wollten. Aus diesem Zeitraum sind deutsche Berichte bekannt, die Alarm schlagen: »Wir haben keine Leute, um die Gendarmerieposten zu besetzen.« Die Gendarmerie im nahegelegenen Szczuczyn, gerade einmal fünf Mann stark, sollte in 74 Ortschaften für Ordnung sorgen. Der schnelle Vormarsch in die Sowjetunion bewirkte, dass die Einheiten der Einsatzgruppe B, die hinter der Armeegruppe Mitte operierte, sich immer weiter im Osten befanden. Dahinter blieben Gebiete zurück, in denen die Möglichkeit zum »Aufräumen« nicht genutzt worden war. Um dem abzuhelfen, organisierten die Deutschen Ende Juni, Anfang Juli einige kleine Einsatzkommandos, welche die Aufgaben der Einsatzgruppe B in den ehemaligen sowjetischen Grenzgebieten übernahmen.

Man weiß, dass in diesem Gebiet die kleine Abteilung von Schaper mit zwei, drei Geländewagen operierte.

Über eine solche kleine deutsche Abteilung finden sich Angaben in den Ermittlungsakten. Ein Historiker, der über das Wissen verfügt, dass ein Kommando der Gestapo-Stelle »Ziechenau-Schröttersburg« [Ciechanów-Płock] zu dieser Zeit in der Gegend von Łomża war, dass Schaper am 7. Juli in Radziłów gesehen wurde und dass drei Tage später in Jedwabne Menschen verbrannt wurden, dieser Historiker kann begründen, warum es Schapers Abteilung gewesen sein muss, die an dem Tag in Jedwabne war. Als Staatsanwalt kann ich mich jedoch nicht allein auf logisches Folgern stützen, ich brauche auch Beweismittel. Und in diesem Fall ist es uns nicht gelungen, welche zu finden.

Ich kann feststellen, dass die Ausführenden des Verbrechens polnische Einwohner von Jedwabne und Umgebung waren, Männer, mindestens rund vierzig an der Zahl. Es gibt keinerlei Beweise dafür, dass alle Einwohner Täter gewesen wären. Die Behauptung, in Jedwabne sei eine Kompanie von Deutschen gewesen, ist ebenso unglaubwürdig wie die Ansicht, die ganze Stadt sei Amok gelaufen. Die Mehrheit verhielt sich passiv. Ich kann nicht beurteilen, woraus diese Passivität resultierte. Vielleicht hatte ein Teil Mitgefühl mit den Opfern, war aber durch die Brutalität der Täter eingeschüchtert. Andere, auch wenn sie vermutlich antijüdische Ansichten hegten, hätte sich nicht gern aktiv an derartigen Aktionen beteiligt.

Du bist in Białystok geboren und wohnst im nahegelegenen Łapy, in deiner Gegend, in großen und kleinen Städten, blühte einst das jüdische Leben. Wusstest du davon, bevor du anfingst, dich mit Jedwabne zu beschäftigen?

Nein, ich habe mich nie dafür interessiert.

Waren die Juden für dich so etwas wie Buschmänner?

Der Begriff war genauso entlegen. Seitdem ich mit den Ermittlungen im Fall von Jedwabne befasst bin, habe ich viele Materialien und Bücher zur Geschichte und zu den polnisch-jüdischen Beziehungen gelesen. Dennoch weiß ich nicht immer, wie ich mich verhalten soll. Auf dem jüdischen Friedhof in Jedwabne traf ich Rabbi Schudrich und einen zweiten Rabbiner aus London. Als sie das Kaddisch für die Verstorbenen sprachen, hätte ich gern das Requiem aeternam gebetet, aber dann dachte ich noch einmal nach und bekreuzigte mich nur.

Bevor ich zu Jedwabne recherchierte, hatte ich das Gefühl, der Antisemitismus sei eine Randerscheinung. Seit ich mich damit beschäftige, habe ich täglich damit zu tun. Du auch?

Ich glaube daran, ich bin überzeugt davon, dass der Antisemitismus kein allgemein verbreitetes Gefühl ist. Ich muss jedoch sagen, dass ich während der Ermittlungen mit eindeutig antisemitischen Äußerungen zu tun hatte.

Was war für dich persönlich der schwierigste Moment der Ermittlung?

Als ich während der Exhumierungsarbeiten einen Säuglingskiefer sah und mir einen Moment lang vorstellte, was ich fühlen würde, wenn jemand aus meiner Familie so gestorben wäre, wenn das meine Kinder wären.

ANHANG

Nachwort zur deutschen Ausgabe

Ich habe mit der Arbeit an diesem Buch im Jahr 2000 begonnen, gleich nach dem Erscheinen von Jan Tomasz Gross' *Nachbarn*. Dort wird die Geschichte eines Verbrechens beschrieben, das zur Zeit des Zweiten Weltkriegs in der Kleinstadt Jedwabne in Nordostpolen begangen wurde. Opfer waren die jüdischen Bewohner, die Täter ihre polnischen Nachbarn. In einer Scheune in Jedwabne verbrannten mehrere hundert Menschen; die genaue Zahl ließ sich nicht feststellen.

Dies geschah am 10. Juli 1941, als die Deutschen in dem Teil Polens, der von den Sowjets im Rahmen des Hitler-Stalin-Paktes 1939 annektiert worden war, die Macht übernommen hatten. In diesen Grenzgebieten organisierten die Deutschen Ende Juni, Anfang Juli 1941 einige kleinere Kommandos, von denen die örtliche Bevölkerung zu Pogromen angestiftet wurde. Die polnischen Einwohner von Jedwabne ließen sich – ebenso wie die Einwohner von Radziłów, Wąsosz und einiger weiterer Ortschaften – leicht überreden. In einigen Fällen nahmen die Deutschen an den Pogromen teil, in anderen nicht.

Gross' Buch löste eine Debatte aus, die an Heftigkeit alles übertraf, was Polen an Diskussionen erlebt hatte, seit wir im Jahr 1989 ein freies Land geworden waren. Sie trat eine Lawine los. Zum sechzigsten Jahrestag des Verbrechens fand in Jedwabne eine Feierlichkeit statt, in deren Verlauf der polnische Präsident sagte: »Im eigenen Namen und im Namen aller Polen, deren Gewissen von diesem Verbrechen erschüttert wird, bitte ich um Entschuldigung.«

Die Geschichte, die ich in der Überzeugung zu schreiben begonnen hatte, dass sie niemand hören will, wurde in den folgenden Jahren allmählich dem Vergessen entrissen. 2003 entstand eine neue wisssenschaftliche Institution, das Zentrum zur Erforschung der Judenvernichtung [Centrum Badań nad Zagładą Żydów]. Als Folge des Traumas von Jedwabne nahm das polnisch-jüdische Verhältnis in der polnischen Öffentlichkeit, sogar in der Popkultur, enorm viel Raum ein – was die Abrechnung mit den Gespenstern der Vergangenheit anging, konnten sich nur wenige Staaten mit uns messen.

Den letzten Satz habe ich nicht zufällig in der Vergangenheitsform geschrieben.

Die Aufdeckung des Verbrechens von Jedwabne war eine Revolution. Heute ist die Zeit der Konterrevolution gekommen. Die rechtskonservative Partei PiS (Recht und Gerechtigkeit) machte sich nach der von ihr gewonnenen Wahl daran, die polnische Geschichte neu zu schreiben. Das Institut für das Nationale Gedenken (IPN), das im Jahr 2002 eine mustergültige Untersuchung durchgeführt und ein zweibändiges Werk von höchster historiographischer Qualität zu den Verbrechen in Jedwabne und Umgebung veröffentlicht hatte, steht unter neuer Leitung und hat das von ihren Vorgängern Festgestellte annulliert.

Die Zeit der Shoah hat sich zu einem neuralgischen Punkt entwickelt, an dem das polnische Ego getroffen worden ist. »Höchste Zeit, unsere nationale Identität wiederzuerlangen!«, »Wir wollen nicht länger auf Knien leben!«, »Wir müssen den guten Namen Polens und der Polen wiederherstellen!« – so riefen die Macher eines neuen Films über Jedwabne, der zwei falsche Zeugen präsentiert, die Unsinn erzählen und die Ermordeten beleidigen. Dieser Film, der am Sitz des Journalistenverbandes in Warschau gezeigt wurde, wurde vom dort versammelten Publikum begeistert aufgenommen.

Der Antisemitismus hat den polnischen Mainstream erreicht. Nach dem Erscheinen von *Nachbarn* wurden mehrere Bücher veröffentlicht, die Gross mit giftigem Hass angriffen – diese waren in den antisemitischen Buchecken im Souterrain einiger Kirchen zu finden. Als vor kurzem ein Buch über Jedwabne erschien, das eine wüste Antisemitin geschrieben hatte, wurde es von einer der größten polnischen Buchhandelsketten beworben.

Doch alles lässt sich nicht zurückdrehen. Das Zentrum zur Erforschung der Judenvernichtung forscht weiter und veröffentlicht hervorragende Bücher, daneben erscheinen auch viele andere ausgezeichnete Arbeiten über die Zeit der Shoah.

In Jedwabne selbst jedoch kann man sich mit eigenen Augen davon überzeugen, dass das Gedächtnis ein Schlachtfeld ist. Und davon, wer diese Schlacht gewonnen hat.

Die Stelle, an der die Scheune stand und ein Denkmal errichtet wurde, ist nur mit Mühe zu finden – am Stadtrand, an der Ausfallstraße. Dort gab es schon immer eines der Schilder, wie sie in ganz Polen Orte markieren, an denen Gräueltaten stattgefunden haben. Doch kaum war Bürgermeister Krzysztof Godlewski nicht mehr da, wurde das Schild aus der Erde gerissen. Stattdessen wurde auf dem Marktplatz, auf dem an jenem heißen Julitag 1941 die polnischen Einwohner ihren jüdischen Nachbarn befahlen, das Gras zwischen den Pflastersteinen auszureißen, ehe sie sie zur Scheune trieben, ein Gegendenkmal errichtet. Es erinnert an die Polen, die während des Krieges nach Sibirien deportiert wurden. Niemand in Jedwabne wurde im Zweifel darüber gelassen, wer für ihr Leiden verantwortlich ist, es ist allgemein bekannt – obwohl es nicht der Wahrheit entspricht –, dass die Polen von Juden denunziert wurden und deshalb nach Sibirien kamen.

Die städtischen Behörden boykottieren Jahr für Jahr die Gedenktage, zu denen am 10. Juli immer einige Dutzend Teilnehmer anreisen, vor allem aus Warschau, aber manchmal auch aus weiter entfernten polnischen Orten. Auf der offiziellen Internetseite der Gemeinde Jedwabne erfährt man unter der Rubrik »Kurzer historischer Abriss« über die Zeit des Zweiten Weltkriegs lediglich, dass »die örtliche Bevölkerung sich durch einen besonders starken Patriotismus auszeichnete«.

Krzysztof Godlewski, der ehemalige Bürgermeister von Jedwabne, der wie ein einsamer Sheriff die Stadt verließ, nachdem er das erfüllt hatte, was er als seine moralische Pflicht und seine Lebensaufgabe ansah, lebt immer noch in der Emigration. Ich hatte damals versucht, ihn aufzuhalten, er war ein hervorragender Lokalpolitiker. Englisch sprach er nicht, sein Informatikstudium hatte er in einer Zeit absolviert, als Computer noch nicht zum Alltag gehörten – das waren keine guten Voraussetzungen für eine Auswanderung nach Amerika. Er arbeitete in Chicago, wo die meisten Auslandspolen leben. In Nachtschichten schleppte er Kartons, ohne jemals zuzugeben, dass er »der Verräter Godlewski aus Jedwabne« war.

Auch Leszek Dziedzic ist nicht nach Jedwabne zurückgekehrt – der Einzige in der Gegend, der laut die Wahrheit über das Verbrechen gesagt hatte. Er ist mit seinem Emigrantenschicksal zufrieden, seine Entscheidung hat er nie bereut.

»Jedwabne?«, sagte er einmal zu mir. »Da habe ich mit niemandem mehr Kontakt.«

Heute könnte ich dieses Buch nicht mehr schreiben. Von meinen Gesprächspartnern, die sich an den Juli 1941 erinnern konnten, ist niemand mehr am Leben. Mit fast allen stand ich bis an ihr Lebensende in Kontakt.

»Mein Leben, das war nichts Besonderes, mein Engelchen«, sagte Antonina Wyrzykowska kurz vor ihrem Tod immer wieder zu mir – eine Gerechte unter den Völkern, die in der Nähe von Jedwabne wohnte und sieben Juden gerettet hat, indem sie sie zweieinhalb Jahre lang in Wirtschaftsgebäuden ihres Bauernhofs versteckte. Ich habe sie bis zu ihren letzten Lebenstagen besucht, aber nie entschloss sie sich, mir zu erzählen, was sie gesehen hatte und wusste. Und ich wagte es nicht, ihr mein Buch zu schenken, das ein Denkmal für sie darstellte. Ich wusste, sie wäre entsetzt gewesen. Und dann hätte auch noch ein Nachbar oder ein Bekannter ihres Sohnes und ihrer Schwiegertochter, bei denen sie wohnte, es bei ihr entdecken können.

Als Antonina Wyrzykowska noch lebte, fragte ich einmal die Vizedirektorin des Gymnasiums in Jedwabne, eine der offensten Personen in der Stadt, ob man sie nicht in die Schule einladen sollte, damit die Jugendlichen erfahren, dass in ihrer Stadt, die inzwischen in einem sehr schlechten Ruf stand, auch so edle Menschen wie Frau Wyrzykowska leben.

»Sie wollen alles gleich sofort«, bekam ich zur Antwort. »Das hier wird noch einige Generationen dauern.«

Wie viele Generationen wird es brauchen, damit die Beziehung der heutigen Bewohner der Gegend zu den Geistern der ehemaligen jüdischen Bewohner in Ordnung kommt? Und woher soll man sicher sein, dass es in den kommenden Generationen besser sein wird und nicht schlechter?

New Hampshire, 2. März 2020

Bildnachweis

Privatarchiv Anna Bikont, Warschau: S. 10, 36, 82, 310, 366, 468, 570
Sammlung José Gutstein, Miami: S. 144, 206, 256, 488, 526, 656

Zur Aussprache der polnischen Namen

Betonung stets auf der vorletzten Silbe

ą	wie in B**on**bon z. B. Wąsosz, Grądowski
ę	wie in Cous**in** z. B. Poręba
ó	wie u
y	wie in schw**i**mmen z. B. Cytrynowicz
ł	etwa wie u zwischen Vokalen bei langsamer Aussprache: Ba-u-er oder wie englisch water, world z. B. Radziłów – »Radschi-u-uf«
c	wie in **Z**ar z. B. Mocarski (aber siehe auch: ci)
ń	wie Ko**gn**ak oder span. España z. B. Laudański – »Laudanjski«
s	wie ss in Wasser (aber siehe auch: si)
ś	zwischen sch und ch, wie in Wisch/wich z. B. Kwaśniewski
ż	wie Gara**ge** z. B. Łomża
ź	ähnlich wie ż, nur weicher; stimmhaftes ś
z	wie in **s**ingen (aber s. zi) z. B. Zalewska

Buchstabenkombinationen

ie	wie je
cz	wie in Deu**tsch**
si	wie ś
sz	wie in **Sch**ule z. B. Finkelsztejn – »Finkelschtejn«
rz	je nach lautlicher Umgebung: wie in Gara**ge** z. B. Wyrzykowska oder wie sch z. B. Strzembosz, Kazimierz
dzi	ähnlich wie dsch in Dschungel, nur weicher z. B. Dziedzic – »Dschedschitz«; Radziłów – »Radschi-u-uf«
zi	ähnlich wie ż, nur weicher z. B. Kazimierz

Register

Namen und Begriffe

Orte